공기업개혁

[쟁점과 사례]

박순애 · 김준기 편

곽채기 · 라영재 · 박석희 · 박영범 · 박정수
신완선 · 신진영 · 오철호 · 원구환 · 이상철
이수영 · 장원창 · 전영한 · 정광호 · 정창훈

박영사

책을 열며

바람직하지 못한 상태를 '개혁'하는 것은 국민의 지지를 얻기 위해 현대의 모든 정부가 지향하는 변화의 방향일 것입니다. 우리나라 공기업은 대표적으로 이러한 개혁 요구의 중심에 서 있었고, 지금도 그러합니다. 하지만, 역대 정부들은 공기업 개혁을 통해 더 나은 상태를 달성하려는 동일한 목표를 지향하면서도 자신들만의 차별성을 강조하기 위해 '합리화', '효율화', '선진화' 등과 같은 다양한 수사(rhetoric)를 동원하여 왔고, 이번 박근혜 정부도 공기업 '정상화'를 비전으로 제시하고 있습니다. 역대 정권들에서 제시한 슬로건이나 모토는 다양하지만 공기업 개혁 논의의 핵심은 간단합니다. 공기업은 국민의 세금을 재원으로 운영되며 공공성과 효율성의 조화를 통해 국민과 사회에 보다 질 높은 공공서비스를 제공하여야 하는 임무가 있기 때문에, 지금까지 거의 모든 정부가 공기업 개혁이라는 이름으로 이러한 목표를 달성하기 위해 부단히 노력해 왔으나 아직까지 제대로 이루어지지 않았다는 점이 그것입니다. 문제의 핵심이 이러하다면 무슨 이유로 지속적으로 추진되어 온 공기업 개혁이 여전히 부진하고, 앞으로 어떤 방향으로 나아가야 바람직한 변화를 가져올 수 있을 것인지에 대한 논의가 당연히 필요할 것입니다. 본서는 행정학, 경제 및 경영학 분야에서 공기업에 대한 식견과 경험을 두루 갖춘 전문가들을 집필진으로 구성하여 이러한 궁금증에 대해 설득력 있는 설명을 찾아보려고 합니다.

지금 우리 공기업은 총체적인 위기에 직면해 있습니다. 실질적인 수익에 비해 과다한 복리후생 등 경영상의 도덕적 해이와 낙하산 인사 등 과거부터 지금까지 해결되지 않고 계속 이어져 온 문제부터 부채 감축 및 재정 건전화 요구와 기능재편 등 비교적 최근에 새롭게 등장한 문제까지 어느 하나 획기적인 해결책을 찾는 것이 쉽지 않은 문제들입니다. 일각에서는 정권마다 추진하고자 하는 국정과제를 공기업으로 하여금 대신 수행하도록 강요했기 때문에 이러한 위기가 발생했다고 지적하기도 하고, 다른 한편에서는 공기업 스스로가 공공성에 치중한 나머지 효율성 추구를 소홀히 했기 때문이라고 비판하기도 합니다. 혹자는 공기업 경영 및 인사에 대한 정부의 지나친 간섭과 왜곡된 공공서비스 요금체계 때문이라고 이야기하기도 합니다. 모두 일리가 있는 주장들입니다. 그렇지만, 여기에서 중요한 것은 이 위기가 특정한 하나의 원인 때문이 아니라 위에서 언급한 단편적인 사실들이 모두 모여서, 그리고 정부, 국회, 공기업 등 관련 기관들의 행위가 집합적으로 누적되어 발생했다는 것입니다. 따라서 이 총체적 위기를 극복하기 위해서는 어느 한 가지 비정상만 정상화시키는 것이 아니라 공기업의 모든 부분에 걸친 전반적인 정상화가 필수적입니다. 이와 같은 공기업의 개혁을 위한 전제조건은 우리 공기업 전반의 현황 및 문제점을 정확하게 파악하고 있어야 한다는 것입니다. 이것이 바로 본서의 집필 목적입니다.

본서는 크게 네 부분으로 구성되어 있습니다. 제1편은 우리나라 공기업에 대한 전반적인 개관을 제공하는 부분입니다. 우리 공기업에 대한 연혁을 살펴보고 지금까지 수행해 온 역할에 대한 공과를 평가하는 내용이 논의될 것입니다. 제2편은 우리 공기업이 직면하고 있는 관리 및 경영 측면에서의 쟁점과 이슈를 분석하고 있습니다. 공기업 지배구조 및 인사 문제, 노사관계, 경영평가 제도, 민영화 등 기존에 논의되었던 주제를 포함하여 지금까지 상대적으로 소홀히 다루어져 온 지방공기업의 개혁 문제도 논의될 것입니다. 제3편은 최근 가장 뜨겁게 논의되고 있는 공기업 부채와 공공요금 책정 이슈를 다루고 있으며, 마지막 제4편은 지금까지 우리 공기업이 이루어 온 다양한 개혁 작업들을 구체적이고 대표적인 사례를 통해 평가하고 분석하는 부분입니다.

역대 모든 정부는 공기업 개혁을 강조했고 강력하게 추진해 왔습니다. 그러나 이러한 개혁을 통해 공공부문의 소임을 다하였는가에 대해서는 아직도 진지한 고민이 필요하다고 생각됩니다. 여름과 겨울이면 주기적으로 반복되는 전력 부족사태를 해결하기 위해 전기 소비를 아껴달라고 국민에게 부탁하는 정부나 공기업을 보면 공기업 개혁에 대한 국민의 시선은 여전히 냉소적일 수밖에 없을 것이기 때문입니다. 이제는 공기업 개혁에 대해 과거와 같은 단편적, 대증적 접근보다는 융합적, 총체적 접근이 필요한 시기가 아닌가 생각해 봅니다. 여기에서 논의된 우리 공기업이 처한 현실에 대한 정확한 분석, 진단, 평가를 토대로 본서가 향후 우리 공기업

개혁을 위한 새로운 방향을 제시하는 데 기여할 수 있기를 기대합니다.

본서의 출간은 집필진 외에도 많은 분들의 노고가 있었기에 가능했습니다. 수많은 교정작업을 한마디 불평없이 기꺼이 수행해주신 박영사 조성호 이사님, 마찬옥 편집위원님, 열 분이 넘는 집필진들과 1년 이상의 긴 시간 동안 의사소통을 매끄럽게 진행해 준 한국정책지식센터 이희선, 손지은, 현승숙 연구원, 그리고 디자인과 편집에 아이디어를 주신 이수영 부소장께도 감사의 말씀을 전합니다. 마지막으로 이 책이 나오기까지 전 과정이 가능하도록 저서발간을 지원해주신 행정대학원 김준기 원장님께도 집필진을 대표하여 진심으로 감사하다는 말씀을 드립니다.

2014년

한국정책지식센터 소장 **박순애**

차　　례

제1편　개　　관

제 2 편　지배구조와 경영관리

제4편 개혁 사례

제 1 편
개 관

제1장 공기업의 역사와 변천:
공공성을 중심으로

박순애

01

Ⅰ. 서 론

매출이나 순이익 등 재무성과가 공기업 평가의 주요 기준이 된다면 '공공성'보다는 '수익성'을 강조하게 되고, 이는 고스란히 국민부담으로 전가될 가능성이 높다. (2011년 6월 21일 헤럴드경제 "공기업 경영평가, 공공성 반영비율 높여라")

공공성을 강조하면서 정부개입을 강조하는 의견엔 대체로 정부개입의 비용을 고려치 않는 경향이 있다. 적정한 수준의 정부가 되려면 한시 바삐 공공성 논리의 허구를 바로잡아야 한다. (2014년 10월 13일 문화일보 "3대 공공부문 개혁 막으며 공공의 이익 표방")

공기업을 논하면서 가장 많이 언급되는 단어 중 하나가 '공공성'일 것이다. 특히 공기업이 본연의 역할을 제대로 수행하지 못했다거나 혹은 그 평가방식에 문제가 있다는 질타를 받을 때 주로 듣게 되는 말이다. 되새겨보면 국민이 낸 세금으로 재원을 조달하는 기관이 왜 국민을 위해 일하지 않는가라는 의미가 내포되어 있다. 공기업에 항상 따라붙는 '공공성'이라는 단어는 공기업의 역할과 책임에 대한 사회 구성원들의 인식이 반영된 말일 것이다. 그럼에도 불구하고 공공성이라는 용어는 이론적·실천적으로 명확하게 정의된 개념에 기초하기보다는 사용자들의 관점에 따라 다양하게 해석되어 막연하게 사용되는 경향이 있다. 심지어 공공성을 연구하는 학자들조차 각기 다른 정의를 내놓을 만큼 그 실체가 분명하지 않다(Andrews, Boyne & Walker, 2011: 301). 공기업의 공과 실을 평가하는 다양한 제도와 연구들에서는 공공성을 주요한 평가기준으로 삼고 있다. 하지만, 공기업이 추구해야 하는 공공성이 무엇인지에 대해 먼저 답하기 전에는 공기업에 대한 소망과 불만만 나열하게 될 뿐이다.

공공성에 관한 기존 연구들에서는 정부가 공기업 운영에 관여할 수 있는 근거에서 해답을 찾고 있다. 구체적으로 정부가 공기업 지분을 가지고 있는가, 가지고 있다면 어느 정도인가, 혹은 운영에 필요한 자금을 정부로부터 조달 받는가 등 실제 제도를 중심으로 고찰하고 있다. 하지만 이렇게 가시적 제도만으로 정부통제 정도를 파악하는 데는 어려움이 있다고 지적하면서 제도 이면에 놓인 비제도적 정황을 반영하자는 주장도 있다(Scott, 2003: 880; Moulton, 2009: 893 재인용). 공공성에 대한 이러한 이론적 논의에도 불구하고 실증적 연구는 많지 않다. 이에 본 연구는 공공성의 관점에서 우리 공기업이 어떻게 진화되어 왔는지 관련 제도의 역사적 변화를 통해 살펴보고자 한다. 공공성 개념이 시대와 사회적 맥락에 따라 다르게 정의될 수 있고, 제도 역시 시대적 요구에 따라 변화하기 때문에 공기업 관련 제도의 변천을 살펴보면 공공성의 적용범위나 사업대상이 변화하는 것도 관찰할 수 있을 것이다. 또 특정 시기에 동일한 제도를 적용하더라도 각 공기업이 사회경제적 환경에 대응하는 방식에 따라 개별 조직이 인지하는 공공성도 달라질 수 있다는 점도 고려하고자 한다.

Ⅱ. 공기업과 공공성의 개념

1. 공공성의 기준

공공성의 정의에 대해서는 학자에 따라 정치적 권위(political authority)가 미칠 수 있는 영향력이 얼마나 큰가, 누가 조직을 소유(organizational ownership)하는가, 혹은 양자의 관계는 어떠한가 등을 중심으로 다양한 견해가 존재하고 있다(Andrews, Boyne & Walker, 2011: 301). 그렇지만 이와 달리 공공성의 중요성에 의문을 제기하는 이는 그리 많지 않다. 왜냐하면 공공성 이슈가 현실에서 정부역할을 내세우는 명분이기도 하고, 학문적으로도 공조직이 사조직과 다른가라는 근본적 물음을 던지는 중요한 연구과제이기 때문이다(Meier & O'Toole, 2011).

현대사회와 같이 공조직과 사조직의 구분이 모호한 복합적 형태의 조직이 늘어나면서 공공성 개념을 어디까지 확대·적용할 것인가에 대한 고민이 커지고 있다. 특히 세계 각국이 겪고 있는 경제적 불황으로 국가가 은행을 인수하는 사례가 빈번해지면서 경제적 이익이 최우선인 은행이라고 하더라도 공적 가치를 추구하라는 목소리가 높아지고 있기 때문이다(Walker & Bozeman, 2011: 279). 이렇게 공공과 민간의 특성이 혼합된 복합조직이 지속적으로 증가하면 해당 기관의 이익추구와 더불어 사회 전체의 효용 극대화를 추구하라고 주문해야 하는지 여부가 중요한 이슈가 되는데, 외관상 정부조직인지 여부로만 판단한다면 쉬운 결정은 아닐 것이다. 즉 공공성을 보는 시각에 따라 조직의 기능과 성과가 달리 정의될 수 있다는 것이다.

1) 제도와 정치적 권위

제도적 측면의 공공성 연구는 공조직과 사조직을 구분하는 데서 시작하는데, 일반적으로 공공성을 가지면 공조직이라고 간주하게 되므로 공공성이 무엇인가에 따라 공조직 범위가 결정된다고 할 것이다. 먼저 Rainey, Backof & Levine(1976)은 조직의 소유권(organizational ownership)을 중심으로 공조직과 사조직을 구분할 수 있다고 주장하였는데, 정부가 소유권을 가지면 공조직이고 민간이 소유권을 가지면 사조직이라는 것이다. 하지만 현실에서는 소유권을 중심으로 조직의 정체성을 구분하기 어려운 경우가 존재한다. 개인이 소유한 조직이라도 조직의 운영 재원을 정부에서 지원받는 조직은 정부의 통제를 받게 되므로 소유권을 중심으로 이런 조직을 사조직이라고 정의하기는 어려워지는 현상이 발생한다.

이러한 맥락에서 Wamsley & Zald(1973)는 공사조직 구분에서 소유권뿐만 아니라 재원조달방법(funding)도 중요한 판단의 기준으로 삼고 있다. 대부분의 국가에는 경찰이나 군대와 같이 정부가 소유권과 재원조달을 모두 담당하는 조직이 있는가 하면, 사기업처럼 민간이 소유권과 재원조달을 모두 담당하는 조직도 있다. 하지만 정부가 소유하고 있더라도 민간부문에서 재원을 구하는 조직도 있고, 민간위탁업체처럼 민간이 정부에서 재원을 조달하는 경우도 있다. 이를 고려하면 소유권과 재원조달방법은 이분법적으로 볼 수 없으며, 그 정도에 차이가 있는 연속적 개념으로 보는 것이 타당하다(Rainey, 2009: 74~76).

〈그림 1〉 제도적 측면: 공공성 그리드(Public Grid)

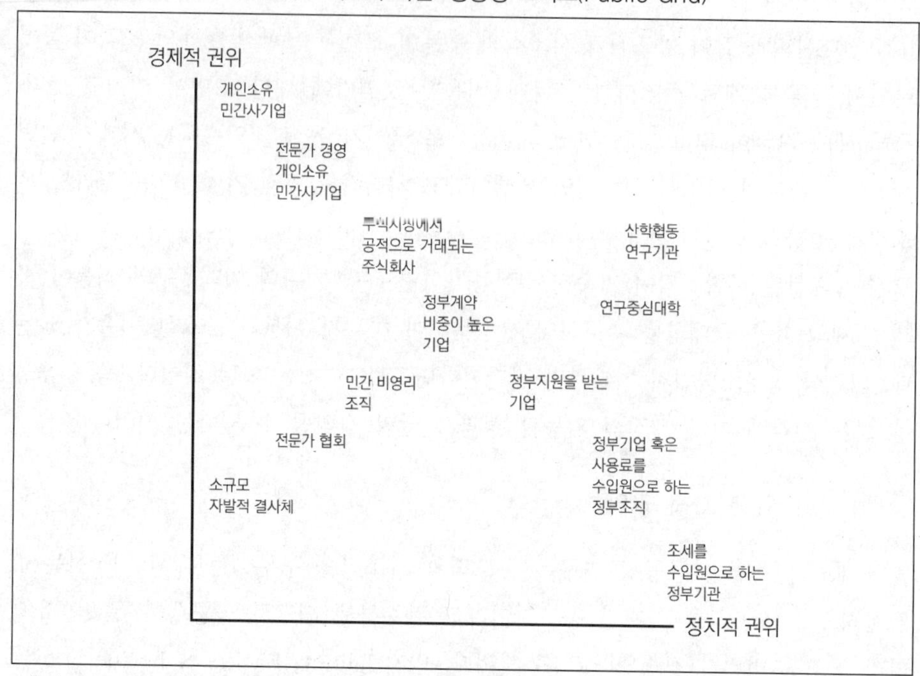

출처: Bozeman(1987), Bozeman & Moulton(2011: 366) 재인용.

Bozeman(1987)은 공공성 개념의 연속성을 주장하는 대표적인 학자로 모든 조직은 일정 수준의 정치적 영향력과 통제 하에 있기 때문에 어떠한 조직이나 일정 수준의 공공성(publicness)을 지니고 있다고 주장하였다. Bozeman은 공공성 정도를 측정하는 기준으로 정치적 권위(political authority)와 경제적 권위(economic authority)를 제시하면서, 이 두 범주의 조합에 따라 조직의 공공성 정도가 결정된다고 보았다. 〈그림 1〉에서 나타난 바와 같이 양 극단에 있는 정부와 민간기업 만을 고려한다면 정치적 권위와 경제적 권위는 상반된 관계에 있다고 할 것이나, 그 외의 조직 유형은 두 축의 연속선상에 존재한다. 특히, 정치적 권위와 경제적 권위가 모두 낮거나 높은 조직도 존재한다. 예를 들어 산학협동연구기관은 정치적 권위와 경제적 권위 양자가 모두 높은 수준의 조직으로, 소규모 자발적 결사체는 두 권위가 모두 낮은 조직으로 분류되고 있다.

즉 정치적·경제적 권위를 기준으로 공공성을 보는 관점은 정부의 관여 정도와 정부가 규제를 가할 수 있는 제도적 근거가 어느 정도인지에 따라 조직을 분류한 것이다. 이는 다양한 조직을 하나의 틀로 설명할 수 있다는 장점은 있지만 모든 조직을 제도와 조직관리 방식 등 가시적 특성만으로 파악하기에는 한계가 있다.

2) 산출물의 공적 가치

공공성을 정의함에 있어 비제도적인 측면을 강조하는 학자는 동일한 제도의 영향을 받는 조직과 정책이라도 추구하는 공적 가치(public value)가 다르면 정치적 권위와 경제적 권위의 배합이 달라진다고 주장한다(Bozeman, 2007: 32). 비제도적 공공성은 이러한 공적 가치를 공공성으로 이해하려는 노력인데, 단순히 제도에만 초점을 두지 않고 한 발 더 나아가 조직이 생산하는 산출물까지도 관심을 갖는 접근법이다. 즉, 조직이 공적 가치를 반영한 사업을 수행하면 산출물에 공공성이 그대로 투영될 것이라는 시각이다(Moulton, 2009: 890~891).

1950년대 미국의 담배산업은 시장에서 호황을 누렸으나, 국민의 건강을 고려한 정책은 아니었다. 1999년 법이 개정되면서 담배산업에 대한 정부 통제가 강화되었고, 이에 따라 담배 판매율은 급격히 감소하였다(Bozeman, 2002: 156). 즉 담배를 생산하는 동일한 조직이지만 제도에 따라 '국민건강'이라는 공적 가치의 추구정도는 달라진 것이다. 이는 최근 인상된 우리나라의 담배세에도 적용 가능한 논리라고 볼 수 있다. 또한 과학기술정책이라고 하여도 세부 프로그램별로 공공가치 실현 정도는 다를 수 있다(Bozeman & Sarewitz, 2005). 제약회사의 R&D정책은 시장성에서는 높이 평가할 만하지만 사회전체 이익에는 반할 수 있는 반면, 인터넷 기술 개발은 시장성 측면에서 성공했을 뿐만 아니라 공익 창출에도 기여함으로써 정치적·경제적 가치를 모두 구현한 사례라고 볼 수 있다.[1)]

시간이라는 변수를 고려하면 또다른 논의가 가능하다. 특정 시대의 정책패턴이 시간이 흘러도 영원히 지속되는 경우는 많지 않다(Bozeman & Moulton, 2011). 특히 공공부문에서 어떤 재화와 서비스를 생산하는 것이 적절한지는 각국이 처한 경제수준과 시대적 상황에 따라 변하기 마련이다. 즉, 정치적·경제적 권위와 공공가치를 포괄하여 공공성을 정의한다고 하더라도 사회적 맥락에 따라 그 가치가 달라질 수 있기 때

1) 물론 반대의 사례도 존재한다. 불치병을 치료할 수 있는 약품의 개발은 공적 가치의 증대이며, 청소년이 유해매체에 노출될 가능성이 높아진 것은 인터넷 확산의 폐해로 볼 수 있다.

문에 획일적으로 어떤 조직의 공공성이 어느 정도라고 말하기는 쉽지 않다.

2. 공기업의 공공성

공기업은 조직 유형 중 하나이다. 앞서 본 〈그림 1〉의 여러 유형의 조직들 중 공기업은 정부기업(government corporation) 혹은 사용료를 수입원으로 하는 정부조직(government organization funded through user fees)에 속한다고 할 수 있다. 일반적인 의미에서 공기업(public enterprise)은 국가 또는 지방자치단체의 사업을 수행하는 기업적 특성을 띤 조직으로(행정학회 온라인 용어사전) 시장에서 공급하기 어려운 재화와 서비스를 제공한다. 한편, 공기업은 국가 또는 지방자치단체가 소유권을 가진 기업을 의미하기도 하는데, 정부가 전액 출자를 하지는 않았더라도 중요한 의사결정권을 가지고 있어서 지속적으로 지배권을 행사하는 공기업도 포함된다.[2] 이런 공기업은 사기업과 대칭되는 개념이면서 동시에 정부와도 대비되는 영역의 기관이라고 할 수 있다(한국조세재정연구원, 2010: 28). 그렇지만 이렇게 공공성을 갖는 공기업이라고 하더라도 공공성 개념을 하나의 잣대를 가지고 일의적으로 적용하는 데는 어려움이 있다.

일반적으로 정부는 제도를 통해 공기업을 관리한다. 즉, 공기업 운영체제 관련 법제가 존재한다. 현재 우리나라는 기획재정부에서 공기업의 전반적인 운영체제를 관할하는 거버넌스로 정부가 공기업에 대한 지분을 가지고 보조금을 지급하고 있다. 이러한 이유에서 공기업은 정부로부터 통제를 받으며 다른 조직보다 공공성에 더 충실해야 한다는 요구를 받는다. 그렇지만 공공성을 정부의 제도적 관여로 본다면 모든 공기업에 대하여 동일한 수준의 공공성을 기대할 수 없는데, 이는 시기와 조직유형을 아우를 수 있는 제도가 존재하기 어렵고 실제로 모든 공기업에 대해 정부가 동일한 지분을 행사하지 않으며 동일한 액수의 보조금을 지급하지도 않기 때문이다. 결국 공기업에 대한 정치적 통제, 즉 공공성 요구는 반드시 같은 수준이라고 볼 수 없는 것이다.

---

2) 공공기관의 운영에 관한 법률에 따르면 법률에 의해 설립되고 정부가 출연한 기관으로 시장형 공기업은 자산규모가 2조원 이상이고, 총수입액 중 자체수입액이 대통령령이 정하는 기준 이상인 공기업을 의미한다. 준시장형 공기업은 시장형 공기업을 제외한 공기업으로 한국전력의 자회사인 발전사와 소규모의 지역항만공사 등을 포함한다.

또한 공기업도 하나의 유기체인 조직이므로 각 기업에 적합한 방식으로 사회경제적 환경에 반응하기 마련인데, 그 결과 공기업 특성이 다양하고 복잡할수록 그 차별성은 더욱 커지게 된다. 일반적으로 환경이 변하면 조직은 추구하는 가치나 목표를 바꾸기도 하고, 관리방식을 변경하기도 한다. 또한 동일한 관리방식을 고수하여도 환경이 바뀌면 산출물이 달라질 수도 있다. 이처럼 개별조직들은 변화하는 환경속에서 생존하기 위하여 혹은 기관의 목표를 달성하기 위하여 정치적 통제 수준과 시장에 대한 영향력을 자체 조율할 수 있다. 그 결과 공공성도 각 공기업마다 달라질 가능성이 높다(Moulton, 2009; Andrews, Boyne & Walker, 2011).

공기업 관련 제도도 지속적이지는 않다. 정권교체 등 정치적 목적으로 제도를 개정하기도 하고, 국제적 혹은 국내적 사회경제적 필요성에 의해 제도가 변하기도 한다. 일단 제도가 변하면 그 적용대상인 공기업은 영향을 받기 마련이다. 공기업 적용범위가 달라지기도 하고, 정부 통제 방식이나 수준도 변한다. 그에 따라 제도적 기준으로 접근한 공공성도 변할 수밖에 없다.

Ⅲ. 공기업 관련 제도

1. 법제의 변천

우리나라 공공기관 운영체계는 관련 법제에 따라 다음 〈표 1〉과 같이 크게 4기로 구분 가능하다(기획재정부, 2011: 35). 여기서 공공기관은 정부가 관리·통제하도록 법규정에 명시된 조직 전체를 지칭한다. 공기업은 이러한 공공기관 전체를 의미할 수도 있고, 일부를 의미할 수도 있다. 이와 관련된 구체적 내용은 공기업 적용대상 부분에서 후술하기로 한다.

제1기는 1962년 8월 정부투자기관예산회계법 제정부터 1984년 2월 관련법이 폐지될 때까지이며, 공기업의 설립과 관리운영에 대한 토대가 만들어진 시기로 볼 수 있다. 제2기는 예산과 관리운영 법제를 정부투자기관관리기본법으로 일원화한 시기로 공기업 자율책임경영제도와 전문가에 의한 사후 경영평가제도를 도입하는 등 큰 변화가 있었던 시기이다. 제3기의 특징은 정부산하기관에 대한 성과관리의 근거를 마련한 것이다. 기본적으로 정부투자관리기본법은 2007년 3월까지 지속되기는 했지만 1999년 2월 전면 개정되었고, 2003년 정부산하기관관리기본법이 제정됨으로써 준정부기관에도 경영평가가 도입되었다. 제3기는 공기업과 정부산하기관이 이원화된 체제로 운영된 시기로 볼 수 있다. 마지막으로 2014년 현재 법규정인 공공기관의 운영에 관한 법률(이하 공운법)은 정부투자기관관리기본법과 정부산하기관관리기본법을 하나의 법제로 통합한 것으로서 앞선 양 법제에서 관리하지 않던 기타 공공기관까지 포함해서 체계화한 법이다. 이 시기는 운영체계 변화 측면에서 제4기로 분류된다. 다만 법제를 기준으로 한 구분이므로 이 구분에는 관련 법제가 제정되지 않은 대한민국 정부수립 이후부터 제1차 경제개발 5개년 계획 착수 전까지의 시기는 포함되지 않는다. 이 당시 공기업은 대부분 해방 이전 일본인 소유의 사

〈표 1〉 공기업 법제 변천

시 기	법 제	기간 (제정~폐지)	주요 특징
제1기	정부투자기관예산회계법	1962. 8~1984. 2	- 1960년대 이후 경제개발계획과 산업진흥정책의 일환으로 공기업을 신설·운영해서 통일적이고 일관적 관리체계 - 1962년 정부투자기관예산회계법 도입으로 합리적 운영과 독립채산제 확립, 정부투자기관을 통한 국가재정관리 - 1973년 정부투자기관관리법 제정으로 예산이외 관리운영 체계화
	정부투자기관관리법	1973. 6~1984. 2	
제2기	정부투자기관관리기본법	1984. 3~1999. 1	- 공기업의 자율성 및 효율성 확보, 민영화 및 재정적자 해소 등 정부정책 기조에 따른 개혁프로그램을 동시 진행 - 공기업 자율책임 경영제도 확립 - 전문가에 의한 사후경영평가제도 도입
제3기	정부투자기관관리기본법	1999. 2~2007. 3	- 내부 운영 자율성을 저해하는 정부 통제적 내용 배제 - 2004년 정부산하기관관리기본법 제정으로 정부산하기관의 경영효율성과 투명성 추구
	정부산하기관관리기본법	2003. 12~2007. 3	
제4기	공공기관의운영에관한법률	2007. 4~현재	- 공공기관 범위와 유형 분류, 내·외부 지배구조 개선, 임원 임면의 공정성에 관한 사항 등을 체계적으로 규정

출처: 국가법령정보, 기획재정부(2011: 35~55).

업체를 귀속재산으로 처리하는 과정에서 형성되었기 때문이다. 각 시기별 구체적인 내용은 〈표 1〉과 같다.

공기업 법제의 적용대상을 살펴보면, 제1－3기는 정부투자기관이 중심이 되는데, 정부가 자본의 50%를 출자했는지가 주된 기준이다. 구체적으로 제1기에는 정부투자기관예산회계법과 정부투자기관관리법에서 정부가 5할 이상 자본금을 출자한 기관을 공기업으로 정의하고 있다. 제2기에도 정부의 자본금 출자 비중을 중심으로 정부투자기관을 정의하고 있는데, 제1기와 다른 점은 기본법적 성격에 따라 다른 법률의 적용을 받는 동법 제외규정(제2조, 제7조)이 존재한다는 것이다.[3] 제3기의 시작인 1999년 정부투자기관관리기본법이 대폭 개정되었지만 이는 여전히 정부투자기관만을 대상으로 한 것으로 공기업의 경영구조개선및민영화에관한법률[4] 등 예외규정을 명시하는 사례가 증가하면서 오히려 적용대상이 27개에서 14개까지 줄어들었다. 제4기는 공운법의 제정으로 공기업 대상에 가장 큰 변화가 있었던 시기이다. 여전히 법규상 정부가 자본의 50%를 출자한 조직이 해당되지만, 이외에도 30% 이상 출자·출연 조직을 포함하는 등 이전 공기업보다 적용 대상이 확대되었다. 이들 적용 대상은 포괄적으로 공공기관으로 명명하였는데 여기에는 정부투자기관, 정부산하기관, 출자기관뿐만 아니라 출연기관까지 포함된다.[5]

이들은 법률상 적용대상이 이전 시기와 차별화되기도 하고 실제 운용기준도 확연히 다르며, 그 유형은 〈표 2〉처럼 크게 공기업, 준정부기관, 기타공공기관으로 구분된다. 따라서 법제적 측면으로 보면 2007년 공운법을 기준으로 적용대상이 크게 변화되었다고 할 것이다. 이전에는 정부 소유권(ownership)이 공기업 지정의 중요한 기준이었다면, 제4기 공운법에서는 소유권 조건을 완화하여 정부가 30% 이상 지분이 있으면서 통제권을 갖는 기관이 추가되었다. 또한, 정부 소유권을 기본으로 하고 자체수입비율을 추가적으로 반영함으로써 자금출처(funding) 개념을 도입한 것으로 볼 수 있다.

3) 한국방송공사, 한국산업은행, 중소기업은행, 한국수출입은행 등이 예외 조항에 해당하는 기관이다.
4) 1997년 제정된 후 2013년 법률 제11845호까지 10차례 개정되었다(국회 법률지식정보시스템).
5) 이들은 국가와 지방자치단체가 아닌 법인, 단체 또는 기관으로서 공운법 제4조 1항의 각호 요건에 해당되는 기관 중에서 기획재정부 장관이 지정하고 있다.

<표 2> 제4기 공공기관 유형

구 분	유 형
공기업	자체수입비율≥50%, 직원정원≥50인
시장형 공기업	- 자체수입비율≥85%인 기관(and 자산 2조원 이상)
준시장형 공기업	-시장형 공기업을 제외한 공기업
순성부기관	공기업이 아닌 공공기관, 직원정원 ≥ 50인
기금관리형 준정부기관	- 중앙정부 기금을 관리하는 기관
위탁집행형 준정부기관	- 기금관리형이 아닌 준정부기관
기타공공기관	공기업·준정부기관을 제외한 공공기관

출처: 기획재정부(2011: 61).

2. 정부의 통제 범위

공공성의 또 다른 측면은 공기업에 대한 정부의 통제 범위와 관련된 변화이다. 비록 적용대상이 변하지 않아도 정부가 직접 통제하기보다 책임경영 등을 통해 공기업 자체의 내부 통제를 강화한다면 제도상 정치적 통제는 줄어든다고 할 수 있다. 실제로 제1-3기 공기업 적용대상이 정부가 자본금 50% 이상 출자한 정부투자기관임에도 불구하고, <표 3>에 나타나듯이 꾸준히 내부 자율 책임운영체제로 전환하면서 정치적 통제가 약해지고 있는 것으로 볼 수 있다.

다음으로 지배구조와 외부감사 측면에서는 점차 주무 부처의 권한을 축소하고 공기업 내부 지배구조를 중시하는 방향으로 변화가 나타나고 있는데, 형식적인 측면에서는 이사회 임면에 정치적 영향력을 배제하려는 노력이 감지된다. 제1기에는 주무 부처가 포괄적이고 광범위한 통제권을 행사했으나, 갈수록 주무 부처의 직접적 영향력은 감소되고 있다. 감사 또한 주무 부처가 행하는 외부감사보다 지배구조를 기반으로 한 내부감사와 외부전문가 중심의 외부감사로 변모하였다. 즉, 외형적으로는 공기업에 대한 정치적 통제 수위가 점차 낮아지고 있는 것으로 보인다(기획재정부, 2011: 35~55).

한편, 경영평가 또한 정치적 통제보다 경제적 통제로 중심추가 이동되고 있는

〈표 3〉 시기별 공기업 통제 범위

시 기	법 제	내 용		
		자율·책임경영	지배구조 및 외부감사	경영평가
제1기	정부투자기관 예산회계법 정부투자기관 관리법	- 예산통제기능 일원화 - 예산편성기준으로 예산총칙, 추정손익계산서, 추정대차대조표 사용	- 이사회<주무부처 권한 - 이사회는 임원 등 기관 내 부서에서 업무를 수행하는 집행부로 구성 - 주무부처의 포괄적이고 광범위한 통제권 행사	- 주무부처에 의한 경영평가제도 도입 - 성과 상여금 최초 도입
제2기	정부투자기관 관리기본법	- 기관 예산 자율권 확대 - 이사회-사장-집행간부로 구성된 경영진이 예산이외 세부사항 결정	- 의결기능을 수행하는 이사회와 집행기능을 담당하는 경영층 분리 - 주무부처 장관의 제청으로 대통령 임면	- 사실상의 경영평가제도 - 정부투자기관경영평가위원회, 평가단 설치
제3기	정부투자기관 관리기본법	- 정부투자기관의 이사회제도와 경영진 임명절차 개편	- 감사의 독립성을 강화하기 위하여 정부투자기관 운영위원회의 의결을 거쳐 기획예산처장관의 제청으로 대통령 임면	- 시장경영계약이행 실적 평가와 경영평가로 이원화
제4기	공공기관의 운영에관한법률	- 기관장의 책임경영체제를 강화하기 위해서 기관장에게 조직·인사·예산 등 경영 자율성 부여	- 이사회의 독립성을 제고하여 경영권을 견제·감시하는 이사회의 기능 강화 - 내부감사기능 강화 - 감사 및 외부감사인 책임 강화	- 평가대상기관 축소 - 기관장 평가제도 분리운영(2007~2010), 기관평가와 기관장 평가를 하나의 평가시스템으로 통합(2011~2013)

출처: 국가법령정보, 기획재정부(2011: 35~55), 윤태범(2011: 37), 한국조세재정연구원(2013).

것으로 나타났다. 경영평가는 1984년 정부투자기관관리기본법 제정을 기점으로 크게 구분되는데, 제1기에도 경영평가는 있었지만 주무부처가 시행하는 것이었기 때문에 실질적 경영평가의 시작은 제2기부터라고 볼 수 있다(한국조세재정연구원, 2013). 정부투자기관관리기본법이 표방한 자율적 책임경영제도를 정착하기 위한 노력으로 경영평가지표체계를 개선하고 인센티브체제까지 확립하였다. 그러나 외부전문가의 실적평가에 과도하게 집중하고 있어서 기관 자율성을 저해한다는 비판도 있고, 무엇보다 지표의 경우 단순 수익성 등 시장 지향적 성과를 중심으로 평가함으로써 공기업의 공공성을 제대로 반영하지 못한다는 지적이 이어졌다. 이렇게 공기업 경영성과를 평가하기 위한 지표체계와 기관-기관장 평가 분리여부 등 논쟁이 계속되는 가운데 평가제도방식과 지표 등은 예전에 비해 시장 지향성이 강하다는 평가를 받고 있다.

3. 공기업의 지정 현황

실질적인 공기업 운영체계 역사의 시작인 1962년 정부투자기관예산회계법 제정을 기준으로 공기업 수의 변화를 살펴보면 〈표 4〉 및 〈그림 2〉와 같다. 관련 법제상 공기업 수의 증가는 제2기까지는 큰 변화가 없다가 제3기 정부산하기관관리기본법이 제정되어 기획재정부의 통제를 받는 공공기관의 수는 급증하였다. 제1기에서 제3기까지 정부투자기관의 수는 14-25개 범위 내에서 가감될 뿐 큰 폭의 변

〈표 4〉 공기업 및 공공기관 지정 현황

시 기	법 제	공 기 업	제정(개정) 연도		폐지 연도	
			연 도	기관 수	연 도	기관 수
제1기	정부투자기관예산회계법	정부투자기관	1962	22	1983	24
	정부투자기관관리법	정부투자기관	1973	22	1983	24
제2기	정부투자기관관리기본법	정부투자기관	1984	25	1998	21
제3기	정부투자기관관리기본법	정부투자기관	1999	20	2007	14
	정부산하기관관리기본법	정부산하기관	2004	88	2007	100
제4기	공공기관의운영에관한법률	공공기관	2007	298	2014	295
		- 시장형 공기업		14		14
		- 준시장형 공기업		10		16
		- 기금관리형 준정부기관		13		17
		- 위탁집행형 준정부기관		64		70
		- 기타공공기관		197		178

주: 기관 수는 지정 해제된 기관을 제외한 해당 연도에 지정된 상태인 기관의 수임.
제4기 「공공기관의 운영에 관한 법률」은 현행 법률로서, 2014년 현재 자료임.
출처: 국가법령정보 기획재정부 고시.

화는 없는 것으로 나타난다. 2007년 이후에도 이전 정부투자기관인 시장형 공기업은 14개 수준을 유지하고 있다. 비록 준시장형 공기업이 2007년 10개에서 2014년 16개로 증가하고 있으나, 이는 준정부기관 중 자체수입비율 등의 요건을 구비해서 유형 변경이 된 경우가 다수이다.

〈그림 2〉는 공공기관 전체 및 정부투자기관(제4기는 공기업)의 지정 건수와 해제 건수를 각 시기별로 나타낸 것이다. 여기서 해제는 민영화 등을 목적으로 지정 목록에서 제외하거나 공공기관이 지정 요건을 구비하지 못한 경우를 의미한다. 해제 건수는 해당시기 동안 지정된 공공기관 전체 수에서 마지막 연도의 지정 건수를 뺀 수치이다. 예를 들면 제1기는 전체 기간 동안 39개의 공공기관이 지정되었는데, 모두 정부투자기관이며, 관련 법 폐지 당시에는 27개만 남았다. 즉, 67.2%의 공기업이 지정 자격을 유지하였으며, 지정 해제된 것은 12개였다. 이런 방식으로 공기업의 생존율을 살펴보면 제2기는 77.8%, 제3기는 91.1%, 제4기는 88.3%이다. 한편,

〈그림 2〉 시기별 공공기관 지정 수

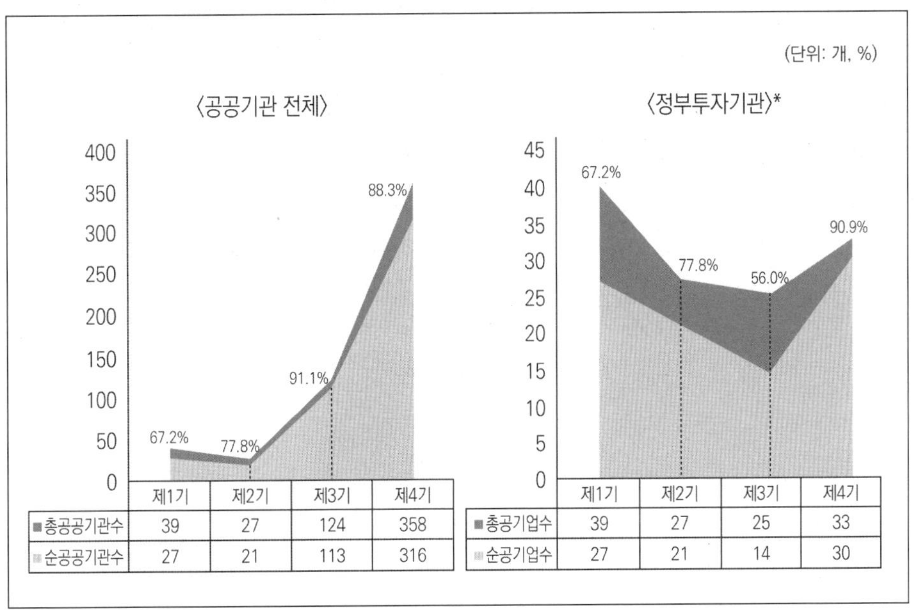

	제1기	제2기	제3기	제4기
■총공공기관수	39	27	124	358
■순공공기관수	27	21	113	316

	제1기	제2기	제3기	제4기
■총공기업수	39	27	25	33
■순공기업수	27	21	14	30

주: 공기업 지정 해제 건수=총공기업수-순공기업수
정부투자기관의 제4기는 공운법상 공기업을 의미함.
출처: 국가법령정보 기획재정부 고시.

공공기관 수가 급격히 증가하는 제4기의 특징은 공기업이 민영화되거나 해제되는 경우가 드문 것으로 나타났다. 또한, 공공기관 지정 및 해제의 연혁에서 특이할 만한 점은 전체 기간을 통틀어 제3, 4기에 정부산하기관 등 기존 준정부기관이 유입되는 경우를 제외하고는 실제 공기업 수가 크게 변하지 않는다는 것이다.

Ⅳ. 공기업의 생성과 소멸

1. 공기업의 진입과 민영화

앞서 언급하였듯이 제1기에 정부투자기관으로 지정된 기업은 전체 39개인데, 이 중 2014년 현재까지 17개 기관이 공공기관으로 그 지위를 유지해 오고 있다(〈표 5〉 음영 부분 참조).[6] 여기에는 공운법 기준에 따라 공기업으로 분류되는 10개 기업과 준정부기관 및 기타공공기관으로 구분되는 7개 기업이 포함되어 있다. 동법의 공기업 기준을 적용하면 대한석탄공사를 포함한 10개 기관이 자체수입비율이 50% 이상이고, 정원이 50명 이상인 경우이며, 대한무역투자진흥공사를 포함한 7개 조직은 자체수입이 50% 미만이지만 정부정책운영을 목적으로 한다. 이들 17개 공기업의 특성을 살펴보면, 앞서 언급했듯이 제1기에 공기업에 지정된 이후 지금까지 그대로 유지되는 경우가 많다는 것을 알 수 있다. 이에 반해 제2기(한국철도공사·한국가스공사·한국담배인삼공사)와 제3기에 새로 지정된 공기업은 거의 없는 것으로 나타난다.

6) 공기업 지위를 지속해서 유지 못한 경우도 있다. 2013년 현재 명칭으로 근로복지공단, 대한무역투자진흥공사, 한국거래소, 한국국제협력단, 한국농수산식품유통공사, 한국농어촌공사, 한국산업은행이 이런 사례이다. 한국산업은행과 한국거래소는 기본관리법의 제외대상으로 지정 해제되었다가 다시 지정됨을 반복한다. 한편 한국국제협력단은 1991년 해외개발공사 폐지 후 국제협력단을 신설하면서 지정해제가 반복되었다.

〈표 5〉 공기업 지정과 변천

구 분	공기업(정부투자기관) 신규 지정			비 교: 제4기 신규 공기업 지정 (20)	
	제1기(39)	제2기(3)	제3기(0)		
제4기 공기업	대한석탄공사 한국관광공사 한국광물자원공사 한국도로공사 한국석유공사 한국수자원공사 한국전력공사 한국조폐공사 대한주택공사* 한국토지개발공사*	한국철도공사 한국가스공사		제주국제자유도시개발 대한주택보증 부산항만공사 한국컨테이너부두공단 울산항만공사 인천국제공항공사 인천항만공사 한국감정원 한국공항공사	한국남동발전 한국남부발전 한국동서발전 한국마사회 한국방송광고공사 한국서부발전 한국수력원자력 한국중부발전 한국지역난방공사 해양환경관리공단
제4기 공기업 외	대한무역진흥공사 한국농수산시품유통공사 한국농어촌공사 한국국제협력단 근로복지공단** 한국산업은행 한국거래소				
민영화	한국전기통신공사(1997) 한국광업제련공사(1977) 대한석유공사(1972) 국민은행(1995) 한국주택은행(2001) 대한중석광업(주)(1972) 국정교과서(주)(1999) 대한항공공사(1969) 한국기계공업(주)(1968) 대한철광개발(주)(1967) 대한조선공사(1968) 중소기업은행(2012) 대한재보험공사(1978) 포항종합제철(주)(2000) 대한준설공사(1987) 대한해운공사(1968) 인천중공업(주)(1967) 한국수산개발공사(1972)	한국담배인삼 공사(2002)			
적용제외	한국방송공사(1987) 대한염업(주)(1972) 충주비료(주)(2001)*** 호남비료(주)(2001)***			산재의료관리원(2010)**	

주: 분석대상은 제1기~3기에 신규 지정된 정부투자기관 전체 42개임.
제4기 공기업: 2013년 현재 공기업, 제4기 공기업 외: 현재 준정부기관 혹은 기타공공기관
민영화: 민영화 혹은 사기업에 매각인수, 적용제외: 조직폐지·관련법제 제외대상
구분 제4기 공기업과 공기업 외는 2013년 현재 명칭이며, 민영화와 적용제외는 당시 명칭임.
괄호 ( )는 민영화 혹은 요건소명·제외된 당해 연도임.
통합: *: 2010년 한국주택토지공사, **: 2010년 근로복지공단, ***: 1973년 한국종합화학공업주식회사
출처: 국가법령정보(각 시기 법제 법률 및 시행령), 기획재정부 고시.

〈표 6〉 제1기 지정 공기업 해제: 민영화(매각)

공기업	설립연도	매각연도	인수 기업 (2014년 현재 기업명)
한국광업제련공사	1963	1971	LG산전주식회사
대한항공공사	1962	1969	대한항공
한국기계공업주식회사	1937	1968	두산인프라코어
대한철광주식회사	1959	1967	삼미(주)
대한해운공사	1949	1968	한진해운홀딩스
인천중공업주식회사	1953	1967	현대중공업
대한준설공사	1967	(1987)	한진종합건설(주)

출처: 한국민족문화대백과사전, 각 공기업 홈페이지 등.

제4기에 공공기관 유형 분류가 변화되면서 다수의 공기업이 새로 지정되기는 했지만, 이것은 정책 목적을 실현하기 위해서 지정한 경우와 인접한 시기에 새로 설립한 경우가 대부분이다. 예를 들면, 울산항만공사(2007), 인천항만공사(2005), 부산항만공사(2004) 등이 있으며, 해양환경관리공단은 2010년에 설립되어 2012년에 공공기관으로 지정되었다. 주목할 만한 또 다른 특징은 제1기에 지정된 공기업 중 다수가 민간 기업으로 전환하거나 민간 기업에 매각되었다는 것이다. 특히 민간 기업이 직접 인수한 사례는 7건이나 된다. 이중 6건은 제1기에 공기업으로 지정된 이후 얼마 지나지 않아서 민간 기업에 매각되었다. 한국광업제련공사, 대한항공공사, 한국기계공업주식회사, 대한철광주식회사, 대한해운공사, 인천중공업주식회사가 여기에 해당하는데(〈표 6〉 참조), 이들 기업은 2014년 현재 LG산전주식회사, 대한항공, 두산인프라코어, 삼미, 한진해운홀딩스, 현대중공업, 한진종합건설 등과 같은 대기업의 전신이다. 즉, 정부가 수익적 가치가 높은 공기업을 민간에 매각함으로써 부족한 재정을 확보하고자 노력한 것으로 볼 수 있다(최용전, 2012). 또한 이는 초창기 공기업 자체가 국가주도 경제개발의 원동력이자 민간부문의 전신이 되기도 했다는 것을 의미한다. 한편, 시장성이 강한 공기업들이 이미 민영화되었다는 사실은 지금까지 지위를 유지하는 17개 공기업은 시장성이 부족하거나 공공성을 이유로 생존해 온 것으로 볼 수 있다.

2. 산업유형별 비중

아래 〈표 7〉은 공기업 명칭으로 제시한 〈표 5〉를 산업분류별로 재정리한 것이다. 우선 2014년 현재 공기업(시장형/준시장형 포함)인 기관을 중심으로 살펴보면 각 시기별로 두드러지는 산업유형이 나타나는데, 제1기부터 현재까지 지속되고 있

〈표 7〉 산업분류별 공기업 변천

	공기업(정부투자기관) 신규 지정			비 교: 제4기 신규 공기업 (20)
	제1기(39)	제2기(2)	제3기(0)	
제4기 공기업	B. 광업(3) C. 제조업(1) D. 전기가스수도증기(1) F. 건설업(3) H. 운수업(1) O. 공공행정국방사회보장(1)	H. 운수업(1) D. 전기가스수도증기(1)		D. 전기가스수도 및 증기(7) F. 건설업(1) H. 운수업(2) K. 금융 및 보험업(1) L. 부동산업 및 임대업(5) M. 전문과학기술서비스(1) O. 공공행정국방사회보장(1) R. 예술스포츠및여가(1)
제4기 공기업 외	K. 금융 및 보험업(2) M. 전문과학기술서비스(1) O. 공공행정국방사회보장(4)			
민영화	B. 광업(4) C. 제조업(4) D. 전기가스수도증기(1) F. 건설업(1) H. 운수업(2) K. 금융 및 보험업(4) M. 전문과학기술서비스(1) O. 공공행정국방사회보장(1)	C. 제조업(1)		
적용제외	C. 제조업(1) J. 출판영상방송통신정보(1)			O.공공행정국방사회보장(1)

주: 분석대상은 제1기~3기 정부투자기관 전체임.
표준산업분류는 기획재정부 보도자료 '표준산업분류 대분류별 공공기관 분류'(2011. 8. 19.)에 의하며, 괄호( )는 각 산업별 공기업 수임.
출처: 국가법령정보(각 시기 법제 법률 및 시행령), 기획재정부 고시.

는 10개 기업은 주로 광업(B)(대한석탄공사, 한국광물자원공사, 한국석유공사)과 건설업(F)(한국수자원공사, 한국토지주택공사(대한주택공사와 한국토지개발공사))인 것으로 나타났다. 그러나 제4기에 신규 지정된 20개 공기업에는 광업은 없고, 건설업은 하나에 불과하며, 전기, 가스, 수도 및 증기산업(D)이 7개에 이르고 있다.[7] 대신 종전에 없던 부동산업 및 임대업(L) 분야에 5개 공기업이 새롭게 진입하였다.[8] 이러한 변화는 시대별로 공기업이 수행해야 할 역할이나 필요한 분야가 달라진 것을 반영한 것으로 볼 수 있다.

공기업의 전체 역사를 추적해보면 이러한 현상은 더욱 두드러진다. 제1기에 신규 지정된 39개 기관 중 산업분류별 유형에서 광업(B)은 총 7개 기관을 차지하고 있다. 이 중 3개는 제4기에 공기업으로 분류되었으며, 나머지 4개는 초창기에 민영화되었다. 그 다음은 제조업(C)으로 4개인데, 이 중 1개(한국조폐공사)만 2013년 현재까지 공기업으로 남아있고, 나머지 3개(한국광업제련공사, 대한석유공사, 대한철광개발주식회사)는 민영화되었다. 한편, 제1기에 지정된 금융 및 보험업(K) 6개 기업 중 4개(국민은행, 한국주택은행, 중소기업은행, 대한재보험공사)가 민영화되었는데, 나머지 2개는 공운법에서 공기업이 아닌 공공기관으로 지정되어 있다(한국거래소, 한국산업은행). 그러나 이들 2개 기관을 공공기관에 포함해야 하는가에 대해서는 논란이 많다.

이상과 같은 산업별 공기업의 변화는 당시 경제상황을 반영하고 있다고 할 수 있다. 〈표 8〉은 공기업 관련 법제정 시기를 기준으로 산업별 실질 국내총생산(GDP)의 변동을 보여주고 있다. 제1기에 해당하는 1970년에는 공공행정, 부동산, 제조업과 건설업의 실질 GDP 비중이 다른 분야에 비해 높은 것으로 나타난다. 공공행정이나 산업화 등과 관련되는 분야가 다수인데, 그만큼 정부 주도적 경제성장을 잘 보여주는 것이라고 할 것이다. 그리고 이런 산업구조는 그대로 공기업의 수에서도 반영되고 있다. 특히 앞서 언급한대로 제조업(C)과 금융보험업(K) 관련 공기업은 제1기에 지정되었지만 곧 민영화됨으로써 민간산업의 발판이 되었다. 그 이후 제조업과 금융보험업은 괄목할 만한 성장세를 보였다. 한편 제1기에 국가경제에서 상당한 비중을 차지하던 광업(B)과 건설업(F)은 2013년 기준으로 마이너스 성장률을 보이

---

7) 한국전력공사 자회사인 5개 발전사(한국남동발전·한국남부발전·한국동서발전·한국서부발전·한국중부발전)와 한국수력원자력, 한국지역난방공사가 여기에 해당한다.

8) 부산항만공사, 여수광양항만공사, 울산항만공사, 인천항만공사, 한국감정원이다.

는 저성장산업으로 분류되고 있다. 즉 산업의 변천을 통해 우리나라 공기업의 역할 변화를 추론해볼 수 있다.

〈표 8〉 산업분류별 실질 GDP

(단위: 십 억원, %)

계정항목별	제1기	제2기	제3기	제4기	
(전 시기별 대비 성장률)	1970년	1984년	1999년	2007년	2013년
국내총생산 (시장가격)	61,851.1	209,140.7 (238.1)	638,458.0 (205.3)	956,514.5 (49.8)	1,134,853.2 (18.6)
B. 광업	1,434.5	2,263.1 (57.8)	1,926.4 (−14.9)	1,909.8 (−0.9)	1,763.4 (−7.7)
C. 제조업	5,054.1	35,237.7 (597.2)	132,755.8 (276.7)	247,408.1 (86.4)	324,795.0 (31.3)
D. 전기가스수도사업	218.6	1,925.9 (781.0)	11,296.1 (486.5)	19,026.2 (68.4)	23,323.1 (22.6)
F. 건설업	6,483.8	23,456.0 (261.8)	51,342.9 (118.9)	62,134.9 (21.0)	58,639.7 (−5.6)
H. 운수 및 보관업	2,789.8	9,984.3 (257.9)	25,934.6 (159.8)	39,136.8 (50.9)	45,419.7 (16.1)
J. 정보통신업	226.9	1,990.6 (777.3)	17,929.9 (800.7)	39,664.7 (121.2)	49,838.4 (25.6)
K. 금융보험업	850.3	6,224.6 (632.0)	38,013.2 (510.7)	61,614.4 (62.1)	75,327.3 (22.3)
L. 부동산 및 임대업	7,485.2	17,950.1 (139.8)	53,403.2 (197.5)	65,524.8 (22.7)	68,527.0 (4.6)
O. 공공행정 국방 및 사회보장행정	16,518.6	31,717.0 (92.0)	67,172.6 (111.8)	85,089.7 (26.7)	106,605.7 (25.3)
R. 문화 및 오락서비스업	260.8	1,123.2 (330.7)	6,474.9 (476.5)	11,781.1 (82.0)	13,382.5 (13.6)

출처: 국가통계포털(KOSIS) 2005년 기준으로 환산.

01

3. 공공성 관점에서 본 공기업의 변천

공기업의 범위를 소유권만으로 논하던 종전과는 달리 재원조달방법까지 고려하게 되면서 공공성의 논의 범위도 확장되었다. 이는 정치적 통제(political authority)의 근원이 변화됨을 의미한다. 또한, 공기업에 대한 정치적 통제와 경제적 통제 간의 관계 역시 변하였는데, 제1-4기에 걸쳐서 경제적 동세(economic authority)는 점차 강화되어 온 것으로 볼 수 있다. 그러나 분석대상인 17개 공기업이 모두 동일한 변화를 보인 것은 아니다. 같은 시기 동일한 제도 아래 있다고 하더라도 각 조직의 고유특성이 다르면 사회경제적 변화가 조직에 미치는 영향은 다르기 마련이다(Andrew, Boyne & Walker, 2011). 따라서 개별 공기업이 추구하는 공공성도 기관 자체의 특성에 따라 달라질 수 있다. 특히 경제적 여건이 달라지면 산업유형별 공기업의 대응 방식은 더욱 상이해질 가능성이 높다고 할 수 있다.

〈그림 3〉은 시기별로 산업별 공기업의 공공성을 추론한 것이다. 이때 초기의 정치적 통제는 동일하다고 가정한다. 이렇게 정부 통제가 획일적이라도 산업별로 정치적-경제적 권위의 조합은 다를 수 있다. 즉, 산업별 경제적 영향은 각기 다르므로 정치적·경제적 권위의 좌표는 다양하게 나타날 수 있는 것이다. 만약 왼쪽 그래프와 같이 공기업 적용대상과 통제방식이 경제적 권위를 중시하는 방향으로 변하고 있는 상황이라면 이 논의는 더 복잡해진다. 예를 들어 1960~1970년대 광업(B)과 건설업(F)은 경제성장에서 높은 비중을 차지했으나, 이들 산업은 제4기인 2007~2013년에서는 저성장 산업이 되었다.[9] 따라서 공기업 전체에 대해 경제성을 중시한다고 하더라도 이들 공기업이 수익성을 낼 가능성에는 한계가 존재한다. 반면, 초창기에는 국가 경제에서 크게 비중을 차지하지 못했던 전기·가스·수도·증기산업 등은 시간이 갈수록 그 중요성이 커지고 있다.

다만, 산업이 발전하면서 시장에서의 영향력이 커졌다고 해서 곧바로 높은 수익성으로 이어진다고 말하기는 어렵다. 예컨대 오른쪽 그래프에서 우리나라 전기·가스·수도·증기사업의 대표기업인 한국전력공사, 가스공사 등은 2014년 부채중점관리대상 기관으로 부채비율이 높은 공기업 중 하나이다. 전력공사의 경우 부

---

9) 광업[B]에 해당하는 공기업은 대한석탄공사·한국광물자원공사·한국석유공사이며, 건설업[F]에는 한국수자원공사와 한국주택토지공사(대한주택공사, 한국토지개발공사)가 있다.

〈그림 3〉 공공성의 변화

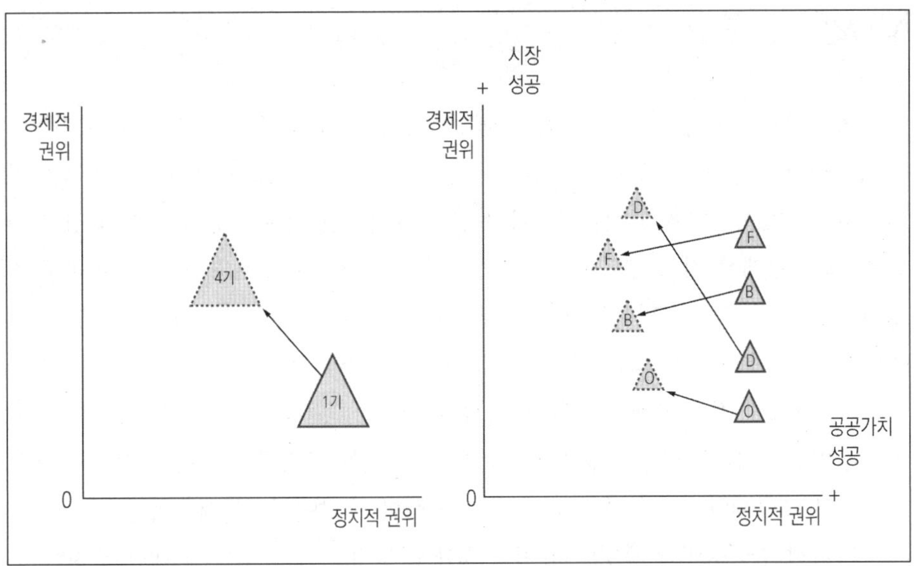

주: 분석대상: 제1~4기까지 공기업 지위를 유지한 17개 공기업 중 대표 사례임(〈표 9〉 참조).
B: 광업, C: 제조업, D: 전기·가스·수도 및 증기사업, F: 건설업, O: 공공행정·국방 및 사회보장행정.

채증가에 여러 가지 원인이 있겠지만 전력을 공공재로 인식하여 정부가 지속적으로 가격을 통제해 왔고, 독점산업 구조로 경쟁에 노출되지 않았다는 점이 그 이유 중 하나에 포함될 수 있을 것이다. 즉 공기업이 내포하고 있는 공공성이라는 속성이 기술혁신에 의한 가격혁신을 기대하기 어려운 구조적 한계로 작용한 것이다. 따라서 산업별 공공성 좌표에서 경제적 권위가 강해졌다고 해서 그것이 그대로 수익성으로 연계된다는 의미는 아니라고 볼 수 있다. 그보다는 정치적 권위와 경제적 권위 간의 조합에서 경제적 권위가 강해지고 있지만, 기관이 현실의 상황변화에 적응하지 못한다면 지속가능한 성장을 기대하기는 어렵다고 보아야 할 것이다.

V. 결　　론

공기업의 공공성은 능견난사(能見難思)다. 말 그대로 쉽게 보고 말하는 것임에도 불구하고 그 뜻은 도무지 헤아리기 힘들다는 의미이다. '공공성'이라는 용어가 막연히 공기업에 대한 기대를 남거나 실망을 표출하는 데 활용된다면 개념 성립 여부는 크게 문제될 것이 없다. 그러나 공기업의 성과를 평가하고 기관의 존폐를 결정하는 주요 척도로 삼기 위해서는 공공성이라는 개념을 명확히 정의하는 것과 더불어 개념을 구성하는 요소들을 구체화하려는 노력이 선행되어야 한다. 특히 공공성을 '경제성장 견인'이라는 분명한 목적에서 정의하던 과거에 비하여, 성장과 분배, 공익과 사익의 조화 등 상충되는 가치를 동시에 고려해야 하는 현대 사회에서 공기업이 추구해야 하는 '공공성'은 더욱 난해할 수밖에 없기 때문이다.

따라서 공공성이란 무엇이며 어떤 잣대로 평가할 수 있는가에 대한 진지한 고민이 필요하다. 물론 소유권 관점에서 공공성의 개념을 정의한다면 공기업 법제에 명시된 정부 지분에 근거하여 단순히 정부가 소유권을 가지고 있다는 것 자체를 공공성이라고 볼 수도 있을 것이다. 그러나 공기업 법제 역시 시대에 따라 변화할 뿐만 아니라 정부 시책도 개별 공기업의 책임과 자율성을 보장하는 방향으로 바뀌고 있다는 점을 고려하면 각각의 공기업들이 추구하는 비전과 사업의 목적이 다양한 가치를 내포할 수밖에 없기 때문에 공공성에 대한 일관된 개념을 정의하기가 매우 어려워진다.

우리나라 공기업들의 연혁과 변천과정을 살펴보면 공기업과 공공성이 불가분의 관계에서 국가 발전에 기여해왔음을 알 수 있다. 즉, 공기업의 역할은 시대에 따라 변화하면서 국부를 쌓기 위한 핵심적인 토대로 작용하였다. 예컨대 정부가 수립된 직후 시기의 공기업은 부족한 사회기반 시설을 구축하는 데 큰 역할을 담당하여 원활한 경제활동이 이루어질 수 있는 근간을 마련하였다. 이와 더불어 민간 기업에 매각된 일부 공기업들은 시장경제를 형성하고 선도하는 초석이 되었다. 그러나 현 시대에 이르러서는 산업 및 기술의 발전에 따른 경제환경의 변화에 부응하지 못하여 공기업의 역할이 점차 퇴색되는 경향이 크게 나타나고 있다. 특히 기관 본연의 목적과 관련이 적은 사업다각화로 인한 재정낭비, 무분별한 해외투자로 인해 발생한 대규모의 부채, 기존 공기업이 제공하던 주택 및 도로 등의 재화는 공급포화 상태로 시설의 유지보수 수준으로 사업 축소가 필요하다는 주장이 제기되고 있는 실정이다. 이와 같이 공기업이 어떤 종류의 재화와 서비스를 생산하는 것이 적절한지는 시대적 상황과 경제수준에 따라 변화한다. 예컨대 유가공 식품조차 시장에서 생산하기 어려웠던 시절, 농어촌개발공사는 산하 20여개의 자회사를 통해 국민들의 먹거리를 제공하였다. 그러나 경제성장과 더불어 중화학공업은 물론 항공, 통신, 금융서비스까지 이제는 시장에서 효율적 공급이 가능해졌다.

시대가 변하고 환경이 변하면 공공부문의 역할도 변화하는 것이 정상이고 이것이 국민이 공기업에 기대하는 공공성을 제고하는 길일 것이다. 현 시대에서 요구되는 공공성은 무엇이며, 이를 구성하는 요소들이 무엇인가에 대해 고민하고 이를 공기업이 수행해야 하는 최우선 사업으로 삼아 적시에 필요한 공공서비스를 제공할 수 있도록 각고의 노력을 기울이는 것이 바로 공공성 실현의 첫걸음이다.

□ 참고문헌

기획재정부(2011). 「2008~2010 공기업 선진화 백서」.

윤태범(2011). "공공기관 경영평가제도이 평가와 향후 발전방향," 「공공기관 선진화, 과거, 현재 그리고 미래」, pp. 25-51. 서울: 한국조세연구원.

한국조세재정연구원(2010). 「공공기관 지정 및 분류체계 개선방안」.

한국조세재정연구원(2013). 「공공기관 경영평가제도의 변천과정 연구(Ⅱ)」.

Andrew, R., Boyne, G. A., & Walker, R. M.(2011). Dimensions of Publicness and Organizational Performance: A review of the evidence, *Journal of Public Administration Research and Theory*, 21(3): 301-319.

Bozeman, B.(1987). 「All organizations are public」. San Francisco, CA: Jossey-Bass.

Bozeman, B.(2002). Public-Value Failure: When efficient markets may not do, *Public Administration Review*, 62(2): 145-161.

Bozeman, B.(2007). 「Public Values and Public Interest: Counterbalancing economic individualism」.

Bozeman, B., & Sarewitz, D.(2005). Public Values and Public Failure in US Science Policy, *Science and Public Policy*, 32(2): 119-136.

Bozeman, B., & Moulton, S.(2011). Integrative Publicness: A framework for public management strategy and performance, *Journal of Public Administration Research and Theory*, 21(3): 363-380.

Meier, K. J., & O'Toole Jr., L. J.(2011). Comparing Public and Private Management: Theoretical Expectations, *Journal of Public Administration Research and Theory*, 21(3): 283-299.

Moulton, S.(2009). Putting Together the Publicness Puzzle: A framework for realized publicness, *Public Administration Review*, 69(5): 889-900.

Rainey, H. G.(2009). 「Understanding and Managing Public Organization」, 4th Edition, Jossey-Bass.

Walker, R. M., & Bozeman, B.(2011). Publicness and Organizational Performance, *Journal of Public Administration Research and Theory*, 21(3): 279-281.

공공기관경영정보공개시스템 http://www.alio.go.kr

국가법령정보센터 http://www.law.go.kr

국가통계포털 http://kosis.kr
법률지식정보시스템 http://likms.assembly.go.kr
세계가치조사 http://www.worldvaluessurvey.org
한국민족문화대백과사전 http://encykorea.aks.ac.kr

제 2 장 국정과제와 공기업의 역할: 주택사업과 해외자원개발사업을 중심으로*

박순애 · 이희선

Ⅰ. 서 론

최근 공기업 부채 급증과 재정건전화에 대한 우려가 지속되면서 정부는 공기업 개혁에 대한 강도 높은 의지를 표명하고 있다. 기획재정부가 2013년도에 실시한 '국민이 원하는 공공기관'에 대한 설문조사 결과에 따르면[1] 국민들은 공공기관 개혁의 첫 번째 과제로 '관리 및 운영의 투명성 제고'(52.2%)를, 두 번째로 '방만 경영 해소로 국민 부담 경감'(33.8%)을 답하였고,[2] 이어 11월에 실시한 여론조사 결과에서는 '부채대책 마련'이 1순위로 언급되었다. 그러나 공기업 개혁은 정권이 바뀔 때마다 화두가 되어 왔기 때문에 이번 정부의 공기업 개혁의지의 실현 가능성에 대해서도 회의적인 시각이 지배적이다.

공기업은 그 이름에서도 확인할 수 있듯이 공공성과 기업적 특성인 수익성을 동시에 추구해야 하는 조직이다. 또한 운영 재원을 국민의 세금으로 충당하기 때문에 효율적인 재정관리가 필수적이다. 그럼에도 불구하고 현재 공공기관의 부채 현황은 2013년 말 기준 523조원으로 2009년 대비 185조원이 증가하였으며, 2011년

* 본 장은 「현대사회와 행정」 제24권 제1호(2014. 4: 321~348)에 게재되었음.

1) 한국리서치가 국민 1,000명을 대상으로 2013. 4. 29.~30간 설문조사를 실시하였다.

2) 관리 및 운영의 투명성 제고를 위해서는 '정보공개 및 국민과의 소통'을 높여야 하며(52%), '회계 및 재무의 투명성이 확보'될 필요가 있음(30%)을 언급하고 있다. 그리고 부채와 관련하여 최근 문제의 심각성이 대두되고 있는 방만 경영 방지를 위해서는 재무건전성을 제고하여야 하며(40.5%), 통폐합 등 구조조정(32.1%)과 경쟁도입(21.6%) 등이 필요하다고 응답하였다.

부터는 국가채무 규모를 상회하기 시작하였다(기획재정부, 2014). 이러한 부채 증가에 대한 원인으로 공공기관의 방만한 운영이 지적되기도 하지만 동시에 정부가 그동안 공공성을 추구한다는 명분하에 공기업을 국정과제 사업 추진의 수단으로 삼아 온 것이 지목되기도 한다. 특히 최근 5년간 증가한 부채의 대부분이 이명박정부의 국정과제와 관련한 사업에서 비롯된 것이라는 연구결과도 제시되고 있다.[3)]

지금까지 개발도상국들은 인프라 구축의 수단으로 공기업을 포함한 공공기관을 광범위하게 활용해 왔다. 한국의 경우에도 전후 경제성장과 국가발전 과정에서 공기업이 핵심적인 역할을 해왔다는 것은 자명한 사실이다. 그러나 이러한 과정에서 기관의 공공성과 수익성이 상쇄(tradeoff) 또는 상충관계에 있었던 것은 아닌지, 특히 국정과제의 추진과정에서 공기업의 활용을 통해 공공성은 제고되었지만 부채의 증가 등 재무건전성이 악화됨으로써 기업적 가치가 훼손된 것은 아닌지 살펴볼 필요가 있다. 공공성과 기업성을 동시에 고려해야 하는 공기업이 합리적 판단에 근거하여 사업을 수행하는 것은 국가재정의 건전성과 지속가능한 경제성장의 관점에서도 중요하기 때문이다. 그럼에도 불구하고 공기업의 존재 이유와 공공성과 수익성 양자의 관계에 대해 학자들의 관심과 학문적 논의는 활발하지만 이에 대한 실증적 연구는 많지 않다. 따라서 본 연구에서는 역대 정부의 국정과제와 공기업의 역할을 검토하고, 모든 정권의 국정과제에 빠짐없이 포함되었던 공공주택사업과 최근 들어 부채의 증가로 쟁점이 되고 있는 해외자원개발사업을 중심으로 국정과제가 공기업의 공공성과 수익성에 어떠한 영향을 주었는지를 분석하고자 하였다.

---

3) 금융부채 증가(167.3조원)의 대부분(65.3%)이 한국전력공사의 전력사업(19.4조원) 및 발전자회사의 발전사업(11.2조원), 한국토지주택공사의 보금자리사업(15.0조원), 신도시 택지사업(14.3조), 주택임대사업(13.9조원), 한국가스공사의 국내천연가스 공급사업(11.3조원), 한국석유공사의 해외석유개발사업(9.5조), 한국도로공사의 도로사업(7.6조원), 한국수자원공사의 4대강살리기사업(7.1조), LH공사의 보금자리사업(15.0조원)에서 기인한다는 분석결과가 있다(박진·허경선, 2013).

Ⅱ. 공기업과 시대적 상황

1. 정권별 국정과제

국정과제는 "국민에 의해 선출된 대통령의 국정비전이나 국정기조를 달성하기 위한 구체적인 계획"이라고 할 수 있다. 지금까지 국정과제에 대한 현실적이고 실천적인 관심에 비하여 학문적으로는 다각도로 검토되지 못하였다. 최근 들어 국정과제의 평가기준 및 성과에 대한 연구가 주목받고 있는 것은 공공부문에 대한 연구분야에서 진일보한 발전이라고 평가해볼 수 있다(이기식, 2003; 전대욱·최인수, 2013; 명성준, 2009; 박순애, 2008). 한편, 기존 연구들에서는 국정과제 수행의 대상을 정부로 한정하고 있지만, 공공부문 특히 공기업이 국정과제 달성을 위하여 전 정권에 걸쳐 폭넓게 활용되었다는 점을 고려할 때 국정과제와 관련한 공기업의 역할 및 평가에 대한 논의 역시 그 대상으로 포함할 필요가 있다.

역대 정부별 주요 국정과제와 공기업의 역할을 구체적으로 살펴보면,[4] 먼저 박정희 정부의 국정과제는 '조국근대화, 경제적 자립'으로, 제1차 경제개발5개년 계획을 시작으로 국가가 주도하는 경제정책을 추진하였다. 이러한 경제개발5개년 계획의 핵심적인 산업정책은 '공업화'라고 할 수 있다. 이 과정에서 호남비료(주)(1963), 한국기계공업(주)(1963), 인천중공업(주)(1962), 대한철광개발(주)(1965), 대한항공공사(1962), 대한석유공사(1962), 대한무역진흥공사(1962) 등이 설립되었다. 제2차 경제개발계획 하에서는 포항종합제철주식회사(1968) 등이 추가되었다. 이 시기 국정과제 추진을 위하여 공기업을 경제부문에 적극적으로 활용한 것은 사회간접자본이 부족하고, 민간 시장이 활성화되지 않은 상황에서 정부가 취할 수 있는 유일한 전략이었다고 할 수 있을 것이다.

군사 쿠데타로 집권한 전두환 정부와 이를 계승한 노태우 정부에서는 민주화 요구와 노사분쟁과 같은 정치적·사회적 불안에 직면해 있었고, 농촌인구가 도시로 급격하게 유입되면서 주택문제는 더욱 악화되는 상황이었으므로 박정희 정권과 달

---

4) 정권별 국정과제는 박순애(2007) 및 청와대 홈페이지를 참고하였으며, 공기업의 역할을 확인하기 위하여 주요언론 보도내용 및 정권별 백서를 검토하였다.

리 경제성장만을 추구하기는 어려웠다(이종권 외, 2013: 8). 이에 복지국가실현을 위하여 주택 200만호 건설계획 및 수도권 5개 신도시 건설 사업이 제시되었고, 이 과정에서 대한주택공사가 적극 참여하였다.

김영삼 정부는 문민정부의 시작과 동시에 신한국건설을 위하여 부정부패를 척결하고, 경제회생·국가기강 정립과 세계화를 추진하였다. 정부의 광범위한 개입을 축소하면서 사회간접자본시설 구축에 공기업을 활용하고자 하였는데, 도로망 확충에는 한국도로공사, 공항시설 확충을 위해서는 국제공항관리공단, 경부고속철도 건설에 한국고속철도건설공단, 급수지역 확대에 한국수자원공사 등이 활용되었다. 또한 '세계화'라는 국정과제 중에서 중요하게 추진된 '94 한국 방문의 해 사업의 지원을 위해서 한국관광공사, 대한무역투자진흥공사 등이 활용되기도 하였다. 이처럼 김영삼 정부는 세계화와 개방화를 주장하면서 공기업 민영화를 내세웠기 때문에 국정과제를 위한 공기업의 활용은 이전에 비하여 규모측면에서 상대적으로 축소되었다고 할 수 있다.

김대중 정부 역시 1998년 IMF체제 하에서 국가의 경제개입 최소화라는 명분으로 '작지만 강력한 정부', '민주주의와 시장경제'라는 국정과제를 제시하고, 김영삼 정부에 이어 공기업 민영화를 대대적으로 추진하였다. 공기업은 고유 업무와 핵심 사업에 전념하도록 하고, 민간이 수행하는 것이 더 효율적이라고 판단되는 기능은 과감히 민영화하거나 민간에 위탁하는 등 보다 적극적인 민영화를 추진하였기 때문에 국가경제에서 공기업의 역할은 감소되었다고 볼 수 있다. 반면 김대중 정부의 특징적인 공기업의 역할은 대북관계에서 찾아볼 수 있다. 예컨대 남북기본합의서의 실천과 적극적인 대북정책의 일환으로 추진된 개성공단 사업이 2000년부터 실시되면서 한국토지공사는 자금조달, 설계 및 감시, 분양 등 사업에 적극 참여하였다(개성공업지구 지원재단).

노무현 정부는 '국민과 함께 하는 민주주의'를 비롯하여 '균형발전'을 중요한 국정과제로 채택하였고, 이를 실현하기 위하여 '행정중심복합도시·혁신도시건설'을 추진하였다. 또한 수도권에 5년간 주택 150만호 건설과 국민노령연금제도 도입 등을 추진하였으며, 이 과정에서 한국토지공사와 대한주택공사를 비롯하여 국민연금공단 등이 참여하였다.

마지막으로 이명박 정부에서는 임기 중 보금자리주택, 4대강사업 등 다양한

국정과제들이 추진되었으며, 자원·에너지 외교 강화 사업 역시 주목을 받았다. 이 과정에서 정부는 한국수자원공사, 한국토지주택공사, 한국광물자원공사, 한국가스공사, 한국석유공사 등의 공기업을 활용하였으며, 특히 광물공사와 석유공사의 규모가 크게 확대되었다.

이처럼 정권별로 국정과제를 달성하기 위하여 공기업은 경제, 복지, 통일, 지역개발 등 다양한 영역의 사업에 참여하였다. 박정희 정부에서 경제성장이라는 시대적 과제를 달성하기 위하여 제조업을 국가주도로 직접 운영해 왔다면, 노태우 정부부터는 서민들의 주거문제를 해결하기 위하여 공기업을 적극 활용하였다. 김대중 정부에서는 개성공단 사업과 같이 정권의 특정한 국정과제를 수행하는데도 공기업이 활용되었다. 이는 노무현 정부의 행정중심복합도시 건설사업, 이명박 정부의 4대강사업, 해외자원개발사업의 경우도 마찬가지이다. 이처럼 공기업은 국가의 경제 성장에서부터 복지, 정권별 핵심 국정과제에 이르기까지 전 방위로 참여하였다.

그러나 지금까지 국정과제에 대한 분석은 대부분 국가의 전체적인 '공공성'의 관점을 중심으로 논의되었다. 이는 앞에서 설명한 바와 같이 국정과제를 평가하는 대상이 정부로 한정되어 있기 때문이라고 할 수 있다. 하지만 앞서도 언급하였듯이, 공기업은 정부와 달리 공공성만을 추구할 수는 없는 조직이므로 이하에서는 공기업의 공공성과 더불어 기업적인 특성을 중심으로 살펴보고자 한다.

2. 공기업의 공공성과 기업성

공공성은 행정학 연구의 핵심 주제이다. 연구자들은 공공성(publicness)에 대한 개념적 정의를 내리면서 공공(public)에 주목하여 논의하기도 하고, 사조직의 관리 혹은 수익성과 대비되는 개념으로서의 공공성 개념을 구체화하기도 한다. 백완기(2007)는 '공공성' 개념의 광대함과 복잡성으로 인하여 한마디로 정의되지 않는다고 하면서, 정부와 관계되는 것들(governmental), 정치성(political), 공개성(open), 공익성(public interest), 공유성(publicly shared), 공정성(fairness), 인권(human rights)과 같은 구성요소를 밝히고 있다. 이종수(2013)는 공공성 개념의 접근 관점을 공동체 중심주의와 개인 중심주의 두 가지로 나누고, 전자의 관점은 전체주의 입장에서의 공공성 개념을, 후자는 개인들의 사적 이익의 집합인 공익으로 공공성이 형성된다고 설명하고 있다. 정정길(2009)은 '국민의 복지를 향상시키려는 국가의 목적 그 자체'로 공익(public interest)을 정의하면서, '공익' 개념이 사회후생(social welfare), 공공복지(public welfare), 국민복지 등의 용어와 혼용되고 있다고 설명함으로써 공공성과의 관련성을 열어놓고 있다.

한편, 기업성의 개념과 대비되는 개념으로서의 공공성 개념은 정치적 권위의 영향(Bozeman, 1987; Wamsley and Zald, 1973), 조직의 소유권(Rainey, Backoff and Levine, 1976), 또는 이를 모두 포괄(Dunsire et al., 1988; Rainey and Bozeman, 2000)하는 것으로 다양하게 개념화할 수 있다(Walker and Bozeman, 2011: i279). Andrews et al.(2011) 역시 공공성 개념을 지배구조(ownership), 자금(funding), 통제(control)의 영역에서 민간조직과 차별화된다고 하였다. 공공성에 대한 최근의 논의에서는 공적가치와 이에 대한 결과로서의 공공성 개념이 보다 널리 사용되고 있으며(Antonsen and Jorgensen, 1997; Bozeman, 2007), 이러한 두 개념 정의를 구분하는 학자도 있다. 이를 정리하면 다음의 〈표 1〉과 같다.

공공성에 대한 다양한 논의에 비하여 기업성에 대한 개념은 비교적 공통된 견

〈표 1〉 공공성에 대한 개념 정의

연구자	구 분	공공성의 정의
Dahl & Lindblom(1953)	공공조직과 사조직의 구분에서 공공성에 대한 개념 정의	정부소유
Wamsley & Zald(1973)		통제, 특히 정치경제적 권위
Bozeman(1987)		정치적 권위
Antonsen & Jorgensen(1997)	공적 가치의 준수 및 이에 대한 결과로서의 가치를 의미	조직이 공적 가치를 고수하고 생산하는 정도
Robson(1960)		공기업이 국가 또는 지방자치단체의 정치적·사회경제적 목표를 추구하는 것
Bozeman(2007)		공적 가치로 조작화된 공공성의 개념을 규범적 공공성이라 정의
Moulton(2009)	'현실화된 공공성'과 '제도화된 공적 가치'로 구분	현실화된 공공성: 조직이 실제 생산한 산출물에 의해 나타나는 공적 가치의 현실화 제도화된 공적 가치: 정부뿐만 아니라 조직의 환경에서 여타 행위자들의 협력, 규제, 문화 등과 같은 영향

출처: 유미년·박순애(2013: 4) 참고하여 수정.

해를 보이고 있다. 즉, 기업성이란 제품생산과 서비스제공 주체로서의 사기업 특성을 의미한다(김명수·지태홍, 2005: 2051). 일반적으로 공기업과 같은 혼합조직에서 추구하는 가치인 공공성과 민간조직이 추구하는 가치인 기업성은 서로 상쇄적(trade-off) 관계에 있는 것으로 이해된다(유미년·박순애, 2013: 7). 그러나 기업성을 공기업의 공공의 목적 달성을 위한 수단으로 보는 견해도 존재하고(문인수 외, 2003), 공공성과 기업성을 동시에 달성할 수 있는 관계로 보는 학자도 있다(정규호, 2008; 유훈 외, 2011). 이러한 논의에서 확인할 수 있듯이, 강조하는 바는 다르더라도 선행연구들에서 공통적으로 찾아볼 수 있는 것은 공공성과 기업성은 공기업이 가지는 특성임과 동시에 추구하는 목표가 된다는 것이다.

Ⅲ. 공공성과 기업성의 측정

공기업의 공공성을 어떻게 측정할 수 있는가에 대해서는 학자 간 이견이 있으며, 공공성에 대한 정확한 측정이 불가능하다는 회의적인 시각도 존재한다(박기묵, 2010: 4). 본 연구에서는 공공성의 개념 중에서도 '공익(public interest)'에 주목하여 공공성을 측정하고자 하였다. 공익을 '국민의 복지를 향상시키려는 국가의 목적'으로 이해한다면 국정과제도 공익실현을 위한 사업으로 볼 수 있을 것이다. 즉, 조직의 성과로 '목표의 달성정도'를 고려할 수 있는데(송재호·양덕순, 2003), 정부가 공기업을 통해 국정과제를 수행하고자 하는 경우에 공기업의 공공성은 '국정과제에 대한 달성정도'로 평가할 수 있다. 한국토지주택공사의 임대주택사업의 경우 정권별로 공공임대주택이 얼마나 건설되었으며, 목표한 바를 얼마나 달성했는지를 통해 국정과제에 대한 달성 정도를 살펴볼 수 있다. 또한 한국석유공사의 경우는 해외자원개발사업이 목표로 하고 있는 '자주개발률'의 달성 정도를 통해 분석해 볼 수 있다.

한편, 공리주의적 관점에서 볼 때 다수에게 보다 많은 이익을 제공하는 것이 공익이며, 이것이 공공성을 실현하는 것으로 볼 수 있다(이민호·윤수재, 2009: 191). 박기묵(2010)은 공리주의자들의 공익개념을 적용하여, 저출산·고령화 문제, 주택, 전기, 상·하수도, 교통, 환경오염, 빈곤, 수도권 집중 문제의 해결, 남북문제의 해결 등을 한국적 맥락에서의 공익이라고 구체화하고 있다. 이러한 논의에서 보면 공기업의 공공성은 해당 공기업의 설립목적을 통해서도 추정할 수 있다. 즉, 공기업의 주요사업이 설립 목적에 부합하는 정도를 통해 공공성 수준을 측정해 볼 수 있을 것이다(박기묵, 2010; 조일출·나인철, 2005; 유미년·박순애, 2013). 예를 들어 한국토지주택공사의 경우에는 '국민주거생활의 향상'을 한국토지주택공사법에서 명시하고 있으며, 한국석유공사의 경우에는 '석유수급의 안정을 도모' 하기 위한 목적으로 설립되어 국가의 에너지 수급 안정화에 기여하고 있다.

한편, 공기업의 기업성은 민간기업의 그것과 동일한 개념으로 이해해 볼 수 있다. 기업의 경영효율성에 대한 분석은 일반적으로 수익성, 활동성 또는 생산성 등을 평가하는 재무제표와 시장가치 등을 활용한다.[5] 강철규 외(2008)는 민영화된 공기업 집단과 재벌기업집단의 기업성을 장부가치 대비 시장가치(MBR)와 자기자본수익률(ROE)을 통해 측정하였다.

본 연구에서는 기업성을 수익성(profitability) 중심으로 살펴보고자 한다. 수익성은 기업성과 동일한 개념으로 이해되기도 하는데, 생산이론에 따르면 자본, 노동과 같은 다양한 투입요소에 대한 생산성을 평가하는 데 사용되어 온 개념이라고 할 수 있다(Berndt, 1991; Hitt & Brynjolfsson, 1996; 123 재인용). 일반적인 수익성 개념으로 자기자본이익률(return on equity; ROE), 총자산순이익률(return on assets; ROA), 매출액 순이익률(return on sales; ROS) 등을 활용할 수 있다.[6] 민간 기업은 수익성에 대한 지표 가운데 자기자본이익률을 진정한 의미에서의 기업수익률이라고 보기도 하지만(오영호, 2005: 99), 공기업의 경우는 자기자본이익률(ROE)보다는 총자산순이익률(ROA)이 수익성 개념에 더 적합한 것으로 보는 견해도 있다(유미년·박순애, 2013: 15). 따라서 본 연구에서는 공기업의 기업성을 평가하는 지표로 자기자본이익률, 총자산순이익률, 매출액 순이익률을 모두 고려하였다. 또한 공기업은 정부의 투자·출자 또는 정부의 재정지원 등으로 설립·운영되어 부채의 수준이 과도할 경우, 정부의 재정건전성에도 영향을 주기 때문에 공기업의 부채 수준을 함께 고려하였다.

---

5) 기업성은 Tobin and Brainard(1968)와 Tobin(1969)이 정의한 "주식시장에서 평가된 기업의 시장가치(market value)를 기업의 총 실물자본 대체비용(replacement cost of firms)으로 나눈 값(Lewellen & Badrinath, 1997: 77)"인 Tobin의 Q 비율을 통해 측정하기도 하며(Morck, Schleifer, and Vishny, 1988, McConnell and Servaes, 1990), 세후 회계 상의 이윤율을 통해 측정하기도 한다(Demsetz and Lehn, 1985).

6) 자기자본이익률(return on equity; ROE)은 자본에 대한 당기순이익의 비율, 총자산순이익률(return on assets; ROA)은 자산에 대한 당기순이익의 비율, 매출액 순이익률(return on sales; ROS)은 매출액에 대한 당기순이익의 비율을 의미한다.

이상의 논의를 바탕으로 공공성과 기업성의 평가기준을 설정하면 〈그림 1〉과 같다.

〈그림 1〉 공공성과 기업성의 측정

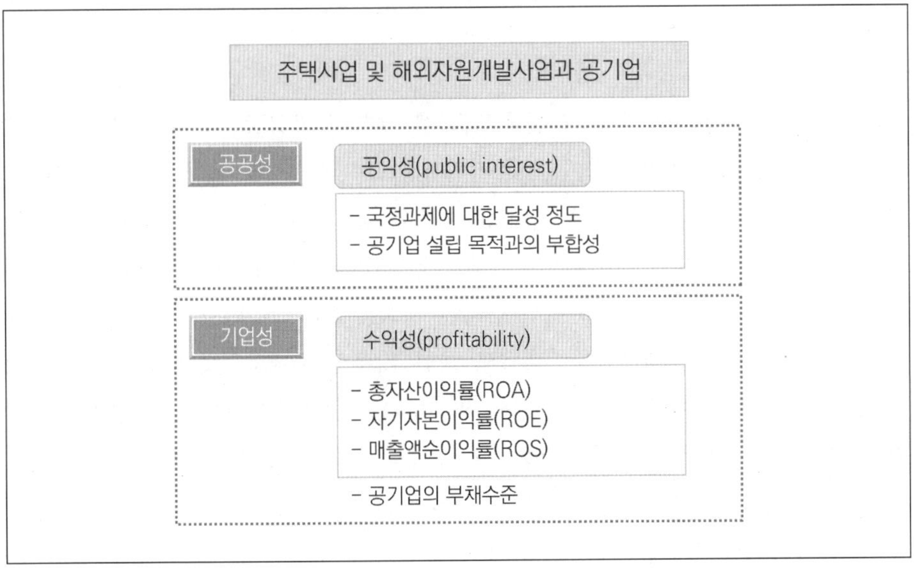

주택사업 및 해외자원개발사업과 공기업

공공성
공익성(public interest)
- 국정과제에 대한 달성 정도
- 공기업 설립 목적과의 부합성

기업성
수익성(profitability)
- 총자산이익률(ROA)
- 자기자본이익률(ROE)
- 매출액순이익률(ROS)
- 공기업의 부채수준

Ⅳ. 주택사업 및 해외자원개발사업과 공기업의 역할

1. 한국토지주택공사와 주택사업

1) 공공성

우리나라의 임대주택정책은 정권별로 차이를 보이고 있다(이종권 외, 2013: 2). 전두환 정권의 경우 주택정책은 시장안정이라는 기조 아래 '주택임대차보호법(1981)'을 제정, 5년 임대주택사업을 시작하였다. 보다 본격적으로 임대주택정책을 추진한 때는 노태우 정권으로 영구임대주택 25만호 건설을 포함한 주택 200만호 건설을 추진하였다.

"… 경제성장에 몰두하다보니 이 절실한 서민들의 주택문제를 돌볼 겨를도 없었습니다. 그동안 주택정책은 정부 형편이 넉넉하지 못해 집을 살 능력이 있는 중산층 이상의 주택건설에만 치중했습니다. (중략) 보통사람들에게 내 집 마련 꿈을 당장 실현시킬 수 있는 주택정책을 올해부터 이 정부의 정책의지를 걸고 밀고 나가려 합니다."(1989년 2월 24일 '보통사람들의 밤'의 연설 중)

노태우 정권에서는 당시 연평균 8.7%에 달하는 고성장, 7.4%에 이르는 소비자 물가상승률로 인한 인플레이션 및 지가상승으로 주택가격이 동반 상승하였다(이종권 외, 2013: 95). 아래 〈그림 2〉에서 보는 바와 같이 1988년 지가상승률은 27.5%, 1989년에는 32%에 이르렀고, 임기 초기의 총 지가상승률이 80.1%에 달하였다. 주택가격 역시 48.8%까지 상승하면서 심각한 사회문제로 대두되었다. 따라서 노태우 정부는 정권초기부터 영구임대주택 25만호를 비롯한 주택공급확대를 중요한 국정과제로 제시할 수밖에 없었다. 주택공급의 확대를 위하여 소득계층 5분위까지는 정부에서 재정과 국민주택기금을 활용하여 주택을 공급하고, 소득계층 6분위 이상은 민간주택사업자가 주택을 공급하도록 하였다(〈표 2〉 참조).

이후 김영삼 정권은 민간 주도의 임대주택 건설사업을 추진하였고, IMF 외환위기 직후인 김대중 정부에서도 국민임대주택 20만호 건설을 추진하였다. 이

〈그림 2〉 노태우 임기 초기 지가상승률 및 주택가격 상승률

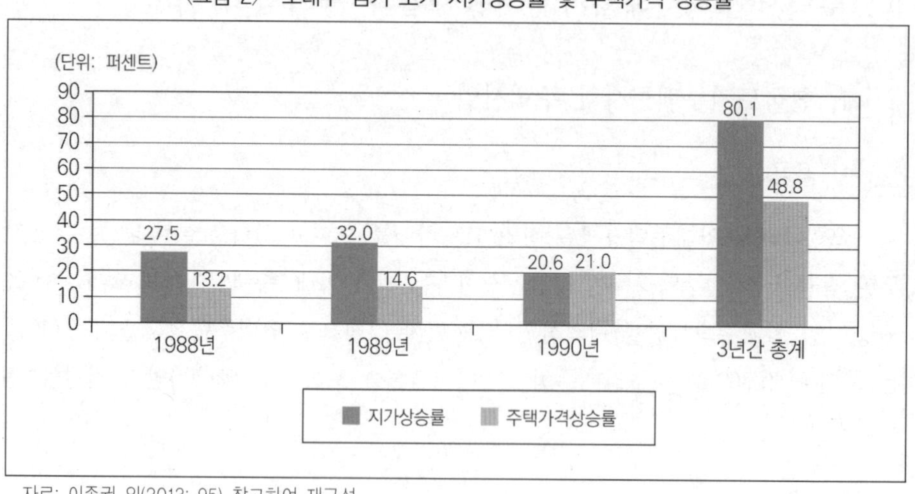

자료: 이종권 외(2013: 95) 참고하여 재구성.

〈표 2〉 주택 200만호 공급계획 체계(1990년 기준)

구 분	소득계층	주택유형		건설호수(만호)	자금지원	사업주체
공공	도시영세민 (1분위)	영구임대 (7~12평)		24	재정 85%	주공, 지자체
	저소득근로자 (2~4분위)	근로자주택 (7~15평)	사원임대	10	국민주택기금	주공, 지자체, 민간주택사업자
			근로복지	15		
	중산화 가능계층(2~5분위)	장기임대(10~15평)		15	국민주택기금	주공, 지자체, 민간주택사업자
		소형분양(10~18평)		25		
민간	중산층 (6~7분위)	중형주택 (18~25.7평)		60	주택은행자금	민간주택사업자
	중산층이상 (8~10분위)	중형이상 (25.7평 이상)		50	개인부담	민간주택사업자

출처: 이종권 외(2013: 93).

러한 주택사업의 기조는 노무현 정부의 주거복지 확대를 위한 국민임대 100만호 건설로 계속되었다(〈표 3〉 참고). 이명박 정부에서도 내 집 마련과 서민주거안정을 병행한 보금자리 주택정책을 추진하면서 다양한 유형의 임대주택을 도입하였다.

각 정권별 주택사업의 성과를 살펴보면 우선, 노태우 정부의 영구임대주택 19만호 공급은 그 이전 정부에 비하여 적극적으로 서민의 주거안정을 위한 주택정책을 추진한 것으로 평가할 수 있다. 그럼에도 불구하고 공공임대주택사업이 주거에 대한 복지개념에서 체계적으로 출발한 것이 아니라, 부동산 가격 급등과 주택부족이 사회문제로 대두되는 상황에서 양적인 주택 물량 확대라는 단기적인 시각으로 공공임대주택 정책을 계획하였다는 점이 한계로 지적될 수 있다. 그러나 생산적 복지를 표방한 김대중 정부는 국민임대주택공급의 확대, 소득계층별 차등화된 주거복지 로드맵의 제시, 최저주거기준의 법제화 등 점차 주택문제를 복지정책의 일환으로 고려하기 시작하였고(이종권 외, 2013: 5), 이후 노무현 정부의 국민주택 100만호 건설과 이명박 정부의 보금자리주택정책에서도 공공부문 주도의 주택정책 기조가 유지되었다. 이처럼 주택정책을 복지정책으로 고려하고 공공부문의 적극적인 역할을 강조한 것은 삶의 질에 대한 관심 증가라는 국민들의 요구에 부응한 것이라고 볼 수 있다.

1972년부터 2012년까지 공공임대주택은 총 132.8만호가 공급되었다(국토교통통

〈표 3〉 주택정책의 변천과정 및 주요정책

구 분	제1기('62-'71)	제2기('72-'81)	제3기('82-'91)	제4기('92-'02)	제5기('03-현재)
경제사회 발전계획	제1차(1962-1968) 제2차(1969-1971)	3차(1972-1976) 4차(1977-1981)	5차(1982-1986) 6차(1987-1991)	신경제5개년계획 (1993-1997) 및 국민의 정부 계획	참여정부(자유롭고 공정한 시장질서 확립, 동북아 경제중심 국가건설)
국토종합 개발계획	-	제1차국토종합 개발계획 (1972-1981)	제2차국토종합 개발계획 (1982-1991)	제3차국토종합 개발계획 (1992-2001)	제4차국토종합 개발계획 (2003-2020)
정책목표	- 저소득층을 위한 공영주택건설 - 주택공급의 원활화 - 도시주택부족문제해소	- 주택공급확대 - 주거질 및 편익시설개선	- 주택가격안정 및 주택의 대량건설 - 내집마련기회확대 - 영구임대주택공급 - 저렴택지공급확대	- 민간부문자율성 제고 - 주택금융의 확충 - 규제완화	- 참여복지와 삶의 질 향상 - 주택가격안정과 주거질개선
정책수단 (법률, 주요정책)	- 주택공영법 (1966) - 대한주택공사설립(1962) - 주택자금전담기구(주택은행) 설립	- 주택건설촉진법 (1972) - 주택공급규정 (1978) - 국민주택기금 (1981)	- 임대주택건설촉진법(1984) - 분양가상한제 (1982), 분양가연동제(1989) - 200만호건설계획 및 수도권5개 신도시 건설(1989)	- 임대주택법(1994) - 분양가규제완화 및 주택경기부양책 (1998) - 자산유동화 및 주택저당채권유동화	- 국민임대주택150만호건설계획 - 국민임대주택건설을위한특별조치법 (2003) - 주택종합계획 (2003-2012)

출처: 주택도시연구원(2008: 85).

계누리; 이종권 외 2013: 23). 정권별 공공임대주택 공급 실적을 살펴보면, 노태우 대통령은 영구임대주택 25만호 건설계획에서 19만호를 건설하여 76%의 달성률을 보이고 있고, 김대중 정부에서는 국민임대주택 20만호 건설 목표에 11.9만호를 공급하여 59.5%를 달성하였다. 노무현 정부의 경우에는 국민임대 100만호를 건설(2003년~2012년)하고자 하였으나, 임기 중에 목표량의 절반에 못 미치는 47%를 건설하였다. 이명박 정부에서는 노무현 정부에서 추진되었던 정책인 국민임대주택 50만호를 포함한 보금자리주택 150만호를 공급하고자 하였는데(2009년~2018년), 임기 중에 29.1%를 달성하였다. 이러한 추이에서 확인할 수 있는 것은 정권별 임대주택의 공급량은 목표에는 미달하였지만, 공공임대주택 건설물량은 이명박 정부 들어 과거 노태우 정부에 비하여 2배를 초과하는 등 공급이 크게 확대되었음을 알

〈그림 3〉 정권별 공공임대주택 달성 실적

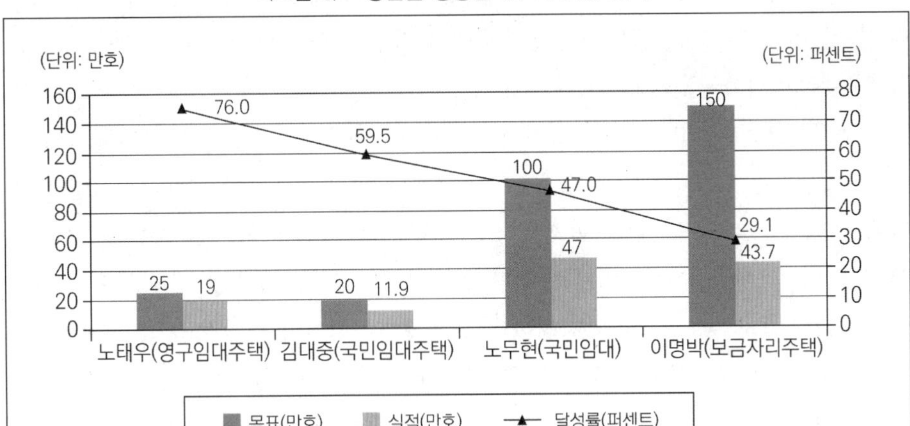

자료: 국토교통통계누리(https://stat.molit.go.kr) 자료를 참고하여 재구성.

수 있다(〈그림 3〉).

공공임대주택 건설에는 지방자치단체와 토지주택공사 그리고 민간 기업이 참여하였는데, 1972년부터 2012년까지 전체 공공임대주택의 건설실적을 살펴보면,

01

〈그림 4〉 1972-2012년 사업주체별 공공임대주택 건설실적

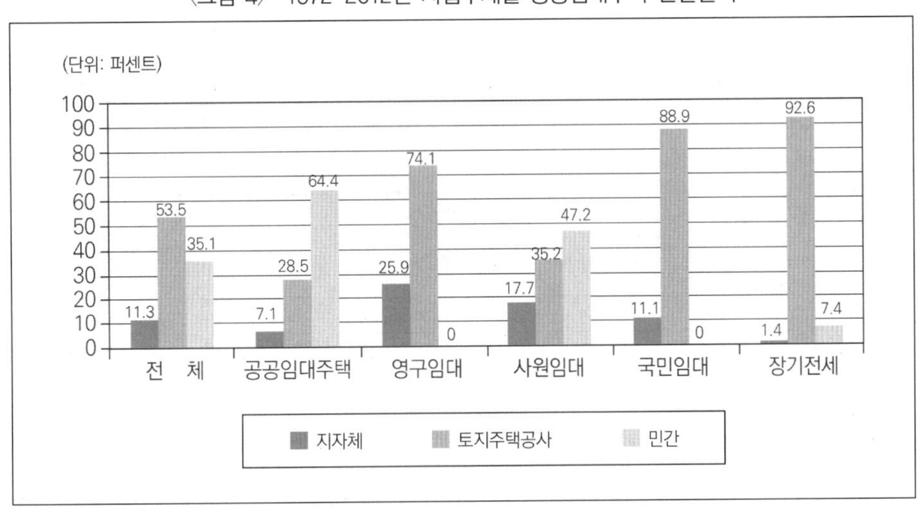

자료: 국토교통부 임대주택 통계; 이종권 외(2013) 표 자료 참고하여 재구성.
주 1: 전체는 1972년부터이나 이를 제외한 다른 지표들은 1982년부터 자료임.
주 2: 공공임대주택 중에서 1982-1991년은 장기임대, 1992년~현재는 공공임대(전세임대 제외, 미분양매입 포함).

한국토지주택공사가 전체 임대주택 중 53.5%의 건설에 참여하였음을 확인할 수 있다. 특히 1998년부터 공급된 국민임대주택의 경우 전체의 88.9%인 729,034호를 한국토지주택공사가 공급하고 있다(〈그림 4〉).

주택보급률은 전반적으로 증가하여 2002년 이후에는 100%를 상회하고 있으며, 2012년에는 115.4%에 이르고 있다.[7)] 그러나 이러한 주택보급률에는 빈집이 포함되어 있다는 점을 고려하여야 한다. '2010년 주택총조사'에서 빈집이 79.4만호에 이르며, 이 중 매매, 임대, 이사로 인한 빈집이 22.3만호, 미분양 및 미입주로 인한 빈집이 20만호로 높은 비중을 차지하는 것은 물론, 빈집이 지속적으로 증가하는 추세에 있다(〈그림 5〉). 또한 주택매매 및 전세가격 지수 역시 1986년 이후 다소 변동은 있지만 전반적으로 증가추세를 보이고 있으며(〈그림 6〉), 서민물가에 큰 영향을 주는 전세가격의 경우 더 높은 증가율을 보이고 있다.

〈그림 5〉 전국 및 수도권 빈집 추이 및 사유

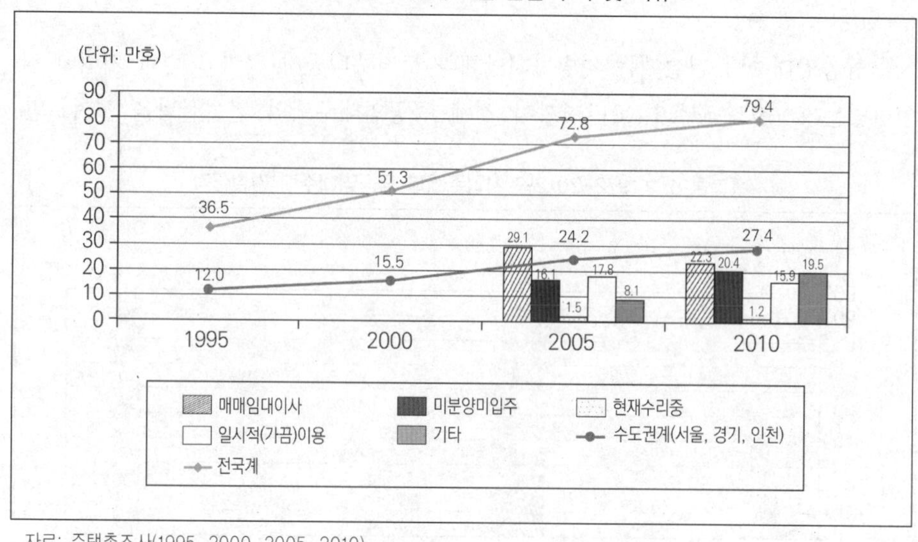

자료: 주택총조사(1995, 2000, 2005, 2010).
주: 2005년 조사 이후 빈집 사유 조사되었음.

7) 기존의 주택보급률은 보통가구수에 대한 주택수의 백분율(주택수/보통가구수×100)로 정의하였다(보통가구수는 일반가구수에서 비혈연가구와 1인가구를 제외한 가구수, 주택수는 인구주택총조사결과를 기준으로 빈집을 포함하여 산정함). 그러나 신주택보급률은 보통가구수에 1인가구와 비혈연가구를 포함하는 일반가구수로 대체하고, 주택수 역시 기존의 주택수에 다가구주택의 구분거처호수를 포함하는 '신주택보급률'((주택수(다가구주택 구분거처 포함)/일반가구수(1인가구포함)×100))을 발표하고 있다. 신주택보급률은 2008년에 100%를 상회하는 것으로 나타나고 있다.

〈그림 6〉 주택매매 및 전세 가격지수(2011.6=100, 연평균)

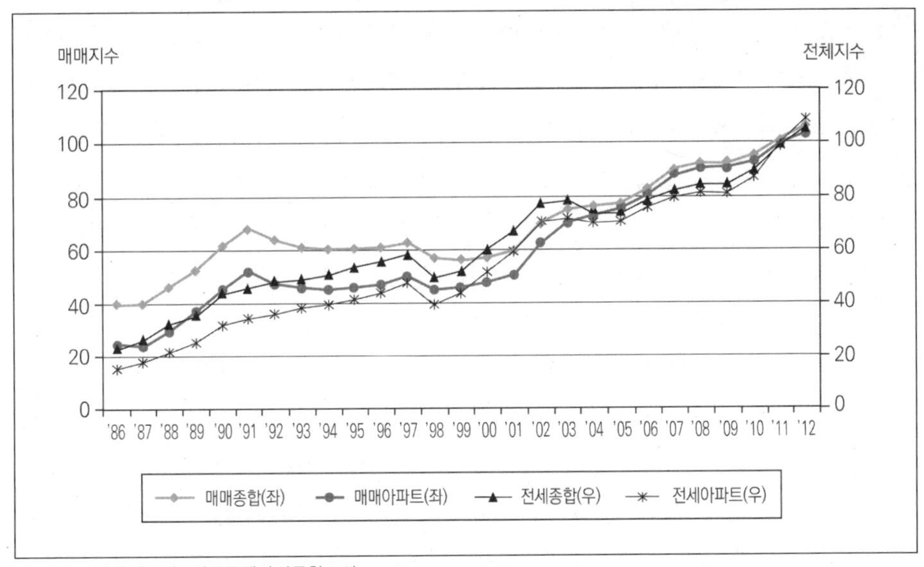

자료: 국가통계포털, 전국주택가격동향조사

〈그림 7〉 장기임대주택 재고추이

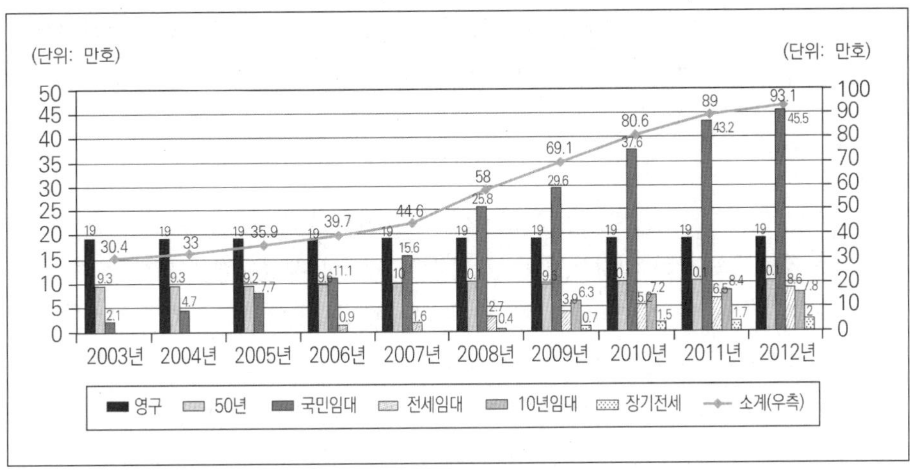

자료: 국가통계포털 임대주택통계, 국토해양부(2012) 참고하여 재구성.

주 1: 영구임대: 1989~1993년까지 정부 및 지자체 재정에서 건설비 85% 지원, 임대의무기간 50년 임대주택.

주 2: 50년 공공임대: 1992년 영구임대주택을 대체할 목적으로 재정 50%, 기금 20%를 지원하여 건설.

주 3: 국민임대: 1998년부터 10~40%의 재정을 지원하여 건설한 임대의무기간이 30년인 임대주택.

주 4: 10년 임대: 국민주택기금 융자를 받거나, 공공택지 내에 건설한 임대의무기간이 10년인 임대주택.

게다가 〈그림 7〉에서 보는 바와 같이 2012년 현재 임대주택 재고 현황이 148.7만호로 이 중 공공부문이 101.9만호, 민간부문이 44만호임에도 불구하고(임대주택통계, 2012), 판자집·비닐하우스 등 비주택 거주자가 2011년 기준으로 23.6만 가구(토지주택연구원, 2013: 178)에 이르는 등 여전히 공공임대주택이 수요자에게 충분히 공급되지 못하고 있음을 알 수 있다. 뿐만 아니라 국민기초생활보장 수급자가 82.1만호인 데 반해 영구임대주택이 19만호에 불과하며, 한국토지주택공사의 매입 임대주택 중 6개월 넘게 미임대 상태인 공실주택이 1,271호에 이르고, 이 중 과반 이상인 675호는 반지하 또는 완전지하 형태(2013. 9월 말 현재, LH공사 국정감사 제출자료)로 주택의 수준이 수요자들의 선호를 반영하지 못하고 있는 것으로 볼 수 있다.

전반적으로 임대주택 건설의 공급량이 증가하고, 10년 이상의 장기임대주택 재고량은 3배가 증가하였으며, 주택보급률은 100%를 넘어서고 있다는 점에서 긍정적인 평가를 해볼 수 있다. 그럼에도 불구하고 중·저소득층의 자가주택소유비율이 50% 정도에 불과하며, 주택매매 및 전세가격지수 역시 지속적으로 상승하고 있는 상황에서 단순히 주택물량을 공급하는 데 집중된 정책으로는 주택문제 해결이라는 목표를 달성하는 데 한계가 있음을 확인할 수 있다. 즉, 주택정책을 통한 주거복지 실현이라는 국정과제를 달성하는 데 공기업이 활용되었지만, 여전히 주택문제는 '주거생활의 향상'이라는 공적 목적을 달성하는 데는 미흡하였다고 볼 수 있다.

2) 기업성

2009년 대한주택공사와 한국토지공사 통합은 유관 기능의 통폐합이라는 정책적인 목표에도 불구하고 일각에서는 양 기관의 부실한 재정상태에 대한 우려가 제기되었다. 통합 전 양 기관의 자산은 각각 약 64조원과 41조원으로 총 자산이 약 105조원이었다. 이 중 부채는 대한주택공사가 51조원, 한국토지공사가 34조원으로 약 85조원에 달하고 있었다. 양대 공기업 통합으로 한국토지주택공사가 설립되었는데, 이후 부채는 더욱 증가하여 2012년에는 138조원에 이르렀다. 반면 자본은 출범 전인 2008년도에 대한주택공사가 12조원, 한국토지공사가 7조원으로 총 19조원이었고, 2012년 29조원으로 부채에 비하여 자본의 증가율은 미미한 것으로 볼 수 있다. 뿐만 아니라 수익성 지표라고 할 수 있는 자기자본이익률(ROE), 총자산이익률(ROA), 총매출이익률(ROS)은 2008년에 비하여 하락하고 있다. 한국토지공사의 경

〈그림 8〉 한국토지주택공사 자본, 부채 및 수익률

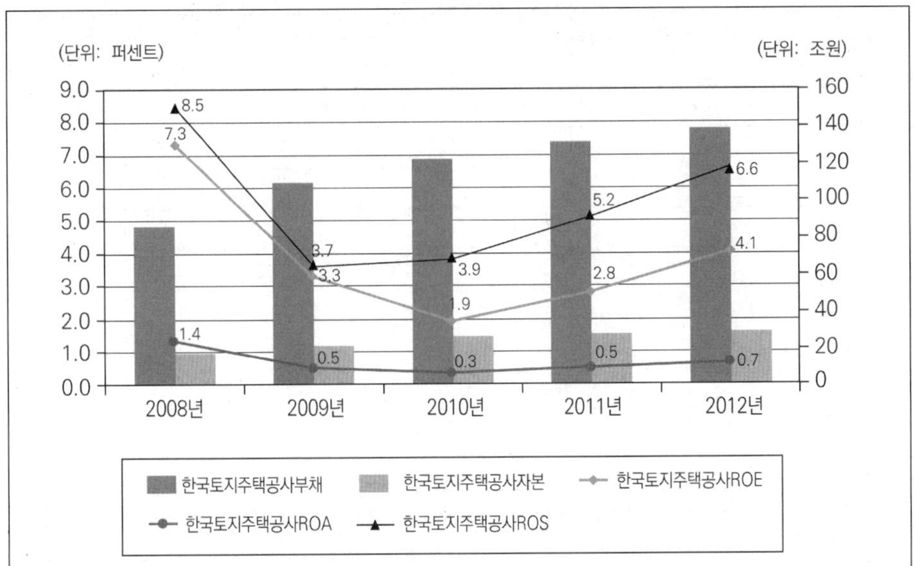

자료: 공공기관경영정보공개시스템 자료 참고하여 재구성.

주: 한국토지주택공사는 2009년 10월 통합하였으므로, 수익성을 평가하기 위한 ROA, ROE, ROS에 필요한 자료는 2008년은 두 기관의 합계로 계산되었으며, 2009년 부채, 자본 및 자산은 한국토지주택공사의 자료를 사용.

01

우 2008년 자기자본이익률(ROE), 총자산이익률(ROA), 총매출이익률(ROS)은 각각 16.2%, 2.8%, 12.9%로 대한주택공사의 2.1%, 0.4%, 3.4%에 비하여 높은 수준이었는데, 통합 이후인 2009년에는 전반적인 수익률이 하락하였다. 특히 부채의 증가로 인하여 총자산이익률(ROA)이 2012년에는 0.7%에 불과한 상황이다(〈그림 8〉).

특히 한국토지주택공사의 부채는 공기업 중 1위를 기록하고 있으며, 전체 공기업 부채의 약 40% 정도를 차지하는 것으로 나타났다.[8)] 사채발행 역시 증가하고 있는데, 2008년부터 발행건수가 전년대비 약 2배로 급증하였고, 연평균 채무 잔액 역시 꾸준히 증가하였다. 사채발행은 주로 자금조달을 목적으로 발행하는 것으로, 2008년부터 대규모의 자금조달이 필요했던 것으로 해석할 수 있다(〈그림 9〉 참조). 그러나 한국토지주택공사의 금융부채 비중은 50~75% 수준으로 전체 부채총계에서 차지하는 비중이 다른 공기업에 비하여 높지 않으며 오히려 임대보증금, 토지·주

8) 2011년 기준 부채 규모 상위 7대 공기업은 토지주택공사, 한국전력, 가스공사, 도로공사, 수자원공사, 석유공사, 철도공사이다. 이 기관들의 부채는 전체 공공기관 부채의 95.5%를 차지하고 있는 것으로 나타났다(한국조세연구원, 2012: 49).

〈그림 9〉 LH공사 사채 발행 금액 및 건수

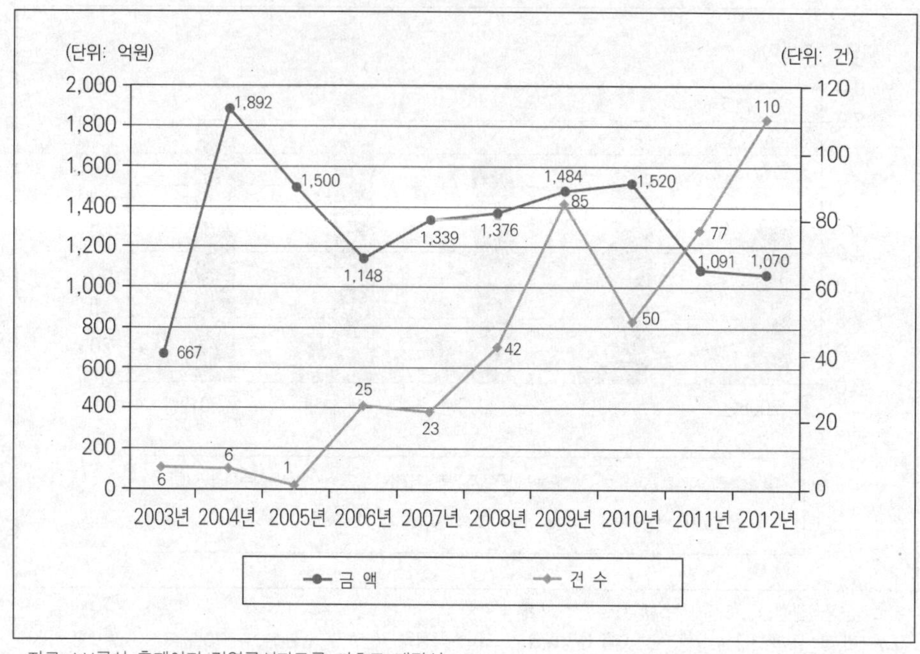

자료: LH공사 홈페이지 경영공시자료를 기초로 재작성.

택판매대금의 분양선수금, 준공지구 추가공사비에 대한 원가충당부채가 크게 증가한 것으로 나타났다(박진·허경선, 2013: 139).

2012년 말 현재 국정과제와 관련한 사업으로 인한 한국토지주택공사의 부채는 104조원(총부채의 75%)으로 임대주택사업의 경우 주거취약계층을 대상으로 최소 30년 이상 시세의 30~60% 수준의 저렴한 임대료로 제공되고, 오랜 기간 투자비 회수가 불가능하여 부채 증가가 불가피하다고 주장하고 있다(한국토지주택공사 홈페이지). 국민임대주택 1호를 건설하는데 약 8,500만원의 부채가 발생하며, 2012년 말 현재 국민임대주택 36만호, 영구임대주택 14만호 등 약 70만호의 임대주택을 보유하고 있어, 이로 인한 임대주택사업 부채액은 총부채의 36%인 50조원에 이른다는 것이다(한국토지주택공사 홈페이지)(〈그림 10〉 참조).

그러나 단순히 공공임대주택만으로 이러한 과다한 부채가 야기되었다기보다는 2008년부터 시작한 보금자리주택 사업이 부채증가의 원인이라는 비판이 제기되고 있다. 보금자리주택사업은 '보금자리주택건설 등에 관한 특별법'의 시행에 따라

〈그림 10〉 공공주택건설과 한국토지주택공사의 부채증가

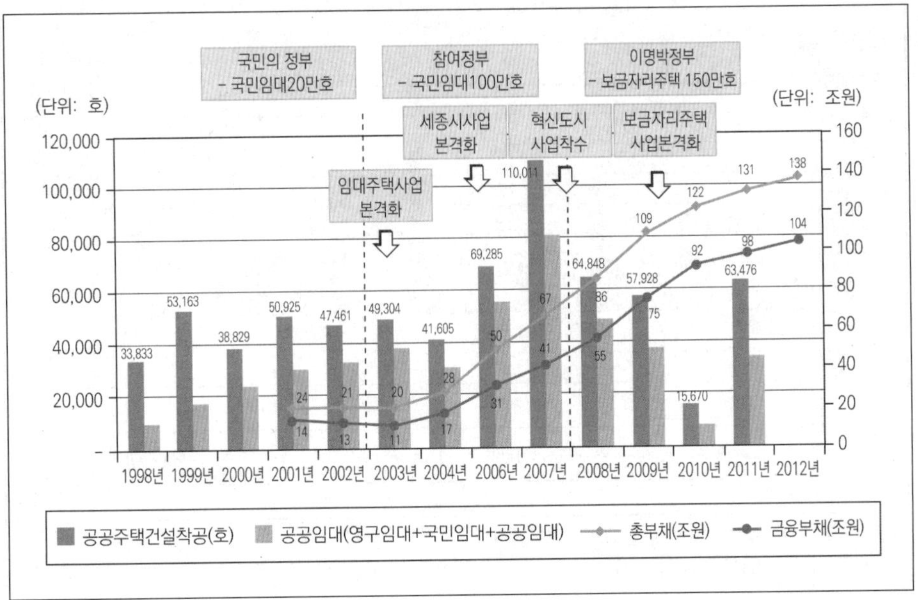

자료: 한국토지주택공사 홈페이지, 국회예산정책처(2012: 13).

2009년부터 2018년까지 10년간 영구임대주택, 국민임대주택, 공공임대주택, 공공분양주택 등 150만호의 공공주택을 건설 및 매입하여 무주택 서민들에게 공급하는 사업이다(국회예산정책처, 2012). 이명박 정부는 2009년 수도권 보금자리주택 공급 조기화를 위하여 2012년까지 공급 주택을 40만호에서 60만호까지 확대하는 한편 수도권 청약 대기자의 관심이 높은 개발제한구역 개발을 처음 목표한 2018년에서 2012년으로 앞당겨 4년 내 모두 개발한다는 무리한 계획 추진으로 인해 부채가 증가하였다는 것이다.

〈그림 11〉에서 보는 바와 같이 2003~2010년 동안 한국토지주택공사가 국민임대주택 건설에 소요한 자금 33.7조원 중 국민주택기금출자액 7조원, 융자액 17조원, 입주자보증금이 6조원인 데 비하여, 한국토지공사 실투자분은 3.7조원으로 2008년 이후 증가하였지만 다른 건설 자금에 비해 높지 않은 수준임을 알 수 있다(국회예산정책처, 2011: 181). 즉, 한국토지주택공사가 국민임대주택 건설비를 부담하기 시작한 것은 2008년 이후라고 볼 수 있다. 한국토지주택공사가 '11년 6월에 완료한 「구분회계 시스템 구축 용역 결과 보고서」의 2009년과 2010년도 사업별 결산에서

〈그림 11〉 국민임대주택 건설자금현황

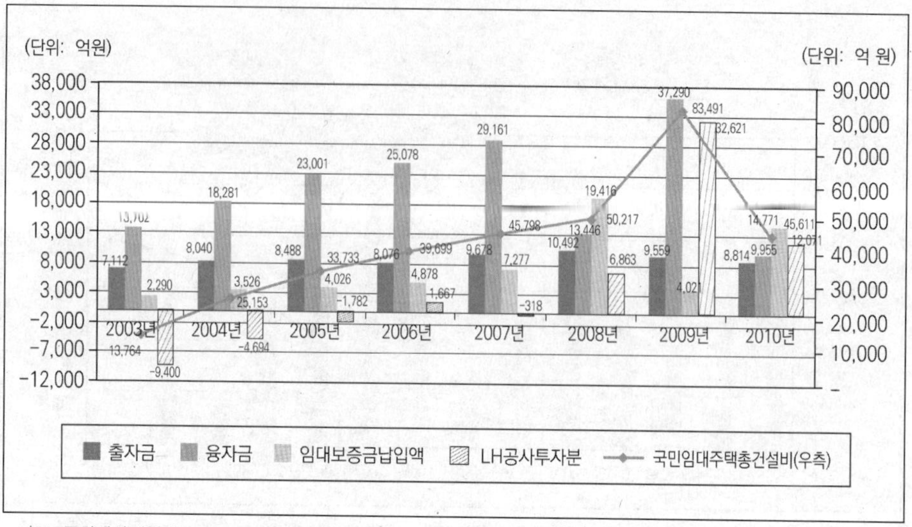

자료: 국회예산정책처(2011: 181) 참고하여 재구성.

주: 출자금·융자금은 해당연도 신규사업승인분 및 이전 연도의 사업승인분을 포함함.

도 신도시 및 택지개발사업이 차지하는 비중이 55.4%(69조원)로 가장 높게 나타나고 있다(김진애, 2011). 따라서 기관의 부채가 수익이 나지 않는 공공임대주택사업으로 인해 증가했다기보다는 주택시장 등 경제상황과 다양한 사업 수행에 따른 결과라고 볼 수 있다.

2. 석유공사와 해외자원개발사업

1) 공공성

제1·2차 석유파동이후 국가차원에서 에너지 자원개발사업의 필요성이 대두되기 시작하였고, 우리나라는 해외 의존형 수급 구조로 인하여 세계 에너지·자원 정세 변화에 직접적인 영향을 받고 있다(대한민국정부, 2012: 308). 게다가 우리나라의 총 에너지 소비량은 21,851천TOE(2013년 6월 현재)로 10년 전인 1994년 6월 소비량인 9,810천TOE에 비하여 2.2배가 증가하는 등 에너지 소비가 꾸준히 상승하는 추세에 있다. 그럼에도 불구하고 총에너지 소비량의 96.2%인 21,024천TOE를 수입하고

〈표 4〉 '00 ~ '10 연평균 에너지소비 증가율

(단위: 퍼센트)

	한 국	독 일	프랑스	영 국	일 본	미 국	OECD
증가율	2.88	−0.28	0.41	−0.96	−0.43	−0.25	0.21

출처: Energy Balances of OECD Countries, IEA, 2012; 국가통계포털 재인용.

있으며, 특히 2000년에서 2010년까지 연평균 에너지소비 증가율이 2.88 퍼센트로 OECD 평균 0.21퍼센트보다 14배가 높은 수치이다(〈표 4〉).

이처럼 에너지 자원을 해외에 의존할 수밖에 없는 상황에서 우리나라는 석유 개발사업 추진을 위하여 2000년 7월 한국석유공사의 동해지사를 설치하고, 2002년 3월에는 동해－1 가스생산시설 기공식을 실시하는 등 국내 자원개발사업에 박차를 가하였다. 또한, 2001년 8월에는 베트남 15－1광구 개발을 선언(한국석유공사 홈페이지)하는 등 해외 자원개발도 함께 추진하였다.[9] 특히 이명박 정부는 자원 시장의 불안정성으로 인한 에너지수급 불안 확대 및 가격 상승의 충격을 흡수하기 위한 정책수단으로 '해외자원개발' 사업을 강조하였다. 해외자원개발이 그 중요성에도 불구하고 고위험, 대규모 투자 재원, 장기간이 소요되는 특성상 민간의 적극적인 투자가 어려우므로 정부의 주도적인 정책적 지원이 불가피하다는 논리였다(대한민국 정부, 2012: 308). 정부는 2008년 7월 석유대형화계획을 발표하고, 해외자원개발 사업을 본격적으로 추진하였다. 이에 석유공사는 영국계 석유회사 Dana Petroleum사를 인수하여 자주개발률 10%대 진입 및 아시아와 미주 위주의 거점 경영에서 유럽과 아프리카로 개발사업의 거점을 확장하고자 하였다(한국석유공사 홈페이지). 여기서 자주개발률이란 '우리 기업들이 국내·외에서 개발, 생산하여 확보한 물량이 전체 수입물량에서 차지하는 비중'을 의미하며,[10] 총 수입량 대비 자국이 통제 가능한 자원확보량의 비율로서 에너지 안보 측정을 위한 지표로 활용되고 있다(지식경제부, 2011a).

석유가스부문은 총 57개국 359개 사업에 진출하여 2012년 말 현재 36개국

9) 해외자원개발 사업은 한국가스공사, 한국광물자원공사, 한국석유공사의 주도로 하고 있다. 그 중 한국석유공사는 "석유자원의 개발, 석유의 비축, 석유유통구조개선에 관한 사업을 수행함으로써 석유수급의 안정과 국민경제발전에 기여함"을 목적으로 설립되었다(한국석유공사 정관 제1조).

10) 자주개발률: 자원개발로 확보한 지분생산량(금액)/국내수입량(금액)×100(지식경제부, 2011a).

〈표 5〉 해외자원개발사업수(누적)

구 분	'02	'03	'04	'05	'06	'07	'08	'09	'10	'11	'12
O 석유·가스	109	122	128	141	166	209	244	275	301	341	359
〈진행사업〉	51	55	56	65	83	123	155	169	180	198	201
▪생 산	21	24	26	25	26	34	43	51	53	69	80
▪개 발	10	9	6	7	9	12	14	17	27	25	29
▪탐사(조사)	20	22	24	33	48	77	98	101	100	104	92
〈종료사업〉	58	67	72	76	83	86	89	106	121	143	158

출처: 산업통상자원부(2013).

201개 사업이 진행 중이다(〈표 5〉). 한국석유공사의 경우에는 2013년 9월 말 기준으로 24개국 59개 석유개발프로젝트에 참여하여 일일 평균 약 24만 배럴('13년 6월 말 기준)을 생산하고 있으며 확보한 매장량은 석유환산 약 13.5억 배럴에 이르고 있다(한국석유공사 홈페이지).

에너지 자립 경제기반 구축을 목표로 하는 해외자원개발 사업의 경우 자주개발목표를 향상하고자 〈그림 12〉에서 보는 바와 같이 2007년 연간 18백만 배럴이었

〈그림 12〉 한국석유공사 연도별 생산량 및 매장량 목표량

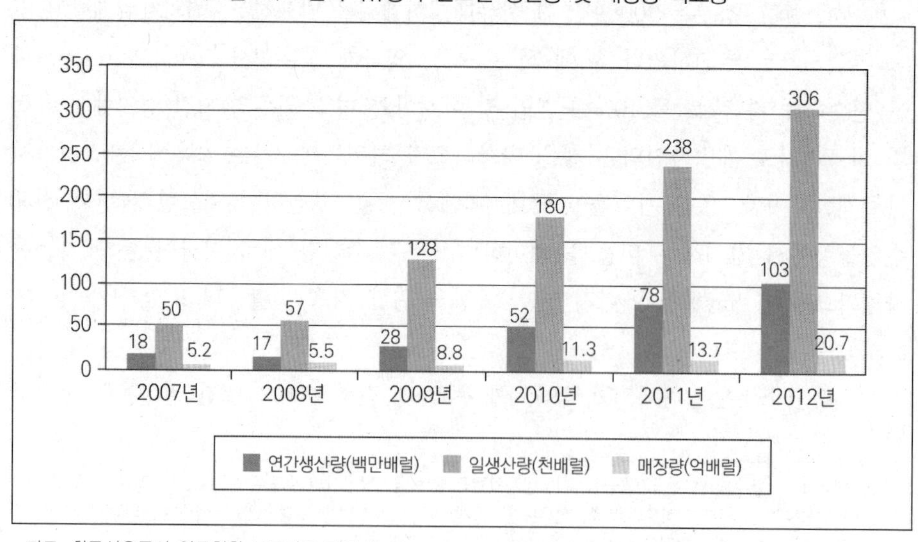

자료: 한국석유공사 업무현황 보고자료 재구성.

〈그림 13〉 에너지 자주개발률

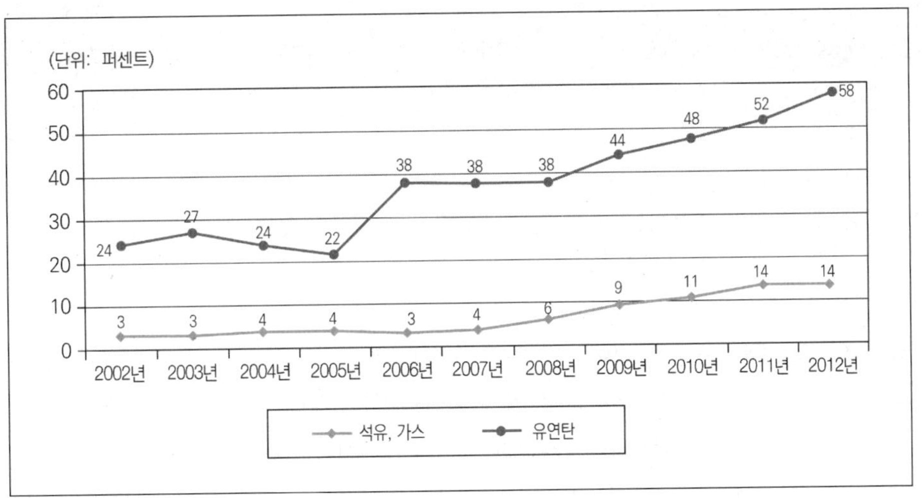

자료: 국가통계포털 자료 재구성.

던 생산량을 2012년에는 103백만 배럴로 증대하는 계획을 수립하였는데, 이에 따라 기술 인력은 450명에서 2,500명 수준까지, 자산은 2012년 30조원까지 확대하고자 하였다. 2008~2012년 기간 동안 우리나라의 해외자원개발 투자규모는 총 403억 6,500만 달러로, 이 중 78.8%인 317억 5,400만 달러가 원유·가스 개발에 투자되었다(국회예산정책처, 2013).

앞서도 언급하였듯이 해외자원개발에 대한 관심은 이명박 정부에서 처음 시작된 것은 아니었다. 2007년 한국석유공사의 국정감사에서도 '자주개발률 목표 달성을 위한 대책 강구'를 지적받는 등 자주개발률 제고에 대한 정치권의 관심이 과거부터 지속되어 왔음을 알 수 있다. 〈그림 13〉에서 보는 바와 같이 석유·가스 자주개발율은 2007년 4.2%에서 2012년 13.8%로 애초 목표에는 도달하지 못하였으나 3배 이상 증가하였다.

이러한 자주개발률의 증가는 긍정적인 결과로 평가할 수 있으나, 문제는 2011년 7월까지 해외에서 생산된 석유나 가스가 국내에 들어온 실적이 없다는 점이다(감사원, 2012)(〈표 6〉). 즉, 2012년 유가가 112달러에 달하는 등 고유가 상황에서 국내가격의 안정화에 기여하지 못하였을 뿐만 아니라, 석유공사의 설립목표인 석유수

〈표 6〉 계약형태별 석유수입

(단위: 천 배럴)

구 분	2007	2008	2009	2010
장기계약	543,353	586,860	579,691	612,463
현물	329,187	278,012	255,394	259,952
개발원유	–	–	–	–
합 계	872,540	864,872	865,085	872,415

출처: 감사원(2012).

급의 안정화에도 충분히 기여하지 못하고 있다고 볼 수 있다.[11] 또한 2008년 이후 공기업이 석유·가스 부문의 투자에 주도적으로 참여하면서, 민간기업 투자를 위축시켰다는 주장에 대해서도 재고해볼 필요가 있다(〈그림 14〉).

〈그림 14〉 석유·가스 투자에 대한 민간 및 공기업 비중

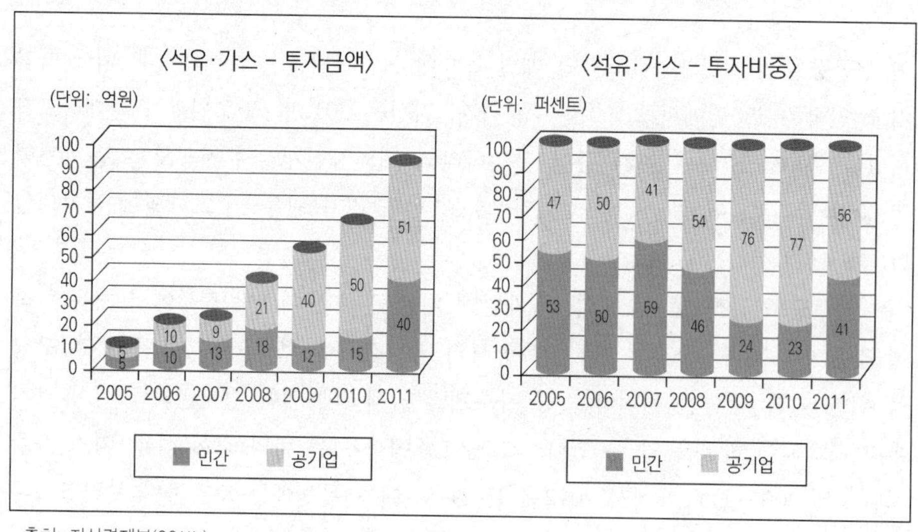

출처: 지식경제부(2011b).

11) 이에 대하여 한국석유공사는 개발원유가 국내 정유시설 등과 맞지 않고, 한국석유공사의 투자 생산광구가 영국, 캐나다, 페루 등 한국과는 원거리에 위치하고 있어 수송비 부담이 높기 때문이라고 설명하고 있다.

2) 기업성

지난 10년간 한국석유공사의 수익률을 살펴보면 총자산이익률(ROA)이 2002년 0.9%에서 2012년 −3.1%로 감소하였으며, 자기자본이익률(ROE) 역시 1.9%에서 −8.4%로 하락하였다. 매출액순이익률(ROS)은 2002년 12%에서 2012년 −8.6%로 하락하였다. 특히 2011년도 당기순이익은 1,527억원 손실, 2012년도 2,040억원의 손실로 나타났다. 이는 석유공사 대형화 이후 2009년 한 해만 매출액순이익률(ROS)이 증가한 이후 급격히 하락한 수준이라고 할 수 있다(〈그림 15〉 참조).

석유공사의 수익률이 감소한 것과 달리 자산은 2006년 8.4조원에서 2011년 31.5조원까지 증가하였는데 이는 부채가 3.5조에서 20.7조까지 증가하였기 때문이다. 이러한 순손실은 2008년 이후 대형 M&A 위주의 유전사업개발의 수익성이 좋지 않았기 때문인데, 결과적으로 약 23억 1,800만 달러 손실을 본 것으로 조사되었다(예산정책처, 2013: 138).[12] 이는 2009년 하베스트 인수 당시 메릴린치 자문회사가

〈그림 15〉 한국석유공사 자본, 부채 및 수익률

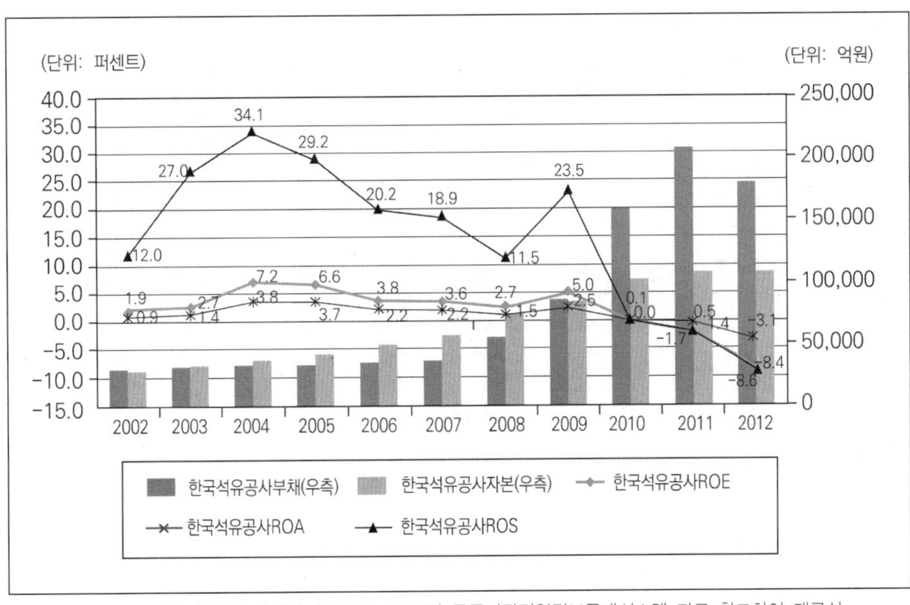

자료: 2002-2007년 각 공사 홈페이지, 2008-2012년 공공기관경영정보공개시스템 자료 참고하여 재구성.

12) 한국석유공사의 순손실 주요 요인은 유형·무형자산의 대규모 손상차손 발생 때문인 것으로 조사되었다. 유형자산손상

〈표 7〉 캐나다 하베스트 인수에 따른 예상 매출액 대비 실제 매출액 비교

(단위: 만달러)

	2010년		2011년	
	예 상	실 제	예 상	실 제
매출액(A)	110,000	85,200	100,100	109,100
운영비(B)	50,100	32,000	48,400	44,100
투자비(C)	17,200	54,900	7,800	65,300
순현금유입(A-(B+C))	42,700	-1,700	43,900	-300
예상대비	-4%		-0.7%	

출처: 한국석유공사 제출 전정희 의원 2012년 국정감사자료.

제시한 경제성을 훨씬 밑도는 결과이다. 〈표 7〉에서도 확인할 수 있는 것과 같이 2010년도는 순현금유입이 4억 2,700만 달러, 2011년에는 4억 3,900만 달러로 예상

〈그림 16〉 한국석유공사의 유전개발사업투자액과 재무상황

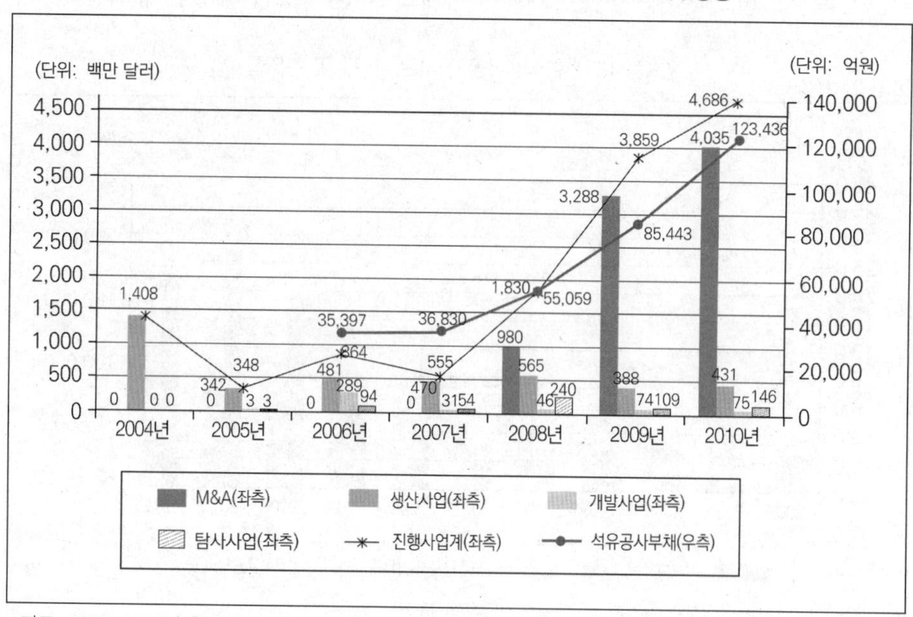

자료: 2006-2010년 한국석유공사감사보고서, 2011-2012년 공공기관 알리오 경영공시자료 참고하여 재구성.

차손은 셰일오일 붐의 영향으로 북미산 WTI 원유가 중동산 두바이유에 비하여 상대적으로 가격 하락 폭이 커짐에 따라 하베스트의 NARL정유공장의 정제 마진이 악화되었고, 북미 동부해안 정유업의 가치도 동반 하락하였기 때문이다(예산정책처, 2013: 124).

되었으나 실제는 각각 1,700만 달러와 300만 달러 손실이 발생하였다.

뿐만 아니라 미국 앵커(Ankor) 광구의 경우 한국석유공사에서 2008년 미화 9억2천만 달러로 매입하면서 2008년도 순현금 유입을 1.6억 달러로 예상하였으나 실제 현금유입은 0.5억 달러로 예상치의 31%에 불과했으며, 2009년과 2010년의 순현금 유입은 예상치의 50% 수준에도 미치지 못하였다(감사원, 2012). 이사회에서도 생산광구 매입을 위한 외부차입과 채권발생 등으로 인한 부채 증가에 우려를 표명한 바 있지만(2008년 2월 내부이사회 회의록), M&A 기업에 대한 정확한 판단과 전략의 부재로 기관은 엄청난 경제적 손실을 입게 되었고, 결국 그 부담은 국민의 몫으로 남게 되었다. 특히 최근 북미의 값싼 셰일오일과 가스 개발로 에너지자원 시장 환경이 급변하고 있어 석유공사의 재무구조는 더욱 악화될 우려가 있으며 이에 대한 대응책 마련도 시급한 것으로 보인다.

V. 결 론

본 장은 정권별 국정과제를 추진하는 과정에서 공기업이 어떻게 활용되었으며, 국정과제가 공기업의 공익적 목적달성과 기업의 특성인 재무성과에 어떠한 영향을 미쳤는지 살펴보았다. 특히 토지주택공사의 공공주택사업과 석유공사의 해외자원개발사업을 중심으로 그 영향력을 분석하였다.

전두환 정부 이후 주요 국정과제로 채택되어 지속적으로 추진된 주택공급정책을 통해 주거복지 문제가 해결되었는지에 대한 답을 한 가지 지표로 단순히 설명할 수는 없지만, 임대주택 공급의 증대, 주택보급률의 확대라는 측면에서는 공기업이 공익적 목적 달성에 일정부분 기여하였다고 평가할 수 있을 것이다. 그러나 주택매매 및 전세가격지수는 지속적으로 상승하였고, '전세대란'이라는 단어가 언론에 꾸준히 오르내리는 상황에서 공급위주의 주택건설이 서민주거문제 해결이라는 궁극적인 목적을 달성했는지에 대해서는 긍정적인 평가를 내리기가 어렵다. 또한 토지주택공사의 급격한 부채증가로 인해 재무성과에 있어서도 좋은 평가를 받지 못하고 있다.

해외자원개발사업은 이명박 정부 들어 국정과제로 채택되면서 대규모로 추진되기 시작하였다. 에너지 '자주개발률'이 향상되었다는 점에서는 국정과제의 1차적인 목표를 달성했다고 볼 수 있을 것이다. 그러나 해외자원개발에 참여한 한국석유공사, 한국가스공사, 한국광물자원공사의 재무건전성 지표들이 본격적인 사업 추진 전과 비교하여 급격하게 하락한 것으로 나타났고, 특히 석유공사는 수익률이 마이너스를 기록하는 등 단기적으로는 해외자원개발사업에 참여한 공기업들의 재정상황이 크게 악화되는 결과를 초래하였다.

국민의 지지를 통해 당선된 대통령이 채택한 국정과제는 그 자체로 수단의 합리성까지 담보하지는 못한다. 국정과제에 대한 사회적 맥락과 국민적인 공감대와 별개로 국정과제를 추진하는데 어떤 수단을 활용할 것인지, 사업 기간은 임기 내에서 가능한 것인지, 그리고 재원 조달 방안과 사업 규모 등에 관한 것까지 국민들의 동의를 얻었다고 보기는 어렵다. 특히, 정책수단에 대한 객관적인 검증 없이 임기 내 무리하게 국정과제를 추진하고자 할 경우 공기업의 재무구조에 타격을 줄 수 있으며, 이는 고스란히 국민의 부담 증가로 이어질 수 있다. 즉, 국정과제를 수행하는데 있어 첫 번째 고려되어야 할 사항은 국정과제를 어떤 방식으로 수행할 것인지에 대한 고민이며, 과연 공기업을 통해 집행하는 것이 바람직한지에 대한 사회적 합의이다.

지난 2013년 포브스는 세계 2000대 기업을 선정하였는데, 한국기업은 모두 64개의 기업이 선정되었으며, 이 중 삼성전자가 20위로 가장 높은 순위를 차지하고, 공기업으로는 한국전력공사(548위), 한국가스공사(858위) 만이 포함되어 있다. 물론 공기업의 설립목적이 이윤창출과 같은 수익성의 추구에만 한정된 것이 아니므로 이와 같은 단순한 비교가 타당하지 않을 수 있지만, 과거와 달리 시장이 점차 세계적인 경쟁력을 요구하고 있다는 점에서 기관의 경영성과와 지속가능성도 중요한 가치 중 하나로 고려되어야 함을 부인하기는 어렵다. 공기업을 국정과제의 수단으로 활용할 경우 정부의 통제가 용이하고 강력한 투자가 가능하다는 장점이 있지만, 현재와 같이 부채가 증가하는 등 국가의 재무건전성이 악화될 가능성이 높은 위기 상황에서는 공기업의 공공성과 기업성의 상보관계가 가능한 대안을 모색할 필요가 있다. 특히 국민적인 동의와 사업의 중요성에 비하여 단기적인 수익 하락과 공기업의 재정이 악화될 우려가 있다면 이를 최소화할 수 있는 방안이 마련되어야 할 것이다. 이러한 조건이 충족되어야 매 정권마다 빠지지 않고 논의되는 공기업 개혁이 보다 설득력 있게 들릴 수 있을 것이다.

□ 참고문헌

감사원(2012). 「해외자원 개발 및 도입실태 감사보고서」.

강철규·최은영·이재형(2008). "대규모 기업집단의 지배구조와 기업성과간의 관계: 민영화된 공기업집단과 재벌기업집단간의 비교." 「산업경제연구」 21(3): 1011-1040.

경제기획원(1988). 「공기업백서」.

관계부처합동(2013). 「공공기관 정상화 대책」. 2013. 12. 11.

국토해양부(2012). "2011년 공공임대주택 재고, 10년 대비 10.5% 증가" 보도자료 2012. 6. 5.

국회예산정책처(2011). 「2012년도 공공기관 정부지원 예산안 평가」. 2011. 10.

__________(2012). 「보금자리주택사업평가」. 2012. 2.

__________(2013). 「2012회계연도 공공기관 결산평가」. 2013. 7.

기획재정부(2014). 공공기관 연도별 부채 총액 현황. 내부자료.

김명수·지태홍(2005). "한국전력산업의 정부통제, 경쟁환경, 소유구조가 공공성 및 기업성 향상에 미치는 영향에 관한 실증적 연구: 한국전력공사를 중심으로". 「대한경영학회지」, 18(5): 2049-2077.

김진애(2011). 국정감사 보도자료.

대한민국정부(2012). 「이명박 정부 국정백서 3권 세계를 경제영토로」.

명성준(2009). "에너지산업 발전을 위한 국정과제의 모니터링." 「한국정책학회 추계학술발표논문집」, pp. 395-410.

문인수 외(2003). "정부투자기관의 민영화." 「경일대 논문집」.

박기묵(2010). "한국의 공공성과 재정건전성에 관한 연구." 「한국행정학회 동계학술대회 발표논문집」, pp. 1-22.

박순애(2007). "행정학 연구분야의 시대적 적실성에 대한 시론적 연구." 「한국행정학보」 41(3): 321-344.

_____(2008). "이명박 정부의 10개월 평가: 정치, 행정부문을 중심으로." 「한국정책학회 동계학술발표논문집」, pp. 433-451.

_____(2013). "공공기관의 부채문제, 묘책은 없다." 동아일보(2013. 2. 8).

박진·허경선(2013). "공공기관 부채의 원인과 대책." 「공공기관 부채문제의 현황과 해결방안」, 한국조세재정연구원.

백완기(2007). "한국 행정과 공공성." 「한국사회와 행정연구」 34(2): 1-22.

산업통상자원부(2013). 「해외자원개발현황」.

송재호·양덕순. (2003). "관광행정조직 진단: 제주도의 사례." 「지방정부연구」 7(2): 197-215.

오영호(2005). “부채에 의한 자금조달과 기업의 경영성과,” 「아태연구」 4: 97-121.

유미년·박순애(2013). “공기업 성과관리의 딜레마: 공공성과 수익성.” 「한국행정학회 하계학술대회 발표논문집」, pp. 1106-1138.

유훈·배용수·이원희(2011). 「공기업론」. 서울: 법문사.

이기식(2003). “노무현정부의 국정과제 평가: 정보정책부문을 중심으로.” 「한국사회와 행정연구」 14(3): 287-319.

이민호·윤수재(2009). “공공기관의 공공성과 효율성 간의 조화 방안 모색: TRIZ 모형을 통한 모순해결 방식의 적용.” 「한국사회와 행정연구」 20(2): 187-214.

이종권 외(2013). 「공공임대주택 50년 성과와 과제」. 한국토지주택공사 토지주택연구원.

이종수(2013). 「한국행정의 이해」. 서울: 대영문화사.

전대욱·최인수(2013). “회복가능한 지역공동체 및 안전거버넌스 조성에 관한 연구: 4대악 근절 등 안전분야 국정과제의 성공적 추진을 중심으로.” 「한국거버넌스학회보」 20(2): 49-71.

전정희(2012). 2012 지식경제위원회 전정희 의권 국정감사자료.

정규호(2008). “풀뿌리 사회경제 거버넌스의 의미와 역할: 원주 지역 협동조합운동을 사례로.” 「시민사회와 NGO」 6(1): 113-147.

정정길(2009). 「행정학의 새로운 이해」. 서울: 대명출판사.

조일출·나인철(2005). “공공성에 영향을 미치는 공기업 성과동인의 구조적 분석: BSC의 활용.” 「정부회계연구」 3(1): 29-51.

주택도시연구원(2008). 「국민임대주택백서」.

지식경제부(2011a). 「해외자원개발현황」.

________(2011b). 「에너지자원주요통계: 자원개발」. 2011하반기.

한국조세재정연구원(2013). 「공공부채의 원인과 대책」.

한국토지주택공사(2012). “국정감사결과 시정 및 처리요구사항에 대한 처리결과”.

Andrews, Rhys, George A. Boyne, & Richard M. Walker(2011). “Dimensions of Publicness and Organizational Performance: A Review of the Evidence.” *Journal of Public Administration Research and Theory* 21: 301-319.

Antonsen, Marianne and Torben Beck Jørgensen(1997). “The ‘Publicness’ of Public Organizations.” *Public Administration* 75(2): 337-357.

Bozeman, B.(1987). *All organizations are public*. San Francisco, CA: Jossey-Bass.

Bozeman, B.(2007). *Public Values and Public Interest: Counterbalancing economic individualism*. Washingont, D.C.: Georgetown University Press.

Demsetz, Harold and Kenneth Lehn(1985). “The Structure of Corporate Ownership: Causes and Consequences.” *Journal of Political Economy* 93(6): 1155-1177.

Dunsire, Andrew, Keith Hartley, David Parker and Basil Dimitriou(1988). “Organizational status and performance: a conceptual framework for testing public choice theories." *Public Administration* 66(4): 363-388.

Hitt, Lorin M. & Erik Brynjolfsson(1996). "Productivity, Business Profitability, and Consumer Surplus: Three Different Measures of Information Technology Value." *MIS Quarterly* 20(2): 121-142.

Lewellen, Wilbur G. & S.G. Badrinath(1997). "On the measurement of Tobin's q." *Journal of Financial Economics* 44: 77-122.

McConnel, J. J. and H. Servaes(1990). "Additional Evidence on Equity Ownership and Corporate Value." *Journal of Financial Economics* 27(2): 595-612.

Morck, R., A. Shleifer and R. W. Vishny(1988). "Management Ownership and Market Valuation: An Empirical Analysis." *Journal of Financial Economics* 20(2): 293-315.

Rainey, Hal G. and Barry Bozeman(2000). "Comparing Public and Private Organizations: Empirical Research and the Power of the A Priori." *Journal of Public Administration Research and Theory* 10(2): 447-470.

Rainey, Hal G., Robert W. Backoff and Charles H. Levine(1976). "Comparing Public and Private Organizations." *Public Administration Review* 36(2): 233-244.

Walker, Richard M. & Barry Bozeman(2011). "Publicness and Organizational Performance." *Journal of Public Administration Research & Theory* 21: 279-281.

Wamsley, Gary L. & Mayer N. Zald.(1973). "The Political Economy of Public Organizations." *Public Administration Review* 33(1): 62-73.

공공기관 경영정보시스템. http://www.alio.go.kr

국가기록원. www.archives.go.kr

국가통계포털. http://www.kosis.kr

대통령기록관. www.pa.go.kr

한국석유공사 홈페이지. http://www.knoc.co.kr

한국토지주택공사 홈페이지. http://www.lh.or.kr

Forbes. http://www.forbes.com/global2000

제 2 편
지배구조와 경영관리

제3장 공공기관 지배구조의 현황과 개선방안

신 진 영

Ⅰ. 서 론

공공기관은 정부의 투자·출자 또는 정부의 재정지원 등으로 설립·운영되는 기관으로서 「공공기관의 운영에 관한 법률(이하 '공운법')」에 따라 기획재정부 장관이 지정한 기관을 의미한다. 2013년 3월 현재 공공기관으로 지정된 기관의 수는 총 288개로서 이들이 우리나라 경제와 사회에서 차지하는 비중과 중요성은 나날이 증가하고 있다.

02

공공기관이 차지하는 중요성을 몇 가지 측면에서 살펴보면 먼저 최근 수년간의 공공기관들의 부채가 자산에 비해 매우 빠르게 늘어나고 있다. 지난 3년 동안 자산은 144조 4천억 원 늘어난 반면, 부채는 같은 기간 156조 6천억 원이나 증가하여 이들 기관의 (부채/자산) 비율은 2008년 57.1%에서 2012년 67.5%로 높아졌다. 이러한 결과로 우리나라의 GDP 대비 공공부문 채무 비율은 75.2%로서 OECD 회원국 중 중간수준이나 일반정부 채무 대비 공기업 채무 수준은 80.7%로 비교 대상 국가 대비 가장 높은 수준이다.[1] 한편 공공기관의 임직원 수는 약 25만 명으로 이는 전체 경제활동인구의 약 1% 수준을 유지하고 있다.[2] 이와 같이 국가 경제와 사회에서 차지하는 중요성이 증대되고 있는 공공기관의 관리와 운영이 효율적으로 이루어져야 한다는 사실에서 공공기관의 지배구조 문제 논의의 출발점이

---

1) 이에 대한 자세한 내용은 LG경제연구원(2013), "최근의 국제적인 재정통계 지침으로 본 우리나라의 공공부문 채무 수준" 참조.

2) 한국조세연구원(2012), "공공기관 현황 편람".

설정될 수 있을 것이다.

기업지배구조(corporate governance)는 기업의 경영방침과 전략에 대한 방향을 결정하고 경영진의 의사결정을 견제, 감독하는 법적, 제도적 방법을 포괄적으로 의미한다.3) 이를 민간기업에 대해 적용할 경우 기업의 전략적 의사결정과 경영활동이 적절히 이루어질 수 있도록 하는 내·외부적 견제·감시 구조를 포함한다. 내부 지배구조는 이사회, 감사 등의 내부 통제 조직과 수단을 통해 경영진에 대한 견제·감시를 수행하는 동시에 경영진에 대한 적정한 보상체제를 설정하여 이들의 동기를 유발하는 것을 지칭한다. 외부 지배구조로서는 주식시장, 기업인수시장 등 기업 외부의 시장 기능을 통한 통제장치를 의미한다.

공공기관의 지배구조는 공공기관의 전략적 의사결정과 경영활동이 국가와 국민의 이익에 부합하도록 하는 내·외부의 이해관계자들에 의한 견제·감시 구조를 의미한다.4) 공공기관의 지배구조는 다양한 측면에서 민간기업의 지배구조와 상이한 특성을 지니고 있으며 이로 인해 적정한 지배구조의 설계와 시행에 있어 극복해야 할 과제가 민간기업에 비해 더욱 복잡하게 존재한다. 공공기관 지배구조의 한계는 경영진에 대한 견제와 감시를 시행할 이해당사자의 부재와 적절한 견제와 감시 수단의 제약으로 요약될 수 있다.5)

〈그림 1〉과 같이 민간기업의 지배구조는 기업가치 극대화라는 명확한 목표를 달성하기 위해 그 설계와 시행이 이루어지고 있다.6) 이러한 목표가 적절히 달성되었는지의 여부는 주식 및 채권의 가격과 신용등급, 순이익 등 다양한 시장지표에 의해 객관적이고 명확하게 판단될 수 있다.

공공기관은 국민－정부－경영진과 직원으로 이어지는 다층적 대리인 문제를 지니고 있다는 점에서 민간기업의 지배구조와는 다른 양상을 지닌다. 공공기관의 경영진에게 부여된 목표는 민간기업과 달리 명확하게 규정되기 어려운 한계를 지

3) KDI(2008), "공공기관 관리체계 개선 방안 연구"에서 인용.

4) 허경선·라경재(2011)에서 인용. 박석희(2010)는 포괄적으로 공공기관의 지배구조를 "공공정책의 효과를 위하여 이해관계인들이 상호작용하는 방법"으로 정의하고, 공공기관 경영성과 향상을 위한 다양한 이해관계자와 각종 기관들의 상호작용에 집중하는 것이 지배구조의 핵심으로 보고 있다.

5) KDI(2008) 역시 이러한 관점에서 공공기관 지배구조의 문제점과 개선방안을 제시하고 있다.

6) 주식회사의 경우 기업의 소유자인 주주가치의 극대화가 경영진에게 부여된 목표라 할 수 있다. 최근 기업의 목표를 단순한 기업가치의 극대화가 아닌 직원, 소비자, 기업이 속한 사회까지를 포괄하여 설정해야 한다는 기업의 사회적 책임 요구가 강해지고 있으나 일차적인 기업의 목표는 기업가치의 극대화로 이해될 수 있다.

니고 있다. 예를 들어 주식시장에 상장된 시장형 공기업의 경우 정부를 제외한 민간 주주들의 요구는 민간기업과 마찬가지로 기업가치의 극대화이다. 그러나 대주주로서 정부의 요구는 단순한 기업가치의 극대화가 아닌 보편적 공공서비스의 제공과 같이 기업가치의 극대화와 상충될 소지가 다분하다. 이로 인해 주가와 기업가치와 같이 민간기업에서 활용되는 시장지표가 공공기관의 성과를 평가하기 위한 객관적 지표로서 기능하기 어려운 한계가 있다.[7)]

민간기업에서 발생하는 대리인 문제는 기업의 주인인 주주와 이들의 대리인인 경영진 간의 문제로 명확히 규정되며 민간기업 특히 주식회사 지배구조의 핵심은 이러한 일층적 대리인 문제를 어떤 방식으로 해결할지로 규결된다고 할 수 있다. 그러나 공공기관의 경우 종국적인 소유자는 국민이나 국민은 주주와 달리 공공기관에 대해 직접적인 견제와 감시를 수행할 수 없으므로 국민의 대리인인 정부가 공공기관에 대한 견제와 감시 기능을 시행하게 된다. 이 과정에서 정부는 명목상의 주인인 국민보다는 주무 부처, 직원, 집권 정당 등의 이익을 우선시하는 공공기관 운영의 정치화(politicization)가 발생할 소지가 다분하다.

민간기업의 지배구조와 비교하여 공공기관의 지배구조가 지니고 있는 취약성은 시장에 의한 견제와 감시 기능이 작동하기 어렵다는 점이다. 〈그림 1〉과 같이 민간기업에 대해서는 인수·합병과 같은 외부적 견제 수단이 매우 효율적으로 기능하며 이외에도 다양한 외부 지배구조가 내부 지배구조의 한계를 보완하고 있다. 그러나 공공기관의 경우는 특별법 등 공법에 의해 설립되고 이에 따라 법적 독점 또는 국가의 재정지원 보장 등으로 인해 도산의 위험이 없으며, 시장 경쟁이나 인수·합병 등의 위협으로부터 자유로울 수 있다. 이 때문에 공공기관의 외부 지배구조는 정부에 의한 경영평가, 기능 적정성 검사 등으로 한정될 수밖에 없으며, 이 과정에서 앞서 논의된 바와 같은 국민–정부–경영진과 직원으로 이어지는 다층적 대리인 문제로 인해 그 기능이 적절히 발휘될지는 계속 해결되어야 할 과제로 남는다.

02

7) 박석희(2010)에 따르면 공공기관 지배구조와 민간기업 지배구조의 차이는 공공기관의 경우 절차적 합리성과 민주성, 공공성을 강조하여 정부와 국민에 대한 책임성을 강조한다.

〈그림 1〉 민간기업의 지배구조

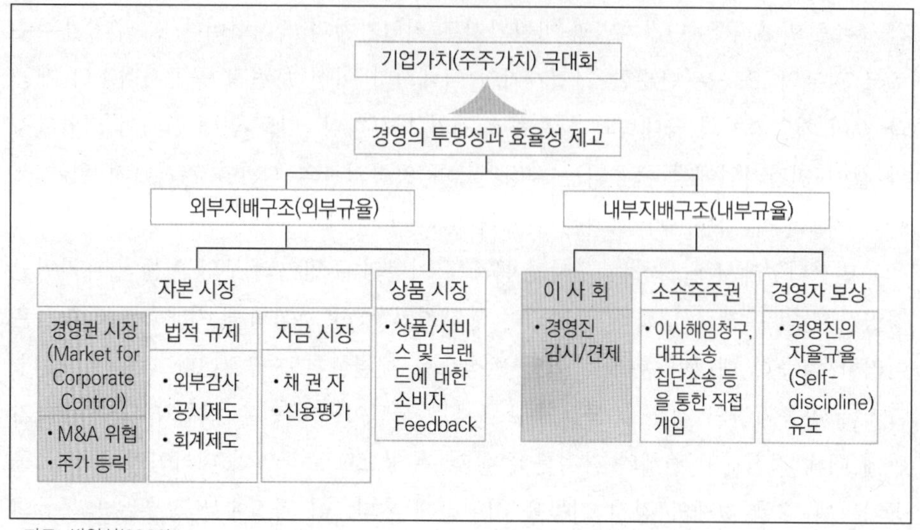

자료: 박영석(2009).

〈그림 2〉 공공기관의 지배구조

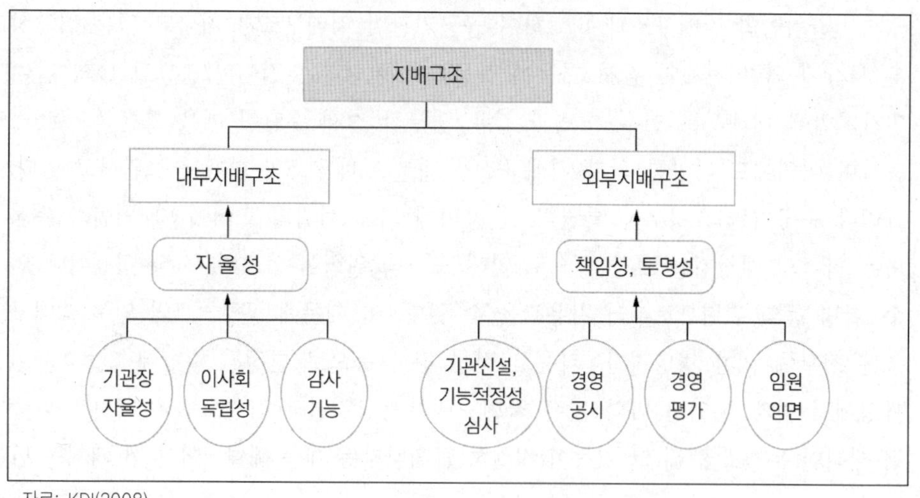

자료: KDI(2008).

본 연구는 공공기관 지배구조의 현황과 문제점을 파악하고 이에 대한 개선방안을 제시하고자 한다. 공공기관 지배구조의 다양한 측면 중에서 특히 이사회의 기능과 역할, 기관장과 임원의 임면에 초점을 맞추어 분석을 진행한다. 2절에서는 공공기관 지배구조의 기본 준거로 활용되는 OECD 공기업 지배구조 가이드라인과 우리나라 공공기관 지배구조의 근간인 공운법의 내용을 간략히 살펴본다. 3절에서 이명박 정부의 공공기관 지배구조 방침, 특히 기관장과 임원의 임면에 대해 살펴본 후 4절에서 공공기관 지배구조의 문제점을 점검하고 그 개선방안을 제시하고 마지막 절에서 결론을 맺는다.

Ⅱ. OECD 공기업 지배구조 가이드라인과 공운법

OECD는 1999년 "OECD 기업지배구조 원칙(OECD Principles of Corporate Governance)"을 제정하여 기업지배구조의 글로벌 스탠다드를 만든 이후 "OECD 공기업 지배구조 가이드라인(OECD Guidelines on Corporate Governance of State-Owned Enterprises)"을 통해 공기업을 포함한 공공기관 지배구조의 이상적 모델과 가이드라인을 제시하고 있다. 본 가이드라인은 이후 공공부문 개혁을 위한 각국 정부의 노력의 기본 준거로 활용되고 있다.

02

가이드라인은 〈표 1〉과 같이 공기업에 대한 법령과 규제체계 확립, 정부의 소유권 행사, 주주의 공평한 대우, 이해관계자와의 관계, 투명성과 공시, 공기업 이사회의 책임에 대한 여섯 개의 장으로 구성되어 있다.

가이드라인은 공공기관 지배구조의 원칙을 제공하고 있다. 복잡한 소유와 책임관계를 체계화하고, 공공기관의 일상적인 경영활동의 자율성을 확보하고 정부의 개입을 최소화할 것을 권고하고 있다. 특히 내부 지배구조로서 이사회와 감사의 기능을 강조하고 있다. 이사회의 독립성이 보장되어야 하며 업무 수행의 자율성 역시 확보되어야 하고, 공공기관 성과에 대해 이사회가 궁극적으로 책임질 수 있어야 하며, 이사회는 CEO의 임명과 해임에 대한 권한이 부여되어야 한다는 것을 강조하고 있다.

구체적으로는 지배주주로서 정부는 공공기관 경영에 불필요하게 간섭하는 것을 피하고 이사회 결정에 대해 정부의 책임을 제한하기 위해 이사의 추천, 임명, 선임에 있어 공무원의 이사 임명을 금지하거나 피하는 것을 권고하고 있다. 이사회 구성을 위해 CEO와 이사를 임명하는 과정에서 능력과 경력을 갖춘 인사를 찾고

〈표 1〉 OECD 공기업 지배구조 가이드라인(2005) 요약

가이드라인	상세항목
Ⅰ. 공기업에 대한 효율적 법령 및 규제체계 확립	ⅠA. 정부의 소유권 행사 기능과 다른 기능 분리 ⅠB. 공기업 관련 관행·지침이나 법령의 단순화 및 체계화 ⅠC. 공공서비스의 의무 및 책임을 법이나 규제에 명시, 비용 보상의 투명화 ⅠD. 일반법 및 일반적으로 적용되는 규제의 적용 비배제, 경쟁중립성 절차의 존재 ⅠE. 필요한 경우 공기업 자본구조조정이 가능하도록 법률 및 규제체계의 신축성 ⅠF. 재정조달의 경쟁중립성
Ⅱ. 소유권 행사자로서의 정부	ⅡA. 정부소유권 정책의 목적, 역할, 집행방법 개발 및 공표 ⅡB. 공기업의 완전한 경영자율권 보장 ⅡC. 공기업 이사회의 역할수행 보장 및 독립성 존중 ⅡD. 소유권 행사기관의 대외기관에 대한 설명의무 및 타 기관과의 명확한 관계 설정 ⅡE. 관련법령에 따라 적극적으로 소유권을 행사
Ⅲ. 주주의 공평한 대우	ⅢA. 모든 주주들을 공평하게 대우 ⅢB. 주주들에게 높은 수준의 투명성을 준수 ⅢC. 주주와의 협의 및 자문을 위한 적극적인 방안 개발 ⅢD. 주요 의사결정에 참여하기 위한 소액주주의 주주총회 참석 용이
Ⅳ. 이해 관계자와의 관계	ⅣA. 이해관계자의 권리 인식·존중, 「OECD 기업지배구조 원칙」 준용 ⅣB. 이해관계자와의 관계 보고 ⅣC. 내부 윤리규범으로서 준법감시 프로그램을 개발·이행
Ⅴ. 투명성 및 공시	ⅤA. 일관되고 종합적인 보고서 작성 및 연차보고서 발간 ⅤB. 효율적인 내부 감사절차 개발 ⅤC. 매년 독립된 외부회계감사 ⅤD. 상장기업과 같은 회계 및 감사기준 적용 ⅤE. OECD 기업지배구조 원칙에 규정된 모든 주요 사항에 관한 정보 제공
Ⅵ. 공기업 이사회의 책임	ⅥA. 임무의 명확성, 공기업 성과에 대한 궁극적인 책임 ⅥB. 경영감시기능과 중요한 경영자문 역할, 최고경영자 임명 및 해임 ⅥC. 객관적이고 독립적인 판단을 할 수 있는 인물들로 구성, 이사회의장과 OECD의 분리 ⅥD. 종업원 대표권의 효율적 행사, 이사회의 실무적 기능·정보·독립성 제고 ⅥE. 필요한 경우 특별위원회 설립 ⅥF. 매년 이사회 실적에 대한 평가 실시

자료: OECD, OECD Guidelines on Corporate Governance of State-Owned Enterprises(2005). 허경선·라경재 (2011)에서 재인용.

임명 절차를 체계화하기 위해 임원후보자 추천위원회(nomination committee)를 설치하고 공모절차를 거칠 것을 제안하고 있다. 이사회가 CEO에 대한 견제와 감시를 효율적으로 수행하기 위해 이사회 의장과 CEO는 분리되어야 하며 이사회가 공공

기관의 성과에 대해 책임지기 위해서는 이사회가 CEO를 임명하고 해임할 수 있어야 한다. 어사회 구성에 있어서는 이사회의 객관성과 독립성을 제고하기 위한 방안으로서 능력있는 사외이사의 영입을 권고하고 있다.[8)]

내부 감시를 위해서는 내부 준법 감시 프로그램의 개발과 활용, 효율적인 내부 감사절차의 개발 및 내부 감사 기능의 확립이 필수적임을 강조하고 있다.

2007년에 제정된 공운법은 우리나라 공공기관 지배구조에 있어 획기적인 변화를 이룬 전기라 평가될 수 있다. OECD 가이드라인은 공운법 제정과정에서 공공기관 지배구조를 설계하는 데 있어 중요한 준거로 작용했다. 공운법으로 인해 그동안 산재되어 왔던 공공기관 관리 체제가 체계적으로 정비되었다는 점에서 큰 의미를 지닌다고 할 수 있다.

박석희(2010)는 공운법 제정 당시 정부의 지배구조 설계에 대한 문제 인식을 다음과 같이 정리하고 있다. 첫째 공공기관 설립의 체계적 원칙과 기준의 부재와 법체계 미정비로 기관별로 비체계화된 관리가 이루어지고 있었다. 둘째, 경영감시와 통제기능을 제대로 수행하지 못하는 이사회 및 내부 통제기능을 담당하는 감사가 제대로 기능을 수행하지 못한다는 점이다. 셋째, 공공기관의 방만 경영에 대한 국민들의 지속적인 개혁요구가 있었다. 넷째, 기관에 대한 정부의 과도한 관리감독과 사전규제로 인해 경영자율성이 확보되지 못하고 있었다. 다섯째, 임원선정의 공정성 미흡에 대한 논란이 지속적으로 제기되었다.

이러한 문제의식 하에서 제정된 공운법은 현재 공공기관 지배구조의 근간을 이루고 있다. 공운법 제정 이후 가장 큰 변화는 소유자로서의 정부의 역할과 규제자로서의 역할이 명확히 분리되었다는 것이다. 공운법으로 인한 소유권과 감독권의 분리에 있어서는 기획재정부 소속 공공기관 운영위원회(이하 공운위)의 설립과 함께 그동안 각 부처로 분산되어 있던 소유권이 기획재정부에 집중되었다. 이후 OECD 권고에 부응하여 소유권 기능에 해당하는 경영감독은 공운위가 담당하고 사업감독은 주무 부처가 전담하는 방식으로 이원화되었다.

공운법 체제 하에서 공운위는 공공기관의 경영에 대한 책임을 지는 핵심 기구로서 자리매김을 하게 되었다. 공운위는 국민의 대리인으로서 민간기업의 주주총회와 유사한 기능을 수행하게 한다. 〈표 2〉와 같이 공운위는 직원 500명 이상이고

8) 이에 대한 자세한 내용은 국회예산정책처(2007) 참조.

총수입 1천억원 이상의 공기업과 준정부기관의 기관장, 공기업의 비상임이사, 공기업과 준정부기관의 감사의 임명에 대한 심의 및 의결 권한을 지닌다. 이와 더불어 경영실적 평가와 이와 연계한 상임이사의 해임건의 등과 같이 경영지침과 관련한 주요한 사안들을 심의·의결하도록 하여 정부의 공공기관에 대한 경영감독 기능을 강화하였다.[9] 공운위에게 이러한 권한을 부여한 것은 그동안 논란이 되어 왔던 공공기관 기관장과 임원 및 감사 임면의 공정성을 제고하기 위한 것으로 볼 수 있다. 그러나 다음 절에서 설명될 바와 같이 공운법의 이러한 취지에도 불구하고 공공기관 기관장과 임원 및 감사의 임면에 대한 논란은 끊이지 않고 있다.

〈표 2〉 공기업과 준정부기관의 기관장, 이사 및 감사 임명 절차

구 분	공 기 업	준정부기관
기관장임면	- 대형*: 임원추천위원회가 복수로 추천 → 공운위 심의·의결 → 주무장관 제청 → 대통령이 임명 - 소형**: 임원추천위원회가 복수로 추천 → 공운위 심의·의결 → 주무장관 임명	- 대형***: 임원추천위원회가 복수로 추천→ 주무장관 제청→대통령 임명 - 소형****: 임원추천위원회가 복수로 추천→ 주무장관 임명 - 특수기관: 임원추천위 추천- 공운위 심의·의결→주무기관장 제청→대통령 임명(독립기념관, 근로복지공단, 한국소비자원, 한국주택금융공사, 한국연구재단, 한국장학재단)
상임이사	- 임원추천위 추천→공기업장이 임명	- 임원추천위 추천→준정부기관장 임명
비상임이사	- 임원추천위 추천→공운위 심의, 의결→기재부 장관 임명	- 대형***: 임원추천위원회가 복수로 추천→ 주무장관 임명 - 소형****: 주무장관 임명
감 사	- 대형*: 임원추천위원회가 복수로 추천→공운위 심의·의결→기획재정부 장관 제청→대통령이 임명 - 소형**: 임원추천위원회가 복수로 추천 → 공운위 심의·의결→기획재정부 장관 임명	- 대형***: 임원추천위원회가 복수로 추천→ 공운위 심의·의결→기획재정부 장관 제청 → 대통령이 임명 - 소형****: 임원추천위원회가 복수로 추천 → 공운위 심의·의결→기획재정부 장관 임명

*: 직원 500명 이상이고 총수입액 1천억원 이상.

**: 직원 500명 이상이거나 총수입액 1천억원 미만.

***: 1. 위탁집행형 준정부기관 : 제2조에 따른 총수입액이 1천억원 이상이고 직원 정원이 500명 이상일 것.
2. 기금관리형 준정부기관 : 자산규모(위탁관리하는 기금자산을 포함한다)가 1조원 이상이고 직원 정원이 500명 이상일 것.

****: 대형이 아닌 준정부기관.

---

9) 이에 대한 자세한 논의는 이민호(2010) 참조.

공운법에 따른 또 다른 변화는 공공기관의 지정과 유형 분류가 체계화되었다는 점이다. 공공기관의 유형분류는 업무의 특성에 따라 상업성이 높고 자체수입 비중이 50% 이상인 기관은 공기업으로, 공공성이 높은 기관은 준정부기관으로 분류한 후, 공기업의 경우는 자체수입과 자산규모에 따라 다시 시장형과 준시장형으로 나누었다. 준정부기관은 그 기능에 따라 위탁집행형과 기금관리형으로 분류하고, 공기업과 준정부기관에 해당되지 않는 공공기관은 모두 기타 공공기관으로 명칭을 통일하였다.[10)]

2013년 3월 현재 시장형과 준시장형 공기업은 각각 14개이며, 기금관리형과 위탁집행형 준정부기관은 각각 17개와 66개이며, 기타 공공기관은 117개로 총 288개 기관이 공공기관으로 지정되어 있다.[11)]

공운법 체제하에서 내부지배구조는 적어도 제도상으로는 상당히 강화되었다.[12)] 첫째, 기관장의 권한과 책임경영체제가 강화되었다. 〈표 2〉에서 보인 바와 같이 상임이사의 임명권을 기관장에게 부여하는 등 조직·인사·예산 등의 경영 자율성을 부여하여 주무 부처의 경영간섭을 완화하였다. 특히 공기업의 경우 공운위는 감독기능을 정원·보수·재무관리에 한정하여 민간 대기업 수준의 자율성을 부여하였다.

02

둘째, 이사회는 공공기관의 자율성과 책임성을 담보하는 핵심적인 기구로서 그 기능과 권한이 대폭 강화되었다. 독립적이고 전문성을 갖춘 사외이사가 다수를 이루는 이사회가 지배구조 개선에 현저히 기여한다는 민간기업 지배구조에 대한 다수의 연구에 근거할 때 공운법의 이러한 변화는 공공기관 내부지배구조 개선의 올바른 방향으로 평가될 수 있다. 공운법은 임원보수에 대한 심의·의결 권한과 다른 기업체 등에 대한 채무보증에 대한 심의·의결하는 권한뿐만 아니라 이사회가 필요하다고 인정하는 사항에 대해서도 심의·의결권을 부여하였으며, 경영현황에 대한 이사회 보고가 의무화되었다. 이사회가 특정 사안에 대해 깊이 있는 심의가 필요하다고 인정할 경우에는 전문위원회를 구성하여 전문가로부터 지원을 받을 수

10) 구체적으로는 직원 정원이 50명 이상인 기관 중 자체수입 비중이 85% 이상이며 자산규모 2조 이상인 기관은 시장형 공기업으로, 나머지는 준시장형으로 분류된다. 기금관리형은 국가재정법에 따라 기금을 관리하거나 기금관리를 위탁받은 기관이며 이외의 준정부기관은 위탁집행형으로 나뉜다.

11) 공공기관 분류의 문제점과 개선 방안에 대한 자세한 내용은 KDI(2008) 참조.

12) 이에 대한 자세한 논의는 박석희(2010), 이민호(2010) 참조.

있도록 하였다. 시장형 공기업의 경우에는 CEO와 이사회 의장을 분리하여 선임비상임이사가 이사회 의장직을 겸임하게 하였고, 이사회는 공공기관 경영평가 결과에 따라 기관장에 대한 해임요청을 할 수도 있도록 하여 이사회가 실질적으로 CEO를 견제·감시할 수 있는 권한과 기능을 갖추게 하였다.

셋째, 내부 감사기능이 강화되었다. 감사의 권한과 책임을 강화하여 공공기관의 방만 경영, 도덕적 해이 등에 대해 감사가 적극적으로 나서 견제 역할을 수행할 수 있도록 하였다. 시장형 공기업의 경우 감사위원회 설치가 의무화되었으며, 내부감사는 경영공시 내용에 대한 검증기능과 기관경영 관련 위험관리 기능을 담당하도록 하였다. 한편으로는 감사의 직무를 성실히 수행하지 않을 경우 기획재정부 장관이 공운위의 심의·의결을 거쳐 손해 배상을 청구하거나 해임건의를 할 수 있도록 하였다.

공운법은 공공기관의 외부지배구조 역시 큰 변화를 가져왔다.[13] 외부지배구조의 중심에는 공운위가 위치해 있어 외부평가와 감독기능을 수행하게 되었다. 공운위는 공공기관의 신설에 있어 명확한 기준을 적용하여 신설 여부에 대한 검토를 할 권한을 지니고 있다. 또한 기능조정 필요성을 점검하여 공공기관의 기능 적정성 심사와 구조조정 추진을 해야 할 의무를 지니고 있다. 정부는 공공기관 기관장과 성과계약을 체결하고 기관별로 설정된 경영목표와 성과계약 내용을 공개하여야 한다. 경영목표의 설정은 주기적인 경영평가제도를 통해 그 성과가 평가되며 경영실적이 부진한 기관장과 상임이사에 대해 책임을 물어 해임을 요구·건의할 수 있으며 경영평가 결과에 따라 기관별 성과급이 결정되고 인사 혹은 예산 상 조치가 취해질 수 있다. 공공기관 경영의 투명성을 제고하기 위해 경영공시를 강화하였고 허위 혹은 부실 공시에 대한 벌칙부과를 통해 공시의 실효성을 확보하였다.

공운법은 OECD 가이드라인의 내용을 상당 부분 반영하여 공공기관 지배구조 개선의 틀을 마련하였다. 향후 개선의 소지는 있으나 공운법은 제도적으로는 이전에 비해 진일보하였다고 평가할 수 있다. 그러나 이러한 제도의 개선만으로 공공기관 지배구조의 개선이 이루어지는 것은 아니며 이에 대한 실행 여부는 제도의 개선 이상 그 중요성을 지닌다 할 수 있다.

13) 이에 대한 자세한 논의는 박석희(2010) 참조.

Ⅲ. 이명박 정부 하에서의 공공기관 지배구조

공운법이 제정된 것은 노무현 정부 시절인 2007년이나 본격적인 시행은 2008년 이명박 정부 출범 이후라 할 수 있다. 이명박 정부하에서의 공공기관 지배구조를 살펴보는 것은 공운법의 취지가 과연 적절히 실현되었는지를 확인할 수 있는 단초를 제공한다.

위평량(2011)은 이명박 정부 출범 이후 공공기관 임원진의 경력 분석을 통해 임원선임에 대한 정계 및 관계 등의 영향력을 확인함으로써 향후 공공기관 인사에 관한 시사점을 얻고 공공기관의 지배구조가 공운법의 취지대로 작동하는지를 분석하고 있다. 분석 대상기관은 2009년 정부가 발표한 공공기관(공기업, 준정부기관, 기타 공공기관) 297개이고, 임원 선임시기 분석의 대상은 2,713명, 임원경력분석 대상은 2,295명이다.

먼저 임원진(기관장, 감사, 사외이사, 비상근이사, 회장 등) 선임시기 분석을 통해 각 정권의 공공기관에 대한 정치적 영향력 행사 수준을 비교하고 있다. 임원 선임시기 분석 기간은 2007년 1월부터 2010년 3월까지이며, 분석결과 2007년 각 분기별 평균 신규임명 빈도수는 72.0명인 데 반하여, 2008년 각 분기별 평균 신규선임은 227.7명이고, 2009년 각 분기별 평균 신규선임 숫자는 278.5명으로 나타났다. 이는 2007년 이전에 선임된 임원의 임기 만료시기가 도래한 것으로도 볼 수 있지만, 이보다는 이명박 정부가 들어선 이후 5월부터 추진된 '정치적 성향이 짙은 기관장 교체' 방침에 따른 영향이 큰 것으로 판단된다. 아울러 이러한 파장이 기관장급에 그치지 않고 다른 상임직 및 비상임 사외이사 등에까지 영향을 주었기 때문으로 추정된다.

공기업 등 공공기관 임원진을 대상으로 한 주요 경력의 분석 기간은 2008년 1월부터 2010년 3월까지이다. 모든 임원의 출신경력을 중심으로 크게 9개 분야로 나누었다. 우선 ① 정치권(중앙 및 지방정치권 및 의회 포함)과 ② 관료(중앙 및 지방직), ③ 재계(대기업과 일반기업), ④ 학계(교수 등), ⑤ 법조계(판검사 및 변호사), ⑥ 언론문화계(방송, 신문, 연예인, 작가 등), ⑦ 기타전문가(회계사, 세무사, 변리사 등)이다. 아울러 ⑧ 사회단체(산업별, 업종별 협회 및 단체, 보수적 단체, 노동단체, 시민단체 등)와 ⑨ 공공기관출신

02

등으로 나누었다.

전체 공공기관 상임직 임원의 출신분야의 분포는 〈표 3〉에 정리되어 있다. 먼저 기관장(사장, 원장 등), 감사 등 상임직의 출신분야별 평균 분포를 보면, 공공기관 출신이 34.7%로 가장 높고, 관계출신과 정계출신이 각각 23.5%와 23.0%를 나타냈다. 주목할 점은 대선관계 인사의 비중이 상임의 경우 32.5%, 비상임의 경우는 27.9%라는 점이다.

〈표 3〉 각 공공기관 임원진의 출신성향별 분포

(단위: %)

	시장형 공기업		준시장형 공기업		기금 관리형		위탁 집행형		기타 공공기관		전임원진 평균		
	상임	비상임	상임	비상임	상임	비상임	상임	비상임	상임	비상임	상임	비상임	전체
정계	23.3	4.8	25.9	22.9	24.3	5.4	24.7	6.7	16.8	5.8	23.0	9.1	11.8
관계	20.0	23.8	14.8	14.6	31.4	17.2	31.1	27.5	20.1	23.5	23.5	21.3	23.4
재계	13.3	9.5	7.4	14.6	8.6	6.5	5.8	8.5	9.1	13.7	8.8	10.6	10.6
학계	0.0	31.0	0.0	29.2	4.3	29.0	6.8	32.3	12.9	27.3	4.8	29.8	21.8
법조	0.0	9.5	0.0	5.2	1.4	2.2	0.5	2.4	3.8	2.1	1.1	4.3	2.4
언론	0.0	2.4	1.9	4.2	0.0	12.9	3.7	2.9	1.0	3.8	1.3	5.2	3.3
기타	0.0	0.0	0.0	1.0	0.0	1.1	2.6	0.3	4.6	0.6	1.4	0.6	1.4
사회	0.0	9.5	0.9	5.2	1.4	18.3	0.5	12.5	3.3	12.0	1.2	11.5	8.6
공공	43.0	9.5	49.1	3.1	28.6	7.5	24.2	6.9	28.4	11.1	34.7	7.6	16.7
대선	30.0	23.8	35.2	44.8	31.4	28.0	35.3	21.9	30.5	20.8	32.5	27.9	26.3

자료: 위평량(2011)에서 인용.

주: 1. 상 임 직: 회(부)장, 기관장(원장, 사장), 부사장, 상임이사, 전무이사, 상근이사, 감사직 등.
2. 비상임직: 사외이사, 비상임(근) 이사 등.
3. 언론=언론문화계, 기타=기타전문가, 사회=사회단체, 공공=공공기관, 대선=대선관계인사.

외부 정치적 영향력에 의해 선임될 개연성이 높은 기관장, 감사(위원) 등과 그렇지 않은 직위로 구분해 보면 분석기간 동안(2008년 1월-2010년 3월) 이들 직위에 대한 인사변동은 전체 450 직위였다. 이 가운데 44.7%가 인수위 등 '대선관계인사'로 나타나 정치권의 영향을 받은 것으로 추정되었고, 관계출신은 18.4%, 공공기관출신은 11.5%로 나타났다. 반면 정치적 영향력이 작을 것으로 추정되는 상임직(전무이사, 상임이사, 상근이사 등)은 정계출신 16.4%, 관계출신 19.6%, 공공기관출신인사가 49.4%로 나타나 상임직에 있어서도 정치적 영향력에 따라 차이가 있는 것을 확인할 수 있다.

이러한 분석의 결과로 추론되는 것은 공공기관의 경영진에 대한 인사의 특징은 핵심적으로 정치권의 영향을 받고 있다는 것이며 정계-관계-공공기관의 삼각 생존구조가 공공기관 개혁 부진의 원인으로 작용할 수 있다는 점이다. 위평량(2011)은 이에 대한 해결책으로 공공기관 임원 임기 보장, 임원추천위원회와 공공기관 운영위원회의 민주적 구성과 함께 운영의 투명성을 제고하는 것이 필요하다고 제언한다. 또한 임원선임규정 정비와 현행 공공기관경영평가 틀을 활용할 수 있는 방안 모색이 필요함을 강조하고 있다.

공운법의 제정과 공운위의 출범으로 공공기관 지배구조 개선의 기본 틀은 갖추어졌으나 이러한 제도의 실행은 제도의 기본 취지에는 부합하지 않는 것으로 보인다. 이명박 정부 이후 임명된 공공기관 임원들은 모두 공운법에 따른 절차를 거쳤으나 이러한 절차의 준수가 반드시 공운법의 취지를 구현했다고 볼 수 없다. 특히 대선관련 인사들의 높은 비중은 공공기관 인사가 해당 기관의 경영효율성을 높이고 책임성과 투명성을 제고하는 데 기여하기보다는 정치적 목적하에 사용되었다는 비판에서 자유로울 수 없게 한다. 이는 단순한 제도의 구비만으로 공공기관 지배구조의 개선이 성취되는 것이 아니라 이를 집행하는 정부의 의지가 더욱 중요함을 상기시키고 있다.

Ⅳ. 공공기관 지배구조의 문제점과 개선방안

1. 공운위의 구성과 기능

공운위는 공운법에 따른 공공기관 지배구조의 최고의사결정기관으로서 공운법 제8조에 따라 기획재정부 장관 소속하에 두고 공공기관의 지정, 지정해제와 변경지정, 기관의 신설 심사, 공기업과 준정부기관 임원 임명 등 다양한 안건을 심의·의결하도록 되어 있다. 공운위는 기획재정부 장관을 위원장으로 20명 이내의 위원,

즉 당연직 정부위원과 11명 이내의 기획재정부 장관 추천 대통령 위촉 민간위원으로 구성하게 되어 있으며 2012년 초 현재 9명의 민간위원이 위촉되어 있다.

김철(2012)은 공운위가 지니고 있는 문제를 크게 기획재정부 산하기구화에 따른 문제, 운영위원 구성 및 참여 문제, 공운위 운영상의 문제로 나누고 각각에 대해 다양한 측면에서 분석하고 있다.

먼저 기획재정부 산하기구화에 따른 문제로서는 공운위가 공공기관의 예산집행과 재무적 측면에서의 효율성 제고만을 강조하고 다양한 사회적 요구에 부응하기에는 구조적 한계를 지니고 있다. 이로 인해 공운위가 공공기관의 총괄기구로서의 역할을 적절히 수행하지 못하고 있을 뿐 아니라 공공성을 확보하지 못하고 있음을 지적하고 있다. 또한 공공기관의 독립성이나 효율성과는 상관없이 정권의 특수이익만을 위하여 운영되는 사례가 증가하고 있으며 이는 국민－정부－공공기관으로 이어지는 다층적 대리인 문제에 있어 국민과 정부 사이의 대리인 문제가 심화되는 것으로 이해될 수 있다.

운영위원 구성과 참여에 있어서도 정부위원의 참여 구성이 자주 바뀌고 회의 참석마저 부실하며, 민간위원의 구성에 있어서도 정부가 임의적으로 임명하는 경향이 강해 공공기관과 관련된 다양한 이해관계자를 대변하지 못하고 있는 한계가 있다.

공운위의 운영도 정상적으로 이루어지지 못하고 있다. 2010년 1차부터 13차까지, 2011년 1차부터 3차까지의 자료를 분석해 보면 정부위원은 총 126차례 성원으로 참석하여야 하나 대리 참석 85회, 불참 28회로 직접 참석은 13회에 불과하다. 2010년 13차의 회의에서 원안의결 비율이 85%에 이르고 특히 공공기관 인사 관련안의 경우는 그 비율이 95%에 이르러 심도있는 논의와 토론, 의결이 이루어지지 못하고 있다. 또한 공운위가 사실상 비공개로 진행되어 폐쇄성과 비밀주의가 작용함을 지적하고 있다.[14)]

김철(2012)은 이에 대한 개선방안으로서 민간위원 구성에 다양한 분야 이해관계자의 참여를 확대하여 공공기관 평가에 대한 신뢰를 높이고 민간위원의 공정하고 책임있는 의사 참여를 담보할 것을 제안하고 있다. 운영상의 효율성과 투명성을

14) KDI(2008) 역시 김철(2012)과 유사하게 운영상의 문제와 더불어 실질적인 의제 설정이 기획재정부 장관과 정부부처 실무자에 의해 지배되는 문제를 지적하고 있다.

제고하기 위해서 위원임기의 교차임명제를 도입하고, 직능적 성격에 따른 소위원회 설치 및 구성의 의무화, 정무위원 참여 내실화, 운영의 투명성 강화가 필요함을 강조하고 있다.

KDI(2008) 역시 공운위 기능의 실질화 및 운영의 독립성 강화, 국민의사의 대표성 제고 등을 위하여 공운위의 지위 및 구성과 요구되는 역할에 대한 조정을 위한 다양한 대안을 제시하고 검토하고 있다.

공운위가 실질적으로 국민의 이익을 대변하고 공공기관에 대한 견제·감시 역할을 수행하기 위해서는 각계를 대표하면서 동시에 전문성을 갖춘 민간위원을 다수로 위원회가 구성되어야 할 것이다. 현재 정부 측 위원과 민간 위원의 수가 거의 동수이며 의제가 정부에 의해 설정되는 상황에서는 공운위가 독립적이며 효율적으로 기능하지 못하고 결과적으로 정부의 뜻에 따라 공공기관의 운영이 결정되는 상황을 피할 수 없다.

기능과 운영 측면에서 볼 때 공운위에 부과된 막중한 의무와 다양한 권한에도 불구하고 회의 수와 참석률, 특히 정부 측 인사의 참석률은 매우 저조하다. 이는 결론적으로 공운위가 부여된 의무를 충실히 이행하고 있지 못하다는 반증이라 할 수 있다. 공운위가 실질적으로 기능하기 위해서는 KDI(2008)가 제안한 바와 같이 경영공시, 혁신 지원, 공시의무 위반에 대한 인사조치, 경영실적 평가 관련 실무 등의 기능은 실무진에게 이관하고 공공기관 지배구조에 핵심 사안인 주요 임원 임면, 공공기관 지정·변경·해제, 신설 심사, 기능조정 등의 업무에 집중하는 것이 바람직할 것으로 보인다. 공운위의 업무를 효율적으로 수행하기 위해 기능별 소위원회를 구성하고 이를 활성화하며, 필요하다면 소수의 인원으로 구성된 사무국을 설치하여 공운위의 업무를 지원하는 것도 검토할 만한 대안이라 할 수 있다. 물론 사무국의 규모와 기능이 비대화되어 공운위 자체의 역할을 축소시킬 수 있다는 우려가 있으나 이를 적절히 제어할 수 있다는 전제 하에서 사무국의 설치는 검토할 만한 가치가 있다고 보여진다.

2. 기관장과 임원 임면

공공기관 지배구조에 있어 가장 논란이 많은 사안이 기관장과 임원 및 감사의 임면과 관련된 사안이라 할 수 있다. 3절에서 살펴본 바와 같이 이명박 정부하에서 다수의 기관장과 임원이 임명 과정에서 낙하산 논란에 휘말렸고 노무현 정부에서 임명된 기관장과 임원의 중도 사퇴 역시 많은 논란을 불러일으켰다.[15)]

이러한 논란은 공운법의 취지와는 정반대의 현상이라 할 수 있다. 공운법은 공공기관 지배구조, 특히 기관장과 임원의 임면에 있어 외부로부터의 개입과 압력을 차단하고 공공기관 내부의 비효율적이고 독단적인 운영을 방지하기 위한 제도적 시도라 할 수 있다.

〈표 2〉에 정리된 바와 같이 공기업과 준정부기관의 기관장과 임원 및 감사의 임명은 다단계의 절차를 거쳐 이루어지고 있다. 공기업의 경우 모든 과정에서 임원추천위원회의 추천이 첫 단계이며 상임이사를 제외하고는 공운위의 심의 및 의결을 거쳐야 한다. 준정부기관의 경우에도 소형 기관의 비상임이사를 제외하고는 임원추천위의 추천이 첫 단계이며 감사의 경우에는 공기업과 마찬가지로 공운위의 심의와 의결을 거쳐 임명된다.

이러한 다단계의 복잡한 절차는 기관장과 임원의 임명 과정이 공정하고 투명하게 이루어지고 외부의 압력을 배제하고 전문성과 능력을 갖춘 적임자를 임명하려는 취지에서 설계되었다고 볼 수 있으나 실제 그 실행은 의도와는 현저히 다른 결과를 낳고 있다. 이는 제도의 구조와는 상관없이 이를 운영하는 정부가 얼마나 그 취지를 구현하려는 의지를 지니고 있는지 여부에 따라 그 결과가 현저히 다를 수 있음을 입증하는 사례라 할 수 있다.

현행 제도가 지니고 있는 가장 큰 문제점은 임명절차가 복잡하여 시간과 비용이 과다하게 소모되고 기관장과 임원이 임명될 때까지 경영공백이 발생한다는 점이라 할 수 있다. 특히 공모절차를 거칠 경우 임명에 소요되는 시간은 더욱 길어지게 된다.

현재의 제도가 기본 취지를 유지하면서 보다 효율적으로 운영되기 위한 몇 가지 개선방안을 KDI(2008)는 제시하고 있다. 개선방안의 기본 틀은 경영을 담당하는 기관장의 임명 과정은 임원추천위원회가 담당하고, 상임이사의 임명권은 기관장에

---

15) 이에 관한 자세한 내용은 중앙일보 2011년 5월 20일자 기사 "막 오른 공기업 인사 전쟁(上) 더 심해진 낙하산, 하반기 공공기관 인사 관심 집중", 위클리경향 2009년 1월 13일자 "MB정부 낙하산 공공기관장 총 101명" 참조.

게 부여하되 경영진에 대한 견제와 감시 역할을 수행하는 비상임이사와 감사의 임명 과정에는 공운위가 관여한다는 것이다. 이를 통해 공운위의 임무인 공공기관에 대한 견제와 감시 기능을 효율적으로 수행하게 하는 것이다. 이 방안에서 대형 공기업과 준정부기관의 기관장은 그 중요성을 고려하여 임원추천위원회의 추천과 주무 장관의 제청을 거쳐 대통령이 임명하되 소규모 기관의 경우에는 주무 장관이 직접 임명한다. 상임이사는 기관장을 보좌하여 기관의 경영을 담당하므로 기관장에게 임명권을 부여한다. 한편 비상임이사와 감사의 경우에는 대형 공기업과 준정부기관의 경우에는 공운위의 심의 및 의결을 거쳐 공기업은 기획재정부 장관이, 준정부기관은 주무 장관이 임명한다.

위의 제도를 시행하는 과정에서 임원추천위원회가 실질적인 기능을 하기 위해서는 이민호(2010)가 제안한 바와 같이 추천 규모를 3배 수 이내로 하여야 할 것이다. 현재와 같이 임원추천위원회가 3-5배 수의 후보자를 추천하도록 허용할 경우 자격 여부에 관계없이 정부가 의도하는 인사를 추천하고 해당 인사가 임명되는 논란에서 벗어나기 어려울 것이다. 이와 더불어 추천하는 후보자의 순위를 명시하고 이에 대한 사유를 적시하도록 하여 자격을 갖춘 후보자가 임명될 수 있도록 기능하여야 할 것이다.

02

공공기관 기관장과 임원의 자격에 대한 요건 역시 강화되어야 할 것이다. 국회예산정책처(2007)는 설문조사를 통해 공공기관 임원 인사 평가의 함의를 다음과 같이 도출하고 있다. 첫째, 기관장 선임 시 정치적 네트워크 기준보다는 비전, 혁신역량과 업무 관련 전문성 기준이 강화되어야 한다. 둘째, 감사 선임 시 정치적 네트워크 기준보다는 업무 관련 전문성 기준과 일반 관리 능력 기준이 강화되어야 한다. 셋째, 비상임이사 선임 시 업무 관련 전문성 기준과 함께 비전 및 혁신 역량 기준이 강화되어야 한다. 넷째, 정치적 임명 시 자격 요건이 강화되어야 한다. 다섯째, 비상임이사 후보자에 대한 공모절차 적용에 신중해야 한다. 여섯째, 비상임이사와 감사의 연임 결정 시 보다 엄격한 직무수행 실적 평가가 필요하다. 일곱째, 추천해야 할 임원의 특성에 맞는 임원추천위원회를 구성해야 한다.

기관장과 임원의 임명에 있어서 위의 기준이 적용되기 위해서는 각 기관의 특성에 부합하는 기관장과 임원의 자격 요건을 구체적으로 설정해야 할 것이다. 기관장과 임원 후보에 대해서는 각 기관이 마련한 구체적인 자격요건 체크리스트에 따른 자격 요건 충족 여부를 일차적으로 검증하고 이를 통과한 후보자에 대해서만 심사를 진행하는 것이 적절할 것이다. 이와 같은 기준의 사전적 설정과 그 적용은 자격을 갖춘 인사가 임명될 수 있는 필수조건이며 낙하산 논란을 줄일 수 있는 방안이라 할 수 있다.

3. 이사회의 권한과 기능

공운법의 도입으로 인한 공공기관 지배구조의 큰 변화 중의 하나는 이사회의 구성과 기능이 강화된 점이라 할 수 있다. 공공기관 경영의 자율성과 책임성을 담보하는 이사회는 그 기능과 권한이 대폭 확대되었다. 이사회는 다른 기업체 등에 대한 출자·출연, 다른 기업체 등에 대한 채무보증, 임원의 보수 등에 심의 및 의결을 하며, 기관장은 국정감사, 회계감사와 감사원이 실시한 감사에서 지적된 사항과 그에 대한 조치 계획 및 실적 등을 포함하여 그 밖에 이사회가 기관장에게 보고하도록 요구하는 사항에 대해 이사회에 보고할 의무를 지닌다. 또한 이사회는 경영평가 결과에 따라 기관장에 대한 해임 요청을 할 수 있다.

이사회의 구성에 있어 비상임이사의 역할과 권한 역시 강화되었다. 이사회 내의 비상임이사의 비중이 과반수 이상이 되어야 하며 이사회 정수는 기관장을 포함하여 15인 이내로 하도록 하여 이사회 운영의 효율성을 제고하도록 하였다. 경영자율성 보장을 위해 비상임이사의 권한과 책임이 확대되어 공기업·준정부기관에 선임비상임이사를 두고, 시장형 공기업과 자산규모가 2조원 이상인 준시장형 공기업의 이사회 의장은 선임비상임이사가 된다. 비상임이사는 또한 감사요청권과 기관장 해임건의권을 지니게 되어 경영진에 대한 실질적인 견제와 감사 수단을 지니게 되었다. 비상임이사의 권한 강화와 더불어 책임성을 확보하기 위해 비상임이사 활동성과를 주기적으로 파악하여 연임 또는 해임과 연결시켰다.

공운법에 의해 적어도 제도적으로는 이사회의 권한과 책임은 민간기업 수준으로 강화되었다. 그러나 공공기관의 이사회는 경영진에 대한 견제와 감시뿐만 아니라 다층적 대리인 문제에서 정부로부터의 자율성을 확보하여 국민의 이익을 보호해야 할 책무까지 지닌다는 점에서 민간기업의 이사회보다 더욱 중요하고 복잡한 임무를 수행해야 한다. 공공기관의 이사회가 제 역할을 담당하기 위해서는 이사 특히 비상임이사의 역할이 무엇보다 중요하다. 홍길표(2012)가 지적한 바와 같이 비상임이사의 자격요건과 유형구분이 재정립되어야 할 것이다. 공운법의 비상임이사는 상임이사가 아닌 자로서 사외이사보다는 포괄적 개념이다. 실제 공공기관 비상임이사 중에는 민간기업에서 규정한 사외이사의 요건에 해당되지 않는 비상임이사 특히 소유권 기능과 밀접한 관련성을 지닌 주무부처 소속 현직 공무원이나 모기업의 임직원, 거래관계 등 특수관계 기관의 임직원 등이 포함되어 있다. 이러한 비상임이사의 포함은 이사회가 정부로부터 자율적이고 독립적으로 기능하는 데 걸림돌이 될 수 있다. 이에 대해 향후 비상임이사는 상법에서 규정한 민간기업의 사외이사의 요건에 준하는 자격을 지닌 인사 중 적격자로 그 인선을 제한하는 것이 바람직할 것이다. 이를 통해 독립적 사외이사가 다수가 되는 이사회가 실질적으로 경영진에 대한 견제와 감시, 정부로부터 자율성 확보 기능을 수행할 수 있도록 해야 할 것이다.

내부 통제시스템 강화의 일환으로 감사제도의 기능 역시 강화되어 공공기관의 방만경영과 임직원의 도덕적 해이 등에 대해 감사가 적극적이고 실질적으로 견제 및 감시 역할을 수행할 수 있도록 하였다. 시장형 공기업과 자산규모가 2조원 이상인 준시장형 공기업에는 민간기업과 유사하게 이사회에 감사위원회를 설치하여야 한다. 감사에 대한 책임 역시 강화되어 감사가 그 직무를 성실히 수행하지 않을 경우 기획재정부 장관이 공운위의 심의 및 의결을 거쳐 손해배상을 청구하거나 해임을 건의할 수 있다.

그러나 3절에서 논의된 바와 같이 감사의 선임 문제는 기관장과 임원 선임의 경우와 마찬가지로 낙하산 인사, 정실 인사의 논란과 비판이 가장 많이 지속적으로 제기되고 있다. 내부 통제시스템에 있어 감사의 역할이 중요함에도 불구하고 이러한 논란이 공공기관 지배구조의 개선에 있어 바람직하지 못하다 할 수 있다. 홍길표(2012)의 제안과 같이 해당 공공기관의 특성을 이해하면서 감사의 역량까지 사전적으로 갖춘 적격자를 선임하는 것이 현재의 공공기관 감사 선임 관행에 비추어 어렵다면 차선으로 기초적인 회계 및 감사업무 교육은 물론 공공부문 적법성 감사기법, 방만 경영 예방 감사지침 등을 집중적으로 교육하는 내실 있는 단기 교육 과정을 운영할 필요가 있다.

V. 결　　론

공공기관이 우리나라 경제와 사회에서 차지하는 비중과 중요성은 나날이 증가하고 있으며 이들 기관의 운영 효율화를 위해서는 지배구조의 개선이 필수적이다. 공공기관의 지배구조는 경영진에 대한 견제와 감시를 시행할 이해당사자의 부재와 적절한 견제와 감시 수단의 제약이라는 한계를 지니고 있다.

OECD 가이드라인을 준거로 2007년에 제정된 공운법은 우리나라 공공기관 지배구조에 있어 획기적인 변화를 이룬 전기라 평가될 수 있다. 공운법 체제 하에서 내부지배구조는 적어도 제도상으로 상당히 강화되었다. 기관장의 권한과 책임경영체제가 강화되었으며, 이사회는 공공기관의 자율성과 책임성을 담보하는 핵심적인 기구로서 그 기능과 권한이 대폭 강화되었다. 감사의 권한과 책임이 강화되어 공공기관의 방만 경영, 도덕적 해이 등에 대해 감사가 적극적으로 나서 견제 역할을 수행할 수 있도록 하였으며, 공운위가 공공기관에 대한 외부평가와 감독기능을 수행하게 되었다.

그러나 이명박 정부 하에서 공공기관 기관장과 임원의 임명 과정에서 다수의 대선관계 인사가 포함되어 논란이 야기되었다. 공운법의 제정과 공운위의 출범으로 공공기관 지배구조 개선의 기본 틀은 갖추어졌으나 단순한 제도의 구비만으로 공공기관 지배구조의 개선이 성취되는 것이 아니라 이를 집행하는 정부의 의지가 더욱 중요함을 상기시키고 있다.

공공기관 지배구조 개선을 위해서는 공운위 위원의 구성 및 참여 문제, 공운위의 운영과 기능에 있어 향후 개선이 필요하다. 공운위가 실질적으로 국민의 이익을 대변하고 공공기관에 대한 견제·감시 역할을 수행하기 위해서는 각계를 대표하면서 동시에 전문성을 갖춘 민간위원을 다수로 위원회가 구성되어야 할 것이다. 또한 공운위가 실질적으로 기능하기 위해서는 공공기관 지배구조에 핵심 사안인 주요 임원 임면, 공공기관 지정·변경·해제, 신설 심사, 기능조정 등의 업무에 집중하는 것이 바람직할 것으로 보인다.

공공기관 지배구조에 있어 가장 논란이 많은 사안이 기관장과 임원 및 감사의 임면과 관련된 사안이라 할 수 있다. 임명절차를 효율적으로 개편하기 위해서는 경영을 담당하는 기관장의 임명 과정은 임원추천위원회가 담당하고, 상임이사의 임명권은 기관장에게 부여하되 경영진에 대한 견제와 감시 역할을 수행하는 비상임이사와 감사의 임명 과정에는 공운위가 관여하여 공운위의 임무인 공공기관에 대한 견제와 감시 기능을 효율적으로 수행하게 하는 것이 바람직할 것으로 보인다. 기관장과 임원의 임명에 있어서는 각 기관의 특성에 부합하는 기관장과 임원의 자격요건을 구체적으로 설정해야 할 것이다. 이와 같은 기준의 사전적 설정은 자격을 갖춘 인사가 임명될 수 필수조건이며 낙하산 논란을 줄일 수 있는 방안이라 할 수 있다.

공운법의 도입으로 인한 공공기관 지배구조의 큰 변화 중의 하나는 이사회의 구성과 기능이 강화된 점이라 할 수 있다. 공공기관의 이사회가 제 역할을 담당하기 위해서는 이사 특히 비상임이사의 역할이 무엇보다 중요하다. 향후 독립적 사외이사가 다수가 되는 이사회가 실질적으로 경영진에 대한 견제와 감시, 정부로부터 자율성 확보 기능을 수행할 수 있도록 해야 할 것이다. 해당 공공기관의 특성을 이해하면서 감사의 역량까지 사전적으로 갖춘 적격자를 선임하는 것이 현재의 공공기관 감사 선임 관행에 비추어 어렵다면 차선으로 기초적인 회계 및 감사업무 교육은 물론 공공부문 적법성 감사기법, 방만 경영 예방 감사지침 등을 집중적으로 교육하는 내실 있는 단기 교육 과정을 운영할 필요가 있다.

공공기관의 지배구조는 공운법 제정으로 새로운 전기를 맞게 되었다. 공공기관 지배구조의 개선을 통해 공공기관 운영의 자율성과 효율성이 제고되기 위해서는 단순한 제도의 정비만을 부족하며 이를 실행하기 위해 정부와 정책당국의 의지가 무엇보다 중요하다. 공공기관 기관장과 임원의 임면 과정에서 매번 야기되는 논란을 불식하기 위해서는 현행 제도의 개선뿐만 아니라 제도의 취지를 구현하려는 구체적인 의지가 더욱 중요하다 할 수 있다.

공운법을 통해 공기업과 준정부기관의 지배구조는 어느 정도 제도적 틀을 갖추었다고 평가된다. 그러나 현재 절대 다수를 차지하고 있는 기타 공공기관의 경우 이에 준하는 지배구조의 방향이 정해져 있지 않다. 향후 기타 공공기관의 기능과 공공성에 근거한 분류 체계의 마련과 지배구조 개선 방안의 마련은 공공기관 지배구조의 중요한 과제로 남는다.

□ 참고문헌

OECD(2005), OECD Guidelines on Corporate Goverance of State-Owned Enterprises.

KDI(2008), 공공기관 관리체계 개선 방안 연구.

LG경제연구원(2013), 최근의 국제적인 재정통계 지침으로 본 우리나라의 공공부문 채무 수준.

국회예산정책처(2007), 공공기관 임원인사 평가.

김 철(2012), 한국 공공기관 지배구조의 민주화 방안: 공공기관 운영위원회를 중심으로, 공공사회연구.

박석희(2010), 우리나라 공공기관 지배구조의 문제점과 개선방향, 한국재무학회 하계 심포지움.

박영석(2009), 재무의 이해(제2판)(Merton, Bodie, Cleeton의 Financial Economics 번역서). 시그마프레스. 제2권 1호, pp. 5-42.

위평량(2011), 공공기관 지배구조에 관한 분석: 임원의 과거 경력 분석, 경제개혁리포트 2011-2호, pp. 1-23.

이민호(2010), 공공기관 지배구조 변화에 따른 인사제도 개선방안: 임원추천위원회 회의록 분석을 중심으로, 행정연구원.

한국조세연구연(2012), 공공기관 현황 편람.

허경선·라경제(2011), 공공기관 성과 향상을 위한 공공기관 지배구조의 연구, 한국조세연구원.

홍길표(2012), 공공기관의 기관장 선임과 지배구조 개선방안, 공공기관과 국가정책(한국조세연구원) 제2장.

제4장 공공기관 노사관계의 현황과 과제

박 영 범

Ⅰ. 서

공공부분의 노사관계는 법적 규제에 따라 공무원 및 교원 그리고 공공기관으로 나눌 수 있다. 공무원과 교원은 단체행동권이 제약되는 반면, 공공기관은 민간부분과 동일하게 노동3권이 보장된다. 한국전력공사, 한국가스공사와 같이 공공기관이 필수공익사업을 하는 경우 사전적으로 단체교섭을 통해 필수업무의 범위 등을 합의하여야 하며, 파업 시에도 노조는 필수업무를 유지할 의무가 있다.

공공기관은 노동3권을 보장받지만 예산, 인원 등에 있어서 정부의 규제를 받기 때문에 민간부분의 노사관계와는 다른 특징을 보인다. 정부로부터 위임을 받아 기관의 경영을 책임지는 공공기관의 기관장의 임기는 한시적이고 주인인 국민은 불특정 다수이기 때문에 실제적인 운영을 보면 직원들이 공공기관의 실질적인 주인역할을 하는 측면이 일정부분 있다.

본고는 공공부문 중 중앙정부에 의해 공공기관으로 지정된 공공기관의 노사관계를 중심으로 노동조합 현황, 노사관계 특징 및 외환위기 이후 노사관계 개혁의 성과와 한계 그리고 노사관계 측면에서 공공기관의 효율성 제고를 위한 논의를 하고자 한다.

Ⅱ. 공공기관 노동조합 현황

2013년 4월 말 현재 기재부 알리오에 올라 와 있는 공공기관의 수는 295개, 인원은 352,135명(정규직 242,804명, 비정규직 109,331명)이다. 비정규직 비율은 31.5%로서 우리나라 전체 임금근로자 비정규직 비율(2012년 8월 기준, 통계청 근로형태별 부가조사 결과) 33.3%보다 약간 낮다.[1] 전체 인원기준으로 하면 취업자 비중은 공기업이 38.9%로 제일 높고, 기타공공기관 33.0%, 준정부기관 25.2%의 순이다. 정규직 기

〈표 1〉 공공기관 노동조합 현황(2013년 4월)

기관명	기관유형	기관수	정규직	비정규직	전체인원	비정규직 비율	정규직 노조원	정규직대비 노조가입률
노조기관	공기업	27	95,961	40,672	136,633	29.8	71,126	74.1
	준정부기관	71	70,446	23,900	94,346	25.3	55,259	78.4
	기타공공기관	109	65,207	35,509	100,716	35.3	35,871	55.0
	전 체	207	231,614	100,081	331,695	30.2	162,256	70.1
전 체	공기업	28	96,224	40,696	136,920	29.7	71,126	73.9
	준정부기관	85	72,243	25,120	97,363	28.3	55,259	76.5
	기타공공기관	182	74,337	43,515	117,852	37.4	35,871	48.6
	전 체	295	242,804	109,331	352,135	31.0	162,256	66.8
기관명	기관유형		정규직 노조원	정규직 대비노조 가입률	비정규직 노조원	비정규직 대비 가입률	전체노조 원수	전체인원 대비노조 가입률
노조기관	공기업		71,126	74.1	588	1.45	7,1714	52.5
	준정부기관		55,259	78.4	2,783	11.6	58,042	61.5
	기타공공기관		35,871	55.0	1,114	3.1	36,985	36.7
	전 체		162,256	70.1	4,485	4.5	166,741	50.3
전 체	공기업		71,126	73.9	588	1.4	71,714	52.4
	준정부기관		55,259	76.5	2,783	11.1	58,042	65.3
	기타공공기관		35,871	48.3	1,114	2.6	36,985	31.8
	전 체		162,256	66.8	4,485	4.1	166,741	47.4

자료: 공공기관 알리오 http://www.alio.go.kr/

1) 기타공공기관의 비정규직 비율이 35.3%로 제일 높다. 비정규직의 고용형태는 기간제가 20,100명으로 제일 많고, 소속외인력 16,136명, 무기계약 4,557명의 순이다.

준으로 하면 취업자 비중은 공기업 39.6%, 기타공공기관 30.6%, 준정부기관 29.8%의 순이다. 비정규직 기준으로 하면 취업자 비중은 기타공공기관 39.8%, 공기업 37.2%, 준정부기관 22.9%의 순이다.

노동조합은 295개 기관 중 207개에 조직되어 있다. 공기업은 28개 기관중 27개, 준정부기관 85개 중 71개, 기타공공기관은 182개 중 109개에 노조가 조직되어 있다. 인원기준으로 하면 전체인력의 94.1%(331,695명)가 노조가 조직되어 있는 기관에 속한다. 공기업은 99.8%, 준정부기관은 96.9%, 기타공공기관은 85.5%가 노조가 조직되어 있는 기관에 속한다.

전체 노조원 수는 166,741명으로 공기업에 43.0%, 준정부기관에 34.8%, 기타공공기관에 22.2% 속한다. 전체 공공기관 인원대비 노조가입률은 47.4%, 노조가 조직되어 기관의 인원대비 가입률은 52.5%, 가입대상인원을 기준으로 하면 64.4%이다.

노조가 조직되어 있는 기관의 인원을 기준으로 하면 노조가입률은 준정부기관이 61.5%로 제일 높고, 공기업 52.5%, 기타공공기관 50.3%이다.

정규직기준 노조원 수는 162,256명, 전체 인원대비 가입률은 66.8%,[2] 노조가 조직되어 있는 기관의 인원대비 가입률은 70.1%이다. 노조가 조직되어 있는 기관 기준으로 준정부기관의 가입률이 78.4%로 제일 높고, 공기업 74.1%, 기타공공기관 55.0%이다. 참고로 2011년 말 현재 우리나라 전체 노조원 수는 1,720,000명, 전체 임금근로자대비 조직률은 9.9%이다.[3]

비정규직기준, 전체 인원대비 가입률은 4.1%, 노조가 조직되어 있는 기관의 비정규직대비 가입률은 4.5%이다. 노조가 조직되어 있는 기관 기준으로 준정부기관의 가입률이 11.6%로 제일 높고, 기타공공기관 3.1%, 공기업 1.5%의 순이다.

노조원 수가 제일 많은 기관은 한국철도공사 21,615명, 한국전력공사 19,553명,

2) 2007년 기준 공공기관의 조직률은 63.9%였다(박영범(2008)).

3) 중앙정부 공공기관의 범위가 차이가 나는 점을 고려하여도 공공기관의 노조원 수는 늘어난 것으로 추정된다. 2002년 말 기준으로 정부투자기관, 출연기관, 출자기관, 보조기관, 위탁기관, 행정지원기관, 기타기관으로 분류된 417개의 공공기관(2002년 정원 기준 233,000명) 중 224개 기관에 노조가 조직되어 있고, 노조원 수는 133,000명으로 조직률은 57.1%였다(박영범 2004). 중앙정부 공공기관이 공기업, 준정부기관, 기타공공기관으로 분류되는 2009년 이후 공공기관을 기준으로 하는 2003년의 자료와 비교하면 2002년 말부터 2013년 4월 말 기간 동안 노조원 수는 29,000명, 조직률은 9.6%P 상승하였다. 한편 우리나라 전체 노조 조직률은 2002년 11.3%에서 2012년 9.9%로 약간 하락하였다.

국민건강보험공단 9,755명의 순이다. 준정부기관에서 노조원 수가 많은 기관은 국민건강보험공단외에 한국농어촌공사 5,017명, 근로복지공단 4,448명 등이 있다. 기타공공기관 중 노조원 수가 많은 기관은 한전KPS 3,839명, 강원랜드 2,396명, 서울대학교병원 2,334명 등이 있다.

전체인원대비 노조 가입률이 50%가 넘는 기관은 한국도로공사(88.7%) 외 93개 기관이다. 공기업 중 여수광양항만공사 등 6개 기관은 노조가입률이 50% 미만이다. 준정부기관은 한국농어촌공사(84.2%) 등 44개 기관이 노조가입률이 50% 이상이다. 기타공공기관은 한국가스기술공사(85.5%) 등 29개 기관이 노조가입률이 50% 이상이다.

정규직 기준 노조원 수가 제일 많은 기관은 한국철도공사 21,525명, 한국전력공사 14,545명의 순이다. 정규직 기준 노조가입률이 50% 미만인 기관은 한국한의학연구원 등 60개이다. 노조가입대상을 기준으로 가입률이 50% 미만인 기관은 그랜드코리아(주) 등 58개에 불과하다.

비정규직 노조가 있는 기관은 81개 기관, 노조원의 수가 100명이 넘는 기관은 서울올림픽기념국민체육진흥공단 등 8개 기관, 비정규직 노조가입률이 50%가 넘는 기관은 한국고전번역원(85.4%) 등 4개 기관이다. 가축위생방역지원본부(정규직 43명, 비정규직 419명)은 정규직 노조는 없으나 비정규직 노조(노조원 203명)가 있다.

노동조합 수를 기준으로 하면 207개 기관에 254개의 노조가 설립되어 있다. 2개 이상의 노조가 있는 기관은 대한석탄공사 등 37개 기관이며, 37개 기관에 84개의 노조가 조직되어 있다.

한 기관에 두 개 이상의 노조가 설립되어 있는 경우 대부분 두 개 노조이나 한국남동발전, 한국중부발전, 한국철도공사, 한국방송통신전파진흥원 및 한국산업기술평가관리원은 3개, 서울올림픽국민체육진흥공단은 4개, 대한적십자사에는 5개의 노조가 조직되어 있다. 2개 이상 노조가 조직되어 있는 기관은 한국수자원공사와 같이 업무성격을 달리하는 경우, 발전회사와 한국석탄공사와 같이 2011년 사업장단위 복수노조 허용 이후 기존노조와 다른 노조가 설립된 경우, LH공사와 같이 기관은 통합되었으나 노조는 통합이전의 상태를 유지하는 경우, 5개의 노조가 설립되어 있는 한국적십자사와 같이 업무성격을 달리하기도 하고, 복수노조 허용 이후 기존노조를 탈퇴한 경우로 구분할 수 있다. 복수노조 설립 이후 새로이 설립된 노

〈그림 1〉 상급단체별 노조원 수 구성(2013년 4월 말)

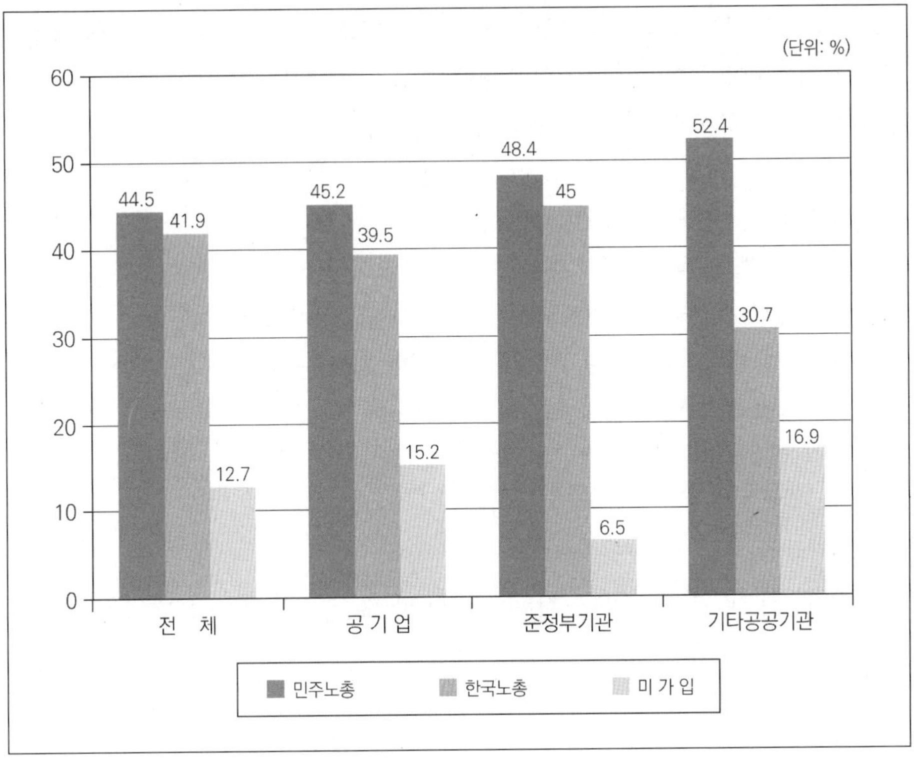

(단위: %)

자료: 공공기관 알리오 http://www.alio.go.kr/

조는 21개이다.

상급단체별로 보면 노조 수를 기준으로 하면 민주노총 115개, 한국노총 78개, 미가입 77개, 조합원 수를 기준으로 하면 민주노총 44.5%, 한국노총 41.9%, 미가입 12.7%이다. 공기업의 경우 노조 수(42개)를 기준으로 하면 한국노총 17개, 민주노총 13개, 미가입 12개, 조합원 수를 기준으로 하면 한국노총 45.2%, 민주노총 39.5%, 미가입 15.2%이다. 준정부기관의 경우 노조 수(88개)를 기준으로 하면 민주노총 34개, 한국노총 32개, 미가입 22개, 조합원 수를 기준으로 하면 민주노총 48.4%, 한국노총 45.0%, 미가입 6.5%이다. 기타공공기관의 경우 노조 수(124개)를 기준으로 하면 민주노총 68개, 한국노총 38개, 미가입 28개, 조합원 수를 기준으로 하면 민주노총 52.4%, 한국노총 30.7%, 미가입 16.9%이다.

노조의 상급단체를 보면 2002년 말부터 2013년 3월 말 기간 동안 노조 수를 기준으로 하면 한국노총과 미가입이 늘어났고, 노조원 수를 기준으로 하면 민주노총과 한국노총이 줄어들고 미가입이 늘어났다. 2002년 말 현재 노조 수를 기준으로 하면 민주노총 63.9%, 한국노총 27.5%, 미가입 0.4%, 조합원 수를 기준으로 하면 민주노총 46.6%, 한국노총 49.2%, 미가입 4.1%였다(박영범 2004).

노조의 설립연도를 보면 1987년 6월 29일 이전에 설립된 노조가 16개, 1987년 6월 말 민주화 이후 1997년 말 외환위기 직전까지 설립된 노조가 97개, 외환위기 이후 복수노조가 허용되기 전까지 설립된 노조가 106개, 2011년 7월 복수노조가 허용된 이후 설립된 노조가 44개이다. 상급단체기준으로 보면 미가입의 경우 복수노조 허용 이후 설립 노조의 비중이 상대적으로 높아 우리나라 전체와 유사한 경향을 보인다.

Ⅲ. 외환위기 이후 공공기관 노사관계 추이 및 공공부문 개혁

우리나라의 노사관계는 기업별 노조의 기반 위에 구축되어 있기 때문에 공공기관의 노사관계도 기업별 교섭을 중심으로 형성되나 공공기관의 사용자는 민간부분과는 달리 정부정책 기조 및 지침에 따라야 하기 때문에 사업장 단위 노사관계가 기관외적 요인에 상당한 영향을 받는다.

공공부문도 민간부분과 같이 노조의 상급단체에 따라 사업장 단위 노사관계의 기본 틀이 좌우되는 경향이 있다. 한국노총은 민주노총에 비해 상대적으로 온건하고 협조적 성향이며 상급단체 내지 산별노조의 영향력이 제한적인 반면 민주노총 소속 공공기관 노조는 대부분 산별노조의 지부형태이고 상급단체가 정부정책에 대해 저항적이기 때문에 사업장 수준 이외의 현안으로 사업장단위 노사관계가 영향을 받는다.

특히 민주노총의 경우 산별노조 위원장의 위임을 받은 지부장과 해당 기관의 기관장의 수준에서 교섭이 이루어지나 주요 현안에 대해서 사업장 노조가 산별노조의 지침을 위반하기는 현실적으로 상당히 어렵다.

공공기관에 있어서 정부는 국민이익의 감시자로서 민간부문의 주주의 역할과

〈그림 2〉 공공기관의 이원적 지배구조: 노사관계 측면

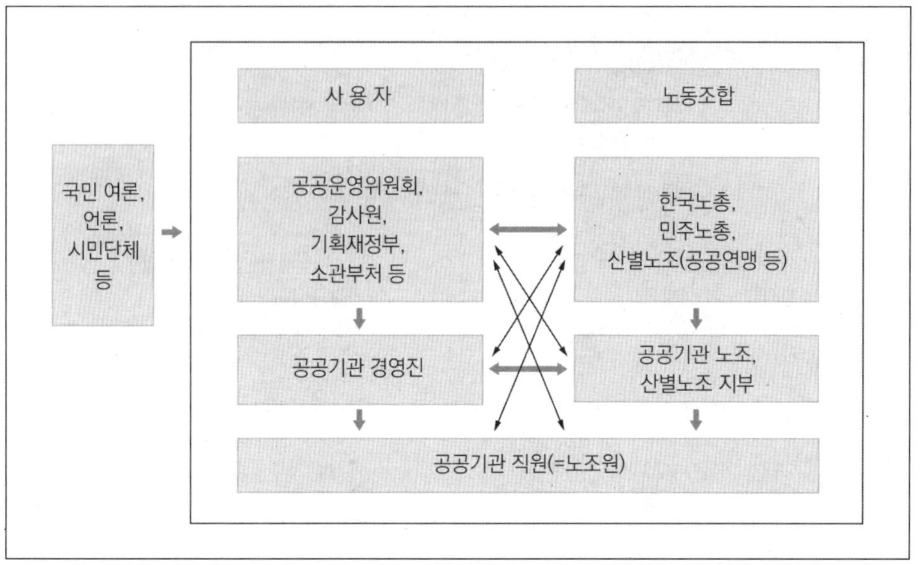

함께 사용자의 역할을 하는데, 우리나라 정부는 주로 국민이익의 감시자 역할을 하여 왔으며, 외환위기 이후 그 역할이 더욱 강화되었다.

02

1. 국민의 정부[4)]

1988년 6월 29일 이후 공공부분에서도 노조 설립이 활성화되었던 짧은 시기를 제외하면 공공기관 노동운동의 기조는 상당히 합리적, 온건적 성향이었고 노사간에 상호 호혜적, 담합적 관계를 형성하였다.

그러나 외환위기 이후 정부 주도로 공공기관의 개혁이 본격적으로 추진되면서 공공기관 노사관계의 지형이 변화하였다. 외환위기 발생 이전에는 공공기관의 임직원으로서 구성원들의 신분이 공무원과 같이 상당히 안정되었으나 외환위기 이후에는 민간부분과 같이 고용계약 관계가 강조되었다. 외환위기 전에는 소수의 노조 간부와 회사 간부간에 형성된 호혜적 상층부 중심의 노사관계이었으나 호혜적 쌍무

4) 대부분 박영범(2004)의 103-104쪽의 내용의 많은 부분을 전재하고 일부 사실을 추가하였으나 별도의 인용 표시는 하지 않았다.

〈그림 3〉 외환위기과 공공부문 노사관계

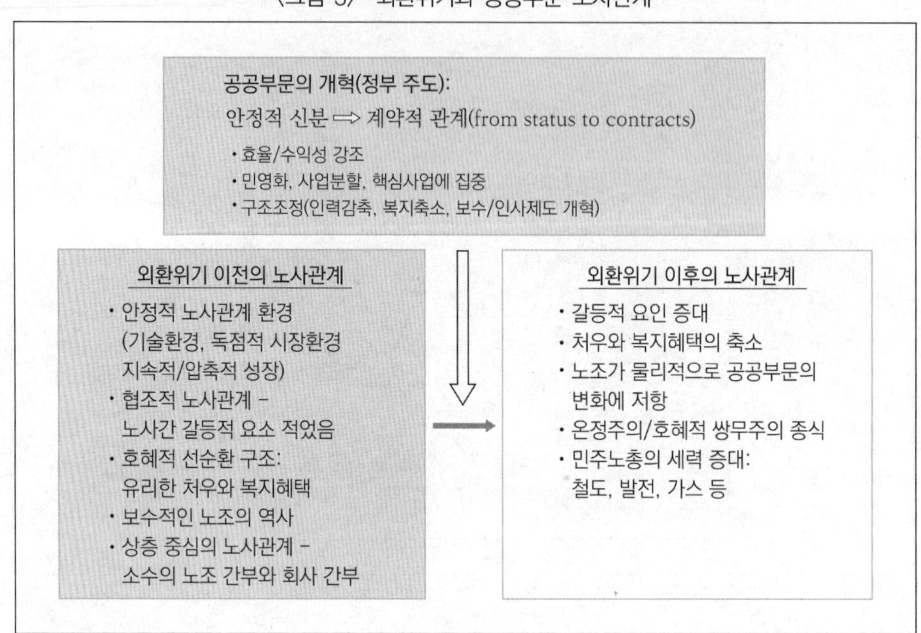

공공부문의 개혁(정부 주도):
안정적 신분 ⇨ 계약적 관계(from status to contracts)
• 효율/수익성 강조
• 민영화, 사업분할, 핵심사업에 집중
• 구조조정(인력감축, 복지축소, 보수/인사제도 개혁)
외환위기 이전의 노사관계
• 안정적 노사관계 환경 (기술환경, 독점적 시장환경 지속적/압축적 성장)
• 협조적 노사관계 - 노사간 갈등적 요소 적었음
• 호혜적 선순환 구조: 유리한 처우와 복지혜택
• 보수적인 노조의 역사
• 상층 중심의 노사관계 - 소수의 노조 간부와 회사 간부
외환위기 이후의 노사관계
• 갈등적 요인 증대
• 처우와 복지혜택의 축소
• 노조가 물리적으로 공공부문의 변화에 저항
• 온정주의/호혜적 쌍무주의 종식
• 민주노총의 세력 증대: 철도, 발전, 가스 등

자료: 배규식(2003).

주의가 종식되고 갈등관계가 형성되었다. 특히 공공부문도 예외 없이 구조조정의 대상이 되었기 때문에 효율성과 수익성이 강조되고, 일부 부문의 민영화가 추진되거나 사업이 분할되고 핵심사업에 집중하는 조치가 이루어졌다.

구조조정으로 인력이 감축되고 복지 제도가 축소되고, 성과를 강조하는 방향으로 인사관리가 이루어진 결과, 노사간의 갈등은 필연적으로 발생할 수밖에 없었다. 1998년부터 2000년에 걸쳐 이루어진 공공기관 경영혁신에 따라 공공기관 인력의 약 25%에 해당되는 41,700명, 추가적으로 2002년 11월까지 3,600명이 감축되었다. 1998년부터 2002년 6월까지 1,207개의 단위조직이 폐쇄되었고, 폐쇄된 단위조직은 이사급 조직이 76개, 1급 부서장 조직이 346개, 2급 부서장 조직이 566개 등이다(기획예산처 2002c).

1997년 말 외환위기를 기점으로 심화된 공공기관의 노사갈등은 2002년 발전파업을 끝으로 공공기관에 대한 구조조정이 어느 정도 마무리되면서 (특히 구조조정을 둘러싼 노사갈등은) 소강상태에 들어갔다.

구조조정으로 노사갈등이 심화되는 과정에서 조직원들간의 유대감이 강화되었고 노동운동 세력간에 여러 연대나 협의회가 결성되는 등 변화가 있었다. 또한 공공부문 노사관계의 갈등으로 인하여 우리나라 노동운동의 세력분포가 일정 부분 변화하였다. 민영화 대상이었던 철도공사, 5개 발전회사 및 가스공사 노조가 상급단체를 한국노총에서 민주노총으로 바꾸었다.

외환위기가 발생한 1998년 이후 외환위기가 마무리된 2003년까지 공공부문에서 발생한 노사분규는 126건으로 우리나라 전체 노사분규의 8.6%를 차지하였다. (공공부문 자료 입수가 가능한) 1999년, 2002년, 2003년 기준으로 공공부문 분규참가자 수는 63,000명으로 우리나라 전체 분규참가자 수의 19.5%, 분규에 따른 노동손실일 수는 886,000일로 전체 손실일 수의 20.9%였다.

외환위기 이후 국제통화기금(IMF)에 의해 우리 경제가 관리되는 체제로 들어갔기 때문에 공공기관도 예외없이 구조조정의 대상이 되었으나 김대중정부의 성격이 친노동자적이었기 때문에 사업장 단위 노사관계는 (역설적으로) 노조활동에 대해 우호적인 환경이 일정부분 조성되었다.

1999년 경영실적 평가결과 보고서는 “대부분의 기관에서 사내 LAN 등을 통하여 경영정보를 제공하고 또한 노조게시판을 운영하여 직원들의 목소리를 듣는 노력을 보인 점은 긍정적으로 평가”하고 있다. “또한 앞으로는 단순한 정보제공기능에서 진일보하여 경영현안에 대하여 경영자가 직접 설명하는 채널로 활용하기를 기대”하고 있다. 노조 우호적 환경에서 노조의 세력 확대 시도가 적정선을 넘는 것에 대해 우려하는 평가 의견도 다음과 같이 수록되어 있다. “노조조합원의 범위를 상급직원에게까지 확대하려는 움직임이 나타나는바 개선이 요청된다. 사용자의 업무를 대신하거나 사용자의 위치에서 관리하는 직원은 노동조합의 조합원으로서 적합하지 않다. 이런 점에서 과장급 이상의 관리직이 노조에 가입하도록 조합원 범위를 확대하는 것은 지양되어야 한다. 특히 단지 근로자로서의 대표성 확보를 위한다는 명목으로 국가를 대표하는 해외지사의 관리직까지 조합원 범위에 포함시키는 기관이 있는바 이는 노사관계의 본질을 왜곡시키는 것으로 시정이 요청된다”(기획예산처(2000b) 28쪽).

2000년 경영실적 평가결과 보고서에도 인사경영권을 침해하는 사례에 대해 우려하는 의견이 다음과 같이 담겨 있다. “최근 수년간 정부의 강력한 지도 결과 인

〈표 2〉 공공기관 경영평가의 노사관계 평가 기준의 변화 추이

연도	구분	내용
1999년	평가지표	노사관리의 합리화
	세부평가내용	(1) 각 노사관계 기능(경영정보제공기능, 단체교섭, 노사협의제도, 고충처리 등)의 적정성 및 전문성 제고 노력과 실행 (2) 노조전임자 운영 및 노조지원의 적정성 (3) 노사대화창구 및 근로자참가 제도화 및 다양성 노력과 실행 (4) 생산성 향상을 위한 노사의 공동노력 실행
2003년, 2004년, 2005년	평가지표	노사관리의 합리화
	세부평가내용	(1) 각 노사관계 기능(경영정보제공기능, 단체교섭, 노사협의제도, 고충처리 등)의 적정성 및 전문성 제고 노력과 실행 (2) 노사관계제도 및 운영의 적정성 ◦단체협약의 유연성 강화 및 인사·경영권 존중 ◦노조전임자 운영 및 노조지원의 적정성 (3) 생산성 향상을 위한 노사의 공동노력 실행 ◦노사대화의 효율화 등
2006년	평가지표	노사관리의 합리화
	세부평가내용	(1) 노사관계 제도의 합리성 ◦합리적 단체협약(단체협약의 유연성 강화 및 인사·경영권 존중)의 체결 및 관리 노력 ◦노사관리의 전문화 노력 (2) 노사관계 운영의 적정성 ◦노사간 정보공유 확대 노력 ◦생산성 향상을 위한 노사공동 노력 실행 ◦노조전임자 운영 및 노조지원의 적정성
2008년 2009년 2010년	평가지표	노사관계 합리성
	지표정의	기관의 노사관계 합리성 위한 노력에 관하여 평가한다.
	세부평가내용	(1) 노사관계 선진화를 위한 전략 등이 개발되고 있는가? (2) 노사관계를 합리적으로 관리하기 위해 노사간 원활한 커뮤니케이션 통로 등을 구축하고 있는가? (3) 노조운영제도개선, 경영관련 의사결정, 문제해결, 직원 교육 훈련 등에 관한 노사 공동 프로그램을 운영하고 있는가? (4) 단체협약 체결내용은 합리적이며, 적절한 절차와 시기에 이루어졌는가? (5) 노사관계 선진화 노력이 기관 목표달성과 어떻게 연계되어 있는가?
2011년 2012년	평가지표	노사관리
	지표정의	노사관계 합리성 제고를 위한 노력과 성과를 평가한다.
	세부평가내용	(1) 노사관계 선진화를 위한 전략 등이 합리적으로 개발되어 실천되고 있는가? (2) 합리적이고 적법한 노사관계가 구축되어 노사협력이 실현되고 구체적인 성과를 내고 있는가? (3) 노사간의 공감대 형성을 위한 의사소통과 노사관계 관리 역량 강화를 위한 노력과 성과는 적절한가? (4) [노조가 있는 경우] 단체협약 내용이 합리적이고, 이를 개선하기 위한 노력과 성과는 적절한가? [노조가 없는 경우] 노사협의회를 실질적이고 효율적으로 운영하기 위한 노력과 성과는 적절한가?

자료: 기획예산처(2005a, 2003a, 2002a, 1998a), 기획재정부(2011, 2010, 2009, 2008, 2007).

건비의 소모적 상승은 많이 줄었으나 그대신 인사경영권을 침해하는 사례가 많은 것은 분명한 대응을 요구하는 심각한 사안이다. 많은 기관에서 노조원 대상이 아닌 간부직 이상의 인사에 대해서 여러 형태로 개입하고 있으며, 1급 및 2급 연봉제도 노조의 동의가 필요할 뿐 아니라 설계의 구체적 부분까지 노조가 참여해서 이루어지고 있는 실정이다. 노사협력을 위하여 참여가 바람직하지만 그 수준과 한계가 명확해야 할 것이다"(기획예산처(2001b) 31쪽).

노조전임자 운영 및 노조 지원의 적정성 관점에서 개선이 필요하다는 것이 일관된 경영실적 평가의 지적이다. 1999년 경영실적 평가 보고서에 따르면 "노조전임자에 대한 임금지급 중지가 예견되는 시점에서 노조 재정자립이 중요하며, 노조 스스로의 노력이 요청된다. 이를 위하여 노동조합비 인상이 가장 중요한 방법의 하나인 만큼 투자기관의 지속적인 노력이 요청된다. 그리고 특히 노조 재정자립의 명목으로 노조에게 특정한 수익권이나 사업권을 독점적으로 부여하는 것은 반드시 시정되어야 한다"(기획예산처(2000b) 28쪽). 2001년 경영실적 평가보고서에 의하면 "전임자의 운영과 관련하여 일부 기관에서는 아직도 전임자의 숫자가 정부의 기준을 초과하는 사례가 있으나, 대부분의 경우 정부의 기준을 잘 준수하고 있고, 정부의 기준보다 더 적게 전임자를 운영하는 경우도 있다. 그러나, 일부 기관에서 노조전임자 이외에 공사에서 임금을 지불하고 사용자측의 감독 하에 있는 업무보조원을 노조에서 근무토록 하는 사례가 있는 것으로 보인다. … 노동조합과 관련한 비합리적인 단체협약조항들은 지난 수년간 상당부분 개선되었으나, 일부 공기업의 경우 아직도 이러한 조항들이 잔존하여 있다. 비전임 노조간부의 노조활동이 지나치게 포괄적으로 허용되어 있거나, 전임자의 승진과 인사고과에 대하여 평균적인 직원보다 우대하는 조항을 두고, 노조의 활동에 대하여 사용자가 경비를 보조할 수 있도록 규정한 점 등은 반드시 개선되는 것이 바람직하다"(기획예산처(2002b) 33쪽).

2. 노무현 정부

노무현 정부는 공공기관의 적극적 역할을 강조하여 참여정부 기간 동안 공공기관 종사자는 늘어났다. 반복적 상시적 업무를 하는 기간제 근로자 등 비정규직을 상당 수 정규직화하였고, 청년실업 해소차원에서 대졸 신입사원의 채용도 확대하였다(박영범 2011).

또한 발전사업 민영화가 중단되는 등 노동우호적 환경이 조성됨으로써 공공기관 노사, 노정간의 갈등은 국지적이었고, 대체적으로 노동조합에 유리한 방향으로 노사갈등이 조정되었다.

정부의 2003년 공공기관 경영평가의 노사관리 평가 기준을 보면 국민의 정부와 큰 차이가 없으나 '단체협약의 유연성 강화 및 인사경영권의 존중'이 추가되었다. 그러나 이 부분과 관련되어 참여정부 기간 동안 큰 개선 실적은 없었다.

참여정부가 물러난 두 번째 연도인 2009년 초 공공기관의 단협의 적정성을 국민의 관점에서 1) 노조운영 및 지원의 적정성, 2) 인사 및 경영권 침해 여부 및 3) 근로조건 및 쟁의행위의 과보호 여부로 평가한 박영범(2010a)에 의하면 공공기관의 단체협약의 적정성은 100점 만점을 기준 80.4점으로 나타났다. '노조운영 및 지원의 적정성'이 100점 만점에 58.8점, '인사 및 경영권 침해 여부'가 87.5점, '근로조건 및 쟁의행위의 과보호 여부'가 94.9점으로 나타나 특히 '노조운영 및 지원의 적정성'에서 개선이 필요한 것으로 나타났다.

노조운영 및 지원의 경우 '노조간부 인사시 조합과 합의 내지 협의'(10점 만점에 3.7점),[5] '조합원의 상급단체 임원 취임의 인정 및 추가 전임자 인정 여부'(10점 만점에 5.1점)의 점수가 낮았다. 인사 및 경영권 침해 여부의 경우 '직제 및 정원운영에 있어서 노조의 동의 요구 여부'(10점 만점에 7.4점), '징계위원회 노사 동수 구성 등 징계권 행사 제한 여부'(10점 만점에 8.1점), '승진에의 노조 참여 여부'(8.3점) 부문의 점수가 낮았다. 근로조건 및 쟁의행위의 과보호 여부의 경우 '쟁의행위 기간 중 신규채용 및 대체근무 금지'(10점 만점에 9.2점) 부분의 점수가 제일 낮았다(박영범 2010a).

기관유형별로 보면, 특히 SOC유형의 기관(100점 만점에 75.3점), 노조운영 및 지원의 적정성 부분(100점 만점에서 58.8점)에서 개선이 필요한 것으로 나타났다. 노조가입범위를 구체적으로 명시하지 않거나, 노조전임자의 수를 정부기준보다 많게 하거나, 전임자의 근무평점을 최우수로 주거나, 조합간부 인사시 그리고 쟁의기간 중 인사는 노조와 합의를 필요로 하게 하거나, 근무시간 중 조합활동을 통보로 가능하게 하거나, 직원채용시 조합추천자를 인사위원회에 포함시키거나 일정 직급의 직원 채용은 노조와 합의하거나, 근로조건과 관련된 규정 개정시 노조와 합의하거나, 징

5) 10개 기관 중 6.3개의 기관의 노조간부 인사시 조합과 합의 내지 협의하는 것을 의미한다.

〈그림 4〉 공공기관의 단체협약의 적정성(2009년 초)

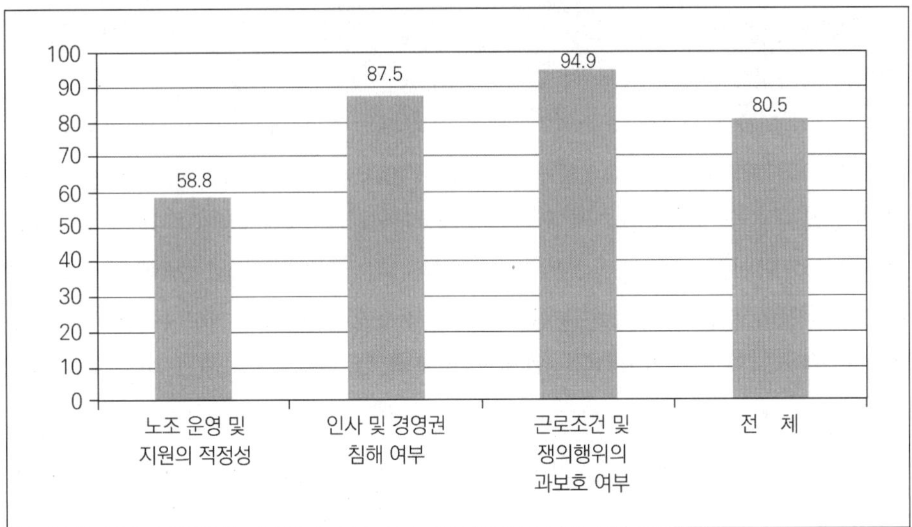

자료: 박영범(2010a) 〈그림 1〉.

계위원회에 노조대표가 참여하거나 노사동수로 징계위원회를 구성하는 등 일부 SOC 공기업의 단협 조항이 불합리하였다(박영범 2011).

노조전임자 운영 및 노조 지원의 적정성 측면에서도 큰 개선이 없었다. 2002년 경영실적 평가결과 보고서는 "… 노조전임자운영과 관련하여 상당수의 기관에서 편법으로 이를 운용하고 있다고 평가"하였다(기획예산처(2003b) 17쪽). 2003년 경영실적 평가결과 보고서는 "지난 몇 년간 수차례에 걸친 지적에도 불구하고 일부 기관에서는 노조전임자를 정부기준 이상으로 운용하고 있거나, 업무 보조원을 지원하는 등 전임자를 편법 운용하는 사례가 관측되고 있다 … 노동조합 전임자에 대한 지원이 2007년부터 금지됨에 따라 노동조합 재정자립도 개선을 위한 노사의 공동노력이 필요하나, 대부분의 기관에서 구체적 개선계획을 가지고 있지 못하며, 일부 기관에서는 노동조합 조합비를 인하하는 사례도 있다"고 평가하였다(기획예산처(2004b) 34쪽). 2006년 경영실적 평가결과 보고서는 "노조전임자 급여 지급 금지 관련 조치가 2009년으로 미루어졌으나, 이에 대한 준비는 기관별로 상이한 상황이다. 소수의 기관에서는 노조의 재정자립을 위한 논의가 노사간에 진지하게 진행되어 이에 대한 대책을 시행중인 경우도 있으나 대부분의 기관에서는 아직 충분한 대책을 마련하지 못하고 있다. 게다가 몇몇 기관에서는 이를 둘러싼 노사간의 논의조차 활성화되지 못한 상태이다. 향후 이에 대한 실질적인 논의와 효과적인 대책 실행이 필요"하다고 평가하고 있다(기획예산처(2007b) 34쪽).

노조우호적 노무관리에 대한 부정적인 평가는 2004년 경영실적 평가보고서에 다음과 같이 제기되고 있다. "정부투자기관의 노무관리는 민간기업과는 달리 공익성이 추가적으로 고려되어야 한다. 따라서 기관의 노무관리는 기관과 노동조합이 담합하여 공익성을 해칠 가능성을 견제할 수 있어야 한다. 일부 기관에서는 노무관리가 노사간의 구분이 모호한 형태로 이루어짐으로써 기관의 설립목적인 공익성을 침해할 가능성이 높다. 이러한 사례가 발생하지 않도록 노무관리가 이루어져야 할 것이다"(기획예산처 (2005b) 23쪽).

노사화합이 강조되면서 전시성 노사화합 행사에 대해 우려의 목소리도 평가보고서에 담겨 있다. "노사화합을 위한 각종 행사, 선언문 공표, 결의대회 등은 모든 기관들이 경쟁적으로 시행하고 있다. 물론 이런 행사도 노사화합에 기여할 수 있겠으나, 보다 근본적으로 노사화합은 노사이익에 공통요인이 확대될 때 효과적으로 달성될 수 있다. 근로자의 능력배양 및 생산성 제고를 위한 교육훈련은 그러한 공통요인 가운데서도 매우 중요할 뿐 아니라, 경제효율성 제고에도 기여할 수 있다는 점에서 비중있게 다루어져야 할 것이다. 따라서 기관들은 각종 전시성 행사보다는 근로자에 대한 교육훈련의 범위와 실효성을 확대함으로써 실질적인 노사화합을 구축하는 데 추가적인 노력을 기울일 필요가 있다"(기획예산처(2004b) 34쪽)고 평가하였다.

노사현안에 대해 기관 차원에서 노사간에 적극적인 개선 의지가 없다는 것도 지적되고 있다. "기관의 특성에 따라 노조의 산별 전환, 노조전임자 정부 기준안 초과, 임금피크제 등의 현안이 존재함에도 불구하고 노사간의 논의가 크게 미흡한 경우가 발견된다. 경우에 따라서는 현안에 대한 해결 가능성이 거의 없다는 판단에서 노사가 논의를 서로 회피하는 모습을 보이는 경우마저 볼 수 있다. 현안을 미리 예측하고, 준비하고, 논의하면서 해결하고자 노력하며, 해결이 간단하지 않을 경우 이를 위한 간접적인 해결방안을 강구하는 노력이 필요하다. 단시일 내의 해결이 어렵다고 하더라도 점진적으로 해결하려는 가시적인 성과에 유의할 필요가 있다"(기획예산처(2006b) 35쪽).

정부의 임금가이드라인이 거의 모든 기관에서 준수되게 되었다는 것이 참여정부 기간 동안 정부정책의 실효성 확보측면에서 개선된 실적이라고 볼 수 있다. 그러나 임금가이드라인이 지속적으로 적용되면서 공공기관 구성원들의 기대치를 낮은 임금인상으로 충족시키지 못한 결과 직원들의 업무 수행과 사기에 부정적인 영향을 미칠 수 있다는 지적도 제기되었다(기획예산처(2006b) 33쪽). 노사관계 비전과 전략의 수립 역량 및 노력, 그리고 노사관계 전문성이 기관간에 큰 차이가 난다는 점이 지속적으로 평가보고서에서 지적되고 있다(기획예산처(2004b), 기획예산처(2005b), 기획재정부 공기업·준정부기관 경영평가단(2008)).

3. 이명박 정부

이명박 정부는 작은 정부를 지향하였음에도 불구하고 강제적인 인력감축의 크기는 김대중 정부에 비해 크지 않았기 때문에 구조조정을 둘러싸고 표면적으로 드러나는 사업장 단위 노사관계 갈등은 높지 않았다.[6] 일정 부분 인력감축을 목표로 하였으나 인위적인 구조조정보다는 자연퇴직인력에 대한 충원을 하지 않은 등 다소 유연한 입장을 취하였고, 외부환경 변화로 인력충원의 필요가 있는 기관은 인력증원을 허용한 결과 2013년 4월 말 현재 공공기관으로 지정된 295개 공공기관의 인원은 2008년 240,000명에서 2012년 248,000명으로 오히려 증가하였다.

그러나 노사관계에 있어서 법과 원칙의 준수라는 기조를 강조한 이명박 정부는 공공기관의 기관장들에게 일시적인 산업평화의 유지보다는 주인된 입장에서 노사관계에 대해 원칙적으로 대응할 것을 요구함으로써 노조는 과거 노무현정부시기와는 다른 환경에 놓이게 되었다.[7]

이명박 정부의 공기업 개혁 정책도 과거 다른 정부와 같이 감사원의 공공기관에 대한 특별감사와 함께 시작되었다. 감사원은 2008년 3월부터 5월까지 공기업 및 준정부기관 100여 개에 대한 감사를 실시하였다.[8][9]

---

6) 토지공사와 주택공사의 통합에 따른 노사 및 노노 갈등은 있었으나 관련법이 통합된 후 토지공사 노조도 통합을 수용하였다

7) 서울신문(2009), '공기업개혁 2단계 체질개선 돌입 … 노사 선진화가 핵심', 2009년 12월 21일.

8) 공공기관의 노사간 담합적 구조, 그로 인한 과도한 처우에 대한 정부의 시각은 감사원의 감사결과에 나타나 있는데 1998년 공공기관의 구조조정이 시작된 이후 최근까지 크게 바뀌지 않았다. 1998년에 13개 정부투자기관을 포함한 153개 공공기관에 대한 성과감사 결과를 실시하였는데, 감사원은 첫째, 조직관리 및 인력운영과 관련

이명박 정부 출범 다음 해인 2009년 초에 이루어진 기획재정부 주관의 공공기관의 경영평가에서 기관장평가의 대상기관을 확대하고 기관장평가의 실적이 아주 미흡한 4개 공공기관장을 해임하였다. 공기업 경영평가제도가 도입된 지 20년이 넘었지만 이명박 정부 이전에 공공기관장이 경영평가 결과에 의해 해임된 경우는 국민의 정부에서 핵심역량에 집중하라는 정부지침을 위반하여 해임된 광업진흥공사(현재의 광물자원공사) 사장뿐이었다. 특히 노사관계 관리의 비중을 높였는데, 2009년 실적을 기준으로 하는 2010년도에 이루어진 기관장평가에서 노사관계의 비중을 15%에서 20%로 상향조정하여, 노사관계 관리 실적이 기관장 평가의 평가등급을 결정하는 가장 중요한 준거가 되었다.

대부분의 공공기관은 기관장이 주도적으로 경영평가 지침이 요구하는 기조에서 노사관계를 개선하려고 노력하였다. 특히 노조지원과 관련하여 노조전임자를 정부기준으로 축소하였고, 인사권과 관련하여 노조의 개입을 축소시켰다.[10] 박영범(2010b)은 경영자의 관점에서 공기업의 단협을 2008년 4월과 2009년 12월을 기준으로 평가하여 비교하였는데, 그 기간에 평점이 10점 만점 7.7점에서 8.6점으로 0.9점 상승한 것으로 나타났다. 특히 근로조건 및 쟁의행위 과보호 부문의 개선도가 제일 높았다.[11]

공공기관의 경영실적 평가보고서도 노사관계 부분의 지속적인 개혁에 대해 많은 부분 긍정적인 평가를 하고 있다. 2009년 경영실적 평가보고서에 따르면 “많은 기관(검사·검증 유형)에서 종전의 단체협약에서 비합리적인 내용들이 상당히 개선되었는데 그 노력이 높이 평가된다. 그러나 아직도 노조전임자에 대한 우대와 사용자

하여 상당 수의 공공기관에서 불필요한 조직을 늘리거나 신설하거나, 사업물량의 축소 등으로 감량경영이 필요하나 기존의 조직과 인력을 존속시키거나, 현원을 정원보다 낮은 수준으로 운영함으로써 인건비를 과다편성하고 수당의 신설 등을 통해 지급하는 것을 지적하였다. 또한 인건비 등 예산편성 및 집행 분야에 관련하여, 많은 공공기관에서 정부의 임금인상 억제방침에도 불구하고 각종 수당이나 복리후생비를 신설하거나 증액하는 방법으로 임금을 인상하거나, 대학생자녀에 대한 학자금지원이나 주택자금의 지원이 민간부문에 비해 과다하거나, 유급휴가일수가 과다하고 사용하지 않은 휴가일수에 대한 보상기준도 근로기준법에 비해 과다하며, 퇴직금의 지급비율이 유사민간기업에 대해 지나치게 높은 것이 지적되었다(박영범(2004) 102쪽에서 전재).

9) 2008년 4월 감사원은 감사 중간결과를 발표하였는데 방만한 기관 운영, 무분별한 외연 확대 등 3대 분야 10대 유형의 약 300여 건을 지적하였다.

10) 보다 자세한 논의는 박영범(2011) 203-209쪽.

11) 경영자적 관점에서 보면 공공기관 전체의 단협의 적정성은 2009년 말 기준으로 100점 만점으로 83점으로 나타나서 2009년 초 기준으로 국민의 관점에서 평가한 박영범(2010a)의 80.5점과 비교하여 개선된 것으로 볼 수 있다.

〈그림 5〉 공기업의 단체협약 개선도(경영자적 관점)

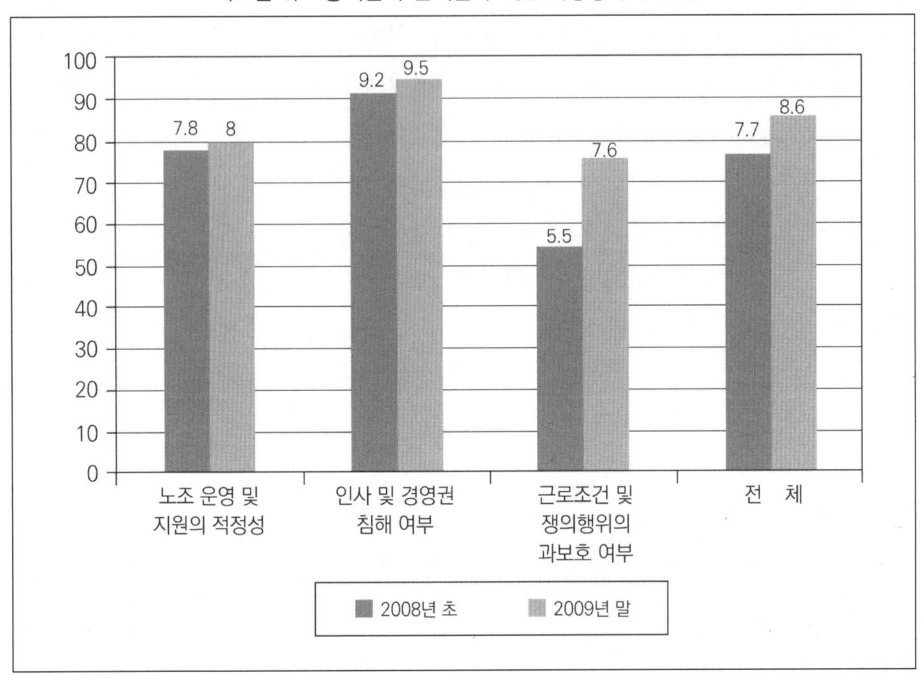

자료: 박영범(2010b) 〈표 8〉.

02

의 인사·경영권을 제한하는 규정이 다소 발견되는데, 향후 이에 대한 개선이 요구된다"(기획재정부 공기업·준정부기관 경영평가단(2010) 35쪽). 2010년 경영실적 평가보고서에 따르면 "단체협약의 경우, 노조활동이나 편의제공 및 인사경영권 등에 있어서는 종전의 불합리한 내용이 상당부분 개선되었으며, 근로시간 면제제도 또한 시행 초기단계임에도 불구하고 많은 기업(검사·검증 유형)들이 본래의 제도 취지에 맞게 도입·운영하고 있는 점은 높이 평가할 만하다. 다만 아직도 기관 중에는 면제근로시간의 범위 및 휴가일수가 다소 과도하게 운영되고 있는 경우가 있는데, 이에 대해서는 점진적인 개선이 요구된다"(기획재정부 공공기관 경영평가단(2011) 32쪽). 2011년 경영실적 평가보고서에 따르면 "거의 모든 기관(위탁집행형)은 전년도 경영평가단의 지적사항에 대해 상당한 개선노력을 경주하여 많은 실적을 이루어 낸 것으로 평가되며 특히 근무시간 중 조합활동, 인사경영권 침해조항, 불합리한 휴가 조항 등에 있어서의 개선한 노력이 돋보이며 근로시간면제제도를 도입함에 있어서 노사합의로

법 기준에 맞게 도입하고 있는 노력도 매우 긍정적이다. 그러나 부분적으로는 불합리한 조항들이 있으므로 이에 대하여 합리적인 방향으로의 개선이 요청된다"(기획재정부 공공기관 경영평가단(2012) 32쪽). 2012년 경영실적 평가보고서에 따르면 "대부분의 기관(위탁집행형)에서 단체협약의 유효기간이 남아 있음에도 불구하고 전년도 경영평가 지적사항을 개선하기 위하여 보충협약을 체결한 점은 매우 고무적이라고 판단된다. 또한 대부분의 기관에서 근로시간면제제도를 법률의 취지에 맞게 운영하고 있으며 불합리한 조항들이 많이 개정되는 등 긍정적인 부분이 있지만, 기관의 경영, 인사권 사항에 관한 노동조합과의 합의 조항이나 과도한 복리후생 등이 남아 있어 이 점에 관한 지속적인 개선노력이 필요하다"(기획재정부 공공기관 경영평가단(2013), 35쪽).

그러나 정부 지침 하에서 사용자 주도로 이루어지는 단체협약의 개정 과정에 대해 우려하는 평가의견도 제시되었다. 2009년 경영실적 평가보고서에 따르면 "(산업진흥 유형) 정부 지침에 따라 불합리한 단협 조항에 대한 개선노력은 충실하게 진행된 것으로 보이지만, 이 과정에서 노조 및 직원공감대 형성을 위한 노력이 충분하였는지는 의문이며 더 많은 노사협의가 필요한 것으로 보인다"(기획재정부 공기업·준정부기관 경영평가단(2010) 304-305쪽). 2012년 경영실적 평가보고서에 따르면 "대부분의 기관(위탁집행 2)에서 불합리한 노사관행을 개선하기 위한 가시적인 노력이 경주되었으며, 이 결과 바람직한 방향으로의 개선실적이 거양되고 있다. 하지만, 노사협의회의 논의 안건과 결과의 실행을 보다 충실화하고, 단체 교섭을 보다 효율적으로 진행하여, 노사간의 갈등을 최소화하려는 기관의 노력은 지속적으로 개선될 필요가 있는 것으로 판단된다"(기획재정부 공공기관 경영평가단(2013) 35쪽).

공공부문의 구조조정으로 촉발된 공공기관 근로자간의 연대감 강화, 그리고 노조간 연대도 확대되어 정부를 대상으로 공동교섭 요구가 이어졌으나 노조의 요구는 대체적으로 수용되지 못하였다. 한편 한국노총은 공공연맹, 민주노총은 공공운수연맹을 중심으로 정부의 공공기관 개혁 정책에 대해 대응하였는데, 한국노총은 정부와 정책연대에 힘입어 정책협의 내지 교섭을 통해, 일정 부분 가시적인 성과를 거두었다. 한편 민주노총은 전면적인 반대와 시위 등을 통해 저지하려고 하였으나 '개별사업장 차원의 파편화되고 단발적인 대응 이상의 활동을 전개하지 못하였다' (노광표·김현준 2008).

이명박 정부는 한국노총과의 정책연대에도 불구하고, 노사관계에 있어서 공공기관 경영자들에게 주인의 자세로 대응할 것을 요구하여, 노정간의 갈등이 야기되었으나 대체적으로 정부의 입장이 관철되었다. 공공기관의 직원이며 노조원인 구성원의 (국민의 입장에서) 과도한 처우 및 고용보장에 대한 여론의 싸늘한 시각이 노사정 갈등에서 정부의 입장이 관철되는 가장 중요한 요인이다.12)

특히 공공기관 기관장평가에서 노사관계 관리의 비중을 높여서 기관장이 정부 지침대로 노사관계 관리를 하지 않으면 해임될 수 있는 가능성을 높이고, 일시적인 노사평화가 깨지는 것을 문제시하지 않는 것도 국민의 입장에서 공공기관의 노사관계 관리가 이루어지게 된 주요 이유의 하나이다.

정부의 공공기관의 경영혁신에 대한 요구는 구성원의 동의를 필요로 하고 정부 지침의 준수와 상급단체의 지침을 준수하려는 노조와의 갈등 구조에 끼인 공공기관 경영진은 노조와 이면합의를 통해 난국을 빠져 나오고자 하는 강한 유혹에 빠지는데, 이명박 정부는 이면합의에 대해 상당히 엄격한 입장을 취하였다.13)

한편 2011년 7월부터 사업장단위 복수노조가 허용되면서 노동단체간의 세력관계도 변화하였다. 특히 5개 발전회사에서 기업별 노조가 결성되면서 2002년 발전파업을 시작으로 공공부문의 노정갈등을 선도하였던 발전노조의 세력이 크게 약화되었다.

이명박 정부의 공공기관 노사관계 선진화를 위한 노력과 어느 정도의 성과에도 불구하고 공공기관에 대한 여론은 여전히 부정적이고, 박근혜 정부도 공공기관의 방만경영 등에 대책을 포함하는 '공공기관 정상화 대책'을 2013년 12월 11일 발표하였다.14) 기획재정부는 "공공기관의 원전 납품 비리, 고용세습 등 방만경영 사례가 지속되면서 공공기관에 대한 국민들의 불신이 증가"하고 "국회는 이번(2013년) 국정감사에서 공공기관의 방만경영과 관리감독 소홀을 지적하고 강도높은 대책을 요구하고, 특히, 부채과다 기관의 성과급 지급, 단체협약에 따른 과도한 복리후생 등을 지목"하고 있는 등 "공공기관의 비정상적이고 방만한 행태를 근절하여 공공기관을 바로 세우는 것은 더 이상 미룰 수 없는 과제"로 대두되었기 때문에 '공공기관

12) 동아일보(2009) '공기업 노조원 일 못하게 되면 가족 특채', 2009년 5월 7일.

13) 공공기관의 기관장은 임기제이고 이면합의는 대체적으로 이면합의를 체결한 공공기관장이 기관을 떠난 이후에 문제가 되기 때문에 후임 공공기관장에 상당한 부담을 주는 사례가 많다.

14) 정상화대책은 2013년 7월에 발표된 '공공기관 합리화 정책'에 사회적 책임을 보다 강조한 것이다.

정상화대책'을 수립하여 강도 높게 추진할 것을 천명하고 있다(기획재정부 2013).

정부는 빚이 많은 LH공사, 한국전력 등 12곳과 과도한 복지혜택 논란을 빚은 한국마사회, 인천공항공사 등 20곳은 중점관리기관으로 지정하고 2014년까지 사업축소, 자산매각, 복지감축 등 개선작업이 제대로 이뤄지지 않을 경우 기관장을 교체할 계획이다. 공공기관 정상화를 주관하는 기획재정부 장관 겸 부총리는 "이번 공공기관 정상화 대책은 박근혜 정부 임기중 지속적으로 추진할 것"이라며 "대규모 부채와 고질화된 방만경영의 고리를 끊고 국민의 눈높이에 맞고 마음으로 받아들일 수 있는 공공기관으로 거듭날 수 있도록 하겠다"고 말했다.[15]

박근혜 정부가 공공기관 정상화 대책을 추진하는 데 가장 큰 장애요인의 하나는 노조의 반발이다.[16] 기획재정부 장관도 노조의 반대를 우려하여 "지금은 공공기관의 부채와 방만경영 문제가 우리 경제 전체에 잠재적으로 엄청난 리스크가 되고 있다"며 "노조가 정상화대책을 추진하는 데 협조해 달라"고 당부했다. 그러나 공공기관 노조는 기획재정부 장관을 항의 방문하는 등 정부의 공공기관 정상화 대책에 크게 반발하고 있다.

Ⅳ. 공공기관 노사관계 혁신을 위한 논의[17]

국민이익의 감시자로서의 정부 요구가 구성원의 이해관계에 부정적인 영향을 미치는 경우, 공공기관의 경영층은 소속 구성원의 노사관계 관리에 상당히 어려움을 겪는다. 외환위기 이후 정부는 공공기관 구조조정에 직간접적으로 관여하였는데, 협의과정을 거치나 공공기관의 경영층은 수세적 입장에서 정부의 요구를 수용할 수밖에 없는 것이 현실이다.[18]

---

15) 한국경제 www.hankyong.com(2013a) '정부, 공공기관 구조개혁 착수 … 성과 없으면 기관장 해임', 2013년 12월 11일.

16) 한국경제(2013b) '[사설] 예상됐던 공공노조의 저항, 정부는 각오 돼 있나', 2013년 11월 29일. 중앙일보(2013년) '좋은 게 좋은 노사 "단협 바꿔라" 감사원 요구도 무시', 2013년 12월 12일.

17) 상당부분의 내용이 박영범(2004)에서 전재되었으니 별도의 인용 표시는 하지 않는다. 2004년에 제시된 대안이 여전히 유효하다는 것은 공공부분 노사관계의 본질이 여전히 큰 변화가 없었고, 지속적인 개선이 필요하다는 것을 반증하고 있다.

18) 외환위기 이후 공공기관의 경영혁신을 총괄한 기획예산처가 발간한 공공개혁백서(2002c, 121쪽)에 따르면 "정부는 수십 차례에 걸친 노조대표자들과의 면담, 관계부처 및 공공기관 관계자와의 협의를 거쳐 개별 공공기관의

공공기관은 민간부문과는 달리 시장의 경쟁 압력에 놓여 있지 않으므로 주주로서의 정부의 역할이 민간부문과 다를 수밖에 없으며 이것이 공공기관의 경영 및 관리에 대해 정부가 때로는 개입하거나 통제하는 결과가 된다. 공공기관에 대해 정부 및 국민들이 우려하는 바는 공공기관 내부 경영을 통제하고 감시하는 시스템이 부재할 경우 나눠 먹기식의 행태를 보일 가능성이 크다는 것이다.

그러나 공기업 단체협약의 적정성 평가에서 보듯이 공공기관의 경영이 방만하고 임직원의 처우수준이 과다하다는 정부의 인식이 정당한 것으로 나타나고 있으므로 공공기관에 대한 정부정책 기조의 하나가 자율적 경영체제 구축임에도 불구하고 노사관계나 특히 인건비관리 부분은 통제위주로 이루어지고 있다.

통제위주의 공공기관에 대한 정책은 공공기관의 편법적인 인원관리나 인사관리의 관행을 유발하는 측면이 있다. 편법적인 인사관리 관행은 사후적으로 감사원이나 소관부처의 감사에서 지적되어 또 다른 규제를 가져 오는 숨바꼭질식의 처분과 대응이 이루어진다. 과거 예산편성지침의 인건비 증가율과 관련하여 공공기관에서 결원인건비를 활용하여 예산편성상의 총인건비 증가율은 정부지침을 준수하나 실제적인 인건비증가율이 지침상의 인건비 증가율을 상회하는 결과가 되자, 정부는 결원인건비를 기존 직원의 인건비 재원으로 활용하게 하지 못하는 조치를 취하였다.

공공기관 노조들이 정부 주도의 구조조정 및 정부의 공공기관 예산지침의 부당성을 지적하고 폐지를 주장하여 왔지만 지금까지 정부의 관여가 유지되고 있는 것도 국민 이익의 대변자로서 정부 역할의 당위적 정당성이 있고 우리나라의 공공기관도 자율성을 최대한 보장받을 수 있을 정도로 사회적 신뢰를 구축하지 못하였다는 것을 반증하고 있다.

공공기관에 대한 정부의 규제는 투명성과 일관성을 확보하여야 한다.[19]

여건, 특성에 따라 인력조정계획을 수립하였다." 정부주도의 구조조정의 문제점은 정부투자기관의 경영평가에서도 지적되었는데, 1999년도 정부투자기관 경영평가보고서에 의하면 "구조조정의 당위성과 시급성으로 인해 불가피한 측면이 없지 않다고 하더라도, 구조조정의 골격뿐만 아니라 조직과 인력, 급여와 복리후생비에 이르기까지 구체적인 지침을 정부가 시달함으로써, 구조조정의 자율성과 참신성, 발상의 경합성과 과정의 상향성, 구조조정 메뉴의 다양성과 차별성은 미흡하다."

19) 공공기관의 경영관리나 기관장 임명이 정치적인 요인에 의해 좌우되는 것이 공공기관에 대한 정부 규제가 투명성과 일관성을 가지지 못하게 되는 중요요인의 하나이다. 공공기관 기관장의 책임성을 강조하여 경영실적이 부진한 공공기관의 기관장은 해임조치까지 하였던 이명박정부에서도 해임조치의 위기에 몰린 기관장이 사임하고, 일정기간 경과 후 다른 공공기관의 기관장에 임명되거나, 소위 노조와 '이면계약'을 하는 기관장은 해임조치할

무엇보다도 기관장경영계약제, 기관장경영평가, 기관경영평가, 이사회 운영, 사장선임절차 등 정부가 책임경영확보를 위해 도입한 제도들이 보다 효율적으로 운영되어야 노사관계의 자율성이 제고될 수 있다.

공공기관의 경영관리나 기관장 임명이 정치적 요인에 의해 좌우되는 것은 공공부문에서는 어느 정도 받아들일 수밖에는 없으나 공공기관의 기관장의 임명 배경과는 관계없이 공공기관의 노사관계 혁신을 위해서는 기관장의 역할이 매우 중요하다. 공공기관장들이 보다 높은 책임의식과 소명의식을 가지고 불합리한 노사관계 관행을 개혁하려는 적극적인 노력과 함께 이를 지원하는 시스템도 필요하다. 공공기관장들은 임기중 해당 기관의 노사 갈등을 최소화하는 방향에서 노사관리를 하려는 경향이 상당히 강하기 때문에 결과적으로 공공기관의 개혁이 근원적으로 어려운 요인이 되고 있다. '공공기관장 이력제'(가칭)를 도입하여 이면합의[20] 등을 통해 노사관계를 왜곡시킨 경우 사후적으로 발견되어도 해당 기관장의 공공부문의 인사관리에 반영되는 시스템이 구축되어야 한다.[21]

수 있다고 하였으나 정치적으로 정리된 경우도 있다.

20) 이면합의는 정부의 지침을 위반하여 별도로 노사간에 문서로 합의사항을 체결하고, 대외적으로 공개하지 않은 합의를 의미한다. 현재 모든 공공기관의 노사간 부속합의는 기획재정부의 알리오에 올리도록 의무화되어 있다.

21) 박근혜정부의 공공기관 정상화 대책에 따르면, 2014년에 기획재정부와 감사원이 공동으로 공공기관의 임금과 단체협상 내용에 대해 전수조사를 실시하여 이면합의가 발견되면 기관장 문책, 인사담당자 인사조치 등 중징계를 할 방침이다. 2014년 1월말까지 공공기관은 이면합의를 자진신고하고 개선 노력을 하여야 한다.

□ 참고문헌

공공기관 알리오 http://www.alio.go.kr/
기획예산처(2007) 2006년도 정부투자기관 경영실적 평가보고서.
기획예산처(2006a) 2007년도 정부투자기관 경영평가편람.
기획예산처(2006b) 2005년도 정부투자기관 경영실적 평가보고서.
기획예산처(2005a) 2006년도 정부투자기관 경영평가편람.
기획예산처(2005b) 2004년도 정부투자기관 경영실적 평가보고서.
기획예산처(2004a) 2005년도 정부투자기관 경영평가편람.
기획예산처(2004b) 2003년도 정부투자기관 경영실적 평가보고서.
기획예산처(2003a) 2004년도 정부투자기관 경영평가편람.
기획예산처(2003b) 2002년도 정부투자기관 경영실적 평가보고서.
기획예산처(2002a) 2003년도 정부투자기관 경영평가편람.
기획예산처(2002b) 2001년도 정부투자기관 경영실적 평가보고서.
기획예산처(2002c) 공공개혁백서.
기획예산처(2001a) 2002년도 정부투자기관 경영평가편람.
기획예산처(2001b) 2000년도 정부투자기관 경영실적 평가보고서.
기획예산처(2000a) 2001년도 정부투자기관 경영평가편람.
기획예산처(2000b) 1999년도 정부투자기관 경영실적 평가보고서.
기획예산처(1999a) 2000년도 정부투자기관 경영평가편람.
기획예산처(1999b) 1998년도 정부투자기관 경영실적 평가보고서
기획예산처(1998a) 1999년도 정부투자기관 경영평가편람.
기획예산처(1998b) 1997년도 정부투자기관 경영실적 평가보고서.
기획예산처(1999) 1998년도 정부투자기관 경영실적 평가보고서.
기획재정부(2011) 2012년도 공공기관 경영평가편람.
기획재정부(2010) 2011년도 공기업·준정부기관 경영실적 평가편람.
기획재정부(2009) 2010년도 공기업·준정부기관 경영실적 평가편람.
기획재정부(2008) 2009년도 공기업·준정부기관의 경영실적 평가편람.
기획재정부(2007) 2008년도 공기업·준정부기관의 경영실적 평가편람.
기획재정부 공공기관 경영평가단(2013) 2012년도 공공기관 경영실적 평가보고서 [준정부기관 위탁집행2].
기획재정부 공공기관 경영평가단(2012) 2011년도 공공기관 경영실적 평가보고서 [준위탁집행2].

02

기획재정부 공공기관 경영평가단(2011) 2010년도 공기업·준정부기관 경영실적 평가보고서 [검사검증유형].

기획재정부 공기업·준정부기관 경영평가단(2010) 2009년도 공기업·준정부기관 경영실적 평가보고서 [산업진흥 유형].

기획재정부 공기업·준정부기관 경영평가단(2009) 2008년도 공기업·준정부기관 경영실적 평가보고서 [SOC].

기획재정부 공기업·준정부기관 경영평가단(2008) 2007년도 공기업·준정부기관 경영실적 평가보고서 [산업진흥 I].

기획재정부(2013) '공공기관 정상화 대책', 2013년 12월 11일.

노광표·김현준(2008) 공기업 선진화정책과 공공부문 노사관계, 한국노동연구원.

동아일보(2009) '공기업 노조원 일 못하게 되면 가족 특채', 2009년 5월 7일.

박영범(2004) '공공부분 노사관계와 정부규제', 산업관계연구, 2004년 12월.

박영범(2008) '공공기관의 노사관계 현황과 과제'(미발표 논문)

박영범(2010a) '공공기관 단체협약의 적정성에 관한 연구', 사회과학논집, 2010년 2월.

박영범(2010b) '경영자의 관점에서 본 공공기관의 단체협약의 적정성 평가', 사회과학논집, 2010년 8월.

박영범(2011) '공공기관 노사관계 선진화의 성과와 과제', 사회과학논집, 2011년 8월.

배규식(2003) '공공부분 노사관계 현황과 혁신 과제'(미발표 논문).

서울신문(2009) '공기업개혁 2단계 체질개선 돌입 … 노사 선진화가 핵심', 2009년 12월 21일.

중앙일보(2013a) '좋은 게 좋은 노사 "단협 바꿔라" 감사원 요구도 무시', 2013년 12월 12일.

중앙일보(2013b) '공공기관 노사 '이면합의' 전수 조사', 2013년 12월 16일.

한국경제 www.hankyong.com (2013a) '정부, 공공기관 구조개혁 착수 … 성과 없으면 기관장 해임', 2013년 12월 11일.

한국경제(2013b) '[사설] 예상됐던 공공노조의 저항, 정부는 각오 돼 있나', 2013년 11월 29일.

제5장 공공기관 경영평가 다시보기:
학습조직관점에서[1]

오 철 호

02

Ⅰ. 문제제기

1984년에 시작된 공공기관 경영평가는 그동안 지속적으로 변화를 해왔지만 주로 공급자 관점에서 평가제도를 개선(예, 지표설계 및 구조, 기관유형 또는 평가단운영 개선 등)하는 데 중점을 두어 왔다. 반면에 경영평가의 다른 한 축인 피평가기관, 즉 수요자 관점에서의 개선노력(예, 역량강화, 임파워먼트 등)은 상대적으로 미흡했음을 부인할 수 없다. 결과적으로 일부 개별기관의 부분적 개선은 제시할 수 있으나, 경영평가를 통하여 공공기관 전체를 어떻게 변화시키려고 했는지, 실질적으로 변화된 성과가 무엇인지, 그런 집합적 변화가 과연 지속가능한 것인지 등에 대한 일치하는 판단과 공유하는 이해를 발견하기가 쉽지 않다.

기관 입장에서는 공공기관평가를 단순한 하나의 평가로 인식하고 평가점수를 잘 받기 위한 자료준비에만 급급한 나머지 평가결과를 기관의 자기혁신을 위한 계기로 활용하지 못하고 있는 현실이 과장은 아닐 것이다. 결과적으로 평가결과가 공공기관이 나아갈 방향설정이나 목표달성을 위한 자원확보, 실효성있는 전략채택 등에 있어서 유의미한 정책정보로 활용되지 못하고 있다.

따라서 공공기관의 역량강화(예, 혁신과 학습조직화)를 통한 경쟁력 제고라는 기

1) 이 글의 초안은 2013년도 서울대학교 행정대학원의 〈정책 & 지식〉 포럼에서 발표됐으며, 새로운 연구결과라기보다는 공공기관 경영평가를 새로운 시각에서 접근해보고자 하는 시론적 시도이다. 전반적인 내용은 오철호 외(2010)의 내용 중 관련된 부분을 발췌·재구성하고, 필요시 부분적으로 수정·보완하여 제시하였으며, 따라서 관련이슈에 대한 보다 구체적인 내용과 참고자료는 반드시 원전을 참고하기 바란다.

관경영평가의 궁극적인 목표에 보다 부합하는 평가개선방안을 고려할 필요가 있다. 조직발전과 관련하여 기존 연구의 경우, 중앙정부나 비영리조직 차원에서 학습조직을 도입하기 위한 방안모색 또는 정부조직 운영성과 개선을 위한 학습조직화 방안 등과 같은 연구가 진행되었으나 공공기관을 대상으로 기관역량강화를 위한 하나의 방안으로 학습조직화를 연구한 예는 찾아보기가 어렵다.

공공기관의 역량강화를 위한 학습조직화 연구는 평가결과의 중요한 수요자인 공공기관이 궁극적으로 어떤 모습으로 개선되어야 할 것인가를 이론적이며 구체적으로 제시할 수 있다는 점에서 의미가 있다. 특히 학습조직화에 대한 논의와 경영평가와의 연계 등에 대한 연구를 함께 진행함으로써 경영평가의 규범적 근거(즉, 경영평가가 지향하는 공공기관의 변화모습 또는 To-be 모습)를 보다 분명히 제시하고 연구결과의 유용성을 제고할 수 있을 것으로 기대한다.

이런 문제의식 하에 이 글에서 궁금해 하는 연구 질문은 다음과 같다. 공공기관 경영평가의 문제점과 그간 개선노력은 전반적으로 어떤 모습인가? 수요자 관점에서 경영평가에 대한 새로운 접근방법은 무엇이 가능한가? 이런 연구 질문에 답하는 과정으로 이론적 고찰 차원에서 학습조직의 대두배경과 개념, 주요내용에 대해 간략히 살펴보고, 경영평가와 역량강화와의 연계방안을 탐색적 차원에서 간략히 모색해 보고자 한다.

Ⅱ. 경영평가제도 개요 및 문제점

공공기관 경영평가는 법령에 정해진 바에 따라 공공기관이 달성한 연도별 경영실적에 대해 평가지표를 기준으로 객관적인 평가를 실시하고 그 결과에 상응하는 인센티브를 부여하며 평가결과를 차기 경영계획에 반영시켜 공공기관 운영의 효율화를 도모하고자 하는 일련의 순환과정을 의미한다(성명재, 2009: 279). 즉, 경영평가제도는 공공기관의 책임경영제도 확립을 위해 공공기관에 일정 범위 내에서 경영자율성을 부여하는 한편, 성과평가를 통해 경영실적에 대한 책임을 지도록 하는 제도적 장치이며, 경영성과에 대한 평가결과가 향후 기관경영에 환류되어 개선을 유도하는 공공기관 성과관리의 한 과정으로 이해할 수 있다.

무엇보다도, 경영평가제도는 공기업·준정부기관이 국가경제에 직·간접적으로 영향을 미칠 수 있는 중요한 경영성과와 경영의 효율성을 제고시키려는 핵심적인 관리수단으로의 역할을 가진다. 특히 국민의 입장에서 요구되는 공익성과 더불어 기관 성과 측면의 효율성에 대한 요구 또는 정치적 통제 요구 등 상호 갈등을 유발할 수 있는 공공기관에 대한 다양한 요구들을 적절히 반영하여 공공기관 개혁을 지속적으로 유도하고자 하는 정부의 관리수단이라고 볼 수 있다.

다른 한편으로, 경영평가 역시 제도이기 때문에 시간의 흐름, 내적 자각 또는 환경변화 등에 따라 지속적 또는 일시적인 제도변화는 당연히 발생한다. 예컨대, 과거 경영평가개선작업의 경우, 기능중심(예, 종합경영·주요사업·경영관리)의 평가부문 체계보다 새로이 제시된 과정중심(예, 리더십·전략/경영시스템/경영성과)의 평가체계 하에서 성과평가를 강조하였으며, 중복적으로 진행됐던 기관평가와 기관장평가를 일원화하는 등 지속적인 개선노력을 기울였다.

그러나 경영평가제도의 개선에 따른 긍정적인 변화를 기대하는 것만큼 달성했는지 등을 포함하여 평가제도에 대하여 빈번하게 지적되어 온 몇 가지 문제점들이 있는 것도 사실이다(경영평가제도의 일반적인 문제점에 대한 체계적인 분석은 장지인 외, 2012 참조바라며, 아래에서는 몇 가지만 예시로 제시함).

02

① **단기적인 성과측정의 지나친 강조**: 공공기관 평가업무 담당자들의 입장에서 보면, 경영평가제도가 단기경영성과 창출에 치중되어 있어 각 기관으로 하여금 중장기적인 사업추진보다는 단기성과 위주로 사업을 추진하게 만들고, 높은 평가점수를 받기 위해 단기간에 성과가 나올 수 있는 새로운 사업이나 프로그램을 지속적으로 발굴해 매년 제시해야 하는 부담을 갖게 한다. 따라서 향후 경영평가는 중장기적인 사업추진을 통한 서비스개선이나 조직발전 등 질적인 측면에 관심을 가질 필요가 있다.

② **경영평가제도의 수용성 제고를 위한 다양한 조치 필요**: 개별기관의 경우 경영평가준비를 위해 최소 4~5개월 동안 실적보고서를 검토하고 작성하는 등 인력, 예산, 시간 면에서 많은 자원이 투입되고 있음을 부인할 수 없다. 기관의 일반 구성원, 특히 평가담당자의 입장에서 보면 과중한 평가부담으로 목표(일상업무)와 수단(평가)의 전도가 발생할 가능성이 있다. 또한 기관규모(또는 역량)에 따른 평가부담의 차이로 소규모 기관의 경우 비계량평가의 불공정성이 발생할 가능성이 있을 수 있다.

따라서 평가의 타당성제고 못지않게 평가대상인 공공기관들이 평가제도 자체를 보다 긍정적으로 인식하고 수용할 수 있도록 하는 것도 중요하다.

③ 경영평가단의 구성 및 운영기준을 마련하는 것이 필요함: 현재 경영평가단 평가위원들의 교체 비율이 높고 지속적인 참여의 부족으로 평가경험과 전문지식의 축적이 어려울 수도 있다. 반면에 장기간 특정 기관평가를 담당함으로써 발생할 수 있는 기관과의 유착현상을 무시할 수도 없다(전문성 vs 공정성의 문제). 또한 평가단 구성 및 운영이 몇몇 소수인사에 의해 이루어질 경우, 평가의 중립성에 부적절한 영향을 미칠 수 있으며 평가위원에 대한 신뢰가 저하될 경우에는 평가결과에 대한 수용성이 떨어질 수 있다는 점을 간과해서는 안 된다.

④ 평가결과가 경영개선으로 이어질 수 있는 방안 마련 필요: 현재 평가결과는 기관이나 기관장의 인센티브(경영성과급)지급 또는 해임여부를 결정하는 기준으로 주로 활용되고 있다. 그러나 평가결과는 하나의 정책정보이므로 단순히 개인차원의 동기부여의 근거 이외에 기관 자체의 발전에도 이바지할 수 있어야 할 것이다. 따라서 평가결과의 환류를 통한 경영개선이 이루어질 수 있는 방안을 연구하는 것이 필요하며 이와 함께 피평가기관이 무리 없이 경영개선 작업에 착수할 수 있도록 지원할 수 있는 방안도 함께 강구할 필요가 있다.

공공기관 경영평가에 대한 일반적인 문제점은 대부분 평가 설계나 운영 등에 집중되어 있는 반면에, 피평가기관인 공공기관의 입장에서 제기할 수 있는 문제점이나 한계에 대한 논의는 상대적으로 빈곤하다. 이러한 관점의 차이는 공공기관 경영평가의 궁극적인 수요자가 누구인지에 대한 근본적인 재검토를 요구한다. 그동안 경영평가의 수요자는 경영평가(보고서)를 필요로 하는 정부(기획재정부)나 국회 또는 국민 등이며 경영평가에 필요한 자료를 제출해야 하는 공공기관은 단순히 평가대상기관으로 인식되는 무의식적인 오해가 있었다. 그러나 공공기관은 피평가기관임과 동시에 평가결과를 통하여 기관개선을 추구하는 수요자이기도 하다.

기존의 경영평가 개선노력이 평가지표나 평가단 운영 개선과 같은 사항에 집중된 것은 바로 이러한 오해에 기인하고 있다고 볼 수 있다. 아마도 주인-대리인 이론의 주인에 해당하는 정부(기재부)가 요구하는 사항(수요)을 대리인에 해당하는 공공기관이 제대로 제출(공급)하게 해야 한다는 당위성을 강조했기 때문일 수도 있다.

그러나 앞으로는 학교 교육의 궁극적인 수요자를 학생으로 보아야 하는 것과 마찬가지로 공공기관 경영평가의 궁극적인 수요자 중 하나가 공공기관이라는 인식을 명확히 할 필요가 있다. 공공기관은 단순히 경영평가를 위한 실적을 제출하는 객체가 아니라 기관의 발전을 위해 경영평가를 필요로 하는 수요자가 되어야 하며 경영평가는 기관이 한 단계 발전할 수 있는 계기를 제공할 수 있어야 한다.

이러한 수요자 관점에서 보았을 때 공공기관 경영평가의 몇 가지 문제점을 다음과 같이 예시할 수 있다(오철호 외, 2010: 45).

① 기존의 공공기관 경영평가 개선노력은 공급자의 평가능력을 향상시키는 데 집중되어 왔을 뿐 평가의 수요자인 공공기관의 역량을 향상시키는 데 소홀하였다. 즉, 공공기관 경영평가를 통해 예컨대, 기관과 조직원의 역량이 한 단계 업그레이드되는 계기가 마련되어야 함에도 불구하고 수단적 가치인 경영평가 자체가 마치 궁극적 목표인 것처럼 작동하는 인식의 오류가 무의식적으로 발생하였을 수도 있다.

② 경영평가는 기관장이나 평가를 준비하는 기획실 또는 전담 TFT의 관심사일 뿐 조직의 다른 구성원들에게는 자신들과 별로 관계가 없는 사안인 것으로 인식되고 있을 수도 있다. 이는 평가결과에 따라 인센티브가 달라지는 것은 사실이나 개인차원의 역량강화와는 무관하다고 생각하기 때문이다.

③ 기관의 역량이 제고된 결과가 경영평가에 반영되고 경영평가 결과가 다시 역량 제고에 기여하는 선순환적 시스템이 작동하는 대신 평가보고서 작성 능력이라고 하는 1회성 기술(Skill, Technique)만 향상되고 있는 것은 아닌지에 대한 의구심을 부인할 수 없다.

④ 무엇보다도, 경영평가를 통하여 공공기관 전체가 어떻게 변화 또는 개선되고 있는지 수요자 입장에서 보면 분명하지 않다. 매년 평가결과에 따라 개별기관들의 점수변화 또는 유형별 평가지표의 점수변화 등을 산정할 수는 있으나 그 의미를 어떻게 해석해야 할지는 명확하지 않다. 단순히 전년도에 비하여 상승했거나 감소했다는 의미 이외에 실질적으로 공공기관이 전체적으로 어떻게 변화했는지를 타당하게 해석할 수 있는 논리적 근거가 분명하지 않다. 이는 궁극적으로 경영평가를 통하여 공공기관의 어떤 모습을 어떻게 개선시키려 하는지에 대한 엄격한 성과관리가 되고 있지 않기 때문으로 보인다. 예컨대, 경영평가가 공공기관의 경영효율성

을 제고하고 생산성을 향상시키려고 한다면 과연 그런 변화가 발생했는지, 어느 정도나 경영효율성이 변화되었는지, 그런 변화가 과연 경영평가 때문에 가능했는지, 결과적으로 경영평가를 어떻게 개선해야 하는지 등에 대한 자기점검이 필요하다.

Ⅲ. 경영평가와 공공기관의 학습조직화: 방향과 연계모습

일반적으로 역량이란 개인 또는 조직의 현재 및 장래활동을 가능케 하여 조직의 성과를 만들어 내는 제반 능력을 의미한다고 넓게 정의할 수 있다(김병국·권오철, 1999). 즉, 수용가능한 기준을 실행하기 위한 모든 기술, 지식, 능력, 자신감을 의미한다고 볼 수 있다(Lassey, 1998). 이 글에서는 공공기관의 역량을 크게 두 가지로 나누어 보고자 하는데, 하나는 집단수준에서 조직운영의 효율성과 관련된 조직역량(Organizational competence)이고 하나는 개체수준에서 개인의 능력이나 기술과 관련된 역량이다.

조직역량은 조직운영의 효율성과 관련된 것으로 조직목표의 효율적 달성을 의미하는 조직생산성과 구분되며 조직생산성과 함께 공공부문 성과관리의 대상인 조직성과를 구성한다고 할 수 있다(Ingraham & Donahue, 2000). 경쟁우위의 원천이 되는 조직역량은 기업적 관점에서 보면 경쟁대상에 비해 고객에게 차별적인 제품이나 서비스를 상대적으로 경쟁력 있는 가격으로 제공할 수 있는 능력으로 정의되기도 한다(김재경·김지명, 2008).

다른 한편으로, 개인차원의 역량은 조직의 목적을 달성하고 성과를 향상시키는 것으로 교육훈련과 개발을 통해 개선될 수 있는 개인의 지식, 기술, 태도의 집합체(최무현·조창현, 2007)라 할 수 있다.

1. 역량강화와 학습조직화

조직관리 및 성과개선에 대한 논의와 연구는 지속적으로 진행되어 왔다. 조직을 환경, 구조, 인간 등 다양한 관점에서 관리함으로써 조직의 생산성 또는 발전을 도모하려는 노력은 적용맥락(예, 문화 등)에 관계없이 시도되었다. 특히 그런 발전지향점으로 조직을 어떻게 변화시켜야 하는지에 대한 논의는 어떤 면에서는 가치판단과 관계가 있다.

이런 점에서 최근 조직발전의 지속가능성이라는 측면에서 학습조직화에 대한 연구가 다양한 분야에서 전개되고 있다. 특히, 학습조직과 조직성과 간의 영향관계에 대한 실증적 연구 또한 활발하게 진행됨으로써(Barker & Sinkula, 1999; Farrell, 1999; 이관표·박형권, 2006 등) 학습조직화가 단순한 개념적 주장에 그치지 않는지에 대한 실제적 근거를 찾으려는 노력이 진행되고 있다.

그동안 민간부문에서 학습조직에 대한 연구가 활발하게 진행되었던 데 반해, 공공부문에 대한 학습조직의 적용은 아직 초기 단계에 머무르고 있고 서구에서도 공공부문에 대한 학습조직 적용은 보건의료 및 사회서비스 등에 제한되어 있는 모습이다(정무권·한상일, 2008). 예컨대, 이환범·이수창(2007)에 따르면 정부조직의 학습조직화가 조직운영 성과(예, 조직만족, 조직몰입)에 유의미한 영향을 미친다는 것이 확인되었고, 정무권·한상일(2008)은 학습조직 인프라와 문화가 시스템을 활성화시켜 만족감과 효능감을 높인다는 결론을 제시하고 있다.

공공기관의 경우, 민간부문과의 경쟁이 가속화되는 상황에서 효율성과 공공성을 모두 제고해야 한다는 모순적 요구사항에 직면하고 있다. 반면에, 정부의 공공기관 개혁작업은 정권에 따라 다양한 이름으로 불려지고 있지만(예, 노무현 정부의 경영효율화, 이명박 정부의 선진화에 이어서 현 정부의 경우 공공기관 합리화라 지칭), 대부분 인력이나 예산투입을 감소하는 등 이른바 조직의 비효율성이나 방만경영을 개선하려는 내용을 포함하고 있어서 종전과 같은 양적 확대가 아니라 질적 개선을 통해 조직의 역량을 강화시키려는 의도를 엿볼 수 있다.

이를 위해서는 공공기관의 구성원이나 조직 중 어느 한 부분만 발전할 것이 아니라 공공기관을 구성하는 부분인 개인과 팀, 그리고 이들의 합인 조직 모두가 함께 진화하는 즉, 공진화(Co-evolution)하는 시스템 차원의 발전이 필요하다. 종전에는 개인은 교육훈련의 대상으로, 조직은 전사적 자원관리(ERP)나 6 시그마와 같은 경영기법을 적용할 대상으로 인식되어 왔다. 그러나 개인과 조직이 직면한 문제를 해결하는 데 필요한 지식과 정보를 창출하고 이를 조직발전 차원에서 적극 활용함으로써 조직운영의 성과를 극대화하려면 구성요소들의 단절적이며 부분적인 개선이 아니라 학습조직과 같은 구성요소들간의 공진화적 메커니즘을 도입할 필요가 있다.

특히, 지식경제 시대가 도래하면서 행정에서도 지식행정 내지 지식정부의 패러다임 구축에 대한 필요성이 커지고 있으며, 학습조직은 지식행정·지식정부를 실현할 수 있는 구체적인 수단으로 작용할 수 있다. 즉, 변화하는 행정환경과 문제해결과정의 중심에 지식이 있으며, 관행이 아닌 아이디어, 습관이 아닌 체계적인 분석을 기반으로 하는 정책지식이 정부활동의 핵심이 될 수 있다(오철호, 2010). 따라서 지식경제 시대에 공공기관의 경쟁력을 높이려면 급변하는 환경에 적응하고 새로운 가치를 창출할 수 있도록 지식을 생산하고 공유하며 스스로 혁신하는 조직으로 변화해야 할 것이다. 즉, 현재 공공기관의 활동모습이 디지털시대가 요구하는 변화에 적절하게 대응하고 있는지 살펴볼 필요가 있다.

2. 경영평가와 학습조직화의 연계 필요성

수요자 관점에서 공공기관 경영평가의 개선은 두 가지로 나누어 볼 수 있다. 먼저, 수요자의 입장을 반영하여 경영평가 지표 등을 개선하는 것으로, 기존의 경영평가개선작업시 부분적으로 시도하고 있는 내용이다. 둘째로, 경영평가는 주어진 것(즉, 상수)으로 보고 경영평가를 계기로 기관의 역량이 향상될 수 있도록 기관입장에서 경영평가 대응 및 활용차원의 개선을 생각해볼 수 있다.

경영평가에 있어서 피평가자의 입장을 전적으로 반영하는 것은 불가능하고 자기관대화의 경향을 고려할 때 바람직하지도 않으며, 이는 바로 전자의 접근방법이 갖는 한계이기도 하다. 보다 중요한 것은 경영평가를 통해 평가자가 요구 또는 기대하는 변화모습(예, 기관역량강화)을 피평가기관이 갖출 수 있도록 하는 것이다. 이는 특정한 연도에 평가를 잘 받는다고 하는 단기 목표가 아니라 느리더라도 올바른 방법으로 지속가능한 역량을 제고할 수 있는 중장기적 차원의 목표를 달성할 수 있도록 하는 것을 의미한다. 결과적으로 공급자(정부)는 경영평가를 컨설팅이나 교육의 기회로 활용해야 하고 수요자(공공기관)는 경영평가를 학습의 기회로 인식하고 활용하는 것이 바람직하다. 결과적으로 이러한 관점에서의 경영평가가 공공기관 역량강화를 위한 학습조직화의 기회를 제공할 수 있을 것이다.

경영평가제도를 둘러싸고 있는 환경과 사회적 요구의 변화는 자연스럽게 평가제도에 대한 자기점검을 요구하고 있으며, 그런 요구의 중심에 수요자중심 경영평가의 등장이라고 할 수 있다. 환경변화와 새로운 사회적 요구 중 몇 가지 눈여겨 볼 내용은 다음과 같이 간단히 요약할 수 있다.

① 지속적·자발적 혁신을 유도하는 평가기반으로 개선요구: 경영평가제도는 공공기관의 서비스 제고 및 국민의 눈높이에 맞춘 개혁을 자발적으로 유도하는 제도로써 그 역할이 정립되어야 한다는 사회적 요구를 무시할 수 없다. 그러나 현행 경영평가제도는 수요자 측면에서 지속적이고 자발적인 혁신을 유도하는 평가기반보다는 공급자 측면의 수동적이고 일회성의 평가기반으로 작용하고 있으므로 이에 대한 개선이 요구된다.

② 고객중심의 새로운 경영환경변화에 대한 능동적 대응요구: 경영평가제도는 빠르게 변화하는 경영환경변화와 사회적인 요구에 맞춰 기관의 목표와 비전을 신속하게 재정립하고 이를 달성할 수 있는 핵심주요사업의 추진과정과 목표에 적극적으로 개입하여 본연의 사업성과를 최대로 도출할 수 있는 능동적 대응이 필요하다. 그러나 현행 경영평가제도하에서는 경영환경의 변화가 발생하는 경우에도 기관의 목표와 비전의 재정립을 통한 핵심주요사업의 도출과정과 목표치의 수정을 통한 사업성과 도출보다는 기관의 평가를 대비하기 위하여 손쉬운 점수획득을 위한 사업성과 도출에 집중되는 경향이 있으므로 이에 대한 개선이 요구된다.

③ 평가결과에 대한 낮은 수용성과 환류시스템 제고: 민주적인 권력형성 및 지식정보화가 빠르게 진행되는 시대에는 평가결과에 대한 조직·조직구성원들의 자발적인 수용성 증대와 함께 수용된 평가결과를 업무프로세스에 적극적으로 피드백하여 지속적인 성과개선을 도출하는 선순환적 환류시스템이 효율적으로 작동해야 한다. 그러나 현행 경영평가제도하에서는 공급자 위주의 평가운영으로 상당한 비용이 지출됨에도 불구하고 조직·조직구성원들의 수용성이 매우 낮은 상태이며, 평가결과를 재활용하고 업무프로세스 개선작업에 적극적으로 활용하는 환류시스템을 통한 컨설팅 기능이 매우 취약하므로 이에 대한 개선이 요구된다.

④ 이용자 중심의 평가경향: 전통적으로 익숙해 있는 공급자 중심 평가는 피평가기관의 성과관리 등에 대한 정보를 확보하는 데 유용하다. 반면에 이 방식은 평가 관련 정보개방 및 공유, 서비스 수혜자의 만족도와 서비스효과에 대한 피드백 반영체계가 상대적으로 미흡하여 피평가기관 자체의 변화와 발전 측면에서는 한계가 있

다(오철호·이기식, 2008). 최근 평가이론에서 주장하고 있는 임파워먼트 평가(Fetterman, 2005)나 참여적 평가(Kemmis & Wilkinson, 1998) 등이 공통적으로 지향하는 것은 평가대상기관(자)을 포함한 이해관계자들의 삶과 제도의 변화를 야기하는 데 평가의 초점을 둔다. 평가연구계의 이러한 변화는 기존의 실증주의적 평가연구가 지니는 주체와 객체의 분리에 대한 반성과 평가의 진정한 대상에 대한 재해석에서 비롯된 것으로 이해할 수 있다.

⑤ 공공기관 관리체계 변화의 필요성 대두: 현 정부가 새롭게 들어서면서 지난 정부와 차별화되는 공공기관 정책의 청사진을 제시할 필요가 발생하였다. 기본적인 추진방향은 지난 정부의 공공기관 선진화 정책의 미흡했던 점을 보완하고, 새 정부의 국정철학에 기여할 수 있는 정책을 추진하는 것으로 이해할 수 있다. 예컨대, 국민에게 더 나은 서비스를 제공하기 위해서 공공기관간 칸막이제거, 협업 활성화 등 이른바 공공기관 3.0을 추진하고, 나아가 공공기관이 민간부문의 일자리 창출에 기여할 수 있도록 공공기관운영을 개선하고자 하는 것이다. 이를 위해서 현재와 같은 단기적인 관리 못지않게 중장기적인 관리체계(예, 공공기관 합리화방안에 있는 상시기능점검 등)를 구축하는 것이 필요하다.

위에서 제기된 경영평가제도에 대한 환경변화와 새로운 사회적 요구에 대한 보완적인 대응방안으로 경영평가와 학습조직화를 연계함으로써 기대되는 몇 가지 효과는 다음과 같다.

① 지속적·자발적 혁신을 유도하는 평가기반으로의 개선이 요구되는 상황에서 학습조직화를 성공적으로 도입하여 정착시키는 경우 개인·팀·조직차원의 대화와 토론, 문제제기, 개선활동 등을 통해 수요자 중심의 지속적이고 자발적인 혁신활동이 가능하다.

② 사회적으로 고객중심의 새로운 경영환경변화에 대한 능동적 대응이 요구되는 상황에서 학습조직의 도입과 적용은 －정도의 차이는 있겠으나－ 관료적인 공공기관 문화를 조직 구성원간 민주적 관계로 전환시킬 수 있을 것이다. 이는 조직 내부의 수평적인 문화의 형성에 기여함으로써 기존 상사 및 주무부서 중심의 업무에서 내부고객인 종업원 및 외부고객중심의 문화로 전환이 가능하다.

③ 기존 평가제도에서 제기되는 평가결과의 낮은 수용성과 환류시스템 문제는 개인·팀·조직차원에서 경영평가결과를 신속히 습득·공유·활용하는 다양한 학습

조직 활동을 통해 평가설계단계 및 평가과정단계로 피드백될 수 있다. 이러한 선순환적 환류시스템의 효율적인 작용으로 인해 이후의 평가결과에 대한 기관의 수용성 제고가 가능하다.

위에서 살펴본 경영평가에 대한 환경변화 및 사회적 요구와 학습조직의 특징, 공공기관 경영평가가 학습조직화와 연계되었을 때의 기대효과는 다음과 같이 요약할 수 있다.

〈표 1〉 학습조직화와 경영평가의 연계 및 기대효과

경영평가에 대한 환경변화 및 사회적 요구		학습조직화를 통한 기대효과
- 지속적·자발적 혁신을 유도하는 평가기반으로 개선요구	⇨ 학습조직화와 연계	- 개인·팀·조직차원의 대화와 토론, 문제제기, 개선활동 등을 통한 지속적·자발적 혁신 가능
- 종업원·고객중심의 새로운 경영환경변화에 대한 능동적 대응요구		- 탈관료화를 통한 조직구성원간 민주적 관계형성으로 종업원 및 고객중심문화 가능
- 평가결과에 대한 낮은 수용성과 환류시스템 제고		- 경영평가결과의 신속한 습득·공유·활용을 통한 수용성 제고와 환류시스템 가능

⇑

학습조직의 특징
- 지식의 창출·공유·활용에 뛰어난 조직
- 창조적인 변화능력의 촉진조직
- 탈관료제 지향의 조직
- 현실을 이해하고 현실의 변화방향을 탐구하는 조직
- 학습자의 주체성·자발성·참여성이 존경되는 조직
- 지속적인 학습이 이루어지는 조직
- 조직·조직구성원·고객을 만족시키는 조직

자료: 오철호 외(2010: 56) 재인용.

02

Ⅳ. 경영평가와 공공기관 학습조직화의 연계

1. 실　　태

공공기관의 경영평가가 단순히 매년 실시되는 공공기관의 경영무습과 결과에 대한 점검에 그치지 않고, 중장기적으로 공공기관의 역량강화를 통한 자발적 혁신조직으로 이어질 필요가 있다. 그렇다면 현재 공공기관의 학습조직화 수준은 어떠한지 살펴보는 것이 순서일 것이다. 즉, 공공기관이 학습조직 관점에서 현재 어떤 수준에 도달해 있는지 현황파악이 요구된다. 이를 통해 공공기관별로 어느 정도의 학습조직 수준에 있는가를 확인한 후 기대와 현실 사이의 격차를 줄이기 위한 적합한 방안을 도출하는 것이 논리적일 것이다. 또한 경영평가가 학습조직 수준향상에 유의미한 영향을 미치고 있는가를 검증해볼 필요도 있다. 즉, 경영평가 점수와의 관계가 유의미한 정의 관계인 경우에 공공기관을 학습조직화할 필요가 있다는 주장에 대한 정당성의 근거가 될 수 있을 것이다. 반면에, 부의 관계이거나 유의미한 관계가 없을 경우 경영평가의 한계로 해석할 수도 있을 것이다.

이 글에서는 그동안 서구 기업조직을 중심으로 다양한 조직의 학습조직 수준을 측정하여 신뢰성을 축적한 DLOQ(Dimensions of Learning Organization Questionnaire)를 활용하였다. DLOQ 설문은 Watkins & Marsick(1997)에 의해 개발된 것으로 200여 개 이상의 기업에서 수준진단에 활용되었으며(Marsick & Watkins, 2003), 우리나라에서도 유한킴벌리 등 몇몇 대기업에 적용(백삼균, 2009)되었을 뿐 아니라 중앙정부 차원에서도 활용된 바 있다(정무권·한상일, 2008). DLOQ 설문 중 학습조직 수준에 관한 내용은 43개의 문항으로 이루어진 7가지 차원으로 구성되며 각 차원은 다시 개인수준, 팀수준, 조직수준으로 분류된다.

공공기관의 학습조직 수준평가를 위한 설문조사는 2010년 11월 15~19일(5일간)까지 현재 「공공기관 운영에 관한 법률」에 의해 지정된 약 150여 개의 공공기관을 대상으로 설문조사를 실시하여 80개 기관(약 53%의 응답률)에서 총 314부의 유효데이터를 수집하였다. 설문조사 대상자 표본은 연구목적을 고려해 공공기관의 조직구성원들 중 4계층(고위관리자, 중간관리자, 일반직원, 평가담당자 등)별 각 1명씩을 층

〈표 2〉 경영평가는 조직원들의 지속적 학습기회 창출에 기여

공공기관 유형	응답자 유형	평균	표준편차	N
공기업(시장형)	고위관리자	4.80	0.447	5
	중간관리자	4.14	1.069	7
	일반직원	3.67	0.577	3
	평가담당자	4.40	0.894	5
	합 계	4.30	0.865	20
공기업(준시장형)	고위관리자	4.22	1.093	9
	중간관리자	4.33	0.866	9
	일반직원	3.33	1.323	9
	평가담당자	4.44	0.882	9
	합 계	4.08	1.105	36
준정부기관(기금관리형)	고위관리자	3.70	1.160	10
	중간관리자	3.89	1.167	9
	일반직원	3.36	1.804	11
	평가담당자	4.10	1.197	10
	합 계	3.75	1.354	40
준정부기관(위탁집행형)	고위관리자	4.33	1.173	48
	중간관리자	3.78	1.161	59
	일반직원	3.56	1.208	54
	평가담당자	3.77	1.231	52
	합 계	3.85	1.217	213
합 계	고위관리자	4.26	1.138	72
	중간관리자	3.88	1.124	84
	일반직원	3.51	1.284	77
	평가담당자	3.93	1.181	76
	합 계	3.89	1.206	309

자료: 오철호 외(2010: 262) 재인용.

화표집 방법과 단순 무작위표집방법을 병행 사용하여 표본을 추출하였다.

이하에서는 설문조사의 전체 내용 중 공공기관 경영평가와 관련된 부분만 언급하고자 한다. 경영평가제도가 수요자 관점에서 새로운 학습기회로 작용하는 선순환적 환류시스템으로 작동하기 위해서는 학습조직 수준과 역량, 경영평가간에 정의 상관관계가 있는 것이 바람직한 모습일 것이다. 본 조사결과에 따르면, 학습조직화 수준이 역량과는 유의미한 정의 관계가 있지만 경영평가와는 유의미한 정의 관계

를 갖지 않는 것으로 나타났다.

경영평가 대상시점(2009년)과 설문조사 시점(2010년) 사이에 시차가 있고 정확한 인과모델이 아니라는 한계는 있으나, 학습조직 수준이 경영평가 점수와 정의 관계가 없고 오히려 음의 관계가 있다는 것은 경영평가가 조직과 개인에게 유용한 학습기회를 제공하지 못하고 있다는 반증으로 해석할 수도 있다. 따라서 수요자 관점에서 경영평가를 학습의 기회로 활용할 수 있는 교육을 포함한 다양한 방안이 강구될 필요가 있고 이를 통해 학습조직화와 역량강화, 그리고 경영평가가 선순환적으로 연계될 수 있는 계기를 마련해야 할 것으로 본다.

2. 연계방안

1) 기본 논의

경영평가제도와 공공기관의 학습조직화를 어떻게 연계할 수 있을지에 대한 논의 이전에 학습조직화의 몇 가지 일반적 특징(윤재풍, 2003)을 살펴보면 다음과 같다.

지식의 창출 및 공유·활용에 뛰어난 조직: 학습조직이라 함은 조직 내부의 상황과 외부환경을 선험적 혹은 경험적으로 지각하고 당면한 문제해결을 위하여 새로운 지식을 창출하는 조직이다. 또한 관련된 사람들은 물론 이들과 함께 하는 여타의 다른 집단들과도 다양한 정보를 함께 공유하고 이를 효과적으로 활용하는 조직이다. 따라서 발생한 다양한 지식과 각종 데이터 등을 활용, 당면한 조직의 문제를 해결하거나 조직의 기존 행동패턴을 창조적으로 변화시키는 숙달된 조직으로 볼 수 있다.

창조적인 변화능력의 촉진조직: 학습조직은 조직 내에 있어서 기존의 틀을 벗어나 좀 더 창의적이고 발전적이며 미래 지향적인 변화능력을 확대하고 이를 다시 심화하고자 하는 학습욕구를 유발하여 효율적인 문제해결을 촉진시켜 나가는 조직이다. 더불어 이러한 변화가 이루어질 수 있도록 효과적인 전략을 구상하고 그것을 실현하고자 노력하는 조직이다. 또한 도전적인 학습을 통해 조직구성원과 조직은 재창조될 수 있는 계기와 기회를 마련할 수 있으며, 기존에는 결코 유추해 낼 수 없었거나 비효율적으로 진행되었던 부조리한 조직 내 일들을 학습을 함으로써 해결해 나가거나 효율적으로 수행할 수 있게 된다.

현실을 이해하고 현실의 변화방향을 탐구하는 조직: 조직내의 개인과 팀, 그리고 조직 전체에 의미 있는 학습활동이 이루어짐으로써 조직구성원들은 조직의 현실에 대한 정확한 지각과 이해, 의미의 공유 및 상호주관성을 형성할 수 있다. 이와 같이 학습활동을 통하여 조직구성원이 조직의 현실을 바르게 지각하고 이해하며 현실의 변화방법을 설계하고 선택하며 실행하는 중심체가 학습조직이다.

학습자의 주체성·자발성·참여성이 존경되는 조직: 학습조직은 학습자의 주체성·자발성·참여성이 존중되는 조직으로 학습자가 스스로 주체가 되어 자발적으로 참여함으로써 학습의 목표를 최고로 달성하는 조직이다. 조직의 관리자들은 다만 조직에 개방적인 학습풍토를 조성하고 학습의 효과를 거둘 수 있는 제반 기반을 구축하고 지원하는 역할을 수행한다.

지속적인 학습이 이루어지는 조직: 학습조직에서의 학습은 일시적인 목표를 정해 놓고 그것에 도달하면 종료되는 것이 아니라 지속적·연속적으로 이루어져야 하며, 학습조직은 부단히 새로운 목표를 설정하여 학습활동을 진행한다.

조직·조직구성원·고객을 만족시키는 조직: 학습조직은 조직이 지향할 새로운 가치를 창조하고 그것을 실행할 능력을 발전시키며 구체적인 조직활동의 성과를 통하여 조직과 조직구성원 및 조직의 고객만족을 지향하는 조직이다(장승권 외, 1996). 학습조직은 조직의 질적 수준을 높이고 관리의 속도를 촉진하며 활발한 창조를 일으키고 성과를 향상시킴으로써 조직의 만족을 달성함. 또한 조직구성원들의 성취감과 자율성을 부여하고 창의성을 북돋우며, 고객들에 대한 서비스를 개선함으로써 그들을 만족시키는 조직이 되려고 한다.

02

2) 학습조직화와 공공기관 경영평가의 연계: 생애주기적 접근

공공기관의 역량강화를 위해 학습조직이 공공기관에 도입될 경우 경영평가의 설계부문, 실행부문 그리고 평가결과의 활용부문에서 보완적인 역할을 수행할 수 있을 것으로 기대한다. 기존 공급자 중심의 경영평가제도의 설계부문, 실행부문 그리고 평가결과의 활용부문에서 제기되는 문제점들은 평가제도 자체의 기능적인 방법론의 개선노력을 통해서도 접근할 수 있으나 이는 많은 시간과 노력을 필요로 하고 강제적인 외부환경변화에 기인하므로 수요자인 기관입장에서는 수용성을 높이지 못하는 한계점이 있다.

반면 기존에 선행연구를 통해 확인된 학습조직화의 도입성과는 공급자 중심의

〈표 3〉 학습조직과 경영평가의 생애주기적 연계방안: 하나의 가설

<table>
<tr><td>목 표</td><td colspan="3">공공기관의 역량강화를 통한 경쟁력 제고</td></tr>
<tr><td>기본방향</td><td colspan="3">학습조직화와 경영평가의 연계</td></tr>
<tr><td rowspan="2">기존 경영평가</td><td>평가설계부문 문제점</td><td>평가실행부문 문제점</td><td>평가결과활용부문 무제점</td></tr>
<tr><td>■ 평가지표의 적합성
■ 평가부담의 적정성</td><td>■ 평가수행의 객관성
■ 평가방법의 공정성</td><td>■ 평가정보의 유용성
■ 평가결과의 활용성</td></tr>
<tr><td>학습조직화를 통한 보완 및 연계방안</td><td>■ 개인차원: 전 구성원들이 평가지표의 설계단계부터 능동적으로 참여함으로써 새로운 지식과 경험을 축적하고 직무만족도를 높여 업무효율성 향상
■ 업무차원: 평가설계부문 참여가 각 구성원의 학습과제가 되어 자율적으로 업무프로세스를 개선시킬 유인 제공, 평가과정 및 평가결과와의 불일치현상 감소
■ 조직차원: 평가설계부문에 전체 학습조직의 공식/비공식 참여로 조직에 대한 충성심 및 조직의 유연성을 높이고 평가결과와의 연계성 강화 및 기관의 수용성을 제고
■ 환경차원: 기존 소수의 평가업무 담당자들이 인식하지 못했던 새로운 외부 환경요인 등을 다양하게 반영하여 외부고객에 대한 서비스 향상과 만족도 증가</td><td>■ 개인차원: 경영평가가 기관장이나 기관 전체에 대한 평가가 아니라 모든 조직원에 해당하는 학습기회임을 인식토록 하여 적극적인 대응능력을 배양함
■ 업무차원: 학습조직을 활용하여 전직원의 아이디어를 공유하고 업무프로세스를 개선함으로써 평가전담부서를 두기 어려운 기관도 효과적으로 평가에 대응하고 업무의 효율성을 증대시킴
■ 조직차원: 평가체계에 맞춰 유연하게 조직을 재구축하고 조직구성원 모두에게 평가의 체감도를 높이는 기회로 활용하며 규모가 작은 기관일수록 학습조직화에 더 유리할 수 있음을 인식하는 계기로 승화
■ 환경차원: 중소형기관 비계량평가인 주요사업 성과관리의 적정성 평가, 외부환경 변화에 능동적으로 대처할 수 있는 능력을 위해 학습조직화가 기관의 규모에 상관없이 필요한 환경으로 변화</td><td>■ 개인차원: 평가결과를 개인의 학습을 지원하기 위한 객관적인 근거도구로 활용하여 개인의 학습유인을 강화함으로써 직무만족도를 높여 기관의 역량강화로 선순환
■ 업무차원: 업무상 문제를 학습기회로 인식하여 평가결과를 저해한 근본요인에 대한 심층적인 진단과 차기 평가의 성과향상에 유용한 정보수집 유인 증대
■ 조직차원: 평가결과를 학습조직과 성과지표를 재구축하는 도구로 활용하는 과정에서 학습조직의 전사적인 참여가 이루어져 평가결과에 대한 수용성 증대
■ 환경차원: 외부의 충실한 경영컨설팅을 받기가 어려운 환경에서 평가결과를 학습조직의 교육훈련을 위한 내부컨설팅의 지식자료로 적극적으로 활용 가능</td></tr>
</table>

자료: 오철호 외(2010: 83) 재인용.

경영평가제도의 문제점을 수요자 측면에서 상호 보완적이며 자발적인 내부환경변화를 통해 해결할 수 있도록 노력함으로써 기관의 수용성을 크게 높일 수 있다는 장점이 있다. 따라서 경영평가제도의 수요자인 기관들은 평가의 전 과정에 걸쳐 구체적으로 제기되는 문제점들을 보완하고 기관의 역량을 강화하기 위해 학습조직을 적극적으로 도입하는 것을 고려해 봄직하다.

이를 위해 수요자 관점의 생애주기적 접근(Life-cycle approach)을 통한 학습조직과 공공기관 경영평가의 연계방안을 강구하는 것이 바람직하다. 수요자관점에서 생애주기적 평가는 평가설계→평가실행→평가활용→기관/개인차원의 수용 및 변화→교육훈련으로 이어지는 주기적 순환을 의미한다.

(1) 경영평가 설계부문

가. 평가지표의 적합성

□ 문 제 점

현행 평가체계상(2010년 평가자료) 리더십·전략(계획)과 경영시스템(집행) 항목간에는 높은 상관관계가 존재하나 주요사업성과(결과)와는 상관관계가 거의 존재하지 않는 것으로 분석되어 평가결과를 통하여 정확한 성과측정과 성과향상을 위한 유용한 정보획득이 어려운 상황이다. 이는 여러 가지로 설명가능하며, 그중 하나는 경영성과(즉, 주요사업성과) 지표의 타당성 결여에 기인할 가능성도 배제할 수 없다. 따라서 경영평가체계에서 정확한 성과측정과 성과향상을 위한 유용한 정보를 획득하기 위해서는 지표간 연계성을 높이는 것이 필요하며, 이는 경영성과(즉, 주요사업) 지표의 타당성과 변별력을 향상시킴으로써 달성할 수 있을 것이다.

□ 수요자 측면에서 학습조직화와 연계방안

경영평가제도의 실효성을 고려할 때, 평가제도의 장기적이며 궁극적인 개선방향은 기관의 존립이유인 주요사업성과 창출과 관련하여 수요자인 기관의 자율성을 최대한 부여함으로써 기관 스스로 책임감을 갖고 만족스러운 결과를 창출하는 것이다. 따라서 주요사업성과와 관련하여 향후 구체적인 주요사업 성과지표 및 목표치를 자율적으로 설정하게 하고 설정된 목표치의 적정성과 난이도에 대한 평가를 도입하여 경영성과평가의 합리성을 높이고 기관의 특수한 상황을 반영하는 방향으로 평가제도의 개선이 진행될 필요가 있다.

기관의 자율성이 부여되어 주요사업의 중요성이 강화되면 이를 뒷받침하고 개선시킬 수 있는 기관 내부의 조직역량 강화가 필수적이다. 즉, 기관의 비전과 목표에 맞는 효과적인 주요사업 성과지표를 설계하고 타당성 있는 목표치를 설정하는 작업은 단기간에 소수 인원의 참여로는 높은 수준의 결과도출에 한계가 있으며, 개인차원·팀차원·조직차원의 지속적인 의견교류와 학습을 통한 경험의 축적이 요구된다. 따라서 이에 대한 기관의 효과적인 대응방안으로 지속적인 학습을 통해 지식과 통찰력을 조직 전체에 확산·공유하여 기관의 역량을 강화시킬 수 있는 학습조직의 역할확대를 적극적으로 고려할 수밖에 없을 것이다.

기관의 역량강화를 위하여 평가설계 단계에 학습조직이 공공기관에 도입될 경우, 학습조직 성과는 크게 개인차원, 업무차원, 조직차원, 환경차원에서 살펴볼 수 있을 것이다.

① 개인차원에서는 경영평가지표의 설계단계부터 능동적으로 참여할 수 있는 기회가 제공되므로 개개인의 능력개발과 경력관리에 도움이 크게 되며, 평가설계 부문에 적극적으로 참여함으로써 새로운 업무능력과 지식을 습득하고 경험을 축적할 수 있을 것으로 기대된다. 또한 기관 구성원의 능동적인 참여는 직무만족도를 높여 업무효율성을 향상시키고 이직률을 줄이는 등의 긍정적인 요인으로 작용할 수 있을 것이다.

② 업무차원에서 학습조직화는 평가설계 부문에 대한 경험과 노하우를 지속적으로 축적하고 재활용하게 함으로써 업무의 효율화를 크게 높일 수 있을 것으로 본다. 또한 평가설계 부문부터 평가결과에 대한 예측과 평가과정에 대한 효율적인 집행을 업무차원에서 공유하게 함으로써 지표설계의 효율성을 향상하고 평가과정 및 평가결과와의 불일치 현상을 감소시킬 수 있을 것이다. 평가설계에의 참여가 각 구성원의 학습과제가 되어 자율적으로 업무프로세스를 개선시킬 유인을 제공할 수 있으며, 평가과정에서 발생할 수 있는 추가적인 교육으로 인한 시간과 비용의 낭비를 줄일 수 있을 것이다.

③ 조직차원에서는 평가업무를 담당하는 기획실 또는 전담 TFT의 소수 인원만이 평가설계 부문에 참여하는 것이 아니라 전체 학습조직이 참여하므로 학습효과를 통한 설계단계의 시행착오를 줄이고 조직에 대한 충성심 및 조직의 유연성을 높일 수 있을 것이다. 또한 리더십·전략(계획)수립단계에서 학습조직의 적극적인

역할과 개인차원·팀차원·조직차원의 전사적인 참여가 이루어지므로 평가결과와의 연계성 강화 및 기관의 수용성을 제고할 수 있을 것이다.

④ 환경차원의 경우, 평가설계 단계부터 전 구성원이 참여함으로써 기존에 평가업무를 담당하는 기획실 또는 전담 TFT가 명확히 인식하지 못했던 새로운 거시적인 환경요인 등을 다양하게 반영할 수 있게 된다. 또한 각 구성원들이 각자 수행하는 업무에 대한 중요성을 인식하고 업무에 대한 이해도를 높임으로써 외부고객에 대한 서비스 향상과 만족도 증가를 기대할 수 있다.

나. 평가부담의 적정성

□ 문 제 점

과중한 평가부담으로 목표(일상업무)와 수단(평가)이 전도되고 있으며, 평가전담 부서 유지로 인한 인력운용의 비효율성과 기관의 규모와 관계없이 지출되는 인쇄비와 고객만족도 용역비 등 비효율적인 평가예산이 발생하고 있음을 부인할 수 없다. 또한 기관규모에 따른 평가부담의 차이로 비계량평가의 불공정성 문제가 발생할 수도 있다.

□ 수요자 측면에서 학습조직화와 연계방안

경영평가제도를 유지하는 한 공공기관의 평가비용문제는 불가피하므로 수요자 측면에서 평가부담을 최소화하거나 기관의 핵심역량을 강화할 수 있는 방향으로 평가비용을 효율적으로 전환·사용하는 것이 필요하다. 이러한 평가부담의 문제는 현행 경영평가제도를 바라보는 기관의 단기적이고 결과위주의 접근방식에서 많은 부분 기인한다고 해도 과언은 아니다. 즉, 경영평가를 기관장평가나 기관평가를 준비하는 기획실 또는 전담 TFT의 관심사로 단기간에 소수 인원의 집중적인 참여로 평가보고서를 작성하는 기술적인 작업으로 받아들이는 경향이 있기 때문이다.

따라서 경영평가를 기획실 또는 전담 TFT의 소수 인원만이 참여하여 기술적으로 평가받는 제도가 아니라 개인차원·팀차원·조직차원의 전사적인 참여(즉 자원동원)가 반드시 필요하다는 인식의 전환과 함께 만족스러운 평가결과를 얻기 위해 개인차원·팀차원·조직차원의 학습조직화 노력을 수행하려는 의지가 중요하다.

개인차원·팀차원·조직차원에서 경영평가를 학습의 기회로 활용하는 분위기가 정착되어 효과적인 기관의 학습조직화가 이루어지는 경우 평가제도만을 위한 평가

전담 부서를 비효율적으로 유지할 필요가 없으며 전 직원을 평가전담인력으로 장기간에 걸쳐 활용할 수 있을 것이다. 즉, 실제로 과중한 외부평가부담을 내부학습조직을 위한 지원비용으로 연계하려는 노력을 통해 기관의 역량을 강화하는 비용으로 전환할 수 있다고 본다.

(2) 경영평가 실행부문

□ 문 제 점

대규모 기관일수록 평가에 투입되는 자원이 많아, 경영실적 보고서를 보기 좋게 포장할 수 있는 능력이 있다. 이로 인해 비계량평가에 의한 순위 역전 사례가 다수 발생하고 있으며, 중소형 기관을 제외한 대규모 기관의 경우 인원규모가 클수록 높은 평가등급을 받을 가능성이 크게 나타날 수 있는 개연성이 있다. 반면에 경영성과 항목에 대한 계량평가만 이루어지는 중소형 기관의 경우에는 관리대상 지표수가 적고, 주요사업성과에 대한 변별력이 낮아 평가의 타당성과 신뢰성에 대한 불만이 높은 상황이며 이로 인해 평가결과의 수용성이 자칫 저해될 수가 있다.

□ 수요자 측면에서 학습조직화와 연계방안

인원 및 예산규모 등 평가에 투입되는 자원이 상대적으로 열악한 기관의 경우 오히려 개인차원·팀차원·조직차원의 지속적인 의견교류와 학습을 통한 개선노력으로 설정된 성과지표와 목표치에 대한 타당성 및 적정성이 높은 수준임을 인정받을 필요가 있다. 그럼으로써 계량부문 및 평가자원의 부족에서 발생하는 불이익을 보완할 수 있을 것으로 본다. 또한 기관 유형에 따른 학습조직화 수준을 평가에 감안하여 공정성을 보완할 수 있으며, 중소형기관 경우에는 성과지표의 적정성에 대한 비계량지표를 추가함으로써 학습조직화 필요성 증대 및 역할확대가 가능할 수 있다.

기관의 역량강화를 위한 평가실행 측면에서 학습조직이 공공기관에 도입될 경우, 그 성과는 크게 개인차원, 업무차원, 조직차원, 환경차원에서 살펴볼 수 있다.

① 개인차원에서 인원 및 예산규모 등이 상대적으로 열악한 기관의 경우, 개개인의 능력개발을 위한 교육 등의 지원이 대규모 기관에 비해 적은 상황이므로 기관의 학습조직화를 통해 교육 등의 기회를 제공할 수 있을 것이다. 열악한 기관에 대한 학습조직화는 개인의 역량강화를 통해 상대적으로 불이익을 받았던 비계량평

가부문에 대한 평가결과 향상으로 이어질 수 있으므로 개인보상차원에서 긍정적인 요인으로 작용할 수 있다.

② 업무차원에서 학습조직화는 인원 및 예산규모 등이 상대적으로 열악한 기관의 업무부담을 완화시킬 수 있을 것이다. 특히, 중소형기관처럼 평가전담부서 등을 유지할 수 없는 기관의 경우 학습조직을 활용하여 전 직원의 아이디어를 공유하고 평가지표 프로세스의 개선에 적용함으로써 평가업무의 추가적인 시간과 비용을 절감할 수 있을 것으로 기대한다.

③ 조직차원에서 기관의 규모에 따라 발생할 수 있는 평가의 타당성과 신뢰성에 대한 불만을 학습조직화를 통해 보완함으로써 기관의 수용성을 제고할 수 있을 것이다. 규모가 작은 기관일수록 오히려 학습조직화가 용이할 수 있으므로 경영평가 환경과 수행사업의 변화 등에 맞춰 유연하게 조직을 재구축할 수 있을 것이다.

④ 환경차원에서 규모가 상대적으로 작은 기관들도 전 직원이 전사적으로 평가에 참여하고 평가결과를 업무과정에 반영하여 개선이 이루어지도록 요구받는 방향으로 평가환경이 점진적으로 변화하고 있다. 예를 들어, 중소형기관의 경우에도 주요사업성과에 대한 종합적 평가를 위해 비계량평가인 주요사업 성과관리의 적정성을 새롭게 평가하는 등 주요사업 성과지표와 연계하여 주요사업의 성과관리에 대한 피드백 정보제공 및 평가결과의 활용을 요구받고 있다. 이는 외부환경변화에 능동적으로 대처할 수 있는 능력을 함양시킬 수 있는 학습조직화가 기관의 규모에 상관없이 필요함을 의미한다고 할 수 있다.

(3) 경영평가 결과활용부문

□ 문 제 점

경영평가결과에 대한 원인분석 및 방안제시가 부실하고, 평가결과 발표는 6월 이후에나 이루어지기 때문에 당해 연도 평가결과의 차기연도 사업계획 및 예산편성 반영이 사실상 불가능하다. 따라서 평가의 실효성이 저해되며 급격한 환경변화가 발생하는 경우 결과활용의 시의성이 상실될 수 있다. 경영평가결과의 활용이 기관장의 계약유지 및 성과급 지급, 기관 구성원들의 성과급 지급에 국한되며, 서면평가와 현장실사 등을 동시에 실시하는 현행 구조상 부진기관에 대한 충실한 경영컨설팅 기능은 미진할 것으로 판단된다.

□ 수요자 측면에서 학습조직화와 연계방안

현행 평가제도의 가장 큰 한계점은 당해연도의 평가결과가 중장기적인 경영개선을 통해 기관의 궁극적인 목표인 역량강화로 이어지지 못하고 있다는 점이다. 즉, 평가결과의 환류를 통해 경영개선이 이루어지는 선순환적 시스템이 효과적으로 작동하고 있지 못하는 반증일 수 있다. 현재 공공기관들은 과거에 비해 급격히 변화하는 외부환경위험에 노출되어 있으며, 조직 구성원들의 성상발전 욕구가 지속적으로 증가하고 있는 상황에서 외부환경에 능동적으로 대처하고 조직 구성원의 성장발전에 도움이 될 수 있도록 경영평가결과를 활용하는 것이 점점 더 필요해진다. 학습조직화의 장점은 외부환경변화에 능동적으로 대처할 수 있는 능력을 함양하여 조직의 역량을 강화할 수 있으며, 조직의 내적인 성장발전 능력과 탁월성을 배가시킬 수 있다는 점이므로 학습조직화를 통해 평가결과의 선순환적 환류시스템을 유지하는 것이 중요하다.

기관의 역량강화를 위한 평가결과의 활용 측면에서 학습조직이 공공기관에 도입될 경우의 학습조직 성과는 크게 개인차원, 업무차원, 조직차원, 환경차원에서 살펴볼 수 있다.

① 개인차원의 경우, 높은 경영평가결과는 개인의 학습지원을 위한 객관적인 근거로 활용하여 더 많은 학습기회와 지원을 이끌어 낼 수 있다. 따라서 경영평가결과를 개개인의 능력개발을 위한 도구로 활용함으로써 새로운 업무적인 능력이나 지식의 습득이 가능하게 되고 이는 기관 구성원의 직무만족도를 높여 업무효율을 향상시키고 이직률을 줄이는 요인으로 작용할 수 있을 것이다. 또한 새로운 지식 및 경험의 축적과 우호적이고 역동적인 분위기로 인한 직무만족도의 증가는 기관의 역량강화로 이어져 이후 높은 수준의 평가결과를 도출하는 선순환의 환류시스템으로 이어질 수 있다.

② 업무차원의 경우, 학습조직화는 학습을 방해하는 요인들을 지속적으로 제거하고 경영평가의 과정에서 새로이 습득된 지식과 통찰력을 조직 전체에 확산·배양시킬 수 있는 업무역량을 강화할 수 있을 것이다. 따라서 업무상 문제를 학습기회로 인식하여 기관 스스로 평가결과를 저해한 근본적인 요인에 대해 심층적인 진단을 수행하고 차기 경영평가의 성과향상에 유용한 다양한 정보를 능동적으로 수집하려는 적극적인 유인을 제공할 수 있을 것이다. 이는 업무차원에서 신속한 원인

분석과 효과적인 방안제시를 위해 평가결과를 유용하게 활용하고 이를 담당하고 있는 업무에 적극 반영함으로써 향후 높은 수준의 평가결과를 도출하는 선순환의 환류시스템으로 이어질 수 있을 것이다.

③ 조직차원의 경우, 평가결과를 평가업무를 담당한 기획실 또는 전담 TFT의 소수 인원만이 공유하여 활용하는 것이 아니라 전체 학습조직이 활용하므로 조직 내 학습효과를 극대화할 수 있으며, 평가결과에 따라서는 조직을 재구축할 수 있는 도구로 활용할 수도 있을 것이다. 또한 기관의 비전과 목표에 맞는 효과적인 주요 사업 활동과 성과지표를 탐색하고 설계하는 전 과정에 개인차원·팀차원·조직차원의 전사적인 참여가 이루어질 수 있으므로 평가결과에 대한 수용성이 크게 높아질 수 있다.

④ 환경차원의 경우, 현행 평가제도하에서는 평가결과에 대한 외부의 충실한 경영컨설팅을 받기가 어려운 환경이므로 학습조직을 통한 내부컨설팅의 자료로 적극적으로 활용할 수 있다. 즉 평가결과를 기존에 구축된 학습조직의 효과성과 효율성을 평가하는 도구로 활용할 수 있으며, 필요한 경우 학습조직을 추가적으로 지원하거나 재구축하는 수단으로 적극적으로 활용할 수 있으므로 부족한 외부 경영컨설팅을 보완할 수 있는 환경조성이 가능할 것으로 본다.

V. 맺 으 며

이 글은 공공기관 경영평가제도의 공급자적 시각에 대한 대안으로 수요자, 즉 공공기관입장에서 바라보고자 하는 시론으로 볼 수 있다. 그동안 공공기관 경영평가제도의 개선작업은 습관처럼 매년 반복되고 있지만, 논의과정이나 결과를 보면 거의 예외없이 공급자인 정부입장에서 평가제도개선이 이루어지고 있다. 결과적으로 경영평가는 매년 실시되고 있는데 궁극적으로 공공기관의 무엇이 어떻게 변화(즉, 발전)하고 있는지에 대한 명쾌한 답을 제시하기에는 한계가 있다. 즉, 경영평가를 통하여 공공기관을 관리는 하고 있으나 결과적으로 전체 공공기관의 변화모습을 그리기가 쉽지 않다는 것이다. 특히, 집합체로서의 공공기관이 국가비전이나 목표를 달성하는 데 얼마나 이바지했는지를 객관적으로 파악하기란 더욱 어렵다(오철호, 2011).

이는 공급자관점의 경영평가가 주로 정부가 생각하는 공공기관의 운영모습과 실적을 점검하는 데 초점을 두다보니 실질적으로 공공기관의 질적 변화에 대한 관심은 상대적으로 미흡했다고 볼 수 있다. 또한 정부가 공공기관의 바람직한 모습에 대한 규범적 논의에 대한 관심이 상대적으로 적은 관계로 경영평가를 공공기관을 변화시킬 수 있는 학습수단으로 활용하기보다는 주인과 대리인 사이의 관리 또는 통제의 수단으로 활용한 측면도 있을 수 있다.

1984년 정부투자기관평가가 시작된 이래 공공기관에 대한 경영평가가 근 30여년이 흘렀음에도 불구하고 관리수단으로서의 경영평가의 기본 속성은 크게 변하지 않았다. 최근에 들어와서 경영평가에 컨설팅적 요소를 감안하려는 움직임이 있으나 이는 실사나 보고서 작성과정에서 고려되는 부분적인 측면에 불과하며, 경영평가의 성격이나 목적을 근본적으로 바꾸지는 못했다고 본다.

따라서 경영평가 30주년을 맞이하는 시점에 즈음하여, 공공기관 경영평가의 존재이유에 대하여 자문해볼 필요가 있다. 즉, 공공기관 경영평가가 성공했다면 그 의미는 무엇인가? 아마도 경영평가를 보는 관점에 따라 다양한 해석이 제시될 수 있겠으나, 이 글은 수요자, 즉 공공기관 입장에서 이 질문을 생각해 보자는 문제의식에서 시작되었다. 그 하나의 해답으로 공공기관의 역량이 강화되어 자발적 혁신이 이루어지는데 공공기관 경영평가가 얼마나 기여했는지를 반추해보고, 이 관점에서 경영평가를 새롭게 조망해보는 것이 이 글의 목적이었다.

문제는 수집된 자료분석 결과에 의하면, 공공기관 경영평가와 기관역량강화 사이에 우리가 무의식적으로 가정하고 있는 양의 관계를 찾아보기가 어렵다는 점이다. 따라서 이 글은 공공기관의 역량을 강화시킬 수 있는 방법으로 학습조직화를 제안하며, 공공기관 경영평가의 과정을 생애주기관점에서 각 단계별로 공공기관 학습조직화의 노력과 어떻게 연계할 수 있는지에 대한 가설적 가능성을 탐색적 차원에서 검토해 보았다.

결국 공공기관 경영평가가 제대로 실행되어 그 결과가 공공기관 서비스의 질을 제고하고 궁극적으로 국민들의 삶의 질을 향상시킬 수 있기 위해서는 평가의 기술적인 측면(예, 설계, 지표개발, 자료측정 및 수집 논의 등) 못지않게 평가와 관련된 이해관계자들이 평가를 바라보는 공유하는 자세 즉, 협력적 평가문화 구축이 궁극적으로 필요할 것이다(오철호, 2013). 그런 평가문화의 한 부분이 수요자로서 공공기관의 자발적 변화인식과 노력이라고 본다.

이 글을 마치면서 아쉬운 점은 경영평가와 공공기관의 학습조직화의 연계 필요성과 가능한 방안을 문제제기와 개념적 차원에서 제시하였으나, 발제문을 준비하는 과정에서 시간적 제약 등으로 현실에 적용할 수 있는 구체적인 방법(How-to-do)까지는 포함하지 못한 부분이다. 즉, 현실에 어떤 학습조직화 방법을 어떻게 적용할 것인가는 여러 가지 고려할 사항들이 많아서 단일적인 표준안을 제시하는 것은 어려울 것이며, 또한 무의미하다. 후속 연구들이 이런 부분을 규명하여 답을 제시한다면 공공기관 경영평가의 질적 향상은 물론 중장기 관점에서 공공기관의 역량강화에 많은 도움이 될 것으로 본다.

□ 참고문헌

김병국·권오철. (1999). 〈지방자치단체 내부조직역량 평가체계의 구축 및 활용방안〉. 한국지방행정연구원.

김재경·김지명. (2008). "친환경적 경영활동, 조직역량 그리고 재무성과와의 관계: 실증적 연구" 〈환경정책〉 16(3): 87~113.

백삼균. (2009). 〈학습조직 본질의 이해〉. 서울: 에피스테메.

성명재. (2009). 〈공공기관 선진화를 위한 정책과제〉. 한국조세연구원 공공기관정책연구센터.

오철호·우윤석·김상헌·김기형·진종순. (2010). 〈공공기관 교육 등을 통한 역량강화방안 연구〉. 기획재정부.

오철호·이기식. (2008) "국정과제 점검·평가의 기준과 방법론" 한국행정학회 하계학술대회 발표문.

오철호. (2010). "논의의 초점: 평가활용, 평가역량 그리고 정책학습" 〈정책분석평가학회보〉 20(4).

______. (2011). "논의의 초점: 정책분석평가와 성과관리" 〈정책분석평가학회보〉 21(3): 1-11.

______. (2013). "박근혜정부의 정책(정부업무)평가: 이슈와 제언" 한국정책분석평가학회 춘계세미나 발표문.

이관표·박형권. (2006). "호텔기업의 환경불확실성, 학습지향성, 조직성과의 구조적 인과관계탐색에 관한 연구" 〈관광연구〉 20(3): 305-328.

이환범·이수창. (2007). 〈정부조직 운영성과 개선을 위한 학습조직화 방안연구〉.

장승권 외. (1996). 〈학습조직과 경영혁신〉. 서울: 삼성경제연구소.

장지인·곽채기·신완선·오철호. (2012). 〈공공기관 경영평가제도의 변천과정연구 Ⅱ〉. 한국조세연구원 공공기관정책 연구센터.

정무권·한상일. (2008). "한국 중앙정부의 학습조직 구조로서 인프라, 시스템, 문화의 상호관계: 구조방정식을 통한 효능감과 만족감에 대한 효과분석" 〈한국행정학보〉 42(1): 97-122.

최무현·조창현. (2007). "정부부문에 역량기반 교육훈련제도(CBC)의 도입: 과학기술부 사례를 중심으로" 〈한국인사행정학회보〉 6(2): 263-291.

Baker, W., and Sinkula, J. M. (1999). "The Synergistic Effect of Market Orientation and Learning Orientation on Organizational Performance" Journal of Marketing Science 27: 411-427.

Farrell, M. A. (1999). "Antecedents and Consequences of a Learning Orientation" Marking Bulletin 10: 38-51.

Fetterman, D. (2005). "Empowerment Evaluation Principles in Practice: Asessing levels of commitment", In Fetterman, David M. and Wandersman, Abraham (eds.) Empowerment Evaluation Principles in Practice, Guilford Press: 42-72.

Kemmis, S. & Wilkinson, M.(1998). "Participatory Action Research and the Study of Practice" In B. Atweh, S. Kemmis & P. Weeks(eds.). Action Research in Practice: Partnerships for Social Justice in Eucation. New York: Routledge.

Lassey, P. (1998). Developing a Learning Organization. London: Kogan Page.

Ingraham, Patricia W. & Donahue, Amy E. Kneedler (2000). "Dissecting the black box revisited: Characterizing government management capacity" In Carolyn J. Heinrich & Laurence J. Lynn, Jr. (Eds.), Governance and performance: New perspectives. Washington DC: Georgetown University Press: pp. 292-318.

Watkins, K. E. & Marsick, V. J. (1997). Dimensions of the Learning Organization. Warwick, RI: Partners for the Learsning Organization.

제6장 공공기관 경영평가제도 현황과 발전방안[1)]

신완선·라영재

02

Ⅰ. 서 론

1984년부터 시행해 오던 정부투자기관 경영평가와 2004년부터 시행해 온 정부산하기관 경영평가제도가 2007년「공공기관 운영에 관한 법률」제정으로 인하여 통합되면서 현행 공공기관 경영평가제도는 가장 강력한 공공기관 관리수단이 되었다. 그러나 공공기관의 소유권 부처인 기획재정부를 제외하고 국회, 감사원뿐만 아니라 정부의 주무부처들은 제각각 현행 공공기관 경영평가 제도가 여러 가지 문제를 가지고 있다고 지적하고 있다. 경영평가에 대한 주요 이해관계자의 이해가 다르다는 것과 각각의 요구조건이 그만큼 다각화되고 있음을 시사한다. 공공기관 경영평가에 대한 이해관계자들의 입장의 차이는 Julnes&Hozer(2001)가 말하는 바와 같이 제도를 둘러싼 정치적 혹은 문화적 요인에 기인하지만 경영평가제도 자체의 합리성과 유효성을 검토하여 개편방향을 마련해야 한다.

공공기관 경영평가와 관련하며 이해관계자들이 주장하는 문제와 개편방향이 일치하지 않을 때는 제도의 본질적 도입취지와 제도시행에 초점을 맞추는 것이 올바른 접근방식이다. 특히 국민의 편익 관점에서 정부가 공공기관의 성과를 평가하고 있다는 점을 잊지 말아야 한다. Guerra-López(2008: 20-21)는 "국민들은 평가 자체가 목적이라고 보지 않고 있으며 평가결과에서 발견된 성과의 개선 사항이나 권고안에만 관심을 둔다"라고 말하고 있다. Kaufman(2006)은 "모든 조직, 사업, 자

1) 본 논문의 제Ⅱ장, Ⅲ장 및 Ⅲ장 중 4-3의 일부는 라영재·윤태범(2013)「공공기관 경영평가제도의 분석과 새로운 모델 개발」논문의 일부를 인용하여 정리하였다.

원은 사회를 위한 긍정적인 성과를 창출하거나 결과와 연계되어야 한다"고 했는데, 현행 경영평가가 공공기관의 경쟁성을 유인하는 기제로 작동하고는 있기는 하지만 공공기관이 수행하는 사업이나 정책의 공익적 역할과 기능에 잘 부합하며, 공공기관의 내부 성과가 향상되도록 도움을 주고 있는가라는 점에서는 의문을 제기할 수 있다. 그러한 차원에서 1984년 이래 공공기관 경영평가제도가 진화하고 발전해 온 역사적 배경과 제도의 변천사를 살펴보는 것도 중요하지만 현행 경영평가제도의 순기능은 더 발전시키고 불합리한 점을 수정하고 개편하는 지혜가 필요해 보인다. 본 연구에서는 우리나라 공공기관 경영평가제도의 현황, 경영평가제도의 필요성, 현 정부의 경영평가지표 개선안, 그리고 공공부문 개혁에 대응하기 위한 경영평가제도 개선에 대한 발전방향을 제시하고자 한다.

Ⅱ. 공공기관 경영평가제도의 의의와 성격

"정부는 국민을 대신하여 공기업(SOE, Public corporation)에 대한 통제자로서 공기업의 성과를 통제하거나 관리를 해야 한다"고 한다(Ahoroni, 1981). 제2차 대전 후 유럽의 각 국가는 경제적 부흥을 위하여 공기업을 통한 국가재건과 경제발전을 추구하였다. 그러나 공기업을 운영하는 과정에서 정실과 엽관제적 폐해로 인하여 공기업의 CEO가 정치인이나 정부관료 출신으로 선임되면서 "재무적 및 시장에 대한 감각 결여, 기술발전의 역량 부족, 최고 관리자들의 단임, 정부 감독자의 순환보직" 등과 같은 원인들로 인하여 공기업의 장기적 성과지향성을 갖기가 어려웠다. 그래서 각 국가들은 미시적 차원에서 공기업들을 관리·감독할 수밖에 없었다(Ring and Perry, 1985; Shirley and Nellis, 1991). 즉, 정부가 산하에 있는 공기업의 경영비효율성을 통제하기 위해서 정기적인 성과측정을 실시함으로써 공기업의 경영성과를 제고하려고 했다(Bruns, 1993).

어느 국가든지 공기업을 경제발전, 정치적 목적, 사회적 배분요구의 반영 등과 같은 다양한 정책적 목적을 달성하는 수단으로 활용하기 때문에 일차적으로 공기업의 재무적 수익성(financial profitability)은 중요한 성과측정의 기준이 될 수밖에 없었다. 그러나 공기업의 발달 초기와는 달리 다양한 정책적·사업적 목표들이 추가

되고, 공공요금 및 물가관리와 같은 정부의 상충하는 정책방향과 공기업에서는 작동하지 않는 인센티브 구조로 인하여 공기업의 경영성과는 항상 왜곡되어 왔고 정부는 공기업의 성과를 평가하는 데 있어서 정책적 목적이나 수익성 등 여러 가지 요인들을 고려할 수밖에 없었다(Ahoroni, 1982, 2000). 정부가 공기업을 통해서 경제발전 등 국가의 정책적 목적을 달성하려는 의도를 가지고 있었기 때문에 공기업의 설립 목적 달성, 즉 좋은 성과를 창출하는 것이 정부나 국민의 입장에서는 가장 중요할 수밖에 없었다. 그러나 공기업의 성과를 결정하는 요인으로는 정부의 소유권보다는 국가의 특성, 정부의 정책, 공기업의 전략이 영향을 준다는 주장이 있으며(De Castro and Uhlenbruck, 1997), 사회기반시설의 이용가능성, 시장구조와 같은 객관적 요인이나 공기업 관리자의 충원 방식, 투자결정, 가격, 노동정책, 자금과 관련된 외부요인들과 공기업의 내부 조직적 요인들이 영향을 준다는 연구가 있다. 특히 정부가 가지고 있는 공기업의 소유권을 민간부문에 이전하는 것을 제외한다면 공기업 내부 관리의 질, 관리방식, 경영전략, 경영시스템, 조직구조가 경영성과에 직접적으로 영향을 미친다. 그렇기 때문에 공기업의 경영 자율성이 민간기업 수준과 같은 정도에 있을 때에만 공기업의 경영성과는 더 개선될 수 있다고 한다(Aharoni, 2000). 이와 반대로 공기업의 경영성과에 부정적인 영향을 주는 요인으로 정부나 관료의 과도한 개입, 정부의 보조금 정책이나 정치적 후원을 목적으로 한 공기업의 활용, 공기업의 관리적 자율성을 과도하게 요구하는 공기업 임직원의 집단이기주의와 과도한 수익성 추구를 들 수 있다.

정부가 공기업의 경영성과를 측정하거나 평가를 하는 목적은 공기업의 사업이나 조직의 성과를 개선하려는 데 있다. 따라서 경영성과의 평가과정을 통해 경영의 기대치와 경영의 성과 및 결과를 비교하여 기대하는 경영성과를 추동하는 요인과 장애요인을 찾아낸 후 이를 개선할 수 있는 실행계획을 만들어낼 수 있어야만 한다. 그래서 경영성과를 측정하고 평가하는 사람은 최종적으로 평가를 통해서 성과목표를 달성할 수 있는가를 확인할 수 있어야만 하고, 지속적인 성과 모니터링, 개선과정과 같은 환류가 있어야 한다. 또한 평가자는 미래에 공기업의 자금계획을 위한 환류가 되는가? 명령이나 지시에 순응을 확보할 수 있는가? 법적 요건을 충족하고 있는가? 이해관계자들을 위한 부가된 가치가 투입되는가? 자원을 사용할 수 있는 권한이 있는가? 이미 결정된 의사결정의 정당성은 있는가?를 경영성과의 평가과정에서 확인할 수 있어야만 한다(Guerra-Lopez, 2007).

McDavid, Huse and Hawhorn(2013)은 "성과를 평가하는 것은 관리자와 평가자를 위한 수단이고 조직관리의 하나의 수단"이라 하였는데 공공기관의 성과평가제도로서 우리나라 공공기관 경영평가제도의 의의와 역할에 대하여도 정부의 공공기관에 대한 통제수단(윤성식, 1998),[2] 공공기관의 공공성과에 대한 평가 모델(유훈, 2010),[3] 공공기관 관리노구(이상철, 2012)라고 제시하고 있다. 또한 우리나라 공공기관 경영평가는 기관평가제도의 형태를 가지고 있다고 한다(김현구, 2003). 그러나 2000년 정부투자기관 사장경영이행실적평가(현재 기관장 경영이행실적평가)나 2008년 상임감사이행실적평가는 공공기관의 기관 또는 조직을 대상으로 한 경영평가가 아니라 개인의 성과 평가적 성격을 가지고 있다는 점이 특징적이다. 이와 같이 기관평가의 유형을 가진 기존의 공공기관 경영평가제도가 현행과 같이 기관장평가, 기관평가, 자율형 기관평가, 감사평가 등과 같이 분화된 이유에 대하여 공공부문에 대한 성과측정의 정치적 복잡성(Behn, 1999)에 기인한 것으로 설명도 가능해 보인다. 민간기업에 비해 공공기관은 정부, 국민, 고객, 언론 등 다양한 이해관계자가 존재한다. 또한 성과지표도 민간기업은 순이익, 매출액 등 재무적 지표 중심으로 구성되어 있지만 공공기관의 경우에는 재무적 지표와 더불어서 관리운영적 지표뿐만 아니라 정부 정책적 지표까지 포함될 수밖에 없기 때문에 평가제도는 더 복잡해질 수밖에 없다는 것이다.

전통적인 공기업이나 국영기업 이외에 현대 정부의 공동화 현상(Hollow-out state)으로 인하여 영국의 비정부부처기관(Non-Departmental Public Bodies, NDPB)과 같은 정부와 민간조직의 혼합조직(hybrid organization)이 증가하고 있다. 1980년대 신자유주의의 흐름에 따라서 행정기관 이외에 민간기업이나 비정부조직(NGO), 비영리단체(NPO)가 공공서비스를 전달하는 현상이 증가하거나 조직적으로 행정기관이 공사화, 혼합화, 책임기관화, 준정부조직화, 계약화, 민영화와 같은 행정조직의 진화(Pollitt, Talbot, Caufield & Smullen, 2004; 이상철, 2012: 86)에 의하여 준정부기관이 증가하고 있다. 행정기관과 민간기업의 중간 조직형태를 가지고 있는 다양한 준정부기

2) 윤성식(1998: 283)은 공기업의 경영평가 결과에 따라서 공기업의 경영책임자에게 책임을 지울 수 있는 인사통제를 할 수 없으므로 진정한 경영평가가 아니라고 한다.

3) 공공기관의 공익성을 평가하기 위해서는 사기업과는 다른 평가모델이 필요하다(유훈, 2010: 412).

관의 성과개선 문제는 공기업의 성과 논리를 그대로 적용할 수 있는가? 준정부기관의 조직적 특성이나 공익성과 기업성의 조화라는 조직목적을 가지고 있다면 넓은 의미로는 공기업과 준정부기관을 같은 의미로 볼 수 있다(이상철, 2012: 77-78). 그러나 오히려 전통적 의미의 공기업은 광의의 준정부기관의 개념에 포함하는 하나의 조직 형태로 보는 것이 타당해 보인다. 이렇게 행정기관의 효율성을 높이기 위해 준정부기관을 신설하여 정부 업무의 위탁, 대행하는 공공서비스를 전달토록 했는데 "준정부기관의 역설(Mathew & McConnel, 1999; 이상철 2012 재인용)"로 인하여 공기업과 같은 주인 대리인 문제인 경영의 비효율성이 나타나게 된다면 공기업과 같은 관리의 비효율성, 목표의 불일치 문제를 극복할 수 있는 지속적인 성과개선의 노력은 공기업과 동일하게 필요로 한다. 다만 행정기관과 민간기업은 소유권, 법적 체계, 조직특성, 공익·사익성 등으로 명백하게 구분할 수 있지만 공기업과 준정부기관의 차이는 사업유형 이외에 시장성, 수익성에 한해서 제한적 차이만 존재한다. 어찌되었든 재무적 성과나 수익성 중심으로만 준정부기관의 성과를 평가하기는 어렵다는 것이다.

행정기관이나 공공기관을 포함하는 광의의 공공부문의 성과의 본질은 무엇인가에 대하여 다양한 논의와 연구들이 있는데, 민간기업에서는 수익성 관점에서 성과를 바라본다면 행정기관을 중심으로 하는 공공부문에서는 성과(performance), 책임성(accountability), 투명성(transparency)을 모두 고려하고 있다(Radin, 2006). 그래서 공기업과 준정부기관의 관리수단과 기관평가의 형태를 가지고 있는 현행 경영평가제도는 통제자로서 정부의 시각에서 평가뿐만 아니라 국민경제적 시각에서 기관의 성과향상과 책임성을 강화하는 제도로서 작동할 수 있어야 한다.

Ⅲ. 현행 공공기관 경영평가의 성과와 한계

공공부문의 성과평가는 국민 및 이해관계자에게 정보공개를 강화하게 되어서 공적인 책임성(public accountability)과 성과를 동시에 개선하는 효과가 있다고 한다(McDavid, Huse, & Hawthorn, 2013). 이와 같이 우리나라 경영평가가 공공기관의 경영성과를 제고시키는 데 기여하였다는 실증적 연구들이 있다(박석희, 2006a, 2006b; 조택·송선하, 2010; 곽채기, 2003; 최성락·박민정, 2009; 김지영, 2010). 박석희(2006a)는 경영평가제도의 도입 및 강화가 공기업의 조직역량(인원증감률, 인건비비율, 관리업무비율, 부채비율, 금융비용률 등)에 미치는 영향에 대해 분석하면서 경영평가제도 도입 및 개선 이후로 부채비율 등 공공기관의 자율적 경영혁신 노력만으로는 성과개선이 불가능한 지표를 제외한 4가지 조직역량 변수들이 전반적으로 향상된 것으로 설명하고 있다. 또한, 박석희(2006b)는 경영평가제도 강화 이전과 이후의 조직생산성 차이와 조직역량이 조직생산성에 미친 효과 차이 등을 추정하였으며, 경영평가제도 강화 이후로 평균노동생산성과 평균자본생산성이 전반적으로 개선되었고 노동생산성과 부가가치생산액 또한 증가하였다고 한다. 조택·송선하(2010)는 경영평가제도 도입 이후로 관리업무비비율, 인건비비율, 총인건비 증감률이 유의미하게 감소하였고, 경상인원증감률과 부채비율은 유의미한 차이가 없었다. 곽채기(2003)는 경영평가제도가 경영혁신 촉매 및 확산, 경영투명성 제고, 고객만족도 제고, 경영효율성 제고 등의 측면에서 긍정적인 성과를 창출하였고, 경영자율성 확대에는 긍정적인 영향을 미치지 못한 것으로 나타났다. 최성락·박민정(2009)은 공기업 평가의 각 부문인 종합경영, 주요사업, 경영관리에서 유의미한 개선이 이루어지지 않는 것으로 나타났으므로 각 평가지표가 공기업의 효율성 및 생산성과 직접적인 연관을 맺을 수 있도록 지표에 대한 조정이 필요하다고 한다. 김지영(2010)은 개별 공기업의 수익성이 경영평가제도 도입 이전보다 평가를 시행한 이후에 개선되었다고 한다.

조택·송선하(2010)의 실증연구를 제외하고는 대부분 경영평가제도의 실증분석은 공기업의 경영평가 제도 운영의 효과성이나 성과에 대한 것들이다. 실증적인 연구 결과는 아니지만 우리나라 공공기관의 경영평가를 통해서 ① 행정기관의 무분별한 개입문제 해소 및 정부와 공공기관 관계의 탈정치화, ② 자율적 책임경영체제를 구축, ③ 공공기관 구성원에 대한 목표달성의 책임의식, 동기부여, ④ 목표를 부여하고 사후 평가한 다음 인센티브 차등지급으로 인한 대리인 문제의 극복, ⑤ 공공기관에 대한 경쟁원리 촉발, ⑥ 경영개선을 유도하는 관리순환, ⑦ 공공기관의 경영의 공개성, 투명성의 제고가 긍정적 효과가 있었다고 한다(유훈 외, 2010: 420-421; 장지인 외, 2013).

공공기관 경영평가에 대한 평가범주와 지표별 실증연구에서 보여 주는 바와 같은 일부 경영효율성 지표에 인과적 유의미한 개선, 차이를 보여 주는 것과 같이 경영평가를 받는 공기업, 준정부기관과 경영평가를 받는 기타공공기관의 경우에 두 그룹 모두 정부의 예산편성 및 집행지침의 적용을 받고 있는데 경영평가를 받는 공기업과 준정부기관과 평가를 받지 않는 기타공공기관의 경비 증감을 비교한 결과를 보면 공기업과 준정부기관의 경비 증가율은 기타공공기관에 비해 낮아지고 있다. 즉 공기업, 준정부기관은 경영평가 지표별로 업무효율성, 재무예산성과 등 직간접적으로 비용 통제를 하고 있는데 이렇게 경영평가로 인한 비용 통제적 효과가 있다고 볼 수 있다.

공기업의 경우 경영평가 도입으로 경영성과가 개선되었다는 실증연구들이 있으나 2004년부터 경영평가가 도입된 준정부기관의 경우 경영평가의 도입으로 계량적인 성과가 명백하게 개선되었다는 연구가 없다. 준정부기관의 사업특성상 경영효율성이나 주요사업에 대한 비교 가능한 성과지표를 만들어 내기 어렵지만 2004년 경영평가가 실시된 이후에 고객만족도는 지속적으로 상승하고 있다. 특히 기타공공기관으로 지정되어 있을 때 고객만족도 점수와 준정부기관으로 지정 변경되어서 경영평가를 받을 때 고객만족도 점수가 증가율이 변화를 보이는 경향이 있다.[4)]

현재의 공공기관 경영평가제도도 Daley(2003)가 주장하는 공공부문의 성과평가에서 공통적으로 나타나는 문제점으로서 "불가피한 주관적인 측정, 기관간의 상대평가로 인한 비교, 성과측정과 목표의 전치, 성과창출의 일관성 결여"와 같은 동일한 문제에 직면해 있다. 특히 2004년부터 준정부기관도 공기업과 같이 경영평가를 받기 시작하면서 경영평가를 받는 공공기관의 입장에서는 경영평가의 수검 부담이 증가하고 있다는 주장과 더불어 공공기관의 노동조합 등에서는 수익성 중심의 경영평가로 인하여 공익성이 침해받고 있다는 주장도 있다.

지난 2010년에는 정부는 확대된 공공기관 경영평가제도의 평가부담 완화를 위한 경영평가제도 개편 작업을 한 바 있는데 2013년 공공기관 경영평가제도 기획재정부 설문조사(2013)에서 "현행 경영평가는 공공기관의 경영효율성 향상에 대하여 64.4%가 긍정적인 데 반해서 경영평가의 준비에 소요되는 인력(53.8%) 및 경비의 적정성(57.7%)에는 다소 문제가 있다"고 보고 있다. 그러나 경영평가를 받는 모

4) 2009년 변경된 중소기업진흥공단(82.6 → 85.357), 2010년 변경된 에너지기술평가원(80.2 → 85.03)의 경우는 고객만족도 점수가 향상되었고 2009년 지정 유형변경으로 중소기업기술정보진흥원(87.2 → 86.3), 2011년 농수산식품기술기획평가원(82.9 → 82.812)으로 고객만족도 점수가 하락한 경우도 있다.

〈그림 1〉 공공기관 고객만족도와 국민체감도 점수 변화추이

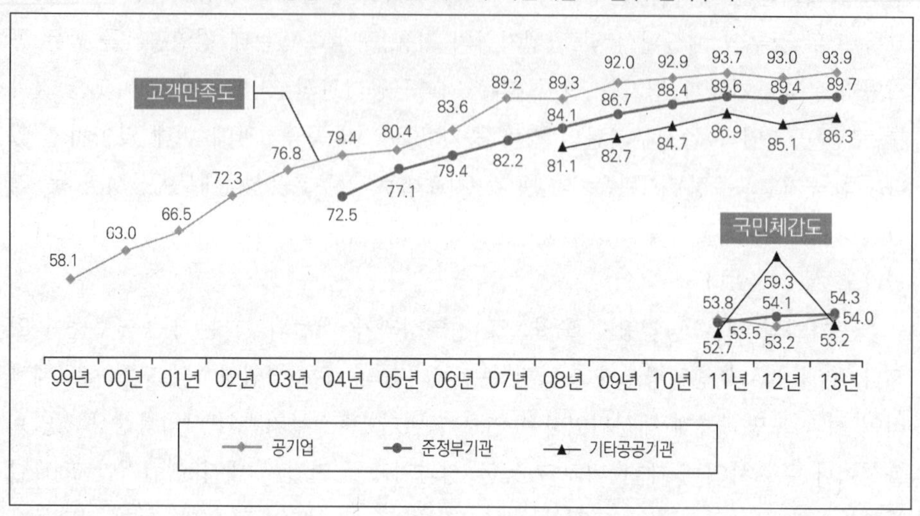

든 공공기관에 대한 경영평가 수검비용을 조사한 것은 아니지만 2012년도 경영평가를 받는 평가유형별 한 기관의 인건비와 경비를 살펴보면 각 기관별로 본사의 경영평가 전담 인원수는 큰 차이가 없다. 다만, 본부, 지사 등 부서별 담당인력과 평가 준비 투입일수, 보고서 발간, 연구용역 및 자문비에서 차이를 보이고 있다. 2012년도 11개 경영평가를 받은 모든 공공기관 경영평가 수검비용을 모두 추산할 수는 없지만 경영평가로 인한 경영성과 개선과 책임성을 제고하는 효과에 비하여 수검비용이 과도하다고 말할 수는 없을 것 같다.

Ⅳ. 경영평가제도의 가치분석과 발전방향

여기서는 공공기관 경영평가제도의 가치성을 점검하고 경영평가제도 개편안을 요약정리한다. 공공기관에 대한 주요 이해관계자의 요구분석을 통해서 매크로한 시각에서 개혁 방안을 제시하고자 한다.

1. 공공기관 경영평가의 가치분석

1980년대부터 도입되어 공기업이나 준정부기관이 국가 발전의 견인차 역할을 하도록 지원한 경영평가제도는 역사적으로 재평가가 필요하다. 공공부문의 정책 방향의 타당성을 검증해온 것은 물론 경영효율화와 주요사업 추진에 대한 조직운영 방향을 지속적으로 제시해왔다. 다만 공기업을 중심으로 적용된 정부투자기관 경영평가가 확대되면서 수익성 중심의 평가모형을 공익적 성격을 더 강조할 수밖에 없는 준정부기관에 적용하게 되면서 공공기관의 경영효율성은 개선되었지만 사업적 공익성을 침해하고 있다는 비판이 제기되고 있다. 그러나 최근 평가이론과 평가모형이 진화하면서 행정기관의 정책집행이나 기관평가에 대한 성과평가가 가능해지면서 이러한 논란은 많이 줄어들고 있다. 오히려 Poister(2003)가 주장하는 바와 같이 비영리기관(NPO)이 정부의 공익적 사업을 위탁·대행하는 사례가 많아지면서 비영리기관에 대한 사업평가가 확대되고 있는 실정이다.

경영평가제도에 대해서 부정적인 시각을 가진 이해관계자들의 우려는 주로 평가제도가 목적한 바대로 작동하지 않는다는 것을 지적한다. 경영평가가 공공기관의 경영성과의 이행점검과 통제수단으로 기능하면서 공공기관의 임직원들은 평가순위를 더 중요하게 생각하게 되고 경영평가의 결과로 주어지는 정부의 경영평가 성과급의 유인이 더 커지고 있다는 것이다. 경영평가의 본질적 목적인 '공공기관의 경쟁력 강화'를 위해서 주요사업에 대한 관리, 감독권이 있는 개별 정부의 주무부처도 현행 경영평가의 사업지표 설정에 참여하고 있으며 공공기관 경영평가를 받지 않는 기타공공기관이나 산하기관에 대한 자체평가를 확대하고 있다. 그럼에도 불구하고 경영평가가 공공기관의 부채관리, 경영비효율성 및 방만경영 문제해결에 대한 회의적인 시각들이 여전히 상존한다.[5)]

5) 공공기관의 경영비효율성 문제가 발생하게 되면 정부는 공공기관 방만경영을 엄격하게 관리한다(한국경제TV, 2013. 11. 14). 공공기관 파티 끝났다 강도 높은 경영평가 예고(경제투데이, 2013. 11. 14)와 같이 경영평가제도의 통제 수단성은 강화될 것으로 보인다. 또 한편으로 공공기관 노조는 공공기관 방만경영과 재무건전성 문제는 정부 차원의 정책실패와 비정상적인 공공요금 억제정책의 문제로서 공공성을 파괴하는 획일적인 예산지침과 경영평가를 폐지해야 한다(뉴스핌, 2013. 11. 14).

1) 공공기관에 대한 이해관계자의 기대

여기서는 앞서 제기된 경영평가제도에 대한 우려를 불식시키기 위해서 평가제도가 공공기관에 대한 이해관계자의 요구에 어떻게 대응하고 있는가를 분석하여 그 가치를 확인한다. 우선 공공기관에 대한 주요 이해관계자의 기대요인을 국민, 정부, 기관, 고객/소비자로 구분하여 살펴보고자 한다(〈그림 2〉 참고). 국민과 고객/소비자를 구분하는 이유는 불특정 다수 국민과 해당 공공기관과 직접 거래를 하는 수혜자가 반드시 일치하는 것은 아니기 때문이다.

국민의 관점에서 보면, 공공기관은 효율적 경영에 초점을 맞추어야 한다. 국민들은 공공기관에 대해 국가발전을 선도하며 안정적인 성장을 지속하는 데 중추적인 역할을 담당할 것을 기대하기 때문이다. 그러나 현 상황은 국가 발전에 대한 공공기관의 기여도에 대하여는 상당부분 인정받는 반면 부채관리 측면에서는 국민적 우려가 상당히 높은 수준이다. 대표적인 현안과제가 부채관리로 압축될 만큼 재정적 측면에서의 안정적 국정운영에 대한 요구가 높아지고 있는 실정이다.

정부의 관점에서는 공공기관이 '국정운영의 선도적 역할'이라는 기관의 미션을 책임지고 실천하기를 기대한다. 책임경영이 항상 주문되는 이유가 바로 여기에 있다. 피동적(Reactive) 조직문화가 아니라 전향적(Proactive) 조직문화를 토대로 미래의 불확실성에 선제적으로 대응하기를 기대한다. 무사안일과 방만경영으로 오히려 정부의 개혁 추진에 걸림돌이 되어서는 안 될 것이다.

공공기관 내부구성원의 기대 또한 엄연히 존재한다. 즉, 자신이 소속된 기관이 가치를 창출하는 조직으로 인정받기를 희망하는 동시에 역량개발을 통해서 개인의 미래를 보장받고 싶어 한다. 또한 자신들의 헌신과 노력에 상응하는 보상을 받기를 기대하는 것 역시 당연한 일이다. 이처럼 내부 구성원들은 조직의 장이 주기적으로 교체되는 등 일시적이 리스크 요인에 대한 적절한 통제여건을 인정하면서도 시대흐름에 적합한 자율성을 기대하고 있는 것이다. 내부 임직원의 만족 없이 고객만족, 즉 국민만족을 보장하기는 불가능하다.

마지막으로 공공기관과 거래를 하는 집적 고객 및 소비자는 서비스 가치의 극대화를 요구한다. 보편적 서비스에 대한 품질수준은 물론 선택한 서비스를 통한 편의 및 수익성 확보를 추구하고 있다. 이러한 기대 수준은 민간기업 대비 결코 낮은

〈그림 2〉 공공기관 이해관계자의 기대요인

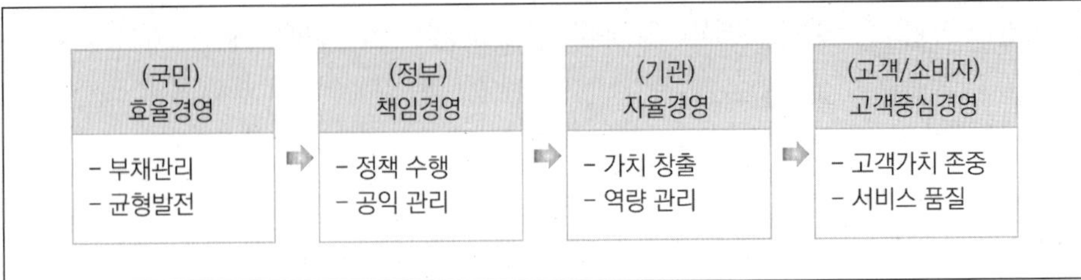

수준이 아니다. 정부의 공익성에 의존하는 개인이나 조직은 오히려 수익을 중시하는 민간부문보다 서비스 수준이 높아야 한다는 목소리를 낸다. 자신들이 세금(혹은 공공요금)을 통해서 지불하는 투입 대비 산출의 극대화를 기대한다. 일부 비합리적 의사결정 요인이 내재되기도 하지만 엄연한 현실이다. 공공기관에 대한 국민과 고객의 기대는 차별성을 찾아내기가 쉽지 않다. 공공기관의 경영수준에 대한 평가를 국민정서에 호소하던 시절은 이미 지났다고 볼 수 있다. 국민과 고객은 기대 대비 체감하는 서비스 수준에 의해 공감도를 표출하기 마련이다.

2) 경영평가제도의 대응

공공기관에 대한 주요 이해관계자의 요구사항을 제시하는 이유는 경영평가제도 운영의 방향이 이들 요구사항을 충족시키는 방향에서 추진되어야 하기 때문이다. 평가를 하는 이유는 성과를 가시화시키는 것이며 성과가시화는 다시 객관적 의사결정을 가능하게 만든다. 따라서 경영평가는 객관적 의사결정을 지원하는 수단임에 틀림없다. 특히 정부가 주도하는 공공기관 경영평가는 조직 차원의 성과수준을 객관적으로 파악하고 지속적 개선/개혁이 요구되는 영역을 도출하여 피드백하려는 방향성이 명확하다. 제도운영의 방향에 대한 적확한 구도를 설정하기 위해서는 제도 운영의 목적이 먼저 공감대를 확보해야 한다.

〈표 1〉은 현행 경영평가제도가 공공기관 이해관계자의 기대요인에 어떻게 대응하고 있는가를 보여 주고 있다. 일부는 평가지표를 통해서 대응하고 있으며 나머지는 제도 운영으로 기대요인을 충족시키려고 한다. 예를 들어서, 국민의 관심사인 국가발전 및 균형발전 선도에 대한 공공기관의 역할은 리더십·전략에서 평가단 전

〈표 1〉 공공기관에 이해관계자의 기대와 경영평가제도의 대응

구 분	공공기관 이해관계자의 기대요인	현행 경영평가제도의 대응
국민(효율경영)	국가발전 및 균형발전 선도	경영관리: 경영전략&사회공헌 점검 주요사업: 주요사업 계획&활동 평가
	부채관리 및 안정성 확보	경영관리: 재무예산&성과 관리
정부(책임경영)	정부 정책 수행	정부권장정책: 정부정책 수행실적 기관장 평가: 책임경영 실적평가 기관 평가: 부진기관 별도관리
	공익사업 관리	주요사업: 공익사업 관리 실적
기관(자율경영)	가치창출 선도 조직	경영관리: 조직, 인적자원&성과관리
	역량관리와 임직원만족	경영관리: 보수 및 복리후생 관리
고객(고객만족)	고객가치 존중	국민평가: 고객만족도&국민체감도
	서비스품질 제고	국민평가: 고객만족도

문가 그룹이 중장기전략을 점검하면서 확인되고 지속적인 발전을 위해서 피드백이 이루어진다. 마찬가지로, 공익사업관리는 책임경영이나 정부권장정책 이행실적 점검을 통해서 관리된다. 만일 경영평가제도가 없다면 일일이 각 주무 부처들이 개별적으로 확인해야 할 사안이다. 설사 확인한다고 하더라도 질적 차원에서의 상대적 우수성을 담보할 수 없다. 경영평가는 공공기관의 경영개선을 객관적이고 비교 관점에서 노력하도록 동인을 제공하고 있는 것이다. 경영평가제도가 공공기관 경쟁력 강화에 크게 기여하고 있음을 간과하지 말아야 할 것이다.

본 연구에서 고려한 이해관계자의 기대요인과 경영평가제도의 대응은 다소 평면적으로 전개된 측면이 있다. 이들 요인을 세분화시키고 제도적 차원의 대응 방식을 구체화하기 위해서는 또 다른 심층연구가 필요하다. 다만, 여기서는 경영평가제도의 역할을 광의적 차원에서 조명하는 데에 초점을 맞추었음을 인지하기 바란다.

우리나라가 선진국과 같이 공공기관의 기업지배구조의 경영자율성과 책임성이 실질적으로 작동하지 않는 한, 현행 경영평가제도가 공공기관의 경영비효율성을 수정하는 유효한 관리 또는 통제수단으로서 작동하고 있다는 점을 충분히 유의해야 한다. 영국, 프랑스 등 선진국과 마찬가지로 현행 경영평가가 수익성 중심의 경영이 가능한 공기업에 대한 경영성과를 개선하고 경영의 책임성을 제고하는 성과평

가의 순기능을 작동시키고 있다고 할 수 있다. 그러나 공익적 성격의 사업집행을 위해서 국가가 정책적으로 정부부처의 산하기관으로 설립한 준정부기관의 성과제고와 책임성 강화라는 차원에서 경영평가가 올바르게 판단하고 환류하고 있는가는 다시 생각해봐야 할 문제로 보인다.

2. 현행 공공기관 경영평가제도 개편안

현 박근혜 정부는 모든 공기업과 준정부기관의 경영실적을 매년 평가하도록 규정하고 있어 공공기관의 평가부담이 과중하여 2014년 경영평가부터 ① 평가 실효성이 높은 대규모 공공기관 중심으로 경영평가를 하고 소규모 기관은 간이평가를 실시, ② 경영실적 우수 기관은 1년간 평가를 유예하고, 소규모 기관은 평가주기를 조정하는 방안 검토, ③ 기관·기관장 평가 통합 등 평가체계를 개편하고, ④ 평가지표의 공정성과 객관성을 높이는 방향으로 개편, ⑤ 리더십·책임경영 평가 범주를 폐지하여 경영성과협약제의 평가 요소로 이관하고 객관성·투명성 논란이 있는 비계량 평가 비중 축소(45점→30점), ⑥ 기관당 5~8개인 주요사업 계량지표를 3~5개의 핵심지표로 구성하고, 비계량지표의 경우 필수 항목만 유지(7개→4개), ⑦ 주요 국정과제와 부채·안전·협업 지표 등 새정부 정책기조를 반영키로 하였다(기획재정부, 2013. 11. 5. 공공기관 경영평가 개선방향 설명회 자료집). 이러한 당초 계획은 2014년 경영평가를 거치면서 대부분 적용되었으며 부채관리와 방만경영 등은 중간평가 형식을 통해서 급진적으로 성과관리에 초점을 맞추기도 하였다.

현 정부가 지난 2년간 추진했던 경영평가제도 개편의 핵심을 파악하기 위해서 〈표 2〉에 제시된 공기업에 대한 평가범주 및 지표체계를 비교·제시하였다. 개편안의 특징은 지난 이명박 정부의 경영평가 프레임을 대폭 수정하여 계량지표의 비중을 큰 폭으로 높였으며 지표체계 간소화에 초점을 맞춘 것에 주목할 필요가 있다. 우선 기존 모델에서 리더십·전략, 경영효율, 그리고 주요사업으로 구분되어 있던 것을 경영관리와 주요사업으로 간소화시켰다. 그간 제기되어 온 경영평가에 대한 부담을 줄이려는 노력으로 평가된다. 그러나 세부적으로 살펴보면 리더십과 전략에 대한 평가요소들은 대부분 경영전략 및 사회공헌에 포함되어 있다. 세부평가 내용과 평가지표의 속성 등에서 실질적으로 어떻게 변화할 것인지는 두고 보아야 할 것이다. 나머지 경영관리와 주요사업 내용 또한 본질적 차원에서 보면 크게 변화를 주지는 못하고 있다. 다만, 평가의 객관성 확보를 위해서 계량지표에 대한 가중치를 65%로 설정한 것은 파격적인 시도다. 평가의 질을 어떻게 개선할 것인가가 관건으로 남아 있다. 또한, 평가모델과 평가주기의 연계성과 평가유형별 평가지표의 적합성도 보다 체계적으로 관리되어야 할 주요 현안이다.

〈표 2〉 현 정부의 공공기관 경영평가제도 개편방안

2013年 경영평가지표

범주	평가지표	비중	
		비계량	계량
리더십·책임경영	1. 리더십	5	
	2. 책임경영	3	
	3. 국민평가		5
	4. 사회적 기여		
	- 사회 공헌	2	
	- 정부권장정책		5
	소 계	10	10
경영효율	1. 업무효율		6
	2. 조직 및 인적자원 관리	2	
	3. 재무예산관리 및 성과		
	- 재무예산 관리	4	
	- 재무예산 성과 (부채감축달성도)		6
	- 관리 업무비		2
	4. 보수 및 성과 관리		
	- 보수 및 성과 관리	4	
	- 총인건비 인상률		3
	5. 노사관리	3	
	소 계	13	17
주요사업	주요사업 계획·활동(비계량), 성과(계량)를 통합 평가	22	28
합 계		45	55

2015年 경영평가지표(안)

범주	평가지표	비중	
		비계량	계량
경영관리	1. 전략경영 및 사회공헌		
	- 전략 기획	2	
	- 정부권장정책		5
	- 국민평가		2
	- 정부 3.0		1.5
	- 경영정보공시 점검		1.5
	2. 업무효율		8
	3. 조직, 인적자원 및 성과 관리	3	
	4. 재무예산관리 및 성과		
	- 재무예산 관리	6	
	- 재무예산 성과 (부채감축달성도)		6
	- 계량 관리 업무비		3
	5. 보수 및 복리후생 관리		
	- 보수 및 복리후생	6	
	- 총인건비 인상률		3
	- 노사관리	3	
	소 계	20	30
주요사업	주요사업 계획·활동(비계량), 성과(계량)를 통합 평가	15	35
합 계		35	65

이번 개편방안은 전반적으로 발전적 목적보다는 평가적 목적이 강한 편이다. 기관 경영개선에 대한 컨설팅 기능보다는 평가결과의 객관성과 공정성이 우선시되었다고 볼 수 있다. 즉, 경영평가(실적평가와 성과보상)와 경영개선(방만경영, 부채관리, 기능조정 등)을 이원화시키려는 전략적 시도가 크게 부각되고 있다. 강점은 사안별로 차별적이고 구체적인 접근방식이 가능하다는 것이고 단점은 자칫 유사 사안에 대해서 중복된 관점에서 평가와 점검이 반복될 수 있다는 것이다. 책임경영과 자율경영이 신뢰감을 바탕으로 진화할 수 있도록 평가의 목적, 범위와 초점, 그리고 평가단 운영 등에서 발전적 평가제도 운영에 박차를 가해야 할 것이다. 공공기관에 대한 평가의 관점 역시 정부의 입장에서가 아니라 국민과 고객의 기대에 선제적으로 부응하고 있는가도 지속적으로 점검할 필요가 있다.

3. 공공기관 경영평가제도의 발전방향

우리나라의 공기업 경영평가는 1972년 처음 정부투자관리법에 근거 조항이 만들어지고 1984년 현재의 경영평가모형이 제도화되었다. 프랑스와 같은 공기업의 경제적 비중이 높은 선진국가보다도 빠를 정도로 경영평가제도는 대단히 일찍 도입되었다. 공기업 경영에 대한 정부의 성과측정과 평가는 기업적 사고에 근거한 경영혁신이 필요한 시점에서 유효했다(Cassese, 1981). 이러한 국제적 흐름을 근거로 도입된 평가제도는 110여 개 공기업과 준정부기관에 적용되는 공공기관 경영평가제도로 발전하였다. 국제적으로 유례를 찾을 수 없는 가장 강력한 정부의 공공기관 관리수단으로 작동하게 된 것이다. 그러나 어느 제도나 과도하게 강화되면 자체적인 모순점이 드러날 수 있다. 30년간 정착된 현행 공공기관 경영평가제도를 지속가능한 베스트 프랙티스로 발전시키기 위해서는 핵심 이슈를 도출하고 선제적인 대응방안을 확보해야 한다.

공공부문의 사업이든 조직평가이든 평가이론과 접근법의 발전은 '평가방법론, 평가목적, 평가의 가치, 실제의 평가효과, 사업의 본질 및 문제해결'이 모두 고려되어야 하는데 최근에는 포괄적 평가(comprehensive evaluation), 맞춤형 평가(tailored evaluation), 그리고 이론지향형 평가(theory-driven evaluation)로 수렴한다고 한다(Shadish 외, 1991). 우리나라 평가제도 역시 말콤볼드리지 경영품질 글로벌스탠더드

02

를 벤치마킹하여 포괄적 평가를 시도했었지만 이명박 정부 후반에는 맞춤형 모델로 접근방식에 변화를 주었다. 공공기관의 부채가 국가의 부담으로 작용하는 것과 다양한 기관 유형에 대응하기 위해서는 차별적인 성과관리가 필요했던 탓이다. 앞 절에서 소개했듯이, 현 정부는 최근 평가모형의 간소화와 객관화를 목표로 새로운 변화를 주고 있다. 그러한 제도개선 노력이 보다 탄탄한 이론에 근거할 수 있도록 평가제도 전반에 대한 검토가 필요한 시점이라고 판단된다. 여기서는 Patton(2011)이 연구한 "발전적인 평가(developmental evaluation)"라는 종합분석 이론에 근거하여 우리나라 평가제도의 발전방향을 모색하고자 한다.

모든 조직, 사업에 적용할 수 있는 범용(one-size-fits-all)의 평가모형이나 방법은 없다고 한 Funnell&Rogers(2011)는 평가를 통해서 문제를 예방하거나 변화된 시스템에서 해결책을 체화하는 시스템의 변화가 더 중요하다고 주장하였다. 국가마다 또는 개별 공공기관마다 공공기관의 설립 목표와 경영 전략을 자율적으로 결정할 수 있는 능력인 관리적 자율성(managerial discretion) 정도가 다르기 때문에 공공기관의 경영성과를 측정하는 주체, 내용, 방식도 달라져야 한다고 본 것이다. Patton(2011) 역시 경영평가를 통해서 경영의 비효율성을 예방하고 효율적인 경영이 될 수 있도록 경영시스템을 구축하고 운영하도록 하는 역할이 중요하다고 역설하였다. 그런 측면에서 우리나라 공공기관 경영평가가 단지 정책집행이나 사업평가에서 머물지 않고 주요사업뿐만 아니라 조직의 리더십, 전략과 조직, 인사, 재무 등 조직운영을 함께 평가하고 있다는 점에서 상당히 진보적이라고 평가할 수 있다.

현 정부에서 추진하고 있는 공공기관 경영평가의 개편안을 평가이론의 패러다임 전환 시기에 맞추어 분석하면, 기존 경영평가제도에 나타난 문제점에 대한 '전통적 평가경향'의 강화 차원으로 해석될 수 있다. 그러나 Patton(2011)의 '발전적 평가' 관점에서 보면 아직도 기존의 전통적 성과평가방안을 크게 벗어나지 못하고 있는 수준이다. 〈표 3〉에 전통적 평가경향과 발전적 평가경향이 세부적으로 제시되어 있다. 현 개편안을 포함하여 우리나라 평가제도가 세부적으로 어느 경향에 더 가까운가를 조사하여 음영으로 표시하였다.

우리나라 평가제도를 두 가지 평가경향과 비교 분석한 결과, 평가목적, 평가초점, 평가모형과 방법, 평가단 역할 등에서 전통적 경향에 가까우며 오직 평가결과 활용 차원에서 발전적 경향에 근접한 것으로 판단된다. 상당히 가능성이 높은 수준

〈표 3〉 전통적 평가와 발전적 평가의 비교

구 분	전통적 평가경향	발전적 평가방향
평가의 목적 및 상황		
- 평가 목적	형성-총괄평가 이분법	*동적 환경에서 혁신·적응의 발전*
- 평가 상황	*관리적 안정적 상황*	복잡, 동적 상황
- 평가 사고	*효과성, 능률성, 영향, 안정성*	혁신과 발전 기대, 실행 모형
평가의 초점과 대상		
- 변화 목표	*개인행위자와 성과지표의 변화*	큰 문제에 대한 주, 상호 영향을 주는 혁신, 시스템 변화
- 평가 동기	*결과지향과 맥락으로서 시스템 관점*	시스템 변화지향과 특정결과 관점
- 평가결과 활용	*모든 실적, 가치, 성공과 실패의 판단을 하는 총괄평가*	발전을 위한 적기 환류 제공, 발전과정에서 학습과 지원
평가 모형과 방법		
- 모델링	*선형적 인과모형에 기반 평가설계*	복잡한 시스템과 상호의존성에 기반을 둔 시스템 평가설계
- 측정법	선정된 목표와 SMART 결과에 대한 성과 측정	*결과로 나타난 발전정도 측정과 메커니즘 추적*
- 평가설계 책임	엄격한 평가자 관점	평가활용과 혁신을 위한 관계자와 공동 설계
평가단 역할과 관계		
- 평가자의 자세	*평가자의 독립성, 신뢰성은 독립성에 의존*	평가자는 조정자, 학습코치, 혁신의 근본적 가치 공유와 위임
- 평가자의 책임성	*외부적 평가 기준과 시행*	평가자와 피평가자간 신뢰성에 기반을 둔 상호존중 중시
- 평가와 조직 연계	외부적 평가 및 조직 내 평가 순응 확보	*실제 점검, 결과 지향, 학습지향의 평가 리더십 기능*
평가 결과와 영향		
- 평가 결과 발견	타당성 높은 사실과 시계열 결과에 근거한 신뢰성 원칙	*적용 가능한 사실과 최소 정보에 근거한 효과성 원칙*
- 이니셔티브, 확산	우수사례, 모형의 확산, 복제	*적용 가능한 원칙 확산*
- 보고 방식	세부적, 형식적, 학술적 보고	*빠른, 실시간 환류, 현실적 보고*
- 평가 역량	*엄격한 방법에 의한 평가결과만 초점*	평가과정에서 사고하고 관여하는 역량 배양
전문가의 자격		
- 평가자 속성	*방법론상 역량과 독립성*	방법론상 융통성과 절충주의, 적응성
- 평가기준과 윤리	전문가적 기준	*전문가적 기준*

자료: Patton. 2011. 「Developmental evaluation: applying complexity concepts to enhance innovation and use」. pp. 25-26 수정 인용.

음영: 우리나라 현행 평가제도에 가깝다고 판단되는 세부 경향을 음영으로 표시(서체를 이탤릭으로 표시).

02

〈그림 3〉 한국 경영평가제도 발전과 공공기관 경쟁력

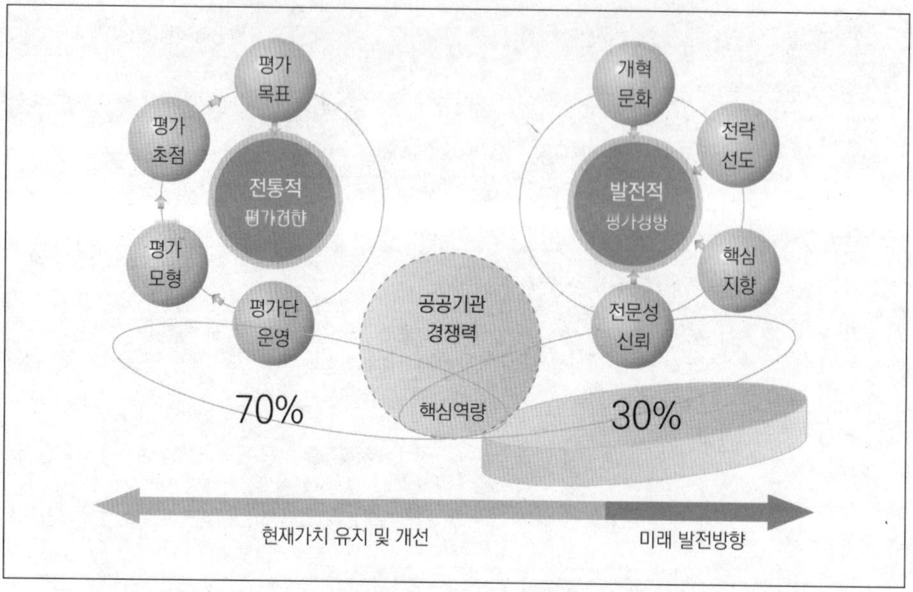

으로 발전되어 있으며 일부 관점의 전환과 세부적인 시스템 개선이 이루어지면 빠르게 발전적 경향에 이를 것으로 기대되는 상황이다. 이러한 핵심역량의 상대적 중요도를 도식적으로 표현하면 〈그림 3〉과 같이 압축될 수 있다. 종합적으로 볼 때, 평가목표, 평가초점, 평가모형, 평가단 운영 측면에서 전통적 평가경향을 유지하면서도 공공기관의 개혁문화, 중장기전략 선도, 핵심 현안해결, 그리고 신뢰받는 전문성을 기반으로 공공기관 경쟁력 강화에 필요한 핵심역량을 확보해 나아갈 시점인 것이다. 전통적 평가경향과 발전적 평가경향을 정량적 비율로 제시한다면 현재 시점에서는 7 : 3 수준이 적합하다고 판단된다.

4. 공공기관 경영평가제도의 개선방안

공공기관을 민영화하거나 공적 사업을 민간위탁하지 않은 한 공공기관 조직 내부의 경쟁성, 효율성이 중요하며, 이를 위한 조직혁신이 필요하다지만 이는 공공기관의 존립 목적인 공공성, 공익성을 침해하지 않는 범위 내에서 가능해야 한다.

그렇다면 그동안 공공기관의 경영성과를 개선하는 데 일정한 성과를 보여 왔지만 다만 정부가 공공기관의 성과관리수단으로서 경영평가를 존속시키는 것이라면 정부가 공공기관의 성과와 실적을 평가하는 본질적 목적이 공공기관의 책임성 강화와 경영성과 개선이라는 점을 잊지 말아야 한다. 그래서 현재의 경영평가제도가 공기업에게는 과거 30여 년 기간 동안, 준정부기관에게 10여 년 기간 동안 기관의 공적 책임성, 경영성과를 개선하는 순기능의 역할은 살리고 부작용을 최소화하는 방향으로 경영평가제도를 개편해야 할 것이다. 그러나 특정 제도를 둘러싼 이해관계가 존재하듯이 경영평가제도는 평가자와 피평가자, 기획재정부와 주무부처 등 다양한 이해관계자의 요구를 반영하는 타협점이 필요하다. 그러므로 점증적인 개선에 머물려는 현상유지 세력과 과감한 개혁을 원하는 세력 간 타협을 이끌어낼 수는 있는 개편 주체의 역량이 절실하다. 자칫 피평가자의 수용성이 결여된 개편안은 평가를 위한 평가로 전락될 소지가 있다는 점을 명심해야 한다. 즉 새로운 경영평가제도는 이론적 기반을 가지면서도 제도의 규범력과 정당성을 확보한 다음에 현실적으로는 제도의 수용성을 통해서 공적 책임성 강화와 경영실적 개선의 목적을 달성할 수 있어야 한다.

우리나라 공공기관 경영평가제도의 한계는 해당 기관이 설정한 전략목표에 대한 강력한 피드백을 제시할 수 없다는 것이다. 이러한 한계점으로 인해서 기관의 단기 경영에 대한 피드백만 제공해야 하기 때문에 공공기관이 안고 있는 근원적인 문제점에 대한 개선책을 확보하기가 쉽지 않다. 예를 들어서, 〈그림 4〉에 나타나 있는 공공기관 재무구조 분석모형을 고려해 보자. 공공기관의 사업은 크게 인프라에 해당되는 기반구축 사업과 공공서비스 사업으로 구분될 수 있다. 이들 두 사업 모두 보편적 서비스로 이어져 안정적인 공공기관의 역할을 목표로 하지만 현실은 그리 만만치 않다. 대국민 서비스 사업이 지원형 서비스로 인지되기 시작하면 반복적인 재정투입이 요구되기 시작한다. 국민경제 기본사업도 마찬가지다. 처음에는 보편적 서비스를 목표로 추진되지만 지원형 심지어 전시형 서비스로 인식되며 엄청난 재정부담의 단초가 되기도 한다. 이들 모두 당연히 공공기관의 부채로 귀결된다. 부분적인 사업수행의 우수성과 상관없이 국민들이 우려하는 부채구조를 끌어안고 가게 된다. 즉, '부분 효율화 및 최적화에는 강하지만 전체 효율화에는 제한적인 역할' 을 하고 마는 것이다. 또한 공공기관이 정부정책을 효율적으로 수행하는가

〈그림 4〉 공공기관 재무구조 분석모형

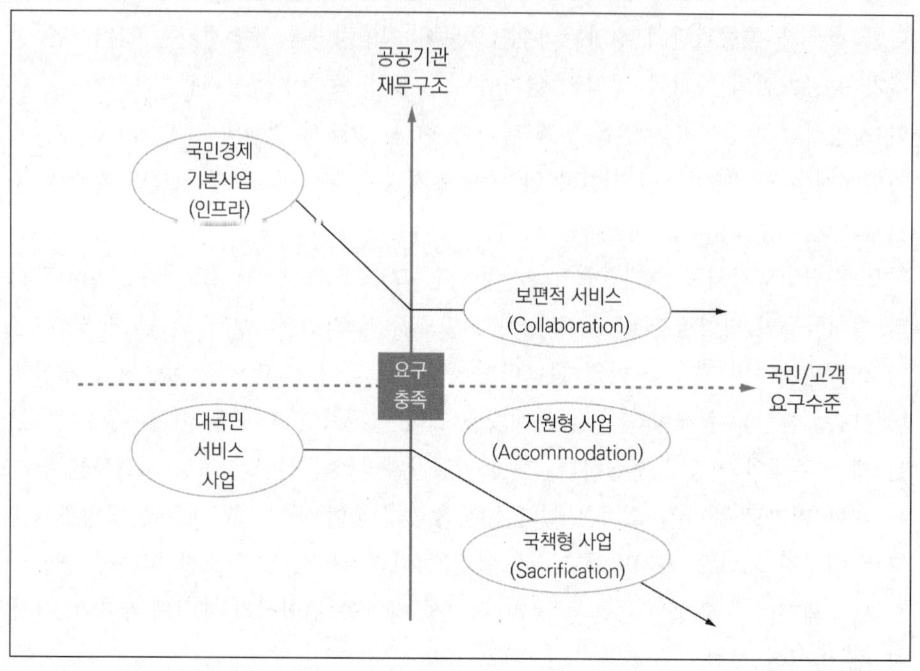

여부는 점검할 수 있지만 정부정책의 타당성과 유효성에 대한 피드백 기능도 취약하다. 일방향 사업전개는 점검할 수가 있지만 양방향 사업점검 기능은 극히 제한적인 편이다. 경영평가를 통해서 정부정책을 바꿔야 한다는 의미가 아니라 주요 정부정책이 실행 과정에서 어떻게 전개되며 그 효과는 어떠한가에 대한 보텀업 방식의 피드백 기능이 취약한 편이다. 따라서 공공기관 경쟁력 강화 관련 장기적이고 구조적인 관점을 변환시킬 수 있어야 한다. 보다 매크로한 의사결정을 지원할 수 있는 객관적이고 전문적인 피드백이 되도록 만드는 것이 더욱 중요한 관건이 되었다.

우리나라 경영평가제도의 변천과정을 정리한 장지인 외(2013)의 연구결과에서 현재의 경영평가제도가 가진 문제점을 바탕으로 ① 공기업과 준정부기관 경영평가제도의 통합과 분리, ② 기관과 기관장 평가의 통합과 분리, ③ 경영평가 대상기관의 범위와 분류, ④ 평가지표체계의 특성화와 표준화, ⑤ 경영평가 모형 정립과 지표체계 간소화, ⑥ 평가제도의 객관성 확보, ⑦ 경영평가제도 환류체계 재정립 및 구제화의 7가지 정책과제를 지적하고 있다. 그러나 이런 경영평가제도 개편 방안들을 보면 기존 공공기관의 개혁 논리인 신공공관리론에 기반을 둔 것을 부정할 수 없으며, 현재 논의되는 있는 신관료제론이나 신공공거버넌스론과 같은 새로운 공공기관 개혁논리를 담아 낼 수 있는지는 의문이다. 다만 어떤 제도의 변화나 개혁이 그 제도의 생성과 변화해 온 역사적 맥락이나 정치사회적 환경을 무시하고 추진할 수 없듯이 지난 30여 년간 변화하고 진화해 온 경영평가제도의 변화 요인들을 재평가해 보아야 한다. 그러므로 기존의 공공기관의 경영효율성을 강화하기 위한 경영평가제도의 변화는 바람직하겠지만 정부가 존립목적과 사업수행 방식이 다른 모든 공공기관을 단일 평가모형을 적용하여 통제하고 관리하는 시대는 지나가고 있는 것 같다. 또한, 외부 전문가 시각에서의 평가와 환류에 초점을 맞추기에 앞서 공공기관 스스로 자가통제(Self Control) 기능 강화를 통해서 발전방향을 모색하도록 지원해야 한다. 그런 차원에서 21세기에서 우리나라 공공기관이 국민경제에 차지하는 비중과 경제사회적 역할을 감안하여 우선 정부는 공공부문이 감당해야 할 미래의 역할을 먼저 설정하고 특정의 정부나 정부부처의 이익극대화 논리가 아니라 국민의 편익 증대라는 입장에서 공공기관의 개혁방향을 마련하는 것이 필요해 보인다. 그런 다음에 공공기관의 관리정책 방향성에 부합하게 현재의 경영평가제도의 개편방향을 정하는 것이 올바른 순서일 것이다.

V. 결　　론

본 연구는 공공기관 경영평가제도의 현황을 점검하고 발전방향을 제시하는 것에 초점을 맞추었다. 공공기관 경영평가제도가 우리나라 공공기관의 경쟁력 강화에 기여해왔다는 것을 확인할 수 있었다. 현 정부에서의 공공기관 경영평가 제도개선 방향도 소개하였으며 그러한 경영평가 제도개선이 발전적 평가이론 대비 어떤 측면에서 개선되고 있는가도 점검하여 보았다. 또한, 공공기관의 경쟁력 강화에 요구되는 개혁적 관점에서의 경영평가제도 핵심 이슈도 제시하였다. 본 연구 결과를 통해서 장기적으로 경영평가 제도가 정부개혁의 선도적인 역할을 수행하기 위해서 필요한 요인들을 정리했다는 점에서 연구의 가치를 인정받고자 한다.

우리나라 경영평가제도는 크게 다음과 같은 관점에서 재조명되고 구체적인 발전방향 모색을 위해서 노력해야 할 것이다.

첫째, 경영평가 결과가 주무부처와 공공기관의 양방향 관점에서의 정책적 의사결정을 지원할 수 있어야 한다. 현재는 일방향 관점으로 진행되고 있어서 공공기관의 경영효율에는 기여하는 바가 크지만 해당 주무부처의 정책 전개에 대한 피드백 기능은 제한적이다. 양방향 차원에서 환류가 이루어질 수 있도록 경영평가 과정과 결과를 세부적으로 분석하여 기관 피드백과 부처 피드백에 동시에 활용하는 방안을 모색해야 한다.

둘째, 기관별 핵심 기능에 대해서 중장기 유효성 판단이 가능하도록 평가관점이 조정되어야 한다. 가치창조 차원에서 기관의 핵심역량과 정책전개 수준을 평가하고 미래 경쟁력을 담보할 수 있는 보다 기능적, 전략적, 문화적 평가에 적합한 지표로 실적을 점검해야 한다.

셋째, 공공기관의 자가통제(Self-Control) 기능을 강화시키는 발전적 평가를 지향해야 한다. 경영평가의 궁극적인 목표는 개혁문화 정착이다. 조직 내부의 올바른 혁신만큼 원천적이고 효과적인 가치창출 수단은 없다.

넷째, 공공기관 개별단위의 평가 못지않게 유형별 종합평가를 통해서 유형간 경쟁력 강화를 주문해야 한다. 동일한 유형에 속한 기관들이 협업과 시너지 창출을 통해서 국민행복에 기여하는 방안을 모색해야 하며 공공기관의 인력 또한 유형 내에서 수평적으로 이동할 수 있는 열린 구조를 확보해나가야 한다.

마지막으로, 평가단 운영의 효율화를 도모하여 4개월 정도 소요되는 평가기간을 2개월로 단축하여 피평가 기관의 평가부담을 최소화시켜야 한다. 그러한 압축된 평가실행을 주도할 수 있도록 전문성, 공정성, 책임성이 강화된 평가단과 운영체계를 관리해야 할 것이다.

□ 참고문헌

곽채기(2003). "정부투자기관의 비효율성 통제를 위한 경영평가제도의 역할 및 운영 성과", 「공기업논총」 제15권 제1호.

곽채기(2004). "정부투자기관 경영평가제도의 문제와 개선방안", 「제67회 정책&지식 포럼」, 한국정책지식센터.

권미정 · 윤성식(1999). "정부투자기관의 규모와 특성에 따른 경영평가 결과의 차별화에 관한 분석", 「한국행정학보」 제33권 제1호.

기획재정부(2013). 「공공기관 경영평가 개선방향 설명 자료집」.

김완희(2010). "공공기관의 핵심성과 평가를 위한 계량지표체계의 개선방안 연구", 한국조세연구원.

김지영(2010). "경영평가제도와 공기업의 수익성", 「월간 재정포럼」 10월호, 한국조세연구원.

김현구(2003). "정부업무 기관평가의 이론적 논고", 「한국행정학보」, 제37권 제4호.

남형우(2012). "준정부기관의 재무적 특성과 조직성과간의 상관관계 연구", 「국제회계연구」, 제41집.

박석희(2006). "공공부문의 성과관리와 조직역량: 차단된 시계열설계를 통한 13개 공기업의 실증분석", 「한국행정학보」 제40권 제3호.

______(2006). "공기업의 성과관리와 조직생산성: 가변수 검정방법을 통한 경영평가제도의 영향분석", 「한국행정학보」 제40권 제4호.

______(2009). "공공기관 경영평가제도의 최근 쟁점과 과제", 「한국행정학회 동계학술대회 발표논문집」.

______(2012). "주요국 공공기관 관리체계 비교 및 시사점", 「한국행정학회 동계학술대회 발표논문집」.

유훈 · 배용수 · 이원희(2010). 「공기업론」. 법문사.

윤성식(1998). 「공기업론」. 박영사.

이상철(2012). 「한국 공기업의 이해」. 대영문화사.

이석원(2005). "조정성과지표를 사용한 공공기관의 성과측정: 정부투자기관경영평가에의 적용", 「한국행정학보」, 제39권 제4호.

이창길 · 최성락(2009). "공공기관 경영평가에서 상대평가의 오류가능성 분석", 「행정논총」, 제48권 1호.

장지인·곽채기·신완선·오철호(2012). 「공공기관 경영평가제도의 변천연구」. 한국조세재정연구원.

조택·송선하(2010). "경영평가제도가 준정부기관 경영효율성에 미치는 영향에 관한 연구", 「한국거버넌스학회보」 제17권 제3호.

최성락·박민정(2009). "공기업 경영 평가 제도의 성과 분석", 「행정논총」 제47권 1호.

Ahoroni, Y. (1981). Performance Evaluation of State-owned Enterprises: A Proses Perspective. *Management Science*. 27: 1345-1346.

Ahoroni, Y. (1982). State-owned Enterprises: An Agent without a Principal. *In Public enterprise in less-development countries*. ed L. P. Jones, pp. 67-76.

Ahoroni, Y. (1983). Comprehensive Audit of Management Performance in U.S. State-owned Enterprises. *Annals of Public and Co-operative Economy* 54(1).

Ahoroni, Y. (2000). Performance Evaluation of State-owned enterprises. edited by Pier Angelo Toninelli. *The Rise and Fall of State-Owned Enterprise in the Western World*. Cambridge University Press.

Bruns, William J. (1993). Responsibility Centers and Performance Measurement. *Note 9-193-101*. Boston. MA: Harvard Business School.

Campos, Jose Edgardo and Hadi Salehi Esfahani (1996). Why and When Do Governments Initiate Public Enterprise Reform? *The World Bank Economic Review*, Vol. 10. No. 3. 1996.

Daley, Dennis (2003). *The Trials and Tribulations of Performance Appraisal: Problem and Prospects on Entering the Twenty-First Century*. Hays, Steven and Richard

Funnell, Sue and Patricia J. Rogers (2011). *Purposeful Program Theory: Effective Use of Theories of Change and Logic Model*. Jossey-Bass. 2011.

Guerra-Lopez, I. (2007). *Evaluation impact: Evaluation and Continual Improvement for Performance Practitioners*. Champaign, IL: Human Resource Development Press.

Hatry, Harry P. (1999). *Performance Measurement: Getting Results*. Washington, DC: Urban Institute.

Kearney, C. (2003). *Public Personnel Administration: Problem and Prospects*. Prentice Hall. New Jersey.

Mathison, S.(Ed.) (2005). *Encyclopedia of Evaluation*. Thousand Oaks. CA: Sage.

McDavid, James C., Irene Huse, and R. L. Hawthorn (2006). *Program Evaluation & Performance Measurement: An Introduction to Practice*. SAGE Publications.

Patton, Michael Quinn (2006). *Developmental Evaluation: Applying Complexity*

Concepts to Enhance Innovation and Use. The Guilford Press.

Patria de Lancer Julnes and Marc Holzer (2001). Promoting the Utilization of Performance Measures in Public Organization: An Empirical Study of Factors Affecting Adoption and Implementation. *Public Administration Review*, Vol. 61. No. 6.

Poister, Theodore H. (2003). *Measuring Performance in Public and Nonprofit Organizations*. Jossey-Bass.

Pollitt, Christopher and Geert Bouckaert (2011). *Public Management Reform: A Comparative Analysis; New Public Management, Governance, and The Neo-Weberian State*. Oxford University Press.

Radin, Beryl (2006). *Challenging the Performance Movement: Accountability, Complexity and Democratic Values*. Georgetown University Press.

Raymond, Vermon and Yair Ahoroni. (eds.) (1981). *State-Owned Enterprise in the Western Economies*. Routledge.

Scriven, M. (1967). The Methodology of Evaluation. In R. Tyler, R. Gagne & M. Scriven(Eds), *Perpectives on Curriculum Evaluation*. New York: McGraw-Hill.

제7장 공기업 민영화 정책

곽 채 기

Ⅰ. 서 론

공기업제도는 자본주의 경제체제를 채택하고 있는 국가에서 시장실패를 해소하기 위한 정부 활동의 수단이다. 특히, 공기업제도는 소유주체로서의 정부가 전적으로 소유권을 행사함으로써 "이윤추구를 금지"하는 대신에 "공공의 경제적 이익증진"을 지향토록 하며, 이를 위해 시장기구의 규율에 대신한 강력한 정치·행정적 통제가 가해지는 제도적 틀이라고 할 수 있다.

02

역사적으로 보면 세계대공황과 제2차 세계대전 이후 국유화 또는 공기업 설립을 통해 국가의 기업가적 역할과 공적 영역을 확대해 오던 흐름이 1980년대 이후 반전되어 이제는 공기업의 역할뿐만 아니라 심지어 공기업의 존재 자체에 대해서도 비난을 가하는 경향이 있다. 이처럼 공기업이 쇠퇴의 경로를 겪고 있는 것은 공기업 운영과정에서 경제적, 재정적, 관리적 문제점들이 심화되면서 "빈약한 성과"를 보여 왔기 때문이라고 할 수 있다.

그 결과 이제는 선·후진국을 막론하고 모든 분야가 잠정적으로 민영화 대상으로 인식되고 있다. 다만, 해당 산업 또는 사업의 특성을 고려한 다양한 민영화 방법을 개발하여 민영화의 필요성에 대응하고 있다. 이처럼 공공성 확보가 필요한 분야를 막론하고 모든 공기업분야가 잠정적으로 민영화 대상으로 인식되고 있는 것은 "공공성 확보=공공부문의 독점적 공급"에 대한 고정 관념이 깨지고 있다는 점과 공공부문의 빈약한 성과 등이 공통 요인으로 작용하고 있다.

공기업의 민영화는 "사적이윤 목표"의 추구를 인정하는 시장기제 방식에 의해 공공서비스의 생산과 분배를 담당하는 민간기업제도를 구축하기 위해 추진된다. 또한 정치·행정과정을 통한 공적 통제방식에 의한 공기업 경영방식을 정부규제와 시장규율에 기초한 민간기업 경영방식으로 전환하기 위한 것이다.

일반적으로 공기업 민영화는 개인의 선택권 보장 및 선택기회의 확대, 시장원리와 경쟁원리를 활용한 가격인하 및 품질 개선 등을 통한 국민후생 증진 효과 등을 창출할 수 있다. 그러나 공기업 민영화 추진에 따른 성과는 이를 어떤 관점에서 보느냐에 따라 그 결과가 달라질 수 있다. 예를 들어 민영화된 해당 (공)기업의 관점, (공)기업의 고객 또는 소비자의 관점, 국민경제적 또는 범사회적 관점 등에 따라 그 성과를 다르게 평가할 수 있다. 공기업을 민영화할 경우 해당 기업 또는 주주의 관점에서는 분명히 긍정적인 성과가 창출되는 것이 일반적인 경향으로 확인되고 있으나, 공기업의 고객 또는 소비자의 관점, 국민경제적 관점에서는 긍정적 성과와 함께 부정적 성과가 공존하고 있다. 따라서 공기업 민영화를 성공적으로 추진하기 위해서는 해당 공기업이 담당하고 있는 특정 산업 또는 사업 분야가 안고 있는 문제점이 무엇이고, 민영화를 통해 이 문제를 어느 정도 해결할 수 있을 것인가에 대한 사전 진단 및 분석 작업이 과학적이고 체계적으로 이루어질 필요가 있다.

그런데 1980년대 이후 공기업 민영화가 전 세계적으로 확산·확대되어 가면서 "민영화의 실패 사례"가 발생하고 있고, 민영화에 따른 공공성 훼손, 독과점 폐해, 고용 악화, 요금인상 및 수급불안 등에 대한 문제 제기와 사회공공성 투쟁이 초래되고 있기도 하다. 최근 우리나라에서 표출되었던 수도, 전기, 가스 등의 공익사업 민영화 추진에 대한 반대 논란도 사실은 민영화 이후의 공공성 확보 여부에 대한 불확실성과 불신에서 초래된 것이라고 할 수 있다. 따라서 공기업의 민영화를 추진하는 과정에서는 공기업제도에 의한 공공성 추구를 왜 포기해야 하는가, 공기업 민영화가 공공성 증대 또는 훼손에 어떤 영향을 미치고, 어떤 요인들에 의해 그 창출효과의 방향과 크기가 결정되는가, 그리고 민영화 이후에도 계속 확보되어야 할 공공성의 실체는 무엇이고, 이를 시장규율과 정부규제를 통해 확보할 수 있으며, 민영화 이후 공공성 확보를 위해 정부는 어떠한 역할을 수행해야 하는가 등에 관한 문제들을 체계적으로 검토하는 것이 필요하다.

또한 공기업 민영화 추진을 위한 가장 강력한 동력은 민영화의 필요성과 효과, 민영화 추진에 따른 부정적 파급효과를 통제하기 위한 정부 역할의 재구조화 방안 등에 대한 국민과의 원활한 소통과 이해를 통해 확보될 수 있다. 공기업 민영화를 둘러싼 소모적 찬반 논쟁은 공기업제도가 안고 있는 양면성에 대한 객관적인 정보를 공유하지 못한 상태에서, 특정 입장을 옹호하는 데 필요한 정보만을 선택적으로 수용하고 활용하는 데 기인하는 경우가 많다. 그럼에도 공기업제도를 유지하는 경우와 이를 민영화하는 데 따른 편익과 비용 배분의 대차대조표를 특정의 이해관계자 관점이 아니라 국민경제적 차원에서 객관적이고 체계적으로 작성하여 이를 공유하는 노력이 제대로 전개되지 못하고 있다. 그 결과 민영화의 필요성과 효과 및 한계를 둘러싸고 정부와 국민 간에 소통의 위기가 초래되고 있다. 정부와 국민 간에 합리적 소통이 단절되면서 지극히 실용적 정책과제인 공기업 민영화 추진 문제가 이념적 논쟁으로까지 확대되고 있기도 한다. 따라서 정부는 민영화 추진을 서두르기에 앞서 공기업 민영화에 대한 국민과의 소통위기부터 해결하여야 한다.

Ⅱ. 공기업 민영화 추진의 논거: 공기업제도를 통한 공공성 실현의 한계와 실패현상

1. 공기업 설립의 목적과 제도 선택의 정치·경제적 성격

1) 공기업 설립의 목적과 공기업제도의 특징

공적 소유권과 사적 소유권은 의사결정방식과 개인들의 요구를 인식하는 방식이 크게 다르다. 공기업은 공적 통제 또는 정치적 통제를 통해 이윤추구 동기를 억제하고 공익 목표를 달성하기 위한 기업제도의 한 형태라고 할 수 있다. 또한 공기업은 생산수단에 대한 공적 보유의 한 형태, 즉 재화 및 서비스를 생산하기 위한 주요 정책수단이라고 할 수 있다.

이처럼 정부가 공적소유권 제도화의 한 형태로서 공기업을 설립·운영하는 것은 소유권(생산수단)과 통제(의사결정과정)의 상호관계에 기초하고 있다. 일반적으로 사기업은 이윤극대화를 추구하는 사람들이 소유하고 있어 주주들의 이익만을 추구할 뿐 사회 전체적인 이익을 도모하지 못한다. 따라서 정부가 공적소유권을 통하여 주주에 국한된 협의의 이익을 국가에 체화된(embodied) 광의의 이익으로 대체함으로써 사회적 편익을 극대화하기 위한 방편으로 공기업을 설립하게 된다.

이러한 공기업제도의 특징은 다음과 같이 제시해 볼 수 있다.

첫째, 정부-기업관계 제도화의 한 형태: 공기업은 정부의 시장개입방식에 관한 제도적 형태의 하나이다. 특히 공기업에 대한 정치적, 행정적, 법적 통제 관계를 제도화한 것이다.

둘째, 공기업이 담당하는 대상 사업(재화 및 서비스)의 특성: 공기업의 대상 사업 및 재화와 서비스는 자연독점성, 외부성, 희소자원 등 시장실패 현상을 노정하고 있다. 특히, 공기업의 대상 사업 및 재화와 서비스는 공익사업적 성격을 띠고 있는 경우가 많다. 이러한 공익사업적 성격은 공기업 운영 과정에서 보편적 서비스 정책목표를 추구하게 되는 주요 근거를 제공하고 있다. 그러나 시장실패적 요소나 공익사업은 공기업 설립의 필요조건에 불과할 뿐 충분조건은 아니다.

셋째, 공기업 '제도'와 재화 및 서비스 특성과의 관계: 제도와 재화 및 서비스 특성 간에 상호 부합성이 확보되어야 공기업제도의 효율적 운영이 보장된다. 그런데 제도의 상대적 우수성과 효율성은 정치이념, 정책목표(공공성과 기업성의 상대적 중요성의 인식 등), 제도실패 등에 의해 결정된다. 또한 재화 및 서비스의 특성은 수요변화, 과학기술의 혁신 등에 의해 지속적으로 변하게 된다. 따라서 공기업제도의 형태는 재화 및 서비스의 특성이 변하거나 정치이념, 정책목표 등이 바뀜에 따라 계속 새롭게 설계되어야 한다. 그 결과 거의 대부분의 공기업은 정부기업이나 공사에서 출발하여 그 조직형태를 변경하면서 공기업으로 유지되다 궁극적으로는 민간기업으로 전환되는 일생주기를 거치게 된다.

2) 시장개입 대안으로서의 공기업 설립의 정치·경제적 성격

정부의 시장개입방식(정책도구)으로 공기업을 선택하게 되는 경제적 조건은 규모의 경제 등 시장실패의 존재를 들 수 있다. 또한 공기업의 설립·운영은 거시경제적 개입보다는 기업의 행동을 직접 통제할 수 있는 정책수단으로 선택된다고 할 수 있으며, 투자활동·투자재원의 원활한 배분 등 국가경제계획의 조정을 위한 수단으로 선택되기도 한다.

그런데 시장실패를 교정하거나 사회적으로 바람직한 정책목표를 달성하기 위하여 다른 정책수단(유인부여, 규제 등) 대신에 공기업을 선택한 것은 그 자체로서 정치적 (선택의)성격을 띠고 있다. 왜냐하면 각각의 개입방식(해결방안)에 따라 사회적인 이익배분의 방식이 다르기 때문이다. 공기업의 존재는 국가가 의도하는 방향으로 이익을 배분할 수 있는 국가의 능력을 반영하는 것이다. 다른 시장개입 수단에 비해 공기업은 국가의 기업가정신과 역할을 강하게 필요로 한다.

한편, 시장실패를 교정하기 위한 여러 대안 중에서 어떤 방식을 선택하느냐 하는 것은 국가와 사회(민간, 또는 시민사회)부문 간의 관계에 있어서 권력분포를 반영하는 것이기도 하다. 바로 이런 점이 또 다른 측면에서 시장개입 대안으로서 공기업의 정치적 본질을 의미하는 것이다.

이와 관련하여 Feigenbaum(1985)은 정부의 시장개입방식을 공기업, 정부규제, 보조금지급, 자유방임 등으로 구분한 후, 각 개입방식에 따라 편익의 확산(배분)수준과 정부에 요구되는 권력의 수준이 다르다는 점을 지적하고 있다. 이중 공기업제도는 다른 대안들에 비해 편익을 가장 광범위하게 확산시킬 수 있으나, 이를 선택하기 위해서는 국가권력이 강한 상태를 유지할 수 있어야 한다고 평가하고 있다.

또한 공기업이 시장실패를 치유하기 위한 정부의 시장개입방식으로서 정부규제나 보조금제도에 비해 경제적 비교우위를 확보할 수 있는 것은 보다 직접적인 공적 통제(public control)를 통해 정부의 정책목표나 의지를 신축적으로 반영할 수 있다는 데 있다.

2. 공기업 설립·운영의 성과와 공공성 실현의 한계

1) 공기업의 소유권제도 및 시장구조가 경영성과에 미치는 효과

(1) 공기업의 소유구조적 특징과 그 영향

공기업은 그 재산권과 소유주체가 명료하게 정의되어 있지 않다. 이 때문에 우리는 공기업을 '주인 없는 기업' 또는 '주인 없는 대리인'(an agent without a principal)이라고 부른다. 물론 법적·제도적 측면에서 보면 공기업의 최종소유자는 일반국민(투표자)이라고 할 수 있다. 왜냐하면 정부의 모든 권한은 제1차적 정치적 권위의 원천인 일반국민의 위임에 기초하고 있으며, 정부는 일반국민으로부터 공기업 운영에 대한 권한과 책임(제2차적 권위의 부여)을 위임받은 대리인에 불과하기 때문이다. 그러나 국민들이 소유하고 있는 재산권, 즉 공적소유권은 자신의 몫을 매각하거나 거래할 수 있는 것이 아니다. 사실상 공기업에 대한 국민의 소유는 자발적으로 이루어진 것이 아니다.

공적소유권의 특성상 공기업은 후생극대화 또는 특정 행정목표나 정치적 목표의 극대화를 추구할 것으로 기대되고 있다. 그런데 사실상 공적소유권은 그 목적이 결정되어 있지 않아 목적선택의 자유가 부여되고 있으며, 의식적으로 목적을 선택하여야 한다. 공기업의 경영목표는 정치적 과정을 통해 규정되고, 행정과정을 통해 공기업 경영자에게 전달된다. 그런데 이 과정에서 상충되는 목표뿐만 아니라 정치적 동기에 의한 비경제적인 목표가 부과되기도 한다. 또한 공기업은 거시경제정책의 수단, 특정 산업이나 사회 부문을 지원하기 위한 수단으로 활용되기도 한다.

소유권이 약화되어 있는 공기업의 소유구조적 특징상 공기업의 관리자들에게는 재산가치를 증식시키고, 이를 적절히 유지·관리하고자 하는 동기나 유인이 결여되어 있다. 규범적 기대와는 달리 공기업 경영자나 종사자들은 자기이익추구의 수단으로 공기업을 활용하기도 한다. 따라서 공기업과 같이 재산권이 약화되어 있을 경우에는 재산권에 기초한 평가와 보상체계를 대체할 수 있는 관료적 규제와 감독장치(monitoring mechanism)의 도입이 필요하게 되는 바, 공기업의 경우에는 정치인 및 정부부처(공무원)에게 감독활동의 임무가 부여되어 있다. 그런데 이러한 임무를 부여받은 정치인이나 공무원들도 공기업에 대한 감시의 필요성이나 유인을 크게 갖지 못할 수도 있다.

공기업의 공적소유형태에 기인한 또 다른 특징의 하나는 공기업이 경제적 실체로서보다는 정치적 실체로서 운영된다는 것이다. 공기업은 궁극적으로 국회의원들이나 임명권자에게 책임을 지는 임명직 경영인(또는 공무원)에 의해 운영되며, 그에 따라 의사결정과정에서 정치적 개입의 가능성이 폭넓게 개방되어 있다. 이처럼 공기업이 정치적 성격을 강하게 띤 채 운영되고 있어 공기업 서비스 공급에 관한 제반 결정이 경제적 타당성이 결여된 채 정치적 동기에 의해 이루어지는 경우가 발생하게 된다.

(2) 공기업의 시장구조적 특징과 그 영향

공기업은 일반적으로 독점적 시장구조를 형성하고 있기 때문에 사기업에 있어서 능률성 향상의 원천이 되는 경쟁이 결여되어 있다. 사기업은 소비자의 수요나 욕구를 충족시키지 못할 경우 적정 수익을 확보할 수 없어 파산이나 합병의 위험에 직면하게 되는 데 반해, 공기업의 경우에는 이러한 위험성에 직면할 가능성이 극히 희박하여 능률성 향상을 촉진하는 동인의 하나인 파산이나 합병의 메커니즘이 작동할 수 없다. 더 나아가 공기업의 경우에는 일반적으로 법적 독점에 의해 보호되기 때문에 경쟁을 통해 유발되는 자극이 존재하지 않는다. 사기업은 끊임없이 원가를 절감하고 산출물을 보다 매력적으로 만들어야 하며, 그렇지 못할 경우 경쟁자에게 시장을 잠식당하게 되나, 공공독점기업에게는 그러한 압박이 없다. 또한 공기업의 경우에는 안정된 시장이 확보되기 때문에 새로운 기술혁신이나 원가절감방법을 개발하기 위해 노력할 만한 동기가 결여되어 있다.

공기업은 시장이 아닌 정부에 그 생존을 의지하고 있다. 정부가 공기업을 과도하게 보호할 경우 타성과 비효율, 그리고 소비자의 요구와 수요에 대한 반응성의 약화를 가져올 수 있다. 사실상 공기업 경영자들도 그들의 조직이 성장하기를 바란다. 하지만 공기업의 경우에는 이것이 소비자가 아니라 정부 정책에 의해 판가름나는 경우가 많다. 그러므로 공기업 경영자들은 정부를 따르며 정부는 이를 도와주는 '생산자 본위'의 폐쇄된 순환만이 일어나게 된다. 이러한 상황하에서는 보다 좋은 사업성과를 얻으려면 시장이 아닌 정부와 더 많은 사업을 해야 한다는 사고방식을 공기업 경영자들에게 조장할 수 있다.

2) 공기업제도를 통한 공공성 실현의 제약 현상

(1) 공기업 임직원의 도덕적 해이 문제

공기업제도는 소유권이 분명하게 정의되어 있지 않은 가운데 다단계 계층구조를 이룬 본인-대리인 관계를 형성하고 있어 정보의 비대칭성이 현저하고, 공기업 경영자 및 근로자들에 대한 통제가 효과적으로 전개되지 못함으로써 '도덕적 해이'(moral hazard) 형태의 대리인문제가 폭넓게 존재할 수밖에 없다. 도덕적 해이 형태의 대리인문제는 자유재량적 행동에 의한 자기목적의 추구, 지대추구(rent-seeking)

행동, 위험회피적 행동 등의 양태로 나타난다. 공기업 경영자에 의한 자기목적추구 또는 지대추구 행동은 과잉인력, 높은 월급 등 금전적·비금전적 형태의 비효율성을 유발한다. 공기업 경영자들은 장기적인 조직의 순가치(부) 증대로 인한 편익을 나누어 가질 수 없기 때문에 적극적으로 임무를 수행하다가 실수를 저지르는 것보다는 임무태만에 의한 실수가 보다 안전한 것으로 생각하는 위험회피적 행동을 보이기도 한다.

공기업 경영자 및 근로자들의 도덕적 해이 형태의 대리인 문제에 대응하기 위해서 정부는 인사, 조직, 예산, 이익금처분 등 각종 경영관리 활동에 대한 내·외적 통제장치를 마련하고 있다. 그런데 이러한 공기업 통제장치는 조직의 경직성을 조장하여 경영의 자율성을 제약할 뿐 아니라 소비자 수요의 변화, 기술변화 등 환경변화에 대한 신축적 대응능력을 제약하게 된다. 따라서 공기업은 경영상의 자율성과 책임성 확보의 양자를 동시에 추구해야 하는 과정에서 지속적인 갈등에 직면하고 있다.

(2) 기관본위의 사업다각화 및 조직과 인력의 방만성

공기업의 '자기이익 추구적'(self-interest seeking) 사업 확장으로 인해 공기업 부문의 비대화를 초래하였고, 민간부문의 영역을 잠식하는 등 효율적인 국민경제적 분업구조를 저해하고 있다. 공기업 종사자들의 '확대지향적 속성'으로 인해 국민경제적 성과보다는 조직의 '외형규모의 성장'을 추구하는 사업다각화 사례가 노정되고 있었다. 사업다각화를 명분으로 다수의 자회사를 신설·유지함으로써 공기업 자체가 하나의 기업집단의 모습을 보인 경우도 있었으며, 자회사의 민영화에 대해서도 소극적으로 임하고 있는 경우가 많았다. 그 결과 민간부문의 영역이 잠식됨은 물론 경영 에너지의 분산으로 핵심 설립 목표에의 접근을 제약하는 등 국민경제적 차원에서 자원이 비효율적으로 활용되는 양상이 노정되기도 했다.

또한 공기업은 경직적 조직관리와 비효율적 인력운영 등 방만한 경영관리에서 벗어나지 못하고 있다. 상당 수의 공기업은 독점구조하에서 외부적·내부적 경쟁유인이 적어 수지균형의 절박감이나 일류서비스를 제공하여야 한다는 책임의식이 희박하다. 이로 인해 사기업부문에 비해 효율적 인력배분과 탄력적 조직관리가 이루어지지 않아 상대적 관점에서 조직·인력이 방만함에도 이를 타파하려는 노력은 뚜

렷하지 않음으로써 경우에 따라서는 과잉인력을 품고 있는 사례도 발견할 수 있다.

(3) 생산자 본위의 경영활동과 고객만족 노력의 취약

생산자 본위의 경영활동으로 인해 고객만족 노력이 취약하다는 문제점을 안고 있다. 대부분의 공기업은 독점시장구조하에서 사업활동을 수행하기 때문에 '생산자 본위'의 자만한 경영활동에 익숙해져 있다. 따라서 협력업체나 유관기관, 더 나아가서 소비자와의 관계에서 '불공정거래' 행위가 다수 발생하고 있다. 또한 공기업 서비스의 특성상 해당 공기업에서 소비자에게 서비스를 직접 생산·공급하는 외에도 사기업이나 지방자치단체를 통하여 서비스를 전달하는 경우가 많다. 이 경우 공기업이 소비자인 국민들에게 전달되는 최종 서비스(상품)의 질의 향상에 경주하는 노력이 민간섹타에 비해 낮게 되는 수가 있다. 이로 인하여 국민들이 일상생활에서 느끼는 공기업에 대한 '체감 서비스의 질'은 기대 수준에 미달하게 된다. 이와 동일한 맥락에서 고객들의 요구에 대한 대응에 둔감하고, 고객만족을 위한 경영 역량의 배분 노력도 미약한 실정이라고 할 수 있다.

(4) 공기업 경영의 정치화와 임원의 정치적 임용 문제

그동안 우리나라에서 공기업은 '경제적 실체'로서보다는 '정치적 실체'로서 운영되어 온 측면이 없지 않았다. 공기업이 정치적 실체로서 운영되는 과정에서 가장 큰 논란이 되고 있는 사안은 임원의 정치적 임용이라고 할 수 있다. 공공기관의 임직원 임면과정에서 정치논리 또는 정치적 동기가 개입함에 따라 공공기관이 정치적 논쟁의 소용돌이에 내몰리는 경우가 많이 있어 왔다.

시장 경쟁과 압력을 통한 경영 효율성 제고 장치가 결여되어 있는 공기업에서는 효율적인 지배구조를 구축하는 것이 민간기업보다 더욱 중요하다고 할 수 있다. 특히, 대부분 독점적 지위를 누리면서 경영활동을 수행하는 공기업의 경영성과는 최고경영자의 경영역량과 리더십에 의존하는 정도가 높다. 그럼에도 불구하고 그동안 공기업의 최고경영자 선임 문제를 둘러싸고 '정치적 임명', '낙하산 인사' 등의 시비가 지속적으로 제기되어 왔다. 이 문제는 임원추천위원회제도 도입 이후에도 불식되지 않고 있다.

또한 5년 단임 대통령제 권력구조가 도입된 이후 정권교체기마다 공기업 임원의 일시적 교체가 반복적으로 이루어지고 있다. 정권교체기에 공기업 임원을 일시

적·전면적으로 교체하는 것은 다음과 같은 문제점을 노정하고 있다.

첫째, 공기업 경영의 정치화를 조장하고 있다. 특히, 공기업의 경우 탈정치화를 확보하는 것이 경영의 효율성과 자율성 확보를 위한 절대적 전제조건임에도 불구하고, 이를 근본적으로 훼손하는 일이라고 할 수 있다. 둘째, 공기업 임원 임기제도의 근간을 훼손함으로써 공기업 임원 전체를 엽관제화 또는 정무직화하는 결과를 초래함으로써 정권교체기마다 전면적인 물갈이 현상을 초래하는 원인이 될 수 있다. 공기업 임원 임기제도의 파괴는 경영의 안정성과 예측가능성을 떨어뜨려 경영효율성을 제약하는 근본적인 원인으로 작용할 가능성이 많다. 셋째, 일시적·전면적인 공기업 임원 교체는 인력 풀의 한계로 인해 기관의 특성에 적합한 능력 있는 기관장 선임을 제약하는 요인이 될 수 있다. 또한 정권교체기를 전후하여 장기간의 경영공백을 초래하게 된다. 넷째, 정권교체로 인한 일시적·전면적인 공기업 임원 교체가 일상화되면 정권 후반기에 이루어지는 임원 인사에서는 임기를 제대로 보장받을 수 없기 때문에 유능한 임원 선임이 더욱 어려워질 수 있다. 또한 유능한 전문인력을 제대로 충분히 활용하지 못하는 결과를 초래할 수도 있을 것이다.

3. 공기업 민영화 추진의 동인

공기업 민영화는 매우 다양한 동기에 의해 추진되고 있다. Guislain(1997)은 이를 경제의 효율화와 발전, 기업의 효율화와 발전, 재정재건, 소득분배의 개선, 정치적 고려 등으로 유형화한 바 있다. 어느 특정 공기업을 왜 민영화해야 하느냐에 대한 설득력 있는 이유를 제시하는 것은 민영화 추진의 정당성 확보 및 성공적인 민영화 추진을 위한 전제조건이라고 할 수 있다.

일반적으로 공기업 민영화는 정부개입의 근거가 되었던 자연독점 등 시장실패적 요소, 정부가 공기업제도를 전략적 정책수단으로 선택하는 근거가 되었던 정책목표 등 정부개입의 근거가 계속 유효하게 작용하고 있는가에 대한 재검토과정이라고 할 수 있다. 다시 말해서 기존의 공기업제도의 운영과정에서 나타나고 있는 부정적, 긍정적 결과에 대한 대응으로서 공기업 민영화가 추진된다고 할 수 있다(곽채기, 1994).

공기업 민영화는 기본적으로 정부개입의 근거가 되었던 자연독점 등 시장실패적 요소, 정부가 공기업제도를 전략적 정책수단으로 선택하는 근거가 되었던 정책목표 등 정부개입의 근거가 계속 유효하게 작용하고 있는가에 대한 재검토과정이라고 할 수 있다. 다시 말해서 기존의 공기업제도의 운영과정에서 나타나고 있는 부정적, 긍정적 결과에 대한 대응으로서 공기업 민영화가 추진된다고 할 수 있다.

이와 관련된 요인으로서는 공기업 설립의 근거가 되었던 시장실패요인이 기술혁신, 재화 및 서비스의 사회·경제적 특성 및 수요조건의 변화 등에 의해 해소되는 현상, 기존 공기업의 비효율적 운영성과 등 제도의 내재적 한계 및 정부실패요인의 부각, 공공부문의 비교우위의 상실, 정책(설립)목표의 달성으로 인한 해당 산업부문의 전략적 가치의 상실 등을 들 수 있다. 이와 달리 전향적으로 가능한 결과에 대한 기대 또는 목표의 달성을 위해서 민영화를 추진하게 되는 경우(positive factors)를 들 수 있다. 즉 해당 산업의 발전이나 효율성 제고, 자본시장 육성 등의 정책목표 달성을 위한 전략적 수단으로 민영화를 활용할 수 있다. 이 밖에 해당 공기업부문을 둘러싸고 있는 맥락적 변수로서 정부의 역할에 대한 정치이념의 변화, 대외적 환경 등 거시적·체제적 환경의 변화 등도 공기업 제도의 변화에 영향을 미친다고 할 수 있다.

공기업 민영화가 정치적 선택 또는 정책선택의 과정을 통해 전개된다는 점에서 상기한 제반 요소들이 새로운 정책선택을 촉발하는 요인이라고 할 수 있다. 위에서 언급한 주요한 변화의 동인들의 성격과 내용을 살펴보면 다음과 같다.

첫째, 재화 및 서비스의 특성, 그리고 사회적 의미가 변함에 따라 시장실패와 정부실패의 양상이 달라지게 되며, 정부와 시장의 역할수행능력상의 상대적 비교우위도 달라지게 된다. 그 근거는 제도의 형태와 재화 및 서비스의 특성간의 상호부합성(mutual congruence)에서 찾을 수 있다. 즉, 정부와 시장은 역할수행능력을 구성하는 하위요소들의 효율적인 조직화 수준과 문제해결을 위해 사용할 수 있는 전략(strategies)의 범주를 결정짓는 제도적 틀로서 작용하기 때문에 이러한 틀이 해당 서비스의 특성과 얼마나 일치하느냐에 따라 상대적 비교우위가 달라지게 된다. 따라서 재화 및 서비스의 특성이나 사회적 의미가 변하게 되면 정부와 시장의 역할수행능력상의 상대적 비교우위가 달라지게 된다. 예를 들어 대규모시설의 건설 등 가시적, 외형적 정책목표가 분명하게 주어질 경우에는 공공부문이 비교우위를 가진다고 할 수 있다. 그러나 이러한 시설확충이 이루어진 이후에 전략적 경영문제가 대두될 경우에는 비효율성이 제기된다. 또한 사업초기단계에서는 이윤동기를 배제하고 공공적 역할을 강조하는 것이 서비스 확충이나 사업기반확충에 긍정적 역할을 수행하게 되나, 일단 사업이 성장단계에 진입하게 되면 이윤동기 활용이 오히려 필요하게 된다.

한편 재화 및 서비스 특성의 변화에 따른 정부개입방식의 변화와 관련하여 Okimoto(1989)는 '수요의 성장단계와 정부의 개입수준과 방식과의 관계' 측면에서 산업의 일생주기모델을 제시하고 있다. 또한 Shepherd(1975)는 "영원한 공익사업은 존재하지 않는다"는 전제하에 공익사업이 4단계를 거쳐 궁극적으로 경쟁체제로 전환된다는 공익사업 일생주기모델을 제시하였으며, 각 단계에 따라 가장 적합한 정부개입방식이나 정부정책이 달라지게 된다고 주장하고 있다. 또한 Barzel(1989)에 의하면 재산권도 재화 및 서비스의 가치와 속성 값이 변함에 따라 그 형태(공적소유권, 사적소유권)가 달라지게 된다고 한다.

둘째, 공공부문의 비교우위 상실과 밀접하게 연관되어 있는 것이 시장실패의 해소와 정부실패의 등장이라고 할 수 있다. 예를 들어 사업의 초기단계에서는 민간부문의 기업경영능력의 취약, 자본조달능력의 취약 등과 같은 시장실패 현상이 노정되고 있었기 때문에 정부가 개입하는 것이 효율적이었으나 민간부문의 경영능력 향상, 자금조달능력의 제고 등을 통해 오히려 기업경영에 있어서는 민간부문이 비교우위를 살릴 수 있는 여지가 훨씬 많아지는 경우가 있다. 또한 기술혁신, 서비스 수요의 확산 등에 의해 자연독점성이 해소됨에 따라 새로운 기술적 가능성을 적극 활용하기 위한 소유권제도의 변화 필요성이 제기되기도 한다. 기존 공기업제도의 성과에 대해 수요자들의 불만족과 불평이 높을 때에도 새로운 제도적 형태를 모색하게 된다.

셋째, 정부가 그 동안 추구하여 왔던 특정 산업부문에 대한 정책목표가 달성됨으로써 정부의 계속적인 개입의 필요성이 더 이상 높지 않을 경우 기존 공기업의 민영화가 추진된다고 할 수 있다. 또한 그동안 공기업제도를 통한 서비스 공급이 성공적으로 추진된 결과, 더 이상 공기업제도를 통해 달성될 수 있는 목표는 없어지고, 새로운 과제에 대응하기 위한 제도적 틀의 설계가 필요로 되는 경우에도 공기업의 민영화가 추진된다고 할 수 있다. 특히 이 과정에서는 공기업 부문 이외의 정책목표달성(예, 재정수입확보, 자본시장육성, 대중자본주의 달성 등)을 위한 정책수단으로 민영화가 추진된다.

넷째, 공기업제도의 비교우위는 정치이념, 경제발전단계, 경제운용의 기조, 정부의 정책목표, 대외적 환경, 역사적 우연성 등 거시적·체제적 요소의 변화에 따라 달라지게 된다고 할 수 있다. 이것은 제도의 효율성이 제도에 대한 정당성에 의해 크게 좌우된다는 사실과 긴밀하게 연관되어 있다.

다섯째, 공기업 민영화가 공공부문 개혁방안이나 새로운 정책목표 달성을 위한 전략적 수단으로 선택되는 등 공기업 민영화의 추진에 있어서 정책결정자들이 주도적인 역할을 수행하고 있다는 점에서 정부의 정책결정자들이 어떠한 가치관과 역할 정향을 지니고 있느냐에 따라 공기업의 존속여부와 민영화의 추진방향이 달라지게 될 것이다.

이상의 논의를 종합해 볼 때 종전 정부개입의 근거가 되었던 시장실패가 해소되거나, 시장실패가 계속 존재하고 있더라도 정부실패로 인한 자원배분의 비효율성이 시장실패로 인한 자원배분의 비효율성의 크기를 훨씬 능가하고 있을 경우 정부개입방식이 변화된다고 할 수 있다. 또한 공기업 민영화 과정에서는 종전의 정부개입근거가 해소되는 수준이나 양태에 따라 새로운 제도선택과정이나 결과가 달라지게 된다.

개별 산업이나 서비스 분야별로 이상의 모든 요인이 동시에 작용하는 것이 아니라 개별 공기업부문의 특성과 초기의 개입조건에 따라 선택적으로 작용하게 된다고 할 수 있다. 따라서 개별 공기업을 대상으로 민영화의 가능성과 한계를 경험적으로 평가하는 과정에서는 위에서 제시한 공기업 민영화의 동인이나 정책목표가 어떻게 작용하고 있는가를 탐색하여야 할 것이다.

Ⅲ. 우리나라 공기업 민영화 정책의 역사적 전개과정과 문제점

1. 공기업 민영화 정책의 역사적 전개 과정

1) 김대중 정부 이전의 민영화 정책[1)]

(1) 제1차~제5차 민영화정책의 개관

우리나라에서 민영화 정책의 시발은 지난 1968년부터 1973년까지 진행된 11개 공기업의 민영화에서 찾아볼 수 있다(경제기획원, 1988). 1980년대 초반에 이루어진 제2차 민영화는 민간주도 경제발전전략에 부응하기 위해 시중은행을 집중적으로 민영화하였다. 제3차 민영화는 노태우 정부 출범과 더불어 수립된 민영화계획에 의거하여 1988년과 1989년에 이루어진 포항제철과 한국전력에 대한 국민주방식의 민영화, 그리고 증권거래소, 한국감정원, 한국기술개발에 대한 민영화 조치가 이에 해당한다. 제4차 민영화는 김영삼 정부에서 신경제5개년계획의 일환으로 1993년 12월 발표된 민영화 계획이고, 제5차 민영화는 역시 김영삼 정부에서 공기업의 경영구조 개선 및 민영화에 관한 법률을 제정하여 추진하였던 것이다.

김대중 정부 이전에 5차에 걸쳐 추진된 민영화 중에서 당초의 계획이 완전히 집행되는 가운데 소유권과 경영권이 명실상부하게 민간에 이전되어 민영화의 정책효과를 달성한 성공적인 정책집행 사례라고 할 수 있는 것은 제1차 민영화에 불과한 실정이다(최종원, 1994). 제2차 민영화는 계획의 실행에는 성공을 거두었으나 실질적인 경영권의 민간이전과 규제완화가 이루어지지 않아 민영화의 정책효과 구현에는 실패한 사례로 기록되고 있다. 특히 제3차와 제4차 민영화의 경우에는 계획의 집행 자체가 중간에 중단되었으며, 그 정책효과 달성에도 실패한 대표적인 정책집행 실패 사례라고 할 수 있다(김재홍, 1994; 이주선, 1998). 즉 과거의 민영화 정책은 '민영화=주식매각'이라는 단순한 등식하에서 단순히 주식매각에 치중함으로써 진정한 의미의 민영화가 불가능하였다. 또한 대규모 공기업의 경우 주식매각 자체도 경제력 집중과 증시안정이라는 현실적 조건에 부닥쳐 별다른 진전을 보지 못했다(남일총, 1998: 140-141).

---

1) 이 부분 내용은 곽채기(2000a)에 의거하여 작성한 것이다.

〈표 1〉 김대중 정부 이전의 시기별 민영화 정책 개요

구 분	민영화 목표	민영화 실적	정 책 평 가
제1차 민영화 (1968년)	산업합리화(부실기업 정리) 및 민간경제 육성	항공, 기계, 조선, 광업 등의 분야 12개 기업	특혜시비가 제기되었지만 최초의 본격적인 민영화로 평가
제2차 민영화 (1980년)	은행의 경쟁력 제고와 경제자유화	한일은행, 서울신탁은행, 제일은행, 조흥은행	지분분산 범위가 크고, 관치금융이 지속되어 현 경제위기의 원인 제공
제3차 민영화 (1987년)	분배형평성 제고와 여권 대선후보 공약	한전과 포철의 일부지분	국민주제도의 미흡으로 장기보유 유도에 실패, 증시침체로 역효과 발생
제4차 민영화 (1993년)	경제효율화를 위한 완전민영화	대한중석, 한국비료 등 22개 민영화, 5개 통·폐합	의지와 준비부족으로 대규모 공기업의 매각실적이 미흡하여 실패
제5차 민영화 (1996년)	정부소유권은 유지하면서 경영자율성 제고	담배공사, 한통, 가스공사, 한국중공업의 경영구조 개선 * 공기업의 경영구조개선 및 민영화에 관한 법률 제정	소유권은 유지하되 경영의 자율성을 추진, 민영화 개념은 후퇴한 채 커다란 진전 없이 종료

(2) 제1차 공기업 민영화

제1차 공기업의 민영화는 1968년 이후 1970년 초까지 부실제조업체를 대상으로 독점공기업의 경영부실과 비효율을 타개함으로써 경영합리화, 기술개발 및 전략산업 육성을 목적으로 추진되었다. 민영화는 수의계약 또는 공개입찰에 의한 주식매각과 시중은행에 대한 현물출자의 혼합방식으로 추진되었다. 정부주식의 공개매각과 시중은행에 대한 현물출자의 복합방식을 통해 한국기계, 해운공사, 조선공사 등이 1968년에 민영화되었다. 그리고 정부주식의 타 공기업 현물출자를 통해 인천중공업과 대한항공, 그리고 광업제련 등이 1968년에서 1970년에 걸쳐서 민영화되었다. 또한 1973년 관광공사산하의 워커힐 호텔이 선경으로 민영화되었다(경제기획원, 1988). 그러나 이 시기의 공기업 민영화는 정치권력과 특정기업과의 결합으로 특혜에 대한 논란이 제기되었다. 대한항공을 인수한 한진그룹이 재계순위 10위 이내로 진입하게 되었으며, 조선공사, 해운공사, 광업제련 등을 인수한 기업도 재계순위 변동에 크게 영향을 주었다.

(3) 제2차 공기업 민영화

1980년대 초에 실시된 제2차 민영화는 금융산업 발전을 위한 금융자율화의 여건 조성을 위해 시중은행(한일은행, 제일은행, 서울신탁은행, 조흥은행)을 중심으로 추진

되었다. 당시 정부는 대주주의 금융독점을 방지하기 위하여 은행법을 개정하여 동일인의 소유권을 은행발행 총주식의 8% 이내로 제한하는 엄격한 소유제한 규정을 적용하였다.[2] 민영화의 방법은 정부 보유주를 일반공개경쟁 입찰방식을 통해 법인과 개인에 대해 각각 50%씩 나누어 매각하였다(강신일, 1988). 이처럼 엄격한 소유권 제한 규정이 적용됨으로써 당시 민영화된 시중은행들은 법적 소유권은 민간에게 이전되었으나 안정적인 지배구조가 형성되지 못한 채 실질적인 경영권 행사는 정부의 통제하에 놓이게 되었다. 이로 인해 시중은행은 민영화 이후에도 계속 정부의 경영통제를 받게 됨으로써 금융자율화를 위해 추진된 당초의 민영화 목표를 살리지 못하였다.[3] 1993년 김영삼 정부에서 제4차 민영화 계획을 발표하면서 '주인있는 경영'을 민영화의 목표로 내세운 배경에는 이러한 시중은행 민영화 실패의 유산이 반영되었다고 할 수 있다.

(4) 제3차 공기업 민영화

1987년 4월 당시 경제기획원은 국민경제 운용에 있어서 공기업 역할의 재정립, 공기업에 대한 민간참여 확대를 통한 경영효율성 제고, 일부 공기업의 기능 재정립 필요성 등에 대응하기 위해서 대폭적인 공기업의 민영화를 추진하기로 결정하였다(경제기획원, 1987).

1987년의 공기업 민영화 추진과정에서는 경제기획원 주관하에 공기업 민영화 추진과 관련한 주요 정책사항을 심의하는 '공기업민영화추진위원회'와 위원회의 실무사항의 사전검토 및 협의를 위한 실무작업반을 구성하였다. 또한 실무작업반의 자문에 응하기 위해 학계의 전문가 3인을 자문위원으로 위촉하였다. 1987년 이후 민영화정책과 관련된 주요 정책사항은 공기업민영화추진위원회에서 결정하였으며, 결정된 정책은 각 관련부처를 통해 집행되었다.

1987년 5월에 개최된 제2차 공기업민영화추진위원회에서는 민영화 검토대상기관을 정부지분 완전매각 대상기관, 정부지분의 일부매각 대상기관, 그리고 기능조정 대상기관 등으로 구분하여 총 30개의 정부투자기관과 출자기관을 민영화하기로 결정하였다. 이때 완전 민영화 대상기관으로는 증권거래소, 국민은행, 중소기업

2) 이후에 추진된 주요 공기업 매각과정에서는 소유지분한도가 거의 대부분 적용되었다.
3) 제2차 민영화를 통해 민간기업으로 전환된 시중은행의 경영성과가 개선되지 못한 것은 지배구조 측면 외에도 정부의 규제완화 미흡에도 그 원인이 있다.

은행, 외환은행, 한국감정원, 국정교과서, 한국기술개발 등 7개 기관을 선정하였다. 그리고 관련산업과 국민경제에 미치는 영향이 막대하여 정부가 경영권행사에 필요한 지분(51%)을 보유할 필요가 있다고 판단되는 한국전력, 한국통신, 포항제철 등 3개 공기업은 부분적 민영화 대상 기관으로 선정하였다(경제기획원 심사평가국, 1991).

그러나 이러한 공기업 민영화 방침은 1987년 11월 당시 노태우 민정당 대통령 후보가 대통령선거 유세기간 중 완전 또는 부분적 민영화 대상 공기업 중에서 포항제철, 한국전력, 국민은행, 외환은행, 한국통신 등 7개 기관의 정부보유 주식 중 자기자본 기준 5조원 상당의 주식을 국민주로 보급하겠다는 공약을 발표하였다. 이러한 공약에 따라 공기업민영화추진위원회에서는 국민주방식의 민영화 계획을 다시 수립하게 되었다(곽채기, 1994).

제3차 민영화 계획은 1988년과 1989년에 포항제철과 한전의 정부보유 주식 중 일부를 국민주로 매각한 이후 주식시장의 장기침체로 주식매각계획이 전면 중단되었다. 또한 이 과정에서 관계부처, 종업원, 노조, 경영진 등 공기업 이해관계 당사자들의 기득권 유지를 위한 반발이 발생하였다. 그 결과 한국증권거래소를 제외하고는 어떤 공기업도 원래의 계획대로 민영화가 진행되지 못하였다(경제기획원 심사평가국, 1991).

제3차 민영화 계획을 추진하는 과정에서는 주식매각방식으로 국민주방식만을 단선적으로 활용하였다. 특히 국민주에 의한 주식매각방식은 공기업 민영화의 제1차적 목적인 경영효율성 제고보다는 정치적 목적 내지는 다른 경제정책적 목표가 강하게 가미되었다. 당시 우량 공기업 주식을 국민주로 보급하였던 목적은 중하위 소득층의 재산형성을 지원하고 주식의 광범위한 분산 보유로 자본시장의 저변을 확충시켜 나가는 한편 국민 다수가 공기업의 주주가 되어 감시자로서의 역할을 수행하도록 하는 것이었다. 그러나 이러한 기대 중 어느 것 하나도 제대로 달성되었다고 보기 어렵다(송대희·송명희, 1992).

또한 제3차 민영화 계획에서는 주식의 일부 매각(소유권 이전)에만 중점을 두었을 뿐 경쟁도입(자유화)과 규제완화 문제는 민영화 추진 과정에서 체계적으로 검토되지 못하였다. 불완전한 정책설계에 기초한 민영화를 통해 공기업의 경영효율성을 제고하기란 난망한 일이었다.

(5) 제4차 공기업 민영화

1993년 신경제5개년계획 추진위원회 회의에서 김영삼 대통령은 "개혁적 차원에서 정부투자기관 경영쇄신방안을 마련해 추진하라"고 지시하였다. 이 지시에 따라 모든 공기업을 잠재적인 민영화 및 개편대상 기업으로 상정한 후, 'negative list'를 작성하는 방식으로 민영화 대상 공기업을 선정하였다. 1993년 확정된 공기업 민영화 계획에 의하면 전체 중앙정부 공기업(정부투자기관, 정부출자기관, 정부투자기관 자회사) 133개 중 58개 기업이 민영화 대상으로 선정되었다(송대희, 1994; 김재홍, 1994).

이 당시 경제기획원에서는 공기업부문의 국민경제적 역할과 비중이 막중해지면서 독점적 지위의 유지에 따른 유인장치의 결여, 효율화 노력의 미진 등 정부소유가 불가피하게 내포하고 있는 제반 문제점이 부각되는 가운데 경제의 개방화, 세계화와 더불어 산업의 전방관련효과가 높은 공기업부문의 비효율성이 관련 민간기업의 경쟁력을 잠식하는 요인의 하나로 작용하고 있다는 점에서 민영화 범위를 가급적 확대하겠다는 기본입장을 견지하였다(김재홍, 1994).

1987년의 민영화계획이 정부투자기관을 중심으로 설정되었던 데 비해 신경제5개년계획의 민영화계획에서는 전 공기업을 대상으로 하는 가운데, 특히 정부투자기관 자회사의 민영화 추진에 역점을 두었다. 또한 국민주방식의 민영화방법을 채택하지 않음과 동시에 특정 재벌에 대한 특혜의혹을 해소하기 위해 공기업 민영화 과정에 경쟁원리를 도입하여 공정하고 투명하게 추진하며, 경제력 집중 억제시책도 준수하고자 하였다(이동호, 1995).

제4차 민영화 계획을 추진하기 위한 추진체제는 1987년의 공기업 민영화 추진체제와 크게 다르지 않았다. 당시 민영화 정책과 관련된 기구로는 경제기획원 주관하에 정부투자기관 경영평가위원회와 민영화추진대책위원회, 민영화추진실무대책반 등이 운영되었다. 이때의 민영화 정책추진기구에는 1987년에 비해 민간전문가의 참여자가 더욱 축소되었고, 노조대표자 내지는 노동관련 전문가의 참여가 전적으로 배제되었다.

이와 같은 일정계획과 민영화추진체제에 의거하여 이루어진 민영화 집행실적은 당초 기대한만큼 달성되지 못하였다. 1993년 확정된 계획에 따르면 49개 공기업의 민영화를 1994년 말까지 완료한다는 일정을 세웠으나, 1994년 중 민영화된

〈표 2〉 신경제5개년계획의 연도별 민영화 추진계획

구 분	1994	1995	1996~1998
투자기관(6)	국민은행, 국정교과서	가스공사	기업은행, 주택은행, 담배공사
출자기관(1)	외환은행		
투자기관 출자회사 (29)	새한종금, 한국기업평가, 한국비료, 대한중석, 공영기업, 한국종합기술, 기은전산개발, 부국신용금고, 한성신용금고, 고속도로시설공단, 전화번호부, 토개공 시설공단, 이동통신, 국민은행 출자회사 11개	한국중공업, 남해화학, 한국신화	PC 통신, 담배자판기
지분매각 (22)	기아특수강, 한국증권금융, 럭키금속, 한국종합기술금융, 동부화학, 한외종금, 평화은행, 효성중공업, 아시아나항공, 건설진흥공단, 대동은행, 내장산관광호텔, 연합TV뉴스 등 20개 기관	대우조선	매일유업
통폐합 등 (10)	종합화학, 원진레이온, 주택경제연구원, 주은건설, 한국석유시추, 경주관광개발, 서남관광개발	석공·광진공, 인삼수출공사	한국송유관
계	54	7	7

자료: 재정경제원(1995).

기업은 13개에 불과하였다. 또한 1995년도에는 경영권 매각 대상 기관인 국민은행과 남해화학의 일부 주식을 매각하고, 주택은행은 기업공개를 통해 정부출자기관으로 전환하는 데 그쳤다. 결과적으로 당초 야심찬 계획과는 달리 김영삼 정부의 공기업 개혁은 지분매각 22개사, 통폐합 5개사에 그쳤다(재정경제원, 1996).

민영화 추진이 답보상태에 있는 상황에서 정부는 1996년 11월에 '공기업의 경영효율화 및 민영화 방안'을 발표하였다. 이 방안의 주요 내용은 1993년 민영화 계획의 사실상 포기와 공기업의 경영합리화를 위한 지배구조의 개혁에 초점을 맞추었다(삼성경제연구소, 1997). 동 방안은 공기업의 경영구조개선 및 민영화에 관한 법률로 입법화되어 1997년 10월에 발효된 바 있다. 이 법률의 시행으로 1993년의 민영화 계획에 포함되었던 한국가스공사, 한국중공업에 대한 정부지분 매각이 2003년 이후로 연기되었다. 또한 경제력 집중을 억제하기 위해 1인당 지분한도가 7% 이하로 제한된 반면 공기업에 대한 전문경영인에 의한 책임경영체제가 도입되었다. 그러나 동 법률은 외형적으로는 민영화의 정신을 살려나가는 것을 취지로 하고 있지만 사실상 주식매각의 유보에 의한 민영화의 중단 선언이었다고 할 수 있다(유승민, 1998).

2) 김대중 정부의 공기업 개혁 정책[4)]

국민의 정부 출범 이후 기획예산위원회는 제1·2차에 걸쳐 공기업 민영화 및 경영혁신계획을 수립·발표하였다. 동 계획 수립과정에서 검토된 대상 공기업 수는 금융관련 공기업을 제외한 108개(모기업 26개, 모기업의 출자회사 82개)였다.

1998년 7월 3일 발표된 제1차 공기업 민영화계획에서는 26개 정부투자기관과 정부출자기관의 모기업을 대상으로 완전 민영화, 단계적 민영화, 공기업 유지(통폐합 포함) 등으로 구분하여 개혁 방안을 수립하였다.

우선 완전 민영화 대상 공기업은 1999년까지 구조 조정 없이 민영화를 추진할 공기업들로 포항종합제철, 한국중공업, 한국종합화학, 한국종합기술금융, 국정교과서 등 5개의 정부투자·출자기관 및 이들의 21개 자회사가 선정되었다. 이들 5개 공기업들은 즉시 민영화 준비에 착수하여 1998~1999년 중에 민영화하도록 하였다. 다음으로 향후 일정 기간 동안의 구조조정을 거쳐 민영화를 추진하는 단계적 민영화 대상 기관으로는 한국전기통신공사, 담배인삼공사 등 6개 정부투자·출자기관이 선정되었다. 이들 공기업들은 기관의 특성과 시장여건을 감안하여 장애요소를 제거한 후 단계적으로 민영화하도록 하였다(곽채기, 2000b: 151).

〈표 3〉 김대중 정부의 1차 민영화계획

완전 민영화	단계적 민영화
ㅇ 포항종합제철 (16)	ㅇ 한국전기통신공사
ㅇ 한국중공업 (3)	ㅇ 한국담배인삼공사
ㅇ 한국종합화학 (1)	ㅇ 한국전력공사
ㅇ 한국종합기술금융 (1)	ㅇ 한국가스공사
ㅇ 국정교과서	ㅇ 대한송유관공사
	ㅇ 한국지역난방공사
5개 기관 (21)	6개 기관

주: ( )안은 자회사 수.
자료: 기획예산처(2000).

---

4) 이 부분 내용은 곽채기(2000b)에 의거하여 작성하였다.

제2차 공기업 민영화 및 경영혁신계획은 1998년 7월 기획예산위원회의 의결을 거쳐 1998년 8월 4일 국무회의에서 확정되었다. 기획예산위원회는 2차 공기업 민영화 계획 및 경영혁신계획 수립시에도 제1차 민영화 계획과 마찬가지로 주무부처, 해당 공기업과 수시로 협의를 하였으며, 공기업 노동조합 대표와도 수십 차례에 걸친 지속적인 협의과정을 거쳤다. 특히 노사정위원회 공공부문특별위원회에서는 경영혁신 방안 확정 발표를 두 차례 연기하면서까지 협의를 하였다.

제2차 공기업 민영화 및 경영혁신계획은 완전 민영화 대상 공기업, 언론기관 및 금융관련 공기업[5]을 제외한 나머지 19개 정부투자·출자기관(모기업) 및 이들의 55개 자회사를 대상으로 수립되었다. 동 계획에서는 공기업 민영화 및 경영혁신 추진의 기본원칙을 다음과 같이 설정하였다(기획예산처, 2000).

① 공기업의 새로운 가치를 창조하기 위해 기능과 역할을 재정립하여 국민에게 봉사하는 기관으로 탈바꿈한다.

② 공기업의 설립목적에 따른 고유업무와 핵심사업(core competence)에 전념토록 유도하는 가운데 민간이 수행하는 것이 더 효율적인 기능은 과감히 민영화 또는 민간위탁(outsourcing)을 추진한다.

③ 국민의 세금이 낭비되지 않도록 유사·중복기능은 통폐합한다.

④ 간섭과 규제를 최소화하여 자율·책임경영체제를 확립한다.

⑤ 경영효율성 향상을 위해 운영시스템을 근본적으로 개혁한다.

이러한 기본원칙에 따라 공기업 민영화 및 경영혁신을 추진하기 위한 구체적인 추진전략을 다음과 같이 설정하였다.

① 고유업무와 핵심사업 위주로 기능 및 조직을 정비하기 위하여 비관련다각화 자회사는 정리하고, 경쟁력이 없거나 비핵심분야는 폐지 또는 민영화한다. 또한 조직과 인력의 슬림화를 통해 조직과 인력은 최소규모로 축소함으로써 효율성을 최대화하고 예산낭비를 최소화한다.

② 자율 및 책임경영체제를 확립하기 위하여 객관적이고 중립적인 사장추천위원회 등을 통해 최고경영자를 선임하고, 최고경영자에게 조직·인사·예산 등에 대한 자율권을 부여한다. 또한 성과에 의한 평가제도 및 인센티브제도를 강화한다.

5) 금융관련 공기업의 경영혁신은 금융감독위원회가 추진하도록 되어 있다.

③ 경쟁촉진 및 경영투명성을 강화하기 위하여 공기업이 독점적으로 수행하는 사업은 민간이양이나 규제완화를 통해 경쟁촉진토록 한다. 또한 공기업의 경영실적 등 주요 사항을 정기적으로 공개하는 경영공시제도를 도입하고, 국제회계기준에 맞는 재무제표작성 등으로 경영투명성을 제고한다.

〈표 4〉 김대중 정부의 제2차 공기업 민영화계획에 의한 자회사 정리계획

구 분	정 리 계 획
완전 민영화 (12)	ㅇ 1998년(4개) 매일유업, 매일뉴질랜드치즈, 코리아후드서비스(유통공사), 한국건설자원공영(주공) ㅇ 1999년(8개) 한국통신카드(한통), 중국진황도동화열전유한공사(지역난방), 세일에이직(한전), 지앤지텔레콤(송유관), 청열(가스공), 한양공영, 「한양목재, 한양산업」(주공) → 통합후 민영화
단계적 민영화 (28)	ㅇ 2000년(3개) 한국통신케이블TV, 한국TRS(한통), 한국연초인삼홍콩유한공사(담배공) ㅇ 2001년(12개) 한국전력기술, 한전기공, 한전산업개발(한전), 한국지역난방기술, 안산도시개발(지역난방), 한국냉장, 노량진수산시장, 한국축산(유통공사), 『주공, 수공, 도공, 토공감리공단』→ 통합후 민영화 ㅇ 2002년(13개) 한국통신기술, 한국통신진흥, 한국통신산업개발, KTAI(한국통신미국법인), KTPI(한국통신필리핀법인) (한통), 한국가스기술공업, 한국가스엔지니어링, Korea LNG Co, 한국가스해운(가스공), 한국수자원기술공단(수공), 고속도로관리공단, 고속도로정보통신공단(도공), 한국토지신탁(토공)
통폐합 등 (6)	ICO투자관리(한통), 한국송유관공사(송유관), 경주관광개발공사(관광공사), 한국물산(유통공사), 한양(주공), 한국부동산신탁(감정원)
구조조정 (8)	한국PC통신, 한국해저통신, 한국통신프리텔, 한국공중전화(한통), 한국원전연료, 한전정보네트웍(한전), KCCL(영국캡틴유전개발), PPSL(인도네시아유전개발)(유개공)

주: YTN은 자체 구조조정 추진.
자료: 기획예산처(2000).

이상과 같은 원칙과 전략에 따라 19개 정부투자·출자기관의 자회사(출자회사) 55개 중에서 12개는 완전 민영화 대상기관, 28개는 단계적 민영화 대상기관, 그리고 6개는 통폐합 대상기관, 8개는 자회사로 존치하면서 구조조정을 실시하는 기관으로 선정하였다.

이처럼 제1차 민영화 계획이 정부투자·출자기관의 모기업을 대상으로 수립된 것인데 비해 2차 민영화 계획은 자회사를 대상으로 한 것이다. 제2차 민영화 계획에 의하면 2002년까지 총 40개의 자회사가 민영화되고, 6개의 자회사는 모기업에 통폐합되어 2002년 이후에는 8개 자회사만이 존치하게 된다.6) 2000년 이후에 단계적으로 민영화되는 자회사의 경우에는 인력감축, 조직개편 등 구조조정을 추진한 후 민영화하도록 하였다. 한편 자회사에 대한 민영화 계획과는 별도로 19개 정부투자·출자기관에 대해서는 개별 공기업별로 경영혁신계획을 세부적으로 수립하였다. 경영혁신계획은 인력 및 조직감축, 사업조정, 외부위탁 등 경영효율화, 자산매각, 퇴직금·복리후생비 개선 등 노사관계합리화 등으로 구성되었다.

김대중 정부는 민영화 추진계획을 수립하고 추진상황을 점검·조율하기 위한 최고의사결정기구로 기획예산위원회(기획예산처)에 '공기업민영화추진위원회'를 설치·운영하였다. 대통령훈령에 근거하여 설치된 공기업민영화추진위원회는 기획예산위원장(기획예산처 장관)이 위원장을, 재정경제부 차관이 부위원장을 맡았다. 이 위원회는 민영화 대상 공기업의 주무부처 차관, 공정거래위원회 부위원장, 기획예산위원회(기획예산처) 정부개혁실장, 산업은행 부총재, 민간위원 2인 등 총 10여명의 위원으로 구성되었으며, 기획예산위원회 정부개혁실이 사무국 역할을 수행하였다. 공기업민영화추진위원회는 1998년부터 2002년 12월까지 10회에 걸쳐 회의를 개최하여 공기업별 민영화 추진계획 수립, 민영화 추진상황 점검·조정 등 주요사안을 협의·결정하였다. 한편, 해당 공기업의 주무부처는 관련부처 공무원, 민간전문가, 공기업 임원 등으로 구성된 '공기업민영화실무추진팀'을 설치·운영하여 구체적인 매각방법 및 일정 등의 세부전략을 수립하여 시행하였다. 이외에도 원활한 민영화 추진을 위해 주무부처는 민영화에 수반되는 산업정책과 규제정책을 정비하는 역할을 담당하였으며, 공기업별로 민간전문기관을 선정하여 민영화에 필요한 금융, 법률, 기술 등에 관한 자문을 받기도 하였다.

김대중 정부에서는 11개 민영화 대상 모기업 중 8개 기업을 민영화하였다. 국

6) 1998년 기준으로 총 82개의 공기업 자회사 중에서 언론기관의 자회사를 제외한 75개의 정부투자·출자기관의 자회사는 모기업의 민영화에 따라 자동적으로 민영화되는 완전 민영화 대상 공기업의 21개 자회사를 포함하여 61개의 자회사가 민간에 매각된다. 이중 완전 민영화되는 자회사가 33개 기관이고, 단계적으로 민영화되는 자회사가 28개 기관이다. 또한 6개 자회사는 모기업에 통폐합할 계획인 바, 75개 자회사(언론기관 자회사 제외) 중 67개가 2002년까지 연차적으로 정리될 예정이다.

〈표 5〉 김대중 정부의 공기업 민영화 추진 실적

대상기업	완료 시점	매각방법	매각 수익	소유·지배 구조	제도개선·법령개정
국정교과서	1998. 11	ㅇ 경쟁입찰(86.5%)	460억원	대한교과서	ㅇ 2002년부터 경쟁체제로 전환
종합기술금융	1999. 1	ㅇ 경쟁입찰(10.2%) ㅇ 증시매각(2.0%)	116억원	(주)미래와사람	ㅇ KTB법 폐지(1999.2)
대한송유관	2000. 4	ㅇ 「투자계약서」에 의하여 기존주주인수(36.8%)	1,669억원	기존주주(정유4사)	ㅇ 경쟁제한행위를 금지(정관 2001.8)
포항제철	2000. 10	ㅇ 해외DR(18.5%, 3회) ㅇ 자사주(8.2%, 3회)	2조 7,801억원	소유분산	ㅇ 이사회 중심의 전문경영체제 도입 (정관 2000.3)
한국종합화학	2000. 11	ㅇ 3회 유찰, 적자경영으로 조기 청산('01.12)	-	-	ㅇ 「한국종합화학공업주식회사법」 폐지 (2001.12)
한국중공업	2000. 12	ㅇ 공모(24%) ㅇ 경쟁입찰(36%)	4,290억원	두산	-
한국통신	2002. 5	ㅇ 해외매각(44.1%, 3회) ㅇ 국내매각(29.5%, 2회)	12조 6,999억원	소유분산	ㅇ 전기통신사업법개정 한국전기통신공사법 폐지법률개정(2000.12) ㅇ 정관개정(2002.8)
한국담배	2002. 10	ㅇ 해외(39.7%, 3회) 국외(41.9%, 3회)	3조 513억원	소유분산	ㅇ 담배사업법개정 (2001.3)

정교과서는 최초로 민영화된 공기업으로서 경쟁입찰 방식으로 1998년 11월 '대한교과서(주)'에 매각되었다. 한국종합기술금융은 1999년 1월 '미래와 사람(주)'에 경쟁입찰방식으로 매각되었다. 대한송유관공사는 기존 주주간 체결된 '투자합의계약서'에 의하여 정부보유지분을 기존의 민간주주인 정유사들에 매각하여 2000년 4월에 민영화를 완료하였다. 포항제철은 3차례에 걸친 해외DR 발행과 자사주 매각을 통해 정부와 산업은행이 보유하고 있던 지분을 모두 매각하여 2000년 10월에 민영화되었다. 한국종합화학은 자산매각을 위한 수 차례의 공개입찰 등이 유찰되고 적자경영이 지속되어 2000년 11월 주총에서 해산을 결의하고 2001년 12월 청산절차가 마무리되었다. 한국중공업은 2000년 9월에 산업은행 및 한국전력이 보유하고 있는 지분 24%를 국내공모를 통해 매각하고 2000년 12월에 4대 재벌을 제외한 제한경쟁입찰을 통해 경영권을 두산에 이양하였다. 한국통신은 해외DR발행 2회, 국

내경쟁입찰, 국내공모 등 다양한 방법을 통해 2002년 5월 정부지분을 완전히 매각하였다. 담배인삼공사는 1999년 9월 국내증시상장을 시작으로 해외DR·EB발행, 국내공모 등을 통해 정부·국책은행지분을 전부 매각하여 2002년 10월 민영화를 완료하였다.

당초 민영화계획에 포함되어 있던 한국전력, 가스공사, 지역난방공사 등 3개 에너지 공기업의 경우에는 당초 계획을 부분적으로 완료하거나 유보되었다. 우선, 한국전력공사는 해외DR발행을 통해 정부지분의 5%를 매각하고 자산매각 형식으로 경쟁입찰을 통해 안양·부천지역의 열병합발전소를 LG-Power에 매각하였다. 또한 2001년 4월 한전의 발전부문을 6개 자회사로 분리하였으며, 수력원자력회사를 제외한 5개 화력발전회사를 단계적으로 매각할 예정이었으나 유보되었다. 둘째로, 가스공사는 1999년 12월에 기업공개를 추진하여 정부지분과 신주를 공모(38%)하여 증권거래소에 상장하였다. 또한 민영화 이전에 가스산업에 경쟁여건을 조성하기 위하여 가스산업구조개편을 추진하였는 바, 2001년 11월에 도시가스사업법개정(안), 가스공사법개정(안), 에너지위원회법제정(안) 등 가스산업구조개편관련 3개 법(안)을 국회에 제출하였다. 관련법안의 입법이 완료되면 가스공사의 천연가스 도입·도매부문을 3개사로 분할하여 민영화할 예정이었으나 이 역시 유보되었다. 셋째로, 지역난방공사는 2000년 6월 안양·부천지역의 열공급설비를 한국전력공사의 열병합발전소와 함께 경쟁입찰을 통해 LG-Power에 매각하였다. 이어서 지역난방공사 전체 지분 중 36%를 증시에 상장시킨 후 나머지 36%에 대해 공개경쟁입찰을 통해 경영권을 매각할 예정이었으나, 분당지역주민이 요금인상 우려 등을 이유로 민영화를 반대하는 '주식상장 및 처분금지가처분' 신청 등을 제기하여 상장절차 진행이 지연되다가 최종적으로 매각계획이 유보되었다.

이와 같이 김대중 정부에서는 모기업 8개를 민영화하고 자회사 66개를 민영화 또는 통폐합하여 민영화 추진실적이 역대 정부와 비교하여 가장 높았다. 이는 경제위기 극복을 위한 정부의 강한 민영화 의지가 작용한 데 기인한 것으로 보인다. 과거에는 공기업의 경영효율성 제고, 분배형평성 제고 등 장기적인 목표를 가지고 민영화를 추진하는 과정에서 해당노조 등 이해관계자가 민영화를 반대하는 경우 정부의 민영화 의지가 쉽게 약화되었다. 그러나 김대중 정부에서는 장기목표와 더불어 경제위기 극복, 대외 신인도 제고 등 단기목표에 대한 국민적 공감대도 폭넓게 형성되어 정부의 민영화 추진의지에 힘을 실어 주었다.

3) 이명박 정부의 공기업 개혁 정책[7)]

이명박 정부는 공공기관의 민영화 및 경영효율화를 '공공기관 선진화계획'의 형태로 수립하여 추진하였다. 2008년 8월 11일에 '활기찬 시장경제 구현을 위한 공기업 선진화 추진방향'에 의거하여 '제1차 공기업 선진화추진계획'을 발표한 이후 2009년 3월 31일 '제6차 공공기관 선진화 계획'을 발표하는 등 총 6차에 걸친 발표를 통해 '이명박 정부'의 '공공기관 선진화 계획'을 완성하였다.

(1) 공공기관 선진화 추진 방향

이명박 정부가 공공기관 선진화 계획을 수립하여 공기업 및 준정부기관의 민영화와 구조조정을 추진함에 있어서 설정한 기본원칙은 다음과 같다.

첫째, '작은 정부, 큰 시장'으로 전환: 민간이 창의력을 발휘할 공간을 확대하고, 활력있는 시장경제를 구현하는 것을 목표로 공공부문이 국민경제에서 차지하고 있는 비중을 지속적으로 축소하고, 금융 등 민간의 역량이 성숙한 분야는 공공의 역할을 조정한다. 이때 공공의 역할 조정 문제는 관련 산업의 세계적 추이와 미래 비전에 입각하여 판단한다.

둘째, 국민 편익 증대: 공공기관의 선진화를 통해 질 좋은 공공서비스를 제공하고, 공공기관에 대한 정부지원 절감으로 국민의 부담을 경감한다.

셋째, 사회적 비용 최소화: 우선 요금 문제와 관련해서는 국민 기본생활과 직결되고 요금인상의 우려가 있는 '전기, 가스, 수도, 의료보험'은 민영화 대상에서 제외한다. 다음으로 고용안정을 위해 민영화 기관은 '고용승계' 원칙을 적용하고, 통폐합 등 인력조정이 불가피한 경우에는 다양한 대책을 강구한다. 예를 들어 자연감소분을 우선 활용하고, 명예·희망퇴직제 및 배치전환·전직지원 등을 검토하기로 한다. 그리고 혁신도시 문제와 관련해서는 공기업 선진화에도 불구, 혁신도시는 차질 없이 추진하고, 기 수립된 공공기관 지방이전계획의 기본골격을 최대한 유지하면서 보완대책을 강구한다. 예를 들어 이전대상 공기업의 민영화는 지방이전을 조건으로 추진하고, 통폐합 기관의 입지는 지자체간 협의와 균형위의 조율을 통해 결

7) 이 부분은 곽채기(2009)에 의거하여 작성하였다.

정하며, 보완대책 수립시 관련 지자체 및 기관 등의 의견을 적극 수렴하도록 한다.

넷째, 기관별 특성에 맞는 선진화 방안을 투명하게 추진: 공개토론회 등 공론의 장에서 각계각층의 의견을 수렴하고, 투명한 절차를 통해 선진화 방안을 마련한다. 또한 공공성, 경쟁성 등 공공기관 서비스 특성, 시장상황에 따른 합리적 기준을 제시, 대상기관에 적합한 선진화 방안을 마련한다. 예를 들어 경쟁여건이 형성되어 있거나 향후 경쟁가능성이 높아 민간수행이 바람직한 경우에는 민영화하고, 업무가 상호 유사·중복된 기관은 통폐합하고, 여건변화에 따라 기능·역할 재정립이 필요한 경우에는 기능조정을 추진하며, 공공성이 있어 존치되는 모든 공공기관은 경영효율화를 도모한다.

공공기관 선진화를 위한 민영화, 통폐합, 기능조정, 경영효율화를 위한 추진방향은 다음과 같이 설정하였다.

첫째, 민영화: 민영화 검토 대상 공기업은 시장에 참여하여 민간과 경쟁하고 있거나 경쟁 가능성이 높은 경우, 경쟁여건 조성, 국제경쟁력 확보 등 민영화를 위한 여건조성이 선행되어야 하는 경우로 설정되어 있다. 이들 민영화 대상기관은 2008년 하반기부터 매각절차에 착수하되, 적절한 가격을 받을 수 있도록 구체적 매각 시기는 시장여건에 따라 탄력적으로 조정한다. 다음으로 경쟁여건 조성 등을 위한 법적·제도적 조치가 필요한 경우는 2008년 하반기부터 제도 정비에 착수하고, 단계별 민영화계획을 마련하되, 그 이전이라도 지분 일부 매각이 가능할 경우 매각을 추진한다. 그리고 공기업을 민영화함에 있어서는 매각가치 제고, 경제력 집중, 독과점 폐해 방지를 위해 기관별 특성을 고려하여 다양한 매각전략을 활용한다.

둘째, 통폐합: 통폐합 대상 검토 공공기관은 동일한 정책목적을 달성하기 위한 기관이 양립하여 비효율성이 존재하는 경우와 동일 분야에 유사기관이 존재하여 통합을 통한 시너지 효과로 새로운 부가가치 창출이 기대되는 경우로 설정되어 있다. 이들 공공기관을 대상으로 중복·유사기관은 통폐합하여 단일 통합조직으로 재설계하고, 통합에 따라 관리조직, 비핵심사업 등은 슬림화하고, 고유 목적사업 중심으로 기능·인력 재배치하도록 한다.

셋째, 기능조정: 기능조정 검토 대상 기관은 민간 활성화, 설립목적 달성 등으로 더 이상 공공부문에 존치할 필요가 없거나 역할이 축소된 기관, 비관련사업 비

02

중이 과다한 기관, 기관간 역할분담 재검토를 통해 효율성 제고, 이용 편의성 증대가 가능한 경우 등으로 그 범위가 설정되어 있다. 이러한 기관을 대상으로 공공부문에 존치할 필요가 약화된 기능은 폐지, 기능 축소 또는 주된 기능 수행기관으로 이관하고, 기관간 기능 조정은 주된 기능 수행기관으로 일원화하며, 기관내 기능 조정은 고유 핵심역량 중심으로 인력·예산을 재배치하도록 한다. 이때 급격한 인력감축보다는 강화될 기능에 인력을 전환 배치하도록 한다.

넷째, 경영효율화: 공공기관으로 존치되는 모든 기관은 경영효율화 대상으로 설정되어 있으며, 단계적 민영화 대상 기관도 완전 민영화 시행 이전까지 기업가치 제고를 위한 경영효율화 활동을 추진하여야 한다. 경영효율화 대상기관은 "효율성 최소 10% 향상"을 목표로 하여 다음과 같은 방법에 의해 하드웨어와 소프트웨어 효율화를 동시에 추진한다.

- 조직 및 인력은 기관 고유의 핵심기능 수행에 필요한 수준으로 감축·운영: 과도한 상위직(임원포함) 및 지원인력 축소, 불요불급한 파견·교육 등 비 현업인력 축소, 조직 유연성 제고를 위한 대부서 체제 운영 등
- 지방조직(지역본부-지사-영업소)은 계층구조의 단순화·광역화 등을 통해 대폭 정비. 해외 조직도 사업성과 및 서비스 수요를 입증하지 못하는 경우 축소
- 임금피크제 도입 등 인력 운영의 유연성 제고
- 임원 등 단위부서장과의 경영계약제, 내부성과관리 강화
- 민간 수행이 가능한 기능은 민간위탁(outsourcing) 추진
- 정부예산 절감 10% 취지에 맞춰 예산절감
- 출자(재출자) 회사 정비 및 관리체계 개선, 유휴자산 매각 등
- 감사원·국회 지적사항 개선 등 조직·인사·예산집행에서 경영관리 강화

(2) '공공기관 선진화 계획'의 주요 내용

'이명박 정부'는 총 6차례에 걸쳐 '공공기관 선진화 계획'을 작성하여 순차적으로 발표하였다. 이중 제1~3차 계획은 민영화와 통폐합 등을 중심으로 한 공기업과 준정부기관의 구조조정 계획이고, 제4·6차 계획은 정원 감축, 자산매각과 인건비 절감을 통한 재무건전성 확보 등을 중심으로 한 공공기관의 경영효율화 계획으로 작성되었다. 그리고 제5차 공공기관 선진화 계획에서는 공기업과 준정부기관의 출

〈표 6〉 '이명박 정부'의 공공기관 선진화 계획(1-6차)의 개요

계획별	발표일	계획의 핵심 내용
제1차	2008. 8. 11	27개 기관 민영화, 2개 기관을 1개 기관으로 통합, 12개 기관 기능조정
제2차	2008. 8. 26	1개 기관 민영화, 29개 기관을 13개 기관으로 통합, 3개 기관 폐지, 7개 기관 기능조정
제3차	2008. 10. 10	10개 기관 민영화, 7개 기관을 3개 기관으로 통합, 2개 기관 폐지, 1개 기관 기능조정
제4차	2008. 12. 22	69개 기관 경영효율화 : 정원 19,383명 감축, 자산 8.5조원(65건) 매각, 예산 1.7조원 이상 절감
제5차	2009. 1. 13	273개 출자기관 중에서 113개 기관 지분매각, 17개 기관 청산·폐지, 2개 기관 모기업 흡수·통폐합
제6차	2009. 3. 31	60개 기관을 대상으로 효율성 10% 이상 향상을 목표로 기능 폐지·축소, 민간위탁 등을 통해 정원 2,981명(11.6% 수준) 감축, 자산매각 565억원, 예산절감 1,300억원 이상, 지속적인 효율화를 위한 운영시스템(연봉제, 임금피크제 등) 개선 등

자료: 기획재정부(2008, 2009).

자회사를 대상으로 한 지분매각, 청산·폐지, 모기업으로의 흡수·통폐합 등을 중심으로 한 공공기관 출자회사의 구조조정 계획을 제시하였다.

이상과 같은 '이명박 정부'의 공공기관 선진화 계획 중에서 공기업과 준정부기관을 대상으로 한 민영화와 통폐합을 중심으로 한 구조조정계획을 담고 있는 것은 위에서 밝힌 바와 같이 제1-3차 공공기관 선진화 계획이다. 1-3차 공공기관 선진화 계획에서 제시하고 있는 공공기관 구조조정계획을 종합해 보면 〈표 7〉과 같다.

전체 검토대상인 319개 공공기관 중에서 108개 기관을 선정하여 민영화(38개 기관), 경쟁도입(2개 기관), 통합(38개 기관), 폐지(5개 기관), 기능조정(20개 기관), 효율화(8개 기관) 등의 구조조정 방안을 제시하고 있다. 38개 민영화 대상 기관은 산업은행과 기업은행 및 그 자회사로 구성된 7개 금융공기업(기타공공기관), 공적자금 투입 등으로 공기업화된 구조조정대상 14개 기업, 대한주택보증, 88관광개발, 공기업과 준정부기관의 자회사 10개, 그리고 일부 지분매각 대상 5개 공기업 및 공기업의 자회사(인천국제공항공사, 한국공항공사, 지역난방공사, 한전기술, 한전KPS) 등으로 구성되어 있다. 그리고 38개 공공기관을 통폐합하여 17개 기관으로 재구성하는 유사중복기능에 대한 구조조정을 적극적으로 추진하기 위한 계획을 수립하였는 바, 통폐합 대상 기관 중에서 공기업은 3개 기관(대한주택공사, 한국토지공사, 한국산재의료원)에 불과하고

02

〈표 7〉 '이명박 정부'의 제1-3차 공공기관 선진화 계획의 총괄 내용

구 분	기 관 명
■ 민영화 (38개)	ㅇ 금융공기업 (7개): 산은·자회사(캐피탈, 자산운용), 기은·자회사(캐피탈, 신용정보, IBK시스템) ㅇ 대한주택보증, 88관광개발(88골프장) ㅇ 공적자금투입 등 구조조정기업(14개) ㅇ 자회사(10개) : 한국문화진흥(뉴서울CC), 한국자산신탁, 한국토지신탁, 경북관광개발, 한국건설관리공사, 안산도시개발, 인천종합에너지, 그랜드코리아레저, 농지개량, 기업데이타
지분일부 매각(5개)	ㅇ 인천국제공항공사, 한국공항공사, 지역난방공사, 한전기술, 한전KPS
■ 경쟁도입 (2개)	ㅇ 한국가스공사, 한국방송광고공사
■ 통 합 (38→17개)	ㅇ 주공 + 토공, 신보 + 기보(금융시장 상황을 감안, 연말에 결정) ㅇ R&D관리기관: 9 → 4개 ■ (지경부) 6 → 3개, (교과부) 3 → 1개 ㅇ 정보통신진흥기관 : 10 → 4개 ■ (지경부) 2 → 1개, (문화부) 3 → 1개, (방통위) 3 → 1개, (행안부) 2 → 1개 ㅇ 환경자원공사+환경관리공단, 환경기술진흥원+친환경상품진흥원 ㅇ 한국산재의료원+근로복지공단 ㅇ 저작권심의위+컴퓨터프로그램보호위 ㅇ 청소년수련원+청소년진흥센터 ㅇ 코레일 트랙+전기+엔지니어링, 코레일 개발+네트웍스
■ 폐 지 (5개)	ㅇ 정리금융공사, 노동교육원, 코레일애드컴 ㅇ 부산항부두관리공사, 인천항부두관리공사
■ 기능조정 (20개)	ㅇ 관광공사, 석유공사, 광업진흥공사, 국민체육진흥공단 ㅇ 전기안전공사, 산업기술시험원 ㅇ 예금보험공사, 자산관리공사, 한국감정원, 가스기술공사 ㅇ KOTRA·중소기업진흥공단·정보통신국제협력진흥원 ㅇ 4대보험 징수통합(국민연금공단, 건강보험공단, 근로복지공단) ㅇ 생산기술연구원, 디자인진흥원, 에너지관리공단, 한전(R&D관리기능 이관)
■ 경영효율화 (8개)	한국전력 및 발전자회사(5), 철도공사, 도로공사

주: 1차(41개), 2차(40개), 3차(30개) 기관 중 3개 기관이 중복되어 대상기관은 108개.
자료: 기획재정부(2008).

나머지는 모두 준정부기관으로 구성되어 있다. 정부조직개편으로 유사중복기능을 수행하고 있던 다수의 준정부기관들이 동일 부처 소속으로 변경됨에 따라 기관통폐합이 가능하게 되었으며, 융합추세에 대응해 관련 준정부기관들을 능동적으로 통

폐합하기 위한 계획을 수립하였다. 또한 다른 공공기관 또는 민간이 공급 가능한 서비스를 제공하고 있거나 계속 공공기관으로 존치할 필요성이 낮은 5개 기관을 폐지하기로 결정하였다. 이 밖에 기능조정 대상 20개 기관 중에는 그 동안 지속적으로 그 필요성이 제기되어 왔던 4대 보험 징수기능 통합 방안이 포함되어 있다.

한편, '이명박 정부'의 제5차 공공기관 선진화 계획에서는 공공기관(모기업) 경영효율화 차원에서 공공기관이 출자한 회사 중 '공공기관으로 지정되지 않은' 273개 출자회사[8]에 대한 지분 정리계획 및 관리제도 개선 방안을 마련하였다. 공공기관(305개)이 출자한 회사는 총 330개이다. 이중 기타공공기관으로 지정되었거나[9] 이미 선진화 방안에 따라 관리 중인 57개를 제외한 나머지 273개 출자회사(출자 총액 5.8조원)를 대상으로 제5차 공공기관 선진화 계획을 작성하였다. 그 결과 지분매각 113개 기관, 청산·폐지 17개 기관, 모기업 흡수·통폐합 등 총 132개 출자기관에 대한 구조조정계획이 수립되었다. 그리고 출자회사 신설 및 출자금 확대 억제 방안, 출자회사 관련 경영평가·경영공시 강화 등 출자회사 관리제도 개선 방안 및 출자유형별 출자회사 관리방향 등을 포함한 출자회사 관련 정책적 방향도 별도로 제시하였다.

〈표 8〉 공공기관 유형별·출자지분별 공공기관 미지정 출자회사 현황

구 분		합 계(개)	공 기 업	준정부기관	기타공공기관
출자회사 수 (지분별)	50%이상	66	36	10	20
	30%~50%	49	33	8	8
	10%~30%	105	67	16	22
	10%미만	53	10	30	13
	계 (해외법인)	273 (68)	146 (54)	64 (-)	63 (14)
출자액(억원)		58,380	20,234	30,356	7,790

주: 2008년 10월말 기준.
자료: 기획재정부(2009).

8) 공공기관으로 지정되지 않은 '미지정 출자회사'는 지배력 미확보, 재출자 회사 형태로서 공공기관 지정 요건을 미충족한 기관들과 20인 미만의 소규모 기관들이다.

9) 공기업과 준정부기관의 출자회사 중 모기업이 50% 이상 지분을 보유하거나 30% 이상 보유하면서 지배력 있는 경우만 지정요건에 해당하고, 지정 요건 해당 기관 중 직원규모가 20인 이상인 경우에만 기타공공기관으로 지정·관리되고 있다. 2008년 말 현재 공기업과 준정부기관의 출자회사 중 기타공공기관으로 지정·관리되고 있는 기관은 43개이다. 그리고 공적자금 투입기업 등 14개 구조조정 기업은 지정에서는 제외되어 있으나 제1차 공공기관 선진화계획에 따라 매각대상으로 관리되고 있다(지정요건은 충족).

〈표 9〉 '이명박 정부'의 제5차 공공기관 선진화 계획의 개요

구 분	정비 전(A)		정비 후(B)	증감(B-A)
출자회사 수	273개	→	141개	△132개
출 자 액	58,380억원		27,019억원	△31,361억원
매각가치(추정)	46,127억원('07 순자산가치 기준)			

자료: 기획재정부(2009).

(3) 이명박 정부의 공공기관 선진화 계획의 특징

이명박 정부의 공공기관 선진화 계획은 '공공기관의 운영에 관한 법률'에 의거하여 2008년 현재 기준으로 공공기관으로 지정된 305개 기관 전체를 대상으로 민영화, 통폐합, 폐지 및 청산, 기능조정, 경영효율화 방안 등을 제시하고 있다. 또한 제5차 계획에서는 공공기관으로 지정되지 않은 공공기관의 출자회사 273개 전체를 대상으로 구조조정 대상 기관을 선정한 후 132개 출자회사에 대한 구조조정계획을 수립하였다. 이처럼 '이명박 정부'의 공공기관 선진화 계획은 그 대상 범위 측면에서는 공공기관뿐만 아니라 공공기관의 출자·재출자(손자) 회사까지를 개혁의 대상으로 설정함으로써 역대 정부의 공공기관 개혁에 비해 그 대상 범위가 대폭 확대되었다. 또한 전체 개혁 대상 공공기관의 범위를 사전에 설정해 놓은 다음에 6차례에 걸쳐 순차적으로 공공기관의 개혁방안을 설계하여 제시한 점도 과거 정부의 공공기관 추진 전략과 차별화되는 측면이다.

그러나 이명박 정부의 공공기관 선진화 계획은 민영화, 통폐합, 기능조정, 경영효율화 등 공공기관의 개혁 대안 중에서도 상대적으로 기관통폐합과 기능조정에 역점을 두고 있다. 그리고 민영화 방안도 국책은행의 민영화와 비금융공기업의 자회사 민영화 및 출자회사의 지분 매각에 초점을 맞추고 있을 뿐이며, 그 동안 논의되어 왔던 에너지 및 네트워크 산업 분야의 공기업은 민영화 대상에서 제외되었다. 또한 SOC 및 에너지 분야 공기업의 민영화 추진계획도 부분 민영화 또는 준민영화 방안을 중심으로 접근하고 있다.

2. 공기업 민영화 정책의 문제점: 지체된 민영화, 표류하는 민영화

신자유주의에 기초한 시장주의 개혁 패러다임이 지배하였던 1980년대 이후에는 선·후진국을 막론하고 모든 분야가 잠정적으로 민영화 대상으로 인식되어 왔다. 다만, 해당 산업 또는 사업의 특성을 고려한 다양한 민영화 방법을 개발하여 민영화의 필요성에 대응하고 있다.

우리나라에서도 1968년부터 1973년까지의 기간 동안 11개 공기업이 민영화된 이후 1980년대 이후에는 정권교체기마다 주기적으로 공기업 민영화계획을 수립하여 추진하여 왔다. 그러나 그동안 공기업 민영화 문제를 정권 단위의 개혁과제로 인식하고, 해당 정부기간 동안 적용하기 위한 개혁 프로그램을 설계하는 관점에서 접근하여 왔다. 이로 인해 중장기적 관점에서 종합적이고 체계적인 전략개발이 요구되는 대형 공기업의 민영화 문제를 일관성 있게 다루지 못하고 있다. 특히, 그동안 공기업 민영화 정책은 일명 "go-stop" 방식, 즉 "민영화계획수립→일부시행→장애요인발생→지연→정권교체후 다시 계획수립"의 패턴을 반복해 왔다(곽채기, 2000a: 24).

그 결과 '김영삼 정부'에서부터 시작된 한국전력공사, 한국가스공사, 한국지역난방공사 등 에너지분야 공기업의 민영화는 부분 민영화된 채 중단되거나 아직도 진행 중에 있다. 또한 '김대중 정부'에서 시작된 한국전력공사의 발전회사도 민영화 대상기관으로 선정되어 민영화를 추진해 오다가 노무현 정부에서 민영화 추진이 중단되었다. 특히, 이들 에너지분야 공기업의 경우에는 민영화 추진 지연 및 정권교체기마다 민영화 문제를 둘러싼 논란으로 인해 다양한 형태의 거래비용을 유발하고 있다.

또한 금융공기업 중 중소기업은행의 민영화는 '김영삼 정부'에서 시작되었으나 아직도 진행 중에 있다. 그리고 산업은행에 대해서는 '이명박 정부'의 공공기관 선진화계획에 의해 구조조정 및 민영화 방안이 마련되었다. 이미 산은금융지주주식회사와 자회사인 한국산업은행으로의 구조조정이 이루어졌고, 향후 2014년까지 단계적으로 한국산업은행의 민영화를 추진할 예정이다.

특히, 이명박 정부에서는 한국공항공사의 지방공항의 운영권 매각, 인천국제공항공사의 일부 지분매각, 철도사업(KTX)의 민간개방 등 SOC 분야의 민영화가 새로 추가되었다. 이중 한국공항공사의 지방공항(청주국제공항)의 운영권 매각은 계약 이행 과정에서 무산되었고, 인천공항공사의 일부 지분매각과 철도사업(KTX)의 민간 개방에 대해서는 다양한 이해관계자들로부터의 강한 반대에 직면하고 있다.

한편, 우정사업의 경우에는 '김영삼 정부'에서 정부기업 형태의 공기업 경영체제를 공사형 공기업으로 전환하려고 하였으나 실패한 이후 아직까지 경영체제의 전환을 통한 상업화·기업화 노력이 지체되고 있다.

이처럼 현재 공기업 민영화 대상으로 거론되고 있는 공기업들은 모두 경영체제의 전환이 지체되고 있거나, 공기업 민영화 추진이 표류하고 있는 특성을 공통적으로 안고 있다. 그 이유는 현재 남아 있는 공기업 중에서 민영화 대상으로 거론되고 있는 공기업들이 모두 공공성이 강한 공익사업적 성격을 띠고 있어 민영화 추진에 대한 사회적 합의 형성과 성공적인 민영화 정책 대안을 설계하기가 어려운 '사악한 문제(wicked problem)'의 성격을 띠고 있기 때문이라고 할 수 있다.

특히, 공기업 민영화 정책의 표류를 초래하는 일차적 원인으로 작용하고 있는 민영화를 둘러싼 찬반 논쟁은 공기업제도가 안고 있는 양면성에 대한 객관적인 정보를 공유하지 못한 상태에서, 특정 입장을 옹호하는 데 필요한 정보만을 선택적으로 수용하고 활용하는 데 기인하는 경우가 많다. 그럼에도 공기업제도를 유지하는 경우와 이를 민영화하는 데 따른 편익과 비용 배분의 대차대조표를 특정의 이해관계자 관점이 아니라 국민경제적 차원에서 객관적이고 체계적으로 작성하여 이를 공유하는 노력이 제대로 전개되지 못하고 있다. 그 결과 민영화의 필요성과 효과 및 한계를 둘러싸고 정부와 국민 간에 소통의 위기가 초래되고 있다. 정부와 국민 간에 합리적 소통이 단절되면서 지극히 실용적 정책과제인 공기업 민영화 추진 문제가 이념적 논쟁으로까지 확대되고 있기도 한다.

Ⅳ. 공기업 민영화 정책의 성공적 추진 방안

1. 공기업 민영화 정책의 기본 방향

공기업에서 공유재의 비극이 발생하는 것은 재산권이 명확하게 정의되어 있지 않은 데 근본 원인이 있다. 따라서 공기업으로 존속해야 할 미션을 완수한 공공기관은 폐지하거나 민영화하는 것이 가장 근본적인 해결책이다.

공기업 민영화는 공기업의 존립 목적인 '공공목적'을 대신하여 '사적이윤목표'의 추구를 인정하는 시장기제 방식에 의해 (공공)서비스의 생산과 분배를 담당하기 위한 민간기업제도를 구축하기 위해 추진하는 정부 정책의 한 분야이다. 또한 공기업 민영화는 정치·행정과정을 통한 공적 통제방식에 의한 공기업 경영방식을 정부규제와 시장규율에 기초한 민간기업 경영방식으로 전환하는 것이다.

정부가 최근 공기업의 지배구조 혁신을 통해 보다 효율적인 경영을 유도하기 위한 제도적 기반을 구축하였다고는 하지만, 정부소유권하의 지배구조가 시장(경쟁) 메커니즘의 효율성보다 우수하다고 주장할 수 있는 논거는 희박하다. 따라서 산업정책기능을 수행하기 위해 설립된 공기업 중에서 더 이상 이러한 목표를 추구할 필요가 없는 공기업은 민영화하는 것이 바람직하다. 공기업을 민영화하여 민간부문의 창의와 활력을 도입하고, 보다 효율적인 시장(경쟁) 규율을 통해 기업 경쟁력을 제고하는 것이 자원배분의 효율성을 개선하는 데 기여할 수 있을 것이다.

특히, 민영화를 통해 공기업이 담당하고 있던 특정 산업이나 사업을 시장경제 활동 영역으로 전환할 경우에는 시장기능의 창달 및 시장경제 활동 영역을 확대할 수 있다. 또한 민영화를 통해 민간부문의 창의와 활력을 도입하여 공공서비스의 질을 향상시키고, 자원배분의 효율성을 제고함으로써 국가경쟁력 강화에도 기여할 수 있다. 그 외에도 우량 공기업의 주식 매각을 통해 국내 자본시장의 확대와 선진화에 기여할 수 있고, 국가부채(공기업부채)의 감소 및 재정 수입 확보 효과 등 민영화의 전략적 가치는 매우 다양하게 존재한다.

그러나 현재 공기업으로 존속하고 있는 에너지, SOC, 금융 분야 공기업 중에서 금융 분야를 제외한 나머지 공기업들은 공익사업으로서 공공성이 강하게 요구되고 있고, 글로벌 수준의 우수한 경영성과를 창출하고 있는 경우가 많아 그 동안 민영화되었던 공기업들과는 그 성격이 근본적으로 다르다고 할 수 있다. 우선 민영화 추진에 대해 국민들이 반대하는 경우가 많다. 이런 상황에서 민영화를 추진할 경우 공기업 경영체제에 비해 어떤 측면에서 개선된 성과를 창출할 수 있는가에 대한 비전을 구체적으로 제시하지 못할 경우에는 민영화 추진의 동력을 확보하기 어렵다. 또한 현재 민영화 대상기관으로 상정되고 있는 에너지, SOC 분야 공기업은 민영화를 추진하는 데 오랜 시간이 소요되어 한 정권 단위에서 완성하기 어려운 제약조건을 안고 있다. 따라서 이들 공기업의 민영화 문제는 정권단위 차원의 과제로 인식해서는 안 되고, 중장기적 관점에서 해당 공기업의 국민경제적 위상과 역할을 어떻게 정립해 나가야 할 것인가에 대한 공론화 과정을 통해 결론을 도출하는 것이 필요하다. 특히, 주무부 중심의 폐쇄적인 의사결정방식이나 정권교체기에 단기간의 인수위 활동을 통해 정책을 결정하고, 정권 차원의 개혁 프로그램으로 민영화 문제에 접근하는 방식을 개선할 필요가 있다. 이를 위해서는 상시적이고 지속가능한 민영화 추진을 위한 제도적 기반을 구축할 필요가 있다.

공기업 민영화에 따른 성과와 관련해서는 민영화된 해당 (공)기업의 관점, (공)기업의 고객 또는 소비자의의 관점, 국민경제적 또는 범사회적 관점 등에 따라 그 성과가 다르게 인식되고 있다는 점을 고려할 필요가 있다. 공기업을 민영화할 경우 해당 기업 또는 주주의 관점에서는 분명히 긍정적인 성과가 창출되는 것이 일반적인 경향이나, (공)기업의 고객 또는 소비자의 관점, 국민경제적 관점에서는 긍정적 성과와 함께 부정적 성과가 공존하고 있으며, 경우에 따라서는 부정적 효과가 더욱 부각되는 사례도 다양하게 존재하고 있다. 이와 관련하여서는 요금 인상, 안정적인 서비스 공급의 담보, 보편적 서비스 보장, 다국적 기업의 국내 시장 독점 등의 관점에서 주로 문제가 제기되고 있다.

따라서 공기업 민영화 대상 분야로서의 적합성 여부 판단, 민영화 추진방법의 선택, 민영화 추진 전략의 개발 등과 관련하여 민영화 추진에 따른 긍정적·부정적 성과를 민영화된 해당 (공)기업의 관점, (공)기업의 고객 또는 소비자의의 관점, 국민경제적 관점 등에 따라 사전에 분석한 다음에 부정적 성과를 최소화할 수 있는 민영화 정책을 설계하는 노력을 전개하여야 한다. 특히, 공익사업적 성격을 띠고 있는 공기업분야에서 있어서는 이러한 분석 작업이 사전에 충분하고도 체계적으로 이루어져야 한다.

또한 해당 민영화된 (공)기업의 성과를 제고하는 가운데 (공)기업의 고객 또는 소비자의 관점 및 국민경제적 관점에서 요구되는 성과를 함께 제고하기 위해서는 경쟁시장의 창출과 민영화된 (공)기업의 지배구조를 합리적으로 설계하는 것이 중요하다. 이 과정에서 공기업이 담당하고 있는 사업 또는 산업이 사적 독점으로 전환되는 것을 통제하고, 효율적인 기업지배구조 및 경영권 안정을 담보할 수 있는 제도적 장치를 설계하여 작동시키는 것이 필요하다. 따라서 경쟁시장 도입 또는 조성이 어려운 공기업 분야의 경우에는 소유이전형 민영화보다는 PPP형 민영화를 추진하는 것이 바람직한 것으로 평가되고 있다.

이 밖에 민간개방형 민영화 추진을 위한 절차적 정당성을 확보하기 위해서는 시장화 테스트제도를 도입하고, 이에 대한 법적·제도적 장치를 마련할 필요가 있다. 특히, 공익사업적 성격을 띤 공기업을 민영화하기 위해서는 전통적인 소유권 이전방식의 민영화 외에 유지관리계약, 컨세션 등 PPP형 민영화 전략을 활용할 필요가 있다. 그런데 현재 우리나라는 기존 공기업의 시설·사업을 대상으로 한 PPP형 민영화를 추진하기 위한 법적·제도적 기반이 제대로 갖추어져 있지 않다.

2. 공기업 민영화의 성공적 추진을 위한 법·제도적 기반의 재구축 방안

1) 공기업 민영화 개념과 유형에 대한 명확한 구분

공기업 또는 공공기관의 민영화를 추진하는 과정에서 민영화 개념과 유형 구분에 대한 사회적 합의가 형성되지 못한 나머지 정부와 국민 및 이해관계자 간에 합리적인 소통을 제약하고 있고, 낭비적인 사회적 논쟁이 초래되고 있는 상황을 해소하는 것이 공기업 및 공공기관의 민영화 정책을 성공적으로 추진하기 위해 구축해야 할 가장 기본적인 제도적 기초로 판단된다.

그 동안 우리나라에서 추진해 왔던 공공기관의 민영화에서는 주로 '소유이전형 민영화' 방법만을 활용해 왔으나 앞으로는 '경영권 민영화' 또는 'PPP형 민영화'를 새로운 민영화 방법으로 적극 활용할 필요가 있는 것으로 판단된다.

따라서 PPP형 민영화를 공기업이 기존에 소유 또는 확충하고 있는 시설이나 사업을 대상으로 한 PPP형 민영화와 신규 사업을 대상으로 한 PPP형 민영화 방법으로 구분하여 제도화하는 것이 필요하다. 공기업의 기존 시설 또는 사업을 대상으로 한 PPP형 민영화 방법으로는 아웃소싱, 유지관리계약(O&M계약), 리스계약, 양허계약(사업권양도방식:concession 방식) 등이 활용되고 있다. 그리고 현재 공기업이 담당하고 있는 사업분야에서 신규 사업 또는 시설을 확충하기 위하여 민간자본을 유치하거나 제3자에게 위탁하는 형태로 이루어지는 PPP형 민영화를 위한 방법으로는

〈그림 1〉 PPP형 민영화 유형 구분

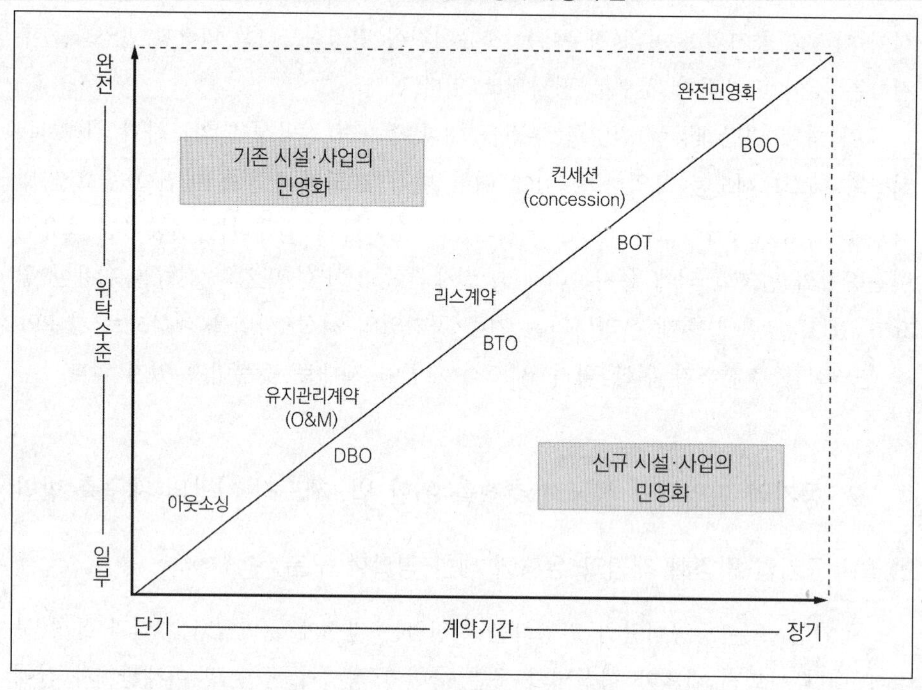

DBO, BTO, BOT, PFI 등이 활용되고 있다. 이러한 PPP형 민영화 방법들은 업무나 사업의 위탁 수준과 계약 기간의 차이를 기준으로 구분한 것이다. 이러한 PPP형 민영화 유형의 분류 기준과 민영화 방법을 도식화해서 제시하면 〈그림 1〉과 같다.

앞으로 공기업 및 공공기관의 민영화 추진 방안을 합리적으로 설계하고 집행해 나가기 위해서는 민영화의 유형을 이처럼 소유이전형 민영화와 PPP형 민영화로 구분하고, 다시 PPP형 민영화의 유형을 기존 시설·사업의 민영화와 신규 시설·사업의 민영화로 구분하여 각각의 유형에 따른 민영화 추진 방안 설계를 효과적으로 뒷받침할 수 있는 법적 기반을 구축하는 것이 필요하다. 현재 소유이전형 민영화와 신규 시설·사업의 민영화에 대한 법적 기반은 일단 구축되어 있으나, 기존 시설·사업의 민영화에 관한 법적 기반이 제대로 구축되어 있지 않다. 따라서 앞으로 이 부분에 대한 정비가 필요한 것으로 판단된다.

2) 긍정적 민영화 성과 창출을 위한 민영화 방법의 개발 및 활용

공기업 민영화에 관한 해외 사례를 분석해 보면 동일 산업 또는 사업 분야에 있어서도 매우 다양한 민영화 방법이 활용되고 있다는 점을 확인할 수 있다. 이러한 차이는 해당 국가 공기업 또는 공기업이 담당하고 있는 산업이나 사업이 안고 있는 특성이나 문제점이 다르고, 따라서 민영화 추진 목적이 다르기 때문이라고 할 수 있다. 따라서 특정 산업 또는 사업 분야별로 규범적으로 최적의 민영화 방법이 존재하고 있다기보다는 해당 국가의 특성이나 해당 산업과 사업이 안고 있는 문제점, 민영화 추진 목적 등을 감안하여 바람직한 민영화 방법을 개발하는 노력을 전개할 필요가 있다.

또한 공기업 민영화에 관한 해외사례를 살펴보면 민영화 추진 방법을 설계하는 과정에서 최근에는 소유이전형 민영화 방법과 함께 PPP형 민영화 방법을 광범위하게 활용되고 있으며, 급진적이고 이상적인 민영화 추진방법보다는 단계적·점진적인 민영화 추진방법이 민영화의 성공가능성을 높여주고 있다는 점을 확인할 수 있다. 특히, 대규모 공익사업적 특성을 띠고 있는 공기업 민영화에 있어서는 민영화를 추진하는 데 매우 오랜 시간이 소요되기 때문에 중장기 목표하에 단계별로 점진적으로 민영화를 추진하는 것이 중요하다. 이러한 단계별·점진적 민영화 전략의 개발 필요성은 산업구조 또는 공기업제도 변화 과정에서 경로의존성이 존재하고 있다는 점을 보여주고 있으며, 이러한 경로의존성을 무시한 급진적이고 이상적인 민영화 전략이 오히려 실패할 가능성이 높다는 점을 시사하고 있다.

3) 효과적인 민영화 추진체제의 구축

공기업 민영화 추진과정에서는 민영화의 법적 근거와 이의 집행을 담당할 기관이 갖추어져야 한다. 특히 합리적인 공기업 민영화 정책의 설계 및 효과적인 집행을 담보하기 위해서는 정책 설계의 전문성과 이해관계의 효과적인 조정을 담보할 수 있는 기관 구성, 즉 민영화 추진체제를 구축하는 것이 중요하다.

그동안 우리나라의 공기업 민영화 추진체제는 법적 근거와 통일성이 미흡하고 계획·기획기능과 집행기능이 분리되어 있는 가운데 민영화 추진에 관한 역할과 권한이 여러 기관에 분산되어 있는 등 사실상 분권형 모델에 가까운 형태로 구성되어 왔었다. 예를 들어 '이명박 정부'에서 공공기관의 운영에 관한 법률 제14조에 근거하여 구축된 "공기업 선진화계획"의 추진체계도 전형적인 분권형 모델을 채택하고 있는 것으로 평가된다. 이러한 기관구성방식 하에서는 종합적이고 일관성있게 민영화 정책을 추진해 나가는 것이 어렵다고 할 수 있다.

현재 공공기관운영위원회 산하 소위원회로 설치된 '공기업선진화추진위원회'와 각 부처의 '공기업선진화추진단' 사이의 관계는 Nakamura와 Smallwood (1980: 111-119)가 제시한 정책결정자와 정책집행자 간의 관계 모형(정책집행모형) 중에서 지시적 위임형과 협상형에 가깝다고 할 수 있다. 지시적 위임형의 경우 수개 집단의 집행자가 존재할 수 있으므로 집행자간에 목표 달성에 가장 적절한 수단이 무엇이냐에 관한 분쟁이 일어날 수 있다. 또한 협상형의 경우에는 집행자의 힘이 정책결정자보다 강할 때에는 정책이 집행되지 않을 수도 있다. 특히, 적응적 집행의 필요성이 높은 공기업 민영화 정책의 경우 분권적 집행체제 하에서는 각 부처조직의 이기적 동기에 의한 집행차질이 발생할 가능성이 높다.

따라서 앞으로 합리적인 민영화 정책 설계와 효율적인 정책 집행을 담보하기 위해서는 보다 효과적인 민영화 추진체제를 구축할 필요가 있다. 종전에 여러 차례에 걸쳐 분권적 집행체제(decentralized implementation system)를 고수해 왔으나 성공적인 정책집행에 실패했다는 점을 고려할 때, 앞으로는 집권적 집행체제로의 전환을 검토할 필요가 있다. 또한 민영화추진기구에서 상충되는 이해관계가 효과적으로 조정될 수 있는 장을 마련하기 위해서는 노동계, 언론계, 학계 등 관련 전문가와 이해관계자의 참여 폭을 넓히는 것이 필요하다. 이를 위해서는 공공기관의 운영에 관한 법률 제14조의 관련 규정을 개정할 필요가 있다. 특히, 집권적 민영화 추진체제가 효과적으로 작동하도록 하기 위해서는 민영화과정을 관리할 집행기구의 보완 또는 신설 방안, 의견 수렴 등 민영화 추진상 필요 절차, 기획재정부의 이행명령권, 관계기관에의 협조요청권 등 감독권을 명확하게 규정하는 것이 중요한 과제라고 할 수 있다.

3. 공공성 확보를 위한 민영화 추진 전략의 개발

1980년대 이후 공기업 민영화가 전 세계적으로 확산·확대되어 가면서 "민영화의 실패 사례"가 발생하고 있고, 민영화에 따른 공공성 훼손, 독과점 폐해, 고용 악화, 요금인상 및 수급불안 등에 대한 문제 제기와 사회공공성 투쟁이 초래되고 있기도 하다(G. 팰러스트 외, 2004; 오건호, 2004). 이와 관련하여 ILO는 1999년에 공익사업 개혁 및 민영화와 관련한 국제회의를 개최하여 "민영화와 구조조정에 있어서 공익사업 서비스를 강화하고 서비스 질과 서비스 접근성의 악화를 방지하기 위하여 공공적 책임성이 필수적이다. 공익사업을 민영화하더라도 국가는 수도, 전기, 가스 서비스를 적절한 가격으로 누구나 이용할 수 있도록 책임을 져야 한다"는 등의 내용이 포함되어 있는 결의를 채택한 바 있다(G. 팰러스트 외, 2004: 22-23).

최근 우리나라에서 표출되었던 수도, 전기, 가스 등의 공익사업 민영화 추진에 대한 반대 논란도 사실은 민영화 이후의 공공성 확보 여부에 대한 불확실성과 불신에서 초래된 것이라고 할 수 있다. 또한 그 동안 우리나라에서 공기업 민영화를 추진하는 과정에서 민영화 정책 실패 원인으로 지적되고 있는 이해당사자들의 강력한 저항과 당해 공기업의 반발, 대기업 특혜시비와 경제력 집중 문제, 민영화에 대한 국민적 합의 부족 등은 모두 민영화 이후 공공성 확보 문제와 관계된 것이라고 할 수 있다(이원우, 2002: 34-25). 공기업 민영화 자체의 실패는 공공성 확보를 위한 규제체계의 실패와 밀접한 관계가 있다(이원우, 2002: 34; G. 팰러스트 외, 2004: 20-26). 공기업 민영화는 민영화 이후의 공공성 확보를 제도적으로 보장하지 않고서는 그 목적을 달성할 수 없을 뿐만 아니라 민영화 정책의 설계 및 집행 자체의 성공을 담보할 수 없는 특징을 띠고 있다.[10]

따라서 공기업 민영화를 추진하는 과정에서는 공기업제도에 의한 공공성(공기업의 설립목적) 추구를 왜 포기해야 하는가, 공기업 민영화가 공공성 증대 또는 훼손에 어떤 영향을 미치고, 어떤 요인들에 의해 그 창출 효과의 방향과 크기가 결정되는가, 그리고 민영화 이후에도 계속 확보되어야 할 공공성의 실체는 무엇이고, 이를 시장규율과 정부규제를 통해 확보할 수 있으며, 민영화 이후 확보해야 할 공공성 확보를 위해 정부는 어떠한 역할(특히, 규제체계 구축)을 수행해야 하는가 등에 관한 문제들을 체계적으로 검토하는 것이 필요하다. 그러나 공기업 민영화에 따른 공

10) 그러나 모든 민영화 대상 공기업에 있어서 공공성 문제가 이러한 요인으로 작용하는 것은 아니라고 할 수 있다. 따라서 공공성 문제가 민영화를 성공적으로 추진하기 위한 핵심 요소로 작용하는 공기업과 그렇지 않은 공기업을 구분하여 민영화 정책을 설계하고 집행하는 전략을 개발하는 것이 필요하다고 할 수 있다.

공성 훼손 문제로 인해 공기업 민영화는 나쁘다거나 불가능하다고 판단하는 것은 적절치 않다. 그러나 공공성 문제가 공기업 민영화 추진의 타당성과 한계를 판단하는 중요한 준거를 제공하고 있으며, 민영화 이후 공공성 확보를 위한 정부 역할의 중요성을 인식할 필요가 있다.

따라서 공기업 민영화가 정부 역할을 완전히 민간으로 이전하는 것으로 이해되어서는 안 된다. 공기업 민영화는 해당 산업 또는 사업에 대한 정부의 역할을 소유자에서 규제자로 전환하는 것이다. 민영화 이후 정부가 해야 할 역할은 새로운 차원에서 재구축되어야 하며, 소유자로서의 역할은 종료되지만 규제자로서의 정부 역할은 더욱 강화되고 확대되어야 민영화의 성공 가능성을 담보할 수 있다는 점을 확인할 수 있다. 특히, 경쟁시장의 창출 및 모니터링, 민영화 이후 공공성 확보 등을 위해서는 민영화된 산업 또는 사업을 대상으로 한 새로운 정부 역할의 효과적인 수행 여부가 매우 중요하다. 따라서 공기업 민영화는 해당 산업 또는 사업을 대상으로 한 정부역할구조의 전환 또는 재구축으로 이해되어야 하며, 민영화 전략을 개발하는 과정에서는 민영화 이후 정부역할구조의 재구축 방안에 대한 체계적인 검토가 반드시 수반되어야 한다.

□ 참고문헌

강신일 (1988). 공기업의 민영화에 관한 연구. 한국개발연구원.

경제기획원 (1988). 공기업백서. 경제기획원.

경제획원 (1987). 제1차 공기업 민영화추진위원회 회의자료.

경제획원 심사평가국 (1991). 공기업 민영화추진위원회의 민영화추진내용(제1차-제6차).

곽채기 (1994). 정부기업관계의 새로운 제도형성과정으로서의 공기업 민영화에 관한 연구. 서울대학교 대학원 행정학박사학위논문.

곽채기 (2000a). "공기업 민영화정책의 성공적 집행요인". 공기업논총, 12권 제1호. 한국공기업학회.

곽채기 (2000b). "김대중 정부 공기업 민영화 정책에 대한 평가". 광주·전남행정학회보, 제7호. 광주전남행정학회.

곽채기 (2008). "공공성과 경제정책: 공기업 민영화를 중심으로". 윤수재·이민호·채종헌 편저. 새로운 시대의 공공성 연구. 법문사.

곽채기 (2009). 우리나라 준공공부문의 실태분석 및 혁신방안. 전국경제인연합회.

기획예산처 (2000). 1999 정부개혁백서. 기획예산처.

기획재정부 (2008). "공공기관 선진화·경영효율화추진계획(1-4차)".

기획재정부 (2008). "공기업 선진화 추진방향(안)".

기획재정부 (2009). "공공기관 선진화·경영효율화추진계획(5-6차)".

김재홍 (1994). "한국의 민영화정책". 김재홍·이승철 편. 민영화와 규제완화. 한국경제연구원.

김현숙 외 (2007). 공기업 민영화 성과분석: 국민경제적 관점의 효과. 한국조세연구원.

남일총 (1998). "공기업 개혁의 바람직한 방향". 계간 감사. 감사원.

박정택 (1990). 공익의 정치행정론. 대영문화사.

삼성경제연구소 (1997). 민영화와 한국경제. 삼성경제연구소.

송대희·송명희 (1992). 국민주방식 공기업 민영화의 국민경제적 효과분석, 한국개발연구원.

오건호 (2004). "신자유주의시대 사회공공성투쟁의 성격과 의의". 산업노동연구, 제10권 제1호.

유승민 (1998). "1998년 민영화계획의 평가와 제언". 한국경제학회 정책심포지움 발표문.

이동호(1995). 공기업 민영화와 정부·민간부문의 역할재정립, 대한상공회의소 한국경제연구센터.

이원우 (2002). "공기업 민영화와 공공성 확보를 위한 제도개혁의 과제". 공법연구, 제31집 제1호. 한국공법학회.

이원우 (2006). "경제규제와 공익". 법학, 제47권 제3호. 서울대학교 법과대학.

02

이주선 (1998). "공기업의 민영화와 구조개혁". 공기업논총. 제10권 제1호.

재정경제원 (1996). 1995 경제백서. 재정경제원.

조홍식 (2007). 민주주의와 시장주의. 박영사.

최송화 (2002). 공익론: 공법적 탐구. 서울대학교출판부.

최종원 (1994). "공기업 민영화의 정책효과 분석에 관한 연구". 계간 한국개발연구. 제16권 제1호. 한국개발연구원.

G. 팰러스트, J. 오펜하임, T. 매그리거 지음, 조태 옮김(2004). 민주주의와 규제. 이화여자대학교출판부.

大島國雄 (1991). 公企業の 經營學. 白桃書房.

野田由美子 (2004). 民營化の戰略と手法. 日本經濟新聞社.

遠山嘉博 (2000). 現代公企業總論. 東洋經濟新報社.

Bailey, R. W. (1987). 'Uses and Misuses of Privatization', The Academy of Political Science. 36.

Barzel, Yoram (1989). Economic Analysis of Property Rights. Cambridge: Cambridge University Press.

Feigenbaum, H. B. (1985). The Politics of Public Enterprise. Princeton, New Jersey: Princeton Univ. Press.

Gillis, M. (1980). 'The Role of State Enterprises in Economic Development', Social Research, Summer.

Guislain, Pierre. (1997). The Privatization Challenge: A Strategic, Legal, and Institutional Analysis of International Experience. World Bank.

Nakamura, Robert T. and Frank P. Smallwood (1980). The Politics of Implementation. New York: St. Martin's Press.

OECD. (2001). Restructuring Public Utilities for Competition: Competition and Regulatory Reform. Paris, 2001.

OECD. (2003). 'Privatisation, Public Purpose and Private Service: The Twentieth Century Culture of Contracting Out and The Evolving Law of Diffused Soveriegnty', OECD JOURNAL OF BUDGETING, 2(4).

OECD. (2003). Privatising State-owned Enterprise: An Overview of Policies and Practices in OECD Countries. Paris, 2003.

Okimoto, D. I. (1989). Between MITI and Market: Japaness Industrial Policy for High Technology. Stanford: Stanford University Press.

Peterson, H. C. (1985). Business and Government. New York: Harper.

Pirie, M. (1988). Privatization. Wildwood House.

Privatization of State-owned Enterprises Through Public Share Offerings, 1961-2000:

Number and Names of Enterprises
Savas, E. S. (1988). Privatization: The Key to Better Government. Chatham, New Jersey: Chatham House Publishers, Inc.
Shepherd, W. G. (1975). The Treatment of Market Power. New York: Columbia University Press.
Shleifer, A. (1998), 'State versus Private Ownership', Journal of Economic Perspectives 12, 133-150.
Steven Cohen. (2001). A Strategic Framework for Devolving Responsibility and Functions from Government to the Private Sector. Public Administration Review, 61(4).

02

제8장 지방공기업 및 출자·출연기관의 구조개혁 방향

원 구 환

Ⅰ. 서 론

지방자치단체가 수행하는 역할은 복잡다기할 뿐 아니라 다양한 방식에 의해 시민에게 전달된다. 즉 지방자치제도에 있어 서비스 전달체계는 지방자치단체에 의해 직접적으로 행정을 수행하는 방법, 국가의 특별지방행정기관에 의해 수행하는 방법 등이 존재하며, 지방자치단체가 독립된 법인체를 설립하여 특정 사업을 운영토록 하는 방안(지방공사, 지방공단, 지방공사 및 공단 외의 출자·출연법인 등), 민간기관에 재정지원 및 보조를 통해 업무를 수행하는 방안, 계약 방식 등을 통해 민간에 위탁하는 방안 등이 존재한다. 또한 지방자치단체 상호간의 협력관계에 의하여 사무를 처리하기 위한 방법으로 지방자치단체 조합제도 외에 행정협의회, 지방공기업의 광역적 처리(광역지방공사, 광역지방공단 등), 사무의 위탁, 정부간 계약 등의 다양한 방식이 존재한다.

지방자치가 본격화되면서 지방정부가 수행하는 서비스 전달체계는 어떤 특정 방식에 의존하기보다는 다양화되고 있는 실정이다. 특히 지방자치의 확대와 분권화의 추구로 인한 행정수요의 증가와 지방자치단체 재정한계로 인한 재정부담의 증가는 행정수요와 공급의 불일치 현상을 초래하였는데, 이러한 상황에서 정부부문 이외의 다른 조직을 통해 증가하는 행정수요를 충족하려는 전략적 조직선택이 강화되고 있다(Starr, 1989: 6-31). 특히 지방공기업은 1969년 지방공기업법이 제정된 이래 1980년 제1차 법 개정이 이루어지기까지는 지방정부가 직접적으로 경영하는 방식(지방직영기업)에만 한정되었으나, 그 이후 지방공사 및 공단으로 확대되었고, 1992년 이후부터는 지방공사·공단외의 출자·출연법인까지도 포함함으로써 경영형태가 다양화되고 있다. 또한 지방공기업법의 적용을 받지 않는 출자·출연기관이 설립·운영됨으로써 지방정부의 외곽 조직은 증대되고 있는 실정이다.

그러나 다양화된 제도적·전략적 선택 이면에는 무분별한 설립과 비효율적 운영, 대리인의 역신택과 도덕적 해이, 중복 및 이중 행정 등의 문제점이 발생하고 있다. 특히 지방자치단체가 독립된 법인을 설립·운영하는 과정에서 지방직영기업, 지방공사, 지방공단을 통합 관리하는 지방공기업법과, 지방자치단체가 출자·출연한 기관을 통합 관리하는 지방자치단체 출자·출연기관 운영에 관한 법률이 구분되어 있어 지방자치단체의 다양한 외곽조직을 통합 관리할 수 있는 통칙법이 부재하다. 통칙법이 부재함에 따라 효율적 정책통제가 이루어지고 있지 못하며, 공급자 위주의 행정이 이루어지고 있다. 물론 통칙법의 제정이 지방자치단체의 자율성을 침해할 개연성도 있으나, 효과적인 시민 본위의 행정을 도모하고, 역기능적인 문제점을 해결하기 위해서는 통합적 법률 체계를 수립할 필요성은 높다고 볼 수 있다.

따라서 이하에서는 지방자치단체가 설립·운영하고 있는 다양한 지방공기업과 출자·출연기관에 대한 통합적 구조개혁 방향을 도출하고자 한다. 지방자치단체의 일반회계 부문에 대한 논의보다는 지방자치단체의 특별회계 중 기업특별회계로 처리되는 부문과 지방자치단체로부터 독립된 출자·출연법인에 대한 경영형태별 현황과 문제점을 살펴보고, 통합적 관리를 위한 대안을 모색하고자 한다.

Ⅱ. 지방정부의 공기업 및 출자·출연기관의 구조개혁을 위한 준거틀

1. UN의 공공부문 및 공기업 분류체계

UN은 공공부문의 분류체계에 대해 1993년 SNA 지침을 발간한 이후 2008년 개정하였는데, 2008년 SNA 지침은 일반정부와 공공부문 분류의 중요성을 감안하여 제22장에 '일반정부와 공공부문'이라는 별도의 장을 신설하였다(UN, 2008).

2008년 UN의 SNA 지침에 따르면 독립된 제도 단위(institutional unit) 가운데 정부 지배 유무에 따라 공공부문과 민간부문으로 구분한 후 다시 공공부문을 경제적으로 의미 있는 가격(economically significant price) 여부에 따라 일반정부와 공기업으로 분류하고 있다. 이를 보다 구체적으로 설명하면 다음과 같다(UN, 2008).

첫째, 경제적 실체가 제도단위인지의 여부를 확인하는데, 제도단위는 자신의 명의로 자산을 소유하고 부채를 부담할 수 있으며, 경제활동 및 다른 실체와의 거래활동을 수행할 수 있는 경제적 실체를 지칭한다. 기업(corporation), 준기업(quasi-corporation), 비영리기관(nonprofit institutions), 정부단위(government units) 등으로 구분된다.

둘째, 제도단위가 공공부문에 해당하는지를 판단한다. 2008 SNA에서는 특정 제도단위가 정부단위에 의해 지배 또는 통제(control)[1]될 경우 이를 공공부문으로 간주한다. 공공부문과 민간부문을 판단하는 기준으로는 ① 직접 소유에 의한 지배, ② 소유 이외의 방법에 의한 지배(특별한 법령과 규제, 임원의 임면권 등을 통한 지배) 등인데, 두 방법 중 하나라도 인정되면 공공부문으로 편제된다.

셋째, 공공부문에 속하는 제도단위는 시장성 유무에 따라 일반정부와 공기업으로 분류된다. 분류 기준인 시장성 유무는 공공 제도단위에 의해 생산된 산출물이 '경제적으로 의미 있는 가격(economically significant price)'으로 판매되었는지 여부를 판단함으로써 결정되는데, 판매수입이 여러 해에 걸쳐 평균적으로 최소한 생산원가의 1/2이 되는 경우 공기업으로 편제된다. 공기업에 대한 정부의 지배권 판단 지표로는 ① 과반수 이상의 소유권 보유 여부, ② 이사회 또는 기타 지배구조에 대한 통제 여부, ③ 주요 임원에 대한 임면권 보유 여부, ④ 기관의 주요 위원회 및 기타 지배기구의 운영 및 정책 결정권 보유 여부, ⑤ 황금주(golden shares) 및 주식매수 청구권 등 보유 여부, ⑥ 사업영역 및 요금정책 등에 대한 규제와 통제 여부, ⑦ 정부가 생산물에 대한 유일한 수요자인 경우(수요 독점) 등 지배적 고객으로서의 영향력 행사 여부, ⑧ 정부로부터의 차입에 의한 통제 여부 등이다.

따라서 UN의 지침에 따르면 공공부문은 일반정부와 공기업으로 분류되는데, 일반정부와 공기업으로 분류되는 대표적인 기준으로는 경제적 기준이 적용되고 있다.

02

1) 지배 또는 통제란 어떤 경제적 실체의 전반적 정책을 결정할 수 있는 권한을 의미한다.

2. 우리나라 중앙정부의 공공부문 분류체계

2014년 중앙정부의 예산 구분은 일반회계, 18개 특별회계, 64개의 기금으로 구성되어 있는데, 18개 특별회계는 다시 정부기업예산법을 적용받는 4개 특별회계(우편, 우체국예금, 양곡, 조달), 책임운영기관의 설치·운영에 관한 법률에 의한 책임운영기관 특별회계,[2] 13개 기타 특별회계가 존재한다. 정부기업예산법의 적용을 받는 4개 특별회계와 책임운영기관 특별회계는 기업특별회계로 구분된다.

정부기업예산법 제2조에서는 정부기업을 기업형태로 운영하는 사업이라 규정하고 있으며, 정부기업을 운영하기 위하여 우편사업특별회계, 우체국예금특별회계, 양곡관리특별회계, 조달특별회계를 설치하고 그 세입으로써 그 세출에 충당하도록 규정하고 있다(동법 제3조). 따라서 정부기업은 일반정부의 회계와는 구분되며, 재원의 조달방식이 다르고, 세입과 세출이 연계되어 있는 특성을 지니고 있다.

따라서 중앙정부는 재정적 관점에서 볼 때 일반회계, 특별회계, 기금 등에 따라 구분할 수 있으며, 특별회계에는 기업적 특성을 지닌 사업을 별도로 관리하는 법률체계를 갖고 있다.

또한 중앙정부의 공공기관은 공공기관의 운영에 관한 법률에 따라 공기업, 준정부기관, 기타 공공기관으로 분류되고 있는데, 공기업과 준정부기관을 구분하는

〈표 1〉 중앙정부의 공공기관

유　형	분류기준
공기업(상업성 > 공공성)	자체수입/총수입 ≥ 50%
① 시장형	− 자체수입/총수입 ≥ 85% & 자산 2조원 이상
② 준시장형	− 나머지 공기업
준정부기관(상업성 < 공공성)	자체수입/총수입 < 50%
③ 기금관리형	− 정부 기금을 관리하는 기관
④ 위탁집행형	− 나머지 준정부기관
기타공공기관	공기업과 준정부기관이 아닌 기관

2) 책임운영기관은 기업형 의료기관(경찰병원 등 9개 기관), 기업형 사업기관(국립중앙과학관 등 5개 기관), 행정형 통계기관(충청지방통계청 등 5개 기관), 행정형 연구기관(국립원예특작과학원 등 7개 기관), 행정형 사업기관(국방홍보원 등 11개 기관), 특허청 등 총 38개 기관이 책임운영기관으로 지정되어 있다.

기준으로 자체 수입이 총수입의 50% 이상이면 공기업으로 분류하고, 50% 미만이면 준정부기관으로 분류된다. 아울러 공기업의 경우도 시장형 공기업과 준시장형 공기업으로 구분하고 있는데, 이러한 분류기준으로는 경제적 기준(자체수입이 총수입에서 차지하는 비중이 85% 이상, 자산 2조원 이상 등)을 사용하고 있다.

Ⅲ. 지방정부의 공기업 및 출자·출연기관의 경영형태별 현황과 문제점

1. 지방공기업의 경영형태별 현황 및 문제점

1) 지방공기업의 경영형태별 현황

일반적으로 지방공기업의 개념 및 목적에 대해서는 지방공기업법 제1조에 명시되어 있다. 즉 지방자치단체가 직접 설치·경영하거나, 법인을 설립하여 경영하는 기업으로서 지방자치의 발전과 주민복리의 증진에 이바지함을 목적으로 설립된다.

이러한 지방공기업의 경영형태에 대해서는 여러 가지 유형으로 대별해 볼 수 있으나(Hanson, 1958; Robson, 1962; Thynne, 1998: 217-228; Mitchell, 1999), 크게는 정부조직으로 직접 경영하는 형태와 독립된 법인체를 구성하여 운영하는 간접경영형태로 구분되며, 간접경영형태는 사업성격에 따라 독립사무를 수행하는 공기업과 위탁사무를 수행하는 공기업으로 구분된다. 독립사무는 공사형태로, 위탁사무는 공단형태로 운영되는 것이 일반적이다(坂田期雄, 1981: 20). 또한 출자비율에 따라 지방자치단체가 전액 출자하는 형태, 지방자치단체가 50% 이상 출자하는 형태, 지방자치단체가 50% 미만 출자하는 형태로 구분해 볼 수 있다.

〈표 2〉에서 보는 바와 같이 지방정부도 UN의 분류체계에 따라 일반정부와 공기업으로 분류해 볼 수 있는데, 지방정부도 중앙정부와 마찬가지로 일반회계, 특별회계, 기금 등으로 구분된다. 즉 지방재정법의 적용을 받는 일반회계, 지방자치단체기금관리기본법의 적용을 받는 기금 등이 있으며, 특별회계는 지방재정법의 적용을 받는 기타 특별회계와 지방공기업법의 적용을 받는 지방직영기업특별회계가 존재한다.

〈표 2〉 지방정부의 공기업 및 자치단체 출자·출연법인의 구조

구 분	단 위			근거 법률	현 황	출자비율
지방정부	일반회계			지방재정법		
	기 금			지방자치단체 기금관리기본법		
	특별회계	기 타		지방재정법		
		지방 직영 기업	상수도	지방공기업법 (420)	115	정부조직 (출자 부재)
			하수도		85	
			공영개발		33	
			지역개발기금		18	
	지방공사		전액 출자형		55	100%
			민관 합자형		4	50% 이상
	지방공단				78	100%
	지방공사·공단 외 출자·출연법인		주식회사(상법)		32	50% 미만
			재단법인(민법)		0	
독립 법인체	출자·출연법인		출연연구기관	출연연구원의 설립 및 운영에 관한 법률(안전행정부)	16	100%:332 50-100%:45 25-50%:25 25%미만:51
			지방의료원	지방의료원 설립 법률(복지부)	30	
			신용보증재단	지역신용보증재단법(중기청)	16	
			중소기업 종합지원센터	지방중소기업 육성에 관한 법률(중기청)	9	
			문화재단	문화예술진흥법(문광부)	34	
			테크노파크	산업기술지원에 관한 특례법(산업통상자원부)	17	
			교통연수원	여객자동차운수사업법, 화물자동차운수사업법(국토교통부)	4	
			지방문화원	지방문화원진흥법(문광부)	19	
			산업진흥원	SW산업진흥특례법(산업통상자원부)	21	
			산업디자인 센터	산업디자인진흥법(산업통상자원부)	4	
			장학재단	교육기본법, 공익법인설립법, 민법 등 (교육부)	126	
			여성연구·시설	여성발전기본법(여가부)	10	
			기 타		147	
			법률에 근거를 두고 조례로 설립: 398(88%) 법률근거 없이 조례로 설립: 55(12%)			

* 지방공기업 현황 자료는 2012년 결산기준이며, 행정안전부(2013)에서 필자가 수정·발췌함.

** 지방공기업 이외의 출자·출연법인은 행정안전부(2012) 내부자료에서 필자가 수정·발췌함.

또한 UN의 구분처럼 지방정부의 경우도 일반정부가 아닌 공기업이 존재하는데, 공기업은 지방공사, 지방공단, 타 법률 및 조례에 의한 출자·출연법인 등이 존재한다. 그러나 특이한 점은 지방정부가 직접 경영하는 지방직영기업(지방정부 조직형태로 운영되며 공무원의 신분 보유)과 지방정부가 간접 경영하는 지방공사, 지방공단이 하나의 법률체계, 즉 지방공기업법에 의해 규율되고 있다는 점이다. 중앙정부는 직접 경영하는 기업에 대해 정부기업예산법을 규율하고 있고, 간접 경영형태인 공기업에 대해서는 공공기관의 운영에 관한 법률로 규제하고 있는 것에 비하면 지방공기업법은 하나의 법률에 지방정부 조직과 비지방정부 조직이 통합되어 있다.

우선 지방정부가 지방공기업법에 따라 설립·운영하고 있는 지방공기업의 경영형태별 현황을 살펴보면 다음과 같다.

첫째, 지방직영기업은 지방자치단체가 정부조직형태로 운영하는 경영형태로 상수도, 하수도, 공영개발, 지역개발기금이 존재한다. 1969년 지방공기업법이 제정될 당시 가장 먼저 적용된 사업이 상수도사업이었는데, 일반회계와 분리하여 상수도사업의 효율적 운영을 도모하기 위해 지방공기업법을 적용하였다. 2012년 말 결산 기준으로 상수도 115개, 하수도 85개, 공영개발 33개, 지역개발기금 18개가 지방직영기업 특별회계로 운영되고 있으며, 상수도 156억원, 하수도 −8,972억원,[3] 공영개발 849억원, 지역개발기금 1,845억원의 당기순이익을 실현하고 있다(행정안전부, 2013에서 발췌).

둘째, 지방공사는 지방자치단체가 50% 이상 출자한 독립된 법인체로 자치단체로부터 독립된 사무를 처리하는데, 2012년 말 결산 기준으로 지하철 7개, 도시개발 16개, 기타공사 36개 사업이 운영되고 있다. 59개 지방공사 중 지하철공사 −8,009억원, 도시개발공사 −608억원, 기타 공사 −276억원의 당기순이익을 실현하고 있다(행정안전부, 2013에서 발췌).

셋째, 지방공단은 지방자치단체가 100% 출자한 독립된 법인체로 민간의 출자가 허용되지 않으며 자치단체의 사무를 대행하는 기관인데, 2012년 말 결산 기준으로 78개 사업이 존재하며, 7억원의 당기순이익을 실현하고 있다(행정안전부, 2013에서 발췌).

---

3) 하수도사업의 요금적정화율은 전체(36.7%), 특·광역시(67.9%), 도(26.7%)의 순이다(행정안전부, 2013).

〈그림 1〉 지방공기업 사업별 당기순이익

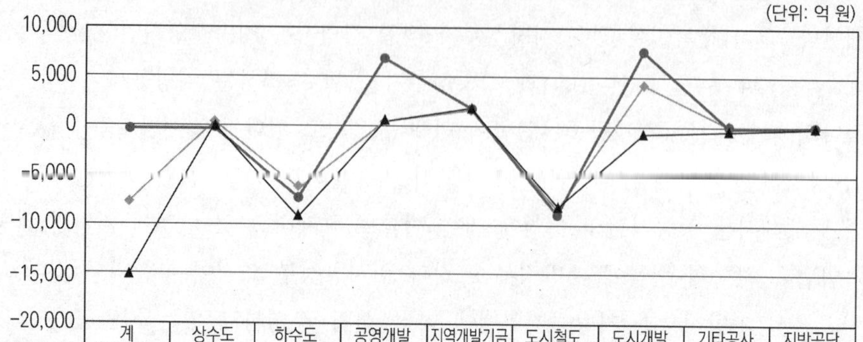

(단위: 억 원)

	계	상수도	하수도	공영개발	지역개발기금	도시철도	도시개발	기타공사	지방공단
2010년	-7,755	557	-6,376	555	1,683	-8,706	4,263	257	12
2011년	-358	-275	-7,458	6,886	1,871	-9,038	7,661	-12	7
2012년	-15,008	156	-8,972	849	1,845	-8,009	-608	-276	7

자료: 행정안전부. (각년도). 「지방공기업 결산 및 경영분석」에서 재구성.

넷째, 2012년 결산기준으로 지방공기업의 자산은 166.6조원이며, 부채는 72.5조원으로 공기업 평균 부채비율은 77%에 이르고 있다. 또한 사업별로 부채비율을 살펴보면 지역개발기금 612%, 도시개발 301%, 기타 공사 81%로 나타나고 있다(표 3, 그림 2 참조). 그러나 지역개발기금[4]은 기존의 상하수도 지원금고를 흡수하고 지역개발공채의 발행과 일반회계의 출연 등으로 이루어지고 있으며, 기금의 융자는 상하수도사업, 공영개발사업 등 지방공기업 사업을 대상으로 하고 있다. 따라서 지역개발기금은 지방공기업 관련 특정 사업을 직접 운영하는 것이 아니라 간접적으로 금융지원하는 사업이다.

4) 지역개발기금은 1969년 시(市)상수도사업의 자금을 조달하기 위하여 상수도 지방채를 발행하였고, 1978년 12월에는 군(郡) 상수도사업을 융자하기 위해 읍·면 상수도 지원금고를 설치하였다. 또한 1985년 4월에는 시군 상하수도사업에 대한 융자를 확대하기 위하여 상하수도 지원금고로 확대하였고, 1989년 1월에는 공영개발사업에 융자할 목적으로 지역개발기금으로 전환하여 1990년 1월부터 지방공기업 특별회계로 설치·운영되고 있다(안용식·원구환, 2001: 153-154).

〈표 3〉 지방공기업의 재무상태

(단위: 조원)

구 분		총 계	직접경영	간접경영
자 산	2011년	158.7	73.4	85.2
	2012년	166.6	77.9	88.7
부 채	2011년	67.8	18.4	49.4
	2012년	72.5	20.1	52.4
자 본	2011년	90.8	54.9	35.8
	2012년	94.1	57.8	36.3

자료: 행정안전부. (각년도). 「지방공기업 결산 및 경영분석」에서 재구성.

〈그림 2〉 지방공기업 사업별·연도별 부채비율

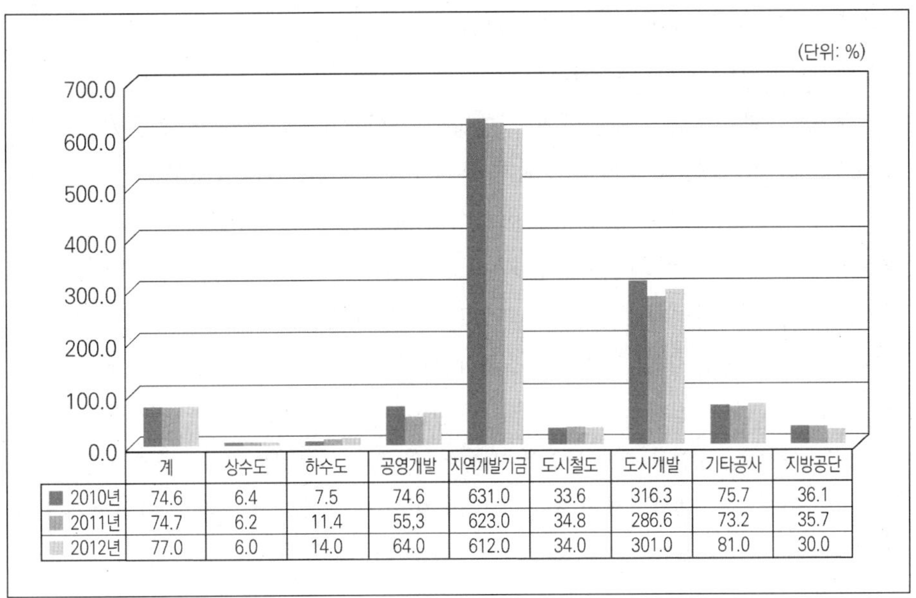

	계	상수도	하수도	공영개발	지역개발기금	도시철도	도시개발	기타공사	지방공단
2010년	74.6	6.4	7.5	74.6	631.0	33.6	316.3	75.7	36.1
2011년	74.7	6.2	11.4	55.3	623.0	34.8	286.6	73.2	35.7
2012년	77.0	6.0	14.0	64.0	612.0	34.0	301.0	81.0	30.0

자료: 행정안전부. (각년도). 「지방공기업 결산 및 경영분석」에서 재구성.

2) 지방공기업의 경영형태별 문제점

지방공기업의 경영형태별 문제점 중에서 가장 우선적으로 지적할 수 있는 것은 하나의 법률 체계 내에 정부조직형태와 비정부조직형태의 내용을 모두 포괄하고 있다는 것이다. 따라서 근본적으로는 직접경영방식과 간접경영방식을 분리할 필요가 있으며, 간접경영방식에 대한 경영형태를 재설계할 필요가 있다고 판단된다. 이를 보다 구체적으로 살펴보면 다음과 같다.

첫째, 지방직영기업의 경우 지방공기업법 제2조에 의해 지방공기업법의 적용범위에 포함되나, 재무보고는 지방재정법 제9조와 제59조에 의해 지방자치단체의 특별회계에 포함되어 보고되고 있다. 또한 직접경영방식으로 운영되는 지역개발기금이 존재하는데, 지역개발기금은 지방공기업 사업을 금융적으로 지원하는 성격이므로 행정자치부가 통계적으로 통합관리하고 있을 뿐이며, 지방공기업법 제2조의 적용대상사업에는 포함되지 않는다.

둘째, 지방공사와 지방공단의 경영상의 차이점은 민간출자의 허용 여부 이외에 이익금의 자기처분원칙이 인정되지 않는다는 점이다. 따라서 지방공사는 자치단체로부터 독립된 사업을 수행하고 이익이 발생한 경우 스스로 처분이 가능하지만(물론 이익금의 처분순서가 지방공기업법에 명시), 지방공단은 자치단체로부터 수탁 받은 사업을 수행하고 이익이 발생하면 곧바로 자치단체에 반납·정산하여야 한다. 특히 2008년 이후 지방공기업의 선진화 조치에 따라 지방공사와 지방공단이 통폐합되면서 한 조직 내에 독립사업과 대행사업이 공존하고 있으며, 같은 조직 내에서 회계와 관련하여 독립사업과 대행사업에 대한 이익금의 처분 문제가 발생하고 있다. 또한 지방공단은 수탁 받은 사업을 수행하고, 이익이 발생하면 곧바로 자치단체에 반납·정산하기 때문에 생산성을 자극할 수 있는 인센티브적 자극요인이 다소 부족한 조직형태이다.

셋째, 지방자치단체 출자·출연기관 운영에 관한 법률(2014년 9월 25일부터 시행)에 따라 기존에 지방공기업법을 적용받았던 상법상의 주식회사 형태와 민법상의 재단법인 형태는 지방공기업법에서 분리되었다. 그러나 지방공기업법에는 공무원조직과 비공무원 조직이 포함되고, 지방자치단체 출자·출연기관 운영에 관한 법률에서는 지방자치단체가 50% 미만 출자·출연한 지방공사·공단 외의 법인과 기존의 출자·출연기관이 포함되어 있어 통합적 관리는 아직 미흡한 상태이다.

2. 지방자치단체 출자·출연기관의 경영형태별 현황 및 문제점

2012년 5월 2일부터 6월 15일 사이에 행정안전부(현, 행정자치부)가 전국 16개 시도 및 시군구의 지방공기업법을 적용받지 않는 출자·출연기관을 조사하였는데, 2012년 6월 현재 총 453개가 설립·운영되고 있으며, 이 중 출연기관이 424개(93.4%), 출자기관 25개(5.5%), 출자와 출연의 성격을 모두 갖는 기관이 4개(0.1%)로 나타나고 있다(행정안전부, 2012 내부자료).

지방자치단체가 출자·출연한 453개 기관의 직원수는 21,607명이며, 출자·출연액은 1조 3,291억원이고 자산은 11조 2,071억원으로 나타나고 있다. 또한 부채는 3조 3,562억원이며, 2011년 경영성과는 1,449억원의 적자를 실현하고 있다(표 4 참조).

지방공기업법을 적용받지 않는 지방자치단체 출자·출연기관의 경우 인사, 예산권한이 대부분 기관장이나 지방자치단체의 장 또는 이사회에 의해 결정된다. 그러나 소관 부처의 장관이 예산승인권을 행사하고 있는 기관은 중기청장(인천신보재단, 경북경제진흥원), 산업통상자원부장관(대구디지털산업진흥원, 금산인삼약초연구소, 남해마늘연구소, 산청한방약초연구소), 행정자치부장관(제주 4·3 평화재단) 등이다. 또한 테크노파크와 지역신용보증재단은 소관 부처인 산업통상자원부와 중기청에서 직접 감사를 실시하고 있다.

〈표 4〉 자치단체별 출자·출연기관 운영 현황

구 분	설립현황	운영현황						
		직원수	출자·출연액	자 산	부 채	자산대비 부채비율	'12년예산	'11년 경영성과
계 (평균)	453	21,607명 (48)	1조3,291억 (30)	11조2,071억 (247)	3조3,562억 (74)	29.9%	5조1,118억 (113)	-1,449억 (-3)
서울시	30	2,978 (99)	1,697 (56)	12,522 (417)	3,520 (117)	28.1%	6,196 (206)	-554 (-19)
부산시	16	1,259 (79)	540 (36)	5,613 (351)	1,058 (66)	18.8%	3,291 (206)	-132 (-8)

인천시	17	955 (56)	719 (45)	13,808 (812)	9,640 (567)	69.8%	6,132 (361)	–374 (–22)
대구시	23	1,375 (60)	1,780 (81)	5,642 (245)	1,255 (57)	22.2%	3,210 (140)	–162 (–7)
광주시	18	592 (33)	327 (18)	2,335 (130)	258 (15)	11.0%	1,286 (71)	10 (1)
대전시	10	382 38	689 (69)	2,421 (242)	689 (60)	28.5%	971 (97)	–72 (–7)
울산시	6	296 (49)	12 2	5,724 (954)	3,608 (601)	63.0%	924 (154)	–95 (–16)
경기도	63	3,119 (50)	1,659 (26)	8,001 (127)	521 (8)	6.5%	3,879 (62)	–155 –2
강원도	38	1,587 (42)	1,166 (31)	14,046* (370)	5,907 (155)	42.1%	4,914 (129)	–64 (–2)
충북도	22	1,330 (60)	463 (21)	5,234 (238)	801 (36)	15.3%	2,863 (130)	54 (2)
충남도	39	1,876 (48)	763 (20)	6,628 (170)	1,745 (45)	26.3%	3,496 (90)	–47 –1
전북도	34	962 (28)	436 (13)	5,441 (160)	706 (21)	13.0%	2,099 (62)	–102 (–3)
전남도	41	1,135 (29)	586 (15)	7,151 (183)	760 (19)	10.6%	2,631 (67)	–9 (–0.2)
경북도	50	1,856 (37)	1,112 (22)	9,565 (191)	1,467 (29)	15.3%	4,301 (86)	–40 (–1)
경남도	34	1,304 (38)	1,925 (57)	5,826 (171)	1,162 (34)	19.9%	3,775 (111)	257 (8)
제주도	12	709 (59)	106 (9)	2,114 (176)	537 (45)	25.4%	1,150 (96)	35 (3)

* 행정안전부(2012)의 내부자료를 인용함.

Ⅳ. 지방정부의 공기업 및 출자·출연기관의 구조개혁 방향

1. 일반정부와 공기업의 구분

지방정부의 공기업 및 출자·출연기관에 대한 구조개혁을 위해서는 지방정부 조직과 비지방정부 조직과의 구분이 필요하다고 판단된다. 현행 지방공기업법은 지방정부 조직과 비정부 조직형태를 모두 포함하고 있으며, 비정부조직 형태에 대해서는 지방공기업법을 적용하는 출자·출연기관과 지방공기업법을 적용하지 않는 출자·출연기관이 존재한다는 점이다. 따라서 UN의 지침처럼 지방정부 단위에서도 공공부문을 일반정부 영역으로 포함시킬 수 있는 영역과 공기업 영역으로 구분하는 것이 일차적으로 필요하다고 판단된다.

중앙정부는 일반정부와 공기업의 영역을 구분하였는데, 일반정부 부문 중 정부기업에 대해서는 국가재정법인이 아닌 정부기업예산법을 제정하였고, 일반정부 이외의 기관에 대해서는 공공기관의 운영에 관한 법률을 제정하여 2007년부터 공공기관의 범주를 새롭게 정립하였다. 그러나 지방정부의 경우는 일반정부와 일반정부 이외의 기관에 대한 체계적 관리가 미흡한 실정이다. 즉 출자기관, 출연기관, 보조기관, 지원기관, 후원기관, 산하기관 등 다양한 용어가 사용되고 있지만, 이러한 지방정부 이외의 기관을 유형화하고 체계적으로 관리할 수 있는 제도적 기틀이 전혀 구비되어 있지 못하다. 특히 지방공기업법 내에 정부조직 형태로 운영되는 사업과 지방정부로부터 독립되어 운영되는 사업 등이 혼재되어 있어 명확한 법률 체계와 관리 체계가 구축되어 있지 못하다.

따라서 안전행정부는 지방공기업 및 출자·출연기관에 대한 구조개혁을 〈표 5〉와 같이 실시하였다. 즉 지방공기업법의 적용 대상을 지방직영기업, 지방공사, 지방공단으로 한정하였다. 특히 일반정부에 포함되는 기금 중에서 지역개발기금은 기금이면서도 상하수도 및 공영개발 등 지방공기업 대상 사업을 지원한다는 이유로 지방공기업의 범주 내에서 관리되고 있는 실정이다.[5] 따라서 지역개발기금은 지방자치단체기금관리기본법에 따라 타 기금과 동일하게 기금으로 통합관리하는 것이 바람직할 것이다. 아울러 지방자치단체 출자·출연기관 운영에 관한 법률을 제정하여 지방직영기업, 지방공사·공단 이외의 모든 경영형태를 통합 관리하고 있다.

그러나 이러한 정부의 개혁과 더불어 보다 심도 있게 고려해야 할 부분이 있는데, 몇 가지를 고려하면 다음과 같다.

우선 일반정부의 영역을 보다 명확하게 구분할 필요가 있다. 현행 구조 및 정부의 개혁에서도 일반정부에 포함되는 지방직영기업특별회계가 지방정부로부터 독립된 지방공사 및 지방공단 등과 동일하게 지방공기업의 범주 내에서 관리되고 있

5) 지방공기업의 효율적인 통계관리와 회계제도의 표준화를 위하여 지방공기업 사업을 용역서비스업(수도, 공업용수도사업, 궤도, 자동차운송, 지방도로, 하수도 사업), 건설판매업(주택사업, 토지개발사업)으로 구분하고 있는데, 지역개발기금은 융자성 기금으로 분류표에 포함되어 있지 않다(지방공기업법시행규칙 제6조, 별표 1 참조).

02

〈표 5〉 지방정부의 공기업 및 출자·출연기관의 구조개혁

<table>
<tr><th>구 분</th><th colspan="3">단 위</th><th>개선 방안</th></tr>
<tr><td rowspan="7">지방
정부</td><td colspan="3">일반회계</td><td>지방재정법</td></tr>
<tr><td colspan="3">기 금</td><td>지방자치단체기금관리기본법</td></tr>
<tr><td rowspan="5">특별
회계</td><td colspan="2">기 타</td><td>지방재정법</td></tr>
<tr><td rowspan="4">지방
직영
기업</td><td>상수도</td><td rowspan="4">지방공기업법</td></tr>
<tr><td>하수도</td></tr>
<tr><td>공영개발</td></tr>
<tr><td>지역개발기금</td></tr>
<tr><td rowspan="6">독립
법인체</td><td colspan="2" rowspan="2">지방공사</td><td>전액 출자형</td><td rowspan="3">지방공기업법</td></tr>
<tr><td>민관 합자형</td></tr>
<tr><td colspan="3">지방공단</td></tr>
<tr><td colspan="2" rowspan="2">지방공사·공단 외
출자·출연법인</td><td>주식회사(상법)</td><td rowspan="3">지방자치단체 출자·출연기관 운영에 관한 법률</td></tr>
<tr><td>재단법인(민법)</td></tr>
<tr><td colspan="3">출자·출연법인</td></tr>
</table>

다는 점이다. 따라서 일반정부에 포함되는 지방직영기업특별회계는 지방공사, 지방공단과 구분되어 관리될 필요가 있다.

다음으로 일반정부 부문에 포함되는 지방직영기업특별회계를 단순히 일반회계를 관리하는 지방재정법에 포함하여 통합·관리할 경우 효율적인 운영이 가능할 것인가의 여부이다. 보편적으로 지방직영기업(상하수도, 공영개발 등)은 일반회계로 처리되는 사업과는 다른 특성을 지니고 있기 때문에 별도 관리될 필요가 있다고 판단된다.

첫째, 현행 지방공기업법이 제정될 당시의 입법 취지를 살펴보면 '기업원리의 도입을 골자로 하는 지방공기업법(전문 53조 부칙으로 구성)을 제정하여 기업운영에 자주성을 부여하고 독립채산 및 기업회계제도를 채택하여 경영을 합리화함으로써 지방자치단체 주민에게 좀 더 넓고 향상된 기업적 서비스를 제공'하는 데 있었다(안용식·원구환, 2001: 4장 참조). 즉 일반정부이지만 기업적 관리가 필요하기 때문에 별도의 기업특별회계를 설치하여 운영하도록 규정하고 있다.

둘째, 중앙정부의 경우도 특별회계 중에서 정부기업예산법의 적용을 받는 4개

사업(우편, 우체국예금, 양곡, 조달)을 별도로 규정하고 있다는 점이다. 정부기업이라는 용어와 별도의 법률 체계를 갖고 있다는 점은 국가재정법의 적용을 받는 일반회계와는 근본적으로 성격이 다르다는 것이다. 따라서 지방직영기업은 별도의 법률체계를 갖고 관리될 필요가 있다.

셋째, 지방직영기업으로 운영되는 사업은 공공재(비배제성, 집단소비성 등)적 특성을 지니는 것이 아니라 요금재(배제성, 집단소비성 등)적 특성을 지니고 있기 때문에 별도의 관리 체계가 필요하다. 서비스의 본질적 성격이 다른 공기업 행정과 일반행정을 통합 관리함에 따른 재정관리의 비효율성은 여러 학자들에 의해 제기되었다(Ostrom & Ostrom, 1977: 12; Savas, 1982: 34; Browning & Browning, 1983: 23; 竹中龍雄, 1968: 176-192; 竹中龍雄·北 久一, 1970: 66-76).

넷째, 현행 지방직영기업으로 운영되고 있는 사업은 대부분 상하수도, 공영개발 등인데, 이러한 사업은 대체적으로 구조개혁을 위한 과정 중에 있다. 우리의 경우 상하수도사업을 지방자치단체가 직접 경영하고 있는 상황이지만, 외국의 경우는 다양한 서비스 전달체계를 갖고 있다. 특히 현행 상하수도 전달체계는 수직적, 수평적 분절 구조로 인해 비효율성이 노정되고 있는데, 이를 타개하기 위해 상하수도 전달체계 개편을 모색하고 있는 상황에서 일반정부 영역으로 통합 관리하는 것은 미래 행정환경에서 보더라도 바람직하지 않을 수 있다.

다섯째, 일본의 경우도 지방정부가 직접 경영하는 기업을 지방공영기업이라고 칭하고 있으며, 지방공영기업법을 제정하여 지방정부의 일반행정과 구분하여 관리하고 있다.

향후 지방직영기업은 현행 지방공기업법에서 분리될 필요가 있으며, 분리될 경우 지방재정법에 통합하기보다는 (가칭)지방직영기업법을 제정하여 운영의 효율성을 제고할 필요가 있다고 판단된다.

2. 지방정부의 출자·출연기관 구조개혁 방향

지방정부의 독립된 법인체는 크게 지방공기업법을 적용받는 지방공사, 지방공단, 지방자치단체 출자·출연기관 운영에 관한 법률에 따른 지방공사·공단 외의 출자·출연법인(상법상의 주식회사, 민법상의 재단법인)과, 지방공기업법을 적용받지 않고 타 법률 및 조례에 의해 설립·운영되는 출자·출연법인 등이 존재한다. 지방정부의 출자·출연기관임에도 불구하고 이를 통합적으로 관리하는 법률 체계가 존재하지 않음으로써 기관 설립이 난립되고, 운영의 비효율성과 중복성이 나타나고 있다.

1) 지방정부 출자·출연기관의 개념 정비

지방정부의 출자·출연기관에 대한 개념을 올바르게 확립할 필요가 있다. UN 지침에서 규정한 바와 같이 지방정부의 출자·출연기관을 지방자치단체가 직접 출자에 의해 소유·지배하거나, 소유 이외의 방법에 의해 지배(특별한 법령과 규제, 임원의 임면권 등을 통한 지배)할 경우 지방정부의 출자·출연기관으로 편제하는 방안이다.

첫째, 지방정부의 출자·출연기관을 소유 및 지배적 관점에서 살펴보는 방안이다. 즉 지방정부가 실질적으로 소유(50% 이상의 지분 소유)하고 있는 독립된 법인체와 비록 지방정부가 지분의 과반수 이상을 보유하고 있지 않더라도 임원 임명권한 행사, 이사회 등 최고의결기관 구성원의 과반수 임명, 법령 또는 정관에 따라 기관의 예산 또는 사업계획 등을 승인하는 방법 등을 통해 당해 기관의 정책결정에 사실상 지배력을 확보하고 있는 경우를 지방정부의 출자·출연기관으로 개념 정의하는 방안이다. 이러한 개념은 중앙정부의 공공기관 유형에 대한 규정(공공기관의 운영에 관한 법률 제4조 제1항)[6]에 근거하여 유형화할 수 있다.

둘째, 목적론적 관점에서 공익적 성격을 지니는 업무를 수행하거나 지방자치단체와의 업무 연관성이 있는 사업을 지방자치단체와 독립하여 수행하는 기관으로 개념 정의하는 방안이다. 물론 비영리법인 등은 공익적 성격의 업무를 수행하고 지방자치단체와의 업무 연관성이 전혀 없다고는 할 수 없으므로 목적론적 관점에서는 보다 신중한 접근이 필요하다. 이러한 경우 단서 조항을 법 규정에 삽입해 비영

---

6) 공공기관은 ① 다른 법률에 따라 직접 설립되고 정부가 출연한 기관, ② 정부지원액(법령에 따라 직접 정부의 업무를 위탁받거나 독점적 사업권을 부여받은 기관의 경우에는 그 위탁업무나 독점적 사업으로 인한 수입액을 포함한다. 이하 같다)이 총수입액의 2분의 1을 초과하는 기관, ③ 정부가 100분의 50 이상의 지분을 가지고 있거나 100분의 30 이상의 지분을 가지고 임원 임명권한 행사 등을 통하여 당해 기관의 정책 결정에 사실상 지배력을 확보하고 있는 기관, ④ 정부와 제1호 내지 제3호의 어느 하나에 해당하는 기관이 합하여 100분의 50 이상의 지분을 가지고 있거나 100분의 30 이상의 지분을 가지고 임원 임명권한 행사 등을 통하여 당해 기관의 정책 결정에 사실상 지배력을 확보하고 있는 기관, ⑤ 제1호 내지 제4호의 어느 하나에 해당하는 기관이 단독으로 또는 두 개 이상의 기관이 합하여 100분의 50 이상의 지분을 가지고 있거나 100분의 30 이상의 지분을 가지고 임원 임명권한 행사 등을 통하여 당해 기관의 정책 결정에 사실상 지배력을 확보하고 있는 기관, ⑥ 제1호 내지 제4호의 어느 하나에 해당하는 기관이 설립하고, 정부 또는 설립 기관이 출연한 기관 등이다.

리법인 등을 제외하는 방안을 검토할 수도 있다.

셋째, 상황적 관점에서 정부의 지정에 의해 지방정부의 출자·출연기관을 그때그때 결정하는 방안이 있을 수 있다. 즉 포괄적 규정만 법규에 포함시키고 시행령이나 시행규칙 등을 통해 지방정부의 출자·출연기관의 범주를 상황에 맞게 재편제하는 방안이다.

넷째, 현실적 관점에서 현행 법률에 의해 설립된 기관을 유형별로 그대로 인정하는 방안이다. 즉 이미 개별 법률에 따라 설립된 지방정부의 출자·출연기관을 모두 지방정부의 출자·출연기관으로 인정(연구기관, 의료기관, 경제기관, 문화기관, 교통기관, 교육기관 등으로 구분)하고, 관리의 통합만을 모색하는 방안이다.

2) 지방정부 출자·출연기관의 유형 구분

지방정부의 출자·출연법인에 대한 통합적 관리를 위해서는 지방정부의 출자·출연기관에 대한 유형화 작업과 유형별 규정을 정비할 필요가 있다.

첫째, 지방정부의 출자·출연기관의 유형을 수익형과 위탁형으로 단순화하는 방안이다. 수익형과 위탁형의 구분은 2008년 UN의 SNA 지침과 중앙정부의 공공기관 구분(공기업과 준정부기관)에 근거하여 자체수입이 총수입의 50% 이상인 경우를 기준으로 구분하는 방안이다. 즉 수익형 기관과 위탁형 기관으로 구분하여 관리하는 방안이다.

둘째, 출자비율에 따라 구분하는 방안이다. 지방정부가 100% 출자한 형태, 50% 이상 출자한 형태, 25-50% 미만 출자한 형태, 25% 미만 출자한 형태 등으로 구분하는 것이다. 그러나 이런 구분은 출자 비율이라는 기준만 반영되기 때문에 사업의 특성을 반영하지 못할 수 있다. 즉 2012년 말 결산기준으로 지방공기업법 적용을 받는 간접경영형태가 169개인데, 이 중 78.7%가 지방정부가 100% 출자한 기관이다. 이러한 비율에는 지방공사와 지방공단이 동시에 포함되므로 100%라는 출자비율로 분류할 경우 공사 및 공단의 특성을 반영하지 못하는 문제가 발생할 수 있다. 또한 지방공기업법을 적용받지 않는 지방정부의 출자·출연기관 중에서 332개가 100% 출자한 경우이지만, 이러한 출자·출연기관에는 연구기관, 경제기관, 문화예술기관, 교육기관, 의료기관 등이 포함되어 있어 기관별 특성을 파악하기 어렵다. 따라서 출자비율은 다른 기준과 더불어 고려될 필요가 있다.

〈표 6〉 지방정부 출자·출연기관의 출자비율에 따른 분류

지방공기업법에 의한 출자비율별 사업수				지방공기업법 적용을 받지 않는 출자·출연법인의 출자비율별 사업수		
구 분	출자비율	사업수	비 율	출자비율	사업수	비 율
지방공사	100%	55	32.5%	100%	332	73.3%
	50-100%	4	2.4%	50-100%	45	9.9%
지방공단	100%	78	46.2%	25-50%	25	5.5%
주식회사	50% 미만	32	18.9%	25% 미만	51	11.3%
합 계		169	100.0%	합 계	453	100.0%

* 지방공기업법을 적용받았던 주식회사 형태는 2014년 9월부터 지방자치단체 출자·출연기관 운영에 관한 법률에 통합됨.

자료: 행정안전부(2013), 행정안전부 내부자료(2012)에서 필자가 재구성.

셋째, 법률 명칭과 동일한 경영형태를 유지하는 방안이다. 즉 출자기관과 출연기관으로 구분하고, 출자기관은 지방정부로부터 독립된 사업을 수행하는 경영형태로 상법상의 규정을 준용하는 것이며, 출연기관은 민법상의 재단법인 형태로서 수익적 기능보다는 공직적 기능을 수행하는 형태로 구분하는 것이다. 출자와 출연의 개념을 명확히 구분하여 운영하되, 공통적으로 적용되어야 할 경영원리 등을 규정하여 비효율적 운영을 제거할 필요가 있다.

넷째, 하나의 조직 형태에 2개 이상의 혼합형 사업이 존재하는 경우를 고려할 필요가 있다. 즉 한 개의 조직에서 지방정부로부터 독립된 사업과 위탁된 사무를 동시에 처리하고 있는 경우에는 경영형태를 딱히 규정하기 애매한 경우가 있다. 특히 위탁사업의 경우 위탁사무에 대한 대행사업비를 지방정부로부터 받아 사무를 처리하고 수익을 지방정부로 귀속시키는 형태이므로 수익을 창출할 수 있는 조직형태라 보기 어렵다. 또한 위탁사업의 경우 수익이 발생하면 전액 자치단체로 귀속시키기 때문에 경영성과에 대한 동기부여가 결여되어 있으며 대부분의 사업이 비수익적 공익사업이다. 따라서 하나의 조직에 2개 이상의 혼합형 사업이 존재하는 경우에는 특별히 경영형태를 유형화하기보다는 사업별 예산제도를 적용하여 사업별 책임경영체계를 구축하는 것이 바람직할 것이다.

3) 지방자치단체 출자·출연기관 운영에 관한 법률의 개혁 방향

지방정부의 출자·출연기관의 개념 및 분류체계에 대한 검토 이외에 새로운 법률체계의 효율적인 정착을 위해서는 다음과 같은 사항을 고려해 볼 필요가 있다.

첫째, 지방자치단체 출자·출연기관 운영에 관한 법률을 제정한 행정자치부는 각 지방정부의 지방공기업 및 출자·출연기관을 총괄 조정하게 되는데, 총괄 조정자로서 정책적 통제에 한정될 필요가 있으며 세부 운영에 대한 지나친 통제는 역효과를 초래할 수 있음을 인지할 필요가 있다. 특히 새로운 법률 체계의 운영 방향은 자율책임경영체제로 이행될 필요가 있으며, 설립과정에서는 기관의 존립 필요성 여부 및 중복 방지를, 운영과정에서는 기준 준칙을, 평가과정에서는 성과평가에 따른 환류를 강화할 필요가 있다.

둘째, 지방정부가 직접적으로 수행하는 업무, 국가의 특별지방행정기관이 수행하는 업무, 지방정부가 출자·출연하여 수행하는 업무 간에 중복 및 이중행정이 발생할 경우 이를 제어할 수 있는 제도적 장치가 법률에 마련될 필요가 있다. 일례로 광역자치단체에서 설립·운영되는 중소기업종합지원센터는 지방중소기업 육성에 관한 법률에 따라 설립된 서비스기관이지만 중소기업지원과 관련된 업무가 중복되어 나타나고 있다. 즉 중소기업 관련 업무가 지방자치단체의 업무 이외에 국가의 특별지방행정기관인 지방중소기업청, 국가 공공기관인 신용보증기금의 지역본부, 중소기업진흥공단의 지역본부, 대한무역투자진흥공사의 (지역)무역관, 중소기업협동조합중앙회 (지역)지회, 한국무역협회 (지역)지부 등에서 혼재되어 나타나고 있다. 따라서 (가칭)지방공공기관의 업무와 지방자치단체 업무와의 중복성을 제거하는 방안이 통합 법률을 모색할 때 적극 반영되어야 한다. 유사하거나 동종의 업무를 지방자치단체와 지방공공기관이 동시에 수행한다는 것은 업무의 효율성을 저하시킬 뿐 아니라 사회 전체적인 후생함수를 극대화하는 데 역행할 수 있다.

셋째, 지방자치단체 출자·출연기관 운영에 관한 법률을 집행할 경우 지방자치단체가 직접 경영하는 방법, 지방정부의 출자·출연법인에 위탁 대행시키는 방법, 민간기관에 외부위탁을 주는 방법 등 다양한 서비스 전달형태 간에 비교 평가를 활성화할 필요가 있다. 즉, 성과평가에 따른 환류를 엄격하게 실시할 필요가 있으며, 성과평가 항목에 서비스 전달기관 간의 성과 비교분석을 유도할 필요가 있다.

넷째, 지방공기업 및 출자·출연기관을 설립·운영함에 있어 사업이 얼마나 장기적으로 지속될 수 있는가를 충분히 고려해야 한다. 특정 사업에 대한 세간의 인식에 편승하여 구체적이고도 장기적인 측면에서의 사업타당성을 분석함이 없이 그때그때의 필요에 따라 지방공기업 및 출자·출연기관을 설립한다면 사업수행의 파행성 및 행정비용의 낭비현상을 초래할 뿐 아니라 지역 전체의 공익성을 해할 수 있다.

V. 결 론

지방공기업법 제1조에서 명시되어 있는 바와 같이 지방공기업은 지방자치단체가 지역주민의 복리증진을 목적으로 경영하는 기업이다. 지방공기업의 경우 지방자치단체가 직접 경영하든, 간접 경영하든 특정 세입과 특정 세출이 연계된다는 점에서는 일반 행정과 다른 성격을 지니고 있다. 따라서 지방공기업의 범주에 직접경영방식과 간접 경영방식을 포함하여 이해하는 것이 일반적이었고, 지방공기업법 내에서도 통합 관리되었다. 즉 1969년 지방공기업법의 제정(직접경영형태만 인정), 1980년 제1차 개정(간접경영방식으로 지방공사와 지방공단 규정), 1992년 제2차 개정(지방공사·공단외의 출자·출연법인 도입)으로 경영형태가 다양화되는 계기가 되었으나, 하나의 법률체계에 정부조직과 비정부조직 및 사업이 포괄 규정되는 문제점을 야기하였다. 공공부문의 범위와 통합재정을 산정함에 있어서 직접경영형태인 지방직영기업은 일반정부 부문임에도 불구하고 간접경영형태인 지방공사, 지방공단 등과 더불어 관리됨으로써 명확한 구분이 이루어지지 못하였다.

또한 지방공기업법을 적용받지 않고 타 법률 및 조례에 의해 지방정부가 출자·출연한 기관이 지속적으로 증가하였고, 출자·출연기관의 증설로 인한 비효율성과 관리 감독의 사각지대에 대한 논의가 본격화되면서 지방정부 이외에 외곽적 조직에 대한 통합 관리의 필요성이 제기되었다. 따라서 행정자치부는 지방공기업법을 개정하고, 지방자치단체 출자·출연기관 운영에 관한 법률을 제정하여 지방자치단체의 외곽적 조직을 개편하였다. 그러나 향후 지방공기업법에 포함되어 있는 지방직영기업과 지방공사 및 지방공단을 분리하여 지방직영기업법과 (가칭)지방공공기관의 설립 및 운영에 관한 법률로 재편하는 방향을 고려할 필요가 있다. 즉 지방자치단체 조직인 지방직영기업을 별도로 구분하여 (가칭)지방직영기업법을 제정하고, 지방자치단체가 출자·출연한 모든 독립 법인체(지방공사, 지방공단, 자치단체 출자·출연법인)를 통합 관리할 수 있는 (가칭)지방공공기관의 설립 및 운영에 관한 법률을 제정하는 방향을 고려할 필요가 있다.

지금까지 지방정부의 공기업 및 출자·출연기관의 구조개혁에 대해 논의하였으나, 보다 근본적인 가치는 지역주민의 복리증진에 기여할 수 있는가의 문제이다. 법제도적 관점에서의 구조개혁 그 자체가 목적이 될 수 없다. 구조개혁은 목적적 가치를 구현하기 위한 수단에 불과하며, 효과적인 구조개혁을 위해서는 다양한 이해관계자의 의견을 수렴하는 것이 중요하다. 다양한 이해관계자의 의견수렴 없이 행정적 편의주의에 편승한 구조개혁은 현행 제도를 그대로 존치하는 것보다 못하다.

02

□ 참고문헌

안용식·원구환. (2001). 「지방공기업론(개정판)」, 서울: 대영문화사.

행정안전부. (2013). 「지방공기업 결산 및 경영분석」

竹中龍雄. (1968). 「公企業經營」, 東京: 千倉書房.

竹中龍雄·北 久一. (1970), 「公企業·公益企業經營論」, 東京: 丸善株式會社.

坂田期雄. (1981). 「地方公營企業(新地方自治講座 9)」, 東京: 第一法規.

Browning, Edgar K. and Browning, Jacquelene M. (1983). Public Finance and the Price System. New York: Macmillan Publishing Co., Inc..

Hanson, A. H. (1958). Public Enterprise and Economic Development. London: Routledge and Kegan Paul.

Mitchell, Jerry. (1999). The American Experiment with Governments Corporations. New York: M. E. Shape.

Ostrom, Vincent and Ostrom, Elinor. (1977). Public Goods and Public Choice. In E. S. Savas. (ed.). Alternatives for Delivering Public Services: Toward Improved Performance, Boulder, Colorado: Westview.

Robson, W. A. (1962). Nationalized Industry and Public Ownership. London: George Allen and Unwin.

Savas, E. S. (1982). Privatizing the Public Sector: How to Shrink Government, Chatham, N.J.: Chatham House Publishers, Inc.

Starr, Paul. (1989). The Meaning of Privatization. In Sheila B. Kamerman and Alfred J. Kann. Privatization and Welfare State. Princeton: Princeton University Press.

Thynne, Ian. (1998). Government Companies as Instruments of State Action. Public Administration and Development. 18(3): 217-228.

United Nations. (2008). System of National Accounts.

제3편 부채 및 공공요금

제9장 국가채무, 공공부채?: 정부의 역할과 범위

박 정 수

I. 서 론

우리나라는 정부의 규모가 작기로 유명하다. 공무원의 수로 측정한 인력규모는 물론이려니와 재정지출이 GDP에서 차지하는 비중으로 측정한 재정적 측면에서의 정부역할도 선진국과는 매우 큰 차이가 난다(OECD, 2011). 실제로 정부규모를 측정하는 문제는 재정학, 행정학 등의 영역에서 학문적으로 접근하기도 하고 국제기구인 OECD자료를 활용 국가간비교(횡단면분석)와 지난 정부와의 상대적 규모비교(종단면분석) 그리고 규모가 주는 함의에 이르기까지 다양한 분석과 논의가 이루어지고 있다. 정부규모의 문제는 정부의 기능범위(scope of function)와 정부의 역량(competency) 등 질적인 측면과 연계하여 봐야 한다. 정부규모는 일반적으로 공무원 수와 재정규모를 중심으로 살펴보고 있는바 기능의 범위는 세계은행에서 제시한 소극적 기능, 중간적 기능, 그리고 적극적 기능으로 대별하여 분석하기도 한다(문명재·주기완, 2007). 특히 다른 나라와 정부의 규모를 비교할 때 조심해야 하는 부분은 정부의 범위이다. 우리나라의 경우 많은 수의 공공기관들이 선진국의 정부가 수행하는 역할을 수행하고 있으므로 정부의 규모를 순수한 의미의 정부만을 비교하면 정확한 실상을 나타내지 못하는 경우가 많다.[1)]

03

1) OECD의 Government at a Glance에 따르면 최근 정부는 경제위기를 극복하고 경기회복을 위해 평균적으로 2007~2009년 사이에 정부지출을 GDP 대비 41%에서 46%로 높였다. 덴마크, 핀란드, 영국 등은 상대적으로 큰 정부를 미국, 스페인, 우리나라, 멕시코는 상대적으로 작은 정부 군에 속한다. 1995년 이래 평균적으로 정부의 공무원을 늘이기보다는 민간위탁(outsourcing)에 의존하는 정도가 크게 늘고 있는 추세를 보인다. 그렇다고

민간조직과 정부조직의 회색지대에서 정부의 위탁업무를 수행하는 공공기관을 우리는 준정부기관(shadow government, quasi non government organization)이라고 하고 영국 등 앵글로색슨계 정부에서는 NDPB(non department public body)라는 용어를 써서 정부에 포함시키기도 한다. 결국 정부의 범위는 역할과 기능에 따라 정의하는 것이 타당하며 이렇게 볼 때 대부분의 공공기관은 넓은 의미의 정부범위에 포함된다. 이들 기구의 부채도 결국 국민의 부담이라는 점에서 지속적으로 점검하고 공개하는 것이 바람직하다. 앞으로 정부규모에 대한 단선적인 연구보다는 정부규모, 기능범위 그리고 재정운용을 체계적으로 연구하면서 이들 간의 상관관계를 정치하게 분석해야 할 필요성이 있다는 점을 강조한다.[2)]

우리나라는 국가신용등급이 역대 최고수준으로 상향조정되어 있고 원화가치도 안정적으로 관리되고 있다. 무디스, 피치에 이어 S&P 등 세계3대 신용평가사가 2012년 우리나라의 국가신용등급을 더블A, AA－, A＋로 각각 상향 조정해 재정건전성, 즉 나라살림이 튼튼함을 인정했다. 글로벌 금융위기를 잘 극복했고 높은 수출경쟁력과 노동생산성, 그리고 금융기관의 대외건전성이 높아지고, 북한문제도 잘 관리되고 있는 것으로 평가했다. 다만, 늘어나고 있는 가계부채와 공기업부채에 대한 경계와 우려를 강조하고 있다. 정부는 국가채무비율이 OECD 국가 중 가장 양호한 편이고, 외환보유액도 3천억 달러가 넘어 위기대응능력이 커진 것을 강조하고 있다. 세계 9번째로 무역 1조 달러를 이루었고 인구 5천만이 넘는 나라 중 국민소득이 2만 달러가 넘는 나라로서는 7번째라는 것이다.

하지만 다른 한편으로는 국가재정운용계획과 2012~2060 장기재정전망 등에 따르면 최근 유럽의 위기로 2008년 글로벌 금융위기가 채 극복되기도 전에 위기의 상시화라는 새로운 패러다임이 나타나고 있다. 수출위주의 소규모개방경제로서는 크게 영향을 받을 수밖에 없다. 장기적인 관점에서 저출산 고령화라는 도전이 세계에서 유래를 찾아볼 수 없이 빠르게 도래하고 있어 2060년에는 65세 이상 노인 인

큰 정부가 방만한 정부운영을 의미하는 것은 아니다. 최근 재정위기로 어려움을 겪고 있는 나라들은 주로 작은 규모의 정부로 사회복지, 보건, 교육 등에서 제 역할을 수행하지 못하는 것으로 나타난다.

2) 민간과 정부의 중간영역에는 준정부기관말고도 민간투자사업이 있다. 민간투자사업은 정부예산으로 건설하고 운영해온 도로, 철도, 항만시설, 학교, 군사시설 등 사회기반시설을 민간자금으로 건설하고 민간이 운영하는 제도를 말한다. 취지는 재정사업만으로 이러한 기반시설을 건설하려 할 경우 너무나 오랜 기간이 필요할 수 있어 민간자본을 동원해 사회기반시설확충을 앞당기려는 것과 또 다른 하나는 민간의 창의와 유인기제를 활용하고자 함이라 하겠다.

구가 전체 인구의 40%를 차지할 전망이다. 이러한 인구구조의 변화는 경제성장의 둔화, 그에 따른 세입기반 약화, 복지지출 확대 등 경제와 재정적인 측면에서 부정적인 영향을 미치게 될 것이다. 여기에 우리는 북한변수가 추가되어야 한다.[3)]

최근 가계부채증가율이 경제성장률을 지속적으로 상회하고 가계부채규모가 눈덩이처럼 불어나면서 우려가 확산되고 있다. 내수부진이 이어지는 상황에서 유럽국가들의 재정위기 심화와 미국, 중국 등의 경기둔화로 수출의존도가 높은 우리 경제의 불확실성이 증가하면서 가계부채문제가 경제위기의 뇌관으로 작용할 수 있다는 불안감이 커지고 있다. 가계부채가 임계치를 넘어 과도한 수준에 이르면 원리금 상환부담의 증가로 소비를 위축시키고 채무불이행으로 이어져 금융회사의 부실화를 가져올 뿐만 아니라, 거시건전성을 위협하고 경기침체의 장기화를 초래할 수 있다. 세계경제포럼은 가계부문의 과다부채 여부를 판정하는 기준으로 GDP대비 75%를 제시하고 있는데 우리나라의 경우 GDP대비 가계부채 비중(2010년 기준 86.6%)이 이를 훨씬 넘어서고 있고 OECD국가들과 비교할 때 30개국(평균 73.7%) 가운데 11위로 경제 및 소득규모에 비해 높은 수준에 속한다(구기성, 2012).

한편 2006~2012년 회계연도 동안 공공기관의 금융부채(장단기 차입금)는 크게 증가하였으며, 이러한 공공기관의 부채 증가가 국가 재정을 위협할 수 있다는 가능성이 제기되고 있다. 특히 최근 남유럽 PIIGS 나라들(포르투갈, 이태리, 아일랜드, 그리스, 스페인)의 방만한 재정운영으로 촉발된 전 세계적 경제위기를 경험하고 있는 국제 환경 하에서 정부의 지속적인 공공기관 지원이 공공기관의 방만 경영을 초래한다는 논란이 존재한다. 일부에서는 공공기관의 부채를 국가부채의 범위에 포함시켜 관리해야 한다는 주장도 제기되는 실정이다. 공공기관 부채를 국가부채의 범위에는 포함시키지는 않더라도, 공공기관 부채를 좀 더 적극적으로 관리할 필요성은 있다는 지적에 공감대가 형성되고 있다. 일반적인 재정통계상 일반정부부문과 공기업간의 관계를 도식화하면 아래 〈그림 1〉과 같이 나타난다.

---

3) 한국은행은 2013. 7. 11.자로 2013년 하반기 경제전망을 발표했다. 세계경제는 주요 선진국의 금융완화 지속 등으로 완만한 회복세를 보일 전망이며 국제 유가도 안정세를 나타낼 전망이라고 발표했다. 민간소비도 완만한 증가세를, 설비투자도 글로벌 경기개선에 힘입어 수출기업을 중심으로 증가세를 보일 것으로 보았다. 경제성장률은 대외 여건의 점진적 개선, 추경편성 및 금리인하 효과의 본격화 등으로 하반기에는 성장률이 회복되어 연간 2.8%의 성장을 전망했다. 2014년은 미국 및 일본의 성장세 강화 등 상방리스크와 QE tapering 및 아베노믹스 관련 불확실성, 중국경제의 둔화 가능성 등 하방리스크가 혼재하지만 경기회복세가 지속되어 연간 4% 성장이 가능할 것으로 전망하고 있다.

〈그림 1〉 재정통계상 일반정부부문과 공기업의 관계

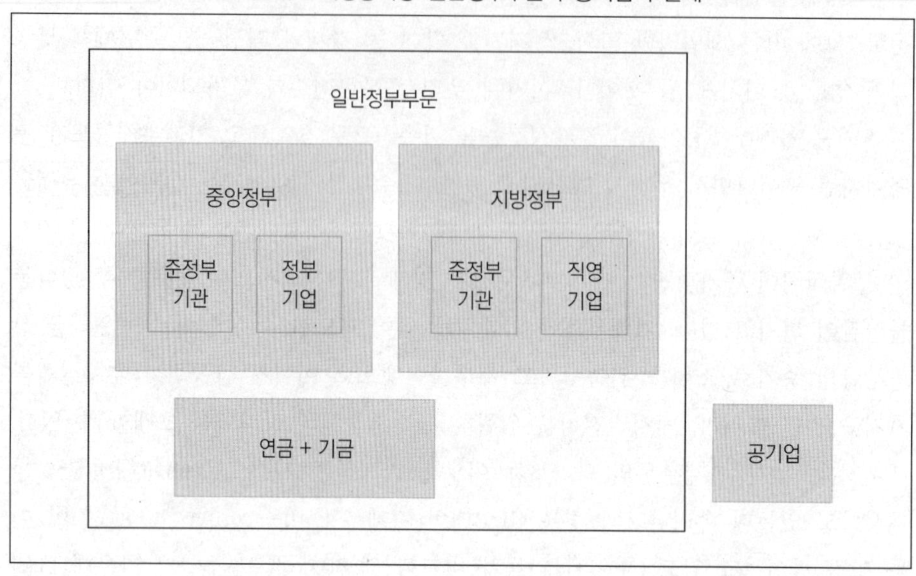

2012년 정부는 발생주의회계로 전환과 함께 재정의 범위를 재설정해 한국은행의 국민계정에서 설정하고 있는 정부와 민간의 경계를 일치시킨바 있다. 국가채무와 재정수지 등을 계산하는 재정통계를 개편하면서 일반정부의 범주에 포함되는 공공기관을 146개로 확정했다. 공공기관 282개 가운데 원가보상률이 50% 미만이거나 정부가 유일한 고객인 기관, 구조조정기구, 출연연구기관 등의 기준을 적용해 일반정부의 범위에 편입시킨 것이다. 그러나 '정부가 유일한 고객' 기준이 너무 경직적이란 논란이 제기됨에 따라, '해당 기관의 판매액 가운데 정부가 고객인 판매수익의 비중이 80% 이상'인 기관으로 완화한 바 있다. 이에 따라 종전에 사실상 정부사업을 하지만 원가보상률이 50%가 넘는다는 이유로 일반정부로 편입되지 않았던 공기업 13개가 추가되었다.[4)] 아울러 정부는 출연연구기관은 무조건 일반정부의 범주에 넣었으나, 정부가 고객인 판매수익 비중이 80% 미만인 출연연구기관 12개를 제외하였다.[5)] 정부는 발생주의를 적용한 새로운 재정통계는 국제기구에 제출해

4) 추가된 기관은 농어촌공사, 국립공원관리공단, 농수산물유통공사, 중소기업기술정보진흥원, 건설교통기술평가원, 에너지기술평가원, 환경공단, 농림수산정보센터, 문학번역원, 지식재산연구원, 특허정보원, 시장경영진흥원, 항로표지기술협회 등이 이에 해당된다.

5) 제외된 기관은 산업기술시험원, 원자력안전기술원, 교육과정평가원, 교통연구원, 에너지경제연구원, 원자력의학

국제비교용으로 활용하고 국가재정운용계획과 국가채무관리계획에는 현행과 같이 현금주의 기준을 적용해 별도로 국가채무와 재정수지 등을 작성하고 있다.

여기에 나아가서 정부는 2013년 7월 공기업을 포함하는 공공부문 전체의 재정통계를 산출하는 방안에 대한 공청회를 개최했다. 공공부문의 포괄범위를 정부의 지배성(지분 50% 이상과 주요 임원의 임명권 보유여부)을 기준으로 확대해 한국은행 국민계정통계작성기준과 일치시키는 데 걸림돌이 되었던 공공기관운영에관한법률의 적용을 받지 않는 KBS, EBS, 한국은행, 금융감독원, 산업은행, 기업은행, 산은지주도 모두 포괄하기로 했다. 바람직한 정책결정이라 하겠다. 이러한 내용은 지난 2013년 5월 13일 LG경제연구원에서 최근의 국제재정통계지침으로 본 우리나라의 공공부문 채무수준 보고 내용과도 맥락을 같이한다(조영무, 2013).

금융기관을 제외한 공공기관 부채의 71.7%[6])를 차지하고 있는 공기업의 경우 각 사업별로 구분회계가 이루어지지 않는 기관이 다수 존재하며, 이러한 사업별 불투명한 재무구조는 공기업의 방만 경영을 지속시키고, 사업별 수익성 진단 및 정부지원에 대한 합리적인 논리를 제공하기 어렵다. 2012년 말 기준 한국토지주택공사(이하 "LH공사")의 부채수준은 전체 공기업 부채의 39.0%에 해당하며, 부채규모가 138.1조원으로 확대되어 증가속도 또한 심각한 수준이나 다행히 2012년의 경우 부채증가율이 5.8%에 그치는 등 증가세 완화 추세를 보이고 있다.

본 장에서는 이러한 두 가지 상반된 모습을 함께 보이고 있는 우리 경제의 속살을 중앙정부(국가)부채, 지방정부부채, 그리고 공기업부채로 나누어 살펴보고 이를 건전하게 관리하기 위한 제도적 장치와 정책방향에 대해 생각해보기로 한다.

Ⅱ. 공공채무(부채) 현황

1. 중앙정부채무

중앙정부 채무비율(채무잔액÷명목GDP) 추이를 보면 만성적인 재정적자로 1982

원, 정보통신정책연구원, 원자력연구원, 지질자원연구원, 해양수산개발원, 과학기술원, 전기연구원 등이다.

6) 기획재정부, 보도자료, 2013. 4.

〈표 1〉 국가채무추이

(단위: 조원)

	2003	2004	2005	2006	2007	2008	2009	2010	2011	2012	2013	2014	2015
국가채무	165.8	203.7	247.9	282.7	299.2	309	359.6	392.2	420.5	443.8	460	466.4	471.6
(GDP 대비,%)	21.6	24.6	28.7	31.1	30.7	30.1	33.8	33.4	34	34.9	31.3	29.6	27.9
일반회계	29.4	31.9	40.9	48.9	55.6	63	97	119.7	135.3	149.2	152	150.9	148.8
공적자금	14.4	29.4	42.4	53.3	52.7	49.2	49.5	47	45.7	45.7	45.5	43.6	42.6
외환시장 안정용	33.5	51.3	67.1	78.6	89.7	94	104.9	120.6	136.7	155.7	170.8	183.9	195.8
국민주택기금	36.8	36.7	39.7	43.3	43.6	45.2	48.5	49.3	48.9	48.5	48.8	48.6	48.5
기 타	51.7	54.4	57.8	58.6	57.6	57.6	59.7	55.6	53.9	46.8	42.9	39.4	35.9

자료: 기획재정부.

주: 2012년은 결산, 2013년 이후 수치는 2012-16 국가재정운용계획상 전망치임.

년 말 21.2%에 달하였으나 1980년대 경제안정화 정책의 추진으로 이후 지속적인 하락세를 보여 1996년 말에는 8.0%까지 하락하였다. 그러나 1997년 외환위기의 발발 및 공적자금의 투입·상환, 환율안정을 위한 채권발행 증가, 재정적자 지속 등으로 인해 상승세를 지속하여 2006년 말에는 30.1%까지 상승하였다. 10년간 중앙정부 채무가 무려 GDP 대비 22.1%나 증가한 것이다. 이후 잠시 안정세를 보였으나 최근 전세계적인 금융·경제위기를 맞아 채무비율이 다시 상승하고 있다.7)

한편, 지방정부 채무도 2007년 말 18.0조원에서 2011년 말 28.2조원으로 급증하였다. 2011년 말 국가채무가 420.5조원에 달하는 반면 지방정부 채무는 28.2조원에 불과하고, 이 중에서 10조원의 지방채를 중앙정부가 보유하고 있으므로 국가채무 통계에는 18.2조원만 반영된다. 2012년말 현재 34.9%인 국가채무 비율은 국가채무 통계를 공식적으로 작성하기 시작한 1997년 이래 가장 높았다. 여기서 국가채무란 정부가 직접적인 상환의무를 부담하는 확정채무(IMF기준)로 국채, 차입금, 국고채무부담행위에 지방정부 채무를 더하고 지방정부의 對 중앙정부 채무를 뺀 금액을 말한다.8)

---

7) 이미 2013년 국가채무수치는 추경을 통해 480.3조원, 그리고 2014년 예산안에는 515조원으로 수준이 크게 늘어나고 있다.

8) 우리는 여기서 용어를 보다 명확하게 구분할 필요가 있다. 중앙정부의 채무를 국가채무로 혼동해 사용하기도 하는데 지방정부가 포함이 되지 않는 경우는 중앙정부채무로 구분해 사용하는 것이 타당하다. 그리고 국가채무라

〈그림 2〉 국가채무 추이

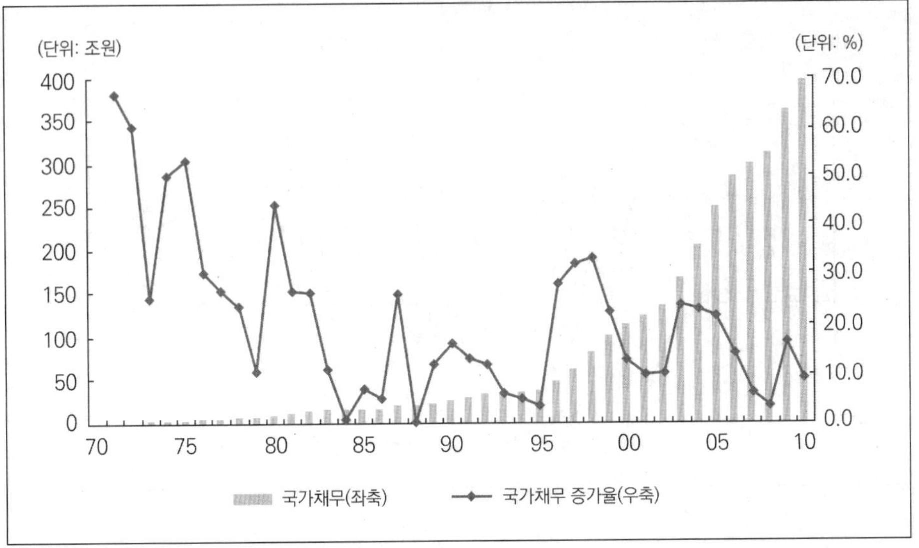

물론 선진국들의 정부부채 비율이 큰 폭으로 증가하고 있는 것에 비해서는 상대적으로 양호하다고 볼 수 있겠으나, 이명박정부의 국가채무 증가규모 자체는 매우 커 참여정부 5년간(165.6조원)과 비슷한 144.6조원(2008~2012년 기준)에 달한다. 따라서 향후 중앙정부 및 지방자치단체들은 보다 적극적으로 세출구조조정, 세입확충 등을 통해 재정적자 규모를 줄여나가야 하며, 채무 및 이자부담 자체에 대한 위험관리도 보다 철저히 해야 할 것이다.

국가채무 규모(금액기준)는 지속적으로 증가하고 있으나, 그 증가율은 전반적으로 하향 안정화되고 있는 추세를 보인다. 1997년 외환위기 및 2008년 글로벌 금융위기 시에 위기극복을 위한 재정지출 규모가 크게 증가함에 따라 채무 증가율도 상승하였으나 정부의 재정건전화 노력 등으로 위기극복 이후 증가율이 다시 하향세로 전환되고 있다. 1970년대에 증가율이 높은 이유는 채무액의 증가보다는 당시의 채무규모가 적은 것에 기인하며, 2003~2006년에는 외환위기 극복을 위해 투입된 공적자금의 국채전환이 주요 원인이었다.

고 할 때는 현금주의방식에 의한 빚(debt)을 의미하고 국가부채라고 할 때는 발생주의방식에 의한 부채(liability)를 의미한다.

〈그림 3〉 국가채무 추이(GDP대비)

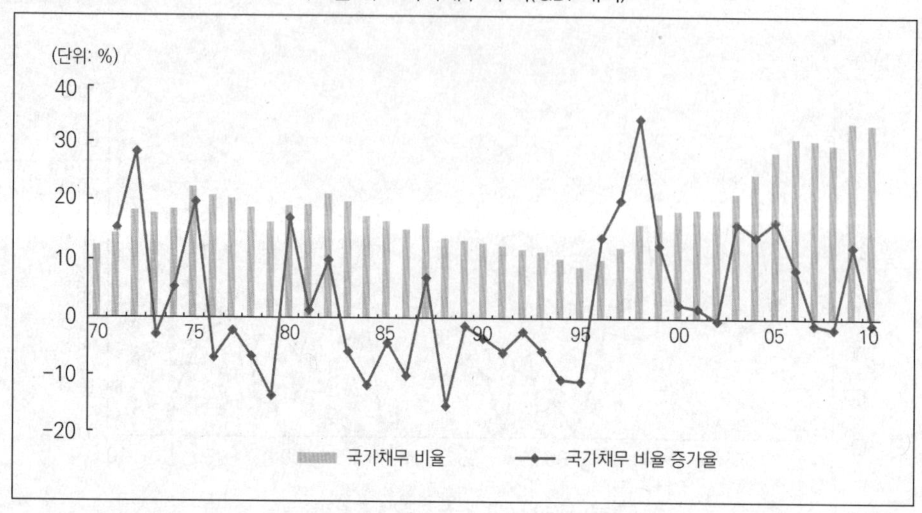

우리나라의 경제력을 감안한 GDP 대비 국가채무 비율은 1990년대 중반까지는 전반적으로 10%대 수준을 유지하였으나, 1997년 외환위기 이후부터 증가하기 시작하여 2006년부터는 30% 초중반대 수준을 유지하고 있다. GDP대비 국가채무 비율의 증가율은 외환위기(공적자금의 국채전환 포함) 및 글로벌 금융위기 시에 일시적으로 증가하였으나 지속적인 경제성장 및 정부의 재정건전화 노력 등으로 빠르게 하향 안정화되고 있는 추세를 보인다.

우리나라의 GDP대비 국가채무 수준은 2012년 현재 34.9% 수준으로 해외 주요국에 비해 양호한 수준을 유지하고 있다.

〈표 2〉 OECD 주요국 대비 국가채무 비율

국가명	영 국	프랑스	미 국	일 본	독 일	한 국	OECD 국가 평균
채무비율(%)	82.4	94.1	93.6	199.7	87.0	34.9	97.6

자료: OECD('11. 5), 한국: 정부통계.

〈표 3〉 GDP 대비 국가채무 비율 추이

(단위: 조원, %)

연 도	국가 채무 (A)	국내 총생산 (GDP) (B)	국가 채무 비율 (A/B, %)	연 도	국가 채무 (A)	국내 총생산 (GDP) (B)	국가 채무 비율 (A/B, %)
'70년	0.3	2.8	12.4	'91년	27.7	231.4	12.0
'71년	0.5	3.4	14.3	'92년	31.0	264.0	11.7
'72년	0.8	4.2	18.4	'93년	32.8	298.8	11.0
'73년	1.0	5.5	17.8	'94년	34.4	350.0	9.8
'74년	1.5	7.8	18.7	'95년	35.6	409.7	8.7
'75년	2.3	10.5	22.4	'96년	45.6	461.0	9.9
'76년	3.0	14.4	20.8	'97년	60.3	506.3	11.9
'77년	3.8	18.5	20.3	'98년	80.4	501.0	16.0
'78년	4.7	24.9	18.9	'99년	98.6	549.0	18.0
'79년	5.2	32.0	16.3	'00년	111.2	603.2	18.4
'80년	7.5	39.1	19.1	'01년	121.8	651.4	18.7
'81년	9.5	49.3	19.3	'02년	133.8	720.5	18.6
'82년	12.0	56.7	21.2	'03년	165.8	767.1	21.6
'83년	13.3	66.7	19.9	'04년	203.7	826.9	24.6
'84년	13.4	76.5	17.5	'05년	247.9	865.2	28.7
'85년	14.3	85.7	16.7	'06년	282.7	908.7	31.1
'86년	15.0	100.3	15.0	'07년	299.2	975.0	30.7
'87년	18.9	117.9	16.0	'08년	309.0	1,026.5	30.1
'88년	18.9	140.5	13.5	'09년	359.6	1,065.0	33.8
'89년	21.1	158.6	13.3	'10년	392.2	1,172.8	33.4
'90년	24.5	191.4	12.8	2012년	443.8	1,272.5	34.9

주: 1) 경상가격 기준.
2) 1996년부터 지방정부순채무 포함.
3) 국내총생산은 2005년 계열 경상가격.
자료: 기획재정부 내부자료.

2. 지방채무 및 부채

2011년 말 기준으로 243개 지방자치단체의 채무는 28조 1,618억원 수준으로 가파르게 증가하던 추세가 일단 안정화되는 모습을 보인다.[9] 다만 공기업으로 분류되는 지방공사 및 공단의 부채는 여전히 증가추이를 유지하고 있으며 2011년

9) 2013년 7월 현재 안전행정부의 지방재정통계 공시내용에 있어서 2011년 결산이 가장 최신 자료다.

〈표 4〉 지방자치단체 채무 및 지방공사·공단 부채 현황

(단위: 억원)

구 분		2007	2008	2009	2010	2011
합 계		457,302	514,864	682,334	754,678	775,913
지방정부채무	소 계	180,276	190,486	255,531	289,933	281,618
	순일반채무	147,773	161,171	227,916	197,891	197,927
	직영공기업 채무	32,503	29,315	27,615	92,042	83,691
공사·공단 부채		277,026	324,378	426,803	464,745	494,295

주: 각 년도 결산 기준.
자료: 안전행정부 내부자료.

말 기준으로 49조 4,295억원으로 수익모델이 제대로 정착되지 못한 상태에서 지방정부의 재정부담으로 다가서고 있다. 따라서 안전행정부는 지방재정위기 사전경보시스템을 운영하는 과정에서 지방정부의 채무와 함께 공기업의 부채도 함께 고려하고 있다.

3. 공기업 부채

최근 공기업 부채는 급격히 증가하고 있는 추세에 있다. 공기업의 부채는 현행 국가채무 통계에서 제외되고 있지만, 공기업 파산 등 위험 상황 하에서는 재정위험을 야기할 수 있다. 2006년 117.7조원에서 2010년 244.6조원(292.0조원), 2011년 329.5조원, 2012년 353.7조원으로 증가하였는데, 이는 2012년까지 6년간 200.5% 증가하여 연평균 33.4%씩 꾸준히 증가한 것이다. 물론 최근의 증가세 둔화는 눈에 띈다.

2011년부터 공기업은 국제회계기준(IFRS)에 따라 재무관리를 하게 됨에 따라 재무정보의 비교가능성을 위해 2010년을 재작성하면서 공기업의 부채는 292조원으로 증가하고 2011년에는 전년대비 12.9% 늘어난 329.5조원, 2012년에는 7.5% 늘어난 353.7조원 수준이 된다. 이미 이자가 이자를 낳는 구조(LH 금융성부채비율 '11년 68.8%(총 부채비율은 468%), 수자원공사 90.5%(116.0%))로 들어섰다는 점에서 구조적 접

〈표 5〉 공공기관 재무현황

(단위: 조원)

구 분	2010*	2011	2012
자 산	644.8	698.9	731.2
·공기업	458.9	498.9	524.0
·준정부기관	163.4	176.6	181.9
·기타공공기관	22.5	23.4	25.3
부 채	401.6	463.5	493.4
·공기업	292.0	329.5	353.7
·준정부기관	100.7	124.9	129.6
·기타공공기관	9.0	9.1	10.2
당기순이익	4.2	△8.5	△1.8
·공기업	2.3	△0.6	△3.4
·준정부기관	1.2	△8.3	1.4
·기타공공기관	0.7	0.4	0.2

주: 2011년부터 공기업은 국제회계기준이 적용됨에 따라 2010년 재무정보와의 비교가능성을 높이기 위해 국제회계기준에 따라 재작성된 자료.
자료: 기획재정부, 2013. 4.

03

근이 필요함을 알 수 있다.[10)]

공공기관 재무현황과 각 기업별로 부채현황을 살펴보면 일부 기관에 부채가 집중된 것을 파악할 수 있다. 한국토지주택공사, 한국전력공사, 한국도로공사, 한국가스공사의 4개 기관 부채가 공기업 전체 부채의 82.2%를 차지한다. 2012년 명목 GDP는 1,272.5조원[11)]이며, 부채규모가 큰 10개 공공기관은 모두 GDP 대비 부채 비중이 1% 이상인 상태로 부채가 GDP 규모에 비해 매우 큰 상황이다.

2012년 말 기준으로 2010년 대비 부채가 크게 증가한 공기업은 한국수자원공사, 예금보험공사, 한국가스공사, 한국전력공사 순으로 나타남에 따라 4대강, 경인

10) IFRS 기준 금융부채는 단기차입금, 유동금융부채와 비유동금융부채를 포함한다.
11) 한국은행 경제통계시스템(http://ecos.bok.or.kr).

〈표 6〉 공공기관 부채현황: 상위 10개 기관

(단위: 억원)

순 위	기 관 명	2010년	2011년	2012년	연평균 증감률
1	한국토지주택공사	1,215,265	1,305,712	1,381,221	6.9%
2	한국전력공사	722,413	826,639	950,886	15.8%
3	예금보험공사	272,201	404,884	458,855	34.3%
4	한국가스공사	222,946	279,666	322,528	22.4%
5	한국도로공사	237,286	245,910	253,482	3.4%
6	한국석유공사	158,710	208,000	179,831	6.7%
7	한국철도시설공단	139,796	155,674	173,406	12.0%
8	중소기업진흥공단	155,636	151,125	149,639	△2.0%
9	한국철도공사	126,236	134,562	143,209	6.7%
10	한국수자원공사	80,854	125,809	137,779	35.2%

아라뱃길 등 국책사업, 해외 자원개발, 또는 수익성 악화 등이 주요 원인임을 알 수 있다. 향후 부채 증가도 주로 일부 기업에 집중되어 발생될 것으로 전망되며, 결국 문제의 해결도 이에 직접적으로 타겟팅할 필요가 있다.

공기업의 부채를 원인별로 나누어 살펴보면, 위기관리, 미래대비 중장기투자, 국가정책추진관련, 저렴한 공공서비스 제공 등으로 구분된다. 먼저 부실 저축은행 지원 등 위기관리를 위한 예금보험공사의 부채가 크게 증가하였고 한전, 석유공사, 가스공사 등 에너지관련 공기업의 국내외 시설투자가 확대되었다. 보금자리사업, 세종시 건설 등과 4대강사업 등 국가정책사업 추진에 공공기관 부채를 통한 재원조달기제가 동원되었으며 글로벌 경제위기 극복 등 서민생활안정, 물가안정을 위해 국제유가 상승에도 불구하고 공공요금인상을 억제, 원가보상률이 전기 87.4%, 가스 87.2%, 도로 81.7%, 철도 76.2%, 수도 81.5%에 그치고 있어 수요관리의 문제와 함께 공기업 서비스의 가격구조를 왜곡하는 문제가 심화되고 있다. 기획재정부는 매년 주요 공기업의 글로벌 경쟁력을 평가하여 공개하고 있는바, GDP대비 공공서비스 요금 등도 신규로 비교 평가하여 공개할 계획을 천명한 바 있어 문제가 쉽게 풀리지 않을 것임을 짐작하게 한다.

Ⅲ. 공공채무(부채)관리의 문제점

1. 재정범위와 공기업

기본적으로 공기업은, 특히 EU와 같은 선진국의 경우 상업적/수익적 활동을 위주로 사업을 수행하며 이러한 특성 때문에 IMF 등 국제기구는 정부재정통계(Government Finance Statistics) 등 국제기준에서 공기업부문을 일반정부에서 제외하고 있다. 해외 주요국 공기업들이 수행하는 국책사업 또는 비상업적 활동(non commercial priority)을 계리하는 부분에 있어서는 나라들 간에 현격한 차이가 존재한다. 공기업의 사회적 책임(CSR: corporate social responsibility)에 있어서는 상업적 활동과 비상업적 활동간 차이가 원칙적으로 존재하지 않는다. 공공서비스의무(public or universal service obligation)가 반영된 기관의 사업유형과 역할은 어느 나라나 존재한다. 하지만 각 나라의 역사, 문화적 특성에 따라 공기업의 정의와 범위, 그리고 역할은 매우 다양한 양상을 보인다(박정수·박한준·유정숙, 2012).

공공기관들이 정부정책사업을 수행하는 경우 이를 정부지원금의 규모로 파악할 수 있다. 2010년 결산기준으로 공공기관에 유입된 정부의 재정지원규모는 64조 2천억원에 달하며 이 중 출연, 출자, 보조 등 직접적으로 지원한 금액이 21조 5천억원 규모에 달한다. 시장성이 높은 공기업의 경우도 20조 1천억원의 정부지원을 받았다. 부담금 및 이전수입과 위탁 및 독점수입을 용인해 간접적으로 지원해 준

03

〈표 7〉 2010년 공공기관 유형별 정부지원 현황

(단위: 조원)

구 분	직접지원				간접지원		합 계
	출 연	출 자	보 조	소 계	부담금, 이전수입	위탁 및 독점수입	
공기업	0.0	4.2	0.2	4.4	-	15.7	20.1
준정부기관	6.3	0.0	6.2	12.5	11.0	13.3	36.8
기타공공기관	3.6	-	1.0	4.6	0.0	2.7	7.3
계	9.9	4.2	7.4	21.5	11.0	31.7	64.2

자료: 국회예산결산특별위원회, 2010회계연도 공공기관결산심사보고, 2011.

〈표 8〉 2013년도 공기업 정부지원예산 현황

(단위: 조원)

	출 연	출 자	국고보조	융 자	이전수입	합 계
시장형공기업	–	1.3	0.5	0.7	0.2	2.7
준시장형공기업	0.1	3.1	1.0	0.1	–	4.2

자료: 국회예산정책처, 2013년도 공공기관 정부지원예산안평가, 2012. 10.

규모는 31조 7천억원 규모(예결특위, 2010회계연도 결산검토보고, 2011. 8)에 달한다.

한편 국회예산정책처(2013)에 의하면 2012년도 공공기관 정부지원예산안의 규모는 46.49조원 수준에 달한다. 예결특위의 집계하고는 조금 차이가 나고 있지만 전체규모가 해마다 증가하고 있는 추세, 그리고 공기업에도 지원이 지속되고 있는 점에 주목할 필요가 있다. 유형별로는 준정부기관에 대한 정부지원액이 36.31조원, 공기업에 대한 지원액은 4.53조원 그리고 기타공공기관에 대한 지원규모는 5.65조원으로 나타나고 있다. 공기업은 주로 국고보조보다는 출자형식으로 지원이 이루어지고 있다. 출자금은 사업영위에 필요한 자본금 확충을 위해 주식 또는 출자증권을 취득하는 것으로 정부출자기관(주로 공기업)이 그 대상이다. 출연연구기관 등 기타공공기관의 경우는 주로 정부출연금 형태로, 코트라, 한국농어촌공사 등 사업에 대해서는 국고보조금 형태, 예금보험공사의 기금채권상환기여금 등은 부담금 형태, 공무원연금공단에 대한 보전금 등 기금 출연금 형태의 이전수입, 마지막으로 한국환경공단의 수질자동측정망운영관리사업비, 출연연구기관의 수탁용역과제수입 등 위탁수입의 형태로 구분된다.

공기업의 정부소유에 대한 가장 중요한 질문은 '왜 공기업을 국가에서 소유하고 운영해야 하는가?'이며, 이에 대한 비교적 명확한 논거는 비상업적 활동(non commercial activities) 추구라는 명확한 목적을 가지고 설립된 공기업에 의해 제공된다. 우리나라의 경우 한국농어촌공사, 농수산물유통공사 등 준정부기관을 예로 들 수 있으며 LH와 수자원공사와 같은 공기업도 논란의 여지가 있다.

기업의 공적소유, 국가소유에 대한 근거는 다음과 같이 요약할 수 있다. 첫째, 자연독점을 들 수 있다. 공공독점에서 민간독점으로의 전환으로 인한 잠재적 이점은 효율성의 증대이다. 그러나 공기업의 민영화에는 추가적 규제비용이 필요하며 그 이익이 제한적일 수 있다는 한계가 존재한다. 이와 같은 이유로 많은 정부는 공기업형태인 공적소유권(state ownership)의 유지 및 운영을 선호한다. 둘째, 보편적 서비스의 공급이다. 공기업은 공공서비스 제공 의무가 있다. 예를 들어 우편사업자의 경우 전국의 모든 지역에 우편을 배포하여야 하는 의무가 있다. 경쟁입찰을 통한 공공서비스는 실행할 수 없거나 비효율적인 것으로 간주되기 쉽다. 셋째, 불완전계약이다. 공기업의 경영은 경제의 다른 부분에 중요한 파급효과를 미치며 일부 정부는 공항과 항공사 등의 공공통제를 유지하기 위해 이 같은 논리를 사용해 왔다. 넷째, 국가산업전략 및 정책의 일환이다. 정부는 정책도구로서 특정 공기업 운영을 방어할 뿐만 아니라 사전대책의 목적으로 이용할 수 있다(national champions).[12] 방어사례로 높은 고용률을 유지하기 위해 특정기업을 유도하여 경기안정을 돕고 경제 외부효과 그 자체로 정당화할 수 있다. 사전전략으로 정부는 공기업을 광범위한 경제개발을 위한 도구로 설립하고 이 외부효과를 이용하기도 한다. 이 전략은 공기업을 통해 개발 사업에 중요한 인프라구조 개발 혹은 노하우 생성이나 기술 확산에 투자하는 것을 포함하는바 개발도상국에 특히 적절한 논거가 된다. 이 밖에도 국가운영의 이데올로기도 큰 역할을 한다. 대표적으로 영국의 경우 보수당과 노동당이 극명하게 대조되는바 보수당이 집권하는 경우 민영화가, 그리고 노동당이 집권하는 경우 국유화가 급격하게 진행된 사례가 있다.

정부재정과 공기업운영과의 관계는 민간기업과 공정경쟁의 차원에서 접근하는 것이 바람직하며 이의 엄정한 분리가 자원배분 왜곡을 줄이는 방안이 될 것이다. 정부의 준재정활동이 커지면 커질수록 기술적인 비효율은 커지게 마련이다. 물론 각국이 재정통계목적으로 공기업을 구분하는 기준이 글로벌 표준 ESA1995, 또는 GFS2001로 단일화되어 있지만 이 밖에 출자 등 소유권과 시장성이라는 분명한 기준을 적용하고 있는바 공기업의 공익성 추구를 위한 부분(Public Service Obligation)에 대해서는 구분회계를 통해 재정으로 보전하고 있으며 나라마다 보전의 수준은 차이가 난다. 그럼에도 불구하고 선진국의 경우 이러한 부분이 전체 매출에서 차지하는 비중은 미미한 수준이며 따라서 제도단위로 재정의 범위를 구분해 설정하는 것은 글로벌 표준이라고 할 수 있다.

12) 특히 중국의 경우 공기업의 비중이 GDP의 50%를 넘고 있으며 국가이익을 최우선 목표로 기업을 운영하고 있다.

2. 공공요금관련 문제

한국가스공사(2008년 3월부터), 한국전력(2011년 7월부터) 등에서는 원료비연동제지침을 활용한 원가보상제도를 운용해 요금에 반영이 되지 못한 원가인상요인분(환율과 유가 변동분)을 손실이 아니라 자산계정인 미수금(account receivable)으로 회계처리했다. 가스공사의 원가는 원료비(93%)와 공급비(마진 7%)로 구성되고 있으며 원료비는 원료비연동제에 따라 도입가격을 그대로 요금에 반영하는 원칙(full cost pricing principle)이다. 다만 비상시 연동제 유보규정에 따라 산업통상자원부장관의 결정에 의해 연동제 유보가 가능하다. 연동제 유보 등에 따른 도입원가와 요금으로 회수한 원가와의 차이는 정산하여 미수금으로 처리하고, 이는 차기연도 요금에 반영토록 규정한 것이다. 원료비 손익은 당년도 말 공인된 회계법인의 검증을 거쳐 정산한다.

2008년 3월 이후 서민생활안정을 위한 정부의 공공요금 인상억제로 2013년 2사분기까지 미수금 5.4조원이 누적된 것으로 보고하고 있다. 2012년 말 기준 가스공사의 부채는 32.3조원, 부채비율은 394.1%에 달한다. 한국전력의 경우 별도기준으로 2012년 말 부채는 55.0조원, 차입금은 54.2조원 수준, 2006년 부채비율 47.9%에서 133.2%로 급증하였다. 원가회수율은 2009년 91.5, 2010년 90.2, 2011년 90.9, 2012년 88.4로 전혀 개선되지 못하고 있다. 연료비 상승에 따른 원가회수율 하락과 주가하락, 그리고 에너지 과소비 및 에너지 간 비효율적 대체소비 문제가 발생하였다.

공공재가 국민경제생활에 필수적임에도 불구하고 수익성이 낮거나 외부성이 크기 때문에 그리고 민간시장형성이 어렵기 때문에 공기업 형태로 서비스된다. 공공재의 가격은 그 특성상 수요와 공급이 일치하는 점에서 가격이 형성되는 일반재화와는 다를 수밖에 없다. 공공재 요금규제는 물가안정과 같이 경기적 요인에 바탕을 두고 있고 때로는 정치적인 이유로 결정되기도 하지만 국가재정과의 관계에서 균형 있게 다루어져야 한다. 요금을 통제함에 따른 재정부담 즉, 조세는 민간시장의 적정 수급량을 축소시켜 해당 부분만큼 소비자잉여를 사라지게 하는데, 이를 조세의 초과부담(excess burden) 또는 사중손실(deadweight loss)이라고 한다. 정부가 공공기관의 사업에 대한 대가를 그 이용료로 충당하지 않고 조세로 조성된 재정자금을 지원하는 경우에는 이러한 사중손실을 우리 사회에 부담시키는 것이다. 출연금, 출자금, 보조금, 부담금, 이전수입은 정부의 강제력에 의한 조세수입으로 볼 수 있는데 이들의 합계 금액은 매년 37조원 수준으로 계산된다(옥동석, 2010).[13] 따라서 여기에 최소 20%의 사중손실 비율을 적용하면 매년 7.4조원 상당이 우리나라가 295개의 공공기관을 지탱하기 위해 부담하는 사중손실이라 할 수 있다.

정부가 특정 사업에 과도한 지원 또는 보조금을 지급하면 자율적 시장 수급량을 초과하는 생산과 매출이 이루어지는데, 이는 소비자의 지불의사를 초과하는 생산비용을 우리 사회가 부담하도록 만들기 때문에 낭비적 생산이라는 점에서 이 또한 사중손실에 해당된다. 공공기관의 사업이 지나치게 확대됨으로써 유능한 젊은이들이 민간기업 대신 공공기관으로 취업하는 노동시장의 왜곡은 이러한 현상을 반증한다. 또한 공기업이 지나치게 공격적인 사업 확장을 추진함으로써 민간기업의 비용효율적인 투자를 구축하고 또 민간기업의 해외진출을 방해하는 것 등이 바로 여기에 해당된다.[14] 특히 배당되지 않는 공공기관 잉여금으로 과다한 공공사업을 수행할 수도 있고, 과다한 자산(예컨대, 호화청사)을 보유하는 경우도 어렵지 않게 볼 수 있다.

Ⅳ. 정부채무 및 공기업부채 개선방향

1. 중앙정부

우선 '낮은 세율·넓은 세원' 기조를 유지하면서 세입기반 확충 노력을 지속적으로 강화하는 것이 필요하다. 아울러 비과세·감면의 지속적 정비를 추진해야 한다. 일몰제의 엄격한 적용을 통해 도입목적을 달성하였거나 실효성이 미미한 비과세·감면을 지속적으로 정비해야 한다. 과세기반 확대 및 공정과세 방안을 지속적으로 추진하는 것이 필요하다. 일정 소득 이상의 모든 자영업자는 세무사로부터 사업소득의 적정성을 확인받아야 하는 성실신고확인제도를 시행하고 전자세금계산서제도

13) 2012년 말 국회예산정책처 자료 기준으로는 46.5조원이라고 했다.
14) 물론 최근 공기업들이 경쟁적으로 해외사업을 추진하는 모형에서 탈피, 수익성을 감안하고 민간기관과 함께 컨소시움을 형성, 나름 외부효과를 창출하는 공익적 성격의 역할을 하는 방향으로 진화하는 모습을 보이고 있다.

를 조기에 정착시키고, 신용카드·현금영수증 사용 확대를 지속적으로 유도하며 고액체납자 출국규제 등 과세기반 확대방안을 강구하는 것도 대안이 될 수 있다. 국유재산 및 국가채권 관리의 효율화를 통한 수입 확대도 지속적으로 추진해야 한다. 국유부동산 및 정부 보유 주식을 매각하고 국유지의 취득·처분에 대한 총괄적인 조정·관리 기능을 강화하고 국유지 무상사용·양여를 억제할 필요가 있다.

무엇보다도 지출효율성 제고가 급선무다. 성과평가 결과를 예산에 반영하여 성과중심의 재정운용을 강화하고, 유사·중복사업의 통폐합을 지속적으로 추진해야 한다. 재정사업평가결과 "미흡" 이하의 사업은 원칙적으로 전년대비 10% 이상 예산을 삭감하도록 하는 조치의 실효성제고가 필요하다. 국고보조사업은 별도의 민간 전문평가단을 구성, 평가를 실시하고 있는바 재정지원의 타당성이 미흡한 사업은 폐지·감액 등 구조조정을 실시하도록 하고 있으나 역시 실효성제고가 필요하다. 유사·중복사업의 지속적 점검을 통해 중복투자를 방지해야 하는데 이를 위해서는 중앙정부부터 바뀌어야 한다. 아직도 각 부처가 특별지방행정기관으로 지방청을 유지하고 있는 문제는 구조적인 해결이 이루어져야 한다.

국회 등 외부 지적사업, 부처 간 목적·대상이 유사한 사업군에 대한 심층평가를 강화하여 사업 통폐합 및 연계 추진하는 부분에서도 결과중심 접근이 필요하다. 기금존치평가 강화 등을 통해 일반회계 및 특별회계의 사업과 유사·중복사업을 하는 기금의 폐지 또는 구조조정을 추진해야 한다. 예산낭비가 우려되는 분야에 대한 제도개선, 그리고 R&D 연구과제 중복 수행 방지 및 기초생활급여·구직급여 등의 전달체계개선 및 근로능력 판정제도 개선 등을 통해 예산 누수를 방지할 필요가 있다.

재정규율 강화 및 관리체계 개선이 중요하다. 재정건전화 목표를 차질 없이 달성하기 위해 재정규율을 강화하고 재정관리체계를 개선해야 한다. 재정준칙의 적용을 강화하여 균형재정 달성 시까지 지출 증가율을 수입 증가율보다 3%p 이상 낮게 유지하겠다는 정부의 방침은 박근혜정부의 복지확대정책으로 한동안 물 건너간 분위기다. 이명박정부는 2010~2014년 국가재정운용계획에서 균형재정 달성 시까지 지출증가율을 수입증가율보다 매년 2~3%p 낮게 유지하는 재정준칙을 도입했으나 2013년 추경과 2014년 이후 복지확대정책을 증세 없이 추진할 계획이므로 부채증가가 불가피해 보인다.

장기재정전망 실시 등 재정건전성 관리시스템을 개선하여야 한다. 저출산·고령화 등 미래 재정위험 관리강화를 위해 종합적인 장기재정전망 체계를 구축해야 한다. 새로운 장기재정전망 체계에 맞추어 연금·의료 등 분야별 재정재계산제도의 전망전제·시기 일치화 등을 추진할 필요가 있다. 2011년 결산부터 발생주의 등 국제기준에 부합하도록 재정통계를 개편했는바 이는 지방재정을 포함 안정화가 중요한 과제가 될 것이다. 재정을 수반하는 정부입법안·정책 등은 원칙적으로 「재정위험관리위원회」의 사전심의를 거치도록 의무화했는바 입법부로 우회하는 재정수반법률에 대해서도 동일한 기준의 확보방안이 강구되어야 한다(박형수 외, 2008).

자산규모 2조원 이상의 공기업·준정부기관은 중장기(5개년) 재무관리계획(부채전망·관리방안 등)을 수립하여 운영하고 있고 공공기관의 대규모(총사업비 500억원 이상) 신규 투자사업에 대한 예비타당성 조사를 강화하기로 했다. 제도의 도입이 문제가 아니라 실제 기능을 할 수 있도록 역량을 제고하고 사후평가를 실시하는 등 실효성확보와 점검이 필수적이다. 민자사업도 재구조화가 필요하다. 민자사업하면 돈 먹는 하마라는 소리가 나올 정도로 혈세낭비 논란이 끊이질 않는데 그 원인은 어디에 있을까? 대개 민자사업 기간이 30년 전후의 장기라는 점에서 기본적으로 정확한 수요예측이 어려운 점은 인정이 되더라도 지나치게 낙관적인 전망치를 기초해 사업의 타당성이 분석되는 문제점을 지적해야 한다. 2013년판 OECD factbook에 의하면 2010년 기준 OECD 평균 경제사업비가 전체 예산의 14.2% 수준인 데 비해 우리는 40.0%수준에 달한다는 점은 여러 가지 생각할 점이 많이 있다. SOC사업도 복지의 일환으로 진행되는 것은 아닌지 반성이 필요한 대목이다.

1994년 민간투자사업이 처음 도입된 때를 1세대, 1999년 외환위기 상황에서 민간투자 활성화를 위해 인프라펀드 및 최소운영수입보장제도를 도입한 때를 2세대, 임대형 민자사업방식이 도입된 2005년 이후를 3세대라고 한다면 이제는 민자사업 4세대에 대해 신중한 검토가 필요한 시점이다. 중위험, 중수익모델을 통해 수요예측 관련 정확한 기준을 법제화하고 KDI 공공투자관리센터에서 이루어지고 있는 예비타당성조사의 재점검 및 국회 검토, 투자수익률 공시, 그리고 사업의 총생애주기 관리 등에서 보완이 필요하다.

2. 지방정부

지방정부는 지출효율화, 세수확충 등을 통해 상환재원을 확보하고, 채무 조기상환을 통해 균형재정을 조기에 회복해야 한다. 채무가 일정수준 이상[15)]이거나 지방채발행 한도액을 초과하여 채무를 발행한 지방자치단체는 채무관리계획 수립, 감채기금 설치 및 순세계잉여금(세입결산액－세출결산액)의 채무상환 의무화 등을 통해 채무를 감축하도록 해야 한다. 지방자치단체별 재정상황을 상시 모니터링하여 재정위기에 선제적으로 대응하기 위해 마련한「지방재정위기 사전경보시스템」의 실효성제고가 필요하다. 재정상태가 심각한 지방자치단체에 대하여는 지방채 발행 제한 등 재정건전화 조치를 실질적으로 강제 이행하도록 해야 한다.

이 밖에도 구조적 지출부담 완화를 위해 포괄보조금의 비중을 늘리고 중앙정부가 지방정부에 복지 등 서비스를 이양하는 경우 보조비율을 확대할 필요가 있다. 민간투자사업의 허점을 보완하고 과학적인 수요조사, 계약관리, 공시 수준제고 등을 통해 지방행정 및 지방공기업의 경영혁신을 획기적으로 도모해야 한다. 현재의 재산세위주 지방세 구조를 소득세와 소비세 중심으로 보완하고 무엇보다 지방세의 가격기능을 회복하는 것이 중요하다. 아울러 체납정리 등 지방세 징세행정의 효율화가 중요한 과제로 등장한다. 차제에 위기관리와 관련해 제도의 실효성제고가 필수적이다(박용규 외, 2012).

지방채 총액한도 설정시 미래위험도 반영, 대규모 투자사업 관리 강화 등 지방재정건전화를 위해 지방공기업(30개) 경영진단결과를 토대로 적자사업 정리 등 방안을 마련하였는바 실효성 제고가 중요하다. 지방정부차원에서도 지방공공기관 관리의 새로운 패러다임이 필요한 시점이라고 본다.

3. 공기업

세계는 재정활동의 영역을 보다 포괄적으로 정의함으로써, 잠재적인 정부의 관여부분을 파악하려 한다. 이러한 추세는 전통적인 국가채무(national debt)개념 대

---

15) 채무상환비비율(상환채무액/일반재원 수입액) 7% 초과 또는 예산대비 채무비율(채무총액/예산총액) 15%를 초과하는 지방자치단체.

신 보다 넓은 개념의 일반정부부채(general government liability)가 국가 간 재정상태를 비교하는 지표로서 타당성이 높다는 점을 반영한 것이다. 유럽의 재정위기가 전세계 경제를 침체국면으로 몰고 가는 것과 같이 전 세계의 경제 환경이 급속도로 네트워크화되고 있다는 점에서 비교가 어렵다고 해서 글로벌 표준을 외면하기는 힘든 상황이 되고 있다. 따라서 세계은행, OECD, IMF 등 9개의 주요 국제기구가 공동작업을 통해 공공부문 채무통계 작성지침(Public Sector Debt Statistics Guide)을 마련했고 이를 우리나라도 받아들이기로 했다. 유럽연합의 국가회계체계(ESA: European System of National and Regional Accounts) 기준, 즉 원가보상률 50% 기준, UN의 2008 국민계정체계(SNA: System of National Accounts) 역시 이러한 50% 기준을 통해 일반정부와 공기업을 구분하고 있는바 기준적용에 있어 국가별 논란이 계속되어 왔다. 이러한 부분을 인식하고 차제에 지배력을 기준으로 공기업을 포함 모든 공공부문의 부채를 공시하고 국제비교하기로 결정하였다(2013. 7 한국조세연구원 공청회).

공기업 부채가 늘어나는 것을 두려워하지 않으면 감당하기 힘든 국가적 재앙이 몰아닥칠 수 있다. 이제라도 공기업 부채 해결을 위한 특단의 대책을 마련해야 한다. 우선 공기업을 앞세워 이루어지는 무리한 공공사업을 최소화해야 한다. 공공요금 현실화도 반드시 이루어져야 한다. 공기업 스스로 강도 높은 구조조정에 들어갈 수 있도록 인센티브 구조를 바꿔야 한다. 여기서는 다음과 같은 네 가지 과제에 주목하고자 한다.

1) 구분회계제도의 확산

우리나라 공기업은 선진국들의 공기업과는 달리 정부사업을 대행하거나 공공요금 가격지도에 의한 원가 이하의 가격설정으로 부채를 지게 되는 구조적인 문제를 극복해야 한다. 공기업 부채 중에서 정부사업대행으로 발생한 부분이 얼마인지를 파악하는 것이 중요하다. 또 앞으로 발생하는 모든 공기업 부채의 귀책사유를 명확하게 하는 시스템의 구축도 중요하다. 따라서 주요 공공기관의 부채구조를 분석하여 정부사업대행과 정부규제로 발생한 부채규모를 파악하고 향후 발생하는 부채의 분류 및 관리방안을 모색해야 한다. 공기업 부채를 국가관리 대상 공기업 부채와 공기업 자체 부채로 이원화하여 별도관리(중장기 재무관리계획의 일환)하고 대응

전략을 모색해야 할 것이다. 구분회계제도가 결산 및 예산 부문에 도입되면 구분회계 재무정보는 향후 의사결정지원, 업적 및 성과관리, 전략 수립 및 실행에 활용될 수 있다. 사업유형별로 실제 성과와 예산의 비교분석을 통해 경영자원의 배분과 투입에 대한 효율적인 계획을 수립할 수 있어 사업합리화, 사업 철수 등 의사결정 지원 자료로 제공될 수 있다. 전략적 구분회계를 통해 타사와의 경쟁우위 확보가 가능한 전략을 수립하고 대내적으로는 각 부문별 자사의 강·약점을 분석하기가 용이해지는 장점이 있다.

2) 공공요금 원가보상의 현실화

우리는 서민생활안정, 물가안정을 위해 공공요금인상을 억제, 원가보상률이 전기 87.4%, 가스 87.2%, 도로 81.7%, 철도 76.2%, 수도 81.5%에 그치고 있어 수요관리의 문제와 함께 공기업 서비스의 가격구조를 왜곡하는 문제가 심화되고 있다. 공기업이 제공하는 공익서비스(public utilities)에 대한 원가를 계산하는 부분에 있어 규제가격을 적용하는 문제는 경쟁의 도입으로 어느 정도 해결이 가능하다. 그러나 규모의 경제 측면 등으로 산업에 따라 경쟁의 도입이 원천적으로 어려운 경우 요금결정을 제3의 독립기관에 맡기는 방안을 검토할 필요가 있다. 예를 들어 전기요금의 경우 전기위원회가 형식적으로 마련되어 있으나 실제 역할을 수행할 수 있는 법적 장치를 마련하는 것이 필요하다. 전기, 수도, 가스, 고속도로 통행료, 도시철도 등 공공요금을 원가 이하로 제공하도록 강제하는 것은 수요관리의 측면에서의 낭비우려는 물론이고 공기업 관리의 차원에서도 바람직하지 않다. 자원의 비효율적 배분뿐만 아니라 주인-대리인 문제에 편승, 공공기관의 실적기반(merit-base) 성과관리 측면에서도 문제를 야기한다. 예산의 연성제약문제에서 탈피, 공기업으로서 자기책임 하에서 효과적인 재무관리를 수행할 수 있도록 하기 위해서는 정부재정과의 관계를 보다 엄격하게 구분 통제하는 것이 필수적인바 공공요금 원가보상 현실화는 이를 위한 토대가 된다.

3) 공공기관 예비타당성 조사 범위의 확대 및 실효성 제고

기본적으로 공공기관 예비타당성조사는 공공성평가(경제성, 정책성) 및 수익성평가(기관의 재무안정성을 부채비율, 재원조달가능성, 운영 중 추가조달위험으로 나누어 평가), 그리고 최종적으로 분석적 계층화기법(AHP: Analytic Hierarchy Process)을 통해 종합적으로 판정하는 형식이다. 공공기관은 기관의 설립목적 및 사업수행의 방식, 해당 산업의 경쟁수준이 상이한바 현재와 같은 획일적인 적용은 보다 유형화할 필요가 있고 조사면제범위를 대폭 줄여야 한다. 비용편익(Benefit/Cost)분석과 수익성(Profitability Index)분석을 모든 사업에 대해 획일적으로 적용하고 있는 현실은 기관의 설립목적, 사업의 성격에 따라 평가방법을 차별적으로 적용할 필요가 있다. 다만 지나치게 맞춤형으로 평가방법을 설계하는 경우 자의성, 객관성의 한계 등으로 평가의 일반성에 한계로 작용할 수 있어 균형적인 시각이 견지되어야 한다.

4) 경영평가제도의 개선

현행 경영평가제도에 있어서 부채관리는 경영효율평가범주, 재무예산관리 및 성과 평가지표의 하위지표로 공기업을 기준으로 비계량 재무예산관리로서 4점, 계량 재무예산성과의 6점 중 2점이 할당되어 있다. 물론 비계량 재무예산관리는 생산성, 자산회전율, 이자보상비율, 관리업무비, 총인건비인상률, 매출액증가율, 총자본회전율, ROIC(return on invested capital) 등과 함께 부채비율이 하나의 부분을 구성한다. 수익중심 기반구축, 재무구조의 안정화를 도모하는 하나의 수단이다. 기관별 특성에 적합한 맞춤형 평가를 위해 공기업 유형 중 재무구조개선이 필요한 기관 등에 대해서는 업무효율 범주 내 지표별 가중치를 조정하고 있다. 공공기관의 부채관련 재무정보에 대한 DB를 보다 미시적으로 구축해 상시평가가 가능하도록 하고 조기경보시스템을 도입 활용하도록 해 부채관리의 실효성을 제고하여야 한다. 계량부문은 평가시점을 비계량부문과 별도로 구성해 분기별 측정이 가능하도록 함으로써 비계량 평가의 컨설팅 기능을 강화하고 평가순응비용을 축소하며 부채관리의 상시적 모니터링이 가능하도록 해야 한다. 사업조정, 보유재산매각, 원가절감 노력 등이 담긴 중장기재무관리계획에 따른 공기업 부채총량관리의 진정성은 반드시 경영평가제도를 통해 담보되어야 한다.

V. 결　　론

최근 급증하고 있는 공기업의 부채발생 원인을 분석해보면 주로 위기관리, 미래대비 중장기투자, 국가정책추진관련, 저렴한 공공서비스 제공 등으로 설명된다. 이는 기업 내부의 의사결정에 따른 것이라기보다는 정부의 정책결정에 의한 것이 대부분이라고 할 때 공기업은 정부와는 별도의 회계주체, 책임주체라는 점이 보다 강조되어야 한다. 최근 국회예산정책처(2012)에서도 재무건전성이 취약한 기관의 금융부채 관련 의사결정체계를 이사회 의결사항에서 주무부처 장관 승인사항으로 상향 조정할 필요가 있음을 주장하고 있다. 한국토지주택공사, 한국석유공사, 한국수자원공사 등 최근 재무건전성이 취약해진 공공기관의 경우, 의사결정체계를 상향 조정하여 주무부처의 재무건전성 책임성을 강화할 필요가 있다는 주장이다. 하지만 이러한 조치는 중장기적인 대책이라기보다는 공기업과 정부의 재정을 분리해 재정범위를 설정하는 국제관행에 비추어볼 때, 그리고 공기업의 자율책임경영이라는 공운법의 제정취지를 감안할 때 단기적인 대책이라 할 것이다. 결국 준정부기관과 공기업을 구분하는 노력이 중요하다.

우리는 지금까지 국가채무라는 개념으로 현금주의 방식에 따라 재정건전성을 관리해 왔으며 발생주의 복식부기 도입을 계기로 국가부채라는 개념으로 글로벌 표준에 접근하였고 최근 이보다 확장된 공공부채의 차원에서의 재정관리를 계획하고 있다. 그러나 국가부채의 개념보다는 정부부채의 개념이 OECD나 IMF의 재정통계를 다루는 차원에서 더 나은 개념으로 평가된다. 정부의 역할과 책임의 범위라는 관점에서 판단할 때도 국가라는 애매한 범위보다는 민간과 대비되는 정부의 명시적 부담(liability)을 관리하는 것이 타당하며 이때 회계주체가 다른 공공기관 중 경제적 가격이 존재하고 수익을 추구하는 기관 즉 공기업과 그렇지 않은 기관 즉, 준정부기관 및 대다수의 기타공공기관은 엄정하게 구분해 접근하는 것이 필수적이라는 점을 강조하고자 한다.

최근 논의가 활성화되고 있는 공공(부문)부채라는 개념은 재정통계의 투명성확보라는 점에서 진일보한 접근으로 평가된다. 아무리 구분회계를 하더라도 무리가 따르게 마련인 한국토지주택공사, 수자원공사 등의 부채를 모두 포함한다는 의미에서 국가 간 비교가능한 공공부문의 재정책임을 나타내는 좋은 지표가 될 것으로 생각된다. 공공부문 부채에 대한 불필요한 논란을 해소하고 공공부문 전체의 재정건전성을 확보한다는 차원에서 의미를 부여할 수 있다. 그럼에도 불구하고 관리적 차원에서는 공기업과 준정부기관을 구분하는 차별적 접근이 보다 강조될 필요가 있다. 일반정부의 범주에 들어가는 준정부기관 영역과 민영화 대상이 될 수 있는 공기업 영역은 기본적인 관리정책의 정향(orientation)이 달라야 하기 때문이다(박정수·이혜윤, 2013).

03

□ 참고문헌

고영선·박정수·김성태, 공공기관의 역할과 향후 정책방향, 한국개발연구원, 2012.

구기성, 가계부채문제의 현황과 정책적 대응방안, 예산춘추, Vol. 27, 2012 여름호.

국회예산정책처, 2013년도 공공기관 정부지원 예산안 평가, 2012. 10.

_____, 2012 회계연도 공공기관 결산평가, 2013. 7.

기획재정부, 국가채무관리계획, 2012.

_____, 공공기관합리화 정책방향 수립, 보도자료, 2013. 7. 8.

_____, 2012년 공공기관 경영공시 재무정보, 2013. 4. 30.

_____, 2012회계연도 국가결산 결과, 보도자료, 2013. 4. 9.

문명재·주기완, 정부규모, 기능, 역량에 관한 탐색적 연구: 문민정부, 국민의 정부, 참여정부를 중심으로, 행정논총 제45권 제3호, 61-80, 2007.

박용규 외, 지방부채증가의 원인과 해외사례의 교훈, 삼성경제연구소, 2012. 6.

박정수·박한준·유정숙, 주요국 공공기관 운영현황 및 재정과의 관계 연구, 기획재정부, 2012. 5.

박정수, 공기업부채 무엇이 문제이고 어떻게 해결할 것인가, 한국경제포럼, 2012. 8.

박정수·이혜윤, 공공기관 관리모형의 새로운 접근, 한국개발연구원, 2013.

박진 외, 공공기관 부채의 잠재적 위험성분석과 대응방안, 한국조세연구원, 2012.

박형수 외, 경제·사회환경 변화에 대응한 국가채무관리방안, 한국조세연구원, 2008.

옥동석, 공공기관과 제도경제학, 공공포럼 발표자료, 한국조세연구원, 2010.

이상철, 공기업부채와 공공요금 결정의 합리성, 정책&지식 제672회, 서울대학교 행정대학원, 2013.

조영무, 최근의 국제 재정통계 지침으로 본 우리나라의 공공부문 채무수준, LG경제연구원, 2013. 5. 13.

주만수, 지방재정위기의 현황과 원인분석, 지방행정연구, 제26권 제2호, 3-30, 2012. 6.

대통령실, 사상최고의 국가신용등급 의미와 기대효과, 2012. 9.

한국개발연구원, 공기업 및 준정부기관 사업 예비타당성조사 제도에 관한 연구, 2013.

한국조세연구원, 공공부문 재정통계 산출방안, 공청회 자료집, 2013. 7.

Eurostat, Essential SNA: Building the basics, 2011.

_____, ESA95 manual on government deficit and debt, 2002.

OECD, Government at a Glance, 2011.

UN Statistics Division, SNA2008 national accounts, 2008.

제10장 공기업 부채의 심각성과 관리방안

정 창 훈

03

Ⅰ. 서 론

2012년 4월 기획재정부가 발표한 공공기관(공기업, 준정부기관, 기타공공기관) 재무정보에 따르면, 2011년 말 전체 공공기관 자산은 698.9조원으로 전년 대비 54.1조원 증가(8.4%)한 반면, 부채는 463.5조원으로 전년대비 61.8조원이 증가 (15.4%)한 것으로 보도되었다. 지난 5년 동안 자산은 2007년 472.2조원에서 148% 증가한 데 비하여, 부채는 249.3조원에서 463.5조원으로 185% 증가하여 부채증가율이 자산증가율보다 높았다. 2011년 공공기관의 전체 부채(463.5조원) 중 28개 공기업이 차지하는 부채는 무려 329.7조원으로 공기업 부채가 전체 공공기관 부채의 71%를 차지했다(기획재정부, 2012).

공공기관의 부채는 규모도 문제이지만 그 속도와 구조에 있다 하겠다. 2007년 이후 공기업을 포함하는 공공기관 부채가 급속히 증가하여, 2011년 말에는 사상 처음으로 공공기관 부채가(463.5조원) 국가채무(420.5조원) 규모를 넘어서면서, 공공기관 재무건전성 문제가 심각한 문제로 떠오르고 있다(박진 외, 2012; 박정수, 2012a, 김찬수, 2012; 백흥기, 2012). 특히 지난 몇 년간 공기업 부채의 급속한 증가와 부채비율의 악화는 공기업의 재무건전성과 지속가능성에 대한 우려로 연결되어지고 있는 것을 감안할 때, 공기업 부채관리에 적극적으로 임할 필요가 제기된다.

공기업의 부채는 현행 국가채무 통계에서 제외되고 있지만 공기업이 재정적인 어려움에 처하거나 파산을 하게 되면 정부가 직간접적인 지급보증의무가 있기에 잠재적 채무부담으로 작용하며, 결국 국가재정으로 해결해야 하기에 정부 재정의 위험을 유발시키므로 조심해서 다루어야 한다. 최근 남유럽 PIIGS 국가들의 국가부도와 재정건전성 악화 배후에는 정부의 지속적인 공공기관지원이 이들 기관의 방만한 운영에 한 몫을 하였다는 점을 감안할 때(박진 외, 2012; 삼성경제연구소, 2010), 우리나라에서도 향후 공기업을 포함한 공공기관의 부채를 적극적으로 관리할 필요성이 제기된다.

본고에서는 공공기관의 부채 중에서도 가장 규모가 크고 증가속도 및 부채구조에 문제가 있는 공기업 부채의 동향 및 심각성을 분석하고 공기업 부채의 증가를 억제할 수 있는 방안들에 대하여 고찰한다. 기존의 몇몇 연구들이 공기업 부채의 문제점들을 분석했지만, 부채증가를 억제할 방안들에 대해서는 구체적이고 정밀하게 제시하지 않았기에 본 연구에서는 공기업 부채증가 억제 방안에 대하여 초점을 둔다.

본고 구성은 다음과 같다. Ⅱ.에서는 공기업 부채 관련 기존 연구를 점검한다. Ⅲ.에서는 공기업 부채의 동향, 원인, 심각성을 간단히 분석한다. Ⅳ.에서 공기업 부채 관리를 위한 과거의 정책들의 효과, 한계를 논의한 후 Ⅴ.에서는 향후 공기업 부채, 관리를 위한 근본적이고 구체적인 방안을 토론한다. 마지막 Ⅵ.에서는 요약 정리와 함께 정책적 함의를 도출하며 결론을 짓는다.

Ⅱ. 공기업 부채관련 기존 연구

비록 혁신도시 건설 사업 등을 한국토지주택공사 등을 통하여 추진하면서 공기업의 부채가 증가하기는 했어도 노무현 정권 때까지만 해도 공기업 부채가 그리 심각한 상황이 아니었기에, 학계와 일반 대중들 사이에 공기업 부채에 대한 관심이 상대적으로 적었다.[1] 하지만 2008년 등장한 이명박 정권하에서 금융위기 해결을 하면서 재정적자를 기록하자 국가재정에 추가적인 부담을 주지 않으면서 국가정책

1) 2010년까지 공기업의 재무건전성을 분석한 연구들이 상당히 제한적이었는데 가장 큰 이유로는, 1997년 경제위기 이후 공기업에 대한 주요 이슈는 민영화를 포함한 구조조정이었으나 외환위기 이후 구조조정을 통하여 상당수의 우량공기업이나 부실공기업들이 매각되거나 퇴출을 당했고, 그 결과 남은 공기업들은 대부분 재무건전성 측면에서 상당히 양호하였기 때문이다(박진 외, 2012).

사업 수행을 위하여 다수의 공기업을 동원하여 대규모 국책사업들을 동시다발식으로 수행함에 따라(예: 토지주택공사와 수자원 공사) 공기업의 부채가 급증하기 시작했다. 이 여파로 2010년 이후 몇몇 국책연구기관과 정부사업 평가관련 기관을 중심으로 공기업부채의 심각성 및 지속가능성에 관한 연구들이 속속 등장하였다.

한국개발연구원의 김성태(2010)의 연구는 공기업의 부채의 심각성에 관하여 처음으로 심도 있게 분석한 초창기 연구 중의 하나이다. 연구에서 저자는 자산 및 부채 규모가 큰 6개 공기업(토지주택공사, 가스공사, 한국전력공사, 철도공사, 도로공사, 석유공사)을 대상으로 공기업 부채가 재정위험으로 연결될 가능성을 장단기 위험요인으로 구분하여 분석하였다. 단기적 위험요인으로는 해당 공기업의 유동부채비율, 유동비율, 당좌비율 등을 전 산업 평균과 비교분석하였으며, 분석결과 이들 공기업이 단기적 지급능력이 미흡하지만 급격한 충격이 발생하지 않는 한 지급불능이나 도산 등의 상황이 발생할 정도의 위험한 수준은 아니라고 분석했다. 하지만 장기적으로 부채 규모의 절대적 감소가 어려운 공기업이 있기에 사업 확장보다는 부채 규모를 축소할 수 있도록 적정 수준의 수익성을 확보해야 한다고 제안하였다.

국회예산정책처(2011a)는 「2010 회계연도 공공기관 결산평가」에서 2010 회계연도 기준 금융부채 1조원 이상인 비금융 공공기관 19개의 재무안전성을 부채비율과 차입금 의존도를 이용하여 시계열적으로 분석하였는데, 분석 결과 재무안정성은 2005년까지는 양호하였지만 이명박 정권이 들어선 2008년 이후 급격히 악화되었다고 보고한다.

03

감사원의 김찬수(2012)는 「공기업의 재무건전성 및 재정위험연구」를 통하여 공기업의 재정위험 정도를 측정하기 위하여 학계와 신용평가기관 등의 연구결과를 기초로 재정위험에 기반한 재무건전성 진단모델을 수립하여 22개 공기업의 재무건전성을 진단하고, 이를 대상으로 재정위험을 측정하였다. 그는 재무건전성을 재무안전성(안정성), 단기 위험요인(유동성), 장기위험요인(수익성)의 세 가지로 측정하였고 재무안정성을 측정하기 위하여 부채비율, 차입금 의존도, 유동부채비율의 세 가지 지표를 사용하고 단기위험요인은 유동비율, 당좌비율, 자본조달 버퍼(순차입금/자기자본)로 측정하며, 장기위험요인은 매출액 경상이익률, ROA(총자산순이익률),[2] EBIDTA/

2) Return on Assets(ROA)는 [(세전계속사업+이자비용)/매출액)]으로 표시되며 투하된 자산의 수익창출능력을 측정하는 지표이다.

이자비용[3])을 이용하였다. 분석대상은 2011년 기준 27개 공기업 중 금융부채가 없는 4개 공기업(한국마사회, 한국감정원, 방송광고공사, 한국공항공사)과 1개 금융공기업(대한주택보증)을 제외한 22개 공기업의 2010년 개별기준 결산자료를 이용하였다.

김찬수는 정부 공기업은 국가부채처럼 정부가 직·간접적으로 보증하기에 (또는 투자자들이 그런 인식을 가지기에) 신용평가사들의 평가는 몇 개 공기업을 제외하고 신용등급이 모두 AAA라고 규정하면서, 공기업의 재무건전성을 제대로 측정하기 위해서는 만약 정부지원을 배제할 경우 재무건전성이 어떻게 나타날까에 대한 연구를 하여야 한다고 주장하면서 이 방식에 따라 분석했다. 김찬수는 평가요인별 분석결과를 가중치를 이용하여 종합적인 재무건전성 평가 등급을 도출하였는데, 2010년 기준 종합등급 결과는 A등급(매우우수－2곳), B등급(우수－12곳), C등급(보통－5곳), D등급(미흡－2곳), F등급(매우미흡－1곳)으로 구분하였다. 이처럼 정부지원을 배제할 경우 공기업의 재무건전성 등급은 기업별 상당히 편차고 있고, 이는 그만큼 공기업의 재정위험 가능성이 높은 것으로 해석하였다. 등급별 기업수와 부채 비중을 살펴보면 D등급 이하 기업 수는 3개이고 이들이 전체 22개 기업 중 차지하는 부채규모 비중은 54.4%였으며 C등급까지 포함할 경우 기업 수는 8개이고, 부채 비중은 78.2%를 보여 공기업의 부채가 이들 상위 8개 기업에 몰려 있는 것을 보여 주었다. 위의 세 요소들(안정성, 유동성, 수익성)의 2010년 분석결과를 2006년 data와 비교해 볼 때, 2010년의 경우는 2006년에 비하여 D등급의 비중이 크게 늘어나고 C등급 이하의 비중이 늘어나 전반적으로 공기업의 재무건전성이 하강했음을 보여 주었다.

김찬수는 정부의 명시적 또는 암묵적 지원을 전제로 하는 현재의 신용등급 평가방식으로는 공기업 부채와 재무건전성을 진단하는 것이 적합하지 않기에 재정위험을 측정할 때 현재의 재정위험뿐만 아니라 요금통제로 인한 미래세대의 부담까지도 고려해야 한다고 주장한다. 또한 현재 정부가 추진 중인 중장기재무관리 계획은 개별 공기업의 자체적인 재무전망 및 개선계획을 단순 취합하여 모니터링하는 것에 불과하고, 예비타당성 조사는 면제 규정이 지나치게 포괄적이고 모호하여 실

3) EBIDTA/이자비용은 금융비용을 감내할 만큼 현금 기준 영업이익을 창출하고 있는지를 측정하는 지표이다. 참고로 EBIDTA(Earnings Before Interest, Taxes, Depreciation and Amortization)는 이자, 법인세, 감가상각비 차감전 영업이익을 의미한다.

효성이 미흡하기에 공기업의 사업구조조정이나 재무관리 개선에 대책이 필요하다고 주장한다. 공기업의 재정통계와 관해서도 지적했다. 2010년 재정통계개편 시 선진국 등 국제기준에 따라 공기업 부채를 국가채무에서 제외하였지만 충분한 보상이 이루어지지 않은 공기업의 준재정활동도 국가재정통계에 포함하는 것을 고려해야 한다고 주장하며, 이를 위하여 현재 공기업의 해외사업과 토지주택공사에 한정하여 적용하고 있는 구분회계(segmenting reporting)를 확대하여 공기업 부채 발생의 원인을 파악하고 관리적 효과성을 높여야 한다고 주장한다. 또한 공기업의 효과적인 부채관리를 위하여 감사원은 지속적인 관심을 가지고 개별사업에 대한 부정기적인 점검에 치중하기보다는 지속적인 재정모니터링, 종합분석형 감사, 결산감사의 내실화를 통하여 관리해야 한다고 주장한다.

김찬수의 연구와 비슷한 맥락으로 박정수(2012a)는 공기업 부채의 개선방안으로 구분회계제도의 확산, 공공요금 원가보상의 현실화, 공공기관 예비타당성 조사범위의 확대 및 실효성제고, 중기 재무관리개선 계획의 실효성 제고, 경영평가제도의 개선 등을 주문한다.

위의 연구들이 부채문제를 해결하기 위하여 주로 국가와 해당공기업의 자구방안 역할을 강조한 데 반하여 김영신(2012)의 연구는 부실한 공기업들에 대한 민영화 가능성에 초점을 둔다. 저자에 의하면 공기업 부채 증가의 주요 원인은 민영화기업과 달리 공기업에 대한 정부의 직·간접적인 통제로 공기업 경영의 독립성 훼손과 이로 인한 공기업의 도덕적 해이의 결합 및 사업성 공기업의 경우 대형 국책사업을 무리하게 추진하거나 지나치게 통제된 공공요금으로 수익이 악화되어 부채가 발생된 것으로 분석한다. 따라서 공기업 부채 증가에 따른 재무건전성 악화로 인해 다시 공기업의 부채가 증가되는 악순환에서 벗어나기 위해서는 특단의 대책이 시급하다고 주장한다. 민간기업에 비하여 공기업이 비효율적이고 부채가 증가하는 것을 파악하기 위하여 저자는 주요 7대 사업성 공기업과 규모와 성격이 비슷한 7개 민영화 기업을 통제 그룹으로 사용하여 기업의 매출액 및 자본대비 부채비율 변화 추이를 분석한 결과, 2002년부터 2009년까지 주요 7대 사업성 공기업[4]의 매출액은 42.7조원에서 70.6조원으로 약 1.7배 증가했는 데 반하여, 같은 기간 7개

4) 7대 사업성 공기업은 한국전력공사, 한국가스공사, 한국석유공사, 한국토지주택공사, 한국철도공사, 한국도로공사, 한국수자원공사를 의미한다.

민영화기업[5]의 매출액은 28.8조원에서 53.2조원으로 약 1.9배 증가했다고 보고한다. 부채비율 변화와 관련해서, 민영화기업의 부채비율은 2000년대 초 민영화 당시에는 7개 민영화 기업의 부채비율이 7개 주요 사업성 공기업 부채비율보다 높았으나 2011년 기준 민영화기업의 부채비율은 공기업 부채비율의 절반수준으로 낮아졌다고 보고한다. 이와 같은 결과를 토대로, 저자는 특단의 대책으로는 부실공기업을 단계적으로 민영화해서 시상 감시에 노출시키거나 공기업 부채를 정부부채로 포함하여 국회감시를 받게 하여야 한다고 주장한다.

정성호·정창훈(2012)은 공기업의 재정건전성 악화 원인을 정부정책, 공기업, 국회, 기재부 및 감사원, 국민과 시민단체의 역할 미흡(일종의 거버넌스 실패)으로 분석하고 이들 공기업을 둘러싼 행위자들의 합목적적인 참여가 가능한 거버넌스 체계를 구축하는 것이 부채문제 해결을 위한 궁극적인 방안이라고 주장한다. 이를 위하여 재정건전성 위기에 경종을 울리는 주체로서 국회의 기능이 강화되어야 하고, 기재부 및 감사원은 효율적인 재정운영에 관한 합리적인 관리·감독이 필요하며, 전문가와 시민단체는 다양한 경로를 통하여 상호작용적 역할 노력을 하여야 한다고 주장한다.

공공기관 부채의 잠재적 위험성 분석과 대응방안에 대하여 가장 정밀하고 심층 분석한 최근 연구는 한국조세연구원의 박진 외(2012)의 「공공기관 부채의 잠재적 위험성 분석과 대응방안」이다. 이 연구에서 저자들은 공공기관 부채는 정부의 부채에 비하여 관리가 상대적으로 허술하고, 최근에 기획재정부가 그 심각성을 인식하고 「국가재정법」과 「공공기관운영에관한법률」을 개정하여 공공기관 중장기관리계획을 수립하여 정부에 제출하게 하는 등 일련의 조치를 취하고 있지만, 이들 조치는 한계가 있고, 무엇보다 공기업의 부채는 공기업의 경영효율화 노력만으로 근본적인 한계가 있다고 분석했다. 저자들은 공공기관의 부채증가 요인을 크게 '사업확대 및 신규사업추진', '요금규제', '기관비효율'(낮은 생산성)로 보고 있다. 이들 중 사업확대 및 신규사업추진과 요금규제는 부채 규모가 큰 공기업에 공통적으로 적용된다고 분석했으며, 이들 사업들은(예: 수자원공사의 4대강 사업참여, LH 공사의 보금자리 주택사업) 대부분 공기업 의향과 무관하게 정부의 필요성에 의하여 추진된 사업들이기에, 부채의 급증은 정부에 일차적 책임이 있다고 보고 있다. 이처럼 정부의 정책

5) 7대 민영화기업은 KT, KT&G, 두산중공업, 남해화학, 대한송유관공사, 미래엔, (주)포스코 임.

사업의 추진으로 인하여 발생하는 부채는 대부분 정부재정으로 해야 할 일들을 재정건전성 유지를 위하여 공기업에 전가하고 있기에 발생하고 있다고 분석한다. 마찬가지로 전기요금 등의 규제로 인한 한전의 부채증가는 사용자가 내야 할 요금을 정책목표(물가안정) 달성을 위하여 공기업에 떠넘긴 꼴의 형식을 띠기에 이 또한 정부의 책임이라고 본다. 결국 많은 부분의 공기업 부채란 국민과 국가가 부담해야 할 비용을 공기업에 전가하고 있기에 발생된다고 인식한다.

저자들은 위에서 지적한 세 가지 요인 외에 부차적인 것들로는 외부경제 사정과 이자부담 등을 꼽았으나, 이들은 앞에서 지적한 세 가지에 비하면 중요성이 떨어진다고 분석한다. 이러한 문제의 인식을 기반으로 저자들은 공기업 부채증가를 억제하기 위하여 경영효율화만으로는 부채의 증가를 억제하는 데는 한계가 있기에, 공기업에 따라 요금인상, 사업축소, 정부지원확대 3개의 대안 중 선택 또는 병행사용이 필요하다고 지적한다. 이외에도 투명성 제고와 분리회계의 도입을 통하여 부채관리를 위한 제도개선을 주장한다. 특히 LH공사의 경우는 과도한 정책사업의 수행과 사업영역의 확대가 급속한 재무악화의 주범임을 감안할 때, 사업영역별로 사업 수행에 필요한 비용을 별도로 회계 처리하여 각 사업수행으로 인한 부채를 투명하게 보여 주는 것이 필요하다고 주장한다. 만약 사업영역별로 수익성이 낮거나 재무구조가 부채상환이 불가능하다면 정책사업 수행으로 인한 과다한 부채의 발생의 경우는 정부가 지원하는 방안도 고려해야 할 것을 주장한다.

공기업 건전성에 관한 최신 실증 test는 백흥기(2013)의 연구를 들 수 있다. 그는 2003－2011년간 총 28개 공기업 중 자료제약으로 분석이 불가능한 10개 공기업을 제외한 18개 공기업의 재무상태를 분석한 결과, 매출액, 총자산, 총부채 등 수익성과 안정성 관련 변수들을 종합하여 Altman K-1 방법을 이용하여, 총 18개의 공기업 중에서 12개의 공기업이 부실화 가능성에 노출되었다고 진단하였다.[6] 백흥기는 중앙정부, 지자체 채무뿐만 아니라 공기업 등 비정부 공공부문 부채에 대한 관리감독을 강화하여 국가재정건전성을 확보해야 하고 공기업이 추구하는 공익성도 기업이 지속적으로 생존해야 가능함을 인식하고 재무건전성 및 수익성 개선에 대한 관심을 제고해야 한다고 주장한다. 공기업 부채관리 방안으로, 설립요건

---

6) 저자는 12개 부실화 개별 공기업에 대한 이름은 거론하지 않았다. 28개 공기업 중 자료 제약으로 한국전력 6개 자회사, 부산항만공사, 인천항만공사, 대한주택보증, 철도공사 등은 연구에서 제외됨.

강화 및 역할재조정, 통합부채 측정·관리시스템 구축, 관리·감독, 성과평가 개선제도 등을 제시한다. 관리·감독, 성과평가 개선제도의 구체적 방안으로는 경영정보공개를 민간기업 수준으로 확대하고 민관협력을 통한 감시기능 강화, 공기업 설립목적과 사업의 성격 및 자금조달방식에 따른 차별화된 평가실시, 중앙정부의 지원가능성을 고려한 평가와 공기업 자체의 부채상환능력 평가를 병행할 것 등을 해결책으로 제시했다.

위의 선행 연구들은 나름대로 부채급증 원인과 해결책 등을 제시하여 공헌을 했지만 공통적인 문제점으로는, 해결책에 대한 개략적인 방안만 제시하고 이들 방안에 대하여 구체적인 실행 전략 및 기존 대책의 한계 등에 대한 설명은 부족하다는 점이다. 본 연구에서는 선행연구에 기초하여 공기업의 부채문제 해결을 위한 보다 구체적인 해결방안에 초점을 두기로 한다. 특히 기존의 연구와 달리 본 연구에서는 공기업의 부채 급증은 일종의 'governance 실패'로 규정하고 이에 대한 해법도 제시한다.

Ⅲ. 공기업 부채의 동향, 심각성 및 부채급증 원인

공기업의 부채를 다루기 전에 우선 공기업을 포함하는 공공기관의 구분과 공공기관 전체의 부채 추세 등에 대한 간단한 설명이 필요하다. 또한 공공기관 부채도 국가전체의 재정건전성에 직접적으로 영향을 미치는바 공공기관 채무와 밀접한 관계가 있는 국가채무에 대한 간단한 논의도 필요하다.

「공공기관운영에관한법률」(이하 공운법)에 따라 국가(기재부)는 매년 공공기관을 구분·지정하고 있다. 〈표 1〉이 보여 주는 것처럼 공운법에 따르면 공공기관은 공기업, 준정부기관, 기타 공공기관으로 구성되어 있다. 공기업은 직원 정원이 50인 이상이고, 자체수입액이 총수입액의 2분의 1 이상인 공공기관 중에서 기재부장관이 지정한 기관을 의미한다. 공기업은 시장형 공기업과 준시장형 공기업으로 나누는데, 시장형 공기업은 자산규모가 2조원 이상이고 총수입액 중 자체수입액이 85%를 초과하는 기업을 말하며, 준시장형은 총수입액 중 자체수입액이 50% 이상이지만 85% 이하인 기업으로 지정하고 있다. 2012년 현재 시장형 공기업과 준시장형

〈표 1〉 공공기관의 유형

유 형	유 형	특 징(자산규모)
공기업	자체수입/총수입 ≥ 50%	
	시장형(14)	자산규모가 2조원 이상이고, 총수입액 중 자체수입액이 대통령이 정하는 기준 이상인 공기업(총수입액 중 자체수입액 ≥ 85%)
	준시장형(14)	시장형 공기업이 아닌 공기업(총수입액 중 자체수입액: 50%~ ≤ 85%)
준정부기관	직원 정원이 50인 이상, 공기업이 아니 공공기관 중 지정	
	기금관리형 준정부기관(17)	국가재정법에 따라 기금을 관리하거나 기금의 관리를 위탁받은 기관
	위탁집행형 준정부기관(66)	기금관리형 준정부기관이 아닌 준정부기관
기 타	기타 공공기관 (177)	공기업과 준정부기관을 제외한 기관

자료: 기획재정부.

공기업은 각각 14개로 총 공기업 수는 28개다. 준정부기관은 직원 정원이 50인 이상, 공기업이 아닌 공공기관으로 기금관리형 준정부기관과 위탁집행형 준정부기관으로 구분한다. 기금관리형 준정부기관은「국가재정법」에 따라 기금을 관리하거나 기금의 관리를 위탁받은 준정부기관으로 2012년 현재 17개 기관이다. 위탁집행형 준정부기관은 기금관리형 준정부기관이 아닌 나머지 준정부기관들로 2012년 현재 66개 기관이다. 공기업과 준정부기관을 제외한 나머지는 기타공공기관으로 분류하며 2012년 현재 177개 기관이다.

1. 공공기관 부채현황과 국가채무

공기업도 공공기관의 일부이고 공공기관 중 공기업이 차지하는 부채비중을 알아보기 위해서는 모든 종류의 공공기관(공기업, 준정부기관, 기타공공기관)의 자산, 부채, 자본, 부채비율 등에 대한 간단한 재무현황 정보가 필요하다. 마찬가지로 최근 PIIGS 등 일부 남유럽 국가의 국가부도 및 재정건전성 파탄의 경우에서 보듯이 방만한 공공기관의 관리와 부채급증이 국가채무 급증으로 연결되었듯이, 공공기관 부채(특히 공기업 부채)도 국가채무도 함께 분석할 때 전체 공공부문의 재정건전성을 파악할 수 있다(황성현, 2012; 옥동석, 2010). 따라서 본 section에서는 공기업을 포함한 공공기관의 부채뿐만 아니라 공공기관 부채가 미칠 국가채무도 함께 간단히 살펴본다.

〈표 2〉는 2007-2011년의 공공기관의 자산, 부채, 자본, 부채비율 추이를 보여 준다.[7] 본 연구의 초점이 부채이기에 부채관련 지표를 위주로 살펴보기로 한다. 2007년 공공기관 전체 부채는 243.9조였고 부채비율은 111.8%였다. 하지만 2011년에는 공공기관 전체부채 규모가 2007년보다 85.9% 증가한 463.5조로, 2011년 공식 국가채무 420.5조보다도 커 공공기관 부채가 국가채무보다 사상 처음으로 커졌

〈표 2〉 공기업·준정부기관 재무현황(자산, 부채, 자본, 부채비율) 비교

(단위: 조원, %)

		2007	2008	2009	2010	2011
자 산	합 계	472.3	511.9	591.0	644.8	698.9
	공기업	312.8	358.3	403.3	458.9	498.9
	준정부기관	141.0	133.2	164.0	163.4	176.6
	기타공공기관	18.6	20.4	23.6	22.5	23.4
부 채	합 계	249.3	294.6	341.6	401.6	463.5
	공기업	158.0	200.8	238.7	292	329.5
	준정부기관	83.8	85.4	93.4	100.7	124.9
	기타공공기관	7.5	8.4	9.5	8.9	9.1
자 본	합 계	223.0	217.3	249.4	243.1	235.4
	공기업	154.8	157.5	164.7	166.9	169.5
	준정부기관	57.2	47.8	70.6	62.8	51.6
	기타공공기관	11.0	12.0	14.1	13.5	14.3
부채비율	합 계	111.8	135.5	136.9	165.2	196.9
	공기업	102.1	127.5	144.9	174.9	194.4
	준정부기관	146.6	178.5	132.2	160.5	241.9
	기타공공기관	68.2	69.4	67.4	66.6	63.8

** 국가가 관리주체인 기금계정 제외함. 수은, 정책금융공사 등 2개 공공기관 제외함.

*** 2007-2009년 자료는 K-GAPP 기준, 2010-2011년 자료는 국제회계기준 IFRS 기준으로 작성됨.

자료: 박진 외(2012)에서 재인용(p. 35); 원 source는 기재부 보도자료 (2012년 4월)을 기준으로 알리오 시스템을 활용하여 재구성함.

7) 위의 자료와 관련하여 조심할 점은 2009년까지는 K-GAPP 기준으로 작성되었으며, 국제회계기준(IFRS) 도입으로 2010년, 2011년은 IFRS 기준으로 작성되었기에 회계기준의 변경으로 인하여 시계열 data의 일관성이 문제가 있는 점을 고려하여야 할 것이다.

다. 공공기관 부채비율도 2011년에는 194.4%를 기록했다. 2011년 기관유형별 부채 구성을 보면 전체 공공기관 부채 중, 공기업이 차지하는 비율은 71.1%, 준정부기관은 26.9%, 기타공공기관은 2% 정도를 차지하고 있어 전체공공기관 유형 중 공기업 부채가 가장 비중이 큼을 알 수 있다. 부채 증가의 상대적인 규모를 볼 때도, 공공기관 전체 부채 중 공기업 부채가 차지하는 비중이 2007년 63.3%였으나 2011년에는 71.1%로 증가한 것을 볼 때 최근 공공기관의 부채 급증 선도기관은 공기업임을 알 수 있다. 공공기관 전체 부채비율은 2007년 111.8%에서 2011년에는 194.4%로 급증했으며, 이 중 공기업의 부채비율은 2007년 102.1%에서 2011년 194.4%로 거의 두 배로 증가함을 볼 때, 공공기관 부채의 핵심은 공기업 부채임을 다시 한번 확인할 수 있다.

〈표 3〉은 공공기관 부채의 GDP 대비 비중을 보여 준다. 2007년 공공기관 전체의 부채는 당해연도 GDP 대비 25.6%를 차지하였으나, 2011년에는 무려 37.5%로 급증했음을 보여 준다. 이 중에서도 공기업 부채는 2007년 GDP 대비 16.1%에서 2011년에는 26.6%를 차지함을 보여 주여 공기업 부채의 심각성 일면을 보여 준다.

〈표 3〉 공공기관 부채의 GDP 대비 비중

(단위: %)

	2007	2008	2009	2010	2011
합 계	25.57	28.69	32.07	34.23	37.47
공기업	16.08	19.45	22.30	24.89	26.63
준정부기관	8.72	8.44	8.88	8.58	10.10
기타공공기관	0.77	0.81	0.89	0.76	0.74

자료: 박진 외(2012)에서 재인용(p. 37).

공공기관의 부채 급증은 국가재정건전성에도 직접적인 영향을 미친다. 최근 남유럽 PIIGS 국가들의 국가부도와 재정건전성 악화 배후에는 정부의 지속적인 공공기관지원이 이들 기관의 방만한 운영에 한 몫을 하였고, 공공기관의 부채가 급증하자 정부는 이들을 구제하느라 국가채무까지 늘어나 결국은 국가부도를 선언하거나 국가재정건전성이 악화되는 사태를 겪은 것을 보았다(삼성경제연구소, 2010). 2011년 재정통계 개편으로 대부분의 준공공기관과 기타공공기관의 부채가 정부의

03

공식 채무에 포함되고 있지만, 선진국 등 국제기준(시장성기준)에 따라 공기업 부채는 아직도 정부의 공식 채무에 포함하지 않고 있다.[8] 새로운 정부재정통계에서도 모든 공기업의 부채를 정부의 공식채무에 포함하지 않는 것에 대하여 아직도 반론이 많은데, 특히 우리나라 공기업은 선진국과 달리 사실상 정부사업을 대행하는 경우가 많기에 정부와 독립적인 '제도단위'(institutional unit)라는 전제가 성립되지 않을 수 있으며, 적어도 공기업 사업 중 일부는 국제기준에서 인정하는 준재정활동(quasi financial activity)으로 재분류하여 국가부채에 포함시킬 필요가 있다고 주장한다(옥동석, 2010; 옥동석·하윤희, 2009; 국회예정처, 2011c, 김찬수, 2012). 이런 주장을 받아들여 일부 공기업의 부채를 공식적인 국가채무로 포함시킬 경우 전체 국가채무는 규모가 훨씬 커질 것으로 예상된다. 〈표 4〉는 2006년 이후 국가채무[9]현황을 보여 준다. 2007년에는 국가채무가 282.7조로 GDP 대비 국가채무 비율이 31.1%였지만 2011년에는 34%였다. 〈표 5〉는 2011년 기준 주요 OECD 국가의 GDP 대비 채무비율을 나타낸다.

2011년 공공기관 전체 부채가 463.5조로 GDP 대비 37.5%이고 국가채무는 420.5조로 GDP 대비 국가채무가 34%로 공공기관 전체의 부채와 국가채무의 합은 약 884조로 2011년 GDP(1,238조) 대비 국가채무와 공공기관 합계의 채무비율은 71.5%에 육박한다. 하지만 여기서 조심해야 할 점은 2012년 현재 공공기관으로 지정된 286개 기관 중 151개 공공기관은 일반정부에 포함되며 이들 기관의 부채는 일반정부 부채(국가부채)에 포함되기에, 국가채무와 공공기관의 부채 총액을 정부부채로 합산하면 중복으로 인한 오류가 발생한다. 그럼에도 불구하고 우리나라의 공공기관 전체 부채 중 공기업 부채가 2011년 기준 71%를 넘고(329.5조) 이들의 준재정활동이 심함을 볼 때, 만약 일정한 기준에 따라 이들 공기업 부채를 국가채무에 포함시킨다면 국가채무 규모는 급속하게 증가할 것은 명약관화한 사실이다.[10]

---

8) 국가별로 공기업을 포함한 공공부문에 대한 통일적 기준이나 자료가 없기에 공기업 부채에 대하여 국제비교는 상당히 한계가 많고 선행연구도 거의 없다(김찬수, 2012).

9) 국제(IMF)기준에 따르면 국가채무는 '정부가 직접적인 상환의무를 부담하는 확정채무'를 의미하며, 보증채무는 원채무자가 원리금 상환의무를 다하지 못할 경우에 한하여 국가채무로 전환되는 미확정채무로 확정채무인 국가채무에 해당하지 않는다. 4대연금의 잠재부채(책임준비금 부족분)는 연금개혁 등 정책환경 변화에 따라 가변적인 미확정채무로서, 확정채무인 국가채무에 해당하지 않는다. 공기업 부채는 시장성을 갖추고 있는 공기업이 정부와 독립적인 경영활동을 하는 과정에서 발생한 부채로서 국가채무에 포함되지 않는다.

10) 만일 2011년 공기업 부채 329.5조원 전체를 당해 국가채무(420.5조)에 포함할 경우 전체 국가채무는 750조에 상당하여 GDP 대비 국가채무 비율은 60.6%에 해당할 것이다.

〈표 5〉가 보여 주듯이 2011년 우리나라는 GDP 대비 국가채무비율은 34%로 100%를 넘는 주요 OECD 국가에 비교할 때 재정건전성에 큰 문제가 없는 것처럼 보이지만, 국가채무 통계에는 아직 공기업 부채가 포함되어 있지 않고, 또한 우리나라는 남북이 분단하여 있어 급작스럽게 통일이 될 경우 우리의 현재 기초생활보장제도를 통일 후에도 그대로 유지하면 북한주민 95% 정도가 기초생활수급대상자로 편입된다는 점을 감안할 때(한국개발원, 2012) 재정건전성이 결코 안심할 단계가 아니다. 여기에다 세계에서 가장 빠르게 저출산 고령화가 진행되는 국가임을 감안할 때 연금충당으로 인하여 국가재정건전성이 급속하게 나빠질 가능성이 아주 높아 국가재무건전성을 유지하기 위해서도 공기업의 부채를 체계적으로 관리해야 할 것이다.

〈표 4〉 국가채무 현황

연 도	2006	2007	2008	2009	2010	2011	2012
국가채무(단위: 조)	282.7	299.2	309.0	359.6	392.2	420.5	445.2
GDP 대비 %	31.1	30.7	30.1	33.8	33.4	34.0	34.0

자료: 기재부 홈페이지 digital brain (https://www.digitalbrain.go.kr/).
* GDP(한국은행 ECOS 참조)는 2005년 기준 경상가격을 사용함.

〈표 5〉 국가간 GDP 대비 채무비율 비교(2011년도 기준)

한 국	미 국	일 본	독 일	프랑스	영 국	OECD 평균
34.0	102.7	205.5	87.2	100.1	97.9	103.0

자료: 기재부 홈페이지 digital brain(https://www.digitalbrain.go.kr/); 원자료는 OECD Economic Outlook No. 91('12. 05월)과 정부통계.

2. 공기업 부채규모 추이 및 심각성

본 섹션에서는 본 논문의 핵심 주제인 공기업 부채규모의 추이와 그 심각성에 대하여 검토한다.

(1) 공기업 부채규모 및 추이

〈표 6〉 공기업 부채규모 순위

(단위: 백만원, %)

순 위	기관명	2007년(개별)	점유율	누적 점유율	2011년 (연결)	점유율	누적 점유율
1	한국토지주택공사	66,908,862	49.3	49.3	130,571,165	39.9	39.9
2	한국전력공사	21,611,859	15.9	65.3	82,663,900	25.3	65.1
3	한국가스공사	8,743,644	6.4	71.7	27,966,599	8.5	73.7
4	한국도로공사	17,830,249	13.1	84.9	24,590,979	7.5	81.2
5	한국석유공사	3,682,981	2.7	87.6	20,799,958	6.4	87.6
6	한국철도공사	5,948,515	4.4	92.0	13,456,205	4.1	91.7
7	한국수자원공사	1,575,552	1.2	93.1	12,580,936	3.8	95.5
8	한국지역난방공사	1,279,359	0.9	94.1	3,201,466	1.0	96.5
9	인천국제공항공사	3,940,229	2.9	97.0	3,056,628	0.9	97.4
10	한국광물자원공사	434,139	0.3	97.3	2,172,186	0.7	98.1
11	대한석탄공사	1,223,237	0.9	98.2	1,446,205	0.4	98.5
12	부산항만공사	345,522	0.3	98.4	1,430,335	0.4	99.0
13	한국방송광고공사	726,464	0.5	99.0	815,204	0.2	99.2
14	제주국제자유도시 개발센터	64,815	0.0	99.0	538,953	0.2	99.4
15	한국관광공사	310,080	0.2	99.3	538,727	0.2	99.5
16	한국감정원	258,111	0.2	99.5	416,919	0.1	99.7
17	인천항만공사	34,418	0.0	99.5	373,644	0.1	99.8
18	한국공항공사	242,713	0.2	99.7	307,754	0.1	99.9
19	한국마사회	374,946	0.3	99.9	263,589	0.1	100.0
20	한국조폐공사	93,805	0.1	100.0	111,880	0.0	100.0

자료: 박진 외(2012)에서 원용(pp. 49-50).

〈표 6〉은 전체 28개 공기업 중 부채규모가 큰 상위 20개 공기업의 개별 부채규모 및 순위와, 이들 부채가 전체 28개 공기업 부채에서 차지하는 누적 비율을 보여 준다. 2011년 말 현재 부채규모 상위 7개 공기업이(한국토지주택공사, 한국전력공사, 한국가스공사, 한국도로공사, 한국석유공사, 한국철도공사, 한국수자원공사) 차지하는 누적점유율은 95.5%로, 공기업의 대부분 부채가 이들 7대 공기업에 집중되어 있다. 그중에서도 한국토지주택공사(39.9%)와 한국전력공사(25.3%)의 부채는 다른 5개의 공기업

〈표 7〉 공기업 부채 규모 추이

(단위: 백만원, %)

순 위	기 관 명	2007년	2008년	2009년	2010년 (K-GAAP)	2010년 (IFRS)	2011년	2007년 대비 감액	2007년 대비 증감률
1	한국토지주택공사	66,908,862	85,752,512	109,242,832	125,469,223	121,440,248	130,516,338	63,607,476	95.1
2	한국전력공사	21,611,859	25,929,237	28,897,595	33,351,057	44,189,705	50,330,593	28,718,734	132.9
3	한국가스공사	8,743,644	17,864,518	17,772,344	18,995,531	21,915,891	26,860,898	18,117,254	207.2
4	한국도로공사	17,830,249	20,209,476	21,841,755	22,854,732	23,566,520	24,571,087	6,740,838	37.8
5	한국수력원자력(주)	9,825,368	10,643,917	13,507,169	15,398,900	15,609,917	19,203,001	9,377,633	95.4
6	한국수자원공사	1,575,552	1,962,286	2,995,639	7,960,714	8,084,708	12,578,289	11,002,737	698.3
7	한국석유공사	3,682,981	5,505,913	8,544,305	12,343,642	9,561,611	12,228,462	8,545,481	232.0
8	한국철도공사	5,948,515	6,796,309	8,754,665	9,657,975	10,134,638	10,806,810	4,858,295	81.7
9	한국남동발전(주)	2,903,356	3,489,848	2,988,631	3,072,862	3,379,134	3,270,886	367,530	12.7
10	인천국제공항공사	3,940,229	4,109,915	3,691,700	3,187,717	3,225,124	2,974,277	-965,952	-24.5
11	한국지역난방공사	1,279,359	1,666,963	2,032,852	2,250,314	2,423,881	2,797,580	1,518,221	118.7
12	한국남부발전(주)	1,588,906	2,346,720	2,170,102	2,381,801	2,589,727	2,682,811	1,093,905	68.8
13	한국중부발전(주)	1,703,693	3,053,594	2,967,739	2,548,963	2,772,157	2,473,808	770,115	45.2
14	한국서부발전(주)	1,458,916	1,926,261	2,127,309	1,931,840	2,130,771	2,334,038	875,122	60.0
15	한국동서발전(주)	2,149,308	2,325,605	1,922,605	1,769,556	2,040,484	2,294,701	145,393	6.8
16	한국광물자원공사	434,139	523,395	900,583	1,482,971	1,535,735	1,802,456	1,368,317	315.2
17	부산항만공사	345,522	565,328	1,302,068	1,427,284	1,436,719	1,430,335	1,084,813	314.0
18	대한석탄공사	1,223,237	1,376,012	1,309,995	1,305,832	1,314,574	1,429,919	206,682	16.9
19	한국방송광고공사	726,464	531,335	645,579	654,896	661,467	815,204	88,740	12.2
20	한국감정원	258,111	309,398	358,787	342,003	347,977	416,919	158,808	61.5
21	제주국제자유도시 개발센터	64,815	97,323	178,730	274,982	290,375	357,338	292,523	451.3
22	인천항만공사	34,418	34,833	107,337	242,671	223,953	314,852	280,434	814.8
23	한국공항공사	242,713	283,112	231,268	232,503	253,448	307,754	65,041	26.8
24	한국마사회	374,946	371,050	364,330	313,621	322,055	263,589	-111,357	-29.7
25	한국관광공사	310,080	374,948	390,086	301,868	313,297	254,173	-55,907	-18.0
26	한국조폐공사	93,805	101,559	76,451	55,005	82,019	78,081	-15,724	-16.8

주: 회색으로 처리된 공기업들은 각 연도 부채가 상위 10대 공기업에 해당함.

자료: 박진 외(2012), 원용(pp. 51-52).

부채 규모보다 훨씬 큼을 알 수 있다. 위의 표를 분석해 볼 때 향후 공기업 부채관리 등과 관련된 정책 대응은 이들 7개(big 7) 기업에 대하여 집중관리해야 함을 보여 주고 있다.

〈표 7〉은 부채규모 상위 1-10위 공기업을 2007-2011년 기간 추적해 놓은 것이다. 표에서 보듯이 한국수자원공사의 경우는 2008년까지만 해도 부채상위 10개의 공기업에 해당되지 않았지만 2009년부터는 포함되어, 4대강 사업으로 인하여 부채가 급증한 경우에 해당한다. 나머지 공기업들은 일부를 제외하고 2007년부터 계속해서 부채규모 상위 10대 공기업에 포함됨을 알 수 있다.

(2) 공기업 부채의 심각성

공기업의 재무건전성을 측정하기 위해서 재무구조 측정 지표 중 총괄적인 경영성과를 평가하는 수익성 지표(매출액순이익률, 총자산수익률, 자기자본순이익률)와 원리금 지급능력과 위험부담 정도를 평가하는 재무구조 지표(부채비율, 차입금의존도, 이자보상배율)들을 많이 사용한다(국회예산정책처, 2010; 김성태, 2010). 하지만 부채가 재무건전성에 미치는 심각성을 알기 위해서는 이들 몇 개의 개별 지표에 의지하기보다는 이들 지표들을 결합하여 가중치를 부여하여 측정한 모델들이 더 정확할 것이다. 본 연구에서는 공기업 부채 위험성을 상대적으로 정교한 모델에 의하여 진단한 박진 외(2012)와 백흥기(2013) 결과를 인용하여 그 심각성을 진단한다.

박진 외(2012)의 연구에서 공기업의 부채위험성을 정교한 모델을 사용하여 진단하였다. 위험측정 모델 구성을 보면 우선 1차 지표를 사용하여 진단하고 추가로 2차 지표를 사용하는 filtering 방법을 사용하였다. 1차 지표로 채무 상환능력을 측정하고 2차 지표로는 동태적 지표와 정태적 지표를 사용하였다. 채무 상환능력을 측정하기 위해서 자본잠식과 이자보상배율을, 동태적 지표로는 차입금 의존도 증가율, 이자보상비율 감소율을, 정태적 지표로는 차입금의존도, 만기구조의 안전성, 단기차입금 상환능력, 외화유동성의 하부 지표를 사용하였다. 이러한 지표들의 배합을 사용하여 공기업의 최종 부채위험상태를 재무안정도에 따라 분류하였는데, 분류구분은 red(매우위험), orange(위험), yellow(요주의), white(안전)이다. 매우위험은 '자체적으로 채무상환이 불가능하다는 재무적 위험 신호가 있는 상태', 위험은 '채무상환능력이 의심되는 중요한 재무적 위험 신호가 있는 상태', 요주의는 '채무상환능력

관점에서 재무적 위험 신호가 있으나, 위험 수준은 아니며 각별한 주의가 필요한 상태', 안전은 '채무상환능력 관점에서 재무적 위험 신호가 없는 상태'로 구분하였다.

저자들의 종합 부채위험 진단 결과를 보면 '매우위험' 공기업으로는 대한석탄공사와 한국전력공사 두 곳을 들고 있다. 우선 대한석탄공사의 경우에는 2011년 회계기간 말 기준으로 자본잠식인 상태를 보였으며, 한국전력공사의 경우에도 최근 3개 연도간 영업이익 적자로 이자보상비율이 지속적으로 100% 미만으로 나타나 부채 위험도가 매우위험인 상태를 보여준다. '위험' 기업으로는 한국가스공사, 한국광물자원공사, 한국토지주택공사 세 곳을 들었고, 요주의로는 한국석유공사, 한국지역난방공사, 한국철도공사, 부산항만공사, 한국수자원공사, 제주국제자유도시개발센터, 한국도로공사 등 7곳을 거론하였다. 나머지 14개 안전공기업으로는 한국동서발전, 한국남동발전, 한국남부발전, 한국서부발전, 한국중부발전, 한국수력원자력, 인천국제공항공사, 한국공항공사, 한국감정원, 인천항만공사, 한국방송공사, 한국방송광고공사, 대한주택보증(주), 한국마사회, 한국조폐공사를 거론했다. 이처럼 분석대상 26개 공기업 중 12개의 공기업이 '요주의' 이상의 등급을 기록함으로써 채무상환능력 관점에서 재무적 위험 가능성이 있는 것으로 나타나 약 46%의 공기업이 부채관리를 체계적으로 해야 한다는 경고 신호를 보내고 있다.

전술했듯이 백흥기(2013)는 2003－2011년간 총 28개 공기업 중 자료제약으로 분석이 불가능한 10개 공기업(한국전력 6개 자회사, 부산항만공사, 인천항만공사, 대한주택보증, 철도공사)을 제외하고 시행한 18개 공기업의 재무상태를 분석한 결과, 매출액, 총자산, 총부채 등 수익성과 안정성 관련 변수들을 종합하여 Altman K-1 모델을 구성하여 이 모형에 따라 분석한 결과, 총 18개의 공기업 중에서 12개의 공기업이 부실화 가능성에 노출되었다고 진단하였다. 하지만 백흥기는 부실에 노출된 12개 개별 공기업에 대한 이름을 언급하지 않았다. 백흥기의 연구에 의하면 분석기간 동안 최소 56%에서 최대 67%의 공기업이 부실화 가능성이 높은 것으로 판단하고 있다.

박진 외(2012)와 백흥기(2013)의 최신 연구를 종합하면 공통적으로 28개 공기업 중 12개 공기업이 부실화 위험(또는 요주의 이상)에 처해 있음을 발견하게 된다. 백흥기의 연구가 12개 부실위험에 처한 공기업에 대하여 거론은 하지 않았지만 두 연구가 분석방법은 달라도 상호 비슷한 측정변수를 사용했기에 백흥기가 지적한 12

개의 부실위험 공기업은 박진 외가 지적한 공기업과 거의 같을 것으로 추측이 되며, 이들 12개 공기업에 대하여 향후 정밀한 부채관리와 monitoring이 필요하다.

3. 개별공기업의 부채 증가 원인

공기업이 부채문제를 해결하기 위해서는 우선 개별공기업들의 부채급증 원인을 분석할 필요가 있으며, 본 섹션에서는 2011년 말 현재 전체 공기업 부채의 95%를 초과하는 7대 공기업의 부채 증가 원인을 박진 외(2012)의 분석에 근거하여 간단하게 기술한다. 우선, 부채규모가 가장 큰 한국토지주택공사의[11] 경우는 2011년 말 현재 총 부채가 130.5조이고 부채비율이 468%를 기록하고 있다. 한국토지개발공사의 급격한 부채의 증가는 국민의 정부 이후 국민임대주택(64.6조원), 신도시개발(92.2조원), 보금자리 주택(105조원) 등 대규모 정부 정책사업을 수행하였지만 정부의 재정지원은 전체 사업비의 일부만을 지원받았기에, 사업비의 대부분을 부채를 통해 충당하였기 때문이다. 이러한 대규모 사업을 위하여 막대한 신규투자가 이루어지는 데 반하여 불경기로 인하여 미분양의 급증으로 인한 토지와 주택분양에 지장이 발생함에 따라 수익성이 악화되고 금융비용이 증가하여 부채가 급증하게 되었다. 토지주택공사의 사업은 초기 투자가 크고(예: 택지구입) 사업기간이 장기간 걸리고 사업이 완료된 후에야 투자의 이익이 회수되는 구조로, 투자 후 수익이 발생하기까지는 장시간이 소요되는 특징(예: 혁신도시개발)을 지니고 있다. 한국토지주택공사의 경우 또 다른 부채증가의 원인으로는 토지와 주택의 분양가격이(예: 임대주택) 정부의 규제를 받기 때문에, 원가의 상승에도 불구하고 가격에 충분히 반영할 수 없어 기관의 수익성을 저하시키는 원인으로 작용했다(박진 외, 2012).

한국전력공사는 2011년 말 부채규모가 136.4조이고 부채비율이 153.6%이다. 한국전력공사의 경우는 부채가 2008년 이후 급증했는데 이의 주요 원인으로는 전기 생산의 원료가 되는 에너지 가격이 급등했음에도 불구하고 정부가 전기요금 억제 정책을 사용한 나머지 전기요금 인상이 연료비 상승분보다 낮아 발생하였다. 참고로 한국전력공사는 자의적으로 필요에 따라 전기요금을 조정할 권한이 없고, 「전기사업법」에 따라 부처간 합의와 승인 절차를 거쳐야만 전기요금을 인상할 수

11) 한국토지주택공사는 한국토지공사와 한국주택공사가 2009년 통합하여 만들어졌다.

있다. 전기요금의 원가회수율은 2001년에서 2005년까지는 거의 100%에 근접하였으나 2006년 이후 점차 감소하였으며, 2008년에는 78%의 최저치를 기록하고, 2011년에는 87.4%를 기록하였다(박진 외, 2012). 이처럼 정부의 전기요금 인상억제정책으로 인하여 2008년부터 큰 손실이 발생하고 있는 와중에 발전설비의 증설과 해외투자 등 신규투자는 계속적으로 이루어져 추가적인 부채가 증가되었다. 전기요금 인상억제정책으로 인하여 전기생산의 주 원료가 되는 석유나 가스 등의 연료보다 전기요금이 오히려 더 싼 가격구조로 인하여 매년 전력소비는 급증하고 있고, 증가하는 소비에 대응하기 위하여 발전설비에 지속적인 투자로 인하여 한국전력공사의 재무구조는 더욱 악화되었다(박진 외, 2012).

한국가스공사는 2011년 말 부채가 총 27.9조원이고 부채비율은 347.7%를 기록하고 있다. 한국가스공사의 경우에는 총부채에서 가장 큰 비중을 차지하는 것이 국내외 설비투자비용과 원료비 단가 상승 등으로 인한 운전자금의 상승이다. 특히 이명박 정부하에서 해외투자의 급격한 증가를 보였는데, 이는 해외자원 개발을 중시했던 이명박 정부의 정책기조에 부합하기 위한 것으로 보인다. 또한 한국전력과 마찬가지로 에너지 가격의 급등이 있었음에도 불구하고 가스요금이 동결되어 부채가 급증하게 된 것도 최근 사정을 악화시킨 원인이다. 일례로 2008년에 부채 증가 9.1조원 가운데 3.4조원의 부채가 요금규제로 인하여 발생하였다(박진 외, 2012).

한국도로공사의 2011년 말 총 부채규모는 24.5조원이고 부채비율은 99.6% 이다. 한국도로공사의 주요기능은 도로건설 사업과 도로관리 사업으로 사업 속성상 대규모 건설투자를 수행하여야 하기에 도로공사 부채규모 증가의 가장 큰 원인은 정책지원 차원의 건설투자 확대이다. 즉, 경기부양을 위한 도로 건설투자는 정책적으로 결정되었지만 그 재원을 정부의 재정이 아닌 공사의 차입금으로 조달하게 되면서 부채가 증가하였고, 그 외 요금의 규제와 수익성 낮은 노선의 비중 증가 등으로 인하여 원리금 상환을 충당할 만큼의 경상수입이 발생하지 않자 부채가 급증하기 시작했다. 도로공사 건설투자비에 대한 국고지원율이 2000년대 초기에는 50%를 넘었으나 최근에는 30% 수준으로 떨어졌고, 수익성이 높은 도로공사는 민간자본을 유치하여 건설된 반면, 수익성이 낮은 구간의 사업은 도로공사로 하여금 떠맡도록 하여 수익성을 추가적으로 악화시켰다(박진 외, 2012).

한국석유공사의 2011년 말 총 부채규모는 20.8조원이고 부채비율은 193.2%

이다. 한국석유공사의 경우는 2007년에서 2012년 사이 부채가 무려 18조원 늘어난 것으로 밝혀졌는데 2007년 3조 7000억에서 2012년 21조 3000억으로 증가하였다. 한국가스공사와 마찬가지로 해외자원개발을 중시했던 이명박 정부의 정책기조를 실현하기 위하여 2008년부터 2011년까지 해외자원개발을 위하여 51곳을 탐사 시추했으나 10곳에서만 성공하여 성공률이 19.6%에 그쳤다. 2009년 성공한 9건을 제이하면 2008년부터 2010년까지 단 한건의 성공밖에 못 거둔 것으로 밝혀졌다(뉴시스, 2012). 석유공사의 투자 대비 수익률(회수액)을 보면 2009년 19.7% 수준에서 2010년 16.4%, 2011년 30.7%로 최근 3년간 22%를 밑돌았으며, 이는 해외자원개발사업에 대한 사업성 평가가 제대로 이루어지지 못한 탓이다. 이처럼 석유공사는 대형화 계획에 따라 많은 차입과 투자를 반복해오면서 부채비율은 증가하고 재무건전성은 악화되었다.

한국철도공사의 2011년 말 총 부채규모는 13.4조원이고 부채비율은 154.2%이다. 한국철도공사의 경우는 특정한 요인이라기보다는 적자노선의 운영, 요금규제로 인한 낮은 철도요금, 낮은 생산성, 선로사용료 등과 같은 여러 가지 요인들이 복합적으로 작용하여 수익성을 저하시켰고, 이는 부채의 누적으로 작용한 경우다. 한국철도공사는 만성적인 적자경영을 하고 있어 재무건전성이 악화되고 있는데, 철도공사의 사업은 크게 운송사업, 부대사업, 수탁사업으로 이들 사업 중 원가 대비 수익비율이 1이 넘는 사업부문은 부대사업이 유일하다. 하지만 부대사업의 경우 전체 매출액에서 차지하는 비중이 매우 낮다(박진 외, 2012). 적자노선 운영으로 인한 낮은 수익성은 부채 누적의 주요한 원인인데, 노선 운행여부는 국토해양부가 정하고 있으며, 또한 지방자치단체 등의 요구로 운영 중인 역에서 발생하는 영업손실을 철도공사가 부담하고 있기에 추가적인 부채증가 요인으로 작용했다. 2009년 이후 부채규모가 2조원 이상 증가하였는데 이중 1.2조원은 공항철도 주식회사의 지분을 인수하기 위한 것이었고 나머지는 호남선 고속철도 및 광역철도망 확장에 대비한 철도차량 구입 등 추가적인 시설투자로 발생하였다.

한국수자원공사는 2008년까지는 상대적으로 안정적인 재무구조를 유지하여 왔지만 이명박 정부의 가장 큰 국책사업인 4대강 살리기 사업과 아라뱃길 사업 등 대형 국책사업을 2009년부터 집중적으로 진행하자, 단기간에 부채가 급증한 경우다. 한국수자원공사의 부채는 2007년 1.6조원이었지만 2011년에는 12.6조원을 기록해(부채비율은 115%) 4년 만에 무려 7배로 급증하였다. 2007년 한국수자원공사가 4대강 사업의 경우 사업비 전액을 채권발행을 통하여 부채로 조달하였고, 경인 아라뱃길 사업도 대부분 금융기관에서 차입을 통하여 조달하였다. 문제는 차후 기관의 수익을 통하여 자체적으로 상환하여야 하는 구조를 가졌는데, 4대강 사업의 부실문제가 전면으로 떠오름으로 인하여 부채상환을 위한 수익사업의 진행이 크게 차질화될 것으로 예상되어 결국에는 국가가 부채를 떠안아야 하는 상황에 처할지도 모르는 상황이다(박진 외, 2012).

위의 부채규모 상위 7대 공기업의 경우 부채급증의 원인으로는 크게 정부의 공기업을 이용한 정책사업추진, 요금규제로 인한 원가보상률 이하의 서비스 공급, 낮은 생산성을 들 수 있으며, 이 밖에도 외부경제환경(불경기), 이자부담 등도 작용하였다. 이들 요인 중 기관별로 영향이 큰 원인과 부가적인 요인이 있으며, 위 요인들이 동시에 작용을 하기도 했다.

Ⅳ. 공기업 부채관리를 위한 기존 방안들의 문제점 및 한계

공기업 부채가 본격적으로 증가하기 시작한 2008년 이전에도 정부는 여러 가지 경로를 통하여 부채관리에 영향을 미칠 수 있었지만 공기업 부채문제가 그리 심각하지 않았고 '공기업은 나름대로 역할이 있다'라는 생각으로 체계적인 부채관리를 해오지 않았다. 그러다가 2010년부터 공기업 부채문제가 큰 이슈로 떠오르자 전에 비하여 상대적으로 강화된 관리를 시도하고 있다(김찬수, 2012). 본 장에서는 그동안 공기업 부채관리대책의 성과, 문제점, 한계 및 개선방안에 대하여 검토한다.

그동안 공기업 부채관리대책의 성과, 문제점, 한계

2010년부터 개별기업에 대한 대책과 더불어 제도적 변화를 가져왔는데, 이들 주요 변화로는 우선 주요 공기업과 준정부기관을 대상으로 '중장기재무관리계획'을 수립하게 하고, 공기업과 준정부기관의 일정규모 이상의 사업들에 대한 예비타당성

조사를 강화하고 있다. 또한 공기업 경영평가 시 기관의 재무건전성에 대한 평가 비중도 높였다. 공기업 부채에 대한 직접적인 조치는 아니지만 재정통계 개편과, 공기업 예산회계제도 개선 등도 함께 추진하고 있다. 이들 조치에 대한 성과, 문제점, 개선방안을 조명해 본다.

1) 중장기재무관리계획 실효성 강화

정부는 2010년 5월 「국가재정법」과 「공운법」을 개정하여, 향후 공공기관은 '중장기재무관리계획'을 수립하여 정부에 제출하고, 정부는 이를 국회에 제출하도록 하였다. 공운법 제39조의 2항에 의하면 자산 규모 2조원 이상의 공기업 및 준정부기관과 그 밖에 자산·부채 등을 고려하여 대통령령으로 정하는 기준에 해당하는 공기업·준정부기관은 매년 5회계연도 이상의 중장기재무관리계획을 수립하여 이사회 의결을 거친 후 기재부와 주무부처에 제출토록 했다. 중장기재무관리계획에는 경영목표, 사업계획 및 투자방향, 재무전망과 근거 및 관리계획, 부채의 증감에 대한 전망과 근거 및 관리계획 등이 포함된 부채관리계획, 전년도 중장기재무계획대비 변동사항, 변동요인 및 관리계획 등에 대한 평가·분석, 그 밖에 대통령령으로 정하는 사항 등을 포함하고 있다. 이를 법적으로 뒷받침하기 위하여 「국가재정법」 제9조의 2항에 따르면 기재부장관은 매년 회계연도 90일 전까지 공기업이 작성한 중장기재무관리계획을 국회에 제출하도록 명시하였다. 중장기재무관리계획의 작성 및 국회제출은 2012년에 수립하는 국가재정운영계획부터 적용하도록 하였으며, 이를 위하여 2011년에는 시범적으로 작성하였다. 2012년에는 직전연도 총 자산이 2조원 이상인 41개 공공기관(22개 공기업과 19개의 준정부기관 포함)의 중장기재무관리계획을 최초로 국회에 제출하였다.

중장기재무관리계획은 정부와 국회가 공기업 등의 부채에 관한 현황과 중장기 관리계획을 파악할 수 있도록 명시적 법적근거와 제도적 기반을 마련했다는 점에서는 그 의의를 찾을 수 있을 것이다(김찬수, 2012). 하지만 국회예정처(2012b)가 분석한 '2012－2016년 공공기관 중장기 재무관리계획 평가' 보고서에 의하면 몇 가지 부족한 부분을 발견할 수 있다. 첫째, 제출대상기관을 직전연도 자산이 2조원 이상인 공공기관으로 한정하였기에 완전자본잠식상태가 10년 이상 지속되는 석탄공사와, 재무건전성 악화가 최근 5년간 지속되고 있는 제주국제자유지역개발센터 등

2개의 공기업이 보고 대상에서 제외되는 현상을 낳아,[12] 중장기재무관리계획을 통하여 정말 부채를 관리하여야 할 대상을 제외시키는 결과를 초래하였다. 따라서 향후 중장기재무관리계획 대상 선정기준을 자산 외에 일정한 금융부채를 가진 공공기관도 제출하도록 필요한 법령을 개정하여야 할 것이다. 둘째, 기관이 작성하는 재무전망의 근거가 불명확하고 여기에 대한 정부의 지침도 불분명하기 때문에 정부가 중장기재무관리계획서 작성에 관한 명확한 지침을 내려줄 필요가 있다. 일례로 재무전망을 작성하기 위해서는 유가나 환율 등 외부변수, 투자와 자금조달계획, 수입과 비용전망 등 여러 가지 예측자료가 필요하며 공기업에 따라 수입, 지출, 부채 등에 영향을 미치는 변수도 다양한데 이에 대한 정부의 근거나 지침이 부족한 형편이라 기관자체에서 생산하여 제출한 중장기계획의 신뢰성에 대한 의문이 제기될 수 있다(김찬수, 2012). 셋째, 현재의 중장기재무관리계획서에는 기관이 자체적으로 작성한 재무상태와 중기재무상태를 진단·평가하도록 되어 있는데, 기관의 재무건전성을 진단할 수 있는 기준이나 체계가 없기에 단순히 재무항목별로 현황을 열거하는 수준을 벗어나지 못하고 있다. 그리하여 기관의 재무상태가 절대적으로나 상대적으로 얼마나 건전한지에 대한 판단을 할 수 없어 공공기관의 재무건전성을 진단할 수 있는 시스템을 개발하여 적용하는 절차가 필요하다. 넷째, 각 기관이 작성한 중장기 재무관리계획서상에서 제시한 부채관리목표의 적정성을 판단할 기준이 없다. 각 기관은 향후 특정연도에 달성할 부채비율 등에 대하여 관리목표를 설정하고 있는데, 이들 목표설정의 근거가 미흡하고 과연 이들 목표가 달성 가능하고 적정한가를 판단할 기준이 없어 그 실효성에 의문이 제기된다. 각 기관이 수립한 세부관리계획이 충분성·실현성·가능성·구속성 등이 뒤따르지 않는다면 계획은 계획으로 끝나 근본적 한계를 노출한다. 종합하자면 재무전망의 근거, 재무건전성진단, 부채관리목표설정 등의 측면에서 정부의 역할을 강화하지 않고 기관에 맡겨두면, 정부는 기관이 자체적으로 수립한 계획을 그저 단순 취합하여 국회에 보고하고, 이들 목표를 달성하고 있는가 모니터링하는 수준에 그칠 가능성이 있어, 이에 대한 구체적인 정부의 지침이 필요한 시점이다. 위의 문제를 해결하기 위하여는 정

03

12) 참고로 석탄공사의 2011년 자본은 -7012억원으로 완전 자본잠식 상태이다. 제주국제자유지역개발센터의 2011년 말의 총자산은 연결기준으로 8912억원이고 부채는 5389억원으로 부채비율이 153%를 기록하였다. 이들 중 금융부채는 4439억원을 기록하였다(국회예정처, 2012b).

부가 공기업별 특성을 반영하면서도 통일적인 접근을 하여야 하고, 더불어 요금결정이나 투자계획 조정에서 재정당국 내부간, 또는 재정당국과 주무부처간 이해상충 가능성, 사업성공률 등에 대한 검증이나 재무건전성 진단 시스템 구축과 관련한 전문성, 세부관리계획의 집행관리체계 구축 등을 고려하여야 할 것이다(김찬수, 2012).

정부의 재정사업의 경우 예산서의 제출 시 성과계획서를, 결산서의 제출 시는 성과보고서를 제출하도록 하였고, 정부의 주요 사업들에 대해서는 재정사업자율평가와 심층평가 등을 통하여 정부의 재정사업의 성과관리를 해오고 있다. 이들 제도가 성과관리를 위하여 아직 완벽하지 않지만 그동안 이들 제도적인 장치를 통하여 정부 재정사업들에 대한 성과관리 수준이 점차로 향상되어 가고 있는 상황이다. 중기재무관리개선계획의 경우는 비록 최근에(2012) 도입된 제도이지만, 이 계획의 실효성을 확보하여야 할 것이다. 공공기관들이 제출한 재무관리개선계획을 통하여 재정규율을 확보하기 위해서는 중기재무관리개선계획에 부채전망뿐만 아니라 재무전망도 함께 포함해야 하고 개선방안 및 목표도 포함하여 작성 시 내실을 기할 수 있게 하여야 할 것이다. 또한 전년도 중기재무관리계개선계획에 대한 자체평가와 목적을 달성하지 못했을 경우 왜 못 했는가 등에 대한 분석도 함께 포함되어야 할 것이다.

객관성을 담보하기 위하여 중기재무관리개선계획을 한국조세재정연구원의 공공기관연구센터나 국회예산정책처(NABO) 등에서 추적하고 평가할 수 있도록 규정을 제정할 필요가 있다(박정수, 2012a). 참고로 국회예산정책처는 2012년에 공공기관들이 제출한 중기재무관리개선계획을 분석·평가하는 보고서를 발행하였다.

2) 공공기관 예비타당성 조사 범위의 확대 및 실효성 확보

정부는 일정규모 이상(총사업비 500억원 이상이며 국고가 300억원 이상 투입되는 사업) 재정사업에 대하여는 1999년부터 예비타당성조사(예타)를 시행하여 왔다. 정부의 재정사업과 달리 그동안 대부분 공기업의 대규모 사업들은 자체재원으로 충당하였기에 예타제도의 적용을 받지 않았었다. 하지만 정부는 2005년부터 공기업을 포함한 공공기관의 신규투자 및 자본출자 이전에 타당성조사를 받도록 의무화하였고, 2006년부터는 공공기관 사업 중 총사업비가 500억원 이상이면서 국가의 재정지원 및 공공기관 부담분의 합이 300억원 이상인 신규투자사업, 자본출자에 해당하는 사업에 대하여 외부전문기관의 예타를 받도록 규정하였다. 재정부문 예비타당성조사와 비교하면, 총사업비 규정은 동일하지만 국가재정 300억원 이상에서 국가 및 공공기관의 부담분 합이 300억원 이상인 사업이라는 점이 차이점이다. 이러한 규정이 2006년부터 존재하고 있었음에도 불구하고 2010년에는 총사업비 500억원 이상의 대규모 사업(출자)을 수행하고 있었던 12개 공기업들이 있었지만, 이들 대부분의 기관이 예타를 외부전문기관에 의뢰하는 대신 자체적으로 수행하였다(박진 외, 2012).

예타 활용이 저조한 이유로는 공공기관의 자율경영보장 일환으로 대상과 절차를 대부분 해당기관에 일임하였기 때문이다. 또한 공공기관 예타 적용배제사업을 매우 넓게 인정하고 외부전문기관 선정도 기관에 일임하여 예타의 객관성 및 신뢰성에 문제가 제기되었다. 이러한 문제점들을 보완하고 공공기관이 추진하는 대규모 사업의 투자의 효율성 및 공공기관의 적자·부실 문제를 해소하기 위해 정부는 2010년에 제도마련 및 보완 준비를 거쳐, 「공운법」 제50조에 근거하여 '2011년도 공기업·준정부기관 예산편성지침'을 2011년 상반기부터 시행하였다. 주요 개정내용은 예타 대상사업을 확대하고 면제대상을 명확히 하며, 예타를 담당하는 외부전문기관을 일원화하여 운영하는 등이다. 구체적으로 2010년까지는 예타대상에서 해외사업을 제외하였지만 2011년부터는 그 예외조항을 제거하였고, 면제대상도 2010년까지는 "국가정책사업(또는 국고지원사업), 예비타당성조사에 따른 불필요한 예산낭비와 사업지연 등이 객관적으로 예상되는 사업"으로 상당히 모호했는데 2011년 개정법에는 "정부예산이 지원되는 사업 중 「국가재정법」 제38조 규정에 의거 예타를 실시하는 사업, 재해예방·복구지원, 시설 안전성 확보 등 긴급을 요하는 사업, 기관의 특수한 사정 등을 감안하여 주무부처 장관이 기재부 장관과 협의하여 인정한 사업"으로 명시화하였다. 또한 예타 전문기관은 한국개발연구원 공공투자관리센터로 지정되었다. 2011년 법 개정 전에는 예타 대상임에도 불구하고 예타를 시행하지 않은 사업들이 다수 있었고, 공기업들의 경우는 예타 수행대상 외부전문기관을 임의로 지정함에 따라 예타가 형식적으로 운영되어 왔다는 지적이 있었다(기재부, 2010; 김찬수, 2012).

기재부(2011)의 개정된 '공기업·준정부기관 사업예비타당성조사 세부시행계획'에 의하면 공공기관 예타는 공공성과 수익성의 두 가지 기준을 중심으로 평가한다.

03

공공성 평가에서는 비용/편익분석을 통하여 경제적 타당성과 정책적 타당성을 평가하며, 수익성 평가에서는 개별사업의 재무성을 위주로 하되, 기관 자체의 재무안정성에 미치는 영향을 추가적으로 평가하게 되어 있다. 종합평가 시에는 계층화분석법(AHP)을 활용하여 계량화하며, 보통 AHP가 0.5 이상이면 사업시행이 바람직한 것으로 이해된다. AHP 기법을 사용할 때, 특별한 사유가 없으면 공공성 40%, 수익성 60%의 가중치가 적용된다. 해외사업의 경우는 공공성에서 국내사업과 달리 경제성 평가는 수행하지 않는 대신 입지 선정의 합리성을 평가하고, 수익성에서는 해외사업위험도를 추가적으로 평가하며, 공공성 30%, 수익성 70%의 가중치를 부여한다.

2011년 예타제도 변경으로 공기업·준공공기관의 대형 사업 추진을 KDI로 일원화하여 예타를 객관적으로 검증하는 체계를 확립했다는 점에서는 기존보다 진일보했다는 평가를 내릴 수 있으나, 공공기관 예타대상 선정과 운영에 관련하여 아직도 몇 가지 문제점을 지니고 있다. 첫째, 현행 예타 선정기준도 여전히 모호한 점들이 존재한다(김찬수, 2012). 원칙적으로 500억원 이상의 사업은 예타대상, 면제대상, 협의면제 대상 등 3가지로 분류하며, 면제대상은 「국가재정법」상 예타실시 사업이나 재해예방 등 긴급을 요구하는 사업 등이다. 협의면제 대상은 주무부처 장관과 기재부 장관이 협의하여 면제를 인정하는 사업들로서, 이들 대상으로는 사업의 추진여부가 법률 또는 정부정책에 의하여 확정된 경우, 정부간 외교협정에 따라 추진되는 사업이라고 판단되는 경우, 사업내용이 공공서비스 제공을 위하여 반드시 필요하다고 판단되는 경우, 그리고 기타 예타를 수행하는 것이 적절하지 않다고 판단되는 경우 등이 포함된다. 문제는 공공서비스 제공을 위하여 반드시 필요하다고 판단되는 경우나 기타 예타를 수행하는 것이 적절하지 않다고 판단되는 경우 등의 조항은 그 요건이 지나치게 추상적이고 포괄적이어, 행정부에 의한 자의적 운용가능성이 매우 높다. 둘째, 2010년 법 개정 시 81.6% 해외투자사업을 예타 면제 대상에서 제외하였는데도 불구하고, 2011년 기재부가 뚜렷한 이유 없이 준비부족을 근거로 총 31건 81.6조원에 상당하는 해외투자사업을 예타에서 일괄적으로 면제하여 스스로 원칙을 훼손하였다(김찬수, 2012).[13] 이처럼 준비 없이 대책을 발표하여 2011년 및 2012년의 모든 해외투자사업을 예타에서 면제시킴으로 인하여 공기업 예타

13) 일례로 지난 2011년 전체 공공기관의 161개 사업 중 127개가 예비타당성 조사를 면제받았다.

대책의 실효성을 기재부 자체가 훼손한 잘못을 범하고 있다. 정리하자면 개정한 공공기관 예타제도는 아직도 제도적으로 명확하지 않은 점이 많아 향후 발전의 여지가 있다고 보아야 할 것이다.[14)]

2013년 새로 들어선 박근혜 정부는 급증하는 공기업 부채 증가율을 줄이기 위하여 공기업 주요 대형사업에 대한 예비타당성 조사 면제기준을 강화하고 사후 심층평가제도를 도입한다는 계획을 세웠는데(조선비즈, 2013) 향후 이 계획을 뒷받침하는 법령 개정이 필요하다고 하겠다.

3) 공공기관 경영평가 시 재무건전성 유지 지표에 대한 평가비중 향상 및 상시적 재정건전성 모니터링 시스템 구축

공공기관 경영평가는 공공기관의 자율적 책임경영체제를 확립하기 위해 사전적 관여를 최소화하고, 연도별 경영실적을 사후 평가하여 경영개선에 반영하도록 하는 제도로서 처음에는 공기업(1984년부터 실시) 및 정부산하기관(2004년부터 실시)을 대상으로 각각 별도로 운영되다가 2007년「공운법」제정과 함께, 공기업과 준정부기관에 대한 "공공기관 경영평가"로 일원화되었다(조택·이창균, 2011). 2007년 공운법 제정 후 경영평가제도는 공공기관의 투명성, 효율성 증진 및 사업성 제고 등에 일정한 기여를 하였다고 평가받아 왔지만 한편으로는 여러 가지 한계가 지적되기도 했다(조택·이창균, 2011; 박미정, 2010). 무엇보다도 공공기관 계량평가 지표에서 사용되고 있는 사업 및 재무의 실적치가 각 공공기관의 특수한 경영환경(정부 산업정책과의 연관성, 정부의 특정 수요위탁, 경제상황 변동 등)에 따라 매우 다양한데도 기존의 일부 계량지표 평가지표는 이러한 특수한 경영환경을 무시하고 사업실적확대, 정부지침에 따른 경영효율화 성과 확대를 근거로 획일적 상대평가를 해왔다는 비평을 들었다(조택·이창균, 2011; 박미정, 2010). 특별히 2008년 이후 공공기관의 부채가 사회적인 문제로 떠오름에도 불구하고 기존 지표들이 공공기관의 재정건전성을 제대로 측정 못했다는 지적이 감사원과 학계에서 지적되어 왔다(감사원, 2011; 조택·이창균, 2011).

14) 특별히 요즘에 말썽이 되고 있는 이명박 정부하에서 에너지 공기업들에 의한 무분별한 해외투자사업 진행은 예타를 통하지 않고 이사회에서 결정한 사항임을 감안할 때, 향후 일정규모 이상의 해외투자사업은 반드시 예타를 적용하도록 관계 법령을 개정하여야 할 것이다.

일례로 감사원(2011)의 「공공기관 경영평가제도 운영 실태 조사」에 의하면 기획재정부가 2009년분 공기업에 대한 경영평가를 진행하면서, 중요 지표 중 하나인 재무건전성에 대한 평가는 제대로 된 지표를 사용하지 않아 평가의 객관성을 잃었다고 지적한다. 기재부는 재무예산성과 지표로 개별기관에서 '부채비율'과 '총자산회전율' 중 선택할 수 있도록 허락함으로써, 한국석유공사의 경우 2009년 경영실적 보고서에 따르면 투자확대로 인해 재무구조가 악화되고 있음에도, 재무건전성을 총자산회전율로 평가받아 만점을 얻는 이상한 결과를 초래했다. 하지만 부채비율로 재평가했다면 평가점수는 0점을 받을 수 있어, 결과적으로 기재부가 기관의 자의적인 지표선정을 허용함으로써 경영평가 결과가 왜곡되는 현상이 발생하였다. 이런 결과로 감사원은 공기업의 부채비율이 크게 늘어도 경영평가에서 좋은 점수를 받고 성과금을 받는 등 공기업 경영평가에 문제가 있는 것을 지적하였다.

이러한 부족한 지표들을 수정하여, 기재부는 2012년 현재 공기업 경영평가제도에서 부채관리는 경영효율평가 범주, 재무예산관리 및 성과 평가지표의 하위지표로 공기업을 기준으로 비계량 재무예산관리로서 4점, 계량 재무예산성과의 6점 중 2점이 할당되어 있다(기재부, 2013). 비계량 재무예산관리는 생산성, 자산회전율, 이자보상비율, 관리업무비, 총인건비인상률, 매출액증가율, 총자본회전율, ROIC(return on invested capital) 등과 함께 부채비율로 구성된다. 이들 지표들은 수익중심 기반구축과 재무구조의 안정화를 유도하기 위한 수단들이다. 최근에는 기관별 특성에 적합한 맞춤형 평가를 도모하기 위하여 공기업 유형 중 재무구조개선이 필요한 기관 등을 선정해서 업무효율 범주 내 지표별 가중치를 고려하고 있다. 또한 부채가 과다한 특정기관(LH 공사)에 대해서는 별도과제(재무건전성 제고, 30점)를 부여해 부채축소 노력을 평가했다. LH 공사의 경우에는 실제로 부채증가율이 7.4%로 통제가 되어 기관장은 A, 기관은 B를 획득하기도 했다(박정수, 2012a). LH 공사의 사례에서 보듯이 향후 효과적인 부채관리를 위하여는 부채가 과다한 기관들에게 부채축소 별도과제나 부채비율축소 등의 노력에 대하여 경영평가 시 재정건전성 노력을 측정하는 지표에 가중치를 부여해 효과적으로 부채를 관리하는 방안을 지속적으로 추진하여야 할 것이다(박정수, 2012a; 박진외, 2012). 더 나아가 공공기관의 부채관련 재무정보에 대한 database를 보다 정교하고 미시적으로 구축하여 상시평가가 가능하도록 하도록 하여야 할 것이다. Database를 구축하여 현재 매해 한번 측정 보고하고 있는 부채 및 기타 재무상황(건전성)을 최소한 분기별 측정이 가능하고 공표하도록 설계하여 부채관리의 상시적 모니터링이 가능하도록 시스템을 구축하여야 할 것이다(박정수, 2012a). 아울러 재무건전성 비계량 평가를 위하여 컨설팅 기능을 강화하고 재무건전성에 문제가 있는 기관들에 대하여는 국가의 재정사업 자율평가에서처럼 심층평가제도를 도입하여 재무구조 건전화를 위하여 비상하고 상시적인 노력을 경주하여야 할 것이다.

4) 정부재정통계 개편 및 공기업 부채의 국가채무에 포함 고려

정부는 2011년 회계연도 결산부터 도입된 발생주의·복식부기 회계제도와 국제비교의 용이성을 위해 2001년 IMF가 발행한 국제기준 재정통계 기준인 IMF Government Financial Statistics Manual 2001(GFSM – 국가재정통계편람)로 전환하였다. 그리하여 과거 GFSM 1986에 의거하여 현금주의 회계기준을 따르던 방식에서 벗어나 '제도단위' 및 '시장성 기준'을 적용하여 정부포괄범위를 일반정부로 설정했다. 새 기준에 의하면 공공기관은 정부로부터 독립적인 제도단위가 아닌 경우 일반정부로 분류되고, 정부로부터 독립적인 제도단위인 경우는 최근 3년 평균 원가보상률이 50% 이하일 경우 일반정부로 분류된다. 물론 이 두 조건을 충족시키지 못할 경우에는 공기업으로 분류되어 일반정부에 포함되지 않는다. 재정통계 개편 결과, 2010년 기준 21개 공기업은 모두 원가보상률(판매액/생산원가)이 50%를 초과하였기에 일반정부가 아닌 공기업으로 분류되었으며, 원가보상률이 50% 미만인 준정부기관이나 기타 공공기관은 원칙적으로 일반정부에 포함되었다. 2011년 재정통계 개편은 대다수의 준정부기관을 일반정부에 포함하여 정부재정통계를 상당히 현실화 시켰음에도 불구하고, 과거와 마찬가지로 새로운 재정통계에서도 공기업의 모든 부채를 국가채무(일반정부 총금융부채)에 포함하지 않는 한계를 드러냈다.

공기업 부채를 국가채무로 포함하지 않은 새로운 재정통계 개편에 대하여 몇 가지 비판적인 견해들이 제시되었는데, 이들 주요 요지는 우리나라 공기업은 선진국과 달리 사실상 정부사업을 대행하는 경우가 많기에 정부와 독립적인 제도단위라는 전제가 성립되지 않을 수 있으며, 적어도 공기업 사업 중 일부는 국제기준에서 인정하는 준재정활동(quasi financial activity)으로 재분류하여 국가부채에 포함시킬

03

필요가 있다고 주장한다(옥동석, 2010; 옥동석·하윤희, 2009; 국회예정처, 2011c, 김찬수, 2012).[15] 2011년 재정통계 개편 시 선진국 등 국제기준에 따라 공기업 부채를 국가채무에서 제외하였지만, 재정통계기준을 제시하는 IMF는 2001년에 공기업이 수행하는 정책적 사업들에 대하여 '거래의 재분류'를 통하여 재정범위에 포함시킬 것을 요구하였고, 2007년에도 '재정투명성지침(Manual on Fiscal Transparency)'에서 준재정활동(quasi-fiscal activities)을 재정통계에 포함시킬 것을 명시하고 있다. 또한 2008년 세계적 금융위기 이후에는 금융활동에 대한 준재정 활동에 대한 주의를 요구한 바도 있기에(박정수, 2012a; 옥동석, 2010), 공기업을 통하여 이루어지고 있는 상당수의 사업들이 정부가 충분한 보상을 주지 않고 공기업에 일방적으로 떠넘기는 사업임을 감안할 때, 이들도 일종의 준재정활동으로 보아야 할 것이고 그렇기에 국가재정통계에 부채로 포함하는 것을 고려해야 한다고 상당수의 학자들이 주장하고 있다(박정수, 2012; 옥동석, 2010; 옥동석·하윤희, 2009).

설사 '시장성 기준'에 의하여 국가부채로 포함되지 않더라도 수시로 찾아오는 global 경제위기가 국가의 재정건전성을 위협하고 있고, 국가재정건전성을 유지하기 위하여 공기업을 이용하여 국책사업을 수행하고 있는 현실을 감안한다면 공기업의 채무관리는 국가재정건전성 유지 차원에서도 체계적인 관리가 필요할 것이다. 위와 같은 주장이 지속적으로 제기됨에 따라 정부는 2012년 12월에 최신 국제기준에 따른 일반정부 부채규모를 공표했으나 여기에는 한국토지주택공사 등 시장형 공기업 부채는 제외되어, 공공부문 재정통계의 신뢰성, 투명성을 확보하는 데 문제가 제기됨에 따라 2013년부터는 시장형 공기업 부채까지 포함하는 전체 공공부문의 채무통계를 산출하여 발표할 계획이다(파이낸셜 뉴스, 2012). 다행히 박근혜 정부에서 국가채무와 공기업을 포함한 공공기관채무관리를 중요한 국정과제로 포함하였다. 그리하여 전임 이명박 정부가 4대강, 보금자리 주택 등 주요 국책사업의 부담을 공기업으로 떠넘긴 나머지 새정부에 부메랑이 되어 돌아오고 있다는 우려가 커

---

15) 옥동석·하윤희(2009)에 의하면 준정부기관과 공공기관의 구분 시 원가보상률 50% 규칙은 참고사항에 불과하며, 공공기관의 지배구조, 사업내용, 적자보존 형태, 정부의 실질적 관여 정도 등을 종합하여 판단하여야 된다고 주장한다. 참고로 2008 SNA 지침에서도 50% 규칙은 준정부기관을 판단하는 여러 기준 중 하나라는 사실을 명확히 지적하고 있다고 보고한다. 우리나라의 대다수 공기업들은 특별법에 근거하여 설립·운영되어 왔으며 암묵적으로 정부보증(특히 손실보전조항 기관)이 있어, 파산위험에 따른 자기조정력에 상당한 한계가 있고 공기업의 운영에 정부가 오랫동안 다양한 개입과 통제를 해 왔으므로 정부의 재정적 책임을 면하기 어렵기에 공기업이라기보다는 준정부기관으로 보아 일반정부 부문으로 넣는 것을 고려해야 한다고 주장한다.

지면서 새정부의 재정부담이 되는 것을 사전에 막기 위하여, 박근혜 정부는 공공·민간부문 부채 및 대출에 대하여 '위험수준'을 평가하는 등 관리를 강화할 예정이다. 박근혜 정부는 그동안 정부부채에서 제외되어 있다고 지적이 되어 왔던 공기업 부채뿐만 아니라 학자금 대출, 적격대출 등 정부가 보증을 서는 공공기관의 대출과 신용보증기금, 기술신용보증기금 등 공공기관의 대위변제(신용보증을 선 기관이 대신 빚을 갚는 것) 등 정부부담으로 직결될 수 있는 위험 요소들에 대하여 2013년 말까지 '재정위험지수'를 만들 계획이다. 이를 통하여 국가 채무뿐만 아니라 정부부담으로 직결되는 재정부담을 총망라하여 재정건전성 여부를 판단할 예정이다(파이낸셜 뉴스, 2013). 국가의 채무에다 공기업의 채무도 큰 문제로 떠오름에 따라 모든 국가의 부채를 포괄적으로 관리하는 것은 너무나 바람직하며, 향후에도 포괄적인 부채 관리 시스템을 도입하고 실시간 부채경보 시스템도 구축하여 국가의 재정건전성을 체계적이고 지속적으로 유지하는 것이 국가재정건전성을 유지하는데 필수적인 과제일 것이다.

5) 공공기관 예산·회계제도 개선(사업예산제도와 구분회계제도 도입)

현행 '공기업·준정부기관 재무관리'에 대한 규정은 「공운법」 제4절 예산회계에서 기본원칙을 제시하고 있고, 세부회계처리기준은 기획재정부령인 「공기업·준정부기관 회계사무규칙」을 따르도록 되어 있다. 「공기업·준정부기관 회계사무규칙」 제19조 1항은 더 자세한 세부사항을 기재부 고시 「공기업·준정부기관 회계기준」에서 규정하고 있다. 공공기관은 수익사업과 비수익사업(고유목적사업)을 겸영하고 있기에 회계정보는 사업수익 및 비용의 내용에 관한 투명한 공시가 필요하며, 국가로부터의 각종 보조사업 및 위탁사업을 수행하기에 민간기업회계 보다도 더 구체적이고 객관적인 규칙이 필요하다 하겠다. 하지만 현행 「공기업·준정부기관 회계기준」은 기업회계기준에 비해 자세하지 않아 몇 가지 문제점을 안고 있다(최대규·이동연, 2008). 우선 현행 「공기업·준정부기관 회계기준」은 제4장에서 재정상태, 손익, 이익잉여금, 자본변동 및 현금흐름 등에 관한 30개의 조항만을 규정하고 있으며, 이 기준에서 정하지 않는 사항은 기업회계기준 등을 포괄적으로 준용하도록 규정하고 있어, 기관별로 회계정보의 비교 가능성이 미흡한 상황이다. 회계정보 이용자들에게 유용하고 투명한 재무제표를 제공하기 위해서 공기업·준정부기관 회

03

계기준은 자산, 부채의 평가에 대한 기준을 신설할 필요가 있으며, 공공기관의 특성을 고려하여 수익 및 비용의 분류 체계를 규정하고, 사업비용의 산정 방법을 새로 정리하고, 회계원칙의 변경에 따른 회계처리 방법 등의 보완을 이루어야 할 것이다. 즉, 회계기준을 개정시, 공공기관의 자율성을 존중하여 기관장의 의사결정에 맡길 수 있는 사항과 사전에 예산편성이나 경영평가 등을 위하여 기관별로 일관성을 확보해야 하는 사항을 명확히 구분하여 회계정보의 비교가능성을 높이고, 각종 의사결정에 유용한 회계정보를 제공하기 위해서는 공기업·준정부기관 회계기준을 개정하는 것이 필요할 것이다.

공기업·준정부기관 회계규칙과 기준 및 기타 재무관리 관련 지침은 공공기관의 예산에 대해서도 기관의 자율성을 확대하고 사후적 책임성을 강화한다는 방침 아래, 정부는 공공기관 예산에 관하여 기본원칙과 지침만을 제공하고 기관은 이에 따라 자율적으로 예산을 편성하도록 하고 있다. 예산이 확정된 후 제출된 예산정보는 경영정보시스템(ALIO)에 제공되고 있지만 매우 제한된 정보만 제공하고 있고 제공된 정보도 투명성이 부족하며 프로그램 예산제도를 도입하여 예산을 사업별(프로그램별)로 편성하는 중앙 및 지방정부의 예산과 달리 원칙적으로 품목예산제도에 의존하기에 프로그램예산제도를 별도로 시행하지 않는 기관 예산의 사업별 집행과 효과성에 대한 정보가 제공되고 있지 않다(허경선외, 2012). 기본적으로 공공기관의 예산서와 예산제도도 자율적으로 작성·운용되고 있어 다양한 양식으로 예산서가 작성되며 운용방법도 다양하여 필요한 정보를 찾거나 기관 간 정보 비교를 하는 것이 아주 힘들다는 단점이 있다(박정규, 2012; 최대규 외, 2008). 프로그램 예산제도를 실시하고 주요 재정사업에 대하여 재정사업자율평가와, 예산서 제출 시 성과계획서, 결산서 제출서 성과보고서 등을 의무화하여 예산과 성과의 연결을 시도하는 중앙정부에 반하여, 대부분의 공공기관에서는 성과관리가 예산과 연계되어 있지 않아 예산사용에 대한 성과를 알 길이 없다. 물론 공공기관의 성과 평가는 기재부가 주관하는 경영평가 등을 통하여 이루어지지만, 중앙정부의 성과 및 예산관리에 비하여 허술하기 그지없다.

현행 대부분 공공기관에서 이용하고 있는 품목별 예산(line-item budget)제도는 예산을 통제한다는 면에서 효과적이지만 예산을 사용하여 어떠한 사업들을 진행하고 어떤 성과를 발휘하고 있는가에 대한 정보를 얻을 수 없다는 큰 결함을 지니고 있다. 하지만 중앙정부와 지방정부에서 사용하고 있는 프로그램예산제도(program budget) 또는 성과예산제도는[16] 기존의 비목별 예산편성방식과 달리 각각의 사업에 따라 예산을 편성하기에 개별 및 전체 사업에 대한 예산파악이 용이하고 예산의 투명성을 높이며 사업을 담당하는 조직의 책임을 높일 수 있다는 장점이 있다. 이러한 장점 상 정부는 공공기관 예산관리 개선책의 일환으로 프로그램 예산제도를 시범적으로 도입할 것을 추진하고 있다(허경선 외, 2012). 공공기관의 프로그램 예산제도 실시여부를 설문 조사한 허경선 외(2012)의 연구를 보면, 2012년 시장형 공기업은 14곳 중 4곳이, 준시장형 공기업은 14곳 중 6개의 공기업이 프로그램 예산제도를 실시한다고 응답하여, 총 28개 공기업 중 10개가(35.7%) 프로그램 예산제도를 도입하여 실시한 것으로 나타났다. 하지만 저자들이 프로그램 예산제도를 실시하고 있다고 응답한 10개의 공기업 예산서를 정밀 분석한 결과에 의하면 전면도입은 겨우 3곳(10.7%)에 불과하고 나머지 14개 기관은 형식적인 도입에 불과한 것으로 보고하여, 아직 대부분 공기업에서 실질적인 프로그램 예산제도를 실시하고 있지 않은 것으로 드러났다.

프로그램 예산제도와 약간 혼동이 되기도 하는 구분회계제도(segmenting accounting)는 독립채산제의 개념을 도입하여 기관의 사업부문별 재무제표를 구분 산출할 수 있도록 하는 회계시스템이다. 이명박 정권하에서 공기업 채무가 급증한 원인 중의 하나는 정부가 토지주택공사, 수자원공사, 도로공사 등 사회간접자본 공기업 등을 동원하여 정부가 하여야 할 국책사업을 공기업에 떠넘겨 수행하였기 때문인데, 만약 해당공기업에서 공기업 부채를 국책사업 부문과 자체 사업 부문으로 나누어 구분 회계처리하는 방식을 도입하였다면, 공기업 부채 가운데 국가책임 부문과 공기업책임 부문을 구분하여 상환책임도 명확히 하고 방만한 운영을 한 공기업의 구조조정이나 경영 효율화 조치를 위하여 유효한 제도가 되었을 것이다. 2011년 11월 1일 공포한 기획재정부령 제177조에 의한 「공기업·준정부기관 회계사무규칙」 제12조 1항을 살펴보면 "기관장은 각 공기업·준정부기관의 설립에 관한 법률, 그 밖의 법령에서 회계단위를 구분하도록 정한 경우에는 재원의 원천 또는 목적사업별 등으로 구분하여 회계처리하고, 구분회계 사이의 내부거래 및 미실현손익을 제거한 후 이를 통합한 결산서를 작성하여야 한다. 이 경우 구분된 회계단위별

16) 지방정부에서는 프로그램 예산제도를 사업예산제도라고 부른다.

03

경영성과 및 재무현황을 주석으로 기재한다"라고 규정하여 공공기관에서 원칙적으로 구분회계를 사용하도록 규정하고 있다. 하지만 현실적으로 대다수의 공공기관에서는 2011년까지 구분회계를 사용하지 않았다(설홍균·최원석, 2011).

공공기관은 국가의 사업을 위탁받아 공공재적 재화와 용역을 공급하는 경우가 많아, 국가의 예산을 받아 이윤을 추구하지 않고 사업을 수행하거나 부가가치가 발생하지 않는 사업을 자체수입으로 충당하여 국민들에게 원가 이하나 반대급부 없이 재화와 용역을 제공하는 경우도 있다. 공공기관이 특별법에 근거하여 설립되었고 고유목적사업이 정해져 있기에 법인세법상 구분경리제도가 적용될 여지가 많다는 것을 추정할 수 있다. 이러한 사정상 공공기관에서 구분회계제도를 시행하여야 하는 근본적인 이유로는 공공기간이 공공성과 기업성을 함께 띠고 있고, 「공운법」에 의한 수입구조 분석, 경영평가 시 부가가치 지표인 노동생산성 측정, 경영공시 사항 중 재무제표의 비교가능성, 정확한 과세소득 산출을 위하여 필요하다(설홍균·최원석, 2011). 이처럼 구분회계가 필요함에도 불구하고 구분회계제도를 실시하지 않는 것은 관할 주무부처인 기재부가 향후 강력하게 monitoring하여야 할 것이다. 공공기관 부채의 발생 원천 관점에서 국책사업에 따른 부채와 공공기관의 자기 책임 부채를 구분하여 정부의 최종적 상환 책임을 구분할 수 있으며, 공공기관에 대해서도 구조조정이나 경영효율화 등의 책임을 물을 수 있다. 즉, 정책부채와 자율부채를 객관적으로 구분하기 위해서 사업유형별로 예산과 실제 성과를 비교 분석하는 구분회계제도 및 사업예산제도의 도입이 필요하다. 현재 한국토지주택공사의 손실보전 대상사업 등에 대하여 구분회계제도가 도입되고 있는데, 향후 이를 전체 공공기관을 대상으로 확대할 필요가 있다(구병서, 2012; 박정수, 2012a; 박진 외, 2012).[17] 구분회계제도를 예산 및 결산 부문에 도입하여 이들 재무정보는 향후 의사결정지원, 업적 및 성과관리, 전략 수립 및 실행에 요긴하게 활용할 수 있을 것이다. 마찬가지로 주요사업유형별 예산을 구분하여 도입하면(사업예산), 사업의 성과와 예산을 비교분석 가능하여 경영자원의 배분과 투입에 대한 효과적이고 효율적인 계획을 수립하는 것이 가능하여 사업합리화, 사업철수 등의 의사결정지원 자료가 되며, 이러

17) 박정수(2012a)의 연구에 의하면 현재 27개 공기업 중 구분회계제도를 실시하고 있는 곳은 12개, 실시하고 있지 아니한 곳은 15개 기관으로 전체 공기업의 56%를 구성한다. 구분회계를 시행하고 있는 15개 기관 중에서도 결산과 예산, 그리고 성과평가를 연계한 실질적 의미의 구분회계를 운영하는 곳은 8개에 불과하다.

한 예산·회계 방식의 도입은 타사와의 경쟁우위 확보를 위하여 전략을 수립하고 기관의 전략계획(SWOT)을 작성하는 데도 큰 도움이 될 것이다(박정수, 2012a). 구분회계제도는 이미 「공기업·준정부기관 회계사무규칙」 제12조 1항에 도입의무가 정하여져 있기에 향후 구분회계가 필요한 공기업은 반드시 구분회계를 도입하도록 주무당국과 기재부는 정밀 모니터링하고 평가하여야 할 것이다.[18]

기관의 형편에 맞는다면 원칙적으로 공공기관에서 구분회계와 프로그램 예산을 같이 사용하여 시너지 효과를 낼 수 있을 것이다. 하지만 허경선 외(2012) 연구에 의하면, 프로그램 예산제도를 도입하였다고 응답한 기관의 예산서를 분석한 결과 사업구분과 성과관리의 연계를 체계적으로 활용하고 있는 경우는 그리 많지 않다고 보고한다. 또한 프로그램 예산제도와 구분회계를 실시하고 있다고 응답한 대부분의 공공기관들이 프로그램 예산제도와 구분회계제도를 혼동하여 사용하고 있다고 분석하는바, 이 두 제도를 한꺼번에 실시하는 것은 기관의 성격과 능력에 맞춰 단계적인 도입이 필요하다고 주장한다. 즉, 프로그램 예산제도 도입의 비용과 효과가 기관마다 차이가 발생할 수 있기에 기관의 특성별로 프로그램 예산제도 도입의 비용과 효과를 고려하여 도입하는 것도 한 방법일 것이다. 프로그램 예산제도를 도입하기 전에 공공기관의 예산제도 개선을 위하여 먼저 이들 기관의 예산에 대하여 좀 더 상세한 정보를 공개하는 것이 필요하며, 상세정보 제공 시 공공기관이 수행하는 사업별로 예산정보를 분류하고 정부의 지원금액을 명확히 구분하여 공공기관의 예산투명성과 책임성을 높여야 할 것이다(허경선 외, 2012). 예산정보의 공개가 필요한 부분들에 대해서는 공공기관 유형별 공통양식을 활용하여 예산정보를 표준화하여 정보의 비교가능성을 높여야 하며, 중장기적으로 중앙정부처럼 예산의 성과집행에 대한 정보를 제공하고, 예산과 성과의 통합관리를 위하여 사업별로 기관의 회계를 구분하여 관리하는 구분회계제도와 프로그램 예산제도의 도입이 바람직할 것으로 보인다(허경선 외, 2012; 최대규 외, 2008). 공공기관들이 사업예산과 구분회계에 대하여 혼동을 하고 있는 것으로 보이기에 주무당국인 기재부는 사업예산과 구분회계에 대한 대체적인 guideline을 기관유형별로 제시하여 이 기준을 따를 수 있도록 유도하여야 할 것이다. 궁극적으로 공기업의 성과에 관심을 가진

18) 신문보도에 의하면 박근혜 정부는 공기업 부채 중 국책 사업의 회계를 분리해서 관리하는 구분회계를 추진할 예정이다(조선비즈, 2013).

stakeholder들을 위해서도 공기업 재무현황을 상장기준 수준으로 공개하여야 할 것이다(김성태, 2010; 최대규 외, 2008; 김영신, 2010; 백흥기, 2013).

V. 부채문제 해결을 위한 근본적이고 추가적인 방안

앞 장에서는 그동안 시도해온 공기업 부채관리 방안의 성과, 문제점, 한계 등을 중심으로 살펴보았다. 만약 기존 처방들이 잘 작동되었더라면 오늘처럼 공기업 부채가 국가적 관심사로 떠오르지 않았을 것이다. 공기업의 부채는 하루아침에 해결할 수 있는 사안이 아니라 근본적인 처방과 함께 기존의 처방이 작동하지 않았던 원인들을 파악하여 추가적인 조치가 필요하다 하겠다. 본 장에서는 공기업의 부채문제를 해결하기 위하여는 크게 근본적인 처방과, 앞 장에서 거론하지 않은 추가적인 방안(경영효율화, 회계정보의 투명성) 등을 중심으로 전개한다.

1) 근본적인 처방

앞에서 전체 공기업 부채의 95%를 차지하고 있는 7대 공기업의 급속한 부채증가 원인들로는 크게 세 가지이며, 이들은 정부정책사업 수행(예, LH 공사의 보금자리주택, 국민임대주택, 혁신도시개발; 수자원 공사의 4대강 살리기, 아라뱃길; 한국가스공사와 한국석유공사의 해외자원개발을 위한 해외투자 등), 정부의 요금규제로 인한 원가 이하의 서비스 공급(예: 한전), 낮은 생산성(철도공사의 채산성이 없는 노선운영 등) 등을 거론했다. 물론 부가적으로 외부경제환경, 이자부담, 공기업의 방만한 경영과 도덕적 해이 등도 작용했다(박진 외, 2012; 박정수, 2012a). 공기업의 부채를 해결하기 위해서는 기본적으로 개별 공기업의 부채 급증원인을 파악한 후 각 공기업에 맞는 처방을 제시하여야 할 것이다. 하지만 공기업들의 부채급증의 공통적인 원인들로는 정부의 정책사업 추진을 위하여 사업확대 및 신규사업수행과 정부의 요금규제로 인한 채산성악화로, 공기업의 의향과는 상관없이 정부의 필요에 의하여 수행한 사업들이기에, 급속한 부채 증가의 일차적인 책임은 정부에 있다고 보아야 할 것이다. 물론 이들 공기업의 부채관리를 위하여 공통적인 처방으로는 경영효율화를 통한 부채증가의 억제일 것이다. 하지만 경영효율화 만으로는 부채문제를 해결하는 데는 한계가 있다. 이들 부채를 해결하기 위하여는 궁극적으로 사업축소, 요금인상, 정부지원 확대의 세 가지 대안의 조합이 필요할 것이다(박진 외, 2012; 박정수, 2012a).

(1) 사업축소

기업의 부채가 증가하는 원인은 크게 둘로 나눌 수 있는데, 첫째는 사업확장 또는 신규투자 등에 대한 소요자원을 자기자본이 아닌 부채로 조달하는 경우와 둘째로, 사업의 수익성이 낮아 손실로 인한 부채 증가로 나눌 수 있다. 사업확장 또는 신규투자 등을 부채로 조달하는 경우 장기적으로 수익성이 확보가 되는 사업이라면 일시적인 부채 증가는 큰 문제가 되지 않을 것이다(박진 외, 2012). 한국가스공사, 한국석유공사, 그리고 한국전력공사도 부분적으로 장기적으로 수익성은 있지만 사업확대를 부채로 수행한 공기업들이다. 수익성을 전제로 한 사업인지 구분하기가 힘들지만 임대주택, 혁신도시 개발, 보금자리주택 등의 사업을 수행한 한국토지주택공사의 경우에도 택지구입과 아파트 등 건물건축 등으로 인하여 초기투자 규모는 크지만 회수기간이 상당히 장기간 나타나기에 대규모 사업을 한꺼번에 수행하면서 부채를 급격히 증가시킨 경우이다(박진 외, 2012). 한국수자원공사의 경우도 2008년 전에는 다른 공기업에 비하여 부채관리를 안정적으로 해왔지만 이명박 정권하에서 4대강 살기기 사업, 경인 아라뱃길사업 등 정책사업을 수행하면서 부채규모를 급속도록 증가시킨 경우이다. 건전한 부채관리를 위해서는 공기업을 동원하여 대규모 정책사업을 동시다발로 수행하지 않고 선택적으로 수행하였어야 했다(김찬수, 2012). 마찬가지로 부채증가를 억제하기 위해서는 어느 정도 수익성이 없는 사업에 대해서는 공기업이 수행하는 것을 통제하여야 할 것이다. 예를 들어 한국토지주택공사의 경우에는 수익성이 떨어지는 공공임대아파트 사업 등에 향후 무리하게 투자하는 것을 신중히 고려해야 할 것이다.

(2) 정부보조

위의 부채규모 상위 7대 공기업의 경우 거의 모든 기업들의 부채규모 급증 원인 중의 하나는 정책사업을 진행하면서 정부의 적정한 보조가 없이 공기업들이 신규부채의 대부분을 떠맡도록 하였기 때문이다. 즉, 재정사업으로 진행하여야 할 사업들을 공기업에게 떠맡겨 발생한 부채들이기에 이들 사업에 대하여 정부는 적정한 보조금을 제공하여야 할 것이다. 정부 출자는 공기업 부채를 감소시키지만 재정

03

부담을 가중시키는 요인으로 작용하기에 논란의 소지가 있음에도 불구하고, 정부정책사업을 수행하면서 떠안은 막대한 부채는 결국 정부가 어느 정도 해결해 주는 방법밖에 없을 것이다. 정부에 의한 자본 확충은 재정여건, 당위성 측면 등에서 논란의 소지가 있지만, 이 방안도 신중히 고려해야 할 것이다(박진 외, 2012; 박정수, 2012a).

(3) 요금체계 현실화

정부는 서민생활안정과 물가안정을 위하여 공공요금 인상을 억제하고 있어서 공기업의 생산물에 대한 원가보상률이 전기 87.4%, 가스 87.2%, 도로 81.7%, 철도 76.2%, 수도 81.5%에 머무르기에 수요관리의 문제(과소비)와 함께 공기업 서비스의 가격구조를 왜곡하여 자원배분의 비효율성을 유발하는 현상이 일어나고 있다(박정수, 2012a; 박진 외, 2012). 전력, 수도, 가스, 도시철도 등 공공요금을 국가가 원가 이하로 제공하도록 강제할 경우, 수요관리 측면은 물론이고 공공기관 관리차원에서도 자원의 비효율적인 배분뿐만 아니라 주인-대리인 문제를 낳아, 공공기관의 성과관리 측면에서도 문제를 야기할 수 있다. 공기업이 자기책임 하에서 효과적인 재무관리를 수행할 수 있도록 하기 위해서도 요금체계를 현실화하여 최소한 원가보상이 되도록 하는 것이 중요하다. 일부 공기업이 제공하는 공익서비스(public utilities)에 대한 원가를 계산하고, 이에 따른 정부 규제가격을 적용하는 문제는 기존시장에 경쟁 시스템이 도입되어 있기에 어느 정도 기술적으로 해결이 가능하다. 하지만 규모의 경제를 이루기 위하여 경쟁 도입이 어려운 서비스인 경우는 해당 서비스의 규제 요금결정을 당해 서비스 제공 공기업에게 맡기는 것이 아니고 제3의 독립기관에 맡겨 객관성과 공공성을 담보할 수 있어야 할 것이다(박정수, 2012b). 공기업이 자기책임 하에 효과적인 재무관리를 수행하고 연성예산제약 문제에서 탈피하기 위하여는 공기업과 정부재정과의 관계를 보다 엄밀하게 하는 것이 중장기적으로 도움이 된다.

2) 추가적인 처방

(1) 공기업의 자구노력 및 제도개선을 통한 부채감축 방안 마련

현재 높은 공기업 부채 문제를 해결하기 위하여는 상당 부분은 단계적인 정부의 개입을 통한 재정지원 및 요금현실화(요금인상) 조치를 취하는 것이 불가피하지

만, 공기업 자체의 효율성 제고를 위한 노력과 관련 제도의 개선이 뒤따르지 않는다면 정부의 재정지원과 요금 인상정책은 국민들에게 수용되기가 어려울 것이다(박진 외, 2012; 백흥기, 2013; 박정수, 2012a). 특히 국감시즌인 요즘 신문지면을 덮고 있는 공기업의 방만한 경영 및 임직원들의 도가 지나친 혜택 등으로 인한 도덕적 해이의 극치가 국민들의 뇌리에 박혀 있는 한, 위에서 제시한 근본적인 처방에 대한 정치권과 국민들의 동의를 얻기 힘들 것이다. 민간기업의 경우 부채가 증대하면 자금조달비용이 증가하기에 이익극대화를 추구하는 민간기업들은 자금조달비용을 절감하기 위해서라도 부채를 줄일려는 모든 수단을 강구한다. 하지만 공기업의 경우는 기본적으로 정부가 보증하기에 정부의 신용도와 같은 높은 신용등급의 유지로 인하여 부채가 증가하더라도 자금조달 비용에 미치는 영향이 상대적으로 약하다. 이러한 특성상 부채감축을 위한 공기업 경영진의 동기는 그리 높지 않으며, 공공기관의 부채가 증가하더라도 정부에서 파산시키는 것이 어렵고, 전술한 이유처럼 자본시장에 의한 통제기제의 작동도 힘들다. 이러한 면을 감안할 때, 공기업의 부채문제를 해결하기 위한 방안으로서 공기업 임직원에 대한 인력과 급여를 부채 및 재무건전성과 연결시켜 공기업에 작용할 수 있는 주인-대리인 문제를 보완하는 수단으로 활용하여야 할 것이다(박진 외, 2012; 박정수, 2012a; 백흥기, 2013; 정성호·정창훈, 2012). 즉, 부채규모, 부채증가율, 또는 부채비율, 또는 적절한 재무건전성 지표를 마련하여 이들 지표들의 일정 수준을 초과하는 공기업에 한하여 향후 추가 인력 고용과 정원에 제한을 두거나, 당해 공기업 임직원의 임금 및 성과금 인상률 등에 제한을 두어 운영하게 하여 공기업 임직원들이 부채를 줄이거나 재무건전성을 유지하게 하는 동기로 작용케 하여야 할 것이다. 또한 공기업 임직원들에 대한 임금은 기관의 성장 가능성과 재무건전성 등을 고려한 맞춤형 차등인상률이 적용되어야 하고, 적자를 겪고 있는 기관들의 직원들의 복리후생, 보너스 등에 대해서도 정밀 진단을 통하여 이들 복리후생이나 보너스가 재무건전성을 해치지 않는 범위에서 시행하도록 하는 조치들을 취하여, 임직원들의 도덕적 해이와 연성예산제약을 방지하는 제도들을 마련하여 시행하여야 할 것이다.

더불어 공기업 임원들의 임명 시 전문성이 부족한 낙하산 인사는 경영의 비효율화로 연결될 가능성이 높기에, 향후에도 이를 막을 수 있는 제도를 발전시켜 나가야 할 것이며, 임직원들에 대한 재정건전성 유지노력을 포함한 성과측정을 강화하여 이를 보수와 연결하여야 할 것이다.

(2) 부실공기업에 대한 민영화시도

부실공기업에 대한 민영화도 부채 문제를 해결하기 위한 방법 중의 하나일 것이다. 하지만 공기업의 부채문제가 심각하지만 이의 해결을 위하여 공공성이 높은 토지주택공사, 한전, 가스공사, 도로공사, 수자원공사, 석유공사, 철도공사 등 공기업을 반드시 민영화라는 수단을 통해서 해결해야 할 정도로 심각한지 판단하기는 아직 이르다(박진 외, 2012; 김찬수, 2012). 원가 이하 서비스 제공 등으로 인하여 공공부문에서 수익을 확보할 수 없어 민영화를 통하여 경영효율성이 현저히 개선되어 수지가 맞는다면 민영화를 고려할 수 있지만, 민영화가 곧 요금인상으로 이어지면 요금인상에 대하여 일반인들은 불안감을 느낄 것이고, 민영화로 인한 공공요금 상승은 사회전반에 물가상승 등으로 연결되어 국민경제 전체에 미치는 영향이 클 것이다. 특히 자연독점 성격이 강한 big 7 공기업들의 민영화로 인하여 정부가 적정한 가격통제 기능을 할 수 없을 경우, 민간기업은 또 다른 독점자로 변하여 이익극대화를 위하여 가격 등을 인상할 가능성이 크기에 민영화에 더욱 신중을 기하여야 할 것이다. 공기업은 수익성뿐만 아니라 공익을 추구하는 역할도 하기에 민영화는 단순히 부채해결 차원에서만 이루어질 사안이 아니며, 민영화에 앞서 일단 공공부문에서 서비스 제공 시 시장원칙에 따라 합리적인 요금체제 등을 시도하는 것이 중요하다. 합리적 요금체제를 따랐는데도 지속적인 적자를 기록한다면 그때 민영화 가능성을 더 연구해 봐도 늦지 않을 것이다. 따라서 민영화는 당장 필요한 정책대안으로 보기는 이르다고 할 것이다(박진 외, 2012).

(3) 손실보전 공공기관 발행 부채 특별 관리

공공기관은 정부를 대신하여 공익적 기능을 수행하는 과정에서 손실이 발생할 수도 있다. 이러한 손실을 보전해 주기 위해서 일부 공공기관 설립근거법에는 공공기관의 손실을 정부가 보전해 주는 조항을 가지고 있는데, 이는 공공기관이 정부사업을 대행하는 과정에서 발생한 결손을 해당 공공기관의 이익적립금으로 보전할 수 없는 경우, 정부가 그 부족액을 보전해 줌으로써 공공기관의 경영을 안정화시키고 공익사업을 원활히 수행하도록 하기 위함이다(국회예정처, 2011b). 손실보전조항은 임의조항(정부가 "보전할 수 있다")와 의무조항(정부가 "보전한다")으로 나눌 수 있는데, 정부의 손실보전이 의무조항으로 되어 있는 8개 기관들은[19] 정부가 당해 공공기관이 발행한 채권을 간접적으로 보증해 주는 효과가 있다(박미정, 2012; 국회예정처, 2011b).

손실보전 의무조항 공공기관은 손실보전조항 공공기관이 발행하는 채권의 경우에는 은행과 보험사가 자기자본비율(BIS)과 위험기준 자기자본(RBC: risk based capital)을 계산 시 국채와 동일하게 위험가중치를 0%로 적용하기에 낮은 금융비용을 지불하는 혜택을 누릴 수 있다. 문제는 국가채무는 2005년 말 247.9조원에서 2010년 말 400.4조원으로 1.6배 증가하였지만 동기간 손실보전 의무조항 공공기관이 발행한 채권은 90.8조원에서 235.3조원으로 무려 2.6배 증가하여 국가채무보다도 더 빠른 속도로 증가했다(국회예정처, 2011b). 또한 손실보전의무조항 공공기관이 발행한 채권규모는 2.3배 증가하여 2005년 말 319조원에서 2009년 말 599조원으로 1.9배 증가한 공공기관 부채보다 더 빠르게 증가했다.

손실보전의무조항 기관이 발행한 채권도 원채무자가 상환을 못할 경우는 국가가 상환해야 하듯이 이와 성격이 비슷한 국가보증채무와도 비교할 필요가 있다. 국가보증채무 규모는 2010년 말 34.8조원으로 GDP 대비 3%에 달했지만 국가보증채무 대비 손실보전의무조항 공공기관의 발행채권 비율은 2005년 1.5배에서 2010년 6.8배로 급증하였다(국회예정처, 2011b). 국가보증채무의 경우는 국가재정법 제9조에 의거하여 정부가 국가보증채무관리계획을 설립하고 국회에 제출하여 투명하게 관리되고 있는 반면, 국가보증 채무의 6.8배에 해당하는 손실보전 의무조항 공공기관이 발행하는 채권의 경우에는 비록 국가보증채와 비슷한 성격을 가지고 있음에도 불구하고 채권발행 규모와 내역 및 손실보전의무조항 기관들에게 매해 정부가 혈세로 얼마나 손실을 보전해 주었는가 등에 대한 통계를(자료) 국회에 제출하는 규정이 없어 투명하고 건전한 재정운영을 목표로 하는 국가재정법의 정신과도 상충하기에 국가보증채무와 유사한 관리체계를 확립하는 것이 필요하다. 이들 손실보전의무조항 기관이 적자 발생 시 혈세로 보전을 해줄 수 있기에 이들 기관에 대해서는 일반 공공기관의 부채보다 더 엄격하게 관리를 할 필요가 있다.

19) 이들 8개 기관은 한국토지주택공사, 신용보증기금, 기술신용보증기금, 중소기업진흥공단, 한국무역보험공사, 한국주택금융공사, 한국정책금융공사, 한국수출입은행 등이다. 한국토지주택공사의 경우 2010년 12월 한국토지주택공사법 개정을 통하여 당 기관의 채권발행 여건을 개선해 주기 위하여 정책사업 손실을 보전해 주는 손실보전 조항을 삽입하였다.

국회예정처는 손실보전공공기관의 채무관리를 위하여 두 가지 방안을 제시하고 있다(국회예정처, 2011b). 첫째는 정부가 국회에 제출하는 재정관련 자료에 손실보전의무조항 공공기관이 발행한 채권현황과 정부관리계획을 포함시키도록 국가재정법 제9조 2항을 개정하는 방법이 있고, 둘째로는 중장기재무관리계획을 수립하도록 되어 있는 공공기관들에게 손실보전의무조항을 포함하도록 공운법 제39조 2항을 개정하는 것을 제시하고 있다. 어느 안이 되었든간에 향후 조속한 시일내 관련 법규가 개정되어 이들 손실보전의무조항 공공기관들이 더 이상 불합리한 채무를 떠안지 않도록 강력한 조치를 취할 필요가 있다.

(4) 주무부처에 의한 공기업 금융부채 한도액 설정검토 고려 및 공기업에 대한 총량적 채무규율도입 고려

공기업의 부채는 현행 이사회의 의결을 통하여 이루어지고 있으나, 이사회에 일임한 나머지 공기업의 부채가 급속도로 증가함을 볼 때, 향후 주무부처의 공기업에 대한 감독 책임성을 높이기 위하여 이사회 의결사항에서 주무부처 장관 승인사항으로 상향 조정할 필요가 있다(국회예산정책처, 2012; 박정수, 2012b). 공기업의 채무는 현재 국가채무에도 산입되고 있지 않지만 공기업을 포함하는 공공기관의 채무가 2011년을 기점으로 국가채무보다 많고, 최근 과도한 공기업의 부채 증가 추세를 감안할 때, 공기업에도 채무총량을 제한할 필요가 있다(최승필, 2013). 공기업 전체를 대상으로 채무한도를 설정하는 것보다 개별공기업별로 설정하는 것이 더 실효성이 있을 것이다. 개별 공기업의 부채관리를 위하여 재정건전성에 대한 조기경보시스템을 개발하여 부채관리의 실효성을 제고하여야 할 것이다(박정수, 2012a). 공기업의 채무한도를 설정할 때는 과연 어떤 수준이 적정채무이고 설정의 방식을 법률로 할 것인가 대통령령이나 내부준칙으로서 가이드라인을 정해야 할 것인지에 대한 고민도 필요하다.

Ⅵ. 결론 및 정책적 함의

본고에서는 공기업 부채문제의 심각성을 지적하고 향후 부채증가 억제와 해결 방안에 대하여 모색하였다. 공기업은 예산외(off-budget) 기관으로서 공기업 부채는 공식적으로는 국가채무에 포함되지 않지만 정부가 직간접적인 지급보증의무가 있기에 잠재적 채무부담으로 존재한다. 최근 남유럽 국가들의 사례를 통하여 공기업을 포함한 공공기관의 부실화가 결국은 국가부도나 국가재정건전성을 크게 악화시킨 것을 보듯이, 이명박 정부 하에서 급증한 공기업의 부채는 국가재정건전성의 지속가능성에도 심각한 의문을 던지는 수준에 도달하여 이에 대한 체계적이고 철저한 관리가 필요한 시점이다.

정교한 모델에 근거하여 공기업의 부실 가능성을 연구한 두 개의 선행연구들(백흥기, 2013; 박진 외, 2012) 분석에 의하면 28개 공기업 중 12개 공기업이 부실화 가능성에 처해 있거나 요주의 대상임을 감안할 때, 기존의 공기업 부채 관리정책으로는 향후 해결가능성이 희박하다 하겠다. 본 연구에서는 기존의 공기업/공공기관부채관리 대책의 한계와 문제점을 검토하고 대책을 모색한바, 향후 개선방안으로는 아래와 같다. 첫째, 전체 28개 공기업 중 부채규모 상위 1－7순위 공기업들의 부채급증의 공통된 원인들로는 크게 세 가지로 이들은 정부의 정책사업 추진을 위하여 사업확대 및 신규사업수행, 정부의 요금규제로 인하여 채산성악화, 및 낮은 생산성 인바, 개별 공기업들의 경영효율화로 부채증가나 해소를 하는 데는 경영효율화로 부채문제를 해결하는 데는 근본적인 한계가 있다고 판단한다. 이러한 사정상 공기업의 부채문제를 해결하기 위한 근본적인 대책으로는 정책사업축소, 요금현실화, 정부지원의 확대를 병행하여야 할 것을 제시한다.

둘째, 2010년 이후 공기업 부채증가를 막기 위하여 정부가 제시한 대책들에는 한계가 있기에 향후 이들 제도들을 효율적이고 실효성을 확보할 수 있는 방향으로 개선해야 할 것이다. 우선, 공기업들이 제출한 ‘중장기재무관리계획’의 실효성을 확보하기 위하여 부채전망뿐만 아니라 재무전망도 함께 포함해야 하고 개선방안 및 목표도 포함하도록 할 것이다. 또한 전년도 중기재무관리개선계획에 대한 자체평가와 목적을 달성하지 못했을 경우 왜 못 했는가 등에 대한 분석도 함께 포함하는 방

03

향으로 나가며, 객관성을 담보하기 위하여 중기재무관리개선계획을 한국조세연구원의 공공기관연구센터나 국회예산정책처(NABO) 등에서 추적하고 평가할 수 있도록 규정을 제정할 필요가 있다. 예비타당성 조사와 관련해서는 현행 예타조항에 감면규정이 아직도 너무 많고 대상도 모호하기에 관련법을 개정하여 대상을 명확화하고 감면대상을 최소화하여야 할 것이다. 아울러, 해외투자사업의 경우도 원칙적으로 예타대상으로 규정하여야 하며, 사업이 끝난 후 문제가 있는 사업들에 대하여는 심층사업평가를 하여야 할 것이다. 아울러 공공기관 경영평가 시 재무건전성 유지 지표에 대한 평가비중을 기존보다 향상시키고, 부채가 문제가 있는 기관들에 대하여 한국토지주택공사 등에서 시행하였듯이 개별관리 목표를 부여하여 평가에 적극 반영하여야 할 것이다. 정부재정통계 개편에도 불구하고 공기업의 부채는 비록 일반정부의 부채에 포함되지 않지만, 우리나라 공기업들이 상당부분 부채는 정부의 준재정활동으로 인하여 발생한바, 적절한 기준에 따라 이들 공기업 부채를 일반정부의 부채에 포함하여 포괄적이고 체계적인 관리가 필요하다. 또한 공기업과 공공기관 예산·회계제도가 기업 회계에 비하여 너무 포괄적이고 추상적이기에 좀 더 구체적이고 체계적인 회계기준을 제시할 필요가 있으며, 구분회계제도와 사업예산제도의 도입을 각 기관의 사정에 맞게 도입해야 할 것이다. 구분회계와 사업예산만 제대로 실행되었더라도 공기업과 정부의 책임을 가릴 수 있었을 것이다. 더불어 공공기관의 재무정보는 민간기업의 재무정보보다 부실하게 공시되기에, 향후 재무정보 보고 시 최소한 민간기업 수준의 투명성을 확보하여야 할 것이다.

셋째, 공기업의 자구노력 및 제도개선을 통한 부채감축 방안으로 공기업 임직원의 도덕적 해이 현상을 방지하는 방안을 강구하여야 할 것이다. 이를 위하여 인력 및 급여를 부채문제와 연결시켜 성과주의를 정착시켜 주인－대리인 문제를 보완하는 수단으로 활용해야 할 것이다. 물론 자율과 책임에 근거한 경영체제를 확보하기 위하여 공기업 낙하산 인사도 방지하는 방안을 만들고, 필요하다면 공기업 지배구조 개선도 개선하여야 할 것이다.

넷째, 손실보전 공공기관 발행 부채의 특별 관리를 위하여 정부가 국회에 제출하는 재정관련 자료에 손실보전의무조항 공공기관이 발행한 채권현황과 정부관리계획을 포함시키도록 관련법을 개정하고, 중장기재무관리계획을 수립하도록 되어 있는 공공기관들에게 손실보전의무조항을 포함하도록 공운법을 개정하는 것을 고려하여야 할 것이다. 이러한 조치들을 통하여 손실보전의무조항 공공기관들이 더 이상 불합리한 채무를 떠안지 않도록 하여야 할 것이다. 부채수준이 위험선을 초과하는 공기업에 대하여는 이사회가 아닌 주무부처에 의한 공공기관 금융부채 한도액 설정을 검토하고, 채무가 위험한 수준의 개별 공기업에 대하여는 총량적 채무규율을 도입하는 것을 검토할 필요가 있을 것이다.

종합적으로 우리나라 공기업의 부채가 단기간 급증한 것은 정치인(정부), 공기업, 국민 3자가 담합하여 정책사업 추진과 요금규제의 결과 만들어 낸 합작품이다(박진 외, 2012). 대통령을 비롯한 정치인(정부)은 재정건전성을 유지하기 위하여 정책사업을 추진하면서 공기업의 부채에 의존하였고, 공기업 경영진은 증가하는 부채가 걱정은 되지만 정치인(정부)의 지시를 거부할 수 없어 사업을 수행하였다. 이 과정에 공기업은 정치인(정부) 덕분에 사업을 확장하면서 예산도 늘리고 기관 인원의 증가로 인하여 구성원의 승진도 빨라지기에 정부의 정책사업을 거부할 큰 incentive가 없었다. 모든 국민이 그런 것은 아니지만 많은 국민의 경우도 정책사업의 추진으로 투자사업의 직접 수혜자가 되거나 경기회복의 수혜자가 될 것으로 판단되어 공기업을 이용한 정부의 무리한 사업에 반대할 큰 incentive가 부족하였다. 정부가 물가관리를 위하여 공공요금의 원가 이하 제공의 경우에도 국민은 적은 요금을 내기에 이를 적극적으로 반대할 명분이 없었고, 공기업은 어쩔 수 없이 낮은 공공요금을 수용하면서 낮은 공공요금이 유지되는 한 정부가 지원해 주게 되니 민영화 가능성이 희박할 것이라고 위안을 삼았다. 하지만 이러한 정치인(정부), 공기업, 국민의 담합 결과는 급증한 공기업 부채로 남았기에, 공기업 부채의 본질은 정치인(정부)이나 국민이 각자 부담해야 할 비용을 부담하지 않으면서 편익을 누리려고 하는 데서 기인한다(박진 외, 2012). 이처럼 공기업 부채의 증가는 정치인의 득표극대화, 관료의 예산(사업) 극대화, 국민의 효용극대화가 맞아떨어져 가능하다는 공공선택론(public choice theory) framework로 잘 설명할 수 있다(Downs, 1957). 이처럼 공기업의 부채급증은 제한된 상황에서 각 행위자의 이익극대화 추구와 도덕적 해이로 인하여 유발되었기에 공기업 부채의 급증은 어떤 면에서 governance 실패의 결과물로 접근할 수 있을 것이다(정성호·정창훈, 2012).

따라서 공기업 부채문제를 해결하기 위해서는 크게 governance 차원에서 접근해야 할 것이다. 즉, 주요 행위자의 이익극대화(또는 사익추구)와 도덕적 해이를 방지하도록 필요한 법과 제도를 세밀하게 구축하여 공기업의 재무건전성을 확보하여야 할 것이다. 이를 위하여 정치인(정부)이 공기업에게 충분한 비용 보상 없이 정책사업을 공기업의 부채를 통하여 추진하는 것을 금지하도록 하는 법규를 제정하여야 하고, 공기업이 부채와 재무관리를 투명하게 하도록 관련법을 마련하며, 부채수준이 높은 개별 공기업들은 개별 공기업별 부채 한도제의 신설을 고려하고, 예비타당성 조사와 중장기재정계획의 실효성을 높여야 할 것이다. 또한 추가 부채를 줄이기 위하여 무리한 사업확대를 금지하며 신규사업을 최소화하고, 꼭 필요한 사업이면 정부의 재정지원을 동반하여 공기업의 재무건전성을 유지하면서 추진하여야 할 것이다. 또한 공기업이 자율과 책임에 근거한 경영을 할 수 있도록 낙하산 인사를 금하여야 할 것이며 필요한 경우 지배구조 개선 조치도 취하여야 할 것이다.

공기업에 대하여는 도덕적 해이와 연성예산문제를 방지하기 위하여 경영평가시 재무건전성 유지 항목에 현재보다 더 높은 가중점을 부여하며, 부채가 많은 개별기업에는 부채관리 목표를 할당하여 평가에 포함시키고, 이를 인사와 급여와 연결시켜 주인-대리인 문제를 해결하는 방안을 찾아야 할 것이다. 국민들은 공기업의 낙하산 인사로 인하여 자율과 책임경영 체제가 훼손되는 것을 감시하여야 하며, 정부의 요금규제로 인하여 원가 이하의 서비스 공급으로 공기업의 부채가 급증하는 것에 반대하여 적정수준 가격을 유지하도록 압력을 가하여야 할 것이다. 또한 기꺼이 최소한 서비스 원가를 지불할 용의가 있어야 할 것이다. 공기업의 총괄주무부처인 기재부는 투명하고 효율적인 관리를 통하여 문제가 될 만하면 미리 예측하여(forward-looking) 선제적으로 대응(proactive)할 수 있는 정책의 입안과 집행 능력을 갖추어, 문제가 다 터진 다음에야 뒤늦게야 대처하는 전철을 밟지 말아야 할 것이다.

□ 참고문헌

감사원. 2011. 감사결과 처분요구서 - 공공기관 경영평가제도 운영실태. 감사원.

고영선. 2012. 북한경제 리뷰: 남북통일을 위한 재정조달. 한국개발연구원.

구병서. 2012. 공공기관 재무건전성 현황 및 쟁점. 국회입법조사처. 이슈와 논점(531호).

_____. 2011a.「2010회계연도 공공기관 결산 평가」. 국회예산정책처.

_____. 2011b. 손실보전 의무조항 공공기관의 채권발행 현황과 법률개선과제.

_____. 2011c. 재정통계개편의 주요 쟁점과 과제. 국회예산정책처.

_____. 2012a.「2011회계연도 공공기관 결산 평가」. 국회예산정책처.

_____. 2012b. 2012-2016 공공기관 중장기 재무관리계획 평가. 국회예산정책처.

기획재정부. 2011. 공기업·준정부기관 사업예비타당성조사 세부시행계획.

기획재정부. 2013. digital brain homepage(http://www.digitalbrain.go.kr/)

기획재정부. 2010.「공기업·준정부기관의 대규모 사업에 대한 예비타당성조사제도개선」, www.mosf.go.kr

기획재정부. 2013. 2013년도 공공기관경영평가편람.

김찬수. 2012. 공기업의 재무건전성 및 재정위험연구. 감사연구원.

김성태. 2010. 주요공기업 부채의 장단기 위험요인 평가,「경제현안분석」. 한국개발연구원.

김영신. 2012. 공기업 부채 증가의 문제점 및 시사점 — 지속가능성의 관점에서 — KERI Insight. 12-5: 1-12. 한국경제연구원.

뉴시스. 2012.10.12. "석유공사, 묻지마식 투자 5년간 부채 18조 늘어."

박미정. 2010. 공공기관 경영실적 평가제도의 현황과 과제. 국회입법조사처.

박정규. 2012. 지방공기업 예산회계제도의 현황 및 개선방안. 정부회계연구. 정부회계학회 10(1): 127-52.

박정수. 2012a. 공기업부채 무엇이 문제이고 어떻게 해결할 것인가? 한국경제포럼 5(2): 27-42.

박정수. 2012b. 국가부채, 정부부채, 공공부채? — 정부의 역할과 범위 —. 서울대학교 정책 &지식 포럼 발표논문.

박진·최준욱·박진희·김지영·허경선. 2012.「공공기관 부채의 잠재적 위험성 분석과 대응방안」. 한국조세연구원.

설홍균·최원석. 2011. 법인세법상 구분경리제도를 활용한 공공기관 회계처리 개선방안. 조세연구 11(1): 415-43.

옥동석. 2010. "한국의 정부부채, 왜 논란이 거듭되는가?; 펀드단위 vs. 제도단위"「한국경제포럼」 제3권 3호(2010년 가을).

03

옥동석·하윤희. 2009. 정부부채의 추정: 개념, 쟁점 및 향후 과제. 「규제연구」, 18(1): 3-37.

이상영. 2010. 정부 재정건전성과 공기업 신용등급. Special Report. 한국신용평가.

정성호. 2012. 공공기관 K-IFRS 도입이 재무제표에 미치는 영향. 한국조세연구원 재정 network 발표논문.

정성호·정창훈. 2012. 공공기관의 재무건전성 제고 대안. 「재정학연구」.

조선비즈. 2013. 재정부업무보고: 공공기관장평가 1년 → 3년 변경. 2013. 4. 11.

조택·이창균. 2010. 공공기관 경영평가지표의 타당성에 관한 연구: 계량지표를 중심으로. 「사회과학연구논총」, 24권, 2010: 239-270.

최대규·이동연. 2008. 공기업·준정부기관 회계기준의 문제점과 개선방안. 「정부회계연구」, 6(2): 3-25.

최승필. 2013. 총량적 채무규율 도입에 관한 법·제도적 검토. 한국재정법학회·한국조세연구소 공동정책세미나 발표논문. (2013. 2. 19).

허경선·김지영·박노욱. 2012. 「공공기관 프로그램예산제도 도입연구」. 한국조세연구원.

황성현. 2012. 한국의 재정적자와 국가채무: 현황과 대책. 「한국경제포럼」 3(4): 5-44.

장지인. 2010. 공공기관의 국제회계기준 도입의 성공적인 정착을 위한 과제. 공공기관 동향. 4-21. 한국조세연구원.

Barth, M. E., Landsman, and Lang. 2008. International Accounting Standards and Accounting Quality. Journal of Accounting Research, 46: 467-98.

Bennett, J. T. Dilorenzo, T.J. 1983. Underground Government: The Off-Budget Public Sector, Cato Institute.

Downs, Anthony. An Economic Theory of Political Action in a Democracy. The Journal of Political Economy 65(2): 135-150.

제11장 공기업 부채와 공공요금 결정의 합리성

이 상 철

03

Ⅰ. 서 론

최근 들어 급증하는 공기업의 부채에 국민들의 이목이 집중되고 있다. 이명박 정부의 5년간의 집권기간 동안에 공기업의 재무구조는 급격히 악화되어 공기업의 부채가 100% 넘게 늘어나는 등의 위태로운 상황까지 발생하였다. 그러나 한편으로는 공기업 관리에 있어서 가장 효율적인 경영진 통제방법이 높은 부채에 의한 관리라는 주장도 있다. Allen & Gale(2000)은 소유와 경영이 분리된 주식회사형 공기업에서 경영진의 도덕적 해이를 방지할 수 있는 최선의 방법으로 '높은 부채비율을 통한 경영진 견제'가 효과적이라고 하였고, Jensen(1983)은 '공기업의 지나친 여유자금은 경영진이 기업의 내부 사익을 위하여 사용할 가능성이 있기 때문에 다소 높은 부채비율이 오히려 건전한 경영을 유도할 수 있다'라고 하였다(신진영, 2004).

그러나 우리나라 공기업의 부채문제를 더 이상 미루어 놓기에는 이미 한계에 도달한 것으로 판단된다. 공기업의 부채 규모가 크다는 점보다 그 증가 속도가 너무 가파르기 때문이다. 공기업의 자본 대비 부채 비율만 보더라도 2007년에 102.1%였던 것이 2012년에는 194.4%로 늘어났다. 이는 부채비율이 줄어들고 있는 민간기업에 비해 공기업의 자산 건전성이 크게 악화되었음을 의미한다.[1)]

왜 이명박 정부의 집권 시기에 공기업의 부채비율이 급격하게 증가하였을까?

1) 가파르게 상승하고 있는 부채비율의 증가추세는 지방공기업도 예외는 아니다. 지방재정자립도는 2004년 57.2%에서 지속적으로 감소해 2011년에는 51.9%까지 떨어졌다. 이런 가운데 지방공기업의 지자체 예산 대비 채무는 2003년 27%에서 2011년 48%로 급등했다(헤럴드경제, 2013).

다수의 전문가들은 이명박 정부에서 보금자리, 세종시, 4대강 사업 등 정부 재정사업으로 시행해야 할 국책사업을 공기업이 대행하였고, 물가안정을 위하여 공공요금을 지나치게 억제했기 때문이라고 지적한다(박진 외, 2012, 박정수, 2012a).

공기업이 정부의 집행적 업무를 수행하기 위하여 설립된 기관인 이상 정부가 지시한 대행사업을 외면할 수 없다. 공공요금 역시 국민경제에 미치는 영향을 고려할 때 정부가 주도적으로 요금을 통제하지 않을 수 없다. 그러나 공기업의 입장에서 보면 공기업은 정권에 관계없이 지속성장하여야 하고 그러기 위해서 우선적으로는 건전한 재무구조를 유지하는 것이 중요하다. 따라서 지속 가능한 경영을 위하여 독립채산제에 바탕을 두고 적정한 수익과 건전한 재무구조를 유지하는 것은 공기업의 존립의 필요조건이다.

주요사업이 정치적으로 시행되고, 수입의 근간이 되는 공공요금이 정책적으로 결정된다면 공기업의 지속 성장을 기대하기 어렵다. 공익사업을 수행하는 공기업들을 민영화한 영국과 공익사업의 대부분을 민간에 의존하고 있는 미국에서는 이에 대한 해법을 찾기 위해 합리적인 공공요금의 가격결정과 규제 방법에 대한 논의가 활발하게 이루어지고 있다(Littlechild, 2009a,b). 그러나 우리나라에서는 오랫동안 공기업이 수행하는 공익사업과 공공요금에 정부가 수직적으로 통제하는 것을 당연시하는 측면이 있었다.[2] 근래에 와서야 이 분야에 대한 합리적 접근을 강조하는 연구가 등장하기 시작하였다.[3]

본 연구는 지금까지의 공기업 요금 결정 수준 및 절차와 관련하여 합리성 측면에서 어떤 문제점이 있는지를 살펴보고, 공기업의 지속 성장을 담보할 수 있는 대안을 탐색해 보고자 한다. 우리나라의 5대 공공요금과 관련 있는 한전의 전력요금, 가스공사의 가스요금, 도로공사의 통행료, 철도공사의 철도요금, 수자원공사의 상수도요금을 중심으로 공공요금 수준결정 및 절차의 문제점을 분석하고 정책적 시사점을 도출하고자 한다. 1차적으로 관련기관에서 발표하는 통계자료와 실정법

2) 공공요금에 관한 선행연구는 공공요금 가격책정원리에 관한 연구(박두호·김상문, 2007; 황영호·문영세, 2000), 공공요금의 물가 파급효과에 관한 연구(김종구, 2009; 정군오·임응순, 2009; 문영세, 2000), 공공요금결정시 시민참여에 대한 연구(이호용, 2009; 조택, 2006; 여정성·최현자, 2001), 공공요금 원가산출에 관한 연구(박정수, 2008) 등이 있다.

3) 이상철·권영주(2012), 박진 외(2012), 박정수(2012ab), 조성봉(2013)은 공공요금 결정의 합리적 접근을 강조하고 있고, 박순애(2013)는 정부가 집권당의 정책공약을 위하여 공공기관을 동원하는 것을 경계하면서 공공요금 인상도 가장 최종적인 보충적인 방법이 되어야 한다고 주장한다.

및 규정을 참고하였고, 2차적으로는 공공요금과 관련된 공무원 및 공기업에 근무하는 임직원들의 인터뷰를 통하여 분석하였다.

Ⅱ. 물가 및 부채와 공공요금

1. 물가정책과 공공요금

공기업은 사기업과 다른 많은 이해관계자들로 구성되어 있기 때문에 이들 이해관계자들이 지향하는 각자의 목표를 어떻게 조화하느냐가 공기업의 성공적인 경영의 관건이라고 할 수 있다. 〈그림 1〉에서 보는 바와 같이 전력요금의 경우 같은 정부라고 하더라도 부처에 따라 그 목표가 다를 수 있다. 전력수급 안정을 위해 공기업의 건전한 성장을 목표로 하고 있는 부서에서는 부채비율 감소를 위해 전력요금의 적정한 인상을 주장하는 반면, 물가를 관리하고 있는 부서에서는 전력요금의 인상을 반대하게 된다. 이 외에도 사회적 약자에 대한 보호 임무를 지고 있는 정부 부서에서는 이들에 대한 공공요금의 면제나 할인을 강화할 것을 주문하고 있다.

〈그림 1〉 전력요금과 이해관계자의 목표

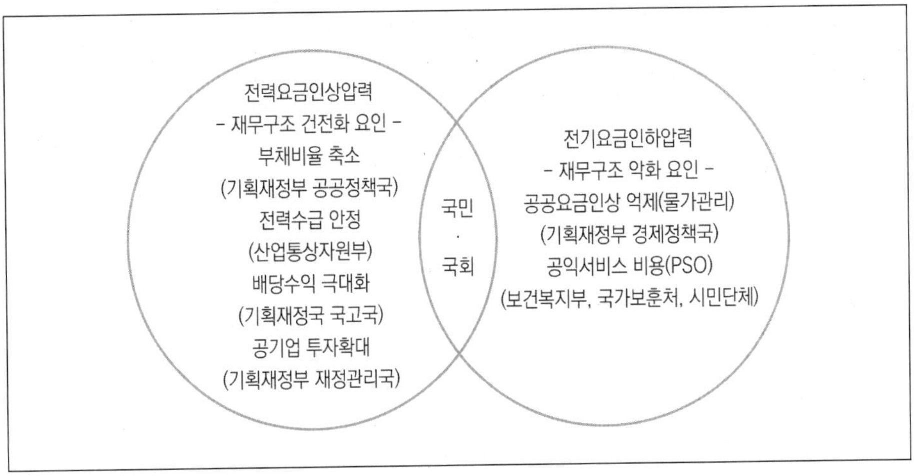

전력요금인상압력
- 재무구조 건전화 요인 -
부채비율 축소
(기획재정부 공공정책국)
전력수급 안정
(산업통상자원부)
배당수익 극대화
(기획재정국 국고국)
공기업 투자확대
(기획재정부 재정관리국)

국민
·
국회

전기요금인하압력
- 재무구조 악화 요인 -
공공요금인상 억제(물가관리)
(기획재정부 경제정책국)
공익서비스 비용(PSO)
(보건복지부, 국가보훈처, 시민단체)

지금까지 우리나라에서 공익서비스비용(Public Service Obligation)이나 물가 안정을 위한 공공요금 인상 억제 정책이 모든 공공요금의 결정을 압도하는 상황을 반복해왔다. 즉, 공기업 재무건전화 및 공공서비스의 안정적 공급을 위해서는 원가에 기반을 둔 요금정책이 필요하지만 이 정책목표들은 '물가'라는 거시적 경제안정 목표에 희생되어 온 것이다.

2. 공기업 부채[4]와 공공요금

2013년 현재 정부의 부채규모는 468.5조원인 데 비하여, 공공기관의 부채규모는 482.4조원이고, 금융공기업을 제외한 순수 공공기관 관리대상의 부채만 하더라도 343조원으로 GDP의 27.7%를 차지하고 있다.

OECD 국가의 평균 GDP 대비 정부부채의 비율이 103%인 데 비하여 우리나라의 GDP 대비 정부부채의 비율은 37.9%이다. 이러한 점에서 볼 때, 우리나라의 건전한 정부부채비율에 비해 공공기관이 차지하는 부채의 규모는 상당히 크다고 할 수 있다.[5]

더욱이 문제가 되는 것은 우리나라 사회간접자본(Social Overhead Capital)을 담당하고 있는 공기업들의 부채비율이 급격하게 증가하고 있다는 점이다. 특히 〈표 1〉에서 보는 바와 같이 우리나라 경제에 미치는 영향이 큰 한국은행 자금순환표상의 42개 공기업의 부채는 최근 연평균 22.9%로 크게 증가하고 있고, 특히 2008년 이명박 정부의 집권 이후 48.1%로 가파르게 증가하고 있다.

〈표 1〉 공기업의 부채비율 추이

구 분	'06	'07	'08	'09	'10	'11	증가율	
							연평균	MB이후
부채비율	117.7%	137.2%	175.8%	212.0%	244.6%	329.5%	22.9%	48.1%

자료: 한국은행(2013)에서 정리.

4) 이 내용은 박진 외(2012)의 내용을 참고하여 정리하였음.

5) 2016년까지 GDP 대비 정부채무비율 목표를 30%로 잡고 있으나, 성장률 둔화, 복지수요 증대, 4대 공적연금 의무지출 증가, 국유재산 매각가치 하락 등으로 목표를 달성하는 것이 쉽지 않을 것으로 판단된다.

또한 이들 공기업 부채 중 상위 7개 공기업(LH, 한전, 도로, 가스, 수자원,[6] 석유, 철도)의 부채가 전체 공기업 부채의 95.5%를 차지하고 있으며, 본 연구 주제의 대상인 공공요금과 관련된 공공서비스를 제공하고 있는 한전, 가스공, 도로공, 철도공, 수공의 부채비중은 전체의 38.0%를 차지하고 있다.

〈표 2〉 공공요금 관련 공기업의 부채 점유비율

(2010년 기준)

구 분	한 전	도 공	가스공	철도공	수 공	5기관 합계
부채(조원)	33.4	22.9	19.0	9.7	8.0	93.0
점유비(%)	13.6	9.3	7.8	3.9	3.3	38.0

자료: 한국은행(2012)에서 정리.

그렇다면 이들 부채비중이 높은 공기업들 중 어느 기관이 가장 위험한가?[7]

일반적으로 언론에서는 앞에서 언급한 부채규모가 가장 큰 LH를 지목한다. 그러나 LH는 이자보상비율이 610%로 7대 공기업 중 가장 높다. 이는 현재 영업이익으로 부채를 갚아갈 능력이 있다는 것을 의미한다.[8]

이러한 재무지표에 따르면 실질적으로 부채규모는 LH보다 적지만 이자보상비율이 −212%인 한전이 가장 위험하다. 그리고 철도공사도 기타유동자산이익이 있어 매년 1조 4천억원 정도의 영업 이익을 내고 있지만 이것이 없을 경우에는 곧 적자로 돌아설 가능성이 있다. 그 외에도 도공, 가스공사, 수공 등이 위험군으로 분류되고 있는데 이들의 공통점은 그 수입원이 주로 공공요금에 의존하고 있는 공기업이라는 점이다. 이들 5개 공기업의 공공요금 원가회수율은 〈표 3〉에서 보는 바와 같이 평균 82.8%에 불과하다.

03

6) 수자원공사는 4대강, 아라뱃길, 용수 및 상수도 요금 동결이 부채증가의 직접적인 원인이다(J부사장, 2013. 3. 18).

7) 실질적으로는 자본 잠식 상태의 석탄공사(부채액: 1.4조)가 가장 위험하지만, 전체 공공기관 부채의 0.5%에 불과하다.

8) 이자보상비율(Interest coverage rate): 이자지급에 필요한 수익을 창출할 수 있는 능력을 측정하기 위한 지표로 일반적으로 높을수록 이자지급능력이 건전하다고 판단한다. 이자보상비율=영업이익/이자비용×100(최소 100% 이상 되어야 안전함).

〈표 3〉 공공요금 원가회수율 현황

(2011년 기준)

구 분	전 기	가 스	통행료	철 도	수 도	평 균
원가보상률	87.4%	87.2%	81.7%	76.2%	81.5%	82.8%

자료: 한전(2013).

공기업 부채가 발생한 일차적인 원인이 공기업의 방만한 경영에서 기인한다고 생각할 수도 있다. 그러나 실제로 공공요금과 관련된 공기업의 방만 경영의 주된 요인으로 지목되는 인건비나 경상경비의 비중은 전체 지출 예산 중에 차지하는 비율이 매우 낮다. 〈표 4〉에서 보는 바와 같이 한전의 경우 인건비의 비중은 3−4%, 경상경비의 비중은 1% 내외에 머물고 있어 아무리 이 부문을 절감한다고 하더라도 한계가 있을 수밖에 없다.

두 번째 원인으로는 무리한 사업 확대와 신규사업추진을 생각해 볼 수 있다.

〈표 4〉 한전 비용구조 추이

(단위: 조원)

구 분		'07	(비중)	'08	(비중)	'09	(비중)	'10	(비중)	'11	(비중)	누계	(비중)
원가 절감 곤란 비용	구입전력비	22.7	76%	29.1	81%	28.5	79%	34.5	83%	39.1	83%	153.8	81%
	감가상각비	1.9	6%	1.9	5%	2.0	6%	2.0	5%	2.5	5%	10.4	5%
	이 자 비 용	0.6	2%	0.8	2%	1.0	3%	1.1	3%	1.4	3%	4.9	3%
	인 건 비[1]	1.4	5%	1.5	4%	1.2	3%	1.5	3%	1.4	3%	7.0	4%
	법정비용등[2]	1.2	4%	0.8	2%	1.4	4%	0.8	2%	1.0	2%	5.2	3%
	소 계	27.8	93%	34.1	95%	34.2	95%	39.9	96%	45.4	96%	181.4	95%
원가 절감 대상 비용	사업성경비[3]	1.7	6%	1.6	5%	1.6	5%	1.6	4%	1.6	3%	8.2	4%
	경 상 경 비[4]	0.2	1%	0.2	1%	0.2	1%	0.2	0%	0.2	0%	1.0	1%
	소 계	1.9	7%	1.9	5%	1.9	5%	1.8	4%	1.8	4%	9.2	5%
총비용 합계		29.7	100%	36.0	100%	36.0	100%	41.7	100%	47.2	100%	190.6	100%
절 감 실 적		0.4		0.7		0.6		0.7		0.6		2.9	

1) 인건비: 정부의 공기업예산지침(기재부)상 임금가이드라인 준수(준수여부 정부평가반영).
2) 법정비용 등: 법인세비용, 법정공과금, 재해손실 등 회피 곤란 비용.
3) 사업성경비: 전력설비수선유지비, 검침위탁수수료, 연구개발비(R&D) 등.
4) 경상경비: 통신비, 전력수도료, 차량비 등.

자료: 한전(2007−2013)에서 발췌 정리.

그러나 사업성 경비 역시 연 4% 내외에 머물고 있어 더 이상 절감효과를 기대하기는 어려운 실정이다. 한전의 비용 예산 구조는 통제 불가능한 구입전력비, 감가상각비 등 경직성 비용이 총비용의 95%를 차지하고 있고, 원가절감 대상 비용이라 하더라도 89%가 수선유지비, 지급수수료 등 전력공급에 필수적인 경비로 구성되어 있다.

Ⅲ. 공공요금 결정의 합리성

1. 공공요금의 합리성

일반적으로 공공요금이란 '시장메커니즘에만 의존할 경우 공공목적이 달성되지 않는 서비스에 대하여 요금의 결정이나 조정에 중앙정부 및 지방정부 등이 관여하여 시장메커니즘의 보완적·대체적 결정을 하는 것'을 총칭한다(황영호·문영세, 2000).

합리성(rationality)이란 인간의 이성적 판단에 기초하여 일반 시장의 원칙[9]을 존중하고 비판에 귀를 기울이는 태도를 말한다. 합리성은 일반적으로 내용적 합리성과 절차적 합리성으로 구성된다(Popper, 1971).

내용적 합리성(substantive rationality)은 주어진 목표와 제약조건 하에서 목표 달성을 위한 최적의 수단을 선택하는 행위를 의미한다. 이러한 내용적 합리성을 중시하는 측면에서는 목표달성을 위한 최적대안의 제시에 초점을 맞추며, 대안의 탐색과정이나 구체적 선택과정은 선택된 최적대안의 중요성에 비하면 큰 의미가 없다고 본다(최종원, 1995). 즉, 내용적 합리성은 목표의 극대화에 기초를 둔 합리성으로 주어진 조건과 제약요인의 한계 안에서 주어진 목표의 성취에 적합한 행동을 수행하는 것을 의미한다. 시장경제론에서는 시장지향적 의사결정 방법을 합리적이라고 한다면 정치지향적 의사결정 방법을 비합리적이라고 한다.

반면에 절차적 합리성(procedural rationality)은 어떠한 선택기준을 사용하여 특정 대안을 선택하는가 등의 문제해결의 과정을 중요하게 본다. 정책결정에서의 절차적

9) 시장의 법칙이 적용되는 경우를 반드시 합리적이라고 하고 정치적 결정을 비합리적이라고 할 수는 없다. 경제적 합리성과 정치적 합리성이 함께 존재하는 경우가 있기 때문이다. 그러나 일반적으로 정부의 정책적 결정은 시장의 가격 메커니즘에 의한 결정보다는 비합리적인 결정이 이루어지기 쉽다는 의미이다.

합리성은 최선의 대안을 선택함으로써 제고되기보다는 당사자 간의 타협에 의해서 최선의 대안이 마련될 수 있다고 본다(정정길, 2001). 절차적 합리성이란 이해관계를 갖는 다양한 구성원들의 참여를 전제로 해야 하며, 이해관계자의 선택행위가 개방적이며, 선택과정에서 대안수정이나 변동은 오류수정의 차원에서 이해되어야 한다(박민정·최성락, 2009). 따라서 절차적 합리성을 분석할 수 있는 기준으로는 정책의 공개성, 자율성, 공정성, 협상·합의를 통해 불일치를 해결하는 게임규칙의 제도화 등이 있다(김창수·양기용, 2007).

2. 공공요금 합리성 분석틀

공공요금 결정에서 내용적 합리성은 공기업이 생산하는 서비스가 효율적인 방법으로 생산되고, 그 서비스는 부당한 차별 없이 지속적·안정적으로 배분되는 것을 말한다. 따라서 이러한 내용적 합리성을 달성하기 위해 공공요금은 공기업의 생산과 경영에 있어서 효율성과 공평성 그리고 공급의 안정성에 기여하여야 한다(이상철·권영주, 2012).

〈표 5〉 공공요금의 합리성 분석을 위한 분석틀

분석차원	분석기준	분석기준 설명	분석내용
내용적 합리성 (공공요금 수준)	기업성	재정적으로 자립할 수 있는가?	공공요금의 효율성
	공공성	공공서비스가 부당한 차별 없이 동일하게 공급되는가?	공공요금의 공평성
		공공서비스가 안정적으로 공급되는가?	공급의 안정성
절차적 합리성 (공공요금 결정 절차)	구체성	결정절차가 법적 · 규정적으로 얼마나 구체화되어 있는가?	공공요금 결정 기준 및 절차의 구체성
	준수성	결정절차를 관련자들이 얼마나 준수하고 있는가?	공공요금 결정 절차의 준수성
	비판성	결정된 공공요금에 문제가 발생했을 때 최단시간 안에 수정될 수 있는가?	공공요금 결정 절차의 환류가능성
	참여성	다양한 이해관계자의 공정한 참여기회가 제공되는가?	공공요금결정 절차의 참여성

자료: 이상철·권영주(2012)에서 수정.

절차적 합리성은 공기업의 서비스 생산이나 경영에 '① 결정절차가 법적·규정적으로 얼마나 구체화되어 있는가? ② 결정절차를 관련자들이 얼마나 준수하고 있는가? ③ 결정된 공공요금에 문제가 발생했을 때 최단시간 안에 수정될 수 있는가? ④ 다양한 이해관계자의 공정한 참여기회가 제공되는가?'로 요약할 수 있다. 이를 절차의 구체성, 준수성, 제도의 비판성, 참여성으로 정리할 수 있다(이상철·권영주, 2012).

이러한 공공요금 결정에 있어서 내용적 합리성과 절차적 합리성을 토대로 공공요금 결정구조의 합리성 분석을 위한 분석틀을 만든다면 〈표 5〉와 같이 구성할 수 있다. 따라서 이 글은 아래의 기본틀을 기준으로 합리성을 분석한다.

Ⅳ. 공공요금 수준의 합리성 분석

공공요금이 시장의 가격 메커니즘에 의해서 결정되는 것이 자연적·합리적이라고 한다면, 정부의 정책 수단을 달성하기 위하여 비합리적으로 결정되는 것을 인위적·정치적·정책적이라고 할 수 있다.

03

1. 공공요금 수준결정 원리

1) 한계원가주의

한계원가주의자들은 공기업이 생산하는 서비스도 궁극적으로 사기업이 생산하는 요금과 같이 시장 경쟁에 의한 한계원가를 기준으로 요금을 결정함으로써 자원의 효율적 배분을 가져올 수 있다고 주장한다(이상철, 2012).

P(가격) = MR(한계수익) = MC(한계비용)

2) 서비스 원가주의

서비스 원가주의를 주장하는 사람들은 공기업의 요금은 한계원가보다 제공하는 재화나 서비스에 대한 최소한의 생산 평균비용을 보상하는 것을 기준으로 하여야 한다고 주장한다. 공기업이 생산하는 서비스는 시장 규제자가 적정 이윤을 인정하고, 사기업이 주축을 이루고 있는 시장에서와 같은 한계비용에 의한 최대 이윤을 용인해서는 안 된다는 논리이다.

서비스 원가주의는 원가적산주의라고도 하는데, 흔히 공정보수(fair return) 방식이라고 한다. 공정보수 방식은 공기업에 투하된 진실하고 유효한 순자산인 요금기저(料金基底)에 대해 적정한 기회비용인 공정투자 보수율을 인정하는 것이다. 이 방식은 공기업이 운영하는 사업에 필요한 총영업비에 공정보수를 가산한 것을 기준으로 요금수입액을 결정한다.

총요금수입(R) = 총영업비(E) + [자산가치(V) − 감가상각충당금(D)] × 공정보수율(r)

3) 인센티브주의

인센티브주의는 총괄원가를 보상하는 공기업 요금 결정방식이 원가절감에 대한 유인이 부족하다는 단점과 과도한 규제에 따른 불확실성을 보완하기 위한 제도로 마련되었다. 공기업이 스스로 효율성을 제고하기 위한 노력으로 달성한 비용절감분의 일부를 공기업 수입으로 보장함으로써 경영효율 향상과 원가절감에 대한 유인을 제공하기 위한 제도이다. 인센티브주의의 가장 대표적인 방식은 가격상한방식(Price Cap)이고, 그 외에도 이윤공유방식(Sliding Scale), 비교평가규제방식(Yard Stick), 혁신·성과가격방식(Revenue using Incentives to deliver Innovation and Output: RIIO) 등이 있다(CEPA, 2010).

이들 중 대표적인 인센티브주의인 가격상한방식은 물가상승률과 효율개선 목표에 따라 규제주기 내에서 시스템적으로 요금을 조정한다. 통상 3−5년을 주기로 공기업의 최고가격을 규제함으로써 사업자인 공기업은 수익성 제고를 위해 자율적으로 비용절감 노력을 기울이도록 유도한다. 이 방식은 일반 물가 수준과 공급 요금을 연계시키는 역할을 하기도 한다(CEPA, 2009a).

요금 상한선 = 물가상승률(RPI: Retail Price Index) − 효율목표 개선율(X)

이윤공유방식은 목표수익 달성분을 고객과 공기업이 공유하는 방식이다. 허용 투자보수율을 사전에 설정하고, 실적이 허용기준을 초과하는 경우에는 초과분의 전부 또는 일부를 가격인하를 통하여 소비자에게 환원하고, 반대로 하한 이하의 손실이 발생할 경우에는 일정부분 요금인상으로 손실을 보전하는 방식을 말한다. 통상 투자보수율규제 또는 가격상한제와 함께 활용하는 혼합(Hybrid) 방식이다. 주로 가격상한제 도입초기에 요금변동의 불확실성을 완화하기 위해 병행하여 활용한다 (CEPA, 2009b).

비교평가방식은 다수사업자간의 성과비교를 통하여 사업자간의 간접경쟁을 유도하고 생산성 향상의 유인을 갖게 하는 제도이다. 유사 기업의 성과를 비교하여 보상과 불이익을 부여하게 되는데 동일 사업 내에 비교대상 기업이 많을 경우에 유용하다.10)

혁신·성과가격(RIIO) 방식은 기본적으로는 영국에서 20년간 적용해온 기존의 가격상한방식(RPI-X) 모델을 개선한 공공요금 결정 방식이다(Ofgem, 2010). 가장 큰 변화는 소비자 서비스 개선과 공기업의 근본적인 혁신을 유도할 수 있는 인센티브를 강조하고 있다는 점이다. 즉, 공기업에서 연구 및 혁신에 적극 참여하는 공기업에 더 많은 보상을 해 주도록 설계된 공공요금 결정 방식이다(Pollitt, 2009).

이러한 공공요금의 효율성을 확보하기 위해 그동안 다양한 요금결정방식이 고안되었는데, 이를 시대적 흐름에 따라 정리하면, 〈그림 2〉에서 보는 바와 같이 한계원가주의, 서비스원가주의(원가적산주의, 공정보수주의)와 가격상한제로 변화되어 왔으며, 최근 혁신과 성과를 위한 이윤공유제, 비교평가제, RIIO 등의 인센티브 방식

〈그림 2〉 공공요금책정방식의 변화

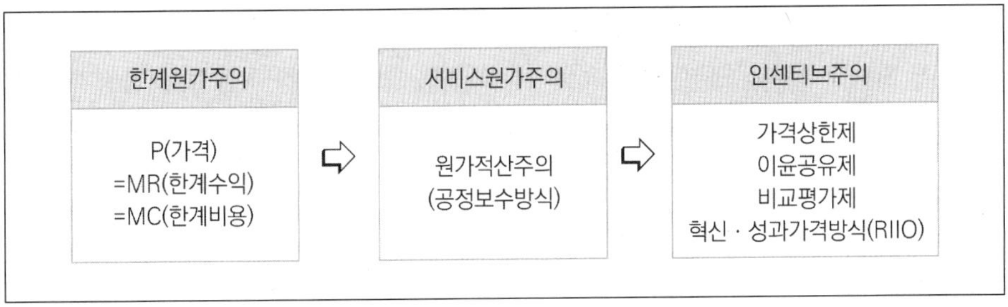

한계원가주의		서비스원가주의		인센티브주의
P(가격) =MR(한계수익) =MC(한계비용)	⇨	원가적산주의 (공정보수방식)	⇨	가격상한제 이윤공유제 비교평가제 혁신 · 성과가격방식(RIIO)

10) 지역별로 다수 전력회사가 있는 일본에서 활용되고 있다(Boait, 2009).

도 활용되고 있다.[11)]

2. 우리나라 공공요금 수준결정

우리나라에서는 공공요금을 〈표 6〉에서 보는 바와 같이 결정주체에 따라 중앙공공요금(11종)과 지방공공요금(11종)으로 구분하고 있다.

〈표 6〉 공공요금의 구분

요금결정주체		공공요금의 내용
중앙공공요금	산업통상자원부	전기요금, 도시가스요금 도매, 우편요금
	국토교통부	열차료, 시외버스요금, 고속버스요금, 도로통행료, 국제항공요금, 광역상수도 도매
	방송통신위원회	통신요금, 방송수신료
지방공공요금	지자체 직접운영	지하철료, 상수도료 소매, 하수도료, 쓰레기봉투료
	민간운영 또는 지자체 승인	도시가스료 소매, 시내버스료, 택시료, 정화조 청소료, 문화시설 입장료, 공연예술 관람료, 고교납입금

자료: 기획재정부(2010).

3. 5대 공공요금 수준결정

그중에서도 전기요금, 가스요금, 철도요금, 통행료, 상수도요금은 국가 경제에 미치는 영향이 크기 때문에 5대 공공요금이라고 하고 있다. 우리나라의 공공요금 수준결정의 법적인 체계는 「물가안정에 관한 법률」(제4조 제5항), 「동시행령」(제6조 제1항~5항), 기획재정부 훈령인 「공공요금 산정기준」, 해당 부처 「공공요금 산정기준」으로 구성되어 있다. 우리나라의 5대 공공요금은 다음과 같이 결정되고 있다.

11) 영국은 투자보수율규제에서 가격상한제(RPI-X)로 전환하였는데, 통신(1984), 가스(1986)에 우선 도입 후 1990년 전력산업에 적용하였다. 미국은 주별로 가격상한제, 슬라이딩스케일 등 여러 가지 인센티브규제를 병행하고 있다. 프랑스는 공익 소매요금에 물가상승률 이내 가격상한 규제를 적용하고 있으며, 호주는 송전, 배전 및 판매요금, 이탈리아는 송·배전요금에 대해 가격상한제를 적용하고 있다(Littlechild, 2009a).

1) 전기요금(한전)

전력요금은 〈표 7〉에서 보는 바와 같이 기획재정부 훈령인 공공요금 산정 기준에 의한 총괄원가를 보장하는 적정투자보수방식의 서비스 원가주의를 근간으로 연료비 연동의 인센티브제도를 일부 가미하고 있다. 즉 '총괄원가=적정원가+적정투자보수'를 원칙으로 하여 산업통상자원부 고시에 의한 '연료비조정요금'이라는 유인규제방식으로 결정되고 있다.

〈표 7〉 전기요금 산정기준 관련 법체계

물가안정에 관한 법률 (제4조 제5항)	공공요금 산정원칙, 기간, 방법 등을 대통령령으로 정하도록 함
▼	
물가안정에 관한 법률 시행령 (제6조 제1항~5항)	① 공공요금은 총괄원가 수준으로 결정 ② 총괄원가는 적정원가와 적정투자보수의 합으로 결정 ③ 1회계연도 원칙, 안정성·물가변동 등을 반영하여 신축적 조정 ④ 세부 산정기준은 기획재정부장관이 정함 ⑤ 각 주무부장관은 개별 공공요금 산정기준을 정함
▼	
공공요금 산정기준 (기재부 훈령)	① 총괄원가 보장 = 적정원가 + 적정투자보수 ② 개별 공공요금 산정기준은 소관부처장관이 작성
▼	
전기요금 산정기준 (산자부 고시)	① 요금수준: 총괄원가 보상 원칙, 유인규제 시행 가능 ② 요금체계: 기본요금 + 전력량요금 + 연료비조정요금 ③ 대상기간: 1회계연도 원칙 ④ 원가산정 회계자료: 한전+6개 발전자회사 ⑤ 총괄원가 산정 세부기준 정의

2) 천연가스요금(가스공사)

천연가스 도매요금은 〈그림 3〉에서 보는 바와 같이 천연가스 공급에 소요되는 총괄원가를 보상하는 수준에서 결정하고,[12] 소매요금은 도매요금에 도시가스회사 공급비용을 가산하여 산정한다.

12) 도매요금은 총괄원가를 판매량으로 나누어 단가를 산정한다.

〈그림 3〉 가스요금 구조

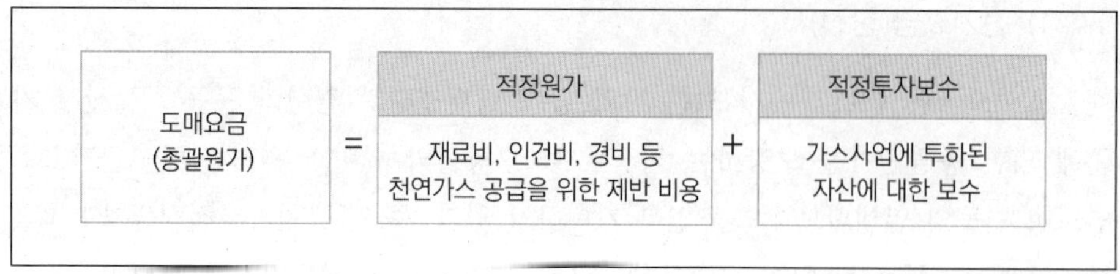

요금구조는 '공급비용(고정비) + 연료비 연동제'를 원칙으로 하고, 원료비는 유가와 환율에 따라 변동한다.[13)]

3) 철도요금(철도공사)

철도요금 산정방식은 〈그림 4〉에서 보는 바와 같이 기획재정부의 「공공요금 산정기준」과, 국토교통부의 「철도운임산정기준」에 의하여 철도운송 서비스를 제공하는 데 소요되는 '총괄원가 = 적정원가 + 적정투자보수' 보상수준에서 결정하되, 적정원가는 운송서비스 제공을 위하여 사용된 영업비용을 말하고, 적정투자보수는 운송서비스 제공을 위하여 투자된 자산에 대한 보수(운임기저 × 적정투자보수율)를 일컫는다.

〈그림 4〉 철도요금 구조

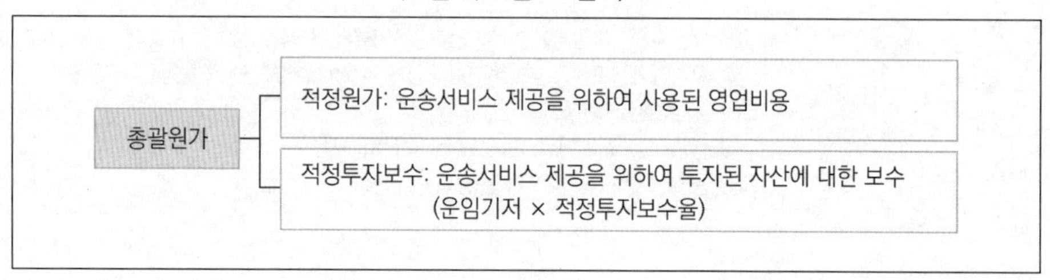

4) 고속도로통행료(도로공사)

고속도로통행료는 〈그림 5〉에서 보는 바와 같이 「공공요금산정기준」과 「고속

13) 「연료비연동제 시행지침」에 의거 도시가스용은 2개월(홀수월), 발전용은 1개월마다 산자부장관의 승인을 거쳐 조정하고, 고정비(총괄원가 - 재료비)는 당해 연도 예산 기준 1년에 1회 조정한다.

〈그림 5〉 고속도로 요금구조

총괄원가 = 적정원가 + 적정투자보수	적정원가: 인건비, 경비 등의 영업비용 + 영업외비용 (이자비용제외) + 법인세비용 – 영업외수익 적정투자보수: 교통서비스에 기여하고 있는 자산에 대한 적정한 보수

도로 통행요금 산정기준」에 의거 「유료도로법」상 건설유지비총액을 보전하는 총괄원가 범위 내에서 결정한다.

5) 광역상수도요금(수자원공사)

광역상수도요금(도매요금)은 〈그림 6〉에서 보는 바와 같이 「공공요금산정기준」 및 「수돗물요금 산정지침」에 의거하여 각 지방자치단체 및 기업체에게 광역상수도 수돗물을 공급하는 데 소요되는 총괄원가를 보상하는 수준에서 결정하고, 지방상수도요금(소매요금)은 광역상수도 요금에 각 지방자치단체의 공급비용을 합산하여 각 지방자치단체가 관리한다.

〈그림 6〉 상수도요금 구조

총괄원가 = 적정원가 + 적정투자보수	적정원가: 재료비, 인건비, 판매비와 일반관리비 등의 영업비용 + 법인세비용 적정투자보수: 수도사업에 투자된 자산에 대한 보수

4. 공공요금 수준결정의 문제점

우리나라의 공공요금은 전형적으로 원가적산주의에 의한 전통적인 공정보수방식에 의존하고 있다. 이는 당초 공공요금의 내용적 합리성인 공기업의 기업성과 공공성을 동시에 확보할 목적으로 제시되었다. '적정원가+적정투자보수'를 기초로 하는 공정보수방식에서는 정부의 의지에 따라 공공요금의 효율성과 공평성 및 공급의 안정성을 손쉽게 확보할 수 있기 때문이다. 그러나 공정보수방식을 근간으로 하는 서비스 원가주의는 적정투자보수율을 정부에서 정책적으로 결정하기 때문에 합리성이 떨어질 수밖에 없다. 또한 적정원가 산정에 있어서도 재료비나 연료비의 객관적인 변동분이 적절하게 연계되지 않는다. 일부 에너지 공기업에서는 연료비 연동제에 의한 보전 방안을 마련하고 있으나 에너지 가격이 물가에 미치는 영향 때문에 현실적으로 반영되지 않고 있다(가스공사, K 전무).

우리나라의 공공요금은 근본적으로 이것이 서민 물가에 미치는 영향이 크다고 판단되기 때문에 시장원리에 의한 합리성보다는 정부의 정치적 목적 달성을 위한 정책변수로 활용되고 있다. 사실상 공공요금이 소비자 물가에 미치는 영향은 〈표 8〉에서 보는 바와 같이 전기 20.8%, 가스 19.6%로 상당히 높은 편이다.

〈표 8〉 공공요금 1% 인상에 따른 소비자 물가영향

(2010기준)

품목명	휘발유	이동전화	전기료	도시가스	상수도	통행료	열차료
가중치*	28.7	26.7	20.8	19.6	5.8	1.4	1.4
소비자물가 영향(P)	0.0287%-	0.0267%-	0.0208%-	0.0196%-	0.0058%-	0.0014%-	0.0014%-

자료: 통계청(2010).

이러한 비합리적 공공요금 결정으로 인한 부작용은 심각하다. 전기요금을 사례로 그 문제점을 살펴보면 다음과 같다.

첫째, 공공요금이 수요 공급의 법칙에서 벗어나 정치적으로 결정됨으로써 과잉 소비로 인한 심각한 자원배분의 왜곡과 미래 수요에 대비한 적절한 투자가 이루어지지 못하고 있다. 전력요금의 경우 대체소비의 급증으로 국가적 에너지 소비의 비효율이 심화되기도 한다. 전기요금이 동결되면서 종전의 석유 및 가스 사용에서 가격이 저렴하고 사용이 편리한 전력으로 대체소비가 증가하고 있는 것이다.[14] 〈그림 7〉에서 보는 바와 같이 전기의 대체재인 등유의 경우 '02년 대비 '12년 가격

14) 주물공장 전기로, 컨테이너 크레인, 비닐하우스 난방, 전기전열기 등에서 대체소비가 심하게 이루어지고 있다. 요금을 통제함에 따른 재정부담은 민간시장의 적정 수급량을 축소시켜 해당 부분만큼 소비자잉여를 사라지게 하는데, 이를 조세의 초과부담(excess burden) 또는 사중손실(deadweight loss)이라고 한다(박정수, 2012b). 정부가 특정 계층 또는 사업에 과도한 지원 또는 보조금을 지급하면 자율적 시장 수급량을 초과하는 생산과 매출이 이루어지기 때문에 이는 사중손실을 발생하게 된다.

〈그림 7〉 에너지별 가격과 소비량 증감 추이

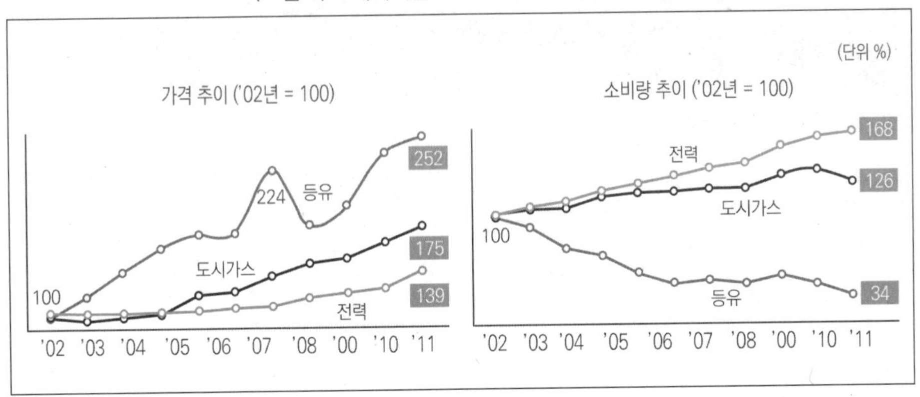

자료: 한전(2013).

이 152% 인상되었는데 소비량은 60% 이상 감소하였다. 반면에 전기요금은 정부가격 통제로 인하여 39% 인상에 그쳤으나 그 소비량은 68%나 급증하였다.

둘째, 전기가 2차의 고급에너지로 발전하는 과정에서 전환손실이 발생하고 있다. 국가 총에너지 소비가 증가하고 전기 생산을 위한 이들 연료를 대부분 수입에 의존함에 따라 60% 전환손실이 발생하고 있다.[15] 전환손실은 국가경제에 부담을 가중하고 있을 뿐만 아니라 CO_2배출 증가 등 환경적인 피해도 적지 않게 발생하고 있다. 에너지 소비습관의 관점에서 국민들의 에너지 절약의식 부족도 심각한 문제로 등장하고 있다. 대표적으로 '11년 9.15 순환정전 발생 후 전력수급 비상상황을 안내하고 절전을 호소했음에도 불구하고, 익일(9.16) 최대전력이 전날보다 오히려 증가하는 기현상을 나타내었다.[16]

셋째, 소득이 증가함에 따라, 냉난방 등에 고급에너지인 전기의 소비가 급증하는 것도 심각한 문제이다. 〈표 9〉에서 보는 바와 같이 '82년 이후 현재까지 일본은 1인당 GDP가 5배 증가할 때 전력소비량은 1.8배 증가한 데 비해 우리나라는 1인당 GDP가 13배 증가할 때 전력소비량은 약 11배 증가하여 무려 2배 이상의 차이

15) KDI에 따르면 전력으로의 대체소비에 따른 연간 국가적 손실은 1조원에 달하고 있다(한전, 2013). 유류난방은 20% 손실이 발생하는 반면에, 전기난방은 62% 손실이 발생하므로 동일한 효율을 내기 위해서는 다른 에너지에 비해 전기난방에 2배 이상의 연료 투입이 필요하다.

16) 최근 전력수급 위기상황에서도 절전 권장정책(실내온도 등)에 대한 실천이 미흡하고, 문을 열고 영업하는 위반사례도 다수 발생하고 있다(한전 J 부사장 면담, 2013. 3. 15).

〈표 9〉 1인당 GDP와 전력소비량 증가 추이

구 분	1인당 전력소비량(kWh)			1인당 GDP($)		
	'82년	'11년	증가(배)	'82년	'11년	증가(배)
한 국	963	10,236	10.6	1,800	23,749	13.2
일 본	4,405	7,946	1.8	8,947	45,774	5.1
프랑스	4,488	7,241	1.6	10,014	44,401	4.4
미 국	9,270	13,156	1.4	13,226	48,147	3.6
영 국	4,131	5,524	1.3	8,704	39,604	4.6

자료: 한전(2013).

를 보이고 있다.

우리나라는 전력과 다른 에너지의 요금 격차로 인하여 해외에서는 유례를 찾아보기 어려울 정도로 경제성장률보다 전력 소비증가율이 높은 산업구조로 전환되어 가고 있다.[17] 〈그림 8〉에서 보는 바와 같이 우리나라는 항상 경제성장률보다도 훨씬 높은 전력소비 증가율을 보이고 있다.

〈그림 8〉 경제성장률과 전력소비 증가율

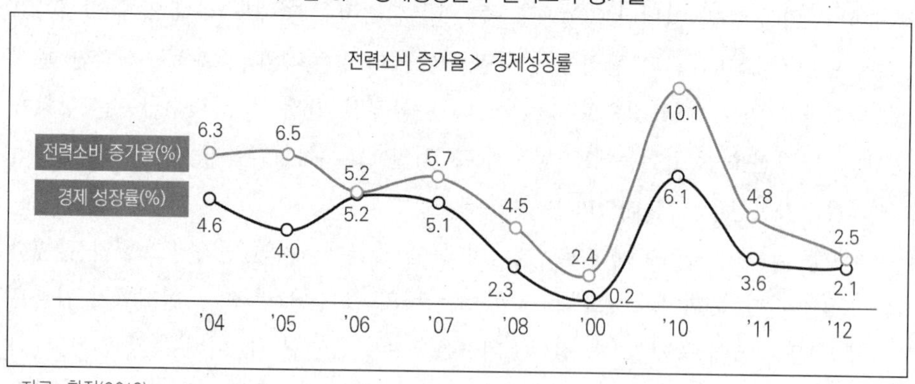

자료: 한전(2013).

넷째, '08년 이후 연속적인 적자를 시현하고 있는 한전의 부채규모 및 이자비용이 급증하고 있다. 점차 높아지고 있는 부채비율로 인한 신용등급의 강등은 자금

17) 농어촌을 중심으로 심야보일러가 급증하였으며, 농사용 난방도 면세유나 연탄에서 전기온풍기로 대거 교체되었다.

조달 비용이 크게 증가하는 직접적인 원인이 되고 있다.[18] 이로 인해 국제입찰사업의 사전적격심사(PQ) 기준의 하나인 재무능력 점수가 미달되어 입찰자격 제한 사례가 발생하기도 한다.[19]

다섯째, 국제연료가 상승 등 원가변동요인을 전기요금에 적기에 반영하지 못함으로써 전력사업이 부실화될 경우 이에 따른 전기요금 상승 요인은 미래세대의 부담으로 전가된다. 이는 공익사업에서 크게 문제가 되고 있는 역 A-J 효과를 초래할 가능성이 크다고 할 것이다.[20]

V. 공공요금 결정절차의 합리성 분석

1. 공공요금 결정절차

1) 전력요금(한전)

전력요금은 〈그림 9〉에서 보는 바와 같이 「전기사업법」(제16조)과 「물가안정에 관한 법률」(제4조) 및 「전기요금 산정기준」에 의거 '한전에서 이사회 의결을 거쳐 신청하고 산업통상자원부(전력진흥과)의 심사와 전기위원회의 심의를 거쳐 산업통상자원부 장관이 기획재정부(물가정책과) 장관과 협의하여 인가'하도록 되어 있다. 실제로 한전에서는 정부와 요금조정률에 대한 협의를 완료한 후에 상기절차를 진행하고, 비공식적으로 주무부처에서 당정 협의와 청와대에 보고하는 절차를 거치고 있다.

18) 한전은 Moody's 신용등급에서 '09년 A1에서 지금은 Baa2로 4단계 하락하였다. 지금은 정부와 관련 없는 독자적인 신용등급을 적용하고 있다.

19) 인니 발리 석탄화력과 이집트 다이루트 복합화력 입찰에서 최근 3개년('07 ~ '09) 순이익을 기준으로 재무능력을 평가, 2년('08 ~ '09) 연속 적자로 심사 탈락하였다(한전, 2013).

20) 공기업의 과잉 투자에 대한 우려는 허용수익률이 시장수익률보다 높을 때 나타난다. 공공요금 인상 등으로 인한 허용수익률이 높을 경우에 공기업은 과다한 자본을 사용할 유인을 가지게 되는데 이를 A-J효과(Averch-Johnson effect)라고 부른다. 반면에, 공공요금이 적정투자 보수율을 하회하는 수준에서 결정될 때에 역의 효과(결과)가 발생한다. 니바로(D. Navarro)는 1970년대 후반 이래 미국에서의 전력요금 상승이 생산비용 증가보다 늦어져서 허용투자 보수율과 시장수익률의 역전 현상이 나타났는데, 이를 역A-J효과(reverse A-J effect)라고 하였다. 가격이 이 재화의 적정한 기회비용을 반영하지 못하기 때문에 수요는 급격히 증가하는 데 비해 이에 상응할 만큼의 시설 증가와 적절한 유지 보수가 뒤따르지 못해 공급에 차질을 빚을 수 있음을 경고하는 용어이다(이상철, 2012).

〈그림 9〉 전력요금 결정절차

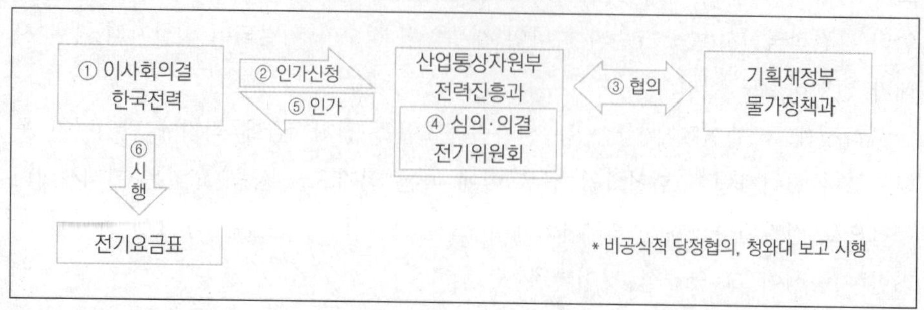

2) 천연가스요금(가스공사)

천연가스 도매공급 요금은 〈그림 10〉에서 보는 바와 같이 한국가스공사의 신청에 의하여 산업통상자원부 장관이 기획재정부 장관과 협의 후 승인하고, 소매공급 요금은 각 도시가스사에서 산정 후 해당지역 시/도지사가 승인한다.

〈그림 10〉 가스요금 결정절차

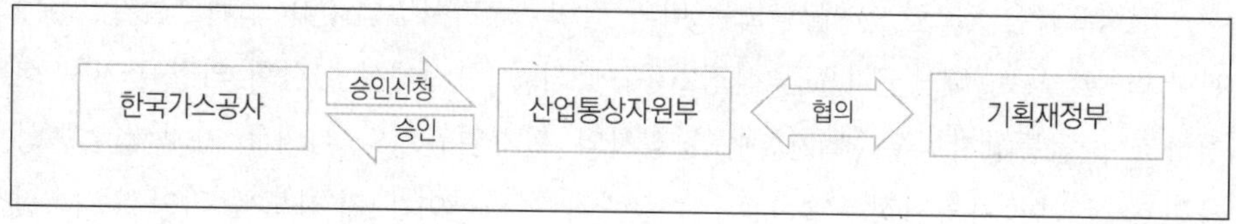

3) 철도요금(철도공사)

철도요금은 〈그림 11〉에서 보는 바와 같이 국토교통부 장관이 기획재정부 장관과 협의 후 철도운임 상한을 지정하고, 지정된 임률 범위 내에서 철도운임을 정하여 국토교통부에 신고한다.

〈그림 11〉 철도요금 결정절차

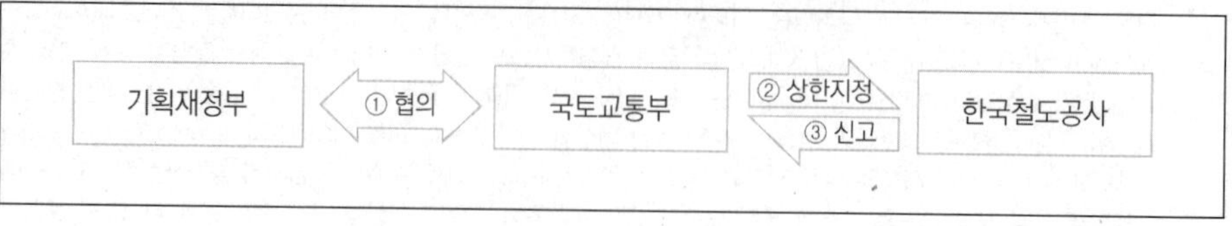

4) 고속도로통행료(도로공사)

고속도로통행료는 〈그림 12〉에서 보는 바와 같이 도로공사에서 산정한 요금을 기초로 국토교통부장관이 기획재정부장관과 협의 후 결정한다.

〈그림 12〉 고속도로요금 결정절차

5) 광역상수도요금(수자원공사)

상수도요금은 〈그림 13〉에서 보는 바와 같이 국토교통부 장관이 기획재정부 장관과 협의 후 물값심의위원회[21] 심의 후 승인한다.

〈그림 13〉 상수도요금 결정절차

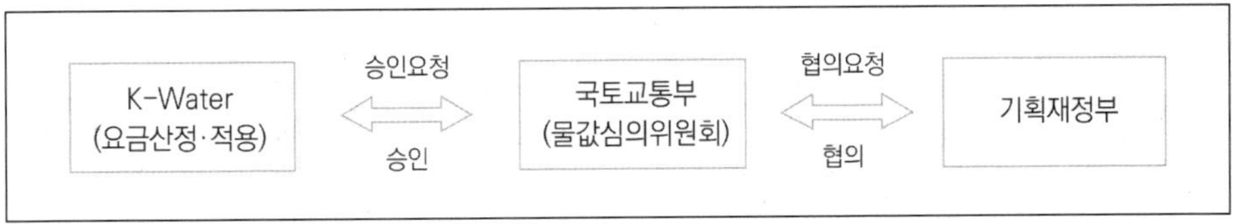

03

2. 공공요금 결정절차의 문제점

공공요금의 합리성 분석을 위한 분석틀에서 제시한 변수를 중심으로 공공요금 결정절차의 문제점을 살펴보면 다음과 같다.

첫째, 공공요금 결정 기준 및 절차의 구체성이 미흡하다. 「물가안정에 관한 법률」과(제4조 제5항) 「물가안정에 관한 법률 시행령」(제6조 제1항−5항)에서 구체적인 전기요금 조정절차 및 요금산정·적용기간·요금조정 시기 등을 정하도록 되어 있으

21) 물값심의위원회는 위원장 1명, 공급자 대표 2명, 수요자 대표 4명, 소비자단체 대표 2명, 물 전문가 6명으로 구성된다(총 15명).

〈표 10〉 공공요금 법규

구 분	내 용	현재 상황
법률(law)	공공서비스 내용·요건, 요금결정 주체 등	「물가안정에 관한 법률」 및 「시행령」
규정(rule)	공공서비스 분류기준, 가격결정 절차 및 기본원칙 제시 등	「공공요금 산정기준」
기준(guideline)	요금산정 방법에 대한 세부기준 제시 등	「전기요금 산정기준」 (세부기준 구체성 미흡)
지침(template)	가격산정 모델(엑셀시트 제공 등)	없 음

나 요금산정 세부기준의 구체성이 부족하여 힘 있는 정부부처에서 임의적으로 결정할 가능성이 높다. 이는 근본적으로 〈표 10〉에서 보는 바와 같이 「가격산정지침(template)」이 없기 때문이다.

둘째, 법률, 규정 및 기준이 있다고 하더라도 그 규제 원칙이 잘 지켜지지 않는 경우가 많다. 법률 및 공공요금 산정기준에 근거하여 작성된 공공요금 산정기준이 마련되어 있으나, 매번 요금조정시기마다 기획재정부와 협의(실질적으로는 합의)하도록 「물가안정에 관한 법률」에 규정되어 있기 때문에 요금조정 당시 물가 및 정치상황 등에 따라 임의적인 결정이 이루어지고 있다.

셋째, 전기요금 조정이 「산정기준」 따라 이루어지기보다는 오히려 조정절차가 끝난 후에 「산정기준」이 수정되는 경우가 있다.

넷째, 소비자 예측 가능성 즉 가격 시그널 기능이 작동하지 않고 있다. 일부 어렵게 만들어진 기준마저도 시행이 잘 되지 않아 소비자들이 소비에 대해 사전적으로 소비계획을 하는 것을 어렵게 하고 있다. 가령 에너지 요금의 연료비연동제 시행이 유보됨에 따라 이 분야의 공공요금 가격 시그널이 제 기능을 발휘하지 못하고 있다. 이러한 문제점은 무엇보다도 공공요금 산정기준 설정과 시행에 대한 소비자의 실질적인 참여와 소통이 부족하기 때문에 일어난다.

Ⅵ. 공공요금 수준 및 결정절차의 합리화 방안

1. 공공요금 수준의 합리화

우리나라의 공공요금은 당초 공기업의 기업성과 공익성을 동시에 보장하기 위하여 공공요금의 효율성과 공평성 및 공급의 안정성을 담보할 목적으로 공정보수주의에 기반을 둔 원가보상주의를 근간으로 하고 있다. 그러나 이 제도는 정부의 의지에 따라 요금 수준이 결정되는 시스템이기 때문에 공공요금은 늘 물가나 PSO (Public Service Obligation)[22]로 인해 희생되어 왔다. 이러한 비합리적인 공공요금 수준 결정으로 인하여 공기업은 높은 부채규모와 가파르게 증가하고 있는 부채비율로 어려움을 겪고 있다.

앞으로도 공정보수주의에 의한 공공요금이 결정되는 한 왜곡된 가격구조로 인한 문제점은 상존할 것이다. 정부의 규제 비용을 줄이고 공기업의 자발적 경영개선을 유도하기 위해서는 인센티브주의로 전환을 모색해 볼 필요가 있다. 정부의 공기업에 대한 편의적 통제를 최소화하고 공기업의 자발적인 생산성 향상의 인센티브를 제공할 수 있는 제도가 마련되어야 한다. 또한 비효율적 경영에 대한 의미 있는 제재를 가하기 위해서라도 인센티브 제도를 도입할 필요가 있다.[23] 그러므로 공정보수주의에서 인센티브주의로 나아가는 과정에서 그 실효성을 높이기 위해서 초기에는 공정보수주의와 이윤공유제 및 비교평가제 등을 병행하여 시행하고 나중에 가격상한제를 도입하는 등 단계적인 접근이 바람직할 것이다.[24]

또한 공공요금의 공적부담인 PSO를 합리화하여 공공요금과 관련된 공기업의 독립채산성과 회계적 책임성 시비에서 벗어나야 한다. 특히 정부의 복지사업으로 시행해야 할 약자에 대한 지원은 국가재정에서 부담함으로써 공기업의 부실 경영

03

---

22) PSO는 공익서비스의무라고 하는데, 노인 및 장애인 등 사회적 약자에게 공공요금을 면제 또는 할인해주는 것을 말한다.

23) 가격상한제도도 원가보상주의와 같이 정부에 의해 규제되지만 임의적인 정부의 의지보다는 물가와 같은 객관적인 기준에 의해서 결정되고, 규제기간을 3~5년으로 정해 놓고 그 틀 안에서 자동적으로 요금이 결정되기 때문에 정부의 정책적 개입 여지를 줄일 수 있다.

24) 엄밀한 의미에서 가격상한제에서도 가격상한 설정이라는 규제비용이 발생하고, 이에 따른 역 A-J효과가 발생할 수 있지만 정부에서 정책적으로 공정보수율을 책정해야 하는 공정보수주의와는 근본적인 차이가 있다.

으로 인한 경영책임을 명확히 물을 수 있다.[25)]

2. 공공요금 조정절차 합리화

첫째, 공공요금 산정기준 제정과 시행에 대한 관련 부서의 역할을 명확히 하여야 한다. 그러기 위해서는 공공요금 결정 주무부서(산업통상자원부, 국토교통부 등)의 요금결정 권한을 강화하여야 한다. 공공요금 산정기준 제·개정 시 물가관리 부서와 협의는 불가피하나 매번 요금조정시마다 물가당국의 합의를 요함에 따라 공공요금 결정의 합리성이 왜곡되고 있는 측면이 있다. 물가당국은 산정기준을 엄격히 제도화하는 책임을 지고 그 산정기준의 준수여부를 검증하는 역할을 강화하는 방향으로 나아가야 할 것이다.

둘째, 공공요금 규제기구의 독립성을 강화하여야 한다. 정치적 의사결정이 이루어질 수밖에 없는 공공요금의 결정구조를 독립적인 의사결정체계로 전환하는 것을 검토해 볼 필요가 있다. 요금결정을 제3의 독립기관에 맡기는 방안이 그것인데, 현행 심의기구로 되어 있는 전기위원회에서 실질적인 역할을 할 수 있도록 법적장

〈그림 14〉 미국 전력요금 결정절차

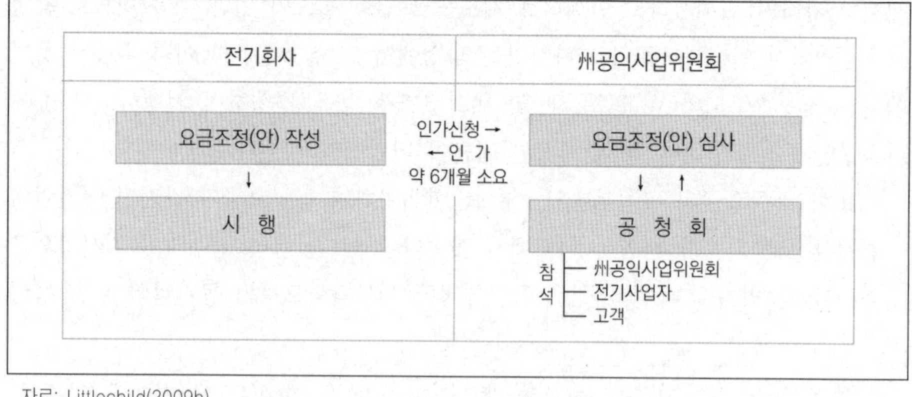

자료: Littlechild(2009b).

---

25) 국토교통부는 「철도산업발전기본법」 및 「동시행령」 일부 개정안을 마련하였다. 「시행령」은 그동안 국토부에서 지급했던 노약자 운임감면 등 공익서비스(PSO) 비용을 「노인복지법」에 따른 운임감면액은 보건복지부, 국가유공자의 운임 감면액은 국가보훈처에서 각각 부담하는 등 비용부담 주체를 명시했다. 그러나 보건복지부와 국가보훈처 등 해당 부처는 "국토부의 지출 절감을 위한 떠넘기기"라며 강력 반발하고 있다(한국일보, 2013).

치를 마련하는 방안을 검토해 볼 필요가 있다. 대부분의 선진국에서는 공공요금은 정치적 영향을 받을 수 있다는 우려 때문에 별도의 전문적이고 객관적인 기관에서 독립적으로 결정하고 있다(조성봉, 2013; Littlechild, 2009b). 미국에서는 〈그림 14〉에서 보는 바와 같이 州공익사업위원회(PUC ; Public Utility Commission)에서 규제하고 있다.

셋째, 「공공요금 산정기준」의 법적인 구속력을 강화하여 강행 규정화할 필요가 있다. 요금산정 방법을 구체화하여 요금산정 기간·시행시기·정부인가 신청 및 인가 일정 등을 명시하여야 한다. 또한 공공요금과 관련된 계정과목까지 명시한 템플릿을 제공하고 이를 반드시 준수하는 의무를 부여할 필요가 있다.

넷째, 공공요금 조정 절차의 투명성을 제고하여야 한다. 공공요금 결정 과정에 소비자단체, 기업인, 학계 등 각계 전문가뿐만 아니라 소비자가 참여하는 공청회 등 소통채널을 확보하여야 한다. 미국과 일본 등의 전기요금 심사절차는 전기사업자가 제출한 요금조정(안)의 오류 여부를 전문가 심의 및 공청회 등을 통해 엄격하게 검토하고 그 결과 문제가 없을 경우 인가하는 경우가 대부분이다. 일본의 경우 경제산업성의 검토와 물가안정정책회의 후에 경제산업성 인가로 공공요금이 결정되는 등 우리나라와 비슷한 절차를 거치고 있으나 공청회에서 소비자의 의견을 최대한 반영하고자 노력하고 있다.

〈그림 15〉 일본 전력요금 결정절차

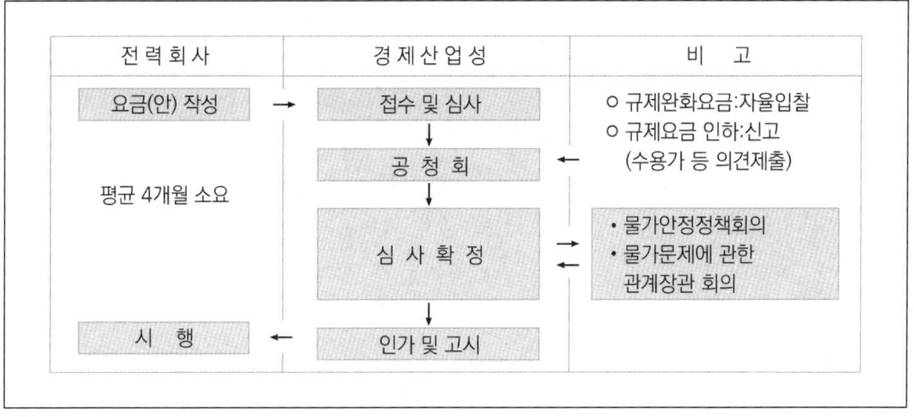

자료: 한전(2013).

Ⅶ. 결　　론

본 연구는 공기업이 생산하는 서비스에 대한 공공요금 수준 결정과 절차를 내용적 합리성과 절차적 합리성 측면에서 살펴보았다.

먼저 공공요금의 내용적 합리성 측면에서 본다면 우리나라에서 전통적으로 공기업 요금 결정에 적용해 온 공정보수 방식은 사회적 기초자본이 부족했던 경제성장기에는 선택적으로 필요한 분야에 자본을 집중할 수 있도록 함으로써 국가 기초자본 형성에 적지 않은 기여를 하였다. 즉 정부에서는 공정보수율이라는 정책변수의 조정을 통하여 필요한 분야에 집중적인 투자를 가능케 하였다. 그러나 최근에는 공공요금이 일반 물가에 미치는 영향만을 고려하여 오직 물가 안정 수단으로 적정한 공정보수율을 설계함으로써 많은 부작용을 낳고 있다. 원가회수율에 크게 미치지 못하는 공공요금 수준은 공기업의 가파른 부채규모와 부채비율의 증가를 가져오고, 이는 공기업의 적정 투자를 가로 막는 역A-J 효과를 야기하여 궁극적으로 미래세대로 부담을 전가하고 있다. 합리성을 벗어난 공공요금에 대한 정치적 통제는 적정 수급량을 축소시켜 해당 부분만큼 소비자잉여가 사라져 사중손실(deadweight loss)을 발생케 하고, 잘못된 에너지의 소비습관을 조장하고 있다.

공기업 요금 결정 절차의 합리화 측면에서도 많은 개선이 있어야 할 것이다. 물가관리 부서는 합리적인 공공요금 산정 기준 마련에 더 많은 노력을 기울이고, 확정된 기준에 따른 공공요금 조정은 전문성 있는 제3의 규제기관이 더 많은 역할을 할 수 있도록 하여야 한다. 또한 공공요금결정 과정에 공기업 이해관계자가 참여하는 공청회 등 실효성 있는 소통채널을 확보하여야 한다. 사회적 약자를 위한 공기업의 지원(PSO)은 공기업의 요금 조정이 아닌 주무부처의 예산지원을 통하여 투명하게 이루어지게 함으로써 정부와 공기업의 회계적 책임을 명확하게 구분할 필요가 있다.

이러한 공공요금의 수준과 절차적 합리성을 확보하기 위해서는 공기업의 선제적인 경영개선 노력이 전제되어야 한다. 여기서 언급된 제도적 개선방안은 국민들의 공기업에 대한 신뢰를 바탕으로 국민들의 충분한 이해와 협조가 있을 때 이루어질 수 있는 것이기 때문이다.

□ 참고문헌

기획재정부. (2005). 「공공요금 산정기준」.

기획재정부. (2010). 「공공요금 구분 내부자료」.

김종구. (2009). 지역산업연관모형에 의한 공공요금 인상의 지역물가 파급효과 분석. 「산업경제연구」, 22(2): 939-958.

김창수·양기용. (2007). 절차적 합리성의 성과와 함정: 환경갈등사례의 비교분석. 「한국사회와 행정연구」, 18(3): 61-92.

문영세. (2000). 공공요금 책정방식이 공익기업의 경영합리화에 미치는 영향: 서울시 상수도요금을 중심으로. 「한국지방자치학회보」, 12(1): 91-107.

박두호·김상문. (2007). 상수도 요금의 경제적 당위성. 대한상수도학회·한국물환경학회 공동 추계학술발표회 논문집.

박민정·최성락. (2009). 주민참여 예산제도의 절차적 합리성 분석. 「한국정책과학학회보」, 13(1): 123-143.

박순애. (2013). 공공기관의 부채문제, 묘책은 없다. 「전문가의 눈」. 서울: 한국조세연구원.

박정수. (2008). 서울시 도시철도 운영비용 함수모형 개발. 「서울도시연구」, 9(2): 83-94.

박정수. (2012a). 공기업 부채, 무엇이 문제이고 어떻게 해결할 것인가?. 「공공기관과 국가정책」. 서울: 한국조세연구원.

박정수. (2012b). 공기업 부채에 대한 소고. 「한국행정포럼」, 138호.

박진 외. (2012). 공공기관 부채의 잠재적 위험성 분석과 대응방안. 한국조세연구원.

신진영. (2004). 공기업 지배구조: 이사회를 중심으로. 「정책 & 지식」, 서울대학교 행정대학원.

여정성·최현자. (2001). 공공요금 관련 소비자문제와 공공요금결정과정에서의 소비자복지증진방안. 「한국가정관리학회지」, 19(6): 19-33.

이상철·권영주. (2012). 지방공공교통요금 결정구조의 합리성 연구.「한국지방자치학회보」, 38(5): 1-22.

이상철. (2012). 「개정 한국공기업의 이해」, 서울: 대영문화사.

이호용. (2009). 공공요금의 규제와 한계에 관한 법정책적 연구. 「법학연구」, 50(2): 173-202.

정군오·임응순. (2009). 공공요금의 물가파급효과 분석. 「재정정책논집」, 11(3): 235-252.

정정길. (2001). 「정책학원론」, 서울: 대명출판사.

조성봉. (2013). 베토벤의 꿈은 아직도 유효한가. 「전문가의 눈」, 서울: 한국조세연구원.

조택. (2006). 공공요금 결정과정과 시민참여: 한국과 미국의 비교사례분석. 「한국정책학회보」, 15(4): 167-187.

최종원. (1995). 합리성과 정책연구. 「한국정책학회보」, 4(2): 131-160.

통계청. (2012). 「품목별 소비자물가 가중치」.

한국은행. (2010-2013). 「경제통계시스템」.

한국일보. (2013). 세출 절감, 노인 무임승차로 불똥 튀나. 1. 10.

한전. (2007-2013). 「예산서」.

한전. (2013). 「한전미래영업전망 내부자료」.

헤럴드경제. (2013). 하남현 기자의 지방공기업 부채 분석. 2. 27.

황영호·문영세. (2000). 공익기업의 효율화 및 국민경제발전을 도모하기 위한 공공요금에 관한 정책적 연구. 「한국사회와 행정연구」, 11(1): 293-309.

Boait, P. (2009). Energy Services Companies-their benefits and implications for regulation and the consumer.

CEPA. (2009a). The use of RPI-X by other network industry regulators.

CEPA. (2009b). New Zealand Gas Industry Regulation-lessons for energy.

CEPA. (2010). Providing financeability in a future regulatory framework.

Littlechild, S. (2009a). Consumer involvement, ex post regulation and customer appeal mechanisms, response to consultant and contribution documents.

Littlechild, S. (2009b). Australian airport regulation, response to LECG paper on the case for ex post regulation of energy networks.

Meier, K. J. (1985). Regulation: Politics, Bureaucracy and Economics. New York: St. Martin's Press.

Ofgem. (2010). Handbook for implementing the RIIO model.

Pollitt, M. (2009). Does Electricity (and Heat) Network Regulation have anything to learn from Fixed Line Telecoms Regulation?

Popper, K. R. (1971). The Open Society and Its Enemies, Ⅱ. Princeton University Press.

제4편 개혁 사례

제12장 민영화 전략과 철도산업 구조개혁: 독일·프랑스·영국의 비교*

박 석 희

04

Ⅰ. 민영화 시대?

1990년대 이후 한국에서도 민영화[1]와 통폐합 등의 공기업 구조개혁 논의가 제기되어 왔다. 공기업은 대리인 문제, 비합리적 지배구조문제, 연성 예산제약 문제 등으로 인해 비효율성을 내포하고 있다고 논의되었고, 이로 인해 특히 공기업 구조개혁의 핵심은 민영화에 있다는 주장이 많이 제기되었다(윤성식, 2005: 426). 공기업 운영상 비효율성의 근거로 출연·출자·보조 등 과도한 각종 정부 지원, 부채규모 및 자산대비 부채율, 직원규모, 매출액 대비 인건비 혹은 관리운영비의 과다한 비중 등이 거론되어 왔다. 그러나 민영화가 필연적으로 이를 해결하기 위한 정답이라고 할 수는 없으며, 대다수 국가들에서 공기업의 비중이 여전히 높은 수준이라는 점에서 민영화를 통한 공기업 구조개혁은 신중한 접근이 요구된다. 공기업은 본질적으로 정책목적 달성을 위한 도구적 역할을 수행하므로 이러한 문제를 공기업 민영화의 당위적 논거로 보기에는 한계가 있다. 따라서 공기업 구조개혁에 있어 한 국가의 경제·사회적 특성, 산업분야별 제반 여건, 개별 공기업의 기능과 특성 등에 대한 다각적인 검토를 통한 차별적 접근이 필요하다(유승민 외, 1996).

외국의 경험을 보더라도 지난 30년 간 많은 국가들에서 공기업 민영화가 추진

* 본 원고는 저자의 2008년, 2011년, 2013년 원고를 기반으로 재구성한 것이며, 서울대 행정대학원 정책지식센터의 '정책&지식' 포럼(제670회)에서의 발표문을 보완한 것이다.

1) 민영화를 넓게 정의하면 비시장체제 하의 자원배분활동을 시장체제에 의한 자원배분활동으로 전환하는 것으로 볼 수 있으며 이 경우 지분매각 외에 경쟁체제 도입을 의미하는 자유화까지 포함된다(곽채기, 2007).

되었지만 각국은 시장여건과 민영화 대상에 따라 다양한 접근방식과 전략을 보여왔다(OECD, 2003). 가령 공기업의 부실이 크고 공기업에 의한 공공성 유지보다는 시장의 경쟁가능성이 크고 효율이 기대될 때는 소유권 이전방식이 사용되었다. 반면 청소, 공원관리 등 공공성이 큰 정부 업무에는 민간위탁 등 기능이양 방식이 사용되었다. 또한 민영화 방식 외에도 공기업 내부구조 혁신이나 공기업 통합 및 분할, 지방자치단체에 대한 매각 등 광범위한 공기업 효율화 방식이 동원되었다. 뿐만 아니라 민영화 이후에도 시장경쟁 확보를 위한 규제체계 재정립 등 정부역할은 더욱 강화되었다(이희봉, 2008).

특히 독일, 프랑스, 영국의 사례를 보면 민영화 목적, 대상과 범위, 방식 등에 있어 차별성이 있다. 독일은 1950년대부터 프러시아의 광산과 철강산업, 베바(VEBA: Vereinigte Elektrizitatu Bergwerks AG)[2]와 폭스바겐(Volkswagen)의 일부 지주회사를 민영화하였으나 민영화가 본격화된 1980년대에는 이로 인해 공공이익이 크게 영향을 받지 않는 분야를 중심으로 제한적으로 추진하였고, 주정부(Länder)와 시정부는 민영화의 제약요인으로 작용하기도 하였다. 한편 1980년대 보수당 시라크 정부 하의 프랑스도 영국의 민영화에 영향을 받아 공기업 구조개혁 및 효율화 방안을 광범위하게 추진하였으나 민간기업과의 관계에서 경쟁력 제고를 통한 공기업 효율화 및 경쟁적 시장형성에 보다 초점을 두었다. 영국의 경우 기간산업은 물론 제조업, 금융업, 서비스업 등 민영화를 광범위하게 추진했지만 경영효율화 이외에 매각수입 확보, 사회복지지출 감축, 노동당 견제 등 비경제적 목적도 영향을 미친 것으로 평가된다(Denkhauk and Schneider, 1997; Graham and Prosser, 1992; Grahovac, 2004; Spulber, 2006).

이러한 차별성은 각국의 철도산업 구조개혁 과정에서 보다 명확히 나타났다. 국유철도의 만성적 적자, 이에 따른 과도한 정부지원은 구조개혁의 공통적인 배경으로 작용하였다. 하지만 이에 대한 대응방식은 국가마다 차별성을 보였다. 독일은 연방철도를 독일철도공사(DBAG: Deutsche Bundesbahn AG) 아래 5개 사업분야별로 분리하되 공기업 체제를 유지하면서 일부 노선을 지역화하였다. 프랑스는 민간과 정부가 공동 참여하는 복합경제주식회사 형태인 국영철도회사(SNCF: Société nationale des chemins de fer français)를 운영하면서(설립 당시 정부 지분 51%) 고속철도 등을 통해 수

2) 합동전기광업주식회사로서 프러시아시대에 14개 대기업들을 통합하여 설립한 대규모 공기업이었다.

송시장에서 국영철도의 경쟁력을 강화하고, 공기업체제를 유지하는 가운데 운영효율성을 제고하는 데 역점을 두었다. 반면, 영국은 초기에는 인프라와 운영부문 상하 분리를 통해 인프라는 1개의 독점기업에게, 운영은 소규모의 다수 회사들에 매각하는 방식의 구조개혁을 실시하였으나, 이로 인한 문제들이 심화됨에 따라 2000년대 들어 철도산업에서 정부의 역할을 다시 강화하는 방향으로 철도정책을 전환하였다.

우리나라의 경우에도 1980년대 이후 부분적으로 민영화가 단행되었으며, 재정·경제적 여건, 집권세력의 정치적 목표, 공기업의 국민경제적 역할에 대한 인식 등에 따라 민영화계획이 때로는 광범위하게 수립되기도 하였다. 그렇지만 계획에 비해 민영화는 대부분 제한적으로 시행되었고, 특히 전력, 철도, 우정 등 제 분야에서 공기업 구조개혁은 많은 경제적·정치적·사회적 논란 속에서 다양한 논의들이 대립적으로 혹은 경쟁적으로 제기되어 왔다. 이러한 배경에서 공기업 민영화 전략의 유형화를 통한 시사점을 도출하기 위해 독일, 프랑스, 영국의 민영화 전략을 비교하고, 철도산업에 있어 각국의 구조개혁 동향을 분석한다. 이를 통해 민영화 논의의 강점과 한계점에 대해 통찰하고, 공기업 구조개혁에 대한 정책적 시사점을 논의한다.

Ⅱ. 민영화에 대한 접근시각의 재정립

1. 공기업 민영화의 보편성과 특수성

1950년대 이후 공기업을 통해 국가의 기업가적 역할과 공적 영역을 확대해 오던 기조 속에서 1980년대 이후에는 세계적으로 민영화 흐름이 등장하였다. 특히 1990년대 중반 이후 많은 OECD 국가들에서 정부부채 감축과 지출 통제, 정부의 경제적 역할의 변화, 공기업의 생산성 제고를 목적으로 민영화가 확산되었다 (OECD, 2003). 이에 더해 자연독점산업에서의 기술변화, 금융시장의 글로벌화에 따른 민간의 공기업 소유규제 완화 요구 등이 민영화 논의를 가속화하였고, 주요국들에서 보수정권의 등장은 민영화의 정치적 동력을 증강시키는 역할을 하였다. 특히 세계경제의 의존성 확대, 행정체제의 지구적 확산, 보편적 행정구조의 개발과 적용은 민영화 논의의 보편성을 증가시켜 왔고, 많은 국가들에서 전통적으로 공적 영역으로 분류되었던 산업영역을 대상으로 민영화 논의가 확산되어 왔다(Cook and Kirkpatrick, 1988).

그러나 현실적으로 민영화정책의 실행에 있어서는 산업별 그리고 국가별로 특수성을 보여 왔다. 특히 각국의 정책을 보면 민영화는 국유화와 순환적 과정을 보이거나(Lane, 1985; Sørensen, 2004), 중요성 및 긴급성에 따라 제한적으로 또한 다양한 방식을 통해 추진되어 왔다(Grahovac, 2004; Spulber, 2006). 이로 인해 주요국들의 경우 현재 많은 산업영역에서 공기업은 시장실패문제에 대처하고 공익적 기능을 수행하기 위한 정책도구로서의 역할을 지속하고 있다(OECD, 2003). 특히 민영화가 활발했던 것으로 평가받는 영국도 2000년대 들어 많은 영역에서 정부의 경제적 역할을 강화하는 조치를 실시하였고, 독일과 프랑스에서는 민영화에 대한 많은 정치적 선전에도 불구하고, 이는 제반 사회적·법적 조건들에 의해 제약되어 왔다(Bauer, 1988; Denkhauk and Schneider, 1997; Graham and Prosser, 1992). 대신 2000년대 중반 이후 주요국들은 공기업에 대한 소유권기능 강화를 통해 공기업의 이윤목표와 정책목표가 균형적으로 달성될 수 있도록 소유·지배구조를 개선하는데 초점을 맞추고 있다(OECD, 2005, 2011; 박석희, 2013). 프랑스의 공기업관리청(APE), 영국의 공기업실(SE) 등이 합리적인 공기업 소유·지배구조 구축을 위한 제도개혁의 산물이라고 할 수 있고, 독일의 경우도 독립적 소유권기구는 설립되지 않았지만 공기업 지배구조규범 등을 통해 공기업 소유·지배구조 개혁에 집중하고 있다.

더욱이 각국의 동향을 보면 민영화는 경제적 관점, 행정적 관점, 정치적 관점 등 다양한 차원에서 이해될 수 있다(Feigenbaum, 1982). 첫째, 경제적 관점은 포획이론, 공공선택론, 재산권이론 등에 입각한 것으로 민영화에 있어 가장 보편적인 시각이다. 이는 공공부문의 과도한 팽창이 지속가능한 경제성장을 제한한다고 보고, 시장을 중심으로 한 자원의 합리적 배분을 주장한다. 따라서 민영화를 소유권, 경쟁, 편익과 가격의 연계 등의 개념을 통해 설명하게 된다. 둘째, 행정적 관점은 민영화를 보다 효과적인 정부를 구축하고자 하는 관료집단에 의해 주도된 실용적·도구적 선택으로 이해한다. 관료들은 공익추구자로서 정책목표를 달성하기 위해 민간위탁, 바우처, 자산매각, 규제완화, 사용자 부담금 등의 다양한 도구를 선택하는 것으로 본다. 그리고 관료집단이 선택하는 서로 다른 민영화 도구 혹은 그 조합들의 효과적인 작동조건들을 파악하고자 한다. 셋째, 정치적 관점에서는 이를 권력의 재배분을 목표로 하는 이념, 행위자, 제도, 이해관계 간의 상호작용과정 및 그 산물로 이해한다. 따라서 민영화 논의에 있어 민주주의의 정당성 위기, 거시경제적인 변화에 대응하는 정치적 행위자, 정부능력, 정치·경제적 이익집단의 지지 등을 강조한다.

요컨대 민영화가 그동안 보편적 의제로 확산되면서 많은 국가들이 유사한 배경 하에서 이를 추진해 왔지만 민영화는 각국의 재정·경제적 환경, 법적·정치적 여건, 역사적 맥락 등에 따라 국가별 및 산업별로 차별성을 보여주고 있다(von Weizsacker et al., 2005). 특히 1980년대 이후 민영화가 주로 경제적·재정적 목적 하에서 추진되었다고 하더라도 각국은 이를 여러 동기들의 다양한 조합 속에서 설계·추진해 왔다.

2. 민영화 접근방법의 재정립

주요국들의 동향을 보면 1980년대 이후 정치적·이데올로기적 목적보다 재정적·경제적 목적 하에서 본격적으로 민영화가 추진되었다. 가령 정부 중심의 국정운영전통이 강한 독일과 프랑스에서는 과거 민영화는 주로 정치적 목적 하에서 부분적으로 시행되었으나 1980년대 이후 지속적 경기 침체에 따른 공공지출의 비대화와 비효율성에 대한 비판으로 자원배분의 효율화, 정부지출 감축, 재정수입 확보 등을 목적으로 민영화가 추진되었다. 민영화의 이러한 목적들은 영국의 경우에 보다 두드러지게 제시되어 왔다. 그런데 경제적·재정적 목적이 강조됨에 따라 역설적으로 민영화 방식에 있어서는 국가별 경제·사회적 여건, 산업의 특성 등을 고려한 유연하고 다양한 전략이 채택되었다. 경제적·재정적 배경 하에서도 민영화의 구체적인 목적은 국가마다 상이하였기 때문이다. 특히 여러 국가들에서 공기업 지분매각 이외에 진정한 시장화, 규제체계 재정립 등 다양한 공기업 개혁전략들이 병렬적 혹은 우선적으로 추진되었다.

물론 국가들 간에 유사점들도 발견된다. 가령 영국과 프랑스 간에는 규제체계 개편을 포함한 민영화방식의 전반적 차이에도 불구하고 서비스 시장화개념을 공통적으로 강조했고, 영국과 독일 간에는 비경쟁부문에 대한 대응방식의 차이가 있었지만 경쟁부문에 대해서는 민영화나 구조개혁을 보다 적극적으로 추진한 점이 유사하다. 프랑스와 독일 간에는 서비스 시장화에 대한 차이에도 불구하고 비경쟁부문에 대한 민영화가 제한적이었을 뿐만 아니라 규제체계 개편 내지 소유·지배구조 합리화를 통해 공기업의 경영준칙을 확립하고자 했다는 공통점이 있다.

그러나 많은 부분 차이점이 있다. 먼저 경쟁부문의 경우 지분매각을 중심으로 민영화를 광범위하게 추진하거나(영국), 이를 일부 산업분야(금융, 상공업분야 등)에서 제한적으로 실시하거나(독일), 자산매각보다는 시장화를 통한 경쟁체계 구축에 주력한 경우가 있다(프랑스). 다음 비경쟁부문(철도, 전력 등)의 경우에도 많은 국가들이 기본적으로 공기업의 일정한 역할을 유지하는 가운데, 지분매각 이외에 구조개혁에 보다 중점을 둔 경우가 있고(독일), 시장화에 역점을 둔 경우가 있으며(프랑스), 민영화 이후에 정부의 역할을 다시 강화한 경우가 있다(영국). 이러한 차별성은 근본적으로 민영화의 구체적인 배경과 목적의 차이에 기인한다. 각국은 재정지출 감축을 통한 공공부문 효율화를 민영화의 공통적 배경으로 표방하였다. 하지만 구체적으로는 경쟁체제 구축, 서비스 시장화를 통한 공기업의 경쟁력 강화, 이를 통한 공공부문 효율화가 강조되기도 하였고(프랑스), 공기업 구조개혁을 통한 관리체계 개편 및 지배구조의 합리화, 이를 통한 공공부문 효율화가 강조되기도 하였으며(독일), 지분매각을 통한 경쟁체제의 구축과 서비스 시장화, 이를 통한 정부지출 감축, 재정수입 확보 및 공공부문 효율화를 강조하기도 하였다(영국).

민영화 전략의 차별성을 이해하기 위해 각국의 동향을 토대로 이를 서비스지향과 규제체계 개편방식의 두 가지 기준을 토대로 재정립할 필요가 있다. 〈표 1〉은 이 기준에 따른 유형화로서 유형별로 민영화의 목적, 범위와 강도, 방식 등이 차이를 보이게 된다. A형은 '지진형 민영화'로서 민영화가 여러 산업분야에 걸쳐 광범위하게 추진되지만 서비스 시장화 이후 규제체계가 더 복잡해져 해당 산업에서 시장왜곡을 초래할 수 있다. 이는 지진이 전국에 걸쳐 큰 영향을 미치지만 복구를 위해 많은 노력이 투입되어야 한다는 점에 비유될 수 있다. B형은 '장마형 민영화'로서 민영화가 여러 산업분야에 걸쳐 광범위하게 추진되지만 규제체계 합리화, 공기업 경쟁력 강화를 통한 서비스 시장화에 기여할 수 있다. 이는 장마가 전국적으로 영향을 미치지만 가을걷이에 기여한다는 점에 비유될 수 있다. 마지막으로 C형인

'태풍형 민영화'에서는 민영화가 경쟁부문에 대해 제한적이면서 강력하게 추진되지만 동시에 구조개혁을 통한 규제체계의 합리화가 적극 추진된다. 이는 태풍이 대체로 일정 지역에 강도 높은 영향을 미치면서 그 여파는 긍정적 측면 및 부정적 측면을 모두 갖는다는 점에 비유될 수 있다. 민영화 전략의 유형화는 국가별 및 산업별 특성을 고려한 유연하고 다양한 민영화 방식이 가능하다는 점을 의미한다.

〈표 1〉 서비스 지향과 규제체계 개편방식에 따른 민영화전략의 유형화

규제체계 \ 서비스지향	시장적 서비스	보편적 서비스
복잡한 규제체계	A형(지진형 민영화)	전통적 공기업방식
보편적 규제체계	B형(장마형 민영화)	C형(태풍형 민영화)

민영화 전략의 여러 유형을 고려할 때 공기업 구조개혁에 있어서 다양한 공적 서비스 제공방식 내지 정책수단들에 대한 분석과 이를 토대로 각 대안들의 특성에 대한 체계적인 검토가 요구된다. 아래 〈표 2〉에 제시된 바와 같이 공공서비스 제공은 전통적 공기업 방식과 민영화된 방식이 병존하고 있고, 또한 민영화방식 내에서도 민관협력형 민영화(서비스계약)부터 자산매각형 민영화에 이르기까지 다양한 유형을 나타내고 있다(von Weizsacker et al., 2005).

04

〈표 2〉 공공서비스 제공방식에 따른 민영화 방식의 다양성

공 공 ◀								▶ 민 간
정부기관 (Government agency)	성과중심조직 (Performance -based organization)	정부기업 (Government corporation)	서비스계약 (Service contract)	관리계약 (Management contract)	임차계약 (Lease contract)	민간투자 (Build-Operate-Transfer)	사업권 양허 (Concession)	지분매각 (Divestiture)

출처: von Weizsacker et al.(2005: 7) 수정.

Ⅲ. 독일, 프랑스, 영국의 민영화정책 비교

1. 독 일

1) 민영화의 배경

독일에서 공기업은 2차 세계대전 이후의 사회화 요구에 따라 증가한 사회화된 기업들을 한 축으로 하며, 1950년대 이후 경제부흥기간 중 확대된 사회간접자본에 대한 공공투자를 다른 축으로 하고 있다. 교통, 통신, 전기, 가스, 수도, 난방, 주택, 금융 등 여러 영역에서 공기업이 운영되고 있는데 우편(2000년대), 전신전화(1990년대 중반) 등 일부 공기업이 민영화되면서 현재는 공기업, 공사합동기업 및 사기업이 혼재하고 있다. 공기업에 대한 투자는 연방정부 외에 주정부, 지방정부 및 지방정부연합이 한다. 물론 독일에서 민영화의 역사는 사실상 매우 오래 전부터 시작되었다. 1957년 집권한 기독민주당이 사회적 시장경제(Soziale Marktwirtschaft)[3] 및 국민자본주의 논리를 배경으로 민영화를 선언한 후 1959년에 Preussag 주식회사가 부분 민영화되었다. 그러나 본격적인 민영화는 1982년 기사·기민·자민당(CSU/CDU/FDP) 연립정부 수립 이후 시작되었다(황준성, 1995). 한편 주정부나 지방정부 차원에서도 일부 민영화하였지만 이들은 대체로 민영화에 신중한 입장을 보였고, 특히 사민당 하에서는 민영화가 보다 제한적으로 추진되었다(서이종, 1997).

전반적으로 국가관료주의 전통에 따라 상대적으로 공공부문의 역할이 컸던 독일의 경우 공기업들은 공익성은 물론 효율성 측면에서도 높은 수준이었고, 따라서 민영화가 영국식의 시장중심성만을 강조한 것은 아니었다. 시장경제원리에 바탕을 두되 각 경제주체들의 활동이 사회발전과 연결되어야 한다는 점이 민영화 과정에서도 핵심적 원리로 제시되었다. 이를 위해 노사자율협상(Tarifvertragsfreiheit), 공동결정(Mitbestimmung), 사회보장제도(soziale Gesetzgebung) 등이 구조개혁과정에서 강조되었다. 이러한 배경을 따라서 독일에서의 민영화는 경영효율 제고, 서비스 개선, 재정적자 축소, 탈규제화 등을 목적으로 추진되었지만 계획경제와 자유방임경

---

3) 당시에 독일에서 주창된 사회적 시장경제는 고전적 자유주의도 아니고, 중앙집중적인 계획경제도 아닌 제3의 대안적 경제체제로 정립되었다.

제 모두를 방지하고자 하는 헌법적이고 정치적인 맥락 속에서 추진되었다는 특징이 있다(강수돌, 2000; Graham and Prosser, 1992).

2) 민영화 추진과정 및 특징

독일의 공기업 민영화 과정은 대략 세 시기로 구분할 수 있다(강수돌, 2000). 첫째 시기는 민영화가 공식 선언된 1957년부터 1970년대 이전까지로 사회적 시장경제논리에 따라 경제에 대한 정부의 영향력을 축소하는 차원에서 일부 민영화가 추진되었다. 일부 우리사주방식도 있었지만 주로 국민주방식으로 추진함으로써 독점 방지와 함께 국민자본주의를 실현하고자 하였다. 또한 일부 경쟁분야 공기업들에 가격정책을 도입하고, 1960년대에는 공기업 경영에 성과와 보상기준을 확대하였다. 민영화 사례로 프로이삭(Preussag)은 1959년에, 폭스바겐은 1961년에, 베바(VEBA)는 1965년에 우리사주 및 국민주방식에 따라 분산 매각되었다. 1970년대 사민당·자민당 연립정부가 등장하면서 민영화는 소극적으로 추진되었는데 당시에는 연방정부보다 주로 지방정부를 중심으로 건물청소, 도살장 운영, 쓰레기 운반 등의 사업들을 민간에 이양하는 형태로 민영화가 이루어졌다.

둘째는 1980년대로 1982년에 기민·기사·자민당 연립정부가 수립된 후 민영화, 탈국가화, 탈규제화 원칙이 정립되었다. 하지만 긴축재정 요구에 대한 정부대응은 우량주가 아닌 문제분야를 우선 청산하는 방식을 취하였다. 또한 지분매각을 통한 재정수입 증대보다 공기업에 대한 투자손실을 축소하는 데 역점을 두었다. 1985년에 13개 국영기업(상장기업인 폭스바겐, 루프트한자(Lufthansa) 포함)의 민영화 계획이 발표되었고, 1987~1989년에 베바, 폭스바겐, 합동공업회사(VIAG: Vereinigte Industrieunternehm Ungen AG), 잘쯔기터(Salzgitter)에 대한 정부지분이 매각되었다. 1989년에 특수재산인 독일체신청(Deutsche Bundespost)이 민영화를 목표로 통신, 우편, 은행사업으로 재조직되었다. 또한 1983~1989년에 약 75개의 간접투자기업들이 완전 혹은 부분 민영화되었다. 이에 연방정부의 직·간접투자기관 수는 1982년의 808개에서 1989년에 132개로 감소되었다.

셋째는 1990년대 이후로 연방 차원에서는 전기통신 및 연방철도의 구조개혁이, 주정부와 지방정부 차원에서는 폭스바겐이나 항공우주기업(MBB)의 최종적 민영화가 추진되었다. 전기통신 및 연방철도의 경우 우선 기업을 분할하여 독립채산제와 수익성 원리를 강화하는 등 구조조정을 단행하였고, 이후 분할된 기업들을 주식회사형태로 전환하여 시장경쟁체제를 도입하고자 하였다. 그러나 이 시기에도 민영화는 제한적이었고, 특히 주정부나 지방정부 차원에서는 민영화가 보다 예외적으로 계획·추진되었다.

요컨대 독일 민영화의 특징을 보면 전반적인 민영화 규모는 작은 편이며, 특히 수도, 가스 등 사회간접사본이나 교통, 금융, 신용, 주택 및 병원 등 비경쟁부문에서의 민영화는 매우 제한적이었다. 민영화 방식에 있어서도 차별성이 있었는데 첫째, 매각대상을 기준으로 보면 국민주와 우리사주방식이 선호되었고, 소액주주 우대방식도 도입되었다. 둘째, 매각범위를 기준으로 보면 부분민영화와 완전민영화가 혼재되었으나 부분민영화가 우세하였다. 셋째, 매각형태를 보면 1980년대까지는 일괄민영화가 우세하였으나, 1990년대 이후 연방우편국, 연방철도와 같이 분할민영화도 선호되었다. 넷째, 지분매각 외에 계약에 의한 행정서비스의 민간공급 등 다양한 유형의 개혁방안이 추진되었다.

3) 최근 동향

1990년대 중반 이후 유럽연합칙령1997(EU Directive 1997)에 의해 망산업들이 개방되면서 우편, 통신, 철도 등의 민영화계획이 추진되었다. 또한 1999년부터 2006년까지 사민당 슈뢰더 총리는 복지지출 축소, 공기업 민영화와 탈규제화 등을 추진하면서 국내시장뿐 아니라 미국, 영국 등에서도 기업공개를 실시하였고, 지분매각뿐만 아니라 공기업 유상증자 때 정부가 미참여하는 방법으로도 민영화가 추진되었다. 하지만 우편, 통신에 대한 정부 지분은 독일재건은행의 지분을 합치면 여전히 50% 이상이고, 특히 철도의 경우 정부가 100% 지분을 보유하고 있다. 이에 따라 공기업의 투자여력은 구조개혁을 거치면서 오히려 보다 증대되었다.

한편 1993~2003년 동안 공기업 총매각수입은 714억달러로 총규모는 유럽에서 두 번째로 많았지만 이를 국민 1인당 규모로 환산하면 949달러에 불과하고, 2000년 GDP 대비 3.7%로서 EU 14개국의 평균 1인당 민영화 수입 1,472달러와 GDP 대비 민영화 수입 비율 7.1%와 비교했을 때 독일의 민영화는 낮은 수준이라고 평가할 수 있다. 최근에는 민영화보다 공기업 소유·지배구조 개편을 통한 공기업 감시와 관리를 강화하는 방향으로 제도개선을 추진하고 있다. 그 결과

2009년 7월 연방정부는 '공기업 지배구조 모범규준(Public Corporate Governance Kodex)'을 발표하여 정부의 공기업에 대한 소유권기능을 강화하고 동시에 정책기능과의 조화를 모색하는 정책기조를 채택하였다(박석희, 2013).

2. 프랑스

1) 민영화의 배경

민영화의 배경으로 정치적·이데올로기적 측면을 지적할 수 있다(Bauer, 1988). 1986년과 1993년에 우파정부가 민영화를 주도하기 전에는 좌파정부에 의해 국영화가 적극 단행되었기 때문이다.[4] 하지만 1997년 6월 출범한 좌파정부에서도 민영화 정책은 계속되어 프랑스통신(France Telecom)이 1997년에 부분민영화(20% 매각)되고, 1998년에 프랑스항공(Air France)도 부분민영화(20% 매각)되었다(심창학, 2000). 따라서 1993년 이후에는 재정·경제적 측면이 보다 부각되었다(Grahovac, 2004: 139-141). 지속되는 경제불황으로 인한 정부의 재정부담 완화를 위해 민영화가 거론되었기 때문이다. 특히 유럽통합은 이러한 측면에서의 민영화정책을 가속화시켰다. 1991년에 유럽연합은 GDP 대비 재정적자비율을 3%로 엄격히 규제하였는데, 1993년에 프랑스의 재정적자는 GDP의 4.43%를 기록하고 있어 이에 대한 방안으로 민영화 정책이 적극적으로 고려되었던 것이다. 그러나 민영화 이후에도 프랑스에서는 비경쟁부문은 물론 경쟁부문에서도 많은 공기업들이 활발하게 운영되고 있다. 상업적 영역의 공기업들에게는 임원임명, 경영감독 등에 있어서 정책목적 등에 따른 특별한 관리·감독체계가 적용되지만 민간기업과 동일한 조세구조, 노사관계, 법체계 등이 적용되는 등 프랑스에서의 공기업 민영화는 독특한 특성을 보이고 있다.

2) 민영화 추진과정 및 특징

프랑스의 경우 주목할 만한 민영화시기는 1986~1988년, 1993~1996년의 두 기간을 들 수 있다(신용대, 1997; 심창학, 2000). 하지만 계획과 달리 민영화 실적은 제

4) 1936년의 전기와 철도회사 국영화, 1982년 5개의 상공업분야 기업, 39개 은행, 2개 금융회사에 대한 국영화는 모두 좌파정부에 의해 시행되었다. 2차 세계대전 이후에도 정부수반은 우파의 드골(De Gaulle)이었으나 좌우연립정부 구성에 따라 대규모 국영화정책이 실시되었다(심창학, 2000).

04

한적이었다. 즉, 전기에는 1986년 민영화기본법에 따라 65개 기관이 대상으로 선정되었으나 실제 13개 기관만 민영화되었고, 후기에는 1993년 민영화보완법에 21개 기관이 대상으로 제시되었으나 실제로는 10개 기관만 민영화되었다. 1997년에 좌파정부 출범 이후에도 프랑스텔레콤 등이 부분적으로 민영화되었지만, 1996년 말 톰슨(Thomson) 사례와 같이 민영화가 각계의 반대로 중단된 사례도 적지 않다.

프랑스 민영화의 특징은 다음과 같다. 첫째, 국가지시형 민영화라고 불릴 정도로 대상기업 선정, 민영화방식 등이 주로 정부에 의해 결정되었다(Bauer, 1988). 물론 의회와 행정부가 역할을 분담하였으나 다수당이 정부를 대표한다는 점, 민영화법에 의하면 공기업 중 다수를 차지하는 중소규모 기관들에 대한 민영화를 정부에 일임했다는 점[5] 등을 고려하면 민영화의 실질 주체는 정부라고 할 수 있다. 둘째, 민영화가 소유이전형 민영화를 중심으로 제한적으로 논의되면서,[6] 동시에 규제완화 등을 통한 서비스의 시장화에 초점을 맞췄다. 이러한 특성에 따라 공기업과 사기업 간 경쟁체제까지 민영화 범주에 포함됨으로써 오히려 민영화전략의 유연성을 확대하는 데 기여할 수 있었다. 셋째, 민영화는 주로 사기업과 대등한 조건에 있는 은행, 상공업부문 기업, 보험회사 등 경쟁부문 공기업을 대상으로 추진되었다.[7] 비경쟁부문 공기업들에 대해서는 운영효율화 및 경쟁력 강화를 목적으로 민간기업과의 경쟁체계를 적극적으로 구축하였다. 넷째, 완전민영화와 부분민영화, 일회적 민영화와 단계적 민영화전략이 채택되었고, 주식시장 상장을 통한 장내매각, 종업원지주제, 기관투자자를 통한 장외매각 방식 등이 다양하게 도입되었다.[8]

요컨대 프랑스의 경우 민영화가 경쟁부문을 중심으로 적극적으로 추진되었지만, 비경쟁부문에서도 민영화는 공기업 효율화와 경쟁력 제고를 위해 비교적 적극적으로 추진되었다. 물론 민영화전략은 완전민영화와 부분민영화, 일회적 민영화와

---

5) 1993년 민영화 관련법은 대상기업 규모에 따라 의회와 행정부의 권한을 배분하였는데, 대규모 공기업(인원 1,000명 이상 혹은 정부지분 50% 이상)은 법의 형태, 그 외의 경우(인원 1,000명 미만 혹은 매출액 10억 프랑 이하)는 행정부의 결정에 의해 민영화가 가능하도록 규정하였다.

6) 이러한 정의는 민영화기본법이라고 할 수 있는 1986년 7월과 8월에 공포된 두 개의 법과 1993년 7월의 민영화 관련 보완법에 명시되어 있다.

7) 1986년 민영화기본법에 명시된 65개 공기업, 1993년 민영화보완법에 명시된 21개 대상기업 중 Air France, La Compagnie gééale maritime, 프랑스텔레콤을 제외한 기업들이 대부분 경쟁부문의 공기업들이었다.

8) 르노는 장내매각과 안정주 구성, 종업원지주제, 기관투자자를 통한 장외매각을 통해 부분민영화되었다. 우시노사실로는 국가가 8% 지분만 소유하는 사실상 완전민영화로 기관투자자가 53%를 차지하는 기관투자자 중심의 민영화가 추진되었다. 1996년의 톰슨 민영화방식은 이례적인 것으로 분할인수방식을 채택하였다.

〈표 3〉 프랑스 제1기 및 제2기 공기업 민영화 실적

구 분	기업(업종)	민영화시기	기업(업종)	민영화시기
1기 (13개)	Elf Aquitaine (석유)	1986. 9월	Havas (통신)	1987. 5월
	Saint Gobain (제지/목재)	1986.11월	CGE (전기통신)	1987. 5월
	Paribas (은행업)	1987. 1월	Société générale (은행업)	1987. 6월
	Sogénal (은행업)	1987. 3월	TF 1 (방송)	1987. 6월
	BTP (은행업)	1987. 4월	Suez (은행)	1987. 10월
	BIMP (은행업)	1987. 4월	Matra	1988. 1월
	CCF (은행업)	1987. 4월		
2기 (10개)	BNP (은행업)	1993. 10월	SEITA (담배)	1995. 2월
	Rhone-Poulenc (화학)	1993. 11월	Usinor-Sacilor (철강)	1995. 7월
	Elf Aquitaine (석유)	1994. 2월	Bull (전산)	1995. 10월
	UAP (보험)	1994. 5월	Péchiney (알루미늄)	1995. 12월
	Renault (자동차)	1994. 11월	AGF (보험)	1996. 5월

출처: 심창학(2000: 91).

단계적 민영화가 다양하게 채택되었고, 방식도 장내매각, 종업원지주제 장외매각 등 다양하게 채택되었다. 그러나 프랑스는 민영화에 있어서 국가가 이를 주도하면서 경제적·재정적 목적을 강조한 경우에도 소유권이전형 민영화를 중심으로 제한적으로 접근하면서 규제완화를 통한 서비스 시장화를 강조함으로써 시장경쟁체제를 강화하는 데 역점을 두었다.

3) 최근 동향

1997년 이후의 3차 민영화 시기에는 실용주의를 바탕으로 이전까지의 민영화를 완수하였으며, 민영화의 필요성으로 국가이익 보전, 경제구조조정, 일반대중의 공기업 주식소유 허용 및 예외소득에 의한 국가예산 마련 등이 제시되었다. 이에 1997년 이후에도 많은 국영기업들을 완전[9] 내지 부분[10] 민영화하였다. 그러나 1990년대에 민영화가 활발히 추진되었던 것과 달리 2000년대 들어 대체로 민영

9) 완전민영화 사례로는 GAN S.A, CIC, CNP, Credit Lyonnais, ASF, Dassault Systemes SA, Pages Jaunes, SANEF, SAPRR, Thomson Multimedia SA, Total SA, Usinor-Sacilor SA, EDF Energies Nouvelles, Suez Environment 등이 있다.

10) 부분민영화 사례로 Aerospatiale Matra, Air France, Cie Financiere de Suez SA, Gaz de France, France Telecom, Renault SA, Snecma, Electricite de France, Aeroports de paris SA, Thomson CSF 등이 있다.

화는 대폭 감소하였다(프랑스 통계청, INSEE, 2008). 더욱이 2005년에 프랑스통신, 프랑스가스공사(Gaz de France) 등 대형 공기업의 지분매각으로 2000년대 중반 이후 민영화 매각수입이 잠시 증가한 것을 제외하고는 1990년대 초·중반 이후 민영화 수입과 거래건수는 지속적으로 감소하는 경향을 보이고 있다. 물론 민영화는 석유사업을 제외한 제조, 운송, 공익산업, 금융 및 부동산업 등 산업별로 고루 분포되어 있다. 하지만 프랑스의 민영화는 독점구조 해체를 통해 경쟁적 시장에서도 공기업과 민간기업이 상호 경쟁하는 구조를 지향하고 있다.

이로 인해 프랑스는 공기업의 비중과 역할이 높고, 시장상황에 민감하게 영향을 받는다는 점이 특징적이다. 가령 공기업관리청(APE: Agence des participations de l'Etat)의 '2010 연차보고서'에 따르면 2009년에 정부는 57개 공기업을 소유하고 있고, 2010년 9월 기준으로 상장 공기업에 대해 약 880억 유로(파리주식거래소 총주식량의 약 7%)의 주식을 소유하고 있다. 또한 2009년 말 이들의 총자산은 6,600억 유로, 총고용인원은 1,892,794명(국가 총고용인원의 약 7.3%)으로 조사되었다. 이와 함께 세계경제위기의 영향으로 이들의 순수입은 2008년 23조 7,490억 유로에서 2010년 7조 3690억 유로로 약 68.9% 감소하였다. 이러한 수치들은 프랑스의 민영화는 공기업의 시장경제적 역할을 지속하면서도 이들의 독점적 구조를 완화하는 데 초점이 있었음을 시사해 준다. 이러한 점에서 프랑스의 민영화 사례는 독일과도 차별화되고, 영국의 경험과도 차별화된다고 할 수 있다.

〈표 4〉 프랑스의 연도별 민영화 추이

연 도	대상 기업수(개)	고용인원(명)	연 도	대상 기업수(개)	고용인원(명)
1993	179	88,000	2000	22	5,500
1994	356	72,000	2001	14	2,300
1995	195	81,000	2004	169	201,900
1996	308	116,000	2005	44	29,400
1997	209	11,300	2006	28	17,900
1998	471	66,700	2007	2	200
1999	147	68,000	2008	117	33,700

출처: RECME, INSEE, 2008. 12. 31.

3. 영 국

1) 민영화의 배경 및 추진과정

영국의 공기업은 1850년 설립된 우체국이 시초이며, 1908년과 1919년에 런던항만공사, 전기위원회, 임업위원회가 출범하였고, 1920년에 영국석유, 1926년에 영국방송공사와 중앙전기공사, 1933년에 런던교통공사 등이 설립되었다. 이후 1945년에 노동당정부 하에서 주요산업을 국유화함에 따라 1960년대 중반부터 영국 경제에서 공기업의 비중은 크게 증가하였다. 국민소득 중 공기업의 비중은 1950년대와 1960년대 초까지는 8~9%였으나, 1960년대 중반부터 1970년대 초까지는 10%로 증가하였고, 투자면에서도 1950년대와 1970년대 사이 총고정자본 형성 중 17~20%가 공기업에 의해 이루어졌다(이기환·김기수, 1998). 그러나 1979년 보수당 정부 집권 이후 그 비중은 크게 감소하였다. 고용면에서 보면 1979년까지 총노동력 대비 공기업의 고용비중은 8%대를 유지하였으나 1985년에는 4.6%, 1991년에는 2.5%로 감소하였다. 투자면에서도 총고정자본투자 중 공기업의 투자 비중이 1976년에 19.0%, 1979년에는 15.2%였으나, 1985년에는 9.8%로 감소하였고, 1991년에는 3.9%로 크게 감소하였다(복문수, 1997). 이처럼 1980~1990년대 많은 공기업들이 민영화되어 국가경제에서 공기업의 비중은 현저하게 감소하였다.

1979년부터 1995년까지 50여개의 주력 공기업이 민영화되었는데 영국의 민영화는 전반적으로 4단계로 구분해 볼 수 있다. 1단계는 1979~1983년으로 주로 경쟁부문에서 12개 공기업이 민영화되었다. 가령 영국석유공사(1979년)나 캐이블앤와이어리스(1982년) 등 민간지분이 큰 공기업, 영국항공우주(1981년), 에머샴인터네셔널(1982년), 영국석유공사(1982년), 영국항만공사(1983년) 등의 민영화가 추진되었다. 또한 민영화와 함께 규제완화가 추진되었다. 가령 버스시장 규제완화를 위해 1980년 교통법 제정을 통해 화물운송공사를 민영화하였고, 장거리 및 시내버스의 진입장벽 및 가격규제가 완화되었다. 1981년에는 통신법 제정을 통해 영국통신을 체신청에서 분리하여 규제완화가 이루어졌고, 1982년에 영국가스공사에서 일부 기능을 분리하여 엔터프라이즈오일(Enterprise Oil)사를 설립하였으며, 1983년

04

에는 전력분야에도 경쟁을 촉진하였다.

제2단계는 1984~1987년으로 총 24개의 공기업이 완전 혹은 부분 민영화되었다. 영국통신과 영국가스 등 자연독점적 공기업의 민영화가 시작되었고, 어느 정도 경쟁이 형성된 산업에 있던 재규어자동차(Jaguar), 티에스비(Lloyds TSB: Trustee Savings Bank), 롤스로이스(Rolls Royce), 영국항공 등의 민영화가 시작되었으며, 1단계와 비교해 공익산업의 민영화가 보다 적극적으로 추진되었다. 또한 교통부문에서 규제완화가 지속되었고, 민영화와 함께 통신위원회(OFTEL: Office of Telecommunications), 가스위원회(OFGAS: Office of Gas Supply)와 같은 새로운 규제기구도 함께 설립되어 해당 산업에의 경쟁체제 도입, 가격통제 및 독과점 규제강화 등이 시도되었다.

제3단계는 1987~1991년까지로 수도, 전력 등 40개 공기업이 증시 매각이나 경영자 인수 등을 통해 민영화되었다. 이 시기에는 주로 민영화에 앞서 기업분할 등을 통해 공기업을 재조직하여 경쟁체제를 도입하였다. 1989년에 수도산업을 지역별로 10개 회사로 분할 매각하였고, 1990년부터 단행된 전력산업 민영화에서는 발전, 송전, 배전 등 수직분할 후 경쟁체제를 도입하였는데, 특히 배전부문은 12개 지역별 배전회사로 분리 매각하였다. 이 과정에서 두 공익산업에 대한 신규 규제기구인 수자원위원회(OFWAT: Office of Water Services), 전기위원회(OFFER: Office of Electricity Regulation)[11]가 설치되었다.

제4단계는 1991~1997년까지로 큰 쟁점이 되었던 석탄, 철도 등을 제외하면 이전에 비해 민영화가 비교적 소극적으로 추진되었다. 1995년에 영국석탄공사가 민영화되었고, 영국철도공사는 시설, 역사관리, 운영부문으로 분리되어 시설부문이 1996년에 민영화되었으며, 이 밖에 북아일랜드전기회사, 트러스트항만(Trust Port)이 민영화되고, 1991년과 1993년에 영국통신에 대한 정부지분 21.9%와 19.7%가 각각 추가로 매각되었다.

2) 민영화의 특징: 민영화방식과 규제체계 변화

영국은 다양한 민영화 방법을 동원하였다. 소유권 이전을 통한 완전민영화(1982년 에머샴인터네셔널, 1984년 엔터프라이즈오일 등)와 부분민영화, 특정인에의 매각

---

11) 가스위원회와 전기위원회는 1999년에 가스전기위원회(OFGEM: Office of Gas and Electricity Markets)로 통합되어 오늘에 이르고 있다.

(1986년 스완헌터조선(Swan Hunter Shipyard) 등), 국민주방식(1986년 영국가스공사, 1987년 영국공항공사 등), 황금주방식(1984년 영국통신 등), 외국인에 매각(1984년 시링크(Sealink) 등), 민간위탁(1980년대 지방정부의 청소, 공원관리업무 등), 계약에 의한 서비스 이양(1983년 영국철도 소유 호텔 등), 규제완화(1980년대 통신분야 진입장벽 제거 등), 보조금 지급(의료, 교육 분야 등) 등이다.

민영화 과정에서 대부분의 경우 일반공모에 의한 공개매각방식을 채택하였다. 특히 증시에서의 공모를 통해 매각된 공기업은 주로 영국통신, 영국가스, 배전회사, 수도회사 등 자연독점산업에 속하는 기업들이 많고, 소규모 공기업 민영화에서는 대상기업의 경영자나 종업원이 그 기업의 전 주식을 매입하여 소유자 겸 경영자가 되는 경영자 또는 종업원 인수방식을 채택하거나 단일기업이나 기업집단에게 민영화 대상기업의 주식을 매각하는 직접매각 방식을 채택하기도 하였다. 그런데 완전 민영화 방식이 채택되더라도 영국항공, 영국석유공사, 영국통신 등 국민경제적 중요도가 높은 기업은 정부가 주요 경영사항에 대해 특별주주권을 행사할 수 있는 황금주제도를 채택하였다.

그러나 민영화 방식은 크게 두 가지로 증시상장(flotations) 방식의 경우 제조업에서는 영국항공우주(British Aerospace, 1985), 에머샴인터네셔널(Amersham International, 1982), 재규어자동차(Jaguar Cars, 1984), 롤스로이스(Rolls-Royce, 1987), 통신분야는 캐이블앤와이어리스(Cable and Wireless, 1985), 영국통신(British Telecom, 1993), 교통분야는 영국항만공사(Associated British Ports, 1984), 영국항공(British Airways, 1987), 영국공항공사(British Airport Authority, 1987), 에너지분야는 영국가스공사(British Gas, 1986), 영국석유공사(British Petroleum, 1987), 엔터프라이즈오일(Enterprise Oil, 1984)이 이에 해당된다. 직접매각(direct sales) 방식의 경우 제조업에서는 영국제당(British Sugar Corporation, 1982), 영국조선(British Shipbuilders, 1987), 영국레이랜드자동차(British Leyland, 1987), 로열도크야드(Royal Dockyards, 1987), 로얄오더넌스(Royal Ordinance, 1986), 교통분야는 영국철도(British Rail, 1986), 화물운송공사(National Freight Corporation, 1982), 국영버스회사(National Bus Company, 1987), 기타 국립기업원(National Enterprise Board, 1984), 산림위원회(Forestry Commission, 1991), 드레이크앤스컬(Drake and Skull, 1979), 고속도로휴게소(Motorway Service Areas, 1987), 수에즈금융공사(Suez Finance Company, 1979), 국립종자원(National Seed Development Organization, 1987) 등이 이에 해

당된다.

민영화와 함께 규제체계도 개편되었다. 민영화 초기에는 영국석유공사, 영국항공우주, 캐이블앤와이어리스, 재규어 등이 어느 정도 경쟁상태에 있는 기업이었기 때문에 규제체계는 중요한 관심사항이 아니었다. 하지만 1984년의 영국통신 민영화를 시작으로 중요 독점기업인 영국가스공사(1986), 영국공항공사(1987) 등이 계속 민영화되면서 규제정책이 중요한 이슈로 등장하였다. 즉, 공기업 민영화에 있어 단순히 소유권의 민간이전뿐 아니라 시장구조를 경쟁적으로 개혁하는 조치들이 병행되었다. 이에 따라 독점구조를 해체하거나 최소한 몇 개로 분할하고, 사후에는 경쟁을 도입하는 규제정책의 도입이 검토되었다. 또한 독점이 불가피한 자연독점의 경우 민영화 여부가 신중히 결정되어야 하며, 만약 민영화된 경우에는 반드시 적절한 정부규제가 필요하다고 판단되어 산업별 특화된 개별규제기구를 설립하여 해당기업제품의 가격규제와 사업허가조건 등을 규제하도록 하였다. 따라서 영국의 공기업 민영화 이후 변화된 규제체계의 주요 내용은 두 가지로 하나는 규제기구에 있어 기존의 독점위원회(Monopolies and Mergers Commission)와 공정거래국(OFT: Office of Fair Trading) 등 일반규제기구에 더해 산업별 개별규제기구들이 설립되었다는 것이고, 다음으로는 규제방식에 있어 가격규제방식이 추가되었다는 것이다.

3) 최근 동향

영국의 공공기관(non-departmental public bodies: NDPBs)은 블레어 총리의 신노동당 정부 하에서 크게 증가하여 2010년 말에 901개로 증가하였고, 고용규모도 1999년에 약 35만명에서 2007년에 57만명을 거쳐 2010년 말에는 약 70만명으로 증가하여 공공부문에서 공공기관 고용 비중이 9.44%를 차지하였고, 연간 650억 파운드의 예산을 지출하고 있다. 공공기관의 증가 원인은 다양하지만 특히 2008년 글로벌 경제위기의 영향으로 다수의 금융기관들이 공공부문으로 재분류된 점을 들 수 있다. 그런데 2010년에 출범한 보수당과 자유민주당 연립내각의 공공부문 축소계획에 따라 비부처공공기관(NDPB), 공기업(public corporations) 등이 높은 수준의 구조조정의 적용대상이 되었다. 특히 연립내각 집권 초기 총 901개 공공기관 중 481개가 개혁대상으로 선정되었는데, 이 중 192개 기관은 폐지하고, 118개 기관은 통합하여 전체 공공기관 수를 648개로 축소할 예정이었다. 그러나 광범위한 민영화 조치에도 불구하고, 국가는 여전히 부동산, 금융, 방송 등 여러 분야에 걸쳐 공기업에 대한 소유권 및 지분을 보유하고 있고, 2012년 현재 이는 GDP의 약 2%를 차지하고 있다. 2012년을 기준으로 영국에서는 공기업실(SE: Shareholder Executive) 소관 28개 공기업을 비롯한 다수의 공공기관들이 운영되고 있다(SE, 2007-2012).

〈표 5〉 영국 공기업실 소관 공기업의 연간 총수입, 수익률 및 정부배당금 최근 동향

연 도		2007	2008	2009	2010	2011	2012
수 익	수입(Turnover) (십억£)	12.38	11.81	11.81	16.1	20.8	19.0
	순자산대비수익률 (%)	14.3	16.9	-2.7*	16.9	14.8	19.9
배당금	정부 배당금규모(백만£)	44**	56***	137.9****	139	83.4	114
	배당금 납부 공기업 수	9	11	8	8	7	8

* 2009년의 마이너스 수익률은 원전해체공단(Nuclear Decommissioning Authority: NDA)의 47억£ 적자, 노던락은행(Northern Rock)의 13억£ 적자, 커먼웰스개발공사(CDC)의 4억£ 적자 등에 기인함.

** BNFL로부터의 18억 파운드(£)의 특별배당(special dividend)은 제외

*** BNFL과 British Energy로부터의 2억6천만£의 특별배당(special dividend)은 제외

**** 정부 이관 이전 노던락(Northern Rock) 및 브래드포드앤빙글리(Bradford & Bingley)에 의한 배당 제외

출처: Shareholder Executive (2007, 2008, 2009, 2011a, 2011b, 2012).

2000년대 들어 영국에서도 공기업에 대한 소유·지배권을 집중화하는 방향으로의 제도 개선이 부분적으로 이루어졌다. 그동안 분산적 소유권모형에 따른 주무부처들의 광범위한 정책기능으로 인해 적자운영 등 장기적으로 공기업들의 주주가치가 침해되고, 공기업의 경영자율성이 위축된다는 비판이 지속되었다. 이에 2003년에 공기업에 대한 소유권기능 집중화와 전문성 있는 자문을 제공하기 위해 공기업실을 설립하였다. 당초 내각사무처(Cabinet Office) 소속으로 설립되었다가 '기업규제개혁부(Department for Business, Enterprise, Regulatory Reform: BERR)'로 이관된 후 공기업실은 2012년 현재 '기업혁신기술부(Department for Business, Innovation, Skills: BIS)' 소속으로 되어 있다. 설립 당시에 6개 공기업을 소관으로 하였으나 2012년 현재 직접 소유권을 행사하는 공기업은 19개, 경영조언 등 간접적으로 소유권을 행사하는 공기업이 9개에 이르고 있다. 최근에도 영국은 공기업실을 통한 지배구조 개선과 함께 민영화를 지속적으로 추진하고 있다.

〈표 6〉 영국 공기업실(SE) 소관 공기업들의 최근 구조개혁 현황

대상 공기업	세부내용
액티스(Actis)	2012년에 잔여지분 매각
육군수리창(Army Base Repair Organisation)	2008년에 Defence Support Group에 합병
브래드포드앤빙글리(Bradford & Bingley)	2008년에 UK Financial Investments로 통합
영국에너지(British Energy)	2009년에 EDF Energy로 인수 및 잔여지분 매각
영국원자력(British Nuclear Fuels)	2009년에 조식분리 후 폐지
영국수도공사(British Waterways)	2012년에 SE 관할에서 제외, charitable trust로 전환
코벤트가든시장공사(Covent Garden Market Authority)	2010년에 Government Property Unit으로 통합
공군수리창(Defence Aviation Repair Agency)	2008년에 Defence Support Group로 합병
방산물자청(Defence Storage and Distribution Agency)	2010년에 Defence Equipment and Support로 합병
소방대학(Fire Service College)	2007년에 SE 관할에서 제외됨
과학수사연구원(Forensic Science Service)	2012년에 폐지(Dissolve)
북아일랜드수자원(Northern Ireland Water)	2010년에 SE 관할에서 제외됨
노던락(Northern Rock)	2008년에 UK Financial Investments로 통합
퀸티크(Qinetiq)	2008년에 잔여지분 매각
엘리자베스2세여왕기념관(Queen Elizabeth II Conference Centre)	2010년에 the Government Property Unit으로 통합
Partnerships UK	2011년에 폐지(Dissolve)
스코틀랜드수자원(Scottish Water)	2011년에 SE 관할에서 제외됨
토트(The Tote)	2011년에 Betfred에 매각됨
영국원전청(UK Atomic Energy Authority)	2009년에 상업기능들 Babcock International Group에 매각

출처: Shareholder Executive(2007, 2008, 2009, 2011a, 2011b, 2012)에서 재구성.

4. 독일, 프랑스, 영국 사례의 비교종합

독일, 프랑스, 영국의 민영화 동향을 비교해 보면 다음과 같은 공통점과 차이점을 확인할 수 있다(Spulber, 2006; Von Weizsacker et al., 2005). 특히 Grahovac(2004)의 경우 세 국가의 민영화 모형의 차별성에 대해 EU 내 법체계가 프랑스법체계, 독일법체계, 앵글로색슨의 보통법체계로 구분될 수 있다는 점에 주목하고 있다.

먼저 세 국가들의 공통점으로 다음과 같은 점을 지적할 수 있다. 첫째, 1980년대 이후 정치적·이데올로기적 목적보다는 재정적·경제적 목적 하에서 본격적으

로 민영화를 추진하였다. 독일과 프랑스의 경우 비교적 정부 중심의 국정운영의 전통이 강한 국가들이기 때문에 그동안 민영화는 부분적으로 시행되었고, 또한 민영화 배경이 주로 정치적 목적에 있었다. 그러나 1980년대 이후 지속적 경기 침체에 따른 공공지출의 비대화와 비효율성에 대한 비판이 증가함에 따라 정부지출 감축, 재정수입 확보, 자원배분의 효율화 등을 목적으로 민영화가 추진되었다. 둘째, 민영화 방식을 보면 3국은 지분매각에 있어서도 민영화 당시의 경제·사회적 여건, 산업의 특성 등을 고려해 다양한 방식을 활용한 유연한 전략을 채택하였다. 정도의 차이는 있지만 지분매각 외에 구조개혁, 시장화 등 다양한 공기업 개혁전략들이 병렬적으로 혹은 우선적으로 추진되었다.

이 외에도 양국 간의 공통점도 지적될 수 있는데 영국과 프랑스 간에는 민영화방식의 차별성에도 불구하고 보편적 서비스를 벗어나 서비스 민간화(시장적 서비스) 개념을 강조했고, 영국과 독일 간에는 비경쟁부문에서의 대응방식의 차이에도 불구하고 경쟁부문에 대해서는 민영화나 구조개혁을 상대적으로 적극 추진했으며, 프랑스와 독일 간에는 비경쟁부문에 대해서는 민영화가 매우 제한적이었을 뿐 아니라 규제체계 내지 지배구조 합리화를 통해 공기업의 경영준칙을 확립하고자 했다는 점을 들 수 있다.

그러나 다음과 같은 차이점도 확인된다. 첫째, 경쟁부문에 대한 민영화전략의 차별성이 확인되는데 영국은 지분매각 등 민영화를 적극 추진한 반면, 독일의 경우 민영화를 추진하면서도 제한적으로 접근하였고(금융, 상공업분야 등), 프랑스의 경우 자산매각보다 시장화를 통해 경쟁체계를 구축하는 데 주력했던 것으로 평가된다. 둘째, 비경쟁부문(철도, 전력 등)에 있어서는 독일과 프랑스의 경우 기본적으로 공기업의 역할을 유지하는 대신 독일은 구조개혁, 프랑스는 시장화에 역점을 두었고, 영국의 경우도 계획과 달리 민영화는 제한적이었으며 민영화된 경우에도 정부역할을 다시 강화하는 성향을 보였다.

이러한 차별성은 궁극적으로 민영화의 구체적인 목적과 배경의 차이에 기인한다고 할 수 있다. 공공부문 비대화에 따른 재정지출 감축을 공통적인 목적으로 표방하였으나, 프랑스는 서비스 시장화를 통한 경쟁체제 구축을 주요한 목적으로 하였고, 독일은 공기업 구조개혁을 통한 관리체계 개혁 및 지배구조의 합리화를 주요한 목표로 하였으며, 영국은 지분매각과 서비스 시장화를 통한 재정지출 감축 및

〈표 7〉 독일, 프랑스, 영국의 민영화 전략의 전반적인 특성 비교

	범위와 강도		주요 목적	핵심적 방식
	비경쟁부문	경쟁부문		
영 국	○(△)	○	적자감축	자산매각
독 일	×	△	관리체계 개혁	구조개혁
프랑스	△(×)	○	경쟁체계구축	시장화

재정수입 확보를 주요한 목표로 하였던 것으로 판단된다. 이로 인해 공공서비스 제공에 있어 공기업의 역할이 국가마다 상이하게 나타났으며, 따라서 민영화의 범위와 강도, 방식 등에 있어 차이를 보였다.

이러한 차이점은 결국 서비스지향과 규제체계 개편방식의 관점에서 확인될 수 있다. 영국의 경우 지분매각을 통한 차별적 서비스를 지향하면서도 보편적 서비스에 대한 정치적·사회적 요구에 대응하기 위해 각종 특별규제기구를 설립함으로써 복잡한 규제체계가 형성되었다. 그러나 이로 인한 부작용으로 인해 규제기구 단순화를 통한 보편적 규제체계 정립을 위해 규제기구들의 기능을 축소하고, 대신 정부의 권한을 강화하는 정책들이 새로 마련되었다. 독일의 경우 상대적으로 공기업의 보편적 서비스 개념을 지속하면서 경쟁부문에서도 지분매각보다 구조개혁에 역점을 두었고, 지배구조 개선을 통해 정치·행정적으로 복잡하게 구조화되었던 규제체계를 개혁하는 데 초점을 맞췄다. 프랑스의 경우 민영화를 통해 차별적 서비스를 확대한 점에서는 영국과 맥을 같이 하지만 특별규제기구 설립보다는 경쟁부문에서도 민간기업과 공기업이 상호 경쟁할 수 있도록 시장화 내지 규제완화를 강조하였고(Graham and Prosser, 1992), 특히 공기업관리청(APE) 등을 통해 민간기업에 준하는 공기업의 보편적 경영준칙을 정립하는 데 초점을 맞췄다.

〈표 8〉 독일, 프랑스, 영국의 민영화 전략의 차이

서비스지향 / 규제체계	시장적 서비스	보편적 서비스
복잡한 규제체계	영 국	전통적 공기업방식
보편적 규제체계	프랑스	독 일

Ⅳ. 각국의 철도산업분야 구조개혁 사례

1. 독 일

독일연방철도청은 1920년에 설립된 제국철도(Reichsbahn)의 후신으로 공기업의 일종(특수자산)이라고 할 수 있다. 연방기본법에 따른 특수자산은 자율적인 경영기능이 제한되어 연방철도는 시장상황에 능동적으로 대처하는 데 한계가 있었고, 특히 승용차 보급 확대 등으로 철도의 경쟁력은 급격히 하락하기 시작했다. 여객수송의 경우 1950년에 철도가 36.4%를 차지했으나 1990년에는 5.8%로 급감했고, 화물수송의 경우도 같은 기간 62.3%에서 24.9%로 하락하였다. 1982년 말 기준으로 독일은 연방철도에 6억4천만 마르크 이상을 투자했고, 철도청은 구조개혁 이전에 33만5천6백명의 직원을 고용하고 있었다. 1990년 초에는 자본금 150억 마르크에 3배가 넘는 500억 마르크의 부채를 기록하였고, 매년 약 140억 마르크의 정부보조금을 지원받았다(서이종, 1997).

이러한 배경 하에서 1990년대 연방철도의 구조조정과 민영화가 추진되었다. 1989년 초 구성된 연방철도사업정부위원회는 1991년 12월에 동독철도(DR: Deutsche Reichsbahn)를 통합한 독일철도주식회사(DBAG: Deutsche Bundesbahn AG)의 설립을 제안하였다. 이전 개혁 시도와 달리 1991년 EU 각료회의 의결에 따라 1991년부터 본격적인 철도구조개혁이 시작되었고 1992년 7월에는 연방철도청의 민영화가 결정되었다. 1993년 12월에는 민영화 위주의 철도사업개혁법이 제정되어, 연방철도청의 법적 근거가 공법에서 민법으로 전환되었다. 특히 연방철도청을 기업적 영역과 공공정책영역으로 구분해 기업적 영역은 정부가 100% 지분을 갖는 DBAG로 독립시켰고, 2002년부터 DBAG를 해체하고 이를 선로, 장거리여객, 근거리여객, 화물, 역관리의 5분야별로 독자적 주식회사체제로 분할하고 DBAG는 지주회사로 전환하였다.

그러나 독일의 철도 구조개혁은 지분매각보다 규제 완화를 통해 기업경영의 자율성을 보장하는 탈국가화를 토대로 기업의 수익성을 증대하는 데 초점이 모아졌다(서이종, 1997). 구조개혁과 함께 경영합리화와 재정투자도 단행되었다. 즉, 독일

철도는 구조개혁과정에서 기업구조를 사업영역에 따라 분리하였는데 1999년에는 인원규모를 합리화하고, 670억 마르크에 달하는 기존 건설채무를 탕감해 주는 내용을 요체로 하는 2단계 구조조정을 시작하였다. 독일 철도 구조개혁의 두 번째 특징으로 선로, 여객, 수송에 대한 '지역화'를 들 수 있다. 이는 자금조달과 경영관리 권한을 지방에 이전하는 것으로 연방철도는 1996년부터 지방이나 주 단위로 이양되었다. 또한 지방의 적자노선은 DBAG에서 분리하여 해당 지자체에 비용을 분담시켰고, 신규철도망 확충비용은 정부가 무이자로 융자해 주도록 하였다. 이와 함께 1999년부터 4년간 정부는 약 75억 마르크를 지방 노선 등에 대한 인프라와 기술개발에 투자하였다.

구조개혁을 통해 현재 연방철도는 독일철도지주회사 아래에 근거리교통, 원거리교통, 화물운송, 역관리, 선로관리를 전담하는 5개 주식회사(AG)로 구조화되었다. 하지만 국영철도의 기업구조 개선을 위해 도입된 사업분리과정이 너무 경직적으로 이루어졌기 때문에 종합적인 기업대응능력이 저하되고 있다는 비판이 지속되고 있다. 화물운송시장에서의 철도점유율 감소, 높은 빈도의 차량연착 및 기술결함 등에 따른 교통사고 등은 철도구조개혁의 문제점으로 지적되고 있다. 또한 인원합리화 조치로 여객분야의 경우 지금까지 수익성이 좋은 21개 교통망은 보다 현대화시킨 반면 그 외에 수익성이 낮은 지역구간에는 운행횟수 감축이 추진되었다. 철도운행 횟수의 감소는 바로 승객들에게는 서비스 질의 저하, 승무원들에게는 조업단축을 의미하여 많은 사회적 비용을 초래하고 있다.

2. 프랑스

프랑스의 철도산업 구조개혁 동향을 보면 1960년대 이후 공공분야에서 널리 확산된 자유주의적 개혁의 흐름에 따라 한 산업 내에서 공기업과 민간기업이 상호 경쟁하는 프랑스 공기업 개혁의 일반적 특성을 유사하게 따르고 있다. 즉, 프랑스에서는 1938년의 철도산업 국유화 이후 국영철도(SNCF: : Société nationale des chemins de fer français)는 정부의 적극적 지원을 토대로 기술 및 생산성 측면에서 큰 발전을 이룩했다. 하지만 민간 교통수단들과의 경쟁에 직면해 경영 상 많은 문제점에 직면하였다. 1960년대부터 누적된 적자문제에 대응하여 프랑스 정부는 공적 지원을 대폭 삭감하는 대신 SNCF로 하여금 민간경영방식을 적극 도입하고, 고속철도개발을 통한 교통시장 회복 등 상업적 목표에 보다 충실하도록 적극적인 유인을 부여하였다. 이에 공기업인 SNCF는 민간기업들과의 적극적인 경쟁을 위해 대규모 상업적 프로젝트인 TGV 개발전략을 추진하였다. 요컨대 프랑스는 공공성이 강한 것으로 인식되었던 철도분야에서도 상업적 이윤창출 제고를 적극 추진하면서도 그 방식은 공기업의 매각보다 민간기업과의 경쟁을 통한 공기업의 시장경쟁력 강화에 초점을 두었다(김성현, 2005).

1938년 SNCF가 설립되기 전까지 프랑스에서는 6개의 민간기업들이 프랑스 정부로부터 철도를 임대 받아 각 지역에서 열차의 운송을 담당하고 있었다. 국가가 철도건설을 주관하되 민간기업들에 철도를 임대한 후 기업들의 이윤을 분할하는 방식으로 철도산업을 운영해 왔다. 그러나 이러한 경영방식은 1차 세계대전 이후의 금융위기와 기업들의 경영부실로 인해 결국 1936년에 집권한 레온 블룸의 민중전선(Front Populaire) 정권은 철도의 국유화를 모색하게 되었다. 1936년 말부터 프랑스 국회에서는 철도의 국유화 방식을 놓고 두 가지 견해가 논쟁을 벌였는데 하나는 임대기업의 권리를 인정한 상태에서 그들을 철도경영에 계속 참여시키는 점진적인 국유화방식이고, 다른 하나는 이 기업들의 모든 권리를 박탈하고 철도를 국가기관의 한 단위로 개편하는 전적인 국유화방안이었다.

결국 점진적 개혁안이 채택되었고 까미유 쇼땅 내각은 1937년 8월 기존의 임대기업들과 국가가 동시에 참여하는 복합경제주식회사(Société anonyme de l'éonomie mixte)를 설립하기로 하여 정부는 51%의 지분을 보유한 SNCF가 설립되었다. SNCF는 공적인 목표, 즉 물가조절, 고용, 운송시장에서의 보편적 서비스 책임 등 다양한 목표들을 추구해야 했지만, 또한 주식회사로서 이윤극대화를 통한 주주 이익배당의무도 동시에 부담하게 되었다. 이러한 목표의 이중성은 민간이 지배하는 도로수송이 급속히 발달하면서 SNCF가 수송시장 경쟁에서 급속히 하락하게 되는 원인이 되었다. 이러한 경영상의 문제점들과 함께 1960년대 들어 재정균형에 대한 담론들이 증가하면서 SNCF에 대한 정부지원 및 공공부문의 방만한 운영이 큰 비판을 받게 되었다.[12] 물론 공기업의 위기가 정부의 재정적, 행정적 지원 부족에 기인한다

12) 이에 1966년에 뽕삐두 국무총리는 재정감사원(Inspection des finances)의 시몬 노라(Simon Nora)에게 공기업 운영의 문제점을 조사하고 개선방안을 제시할 것을 위임했다. 1967년에 발표된 "공기업 보고서"(일명 "노라

04

는 의견도 일부 있었지만 대체로 공공부문의 위기는 경쟁체계 부재 등에 따른 방만 경영에서 비롯되었다는 인식이 일반적이었다.

이러한 문제점을 극복하기 위해 결국 프랑스 정부는 1960년대 중반부터 SNCF의 경영자율성을 제고하고, 기업적 성격을 강화하는 방향으로 정책을 추진하였다. 이에 따라 SNCF의 경쟁력 강화를 통해 수송시장에서 민간기업과의 적극적인 경쟁체제가 구축되었다. 1970년대 조반 떼제베(TGV)고속철도 계획이 적극적으로 추진되었는데, 그 첫 번째가 바로 TGV 동남선(Paris-Lyon)노선 프로젝트였다. 즉, 1967년 7월에 발표된 계획은 고속열차 중심의 여객전용 노선 건설과 재래식 노선의 화물수송으로의 전환을 목표로 하였으며, 바로 이것이 TGV 동남선 건설프로젝트의 기원이 되었다. 이후 SNCF는 공기업으로서 교통시장분야에서 민간기업들과 적극적으로 경쟁하는 체계를 형성하였고, 이를 통해 철도산업 구조개혁은 프랑스의 일반적 민영화 흐름과 나란히 정부지분 매각보다 공기업과 민간기업의 공존을 통한 경쟁체제 구축에 보다 초점이 맞춰져 왔으며, 이를 통해 주목할 만한 구조개혁 성과를 달성해 왔다.

3. 영 국

영국철도는 1948년에 교통법에 의해 국유화되기 이전까지는 1820년 이래 민간에 의해 운영되었다. 1953년 당시 철도연장은 총 30,935km, 수송분담률은 여객 17%, 화물 42%였으나 민영화 직전인 1993년에는 총연장이 16,536km로, 수송분담률도 여객 5%, 화물 6%로 감소하였고, 매출액도 1993년 가격으로 1953년에 64억 2백만 파운드에서 1993년에는 36억 4천 5백만 파운드로 감소하였다. 1974년 철도법을 통해 철도의 역할을 명확히 하고, 투자 확대를 위해 노력하였고, 1980년대에는 상업주의를 도입하여 효율성 향상을 도모하였으나 국가 운영으로 인한 낮은 생산성, 부적절한 투자, 관리의 비효율성, 불규칙한 재정지원 등의 문제가 지속되었다. 이에 1980년대부터 철도 민영화가 검토되어 1992년 메이저 정권에

보고서")는 특히 SNCF와 EDF를 겨냥해 프랑스의 공기업들이 독점기업으로서 경쟁정신이 부족하고 국가의 무조건적인 지원을 누림으로써 경영이 방만해졌다고 문제점을 지적하고, 개선책으로 국가는 SNCF 사업 중 공적이고 비영리적인 부분만 지원하고 나머지 부분은 SNCF의 자율에 맡기는 사업계획계약(contrat du plan)을 체결할 것을 요청하였다.

〈표 9〉 영국의 철도 민영화 추진과정

	민영화 당시 (1990년대 중반)	변화(1) (2000년대 초반)	변화(2) (2000년대 중반)	비 고
프랜차이즈관리	OPRAF	SRA(2001)	DT(2005)	정부역할 강화
인프라 규제	ORR	ORR	-	
인프라 소유	Railtrack (영리회사)	Network Rail(2002) (비영리회사)	Network Rail	정부역할 강화
안 전	HSE	RSSB(2003)	RAIB(2005) ORR(2005)	
계획기능	-	SRA(2001)	DT(2005)	정부역할 강화

주: DT: 교통부(Department of Transport), HSE: 보건안전국(Health and Safety Executive), OPRAF: 승객서비스국(Office of Passenger Rail Franchising), ORR: 철도규제국(Office of Railway Regulation), RAIB: 철도사고조사실(Rail Accident Investigation Branch), RSSB: 철도안전국(Rail Safety and Standard Board), SRA: 전략철도청(Strategic Railway Authority)

자료: 이용상·정병현(2010).

의해 구체화됨에 따라 1993년 철도법에 의해 민영화가 시작되어 1997년에 신노동당 정부 집권 직전에 완료되었다(이용상·정병현, 2010).

1992년에 영국 재무부는 각계의 반대에도 불구하고 운영회사와 인프라회사의 부채 탕감을 포함한 상하분리 민영화안을 주장하였다. 민영화 방안은 1993년에 국회에서 확정되어 1996년 4월에 첫 번째 프랜차이즈 회사가 탄생하였고, 총선 한 달 전인 1997년 4월에 마지막 프랜차이즈 회사가 결정되었으며, 또한 인프라회사는 1996년에 주식시장에 상장되었다. 민영화 과정에서 정치적인 공약과 이로 인한 시간적인 제약이 민영화방식을 제약한 것으로 평가된다. 가령 운영부문의 경우 기능별 민영화방식에 따라 작은 회사단위로 분리 매각하고, 프랜차이즈회사에 정부보조금을 지급하고, 프랜차이즈권의 재매각을 허용하였다. 또한 인프라의 경우 분리 매각하지는 않았지만 인프라관리회사의 부채를 모두 탕감해 주었다. 그리고 프랜차이즈계약관계를 규제하는 승객서비스국(OPRAF)과 인프라회사인 레일트랙(Railtrack)의 독점을 규제하기 위해 철도규제국(ORR)이 각각 설립되었다.

민영화 직후 적자경영이 흑자로 전환되었으나, 1997년의 신노동당정부는 철도민영화에 대한 기본적인 골격을 유지하되, 안전과 환경 등을 고려하여 정부의 역할을 강조하는 쪽으로 철도정책을 수정하였다. 이를 뒷받침하기 위해 기존의 프랜

차이즈 규제기구인 승객서비스국 대신 전략철도청(SRA: Strategic Railway Authority)이 출범되었다. 전략철도청은 기존과 달리 운영회사들에 대한 자료를 토대로 인프라에 대한 장기계획수립기능을 수행하도록 하였다. 또한 일련의 철도사고(1999년의 Paddington역 사고, 2000년의 Hatfield역 사고 등)와 이에 따른 레일트랙에 대한 정부보조금 지급은 인프라부문의 재국영화 여론을 증폭시켰다. 이에 정부는 재국영화 대신 2001년 10월에 레일트랙을 정부관리 하에 두었고, 2002년 10월에 비영리회사인 네트워크레일(Network Rail)이 탄생하였다.

이어 철도안전국(RSSB)을 신설하여 보건안전국(HSE)으로부터 철도안전기능을 이관하고, 전략철도청(SRA)을 폐지하고 철도투자기능 등을 교통부(DT)에서 직접 관장하도록 하였다. 이에 주요 계획기능은 교통부가 담당하고, 작은 규모 투자와 열차운영계획은 네트워크레일이 담당하게 되었다. 더욱이 2006년 7월 보수당은 민영화 이후 비용 상승, 사고 등 여러 문제점이 발생했다면서 영국의 민영화정책에 대한 과오를 인정하였다.

4. 일 본

일본의 철도는 1872년부터 민간이 운영하였으나 1906년에 도시철도를 제외하고 모두 국유화되어 1905년에 민영철도가 5,231㎞, 국영철도는 2,562㎞였으나 1906년에는 국영철도는 4,978㎞, 민영철도는 2,722㎞로 변화되었다. 1940년대까지는 흑자 기조를 유지하였는데 1949년에 국영철도는 정부전액출자의 국영기업인 국유철도공사로 경영형태가 변경되었다. 공사화 이후에도 철도의 독점성이 유지되었고 국유철도는 전후 경제회복에 크게 기여하였는데 1955년 국유철도의 국내수송점유율은 여객 55%, 화물 52%를 차지하였다.

그러나 교통수단의 발달로 철도의 점유율은 민영화 직전인 1986년에는 여객이 24.7%, 화물이 8.4%수준으로 급감하였다. 경영상황도 악화되어 1964년에 최초로 300억 엔의 영업순손실을 기록하였고 이후 매년 적자폭이 확대되었다. 이에 정부는 5년에 걸친 인원감축, 운임인상, 지방적자선 폐지, 채무이자에 대한 정부지원 등을 강구하였지만, 계획 추진은 제약되었고, 적자규모는 계속 증가하였다. 실제 1974년부터 1986년까지 11회에 걸친 운임인상에도 불구하고 부채규모는 1986년에 차입금 25.4조엔, 건설공단채무 5.1조엔, 연금부채 5.0조엔, 경영안정기금 1.3조엔, 고용대책비 0.3조엔 등 총 37.1조 엔으로 급증하였다. 이에 정부는 2차 임시행정조사회의 제안과 이를 기반으로 한 1983년의 국철재건감리위원회의 건의를 수용하여 1987년에 국유철도 민영화를 추진하였다.

이에 국유철도는 화물(1개) 외에 지역별로 분할된 여객(6개) 등 총 7개 그룹으로 분할되어 상하일체형 민영화가 추진되었다.[13] 이 과정에서 정부규제는 완화하고, 분할된 회사가 승계해야 할 채무에 대해서는 원금과 이자를 지불가능한 범위로 한정하고, 그 외는 국유철도 청산회사가 국유철도용지 매각, 국민 부담 등을 통해 처리하도록 하였다. 인원감축도 단행되어 국철직원 28만명 중 20만명만 새로운 민간회사인 일본국영철도(JR: Japanese Railways) 각 사에 취업되었다. JR회사들은 주식공개 전에도 경영면에서 사기업화가 진행되었으나 1993년 JR동일본의 주식상장을 시작으로 JR본섬(혼슈, 本州) 3개 회사의 주식공개가 시작되었다. 1996년에는 JR서일본, 1997년에는 JR동해의 주식이 상장되고, 완전민영화는 JR동일본의 경우 2002년 6월, JR서일본의 경우 2004년 3월에 완료되었다.

1987년에 새롭게 출범한 JR그룹 7개 회사는 첫 해부터 지속적으로 흑자를 기록하고, 부대사업 역시 국유철도시대와 달리 다양하게 전개하였다. 특히 혼슈 3개 회사들은 여행, 호텔, 역빌딩업, 터미널 이용 소매업, 부동산업, 정보산업 등에 진출해 그룹 회사 수는 2004년 기준 JR동일본이 약 100개, JR서일본이 약 60개, JR동해가 약 30개로 확대되었다. 또한 혼슈 3개 회사의 경우 매년 반복되던 운임인상을 민영화 초기에는 단행되지 않았다. 그러나 3개 섬 회사들의 상황은 상이하였다. 가령 구조개혁 이후 JR홋카이도(北海道)가 경영적자를 기록하였지만, 철도정비기금으로 영업손실을 보전하는 운영방식이 정착되었다. 특히 3개 섬 회사의 경우 1990년대에 경영흑자 달성이 곤란하다는 판단 하에 1996년에는 운임개정이 실시되었다. 한편 JR화물의 경우도 선로사용료 경감을 위해 적용된 회피가능비용 원칙에도 불구하고 1990년부터 영업수익이 감소하고, 적자가 지속되었다.

04

13) 1987년의 JR발족 직후 신칸센 리스방식을 둘러싼 문제가 표면화되었다. 혼슈 3개 회사는 신칸센 자산을 보유하고 있지 않아 기업내부의 자산축적이 불가능한 점을 지적하였고, 정부도 신칸센 매각수입을 이용해 국철채무를 상환하고 철도정비기금을 조성하는 데 동의하였다. 이에 1991년 신칸센 4노선(東海, 山陽, 東北, 上越)은 JR 혼슈 3개 회사에 매각(매각수입 9.2조엔)되어 상하 일체의 운영체계가 완성되었다.

5. 비교종합

철도산업에 있어 각국의 구조개혁 동향은 독일, 프랑스, 영국의 전반적 민영화 전략에 대한 비교분석 결과의 일반화를 위한 근거를 제공해 줄 수 있다. 세 국가의 철도산업 구조개혁의 공통적 배경으로 만성적 적자경영 및 이에 따른 재정부담 악화를 들 수 있다. 그러나 이에 대한 대응방식은 국가별로 상이하였다.

첫째, 민영화 방식을 보면 독일의 경우 사업구조 분리를 통한 규제완화와 지역화에 초점을 맞췄고, 영국은 상하 분리형 민영화를 통해 선로부문은 단일회사에 매각하고, 운영부문은 소규모로 분할하여 민영화하였으며, 프랑스는 공기업체제를 유지하는 가운데 기술개발과 투자를 통한 국영철도의 시장경쟁력을 강화하는 데 역점을 두었다. 한편 일본은 화물부문 이외에 본토 3개 지역과 3개 섬 지역 등 6개 권역별로 분리된 상하 일체형 민영화를 추진하였다. 이러한 다양성은 각국의 재정구조(Von Weizsacker et al., 2005), 구조개혁정책의 목표(Grahovac, 2004), 정부의 경제적 역할에 대한 헌법적·정치적 규범(Graham and Prosser, 1992) 등의 차이에 기인한다고 볼 수 있다.

둘째, 구조개혁이 단행된 국영철도회사들의 운영 효율화 측면에서는 인원감축 등의 성과가 일부 인정된다.[14] 또한 대체적으로 3국은 구조개혁 전후로 국영철도회사에 대한 채무부담 경감, 정부의 운영비 보전, 적자노선의 운영감축 등을 추진함으로써 국영철도가 안정적 경영기반을 마련할 수 있도록 정부의 적극적 지원이 이루어졌다. 철도개혁과정에서 정부 지원을 보면 독일, 영국은 인프라부문의 부채대책을 적극적으로 추진하였다. 독일은 사업분리와 인원합리화 등의 구조개혁과 동시에 기존 건설채무를 탕감하거나 지방으로 이양된 노선 등에 대해 투자를 지원하였고, 영국도 인프라부문은 분리하지 않는 대신 채무를 탕감해 주었다. 프랑스의 경우 부채경감은 명확하지 않지만 적어도 기술개발과 인프라투자에 대한 정부의 적극적인 지원이 이루어졌던 것을 알 수 있다.

셋째, 민영화 과정 및 이후 나타난 지배구조 내지 규제체계 변화를 보면 독일

14) 일본의 경우도 화물부문 외에 여객부문을 본섬(혼슈) 3개 지역과 기타 6개 지역 등 6개의 지역별로 구조분리 후 상하 일체형 민영화를 단행하였다. 민영화 이후 혼슈지역 JR 3개 회사들은 여러 부대사업들을 확대하였고, 이에 따른 경영 정상화의 결실로 민영화 초기에는 소비세 인상분 반영 등을 제외하고는 거의 매년 지속되던 운임인상을 단행하지 않는 등 일정 부분 성과를 달성한 것으로 평가되고 있다.

은 구조개혁 당시부터 정부 통제 하에 독일철도주식회사(DBAG)를 두고 이를 통해 사업영역별 자회사들의 운영을 관리·감독하도록 하였다. 영국은 민영화 초기에는 운영부문의 프랜차이즈 규제와 독점적 인프라부문의 규제를 분리하였으나 2001년에 프랜차이즈 규제기구인 승객서비스국(OPRAF)을 폐지하고 전략철도청(SRA)을 신설하여 인프라에 대한 장기계획기능까지 담당하도록 하였고, 2005년에는 나아가 전략철도청(SRA)을 폐지하고 철도투자기능 등을 교통부(DT)에서 직접 관장하도록 하였다. 프랑스와 일본에 있어서 규제체계 변화는 명확하지 않지만 프랑스의 경우 기술개발 및 인프라에 대한 정부지원이 강화되었다는 점, 일본의 경우 철도정비기금 등이 신규로 조성되었다는 점에서 정부가 철도회사들의 운영에 있어 일정 수준의 지렛대를 지속적으로 유지하고 있는 것으로 판단된다.

넷째, 보편적 서비스 기능에 대한 접근방식도 국가별로 차이가 있었다. 독일, 영국은 구조개혁 후에도 철도의 보편적 서비스 기능을 지속하는 정책을 유지하였다. 독일의 경우 사업분리와 지방화 이후 연방정부가 인프라와 기술 투자 등을 지원하였다. 영국의 경우 민영화 이후 일반규제기구가 아닌 인프라와 운영부문에 각각 특별규제기구들을 신설하였다는 점은 역설적으로 민영화를 통한 보편적 규제로의 전환보다 민영화에도 불구하고 보편적 서비스 기능을 강조하였음을 보여준다. 프랑스의 경우 철도의 보편적 서비스 기능이 강조되면서도 동시에 서비스 시장화를 통한 경쟁력 강화가 추진되었다. 일본은 JR홋카이도(北海道) 등 3개 섬지역 회사들의 영업손실을 철도정비기금으로 보전하는 등 철도의 보편적 서비스 특성이 크게 훼손되지 않도록 제도화하였다. 한편 서비스 품질과 관련하여 객관적 자료는 제한적이지만 독일, 영국 등에서 구조개혁 이후 차량연착과 기술결함 등에 따른 교통사고 발생, 수익성 낮은 구간의 운행감축, 화물시장에서 철도의 점유율 감소 등이 구조개혁에 따라 발생하는 높은 사회적 비용이라는 비판이 제기되었다.

V. 분석의 시사점과 공기업 개혁 방향

1. 민영화의 기대효과와 한계

분석결과를 통해 민영화의 기대효과로 제시되는 쟁점사항들에 대한 몇 가지 시사점을 논의할 수 있다. 민영화의 기대효과는 크게 공기업 효율화, 재정부담 완화, 서비스 품질 등 세 가지 측면에서 볼 수 있다(Steel et al., 1984).

1) 공기업 효율화 및 기업지배구조 개선

일반적으로 민영화는 공기업의 비효율적인 경영구조와 왜곡된 지배구조를 개선하여 효율성, 특히 재무적 측면의 효율성 향상에 기여할 것으로 논의되었다. 재산권이론 등에 의하면 공적 소유와 공적 지배 하에 놓인 공기업의 비극은 이미 예견된 일이라고 할 수 있다. 따라서 지분매각 등 소유구조 개편을 통해 소유권을 명확히 규정함으로써 투명하고 효율적인 기업지배구조 구축이 가능하다는 논의가 확산되어 왔다. 하지만 프랑스 사례의 특징으로 민영화가 비효율적인 공기업보다 공적 소유 하에서 효율적으로 운영되었던 공기업을 주된 대상으로 추진되었다는 점에 주목할 필요가 있다(Graham and Prosser, 1992). 민영화의 주된 목적이 지분매각을 통한 재정수입의 증대에 있었으므로 주로 우량 공기업을 대상으로 민영화가 추진되었던 것이다. 또한 철도분야에서의 독일과 프랑스 사례를 통해 지배구조 합리화나 경영시스템 개선의 효과는 지분매각뿐만 아니라 다양한 방식의 구조개혁을 통해서도 가능하다는 점이 확인된다.

공기업의 생산성은 소유·지배구조나 경영시스템 외에도 다양한 정치·행정적 요인들에 의해 영향을 받고, 또한 거시경제적 요인 등에 의한 불규칙적인 영향도 배제하기 어렵다. 따라서 공기업 개혁의 초점은 여러 정치·행정적 요인들에 의한 불확실성을 최소화하여 소유·지배권 행사의 예측가능성을 제고하는 데 맞춰져야 한다. 2000년대 들어 영국, 프랑스, 독일은 물론 핀란드, 뉴질랜드, 스웨덴, 스위스, 캐나다 등 많은 국가들이 명확하게 규정된 소유권정책을 기반으로 공기업에 대한 소유권기능을 준독립적 소유권기구로 집중화하면서 그 범위와 내용을 체계화하고 있다는 점은 이와 같은 정책방향의 중요성을 입증해 주고 있다. 더욱이 소유·지배구조의 문제는 공기업뿐 아니라 2008년 엔론(Enron) 사태가 보여주듯 민간기업에게도 여전히 미완의 숙제이며(Heath and Norman, 2004) 경우에 따라 공기업에 비해 문제가 더욱 심각할 수도 있다. 또한 공기업 생산성에 대한 경영시스템의 영향은 단정하기 어려울 뿐 아니라(Bozec and DiaBoard, 2007), 경영시스템의 측면에서 공기업과 민간기업 간 차별성을 논의하기도 쉽지 않을 것이다(Aucoin, 2007).

2) 정부역할의 축소 및 재정부담 완화

민영화의 두 번째 기대효과로서 산업에서의 정부 역할을 축소하고, 이를 통해 정부재정부담을 완화할 수 있다는 점이다. 민영화는 일반적으로 시장의 경쟁기제 활용을 촉진하여 정부의 시장개입을 최소화할 것으로 기대되고 있다. 이와 함께 앞서 논의한 공기업 경영의 효율화와 수익구조 개선을 통해 해당 산업에 대한 재정지원의 축소와 정부 부채규모 감축에 기여할 것으로 기대되고 있다.

하지만 독일, 프랑스의 민영화 동향을 보면 정부의 시장개입은 민영화 이후 다양한 방식을 통해 지속 혹은 확대되어 왔다. 특히 민영화 이후 시장에 대한 정부규제의 확대는 민영화의 선두국가로 일컬어지는 영국에서도 나타났다(Graham and Prosser, 1992). 또한 각국 철도구조개혁 사례는 민영화만이 기업들의 수익구조 개선을 위한 정답은 아니며 민영화 이후에도 다양한 방식을 통해 정부 재정지원이 지속되고 있음을 보여주고 있다. 이는 철도분야에서 정부재정부담 완화라는 정책목표의 달성 여부가 명확하지 않음을 말해준다. 한편 프랑스나 독일의 경우 경쟁시장에서조차 민간기업과 공기업이 공존하는 경우가 많다는 점에서 민영화가 반드시 시장확대 및 정부축소를 목표로 하는 것은 아니라고 이해될 수 있다. 민영화가 필연적으로 정부역할 축소 및 재정부담 완화를 가져오는 것은 아니며 이러한 목적 달성을 위해서는 시장화와 같은 다른 정책이 병행되어야 한다. 즉, 민영화 시대에도 정부의 역할과 비중 축소가 보편적인 현상은 아니며(Evans, 1997), 많은 경우 정부역할이 새로운 방식으로 변화되는 것으로 이해될 필요가 있다(Sørensen, 2004).

3) 보편적 규제 및 서비스 시장화

민영화는 일반적으로 보편적 서비스와 복잡한 규제체계를 특징으로 하는 공기업체계를 시장적 서비스와 보편적 규제체계를 특징으로 하는 민간기업체계로 전환하는 것을 의미한다. 시장기제를 통한 보편적 규제체계의 적용과 서비스의 시장화가 기존의 공기업방식에 비해 서비스 향상에 기여할 수 있다는 것이 일반적인 인식이었다.

그러나 철도산업분야에서 보듯이 보편적 서비스와 시장적 서비스 간에 품질 차이를 단정하기는 어려울 것이다. 특히 서비스의 품질은 프랑스와 독일에서 확인되듯이 서비스 시장화 그 자체보다 규제체계 내지 지배구조 문제와 보다 밀접하게 연관되어 있다고 판단된다. 가령 철도산업에 있어 영국은 서비스 시장화와 함께 품질과 안전을 목적으로 특별규제기구들을 신설·확대하였다. 이로 인해 규제체계는 더욱 왜곡되고, 이에 따른 문제가 심화되자 2005년에 철도투자를 포함한 주요계획기능을 교통부로 이관하는 등 규제체계를 개편하였으나 그 성과는 논란 속에 있다. 이에 반해 독일은 철도구조개혁 전후로 공기업 지배구조 개편을 강도 높게 추진함으로써 복잡한 규제체계에 따른 공기업 운영의 왜곡을 방지하기 위한 제도적 노력을 강화하고 있다. 한편 프랑스는 공기업과 민간기업의 경쟁을 통한 서비스 시장화를 추구하면서 소유권정책의 개선을 통해 APE를 중심으로 민간기업에 준하는 보편적 규제체계를 적용함으로써 공기업 관리의 왜곡을 방지하고 있다.

요컨대 서비스 시장화 그 자체가 품질을 결정한다고 보기 어렵고, 기업경영을 왜곡할 가능성이 높은 복잡한 규제체계 내지 지배구조의 개편이 보다 중요할 것이다. 서비스의 시장화 이후 민간독점에 따른 폐해는 공기업 체제에 의한 독점보다 경제 전체적으로 보다 우월적일 가능성이 낮다는 것이 독일, 프랑스 사례의 시사점이라고 할 것이다.

2. 공기업 개혁정책에 대한 시사점

공기업체제의 일반적인 문제점으로 불명확한 재산권으로 인한 성과저하, 중첩된 대리구조로 인한 각 관리주체의 기회주의적 행동, 정치·행정적으로 점철된 각종 규제에 따른 비효율적 경영구조 등이 지적되어 왔다(이주선, 2007). 이에 더해 우리나라의 독특한 국가 소유·지배구조적 특성으로 인해 공기업은 그 동안 각종 규제의 제약 하에서 소유·감독·경영이 분리됨으로써 경영과정에의 정치적 개입, 경제·사회적 여건과 괴리된 관리행태 등 공기업체제의 여러 문제점이 지속되었고, 이는 궁극적으로 재정낭비나 정책책임성의 저하 문제 등으로 이어져 왔다. 이에 공기업 개혁에 대한 많은 논의가 있어 왔고, 정부정책도 이에 따라 다양한 방향으로 중첩적으로 시행되어 왔다.

이상의 논의들은 그 동안 공기업 민영화의 주된 논거로 제시되어 왔다. 그러나 이러한 보편적 시각에 입각한 논리로는 정치·경제·사회적 여건에 따라 많은 영향을 받고, 개별산업의 특성이 다양하게 고려되어야 하는 민영화 정책의 실행에 있어 효과적이고 현실성 있는 대안을 제시해 주는 데 한계가 있다. 이로 인해 그 동안 공기업 개혁정책은 지속성과 일관성을 상실한 채 정치적 입장과 사회적 분위기에 따라 여러 방향으로 표류해 왔다. 공기업 민영화는 정치·사회적 환경에 대한 고려 이전에 재정·경제적 여건 및 산업별 특성에 대한 신중한 분석과 검토가 요구된다. 이를 토대로 민영화 목표에 대한 국민적 공감대를 형성함으로써 보다 합리적인 추진방법(민영화방식, 추진시기, 추진단계 등)을 설정할 수 있어야 한다. 이는 다양한 이해관계자들을 설득하고, 이들의 입장을 결집함으로써 민영화의 정치적 동력을 확보하는데 매우 중요하기 때문이다. 그러나 지금까지의 공기업 개혁 과정을 보면 이러한 요인들이 종합적으로 고려되지 못한 채 민영화 계획이 수립됨으로써 최소한의 사회적 합의조차 쉽게 도출되지 못하고 계속 표류되어 왔다.

더욱이 민영화가 공기업 개혁의 보편적 대안으로 확산되기는 하였으나 민영화에 따른 독과점 폐해, 즉 고용악화, 요금인상 및 수급불안 등 여러 문제점에 대한 우려로 인해 각국은 시기별 그리고 산업별로 다양한 접근전략을 유연하게 택해 왔다(오건호, 2004). 이는 민영화로 인해 정책책임성이 저하된다는 우려를 넘어 일반적으로 기대되는 경영구조 효율화, 재정지출 감축, 서비스 질 향상 등의 목표마저 반감될 수 있다는 인식에 기반을 두고 있다. 최근 우리나라에서 표출되었던 철도, 공항, 전력 민영화 등에 대한 논란도 민영화 이후의 공공성 확보는 물론 시장과 산업의 효율화와 서비스 개선가능성 등에 대한 우려에서 비롯된 것이라고 할 수 있다. 이는 경제력 집중 문제, 고용악화, 요금인상문제 등으로 구체적이고 세심한 공기업 개혁전략이 마련되지 않고서는 일반적인 기대와 달리 민영화 이후 이러한 문제들이 발생할 우려가 있다(이원우, 2002, 2006).

따라서 민영화의 목표와 필요성, 공기업 존립목적의 유효성 등을 명확히 검토하여, 민영화 대상산업과 기관을 신중하게 설정해야 한다. 또한 민영화 이후에도 계속 확보되어야 할 공공성의 실체에 대한 논의를 바탕으로 공공성 확보를 위한 정부의 역할과 시장규율 등에 관한 체계적 검토가 필요하다. 가령 민영화 과정에서 당분간 경쟁체제 도입이 어려운 경우 정부는 공익성 확보를 위해 민영화 이후에도 특정인의 지분을 제한하거나 황금주 제도 등을 활용하는 경우가 많다. 그렇지 않다면 공기업 민영화에 대한 반론과 저항을 극복하기 어려우며, 민영화의 당위성에 대한 국민적 공감대를 확보하기도 어렵다. 또한 민영화는 정치·경제·사회적 상황에 따라 유연하게 접근해야 하므로 이러한 논의가 명확하지 않다면 민영화 추진방법, 시기와 단계 등의 세부계획 수립이 제약받을 수 있다.

민간과 경쟁관계에 있다는 것만으로 민영화의 당위성을 인정하기 어렵고 설립 목적의 상실 여부 역시 정치적 선전에 좌우될 가능성이 있다. 공기업을 구조조정하거나 민영화하여 정부 재정부담을 축소하고, 기업의 경영체제를 합리화하는 것이 효율성 제고에 기여할 수 있다는 논의 역시 아직은 현실로서 입증되기에는 많은 한계가 있다. 물론 정부의 역할이 상실되거나 또한 경쟁여건이 갖춰진 분야에 대해 민영화가 검토될 여지는 있다(OECD, 2003). 그럼에도 민영화는 경제력 집중, 공공요금 및 고용안정 등 관련 정책과 조화를 유지하면서 신중히 추진되어야 하며, 보편적 서비스 제공과 취약계층 보호 등의 공익성 확보장치도 민영화과정에서 함께 논의되어야 한다. 무엇보다 민영화에 앞서 공기업의 경영혁신과 효율화를 위한 지배구조 개선과 함께 노동시장의 유연화, 내부성과 보상체계 등 경영혁신체계를 강화하는 방안이 검토될 필요가 있다.

요컨대 공기업 민영화는 여러 구조개혁전략들 중 하나의 대안일 뿐, 이와 함께 소유·지배구조를 포함한 관리체계의 개혁도 공기업 개혁의 유효한 대안으로 검토되어야 한다. 또한 민영화 추진과정에서 민영화의 목적에 대한 국민적 공감대 형성을 토대로 국내의 정치·경제·사회적 제반 여건과 해당 산업의 특성을 고려한 민영화전략과 방안을 설계하는 유연하고 균형잡힌 접근이 요구된다.

특히 각국의 철도산업 구조개혁 동향이 한국에 시사하는 바는 다음과 같이 정리할 수 있다. 먼저 철도 구조개혁[15] 및 민영화의 목표와 기대효과를 체계적으로

---

15) 한국은 2004년부터 철도를 상하 분리 운영하고 있으며, 그 해 4월에는 고속철도를 개통하였다. 철도산업은 김대중 정부에서 민영화가 추진되었으나 노무현 정부에서 공사화되어 현재에 이르고 있다.

분석하고, 철도 투자와 운영에 있어서 정부의 역할과 책임을 명확히 정립해야 한다. 특히 지속적인 인프라 투자와 기술개발이 철도의 경쟁력을 좌우한다는 점에서 구체적인 발전계획과 함께 안전확보방안들이 함께 마련되어야 할 것이다. 이를 토대로 철도 구조개혁에 대한 국민적 합의형성이 선행되어야 하며, 개혁과정에서는 언론, 소비자, 노조 등 다양한 이해관계자들의 참여를 통해 이것이 야기하게 될 각종 사회적 비용의 분담방안에 대한 충분한 논의 및 최소 합의기준을 마련할 수 있어야 한다. 민영화 이외의 다양한 구조개혁방안에 대한 검토도 병행되어야 한다. 가령 철도투자와 운영에 있어 지방의 역할을 확대하기 위해서는 재원대책이 함께 고려되어야 하며, 민간의 진출을 허용할 경우에도 품질향상과 요금 안정화 등을 위한 규제체계 정비 및 지원방안이 다각도로 검토되어야 한다.

3. 한국의 공기업 개혁 방향

그 동안 많은 국가들에서 민영화가 추진되어 왔지만 공기업의 국민경제적 중요성은 여전히 높은 수준이라는 점에서 공기업 민영화는 신중한 접근이 요구된다. 공기업은 본질적으로 정책목적 달성의 도구적 역할을 수행하므로 민영화를 포함한 공기업 개혁은 국가의 경제·사회적 특성, 산업분야별 여건, 개별 공기업의 기능과 특성 등에 대한 다각적인 검토를 토대로 차별적인 접근이 요구된다.

공기업 민영화 논의는 보편적 차원에서 정답이 될 수 있을 것이다. 공기업의 비효율적인 경영체계나 지배구조를 개선하고, 정치·행정적 유인에 의해 불합리하게 설계된 재정부담구조를 해소하며, 기업의 원가절감 및 투자확대를 통한 서비스 품질 향상 등에 기여할 가능성은 인정된다. 그러나 민영화의 특수성으로 인해 이러한 이상향들은 현실과 상당한 간극을 나타낼 가능성이 있다. 미시적 이론과 거시적 현실 간의 간극으로 인해 나타나는 민영화의 한계에 주목하면서 국가별 그리고 산업별 여러 차별적 특성들에 대한 성찰과 비판을 토대로 민영화 전략을 객관적이고 체계적으로 분석할 수 있어야 한다. 이는 역으로 보편적으로 논의되는 공기업 민영화의 여러 목적들을 효과적으로 구현하기 위한 구체적인 정책수립에 필수적이다. 더욱이 민영화 추진에 있어 산업분야별 민영화의 목적에 대한 국민적 합의가 중요하며, 개별 민영화 정책의 긴급성과 중요성에 대한 우호적인 정치·사회적 환경이 조성되어야 민영화가 추진동력을 확보할 수 있기 때문이다.

민영화가 갖는 이러한 특성들을 고려할 때 한국의 공기업 개혁에 있어서 다양한 공적서비스 제공방식 내지 정책수단들에 대한 체계적인 분석과 이를 토대로 각 대안들의 강점과 한계에 대한 신중한 검토가 요구된다. 민영화는 우리나라의 경제적·사회적 여건과 산업별 특성에 따라 차별적이고 신중하게 접근해야 하며, 이러한 성찰을 토대로 보다 적합한 공기업 개혁전략이 마련되어야 한다. 독일, 프랑스, 영국의 정책동향을 보더라도 민영화에 따른 독과점 폐해, 즉 고용악화, 요금인상 및 수급불안 등 여러 문제점에 대한 우려로 인해 각국은 시기별 그리고 산업별로 다양한 공기업 개혁전략을 유연하게 택해 왔다. 경쟁부문의 경우 영국은 지분매각 등 민영화를 적극 추진한 반면, 독일은 민영화를 추진하면서도 제한적으로 접근하였고, 프랑스의 경우 자산매각보다 시장화를 통해 경쟁체계를 구축하는 데 주력했다. 비경쟁부문의 경우 독일과 프랑스는 기본적으로 공기업의 역할을 유지하는 대신 독일은 구조개혁, 프랑스는 시장화에 역점을 두었고, 영국도 계획과 달리 민영화는 제한적이었으며 민영화된 경우에도 정부역할을 다시 강화하는 경향을 보였다.

공기업 개혁전략의 차별성은 철도산업 구조개혁 사례에서도 확인할 수 있다. 국유철도의 만성적 적자와 이에 따른 과도한 정부지원 등은 구조개혁의 공통적 배경으로 논의되었다. 하지만 이에 대응한 구조개혁 방식, 민영화 이후 규제체계 변화, 보편적 서비스 확보방안들은 국가마다 차별성을 보였다. 가령 독일은 연방철도를 DBAG 아래 5개 사업분야별로 분리하되 공기업 체제를 유지하면서 일부 노선을 지역화하였고, 프랑스는 민간과 정부가 공동으로 참여하는 복합경제주식회사 형태인 SNCF를 운영하면서 고속철도 등을 통해 수송시장에서 공기업의 경쟁력을 강화하고, 운영효율성을 제고하는 데 역점을 두었다. 반면, 영국은 초기에는 인프라와 운영부문 상하 분리를 통한 지분매각 방식의 구조개혁을 실시하였으나, 이에 따른 문제들이 심화됨에 따라 2000년대 들어 철도산업에서 정부의 역할을 다시 강화하는 방향으로 철도정책을 전환하였다.

국내에서는 1980년대 이후 부분적으로 민영화가 단행되었으며, 재정·경제적 여건, 집권세력의 정치적 목표, 공기업의 국민경제적 역할에 대한 인식 등에 따라 민영화계획이 때로는 광범위하게 수립되기도 하였다. 그렇지만 계획에 비해 민영화는 대부분 제한적으로 시행되었고, 공기업 개혁과정에서 많은 경제적·정치적·사회적 논란을 불러일으켜 왔다. 따라서 향후 민영화는 여러 공기업 개혁전략들 중 하나의 대안으로 검토되어야 하며, 이와 함께 소유·지배구조를 포함한 관리체계의 개혁도 공기업 개혁의 유효한 대안으로 검토되어야 한다. 또한 민영화를 추진하더라도 민영화의 목적에 대한 국민적 공감대 형성을 토대로 국내의 정치·경제·사회적 제반 여건과 해당 산업의 특성을 고려한 민영화전략과 방안을 설계하는 유연하고 균형 잡힌 접근이 요구된다.

□ 참고문헌

강수돌(2000). 독일 공기업의 민영화와 노사관계. 한국노동연구원.「공기업의 민영화와 노사관계」. 파트4, pp. 121-170. 서울: 한국노동연구원.

곽채기(2007). 공공기관의 설립·운영 현황과 구조조정 방향, 행정자치부 조직진단센터 공공조직포럼 발표문.

김 견(1995). 영국의 공기업 민영화 경험과 정책적 시사점.「국제문제분석」, 제16호.

김성규·채준호(2009).「공공부문 민영화 및 구조조정에 관한 연구: 독일, 영국, 한국의 전력산업 사례를 중심으로」. 한국노총중앙연구원.

김성현(2005). 명령에서 경영으로: 프랑스 철도정책의 변화와 TGV의 발명. 한국철도학회 2005년도 춘계학술대회논문집, pp. 1-8.

류상영(2000).「해외 공기업의 민영화 사례와 교훈」. 서울: 삼성경제연구소.

박규호(1994). 영국의 민영화과정에 관한 비판적 분석.「동향과 전망」, 24호: 138-158.

박석희(2008). 공공기관 민영화 논의의 쟁점과 과제: 외국사례 분석과 시사점. 가톨릭대학교 정부혁신생산성연구소 세미나 발표문. 2008. 9. 11.

박석희(2011). 공공기관 민영화 해외사례 분석. 박정수·박석희 편.「공기업 민영화 성과평가 및 향후과제」. 서울: 한국조세연구원. pp. 341-473.

박석희(2013). 공기업 소유권기구의 국가 간 비교 및 시사점.「한국행정학보」, 47(2): 247-274.

복문수(1997). 영국과 독일의 공기업 민영화정책에 관한 비교연구.「한국행정사학지」, 5호: 313-330.

서이종(1997). 독일의 민영화. 김재홍 외.「민영화와 한국경제」. 서울: 삼성경제연구소.

신용대(1997). 프랑스 공기업의 민영화정책과 시사점: 톰슨 민영화사례를 중심으로. 삼성인력개발원.「글로벌기업으로서 성공적인 유럽시장 진출전략」. pp. 51-83. 서울: 삼성인력개발원 국제경영연구소.

심창학(2000). 프랑스 공기업의 민영화와 노사관계. 한국노동연구원.「공기업의 민영화와 노사관계」. 파트3, pp. 89-120. 서울: 한국노동연구원.

오건호(2004). 신자유주의시대 사회공공성 투쟁의 성격과 의의.「산업노동연구」, 10(1): 95-116.

유승민·김일섭·김재홍(1996). 민영화정책의 핵심논쟁에 관한 소고.「한국개발연구」, 18(1): 149-215.

윤성식(2005).「공기업론」(개정판). 서울: 박영사.

이기환·김기수(1998). 영국의 공기업 민영화정책에 관한 연구.「유럽연구」, 7호: 309-349.

이용상·정병현(2010). 영국철도정책의 변화요인조사를 통한 시사점 분석.「한국철도학회 논문집」, 13(1): 108-118.

이원우(2002). 공기업 민영화와 공공성 확보를 위한 제도개혁의 과제.「공법연구」, 31(1).

이원우(2006). 경제규제와 공익.「서울대학교 法學」, 47(3): 89-120.

이주선(2007). 외환위기 이후 민영화 정책 평가. 한국재정학회 2007 추계학술대회논문집.

이희봉(2008). 시장경제와 국가공기업, 한국지방자치학회 2008 동계세미나 발표집.

한국경제연구원(1994).「영국의 민영화과정」. 서울: 한국경제연구원.

황준성(1995).「독일의 공기업민영화」. 서울: 한국경제연구원.

Aucoin, P.(2007). Public Governance and Accountability of Canadian Crown Corporations: Reformation or Transformation? A Paper presented at the Canadian Political Science Association 2007 Annual Conference. University of Saskatchewan. http://www.cpsa-acsp.ca/papers-2007/Aucoin.pdf

Bauer, M.(1988). The Politics of State-Directed Privatisation: the Case of France. West European Politics, 11(4): 49-60.

Bozec, R. and DiaBoard, M.(2007). Structure and Firm Technical Efficiency: Evidence From Canadian State-Owned Enterprises. The European Journal of Operational Research, 177(3): 1734-1750. http://dx.doi.org/10.1016/j.ejor.2005.10.001

Cook, P. and Kirkpatrick, C.(1988). Privatization in Less Developed Countries: An Overview. In P. Cook and C. Kirkpatrick ed. Privatization in Less Developed Countries. Hertfordshire: Harvester Wheatsheaf.

Denkhauk, I. and Schneider, V.(1997). The Privatization of Infrastructure in Germany. In J. Lane ed. Public Sector Reform: Rationale, Trends and Problems. London: Sage Publications.

Evans, P.(1997). The Eclipse of the State: Reflections on Stateness in an Era of Globalization. World Politics, 50(1): 62-87.

Feigenbaum, H.(1982). Public Enterprises in Comparative Perspective. Comparative Politics, 15: 101-122.

Graham, C and Prosser, T.(1992). Privatizing Public Enterprises: Constitutions, the State, and Regulation in Comparative Perspective. Oxford: Oxford University Press.

Grahovac, B.(2004). East and West European Public-Private Partnerships: Public Companies in Restructuring and Privatization.

Heath, J. and Norman, W.(2004). Stakeholder Theory, Corporate Governance and Public Management: What can the History of State-Run Enterprises Teach us in the Post-Enron era? Journal of Business Ethics, 53: 247-265.

Lane, J. ed.(1985). State and Market: the Politics of the Public and the Private. London: Sage Publications.

OECD(2003). Privatising State-owned Enterprise: An Overview of Policies and Practices in OECD Countries. Paris: OECD.

OECD(2005). OECD Guidelines on Corporate Governance of State-Owned Enterprises. Paris: OECD.

OECD(2011), Corporate Governance of State Owned Enterprises: Change and Reform in OECD Countries since 2005. Paris: OECD.

Shareholder Executive(SE, 영국 공기업실) (2007-2012). Annual Report(or Review) 2006/7 to 2011/12. http://www.bis.gov.uk/

Sørensen, G.(2004). The Transformation of the State: Beyond the Myth of Retreat. London: Palgrave Macmillan.

Spulber, N.(2006). Redefining the State: Privatization and Welfare Reform in Industrialization and Transitional Economics. Cambridge: Cambridge University Press.

Steel, D. and Heald, D. ed.(1984). Privatising Public Enterprises. London: Royal Institute of Public Administration.

von Weizsacker, E. U., Young, O. R. and Finger, M.(2005). Limits to Privatization: How to avoid too Much of a Good Thing. A Report to the Club of Rome. London: Sterling.

제13장 한국토지주택공사의 통합성과와 전망

정 광 호

Ⅰ. 서론: 거대 공기업 개혁의 난제

이명박 정부는 공공기관 선진화의 일환으로 유사·중복된다고 평가받는 각종 공공기관들을 통합하는 개혁을 추진했다(기획재정부, 2009). 동일 또는 유사 영역에서 중복되어 비효율성이 발생하거나, 통합을 통해 시너지 효과가 기대되는 경우에 기관 통폐합을 추진하였다. 그 결과 1, 2차 공기업 선진화 방안에서 선정된 36개의 공공기관이 16개로 통폐합되었다(우윤석·오수현, 2010). 이러한 통합과정에서 가장 큰 관심과 논란이 컸던 기관이 (구)대한주택공사와 (구)한국토지공사의 통합 사례였다. 양 공사는 서민용 주택공급과 택지개발, 도시재개발 등을 통해 도시환경과 주거복지수준 향상에 있어 공헌이 상당한 큰 기관들이다(김재경, 2008). 하지만 양 공사는 경쟁적으로 각종 사업을 무리하게 확대하면서 사업성과와 운영의 효율성이 크게 떨어졌다.

사실 이 두 기관의 통합 시도는 2000년 초반부터 시작됐지만 그 때마다 반대론이 거세게 일어나 여러 차례 무산된 바 있다.[1] 통합 반대의 핵심 논거는 거대한

* 본 원고는 서울대학교 행정대학원 제664회 『정책&지식』포럼의 발표문을 수정보완한 것입니다. 특히 문명재·함성득·정광호(2012)의 논문에서 나온 결과를 상당부분 참고하였습니다.

1) 공공기관의 경영효율화에 대한 논의는 지난 1997년 외환위기 이후 공공부문에 대한 개혁바람이 몰아치면서 시작되었다. 1998년 당시 '공기업 민영화 및 경영혁신 계획'이 수립되었고, 그 이후 정권이 교체될 때마다 공공기관 경영개혁에 대한 논의가 이루어져 왔다. 이명박 정부가 출범하면서 공공기관에 대한 통폐합 논의가 있었고 LH의 탄생도 이러한 맥락 속에서 이루어졌다. 통합LH의 탄생과정까지는 여러 차례의 통합논의가 있었다 (① 2001년 16대 국회에 '한국토지주택공사법(안)'이 제출되었으나 상임위원회에서 계류된 채 표류하다가 국

04

부실 통합공사의 탄생으로 오히려 국민 경제에 피해를 초래할 우려가 있다는 점과, 이질적 두 조직의 통합이 내부 분열과 갈등을 초래하여 시너지 효과보다는 비용이 더 클 것이라는 점 때문이었다(김재호·김종하, 2008; 정극원, 2009). 당시 외주 컨설팅 업체들에서 실시한 민감도 분석이나 시뮬레이션 결과 등에서도 통합 후 재무지표나 수익률 예측 결과도 상당히 부정적으로 나왔다(한국토지주택공사, 2011a).

그럼에도 불구하고 양 공사의 통합으로 설립된 LH 공사는 거시적 악조건 속에서도 출범 3년 만에 가시적 성과들을 만들어 냈다. 부동산 경기하락, 유럽 재정위기로 인한 경기 침체 속에서도 부채 증가속도가 둔화되었으며 영업이익과 매출액 역시 사상 최대치를 기록한 것이다. 또한 조직의 화학적 통합 역시 단기간에 상당부분 이루어냈다는 평가를 받는다. 과거 토지·주택공사라는 거대 공기업을 통합하고 조기에 경영정상화를 도모하는 것이 결코 쉬운 일이 아니다. 여기에는 통합 LH 초기의 '제도설계와 뛰어난 운영리더십(institutional leadership; Selznick, 1957)', 직원의 적극적 희생과 협력을 촉진한 공공봉사정신(public service motivation), 그리고 통합 LH가 초기에 순항할 수 있도록 청와대, 국토해양부, 국토해양위원회 등 유관 정치기관 지원(political support from key political principals)이 큰 역할을 한 것으로 평가된다. 또한 구성원 개개인을 배려하고 소통할 줄 아는 기관장 리더십과 직원들의 뼈를 깎는 자구 노력을 했다(한국일보, 2012. 9. 25; 문화일보, 2013. 3. 13; 중앙선데이, 2013. 1. 20.). LH 공사의 이러한 성과는 공공기관뿐만 아니라 사기업의 통합에도 상당한 시사점을 제공하는 중요한 사례가 될 수 있다.

이 글에서는 첫째, 최근 연구문헌과 언론 보도 등을 통해 LH의 현황과 통합성과에 대해 파악하고, 둘째, 통합 직후부터 지금까지 부문별 개혁내용과 이러한 혁신의 노력으로 도출된 성과를 살펴보고자 한다. 끝으로 이러한 분석결과와 맥락을 고려하여 해당 공사의 향후 전망을 서술하고 있다.[2)]

회임기(2004년 5월 29일)종료로 자동폐기 → ② 17대 국회에서 다시 대지임대부 주택사업 추진을 위해 '대한토지주택공사법안'이 제출되었으나 폐기 → ③ 이명박 정부 출범 이후 2008년 10월 양 공사 통합법안이 국회에 제출되어 2009년 4월에 국회 본회의를 통과 → ④ 2009년 5월 '한국토지주택공사법' 공포 이후 6개월간 통합준비 작업 → ⑤ 2009년 10월 1일 한국토지주택공사(LH) 출범). 그렇지만 노무현 정부에서 이명박 정부로 정권이 교체되면서 정부개혁에 대한 강력한 추진력이 갖추어짐과 동시에 이명박 대통령 본인이 통합에 대해 강력한 의지가 통합에 결정적 영향을 준 것으로 보인다.

2) 본 원고에서는 개혁의 성과 전반을 재무성과, 조직구성원의 통합효과 등을 중심으로 개괄적으로 서술하고 있다. 앞으로 재무성과 개선에 대한 심도 있는 논의의 경우 개혁전후 그리고 개혁이 없었을 경우와 비교하여 통합LH의 재무성과를 분석할 필요가 있다. 또한 이러한 재무성과의 지표들이 통합에 따른 것이었는지 아니면 통합과

Ⅱ. 최근 연구문헌에서 나타난 공공기관 통합의 성과 논쟁

1990년대 이후 극심한 경영환경 변화에 대한 대응 전략으로서 기업의 인수합병과 통합이 활발했지만(Daft, 2008), 이를 체계적으로 분석한 연구는 소수에 불과하다(Cartwright, 2005; Cartwright & Schoenberg, 2006). 이들 연구를 살펴보면 조직 통합의 성과는 크게 재무차원(Bruner, 2002)과 조직의 융합정도 및 구성원의 태도에 따라 좌우된다(Cartwright & Cooper, 1993; Daniel & Metcalf, 2001; Geissner, 2011)는 것을 알 수 있다. 이 글에서는 기관통합효과에 대한 논쟁, 통합효과 관련 요인, 그리고 LH통합의 효과에 대한 연구를 중심으로 살펴보고자 한다.

1. 기관통합 효과에 대한 논쟁에 관한 선행연구

기관통합은 여러 각도에서 연구가 되어 왔다. 예를 들면 업무와 사람융합(Birkinshaw 외, 2000), 조직융합(자산을 포함한 조직구조 통합, 운영방식통합, 인사관리방식 통합)과 문화융합으로 나누기도 한다(Waldman & Javidan, 2009). 대개의 연구들은 조직과 인사관리, 재무관리 등 하드웨어차원의 통합과 심리와 문화까지 아우르는 소프트웨어차원의 통합까지 종합적으로 바라본다. 그런데 기관통합에 관한 논의는 공공기관보다는 주로 민간기업의 인수합병을 중심으로 이루어져 왔다. 민간기업의 통합은 대개 기업의 재무사항이 나쁜 경우에 이루어졌고, 통합효과도 재무상황 개선에 초점이 두었다(Bruner, 2002). 이 때문에 시장성과나 재무개선 지표만 가지고 통합의 성공만을 논의해서는 안 된다는 것이다. 기관통합은 성공했을지 몰라도 통합에 따른 종업원의 대량해고나 조직문화의 파괴, 우수인재의 이탈 등으로 장기성장

무관한 다른 요인들에 의한 것이었는지에 대한 논의도 추가 분석이 필요하다. 한편 조직통합 효과의 상당부분은 기관장 리더십과 구성원의 공적 희생의 산물로 평가받고 있다. 이에 대해서도 별도의 심도 있는 논의가 필요하다. 기관장 리더십은 공기업의 특성을 고려하여 거대 공기업의 운영유지리더십(maintenance leadership), 정치적 리더십(political leadership: 부당한 정치적 요구를 여과하고 기관에 유용한 정치적 지지확보 리더십), 가버넌스리더십(governance leadership: 유관 이해관계자인 국회와 정치권, 언론과 시민사회, 지역사회, 건설회사 등과 협력과 소통의 리더십)을 중심으로 심층분석이 필요하다(미국 TVA 사례를 분석한 Philip Selznick(1957) 참고). 또한 통합 LH 구성원의 자기희생적 근무와 열정에 대해서도 공공봉사동기(public service motivation)라는 관점에서 조명될 필요가 있을 것이다.

동력원이 고갈되는 경우도 있기 때문이다. 과거 민간기업의 경우 통합이 실패한 이유로 통합 자체가 기업의 악화된 재무상태의 개선과 좋은 성과를 낼 수 있다는 맹목적 믿음－생각의 오류－에 매몰되어, 통합에 대한 사전준비와 치밀한 통합전략을 등한시하거나, 통합의 어려움이나 제한적 효과를 냉정하게 바라보지 못한 것도 실패 요인으로 꼽힌다. 이처럼 통합의 성패를 좌우하는 요인은 무수히 많기 때문에, 이를 일일이 거론하기는 어렵다. 다만 몇 가지 주목할 요인에 대해 살펴보면 아래와 같다.

과거 통합에 관한 연구들을 종합적으로 검토한 Cartwright & Schoenberg (2006)에 따르면, 통합의 성패요인은 통합전략의 적절성(strategic fit), 통합대상 조직간의 적합도(organizational fit), 그리고 통합－합병과정(acquisition process)의 적절성으로 구분된다. 무엇보다 통합의 성공요인으로는 M&A 전략이나 사전조사와 준비과정이다. 또한 다른 기관 구성원간의 조직문화나 정체성도 중요한 요소로 꼽힌다. 특히 내집단편향성(in-group bias)과 같은 이전 소속기관에 따라 여전히 구성원이 분열되고 이러한 이전 출신기관에 따른 지속적 갈등으로 유기적 통합까지는 상당한 시간이 소요된다. 그리고 통합기관장이 어떤 리더십을 발휘하느냐에 따라 통합효과의 속도와 정도가 달라지기도 한다. 그 밖에도 통합 초기에 얼마나 가시적 성과를 도출하느냐도 통합성공의 관건으로 꼽힌다. 통합 초기 단계에 통합효과에 대한 논란을 잠재우고, 조기성과를 바탕으로 통합의 시너지효과를 통해 통합을 촉진할 수 있기 때문이다. 공공기관의 경우 통합 후 인사를 얼마나 공정하게 하는가도 통합 후 구성원간 갈등이나 분열을 막는 데 중요하다.

2. LH의 통합효과에 관한 연구

LH의 경우 통합 전부터 출범 이후까지 논란의 중심에 섰던 공기업임에도 불구하고 이를 대상으로 통합성과에 관해 심층분석한 연구는 문명재 외(2012), Hahm 외(2013) 등 소수이다. 두 연구 모두 조직 행태적 관점에서 조직 융합의 정도에 대한 인식과 직원들의 행태를 중심으로 통합의 성과를 분석하고 그 원인을 파악하고 있는데, 구체적인 내용을 살펴보면 다음과 같다.

문명재 외(2012)에서는 통합효과는 문화갈등, 통합 LH의 정체성을 보여주는 사명감과 소속감, 구성원 간 갈등, 정책효과성[3])으로 측정되었다. 결과 통합 후 수반되는 조직문화의 차이나 구성원 간 갈등이 어느 정도 잔존하고 있었으나 새로운 통합조직에 대한 정체성과 정책 효과성에 대해서는 긍정적인 평가가 주를 이룬다.[4]) 특히 LH 신임 기관장의 리더십의 효과성에 보다 초점을 맞춘 연구(Hahm 외, 2012)에서도 LH의 통합 후 성과는 긍정적이다. 그 이유는 재무지표의 개선과 조직의 안정적 운영 때문이다. 2011년의 객관적 지표들을 보면 새로운 공기업으로 수립 후 단기간에 이전보다 훨씬 재무안정성이 확보되었다는 것이다. 실제 통합 초기였던 2009년 말에 부채는 109조원 규모로, 부채 비율이 500%가 넘었고 이중 금융부채는 300% 이상이었다. 하루 이자부담만 70억원이 넘었다(Lee, 2011).

하지만 통합 이후 기존에 양 공사에 의해 중복 투자되었던 사업들을 과감하게 구조조정을 시도하였고 여기서 상당부분 재무건전성을 확보할 수 있었다(〈그림 2〉[5]) 참고). 이로 인해 무분별한 사업비의 지출을 억제하고 한편으로는 신규투자의 여력을 확보하면서 선순환 사업구조의 틀을 마련할 수 있었다. 출범 3년 후에는 출범 당시와 비교해 매출은 2.3배 당기순이익 1.6배 증가시키면서 유로존 경제위기에 따른 경기침체 속에서도 매출액을 2조원 증가시켰다. 또한 당초 예상과 달리 2011년부터 금융비용이 줄어 출범 당시 405%까지 급증했던 금융부채비율이 344%대로 낮아졌다(내일신문, 2012. 9. 26.). 또 다른 관점에서 이 연구는 당초 조직 내부 분열이 심각해져 경영악화로 이어질 것이라는 우려와 달리 비교적 빠르게 새로운 조직이 그 정체성을 세웠다는 점을 높게 평가하였다. 이와 같이 합병 과정의 엄청난 혼란과 반대 여론 등의 어려움에도 불구하고 빠르게 통합 조직을 안정시킨 데에는 무엇보다 기관장의 정치적, 관리적 리더십이 크게 작용했다고 볼 수 있다.

---

3) 이는 통합 후 LH가 추진한 정책이 얼마나 효과적으로 기획 및 집행되는가에 관한 직원의 인식을 의미한다.

4) 이 연구는 조직행태적 관점에서 통합성과에 대해 상당히 긍정적으로 본다. 이 연구는 나아가 이러한 통합효과에 영향을 준 변인에 대해서도 정량평가를 했다. 그 결과 가장 큰 영향을 가지는 변수는 조직 통합과정에서의 참여 정도였다. 이는 통합 후 조직에 대한 사명감과 소속감 증진, 그리고 정책효과성을 높이는 데도 긍정적 영향을 준 것으로 보고되었다. 반면 상대적 박탈감을 느낀 구성원의 경우에는 통합에 대한 부정적 인식이 강해 문화갈등과 구성원 간 갈등이 크다고 인식했다. 각종 통합 프로그램이나 조직 공정성 역시 갈등을 줄이고 소속감과 정책효과성을 높이는데 기여한 것으로 평가되었다. 마지막으로 신임 기관장의 리더십에 대한 신뢰 역시 성공적 통합에 핵심요인인 것으로 나타났다. 특히 통합 조직에 대한 사명감과 정책효과성, 구성원 간 갈등 감소에 대한 정적 영향력이 상당한 것으로 나타났다.

5) 〈그림 2〉의 네모를 가진 윗선에 나타난 부채규모는 과거 양공사 시절 수행했던 사업을 — 통합LH가 출범하지 않아 구조조정을 하지 않았을 경우 — 그대로 시행했을 경우 예상되는 부채규모이다.

〈그림 1〉 LH 공사 출범 이후 재무지표 추이

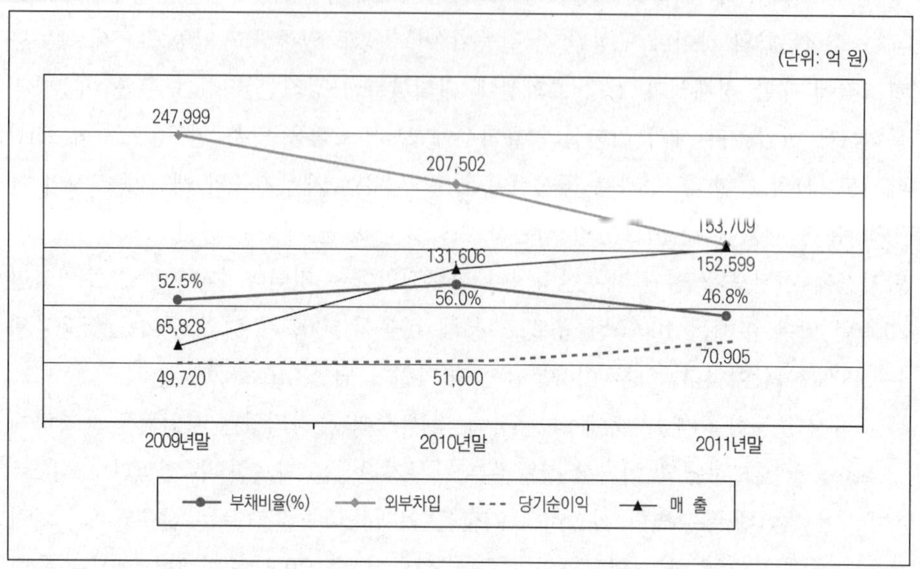

통합 성과에 대해 보다 명확하게 알 수 있는 재무 지표 역시 확연히 개선되었다. 출범 당시만 해도 부채가 118조원, 부채비율이 525%를 넘어섰다. 금융부채 증가분만 20조 원에 달했다. 하지만 통합 후 금융부채 증가분은 2010년 17조원, 2011년 6조 3,000억원, 지난해에는 6조 1,000억으로 부채비율 또한 468%로 약 57%p 줄었다.

매출액 역시 18조 4,000억원으로 전년도 15조 2,000억원에 비해 3조 2,000억원 증가했다. 영업이익도 1조 4,000억원으로 전년도 1조 3,000억원보다 늘었고 당기순이익도 1조 2,000억원으로 처음으로 1조원을 넘었다. 전년도 대비 매출은 28%, 영업 이익은 240% 늘어난 수치다. 전 사원이 나서서 토지와 주택 판매를 통해 8조 7,000억원을 벌어들인 덕분이다. 부동산 경기침체, 유럽 재정위기 등으로 인한 지난해 경제 불황을 감안하면 대단한 수치라고 할 수 있다(중앙선데이, 2013. 1. 20.). 전문가들은 공기업들이 각종 정책의 필요성에 의해 생겨나 기타공공기관을 제외하고도 총 100개에 달하는데 많은 곳에서 도덕적 해이와 방만함이 나타나고 있는 것이 문제라고 지적하면서 "초대형 공기업들이 통합돼 탄생한 LH가 빠르게 제자리를 잡고 혁신의 모습을 보여주는 것은 의미가 깊다"고 평가하고 있다(아시아경

〈그림 2〉 경영정상화 방안시행 전·후 금융부채 증가 추이 예측

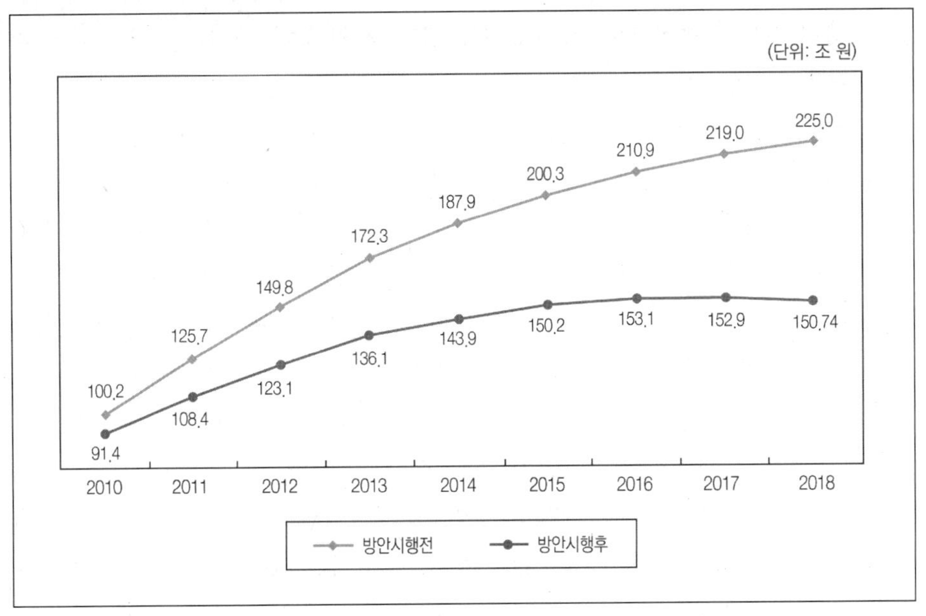

제, 2012. 9. 26.)

04

Ⅲ. 한국토지주택공사 개혁과 성과

당초 예상과 달리 단기간 내에 경영 정상화와 조직 안정을 이루어낸 이면에는 통합 직후부터 뼈를 깎는 개혁의 노력이 있었다. 일부에서는 '불가능을 가능으로 바꾼 이지송 式 개혁'의 결과라고 평가하기도 한다(신동아, 2012. 10. 25; 서울신문, 2012. 10. 26; 아시아경제, 2012. 9. 26). 사실 통합공사가 출범한 2009년 9월 기준으로, LH의 재무현황은 자산 130조 원, 부채 109조원, 금융부채 75조원이었고, 금융부채비율은 자본금 21조원 대비 361%에 육박했다. 또한 통합 직후의 후유증과 함께 미국 발 서브 프라임 모기지 사태로 경제여건까지 악화되면서 심각한 위기를 맞이했고 자금조달의 한계상황에 봉착하기도 했다. 이러한 위기 상황에서 2010년 8월 노사가 공동으로 비상경영을 선포하고 대대적인 재무 구조조정과 조직·인사 쇄신, 110조

원에 달하는 사업 정리 등을 실시했다. 여기에는 전 직원 임금 10% 반납, 인력감축, 고유목적 외 사업의 과감한 정리, 원가절감, 사업시스템 개선 등 강도 높은 자구 노력들이 포함되어 있었다.6)

첫째, 재무구조 안정화를 위해 재무개선특별위원회를 구성, 재무구조의 문제점을 철저히 분석하고 근원적 처방을 제시하도록 하였다. 더불어 비상경영 체제 하에서 선 사원이 판매촉진에 나서고, 경영진은 유동성 확보에 필요한 제도적 기반 마련을 위해 직접 국회를 찾아가 설득하는 행동을 취했다. 사업폐지에 반발하는 저항 집단을 일대일로 만나 조정하면서 통합 전 두 공사에서 벌여놓은 사업들을 과감히 축소, 국민경제에 주는 부담을 완화하고자 노력했다. 둘째, 인사개혁과 조직관리를 통해 투명한 인사검증시스템을 구축하고 보직승진을 단행했으며 조직과 인력구조의 슬림화를 위한 대대적 조정이 실시되었다.7)

이러한 개혁 내용은 안정화된 조직에서도 자칫 내부 갈등과 구성원의 사기저하, 불만을 조장하여 경영을 악화시킬 수 있는 조치들이었다. 따라서 통합되어 새롭게 출범한 지 얼마 되지 않은 공사가 실시하기에는 상당히 위험한 일이었다고 해도 과언이 아니다. 신생 통합조직에서 이러한 조치들이 성공할 수 있었던 것은 다양한 융합 프로그램이 실시되고 기관장의 '소통 리더십'이 중심축이 된 상태에서 구성원들의 참여 하에 실시된 개혁이었기 때문에 가능했다.

실제 은행 등 사기업의 경우에도 통합 후에 업무시스템, 사규나 급여·후생제도, 경영정보시스템 등의 단일화는 2년에서 4년이 소요되는 것이 일반적이지만 LH는 이를 7개월 만에 끝냈다. 740개에 달하는 유사·중복 지침도 211개로 통합했다. 더불어 전문가 자문, 직원 조사 등을 통해 통합 조직에 맞는 미션, 비전 등 핵심 가치체계를 새롭게 정립하고 전 직원이 공통의 가치를 공유하도록 했다.8)

---

6) LH 내부자료 참조.

7) 기획재정부(2012), 「2011년도 공공기관장 경영계약 이행실적 평가 보고서」 참조.

8) 무엇보다도 최고경영자가 기회 있을 때마다 직원과의 대화 자리를 마련해 소통을 활성화하고 화합활동에 적극적으로 나서면서 체계적인 조직융화 활동을 독려했다. 이러한 노력으로 비교적 단기간에 직원들의 공유가치 인식도가 높아졌으며, 단순한 통합이 아닌 화학적 융합으로 연결되었다는 평가가 지배적이다. 나아가 통합조직의 위기를 극복하겠다는 진정성 있는 리더의 호소가 직원들로 하여금 개인적인 이해관계보다는 조직의 발전을 위한 개혁에 동참하도록 만들었다고 해도 과언이 아니다(서울신문, 2011. 11. 29; 한국일보, 2012. 9. 15; 동아일보, 2012. 9. 26).

1. 효율적 재무관리와 부채 축소

통합 직후부터 '거대 공기업'이 아니라 '부채 공룡'[9]이라는 오명으로 묘사된 조직이었던 만큼(파이낸셜뉴스, 2012. 9) 부채 감축은 LH공사의 최대 당면과제였다. 이를 위한 개혁방안은 크게 '재무구조개선특별위원회' 등 재무구조 건전화를 위한 기본제도 구축과 활동, 다양한 자구 노력, 과감한 사업조정과 폐지로 나눌 수 있다.

첫째, 민간 전문가들로 구성된 '재무구조개선특별위원회'를 구성하여 근원적 처방을 모색하였다. 위원회는 LH의 재무상태를 정밀 진단해 부채의 원인과 내용을 규명하는 한편 재무개선 100대 과제를 도출했다. 더불어 재무 건전성을 확보하는 방안으로 택지개발에서 환지방식 도입 및 민관 공동개발 활성화, 자금조달 방식 다각화 등이 검토되었으며, 중장기 '경영정상화 방안'이 마련되었다(한국경제, 2012. 9. 25; LH 공사 내부자료).

둘째, 이러한 과제의 시행을 위해 강도 높은 자구 노력이 뒷받침되었다. 가장 먼저 추진한 경영쇄신이 '사업조정'이다. 통합 당시 LH의 사업물량은 총 414개 지구 594㎢, 425조원 규모였다. 그동안 양 공사가 벌여놓은 사업을 모두 추진할 경우 연간 45조 원의 사업비가 소요되는 구조로 2018년이면 부채가 325조에 도달할 상황이었다. 그럼에도 불구하고 정치권과 지자체, 정부당국은 사업조정의 필요성은 공감하면서도 주민들의 저항을 우려하여 조심스러운 입장이었다. 그러나 LH공사의 초대 기관장이었던 이지송 사장은 이해관계자들의 눈치보기식 사업확장을 철저히 지양하면서 수요와 사업 타당성에 근거해 과감히 사업지구를 재조정해 나갔다. 그 결과 미착수된 138개 지구에 대해 총 121조원의 사업을 정리했다.[10]

04

9) 당시 LH 공사의 부채는 109조원, 금융부채는 75조원으로, 하루 이자만 74억원 수준에 달했다.

10) 물론 지역 주민들과 관련 국회의원 등의 저항과 반발이 거세었다. 그렇지만 이지송 사장은 사업이 취소된 지구를 찾아다니며 일일이 이해를 구하고, 농성을 벌이는 주민들의 천막에서 함께 노숙하면서 공감대를 이끌어냈다(문화일보, 2013. 3. 13; 신동아, 2012. 10. 25; 아주경제, 2012. 9. 25). 당시 운정 3지구 사업조정에 항의하는 주민들이 농성을 벌이자, 70세의 고령임에도 불구하고 농성장 옆 천막에서 며칠 밤을 꼬박새우며 주민들과 대화를 시도했고, 주민들이 이 사장의 열정과 진솔한 태도에 감복해 9일 만에 철수한 사건(동아일보, 2012. 9. 26)은 이를 잘 보여주는 일화다.

〈표 1〉 LH 공사의 재무건전화 노력

방 안	내 용	효 과
사업조정	○ 연간 사업투자 규모를 30조원 내외로 운영(년 45조→30조)	당초비 30% 조정
대대적인 인력 구조조정 단행	○ 인력 1/4 구조조정(7,367명→5,600명) ○ '12년까지 현행 1급 98%(△98명), 2급 70%(△386명) 등 1·2급 상위직 74% 전면교체	△1,767명
임금 반납	○ '11년 전임직원 임금 10% 반납	재무개선 고통분담
조직전면쇄신	○ 업무중심을 본사·지역본부→현장으로 대폭 이동	인력 57% 현장 배치
고유목적 외 사업 정리	○ 집단에너지시설 매각(7,352억) ○ 중대형 분양주택 원칙적 중단 ○ 출자회사 정리(826억)	총 8,752억원 회수
사업관리 시스템 쇄신	○ 철저한『사업실명제』실시 ○ 사업별 구분회계제도 도입 ○ 심층평가제 도입	무분별한 사업 제도적 방지
새로운 사업 패러다임 도입	○ (토지사업) 환지·혼용, 민간공동방식 도입 ○ (주택사업) 사회트렌드에 맞는 맞춤형 주택공급	초기부담 최소화 및 사업 효율화
보상시스템 개선	○ 채권보상 및 대토보상 확대 ○ 제도개선을 통한 정당보상시스템 확립 ○ 투파라치 등 보상투기 방지대책 강화	적정 보상 구현
전사적 판매 및 자산 유동화	○ 매각가능 모든 자산(28조) 총력판매 ○ LH 자체건설예정 주택용지 민간매각 전환(3.1조) ○ 자금조달 다각화 및 자산유동화로 추가조달	년 3조원 추가조달
원가절감 및 기술 선진화	○ 과도한 시설 부담 및 투자 축소 ○ 최저가심사제도 개선, 입찰심사 전과정 공개 등 공정성 강화	총 18조원 사업비절감

출처: LH 공사(2011), 「LH 종합보고서 16」 참조.

이에 더하여 불필요한 중복자산과 미분양 재고자산 등을 조기매각 하였으며, 재고토지맞춤형 판촉 전략으로 자체자금의 확보에 주력하였다. 1인 1건 매각운동 및 고객을 찾아가는 대규모 투자설명회 개최 추진하여, 시가로 1,189억원(249필지)에 달하는 토지와 615억원(205호)에 달하는 주택을 매각함으로써 단기 유동성 확보의 기반도 마련했다. 그리고 1,000여 명이 넘는 인력 감축, 본사 인력 축소, 현장

우선 중심 인사 배치, 전 직원 급여 10%반납 등의 노력도 병행되었다. 또한 연간 경상경비를 10% 이상 줄인다는 목표를 세워 2009년 경상경비 2,828억원에서 2010년에는 2,441억원으로 387억원을 절약했다. 서울, 인천, 경기 등 전국 10여개(연면적 8만4111㎡, 공시가격 1980억원) 중복사옥의 매각을 단행하기도 했다(공기업선진화 보고서, 2010: 87). 뿐만 아니라 원가 절감을 위한 다양한 아이디어를 발굴함으로써, 공사비의 절감 및 공사기간의 단축, 시공품질 향상 등을 목적으로 계약서로 정해진 사업계획·설계의 본질적인 기능 및 특성을 손상시키지 않는 범위 내에서 기술·공법·자재 등을 개선·제안하는 활동을 전개하였다(공기업선진화 보고서, 2010: 87).

직원들이 이러한 노력을 하는 동안 신임 기관장을 필두로 한 경영진은 일일이 국회와 정부의 이해관계자를 찾아다니며 사업비 현실화와 정부의 손실보전을 제도화하도록 설득하였다. 결국 국가사업을 LH가 대행하는 임대주택사업의 특수성을 감안하여 출자비율을 통합 이전 19.8%수준에서 당초 기준인 30%까지 늘렸으며 임대 주택 지원단가도 현실화해 지난 2010년 497만원에서 2013년 640만원까지 인상되었다. 이 외에도 정부 정책 사업에서 손실이 발생할 경우, 우선 적립금 등으로 충당하고 부족분은 정부가 보전하는 '손실지원법'을 법제화하는 데도 성공했다(서울신문, 2012. 9. 26).

경영정상화를 위해 노사가 함께 뛴 결과, 작년부터 그 성과가 가시화되고 있다. 유럽 재정위기와 세계 경제 침체, 부동산 경기하락 등 경제불황요인에도 불구하고 LH의 수익성 지표는 출범 이후 최대 실적을 거두었다. 매출액은 전년 대비 16% 증가한 15조 3,000억원이며 영업이익은 조 3,000억원, 당기순이익은 전년 대비 55%증가한 7,905억원이었다(〈그림 3〉 참조). 자산 역시 2010년 대비 10조 6,000억원이 증가한 158조 5,000억원이었으며 금융부채 증가 속도가 현저히 둔화되어 2010년 말에 예측했던 것보다 10조원이 줄었다. 외부 회계법인은 금융부채가 126조원이 될 것으로 예측했지만 실제 작년 금융부채는 98조원에서 멈췄다. 매년 20조원씩 늘던 부채가 작년에는 6조원 증가에 그친 것이다.

중요한 개혁성과 중 하나는 지난 해 투자비(22조 4,000억원)가 사업비(21조 8,000억원)를 초과하여 선순환 구조가 확립되었다는 점이다.[11] 통합 이전 양 공사는 임대 사업이나 대규모 택지개발에서 자금 회수가 어려워 매년 손실이 나면서 토지매

11) 「2012 한국토지주택공사 기업보고서」 참조.

〈그림 3〉 LH 공사 수익성 지표

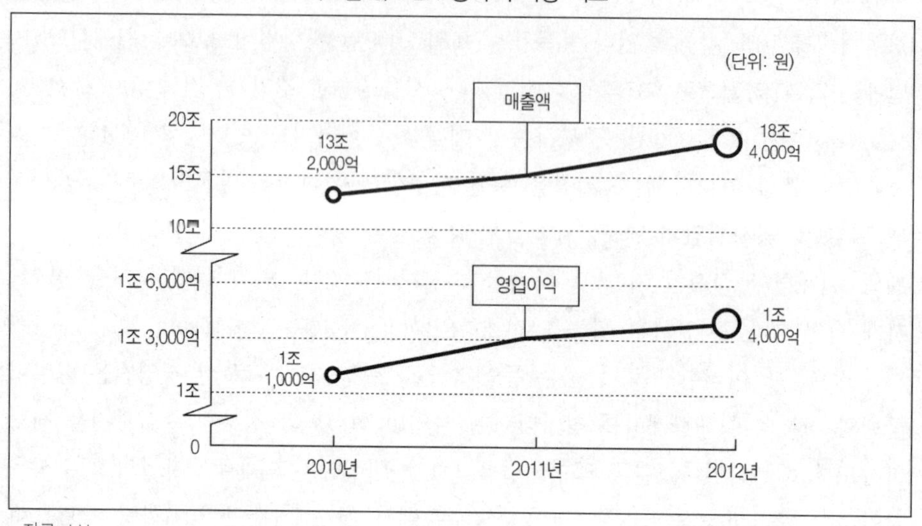

자료: LH.

입과 건설에 필요한 자금이 부족하여 계속적으로 외부 차입에 의존하는 악순환을 이어갔다. LH 공사 출범 당시 우려했던 점 또한 이러한 구조가 쉽게 변하지 않을 것이라는 점이었다(김재호·김종하, 2008). 하지만 2012년을 기점으로 이러한 구조에 변화가 일어나면서 경영 정상화의 발판을 마련했다는 평가를 받게 되었다. 특히 전문가들은 부동산 경기 침체로 민간 건설사들이 무너지는 가운데서도 경영지표가 나아진 것은 상당한 의미가 있다고 평가하고 있다(중앙일보, 2012. 9. 26). 이지송 사장과 임원들은 최근 언론사들과의 인터뷰에서 그동안의 쇄신 노력으로 재무개선의 기틀이 만들어진 만큼, 앞으로도 선순환 구조의 공고화를 위한 개혁방안과 과제들을 꾸준히 수행할 방침임을 밝히기도 했다(중앙선데이, 2013. 1. 20; 파이낸셜뉴스, 2012. 9. 27).

최근 공공기관 부채에 대한 정부 차원의 고강도 대책이 제시되고 있다. 무엇보다 공공기관의 부채현황을 자세하게 그 발생과정을 중심으로 기록하고 이를 투명하게 공개하는 데 있다. 특히 부채가 발생하게 된 배경이나 그 원인에 대한 전문가의 다양한 의견들을 골고루 백서형식으로 담아 공론화할 필요가 있다. 그래야 정치권의 무분별한 포퓰리즘(populism)에 따른 정책 때문에 공공기관의 부채가 발생하는 것을 억제할 수 있을 것이다. 특히 부채가 발생하는 사업의 경우 누가 언제 어떻게 이 정책을 입안했는지 본 사업과 관련된 고위정책당국자들의 실명제를 강력하게 시행함으로써 향후 해당 사업의 부실이나 부적절성이 문제가 될 때 책임 소재를 명확히 할 필요가 있다. 부채의 모든 것에 관해 공공정보와 정보공개(public information & information disclosure)라는 차원에서 부채대책을 마련하여 시행해야 한다.

2. '소통의 리더십'을 통한 조직융합

LH 공사가 단기간에 경영 정상화의 토대를 마련할 수 있었던 데에는 통합 조직이 비교적 빨리 '조직 융합'을 이뤄냈다는 점도 중요한 변수로 작용했다(서울대학교 한국행정연구소, 2010). 통합 전 반대론의 근거 중 하나가 상당히 이질적인 두 조직 문화를 통합하는데 상당한 비용이 소요될 것이라는 점이었으며, 두 공사의 통합에 대한 반발도 상당히 심했던 것이 사실이다. 그럼에도 불구하고 이지송 사장 특유의 리더십 하에 다각적인 직업 융합프로그램을 실시함으로써 물리적 통합이 아닌 화학적 통합 즉 조직적 융합을 조기에 이뤄낸 것으로 평가된다(신동아, 2012. 10. 25; 한국경제, 2012. 6. 25).

LH 공사는 통합 과정서부터 준비하여 2009년 10월에 'LH 조직융합 기본계획'을 수립하였다. 단기 전략인 '통!통!통! 운동'은 전 직원이 참여하는, 출범 초기 100일 동안의 캠페인을 일컫는다. '최고로 통하는 으뜸 LH,' '통통 튀는 힘찬 LH', '서로 통하는 열린 LH'의 3가지 슬로건 아래, 비전공유, 신뢰구축, 갈등해소의 목표 달성을 위해 다양한 세부 프로그램이 추진되었다.[12] 부서별로 수립한 실행계획에 따라 차별화되었으며, 캠페인의 성과를 게시·공유함으로써 융합 활동의 방향 설정을 지속적으로 보완하였다. 이러한 캠페인이 어느 정도 정착된 후부터는 새로운 기업 문화 구축의 공고화를 목적으로 'LH 기업문화운동'을 전개하고 있다(한국토지주택공사, 2011b). 전문가들은 통합 초기에 조직융합 플랜 구축하고 이에 근거한 집중적 프로그램을 전개한 것이 조직원의 초기 갈등 및 불안감 해소에 어느 정도의 성과를

12) 2009년 11월부터 2010년 7월까지 8개월에 걸쳐 '임직원 한마음교육'을 시행하였으며, 직원 화합을 위해 '부서별 워크숍', '직급 간 연수원 합숙 워크숍' 등 다양한 직원융화 활동이 이루어졌다. 분만 아니라 직원의 가족들까지 초청하는 '새 가족 어울림 한마당'을 마련해 구성원들의 융합을 장려했다.

거둔 것으로 평가하고 있다(문효곤 외, 2011).

한편, 조직융합 노력은 실질적 조직운영에도 반영되었다. 통합조직의 성공적 안착을 위해, 혼합배치를 점진적으로 확대 실시한 것이다. 출신별 균형을 유지하는 등 특정 출신 편중 부서수가 나타나지 않게 조율하였으며, 2010년 이후에는 지역본부, 사업본부 등 기관별 고유사업부문에서도 현원의 30%이상을 전면 혼합 배치함과 동시에 수직직, 수평직 교차배치방식으로 인사를 실시하여 조기 융화를 위해 노력했다(한국행정연구소, 2010: 57).

무엇보다 조직 융합의 과정에서 가장 큰 역할을 한 것은 기관장의 리더십이라고 해도 과언이 아니다. 이지송 사장이 조직융합 과정에서 보여준 리더십은 '감성경영', '소통의 리더십' 혹은 '스킨십 경영', '현장중심 리더십'으로 불린다(아시아경제, 2009. 11. 15; 서울신문, 2012. 11. 29; 동아일보, 2012. 9. 26). 직원과 격의 없는 대화를 하고, 주말을 반납하면서까지 현장에 일일이 찾아가 현장 근로자의 의견을 경청하며, 직원으로 하여금 개인적으로 배려를 받는다는 느낌을 가질 수 있도록 해 주었기 때문이다. 이러한 리더를 중심으로 모든 구성원이 공통의 가치와 사명감을 가질 수 있었기 때문에 빠른 융합이 가능했던 것으로 판단된다.[13)]

LH 공사 출범 이후에는 회사의 재무위기 상황에서 LH 고유의 문화 구축과 조직안정이 최우선 과제임을 인식하고 이를 위해 '감성적 통합'이라는 슬로건을 내걸었다(한국토지주택공사, 2011). '새가족 어울림 한마당'(부제 '아빠 회사로 소풍가는 날') 이란 행사를 개최하고, 부인과 함께 참석하여 직원가족과 격의없이 어울리는 시간을 가졌다. 직원 자녀들을 친손주처럼 목말을 태워주면서, "이제 모두 한가족입니다. 모두가 LH의 신입사원이며 개척자입니다. 여러분과 가족으로 함께 해 행복합니다"라고 하나된 모습을 강조하기도 했다. 사내에서는 수시로 티타임(Tea-time)과 컵라면 미팅 등을 통해 일회성 행사가 아닌 일상 속에서 임직원과 접촉하는 노력을 계속했다. 이는 공기업 최초로 전 직원이 직접투표를 하는 '통합 노사협의회'로 이어져 상시 현안사항을 경영진과 즉시 협의할 수 있는 쌍방향 소통채널을 마련했다.

---

13) 신임 이지송 사장은 통합 공사의 설립준비단 시절부터 직원들과 많은 대면 접촉과 대화를 통해 양 기관 출신 간 이질감을 줄이려 노력했다. 업무파악 시기에는 햄버거로 식사를 대체하기 일쑤였는데, '최고 통합공사의 CEO가 이런 걸 먹어서 되겠느냐'라는 말에 '시급한 것은 완벽하게 양 공사 업무를 파악하는 것이다. 하루라도 더 빨리 더 많은 직원들을 만나고 싶다. 서류로 업무보고만 받기보단 직접 얼굴 맞대고 묻고 들어야 전체적으로 제대로 파악할 수 있다'고 대답했다는 일화도 있다(머니투데이, 2012. 4. 12).

뿐만 아니라 격식에 얽매이지 않고 불시에 사무실을 방문해 직원들과 허심탄회하게 대화를 나누기도 했다(머니투데이, 2012. 4. 12).

2010년 3월에는 경영 정상화 추진의 선두에 설 부장급 이상 간부사원 700여 명을 모아 간담회와 '어울림 한마당'을 개최했고, 3·4급 직원과의 간담회, 여성 직원과의 간담회, 부서별 CEO와의 대화마당 등 2011년 상반기에만 20회가 넘는 직원과의 대화자리를 마련했다. 통합 이후 첫 사내커플에 대해선 자청해 주례를 서기도 했다(신동아, 2012. 10. 25).

직원들과 심층면접 결과와 언론 보도에 나타난 일화들을 분석해보면, 이러한 리더십은 구성원들로 하여금 조직의 수장이 자신의 이야기 하나하나에 귀기울여준다는 느낌을 갖도록 해 자기효능감을 높이고 조직몰입도 역시 높이는 역할을 한 것으로 보인다. 개개인이 통합 조직의 성패에 소중한 사람이라고 생각하도록 마음을 움직임으로써 개혁에 적극적으로 동참하고 새로운 조직에 주인의식을 갖도록 했다는 것이다. 뿐만 아니라, 독단적 결정이 아니라 통합 전 양 공사의 입장을 충분히 들어주고 공감해줌으로써 지도자가 한 쪽으로 치우친 것이 아니라 중심을 잡고 앞으로 나아가고자 한다는 것을 보여줬다는 점 또한 조직융합에 주효했다고 평가할 수 있다.

04

따라서 LH 공사의 조직 융합과정에서 나타난 이지송 사장의 리더십은 조직통합의 성패에 대한 영향요인을 리더십 특성에서 찾고 있는 이론적 논의들(Sitkin & Pablo, 2005; Kavanagh & Ashkanasy, 2006; Waldman & Javidan, 2009)에 충분한 시사점을 제공한다고 하겠다. 뿐만 아니라, 최근 행정학에서는 신공공관리론에 근거한 변혁을 경험한 공공기관에 적합한, 새로운 공공리더십이 무엇인가에 대한 관심이 높은 것이 사실이다. 이지송 사장의 리더십은 이러한 연구 질문에도 일정 부문 해답을 제시할 수 있을 것이다.

3. 기관통합에 따른 시너지 효과

한국토지공사와 대한주택공사의 통합의 시너지 효과로서 가장 먼저 생각할 수 있는 것은 택지개발과 주택건설의 일원화를 통한 원가절감, 그리고 기능중복과 과다경쟁으로 인한 비효율을 원천적으로 제거하여 효율적 사업시행체계를 구축할 수 있다는 점이다.

실제 LH 공사는 통합 후 분산된 업무수행 구조를 전면 개편하여 토지보상에서부터 토지개발, 주택건설, 토지·주택 판매 등 사업의 전 과정을 고객이 있는 일선 현장 사업단으로 옮겨 자기완결형 조직구조를 구축함에 따라 사업관리의 일관성을 제고했다는 평가를 받고 있다(기획재정부, 2012). 둘째, 대한주택공사와 한국토지공사는 택지조성, 신도시, 도시 정비, 주택사업, 균형개발 등 수행하는 거의 모든 사업 영역에서 중복이 발생했으며, 2000년대에 들어서는 전 영역에 걸쳐 기능중복이 나타났다(〈표 2〉 참조).

〈표 2〉 주요사업별 양 공사의 기능중복 확대 추이

주요사업	60년대	70년대	80년대	90년대	2000년대
택지조성	주공			주공+토공	
신도시			주공 (과천,상계)	주공+토공 (1기)	(2기)
도시정비		('78)	주공	('95)	주공+토공
주택사업			주공		주공+토공 (PF, 비축임대)
균형개발					주공+토공

출처: 한국토지주택공사, 통합 그리고 새로운 출발(2011).

과거 동일 사업 분야에서 한국토지공사와 대한주택공사는 사업구조와 재무역량에 무리한 과도한 사업을 경쟁적으로 펼쳤으며 이로 인해 부채가 심각했다. 이에 따라 LH공사는 통합 전 무리하게 벌여놓은 사업 중 138개 신규사업(143조원 규모)에 대한 구조조정을 추진했다. 현재 이중 124개 지구가 보상 착수 등 사업조정 완료·마무리 단계로, 약 70조원의 사업비 축소 등 총 110조원의 사업비 절감 효과를 거뒀다. 사업 실시 중에 불필요한 경쟁에 의해 부풀려졌던 부문들이 제거되어 평균 4-5%의 분양가 인하의 효과를 가져왔다는 점[14] 또한 주목할 만하다.

최근 구성원의 인식도를 중심으로 재무개선과 중복기능 제거 등의 시너지 효

14) LH 공사 내부자료 참조.

과를 분석한 연구(문명재 외, 2012)에서도 비교적 긍정적 평가를 내리고 있다. 이 연구에서는 현 LH 직원을 대상으로, Likert 5점 척도를 활용하여 통합 후 시너지가 얼마나 나타났는지 분석해 보았다. 시너지 창출은 객관적 계량 지표, 재무지표로도 판단할 수 있지만, 실제 사업을 담당하는 조직원의 주관적 효능감(efficacy)과 같은 주관적 인식도 중요한 근거가 될 수 있다(문명재 외, 2012). 통합 후 재무관리 능력이 향상되었는지, 기능 중복 및 비효율이 개선되었다고 생각하는지에 대한 질문에 대부분이 '보통이다'라고 응답했다. 중복 사업 조정과, 가시적 재무 개선 효과의 통합 시너지를 조직원이 체감하는 데에 어느 정도의 시간이 필요하다는 점을 감안하면, 이러한 결과는 긍정적 반응으로 평가할 수 있다. 한편 업무 처리에 있어 시너지효과에 관한 분석을 보면,[15] 상대방 공사 직원의 도움으로 업무에 긍정적인 도움을 받는다는 응답과 양 공사 업무 파악이 원활해짐에 따라 향후 사업의 효과적 조정이 가능하다는 질문에 '그렇다'라고 응답하는 사람이 상당했다. 따라서 통합 후 업무처리에 시너지가 어느 정도 발생한 것으로 판단된다(사회과학협의회, 2012; 문명재 외, 2012).

한편, 재무상 시너지 효과로서 중복자산 매각에 따른 부채 감소, 회계처리 통합(금융비용 자본화 및 양 공사 간 내부거래 상계)에 의한 부채 비율 감소, 인원감축으로 인한 매출원가 및 판매관리비 감소 등을 기대할 수 있다.[16]

첫째, 중복자산의 매각을 통한 재무구조 개선효과는 다음과 같이 나타난다. LH 공사는 통합 직후부터 중복 자산 및 공통비용 절감을 통해 부채규모를 감소시키려는 노력을 경주하였다. 그 결과, 2009년 11개, 2010년 3개를 처분하여 취득가 1,738억 원, 예산대비 5% 이상의 경상 경비를 절감했다. 2011년에는 약 1조원 규모의 중복자산을 매각하였으며 17조원 규모의 미매각 자산을 매각할 예정에 있다. 전문가들의 예측에 의하면, 중복자산 매각이 순조롭게 진행될 경우 매각대금의 현금 유입으로 해당 금액만큼의 금융부채 감소 효과가 예상되며, 2014년 기준으로 예상되는 금액은 1,341억원에 이른다.

---

15) 업무 처리의 시너지 정도는 양 공사(통합 이전) 직원의 혼합배치를 통해, 토지와 주택업무, 혹은 동종 업무의 전문성이 어느 정도 공유되는지, 그리고 이러한 공유가 업무 처리에 효율성을 제고시키는지 등을 살펴보는 질문으로 측정되었다. 통합 이전 다른 공사 소속이었던 공사 직원의 도움으로 업무에 긍정적인 도움을 받는다고 인식하는 정도가 높을수록 업무 처리에 시너지 효과가 있다고 평가된다.

16) 정희수 의원실, 「한국토지주택공사 국정감사 자료」.

〈표 3〉 중복자산 매각으로 인한 효과

(단위: 백만원, %)

증가(7감소)	2009년	2010년	2011년	2012년	2013년	2014년
금융부채	(117,528)	(121,034)	(124,134)	(127,342)	(130,662)	(134,099)
부채비율	(0.7%)	(0.8%)	(0.9%)	(1.0%)	(1.0%)	(0.9%)

자료: 토공·주공 통합을 위한 자산실사 및 재무분석 연구용역 결과보고서 (안진회계법인, 딜로이트 컨설팅).

둘째, 통합 전 회계처리가 통합되면서 금융비용 자본화 회계처리 시행과 양 공사 간 내부거래 상계로 인해 배당금과 법인세 등 현금유출이 증가하여 금융부채가 증가할 것이라고 예상했었다. 다만, 채권채무 상계에 따라 자산 및 부채 총액이 감소하면서 부채비율 자체는 증가할 것으로 내다봤다. 그러나 2012년 현재 LH 공사의 부채는 133조7,000억원(금융부채 101조원)이며 부채비율 455%, 금융부채비율 344%이다. 이는 2009년 말 대비 부채비율은 70%, 금융부채비율은 17% 줄어든 것이다.

마지막으로, 인력구조의 슬림화를 통한 관리비 감소의 효과를 볼 수 있다. 통합 전 인원감축에 따라 매출원가 및 판매관리비가 감소함으로써 영업이익이 2009년에서 2014년까지 총 6,656억원 증가해 연평균 1,109억원의 영업이익이 증가가 예상되는 것으로 보고되었다. 통합 후 공사는 임금피크제와 희망퇴직을 추진하면서 전직프로그램들을 활성화하여 큰 저항 없이 인력감축을 실시해왔으며, 2012년 현재까지 약 1,700여 명의 감축이 단행되었다. 2012년 상반기 결산액을 기준으로 볼 때 공사는 1조5,976억 원의 영업이익을 달성했다. 여기에는 다른 영향요인들과 함께 인력감축에 의한 원가절감의 효과가 포함되어 있다고 볼 수 있다.

〈표 4〉 인원 감축안 반영 효과

(단위: 백만원, %)

증가(감소)	2009년	2010년	2011년	2012년	2013년	2014년
영업이익	98,862	99,159	101,043	103,872	129,826	132,812

자료: 토공·주공 통합을 위한 자산실사 및 재무 분석 연구용역 결과보고서(안진회계법인, 딜로이트 컨설팅).

4. 기업이미지 제고와 국민기업으로서 평판

통합 전 양 공사의 부채가 대부분 국책사업으로 인한 것이기는 했지만, 공기업의 무조건적 사업확장과 방만 경영 역시 원인이었던 것도 사실이다(사회과학협의회, 2012). LH 공사의 통합 논의 전부터 부채와 기업 내부 문제점들이 연일 보도되면서 국민들에게 기업의 이미지는 '부채 공룡', '공기업 비효율성의 전형'으로 인식되었다(한국경제, 2012. 4. 26). 통합직후에는 국가 부채의 1/2을 가지고 있는 기업이라는 인식도 있었다(매일경제, 2012. 3. 5).

통합 공사 측에서도 이러한 점을 알고 있었기 때문에, 경영 정상화를 위해 박차를 가함과 동시에 기업 이미지 제고를 위한 노력도 병행하였다(동아일보, 2012. 9. 25; 파이낸셜뉴스, 2012. 9. 27; 신동아, 2012. 10. 25).

그 중 하나가 제도 구축과 의식개혁 프로그램을 통한 내부 투명성 강화이다. 대표적인 제도로서 임직원이 직무와 관련해 10만 원 이상 향응을 받으면 즉시 퇴출하는 '10만원 원스트라이크 아웃제'를 도입하였다. 또한 각 지역 본부 내 '감찰분소'를 설치함으로써 이를 중심으로 기동성 있는 현장 감찰이 이루어질 수 있었다. 본사와 지역본부, 사업본부 간, 지역본부 내근과 현장 간 순환 배치를 활성화시킨 것 또한 지역토착비리 등을 근절하기 위한 방안 중 하나였다.

이외에도 내부 인트라넷 상에 청탁등록시스템을 구축하여 임직원이 내·외부로부터 부정한 청탁을 받는 경우에는 그 내용과 청탁자 등을 시스템에 등록하도록 하고, 등록자에게는 책임면제와 인센티브를 부여하는 시스템도 실시하였다. 그동안 각종 비리와 민원의 온상이 돼왔던 입찰심사 역시 'LH 클린심사제'로 전환되었다. 이에 따라 심사 전 과정이 폐쇄회로(CCTV)로 촬영되고, 최저가 심사 관행과 주관적 심사 제도가 폐지되어 입찰심사제도의 투명성 제고 또한 가능해졌다. 실제 최근 LH 공사가 실시한 설문 결과에 따르면 대상이 된 70여개 건설사의 91%가 개정된 입찰심사제에 만족한다고 응답했다. 심사 공정성에 대한 설문 역시 '매우 공정하다' 69%, '공정하다' 27%로 공정하다는 응답이 96%에 달했다(중앙선데이, 2013. 1. 20).

이러한 제도적 노력과 병행하여 구성원의 의식고취를 위한 프로그램들도 실시되었다. 2011년 초 LH의 모든 임직원은 'LH 부패추방 및 청렴실천 결의대회'를 개최하여 부패행위 배격, 사회적 책임 및 고객감동경영 등을 내용으로 하는 청렴서

약을 했다. 또한 청렴업무담당자를 중심으로 수시로 워크숍을 개최하고 있다. 이외에도 사장이 수시로 부패척결이 공사의 10년 후를 결정짓는 핵심가치임을 언급하고 있다(한국토지주택공사, 2012).

이러한 강도 높은 부패방지 정책을 지속적으로 실시한 결과, 큰 변화가 일어났다. 통합 전 양 공사는 물론 LH 역시 2010년도까지 국민권익위원회의 청렴도 지수에서 최하위기관으로 평가되었다. 그러나 2012년 국민권익위원회가 실시한 공공기관 청렴도 측정에서 공기업 중 최고 상승률을 기록했으며(국민권익위원회, 2012), 2011년 부패방지시책평가에선 '우수 등급'기관으로 선정되었다.[17]

최근에는 재무역량이 어느 정도 개선됨에 따라 공적 역할을 점차 확대하면서, 애물단지가 아닌 국민 기업으로서의 이미지를 구축하려는 활동에 적극적으로 나서고 있다. 기업의 미션이라고 할 수 있는 주거복지를 위해 서민과 주거 약자를 위한 주택 건설사업을 순차적으로 확대할 방침을 세우고 있다. 또한 동반성장을 위한 25대 세부 실천과제를 수립하여 실천하고 있으며, 고졸 신입사원과 실버사원을 중심으로 한 일자리 창출 사업도 활발하게 진행하고 있다. 2010년부터 실시해온 임대단지 공부방 지원 프로그램과 친환경 어린이놀이터 리모델링 사업, 신성장 동력 확보를 위한 적극적 R&D투자(한국토지주택공사, 2012) 역시 국민 공기업로서 좋은 이미지 구축을 위해 노력한 흔적들이다.

여전히 천문학적 숫자에 달하는 부채 때문에 LH 공사에 대한 부정적 인식이 상당하다(아주경제, 2013. 1. 28; 매경이코노미, 2011. 7. 13). 하지만 재무구조를 정상화시키기 위한 구성원의 노력과 기관장의 헌신하는 모습, 다양한 사회공헌활동으로 이전보다 기업 이미지가 개선되고 있다(아주경제, 2013. 1. 28; 매경이코노미, 2011. 7. 13). 부패근절대책의 지속적 실효성과 재무건전화와 공기업으로서의 사회공헌을 얼마나 균형 있게 유지시킬지의 여부가 향후 기업 이미지 제고에도 영향을 미칠 것으로 판단된다.

---

17) 국민권익위원회 홈페이지
http://www.acrc.go.kr/acrc/board.do?command=searchDetailTotal&method=searchDetailViewInc&menuId=010103&boardNum=30250 참조.

Ⅳ. 결론: 향후 전망과 과제

LH 공사는 기존의 우려와 달리, 조직 내외부의 어려운 여건 속에서도 출범 3년여 만에 가시적인 성과를 도출해냈다. 그러나 현재 세계 경제 침체와 부동산 경기 하락이라는 거시적 환경과 조직이 완전한 융합의 과정에 있다는 점을 감안할 때, 향후에도 경영 환경이 녹록치는 않을 것으로 보인다. 지금까지 이루어온 조직 혁신의 노력들을 얼마나 잘 지속하고 끊임없는 자기 개선을 해 나가는지, 완전한 융합으로 보다 안정된 조직을 구축하는지가 향후 조직 발전에 관건이 될 것으로 판단된다. 이러한 성과를 거둔 요소로 여러 가지를 꼽을 수 있으나 초기 통합기관의 미션과 제도운영을 성공적으로 안착시킨 공공리더십이 큰 역할을 한 것으로 판단된다(Hahm 외, 2012). 그렇지만 여전히 풀어야 될 과제가 남아 있다. 재무건전화를 통한 경영안정과 LH 공사 고유의 정체성 확립, 아직 통합되지 못한 양 공사의 노조를 통합하는 일이다.

첫째, 재무구조가 크게 개선되고 선순환구조로 돌아서기는 했지만 여전히 단기 유동성에 상당한 애로가 예상된다. 2014년 이전에 닥칠 크고 작은 유동성 위기를 어떻게 극복할 것인지, 건설경기 침체로 인한 제고 자산들을 얼마나 매각할 수 있을지가 미지수로 남아 있다. 따라서 지금까지 실시해온 강도 높은 재무개선 노력들이 지속적으로 이루어져야한다. 투자 자금 회수에 전사적 역량을 집중하고 실물·금융시장에서의 자금조달 방안과 수익극대화 손익관리체계의 강화 등이 필요하다. 또한 사업성 및 재무분석 시스템을 구축하여 보다 전략경영이 이루어져야 할 것이다. 이러한 자구 노력과 더불어 정부의 지원도 불가피할 것으로 보인다. 사실 LH 공사 부채의 대부분은 국책사업과 임대주택건설사업에 의한 것이다. 임대주택사업의 경우 한 채를 지을 때마다 최소 5천만원이 부채로 쌓이며 대부분 30년씩 장기임대로 묶여 있어 매각이 원천적으로 불가능하기 때문이다. 이로 인해 손실보전법을 바탕으로 국책사업으로 인한 문제에 대해서는 유동성을 지원할 수 있는 다양한 정책적 고려가 절실하다. 특히 공공기관에 대한 부채문제가 심각한 상황임을 정치권이나 정부기관이 인식하여 적극적 대책이 필요하다. 이를 위해 무엇보다 부채에 대한 모든 정보를 자세하고 구체적으로 어떤 부채가 왜 그리고 어떻게 발생했

04

는가를 중심으로 '부채백서'를 만들어 국민에게 홈페이지를 통해 적극 공개할 필요가 있다. 나아가 매년 부채백서에 대한 기자회견이나 그 밖의 공식발표를 통해 앞으로 어떻게 부채 대책을 마련하겠다는 청사진과 구체적 전략을 국민에게 알리도록 해야 한다. 이를 통해 부채에 대한 경각심을 높이고 정치성 사업으로 부채가 발생하는 것을 막고, 공공기관 자체도 스스로 부채경감을 위해 효율적으로 작동되는 시스템을 스스로 구축하도록 만들어야 한다.

둘째, LH 고유의 비전과 사명감을 인식시키는 데에는 성공하였지만 아직 고유의 정체성을 명확하게 확립했다고 보기는 어렵다(문명재 외, 2012). 물론 이는 단기간에 가능한 것이 아니라 시간을 가지고 진행해야 하는 문제이며, 그 과정에서 구성원들의 의견이 충분히 반영될 수 있도록 해야 한다. 지금까지의 융합이 조직의 엄청난 위기 상황에서 구성원들이 신뢰할 수 있는 한 사람의 리더를 중심으로 뭉친 것이라면 향후의 융합은 여기서 더 나아가 구성원 스스로 LH 공사 직원으로서 스스로 우러러 나오는 정체성에 바탕을 두어야 할 것이다. 이와 관련하여 시급한 선결과제는 이질적으로 존재하는 과거 양 공사 노조의 통합이다. 복수노조의 설립은 필연적으로 갈등과 선명성 경쟁을 수반하며, 이해관계의 조정보다 갈등관계 표출과 2개의 다른 기관이 존재한다는 상징성을 가져 통합에 걸림돌로 작용한다. 따라서 현재 분리되어 있는 양 공사 노조의 통합이 통합LH차원에서 건설적으로 논의될 필요가 있다.

한편, 이러한 융합과 재무안정성이 확보된 후에는 기관 본연의 미션에 보다 집중해야 한다. 지금 우리나라는 인구 구성비와 도시 주거환경이 급속도로 변화하고 있다. 영국, 일본, 홍콩 등 선진국의 토지주택전문기관에서는 2000년대 초반부터 이러한 인구와 주거환경 변화에 맞춘 토지주택사업의 발전 방향을 제시하고 이에 맞게 사업의 방향을 조정해왔다(사회과학협의회, 2012; 토지주택연구원, 2011). LH 공사 역시 사회의 변화 양상과 우리나라 특성을 고려한 미래 발전전략을 수립하고 사업을 추진해 나가야 한다. 그 과정에서 어떻게 공익과 재무 안전성을 조화시킬 것인지 어렵지만 반드시 해결해야 할 숙제가 될 것이다. 나아가 민간과의 파트너십 강화, 녹생성장과 녹색도시 조성에의 선도역할 역시 중요한 과제이다. 또한 공기업 기관장의 안정적 리더십도 지속가능한 공기업의 발전에 필수이다. 하지만 공기업 기관장의 인사가 각종 정치선거와 연동되는 공기업 거버넌스의 특성 때문에 이에

대한 완충장치가 공공기관의 발전차원에서 나와야 될 것이다.[18)]

전술한 바와 같이 (구)한국토지공사와 (구)대한주택공사, 그리고 지금의 LH 공사는 경제개발시대부터 도시개발과 국민 주거복지의 안정에 기여한 바가 크다. 그 동안 시장의 민간건설회사가 추진하기 어려운 국가기간 산업단지 개발이나 대규모 공공주택사업을 정부정책과 밀접한 연계를 통해 효과적으로 추진해 왔다. 민간기업이 적기에 필요한 사업을 국가정책과 내밀한 유기적 연관성을 가지고 추진하는데 한계가 있음을 고려할 때 이러한 역할을 잘 수행했다는 점에서 과거의 토지공사와 주택공사의 기여가 있다. 그럼에도 불구하고 최근 국가전반의 국책사업에 대한 비효율성과 정치성으로 공공기관의 부채가 증가하는 어려움을 겪고 있다. 그렇지만 앞으로 통합과정에서 보여준 자기 혁신의 노력을 바탕으로 거시 환경에서 오는 어려움과 통합으로 인한 내부갈등을 순조롭게 해결하고 앞으로도 국민 공기업으로서 제 역할을 해 주기를 기대해본다. 특히 과거 양 공사 시절 만들어진 양 노조의 문제에 대한 구성원의 합리적 해결책이 나와야 되며, 도시기반조성과 주택공급에서 축적된 각종 사회기반건설(SOC)경험을 개도국에 널리 수출하는 길을 모색할 필요가 있다.

그 밖에도 LH를 비롯한 각종 공공기관의 구조개혁에 대한 청사진을 마련할 필요가 있다. 예를 들면, 녹색산업이나 에너지 분야와 같은 국가기간산업의 발전원 동력으로 어떻게 수많은 공공기관을 연계하여 협업을 통해 활용할 것인가 그리고 민간기업과 전략적 협력이나 공동사업을 통해 어떻게 성장동력원을 찾아낼 것인가를 고민해야 한다. 미국의 TVA가 공황당시 미시시피강 유역개발과 건설을 통해 일자리 창출뿐만 아니라 각종 수자원과 자연자원 관리를 어떻게 효과적으로 해 왔는지 시사점을 찾을 필요가 있다. 인천공항의 경우도 각종 엔터테인먼트, 레저, 스포츠 산업과 어떻게 연계할 것인지 국가차원에서 고민해야 공공기관 개혁의 새로운 돌파구가 열릴 수 있다. 좌파나 우파와 같은 진영논리나 정파적 편향성에 매몰될

---

18) 공공기관 거버넌스의 구조적 문제는 비단 LH만의 문제가 아니다. 거대 금융형 공기업, 에너지 공기업 등의 경우 역량 있는 기관장의 지속적으로 안정된 리더십이 필수적이다. 따라서 이를 제도적으로 보장할 수 있는 5년 임기제 등을 적극 고려할 필요가 있고, 나아가 대통령이 바뀌더라도 전문성과 리더십을 인정받은 공기업 CEO의 경우 그 임기보장과 연임까지도 배려하는 정치문화와 인사제도를 정착시킬 필요가 있다. 공공부문 선진화를 위해서는 정치권의 무분별한 개입이나 침투를 제한하고, 자율성을 바탕으로 공익에 더욱 매진할 수 있는 환경조성이 절실하기 때문이다. 현재 글로벌 기업 포스코는 상당 부분 박태준 회장의 뛰어난 리더십(institutional leadership) 덕분이라 볼 수 있는데, 이는 무엇보다 박정희 대통령이 임기를 충분히 보장해 주었기 때문에 가능했다.

경우 각종 공공기관의 구조개혁이나 신규사업에 대한 소모적인 정쟁과 불필요한 정부규제만 강화되는 우를 범해서는 안 될 것이다. 앞으로 공공기관의 구조개혁을 위해서는 소극적 인수합병이나 구조조정과 같은 소극적 전략이 아니라 사업창출을 통해 자연스럽게 새로운 개혁모델을 만들어가야 한다.

□ 참고문헌

김재호·김종하. 2008. 토지공사·주택공사 통합논의 소고, 토지공법연구, 42: 143-175

문명재·함성득·정광호. 2012. 공공기관 통합효과의 영향요인 탐색: LH사례를 중심으로. 행정논총. 50(3): 119-152.

우윤석·오수현. 2009. 주·토공 통합의 효율성 평가 : 자료포락분석을 통한 지방공기업과의 재무제표상 비교를 중심으로, 도시행정학보, 22(2): 73-98.

정극원. 2009. 토공과 주공의 통합에 대한 비판론적 검토. 토지공법연구, 42: 177-192.

국민권익위원회. 2012. 2012년도 공공기관 청렴도 측정 결과.

기획재정부. 2012. 2011년도 공공기관장 경영계약 이행실적 평가 보고서.

문효곤·이의종·이명구. 2011. LH기업이미지 제고를 위한 커뮤니케이션 전략 및 관리방안연구. 서울: 한국토지주택공사.

연구보고서 자료

토지주택연구원. 2010. 메가트렌드와 2030년 LH그랜드 비전. 대전: 토지주택연구원.

한국경제연구원. 2011. 이명박 정부 정책평가 및 선진화 과제. 서울: 한국경제연구원.

한국토지주택공사. 2010. LH 재무위기 극복을 위한 종합진단보고서. 서울: 한국토지주택공사.

한국토지주택공사a. 2011. 통합 그리고 새로운 출발, 성남: 한국토지주택공사.

한국토지주택공사b. 2011. 경영계획서 이행실적 보고서. 성남: 한국토지주택공사.

한국토지주택공사. 2012. 한국토지주택공사 기업보고서.

한국행정연구소. 2010. 공기업 선진화 모델 탐색: LH사례를 중심으로. 서울: 서울대학교 한국행정연구소

한국사회과학협의회. 2012. 통합추진 논의 및 LH 통합과정 평가. 서울: 한국사회과학협의회.

기타 자료

「LH(한국토지주택공사) 출범 3주년, 경영정상화 기반 다져」, 내일신문, 2012. 9. 26.

「주택공사+토지공사=LH "다 바꾼 3년, 국민 마음속에 보금자리를 짓겠습니다"」, 동아일보, 2012. 9. 26.

「일하고 싶은 기업 설문조사」, 매경이코노미, 2011. 7. 13.

「직원 자녀 목말 태우고 "주공·토공 모두 한가족"[LH 경영정상화 '눈앞']〈2〉이지송 사장의 스킨십 경영」, 머니투데이, 2012. 4. 12.

04

「역량초과 사업 과감히 '메스' … 선순환구조 기반 구축 박차 LH(한국토지주택공사)」 문화일보, 2013. 3. 13.

「[경영혁신 바람 부는 공기업] LH 현장중심 경영 집중 … 조직개혁 가속도」, 서울신문, 2011. 11. 29.

「LH, 택지사업 과감한 정리로 부채비율 70%P 낮춰」, 서울신문, 2012. 9. 26.

「토지주택공사 공룡조직 빠른 융합에 성공 '투명한 혁신', "몸에 맞지 않는 옷은 과감히 벗어 던져라"」, 서울신문, 2012. 10. 26.

「이지송식 개혁' 불가능을 가능으로 바꾸다! 통합 3년 만에 경영 정상화 LH」, 신동아, 2012. 10. 25.

「LH 출범 한달 반 … 이지송 사장 '조직융합' 선도」, 아시아경제, 2009. 11. 15.

「통합 3주년, LH는 변신했다」, 아시아경제, 2012. 9. 26.

「통합 3주년 맞는 LH, 고강도 혁신 경영성적 '눈부신 성과'매출 증가, 부채비율 감소 등 경영지표 개선, 토지·주택 판매 호조세로 유동성 위기 해소, 보금자리·세종시·혁신도시 등 국책사업 수행」, 아주경제, 2012. 9. 25.

「〈더불어 사는 LH〉 마을형 사회적기업 설립 지원 … '사회공헌' 새 모델로 부상」, 아주경제, 2013. 1. 28.

「2012년 상반기 매출 9조원 … 공적 역할 지속적으로 확대3년 만에 경영 정상화 발판」, 중앙선데이, 2013. 1. 20.

「출범 3년 맞은 LH 상반기 순익 1조1435억」, 중앙일보, 2012. 9. 26.

「LH '부채공룡' 오명벗고 경영정상화」, 파이낸셜뉴스, 2012. 9. 27.

「매출·영업익 늘고 부채 줄고 … 비상경영 성과 나타나」, 한국경제, 2012. 4. 26.

「2012 올해의 CEO 대상, 이지송 한국토지공사 사장, 과감한 사업 조정으로 …」, 한국경제, 2012. 6. 25.

「LH, 뼈깎는 자구노력·소통으로 선순환 '초석', 토지주택공사 출범 3년 … 성공적 통합 과정 대규모 감원·임금 반납 희생, 작년 당기순이익 1년새 55%↑, 133조 부채 감축 과제 남아」, 한국일보 2012. 9. 25.

영문자료

Birkinshaw, J. B., H. Bresman, and L. Hakanson. 2000. "Managing the Post-Acquisition Integration Process: How the Human Integration and Task Integration Processes Interact to Foster Value Creation." Journal of Management Studies, 37: 395-425.

Bruner, R. F. 2002. Does M&A pay? A survey of evidence for the decision-maker. Journal of Applied Finance, 12(1): 48-69.

Cartwright, S. 2005. Mergers and acquisitions: An update and appraisal. In: G. P. Hodgkinson and J. K. Ford (eds.), International Review of Industrial and

Organizational Psychology, 20, pp.1-38. John Wiley, Chichester.

Cartwright, S., & Cooper, C. 1993. The psychological impact of mergers and acquisitions on the individual: A study of building society managers. Human relations, 46(3): 327-347.

Cartwright, S., and Schoenberg, R. 2006. Thirty years of mergers and acquisitions research: Recent advances and future opportunities. British Journal of Management, 17(s1), S1-S5.

Daniel, T. A., & Metcalf, G. S. 2001. The management of people in mergers and acquisitions. Westport, CT: Quorum Books.

Geissner, S. R. 2011. Is the merger necessary? The interactive effect of perceived necessity and sense of continuity on post-merger identification. Human Relations, 64, 1079-1098.

Hahm, S.D., Jung, K., & Moon, M.J. 2013. Shaping Public Corporation Leadership in a Turbulent Environment. Public Administration Review, 73(1), 178-187.

Kavanagh, M., and N. Ashkanasy. 2006. The Impact of Leadership and Change Management Strategy on Organizational Culture and Individual Acceptance of Change During a Merger. British Journal of Management, 17: S83-S105.

Selznick, P. 1957. Leadership in Administration: A Sociological Interpretation. Evanston, IL: Row, Peterson.

Sitkin, S. B., and Pablo, A. L. 2005. "The neglected importance of leadership in M&As," in M.E. Mendenhall and G. Stahl (eds.) Mergers and Acquisitions: Managing Culture and Human Resources, pp. 208-223. Stanford University Press.

Waldman, D. A., and Javidan, M. 2009. Alternative forms of charismatic leadership in the integration of mergers and acquisitions. The Leadership Quarterly, 20: 130-142.

제14장 산업은행과 정책금융공사 재통합 논의에 대한 소고

장 원 창

Ⅰ. 서 론

일반적으로 신흥시장의 경우 정부는 경제개발 및 성장에 필요한 자본조달과 공급을 금융정책의 목표로 하여 자금이 공급자로부터 수요자로 전달되는 통로를 통제함으로써 자본을 효율적으로 배분하는 역할을 한다. 또한 기업의 부실화가 경제전체에 악영향을 줄 수 있는 상황에 적극적으로 대처하기 위해 기업구조조정에 필요한 자금을 공급하는 등 정부의 금융정책은 거시경제의 안정성을 도모한다. 이러한 정책을 실무적으로 수행하는 정책금융기관은 경제발전단계별로 역할과 기능을 달리하는데, 성장 초기에서 재원 조달과 배분, 시장실패 보정 등에서 중요한 역할을 수행하나, 성숙단계에 진입하면서 시장기능이 강조되면서 민영화 등 구조조정 및 업무영역 축소 요구에 직면하게 된다.

한국의 경우, 산업은행이 정부의 금융정책 수행을 위한 정책금융기관으로서 경제성장에 필요한 외부자본을 조달하여 공급하는 데 중추적 역할을 담당하였다. 1997년 외환위기 이전까지 산업은행은 중화학공업과 수출산업 육성 등에 중점적으로 자금을 공급하였는데, 이 시기는 자금수요가 공급에 비해 상대적으로 많아 정책금융의 주 기능이 '한정된 자금'을 효율적으로 배분하는 데 있었으며, 대출, 보증, 투자(주식 및 사채인수) 등 기업금융(Corporate Banking)에 집중하였다. 그러나 1997년 이후에는 시장실패를 보완하면서 자본시장개방 확대추세에 부합하기 위해 투자은행(Investment Banking) 방식의 정책금융기능을 확충하였다. 일례로 대표적인 시장실

04

패 영역인 벤처·중소기업에 대해 투자를 확대하였고, 구조조정 수요발생 시 회사채 신속인수, 인수합병(M&A), 사모펀드(PEF)를 활용한 채권안정펀드를 조성하였다.

2008년 출범한 이명박정부는 산업은행의 업무가 민간영역과 중복된다는 정책적 판단하에 금융공기업의 민영화를 통한 금융시장의 효율성 제고를 목표로 산업은행의 민영화를 추진하였다. 즉, 선진일류국가로의 도약을 위해 1) 효율적 자금배분 2) 매끄러운 금융중개 3) 금융경쟁력 강화 4) 금융시스템의 안정성 유지 등을 통한 시장친화적인 금융시스템을 구축하기 위해 산업은행이 보유하고 있던 정책금융기능을 '한국정책금융공사'로 이관하고, 산은지주회사를 설립하여 산업은행을 지주회사의 자회사로 편입하고, 산업은행의 자회사였던 대우증권을 산은지주의 자회사로 위치시키면서 민영화를 목표로 하여 글로벌 금융회사로 육성하고자 하였다.

2008년 글로벌 금융위기 이후 과도한 금융규제완화에 대한 재검토가 대두되면서 거시경제 및 금융시장 안정을 위한 정부의 역할이 강조되었다. 또한 과거 고도성장 시대와 달리 신성장동력산업 육성, 신기술·에너지 개발, 영세·소기업 보호 및 중소기업 육성 등 새로운 유형의 정책금융 수요가 증가하였다. 이에 따라 정부가 정책금융기관의 비전을 재설정하고 비전 실현을 위한 현실적이고 구체적 방안을 마련해야 한다는 요구가 높아지고 있다. 이를 배경으로 2013년 박근혜 정부는 민간 금융회사가 기피하는 중소기업금융, 지역개발 및 사회기반시설 확충, 신성장동력산업 육성, 기업구조조정 등 금융시장 안정을 위한 정책금융을 강화하기 위해 산업은행의 민영화계획을 사실상 폐지하고, 정책금융공사와 재통합하는 방안을 금융위를 통해 제시하였다. 본고에서는 2009년 산업은행과 정책금융공사의 분리, 2013년 산업은행과 정책금융공사의 재통합 논의[1]를 중심으로 정책금융기관의 개편방향에 대한 정책적 시사점을 찾고자 한다.

1) 2014년 5월 산업은행과 정책금융공사를 통합하는 내용의 산업은행법 개정안이 국회 본회의를 통과함으로써 2015년 통합산은이 출범할 것으로 전망된다.

Ⅱ. 최근 산업은행의 변화[2)]

1. 2009년 산업은행과 정책금융공사의 분리

2008년 1월 이명박정부인수위는 산업은행 민영화계획을 발표하였는데, 그 배경에는 산업은행의 상업금융 비중이 점차 증가하면서 시장마찰이 확대되고 민간금융회사의 발전이 제약된다는 정책적 판단이 작용하였다. 이에 따라 금융위원회는 2008년 6월 「산업은행 민영화 및 한국개발펀드 설립방안」을 발표하고, 산업은행의 정책금융부문은 한국개발펀드(이후 한국정책금융공사로 개칭)를 설립하여 이관하고, 상업금융부문은 산업은행의 민영화를 통해 글로벌수준으로 성장시키고자 하였다. 참고로 2008년 산업은행 민영화 계획과 2013년 산업은행/정책금융공사 재통합방안에 따른 산업은행의 지배구조를 비교하면 〈그림 1〉, 〈그림 2〉와 같다.

당시 정부는 산은 민영화를 통해 국내 금융산업의 재편 및 발전을 촉진하고자 하였는데, 이는 은행들이 소매금융에 치중하고, 증권사들은 위탁매매 위주의 영업을 지속하여 국내금융산업의 경쟁력이 정체된 상황을 고려한 것으로 판단된다. 산은지주회사에 대해서는 사업다각화, 대형화, 해외진출 등을 통해 여타 금융회사들에게 새로운 사업모델을 제시하는 벤치마크로 기능하고 글로벌 금융회사로 도약하기를 주문하였다. 또한 정책금융공사 설립은 시장친화적 정책금융체제를 마련할 수 있는 계기가 되기를 원하였는데, 시장의 기업선별 기능을 활용한 간접금융(On-Lending) 방식으로 지원하여 정책금융의 선진화를 도모하고자 하였다.

2008년 11월 산은민영화 법안이 국회에 제출되고, 2009년 3월 정책금융공사법이 국회를 통과하였으며, 2009년 7월에는 산업은행 분할방안이 확정되었다. 그리하여 2009년 10월 28일 한국정책금융공사가 설립되면서 산은금융지주와 공식적으로 분리되었다.

04

2) 한국금융연구원(2013), '산업은행의 성장과 발전, 한국정책금융공사의 성장과 발전', 참고.

〈그림 1〉 2008년 산업은행 민영화계획

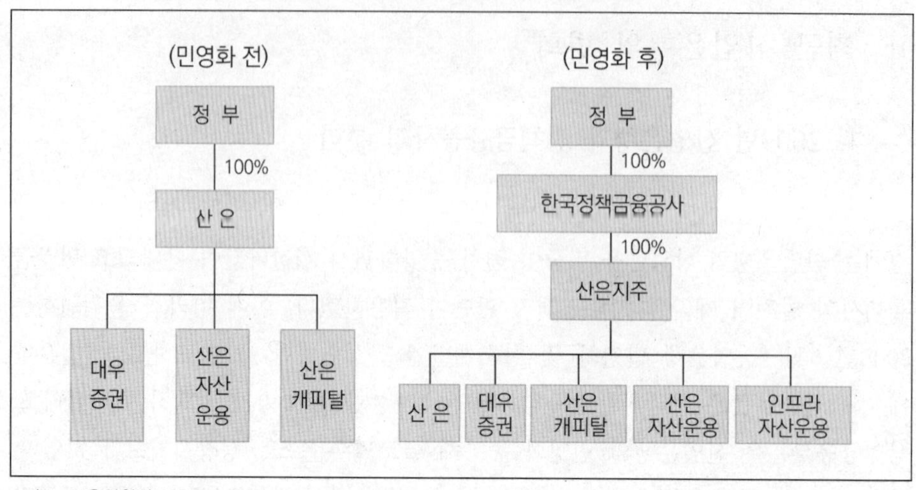

자료: 금융위원회(2008).

〈그림 2〉 2013년 산업은행/정책금융공사 재통합방안

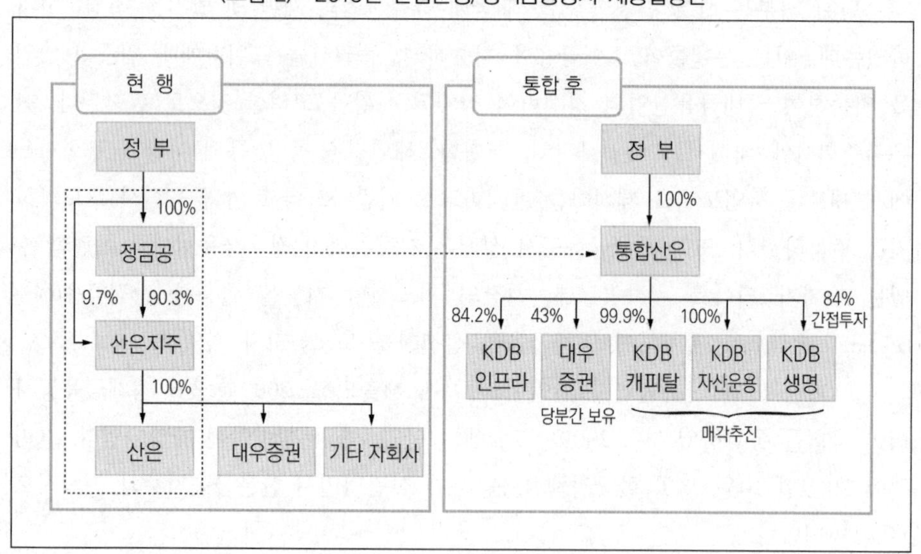

자료: 금융위원회(2013).

2. 산업은행의 업무변화

산업은행의 업무변화는 이자수익, 수수료수익, 기타영업수익 등 손익계산서의 구조적 변환 추이를 통해 확인할 수 있다(그림 3). 이자수익은 1999년 수익합계의 67%에서 2012년 31%로 크게 감소한 반면, 유가증권 처분·평가·배당수익, 외환거래이익, 신탁업무운용수익 등으로 구성된 기타영업수익은 1999년 31%에서 2012년 65%로 증가하였다. 즉, 전통적인 수익창출원인 이자수익의 비중은 감소하고, 투자은행업무에서 발생하는 기타영업수익이 증가하였음을 볼 수 있다. 산업은행의 투자은행업무가 활발해졌음은 파생상품거래액 추이를 통해 확인할 수 있는데, 그 거래액은 1999년 69조원에서 2012년 318조원을 기록하여 약 4.6배 성장하였다(그림 4). 이러한 산업은행의 수익구조 변화는 시장과의 마찰 가능성이 높아졌음을 의미하고, 2008년 이후 민영화논의를 촉발하는 계기가 되었다.

〈그림 3〉 산업은행의 수익구조 추이

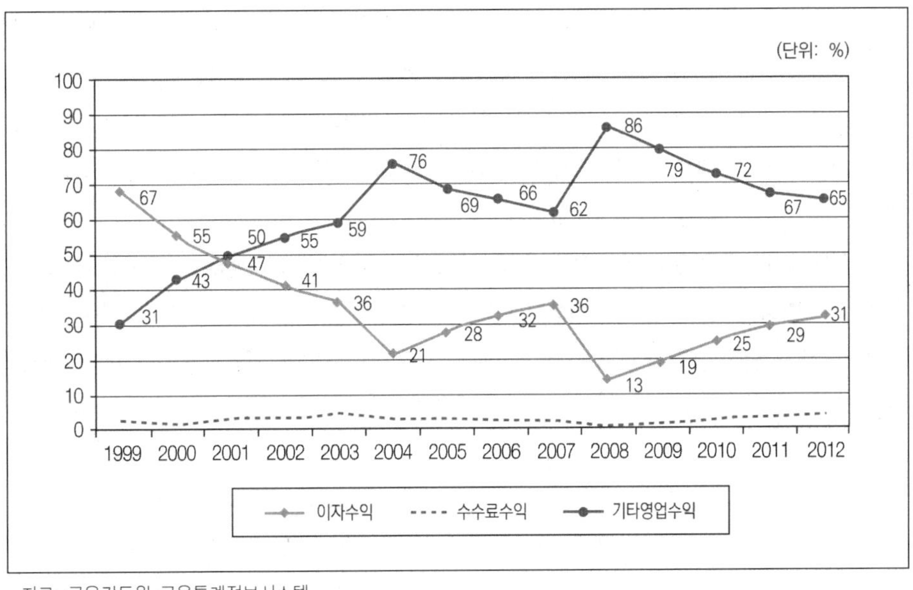

자료: 금융감독원 금융통계정보시스템.

〈그림 4〉 산업은행의 파생상품거래액 추이

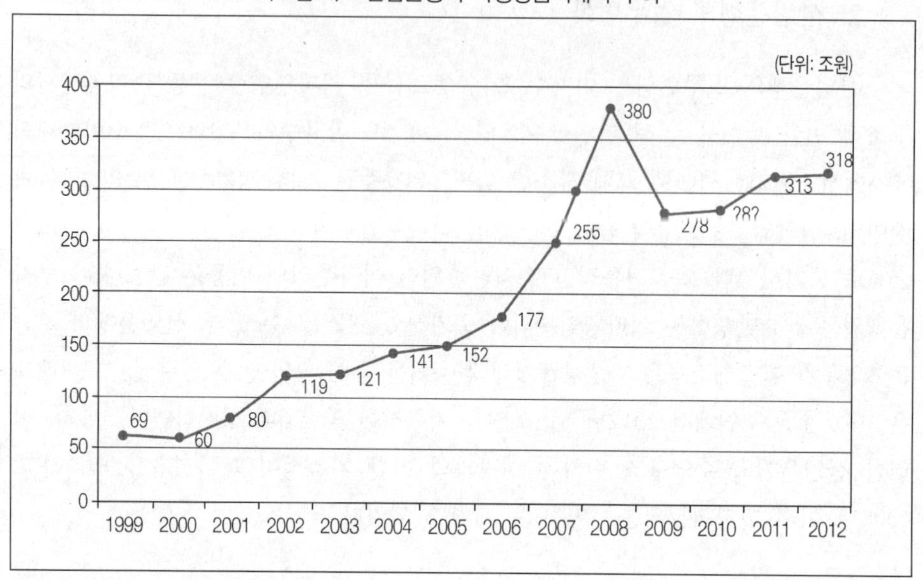

자료: 금융감독원 금융통계정보시스템.

2008년 글로벌 금융위기를 계기로 기업구조조정업무에 참여하면서 산업은행의 투자은행업무가 활성화되었다. 2012년 프로젝트 파이낸싱을 통한 금융주선(표 1)에서 세계 10위에 진입하였고, 한국계 기업에 대한 외화 Syndicated Loan League(표 2)에서 2010년부터 2012년까지 1위를 차지함으로써 기업금융과 투자은행업무에 있어 두각을 보이고 있다.

또한 2011년 9월 국내은행 최초로 무점포 개념의 KDBdirect를 출범한 것도 민영화에 대비하여 상업은행의 기반을 강화하기 위한 산업은행의 전략으로 평가된다. 2006년 산업은행의 원화사채가 약 35조 원, 원화예수금이 약 6조원이었는데, 2012년 양자의 규모가 역전된 배경에는 2008년 이후 민영화라는 정책기조에 대응하여 상업은행의 구조로 전환하기 위한 산업은행의 생존전략이 상당한 역할을 하였다.

그러나 2013년 이후 산업은행이 소매금융부문을 축소하는 방향으로 선회한 것은 정부의 정책금융 업무영역 조정논의에 선제적이고 적극적으로 대응한 결과로 판단된다. KDBdirect의 금리를 인하하여 수시입출금식 예금잔액을 줄이고, 민영화에 대비하여 고금리 예금유치에 집중하던 방식에서 벗어나 조달비용이 상대적으로 낮은 산금채 조달비중을 높이는 점 등이 이러한 산은의 전략적 변화를 뒷받침하고 있다.

〈표 1〉 프로젝트 파이낸싱을 통한 금융주선 실적

(단위: 억원)

	2009년	2010년	2011년	2012년
국 내	46,564	56,973	49,671	52,802
인프라(도로, 국민편익시설)		35,477	32,483	40,817
발전사업		21,496	17,188	11,985
국 외 (비중)	689 (1.50%)	1,694 (2.9%)	9046 (15.40%)	8,604 (14%)
합 계	47,253	58,667	58,717	61,406

자료: 산업은행.

〈표 2〉 한국계 외화 Syndicated Loan League Table

(단위: USD 백만)

		회 사	금 액	건 수
2008년	1위	Calyon	1,328	13
	2위	산업은행	834	18
	3위	ING	513	8
	4위	SCB	501	10
	5위	HSBC	496	8
2009년	1위	Wells Fargo	632	3
	2위	Standard Chartered	570	18
	3위	산업은행	565	18
	4위	Natixis	470	17
	5위	Credit Agricole	442	14
2010년	1위	산업은행	756	12
	2위	Mizuho	634	10
	3위	Credit Agricole	433	9
	4위	Standard Chartered	399	12
	5위	Sumitomo Mitsui	382	8
2011년	1위	산업은행	3,441	20
	2위	Mizuho	1,139	16
	3위	Credit Agricole	658	18
	4위	Sumitomo Mitsui	644	14
	5위	Mitsubishi UFJ	579	13
2012년	1위	산업은행	1,414	27
	2위	Mizuho	1,156	15
	3위	Mitsubishi UFJ	709	10
	4위	Sumitomo Mitsui	525	15
	5위	Standard Chartered	492	15

〈그림 5〉 산업은행의 원화예수금 및 원화사채

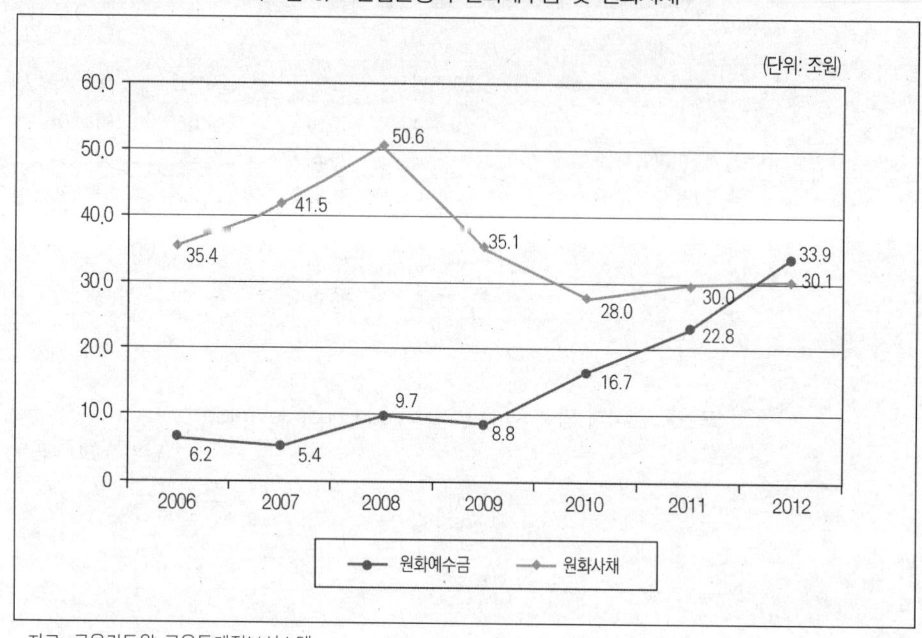

자료: 금융감독원 금융통계정보시스템.

한편 투자은행업무의 활성화와 함께 산업은행은 지역경제활성화 및 중소기업 지원 등 정책금융업무를 지속해 온 것으로 나타나 이러한 상업금융과 정책금융 기능의 혼재 현상은 향후 정책금융 개편에 있어 주요한 이슈가 될 것으로 예상된다.

〈표 3〉 산업은행의 지역개발 금융지원 실적

(단위: 억원)

	2009년	2010년	2011년	2012년
지역사회개발금융지원(주선)	10,289	17,748	24,193	21,710
지역사회개발금융지원(공급)	4,309	5,597	8,693	N.A.

자료: 산업은행.

〈표 4〉 산업은행의 중소기업 자금공급 실적

(단위: 억원)

	2010년	2011년	2012년
시설자금	27,678	38,583	43,021
운영자금	59,871	61,677	61,543
투 자	17,255	9,208	7,675
재정기금	6,501	6,657	4,400
합 계	111,305	116,125	116,639

자료: 산업은행.

3. 정책금융공사의 출범과 성과

2008년 6월 금융위원회가 「산업은행 민영화 및 한국개발펀드(Korea Development Fund, KDF) 설립방안」을 발표하면서 한국정책금융공사(Korea Finance Corporation, KoFC)의 전신에 해당하는 KDF의 설립 및 운영에 관한 구체적인 논의가 진행되었다. KDF는 시장친화적인 정책금융 도입, 온렌딩(On-lending) 등 선진적 금융기법 도입, 국제화 흐름과 국가경제 위기에 능동적으로 대처할 수 있는 규정 마련 등을 목표로 설립이 추진되었으며, 입법처리 과정에서 정책금융기관으로서의 정체성을 명확히 하기 위해 한국정책금융공사로 명칭이 변경되었고, 「한국정책금융공사법」(이하 공사법)은 2009년 3월 3일 국회를 통과하여 2009년 4월 1일 공포, 2009년 6월 1일부터 시행되었다.

한국정책금융공사법은 제1조(목적)와 제21조(업무)에서 중소기업의 육성, 지역개발, 사회기반시설의 확충, 신성장동력산업 육성, 금융시장 안정, 지속가능한 성장촉진, 기타 국민경제에 필요한 자금공급 및 관리 등을 주요 업무로 규정하고 있다. 동 업무를 세분화하여 살펴보면 ① 산업은행이 일부 수행하던 정책금융업무와 ② 시장친화적인 방식에 의한 중소기업 정책금융업무로 구분할 수 있는데, 그 중 ①에는 SOC 확충 및 지역경제의 균형발전을 지원하기 위한 자금지원 업무, 외자조달 창구로서의 업무, 위기 시 구조조정기업의 회사채 인수 및 긴급자금지원 등과 같은 시장안전판으로서의 기능, 신성장동력산업 육성과 지속가능한 성장촉진 등을 통하여 국민경제의 발전을 도모하는 기능 등이 있으며, ②에는 중개금융기관의 심사·집행·사후관리 기능을 활용하는 온렌딩이 포함된다.

정책금융공사의 업무영역을 공공성과 리스크 두 가지 기준으로 구분하면 다음과 같다. 광의의 정책금융 I은 외부경제 효과보다 공익성이 크고, 원본의 규모가 비교적 작거나 회수가능성이 비교적 높은 분야(예: 서민금융, 중소기업금융 등)에 해당하는데, 시장과의 마찰이 예상되는 영역이다. 광의의 정책금융 II는 공익성보다는 외부경제 효과가 크고, 투융자·보증 원본의 규모가 비교적 크거나 회수가능성이 비교적 낮은 분야(예: 미래 성장동력산업 육성, 산업·기업구조조정 업무 등)로서, 한시적으로 시장을 선도할 필요가 있는 영역에 해당한다. 협의의 정책금융은 공익성이나 외부경제 효과, 리스크가 모두 큰 분야(예: 통일금융, 재해·불황 복구, 해외자원개발 등)로서 시장실패를 보완하는 전통적인 정책금융영역에 해당한다.

정책금융공사는 중소·중견기업 지원, 녹색산업 및 신성장동력산업 분야 지원, 사회기반사업 확충 및 지역개발금융을 위해 대출과 투자를 통한 금융공급을 하고 있는데, 2009~2012년 자금공급 실적은 대출(직접 대출)과 투자가 각각 13조 3,513억원, 7조 4,336억원을 기록하였다. 직접대출을 통한 자금공급은 2010년에는 2조 7,570억원에 불과하였으나, 2012년에는 5조 9,200억원을 기록하며 3년간 114% 증가하였다. 중소·벤처투자펀드, 금융안정기금, 프로젝트파이낸싱 및 신디케이션 금융을 통한 투자는 2010년과 2012년 각각 2조 2,327억원, 2조 2,482억원으로 보합세를 보였다.

정책금융공사의 대출업무(표 5)는 직접대출과 간접대출(온렌딩)로 구분되며, 이중 직접대출(표 6)은 녹색성장, 신성장동력산업, 지속가능성장 분야를 대상으로 하는 운전자금 및 시설자금과 지역개발, SOC 분야로 구분된다. 2009~2012년 기간 중 직접대출에서 가장 큰 비중을 차지한 지속가능한 성장부문으로 총 누적대출액의 39.9%인 6조 1,048억원이 공급되었으며, 이중 해외자원개발은 1조 3,618억원으로 10.2%를 차지하였다. 그 다음으로 신성장동력산업육성부문에 전체의 29.8%인 3조 9,770억원이 공급되었으며, 녹색성장과 지역개발·SOC 부문이 각각 15.1%, 9.4%를 차지하였다.

한편 정책금융공사의 간접대출업무인 온렌딩(표 7)은 독일의 정책금융기관인 KfW를 벤치마크한 것으로서 중개금융기관(은행)을 통해 중소·중견기업에 정책자금을 공급하는 방식으로 2009~2012년 12조 9,210억원을 공급하였다.[3)]

---

3) 온렌딩의 지원대상은 금감원 표준신용등급 체계상 6~11등급(통상적인 신용등급체계상 주로 B~BBB등급 해당)에

〈표 5〉 정책금융공사의 자금공급 실적

(단위: 억원)

	2009년	2010년	2011년	2012년	누적액
대 출					
온렌딩	2,305	32,011	42,706	52,188	129,210
직접대출	1,630	27,570	45,113	59,200	133,513
투 자	2,200	22,327	27,327	22,482	74,336
합 계	6,135	81,908	115,146	133,870	337,059

자료: 한국정책금융공사, 공사 설립 후 주요 성과, 2013. 4.

〈표 6〉 정책금융공사의 직접대출 실적

(단위: 억원, %)

	2009년	2010년	2011년	2012년	누적액
녹색성장	-	3,209 (11.6)	5,427 (12.0)	11,528 (19.5)	20,164 (15.1)
신성장동력산업육성	1,120 (68.7)	7,172 (26.0)	13,565 (30.1)	17,913 (30.2)	39,770 (29.8)
지속가능한 성장	-	13,775 (50.0)	21,300 (47.2)	25,973 (43.9)	61,048 (39.9)
해외 자원개발	-	7,800 (28.3)	2,732 (6.1)	3,086 (5.2)	13,618 (10.2)
지역개발, SOC	510 (31.3)	3,414 (12.4)	4,821 (10.7)	3,786 (6.4)	12,531 (9.4)
합 계	1,630	27,570	45,113	59,200	133,513

주: ( ) 안은 비중.

자료: 한국정책금융공사.

〈표 7〉 정책금융공사의 온렌딩 실적

(단위: 억원, %)

	2009년	2010년	2011년	2012년	누적액
중소기업	2,305 (100.0%)	29,916 (93.5%)	34,929 (81.8%)	33,590 (64.4%)	100,740 (78.0%)
중견기업	-	2,095 (6.5%)	7,777 (18.2%)	18,598 (35.6%)	28,470 (22.0%)
합 계	2,305	32,011	42,706	52,188	129,210

주: ( ) 안은 비중.

자료: 한국정책금융공사.

해당하는 「중소기업기본법상」의 중소기업 및 「산업발전법상」의 중견기업으로, 중소기업의 경우 설립 후 관련 업력이 3년 이상이고 사업연도 매출실적이 10억원 이상이다.

또한 정책금융공사는 창업에서 성장단계기업에 대한 중소·벤처투자펀드와 성장·성숙단계기업에 대한 신성장동력산업육성펀드 등 사모투자펀드(PEF)를 활용하여 투자하고 있는데, 2012년말 현재 중소·벤처투자펀드는 42개로 전체 펀드 조성규모는 2조 2,903억원, 공사 출자약정액은 1조 1,730억원이고, 신성장동력산업육성펀드는 총 31개로 펀드 조성규모는 6조 8,967억원, 공사 출자약정액은 2조 7,429억원이다. 또한 일자리창출펀드, 청년창업투자펀드 등에 대한 투자를 통해 고용창출을 유도하였는데, 2012년 말 현재 관련 펀드의 규모는 총 9,702억원이고, 이 중 공사의 출자약정액과 투자액은 각각 4,720억원, 3,606억원을 기록하였다.

〈표 8〉 정책금융공사의 사모투자펀드(PEF) 실적

(단위: 억원)

	펀드규모		펀드투자액
	전 체	공사약정	
중소·벤처투자	22,903	11,730	10,055
신성장동력산업육성	68,967	27,429	36,959
합 계	91,870	39,159	47,014

주: 2012년말 기준.
자료: 한국정책금융공사, 「공사 설립 후 주요성과」, 2013. 4.

또한 정책금융공사는 「금융산업의 구조개선에 관한 법률」 제23조의2(금융안정기금의 설치 등)에 의하여 금융안정기금을 설치, 관리 및 운영하며 금융의 중개기능제고와 금융시장 안정을 목적으로 시장상황의 급격한 변동에 대응하여 자금을 공급하는 역할을 한다. 지원대상은 자금지원을 '신청'한 금융기관(「금융산업의 구조개선에 관한 법률」 제2조(정의)의 '금융기관') 중 재무구조 개선 또는 자본확충이 필요하다고 인정되는 기관이며 정부·예보 등의 지원을 받는 부실금융기관은 지원대상에서 제외된다. 자금의 지원은 대출 또는 예치, 자산의 매수, 채무의 보증 또는 인수, 출자방식으로 이루어진다. 또한 금융시장의 안정을 위하여 부실징후기업에 자금을 지원하는데, 지원요건은 「기업구조조정촉진법」 제2조(정의) 제5호 또는 기업구조조정을 위한 공동관리 등을 규정한 채권은행간 협약 등에서 정한 부실징후기업으로서 경영정상화 가능성이 있다고 인정되는 경우, 채권시장에서 기업의 자금조달이 어려워 금융시장 안정을 위해 자금공급이 필요하다고 인정되는 경우, 전쟁·테러 등 긴급한 금융지원 필요성이 인정되는 경우, 금융시장 안정을 위한 자금공급의 필요성을 금융위원회가 인정하는 경우이며 자금의 대출·증권투자·채무보증을 통한 자금공급이 이루어진다. 이 밖에 공사는 은행자본확충펀드, 채권시장안정펀드를 통하여 금융시장 안전판 역할을 하고 있다. 은행자본확충펀드는 2009년 3월 글로벌 금융위기 직후 금융시장 안정 및 실물지원 제고를 위해 도입된 것으로 은행으로부터 지원 신청을 받아 신청은행의 신종자본증권 및 후순위채 인수를 통해 BIS자기자본비율을 제고하고 실물경제의 위축을 방지하는 데 이용된다. 한편 채권시장안정펀드는 글로벌 금융위기에 따른 채권시장 불안으로 일시적 자금난을 겪는 기업들에 대한 유동성 지원 목적으로 추진되었으며, 은행, 보험, 증권사 등 국내금융기관이 출자한 펀드를 통해 은행채, 회사채, 여신전문금융회사채, PF ABCP, P-CBO 등을 매입하여 기업의 자금경색을 해소하는 역할을 하였다.

이와 같은 추세를 감안할 때 산업은행의 정책금융 기능을 승계하고 중소기업 지원 및 금융시장 안정 기능을 수행하는 정책금융공사는 2015년까지 누계 100조원 규모의 정책자금 공급이 가능할 것으로 예상된다. 또한 산업은행 및 공사의 법정자본금 규모가 각각 10조원 및 15조원임을 감안할 때, 정책금융공사의 자산규모는 장기적으로는 산업은행에 근접할 것으로 예상된다.

이러한 성과에도 불구하고 정책금융공사는 수신기능이 있는 기은·산은 등에 비해 자금조달 측면에서 제약이 있으며, 자금공급 수단에서도 유가증권의 인수 기능을 가진 산은·기은 등에 비해 열위에 있다.

Ⅲ. 정책적 시사점

2013년 8월 금융위원회는 산업은행과 정책금융공사를 재통합하고 산은지주 자회사인 대우증권 매각을 유보하는 내용을 핵심으로 하는 정책금융 개편안을 발표하였다. 이는 2008년 글로벌 금융위기 이후 금융시스템의 안정성이 강조되면서 금융공기업의 민영화 등 기존의 금융규제완화에 대해 적절한 속도조절이 필요하다는 정책적 판단에 기인한 것으로 보인다. 특히 광의의 정책금융 수행기관으로서 산업은행의 역할이 필요하다는 정부의 논리에는 산업은행이 정책금융기능에 연계하여 기업·투자금융(CIB)업무를 수행해야 한다는 정책의지가 포함되어 있다.

그러나 이러한 재통합 논리는 다음과 같은 문제점을 안고 있다. 그간 학계와 시장에서 산업은행의 기능개편과 관련하여 산업은행의 업무 중 민간금융회사와 경쟁하는 영역을 민영화하고, 시장마찰이 없는 정책금융기능만을 공기업형태로 유지하는 방향으로 조정하자는 데 상당한 공감대가 형성되어 있는 것으로 판단된다. 즉, 산업은행의 투자은행업무는 자회사인 대우증권의 매각에 포함하여 이관하고, 산업은행은 여타 정책금융기관과의 업무영역 조정을 통해 정책금융을 수행하는 대표적인 공기업으로 개편하는 것이 국내 금융산업의 발전에 바람직하다는 것이다. 그러나 2008년 정부가 산업은행의 업무를 민간금융업무와 정책금융업무로 확실히 구분하지 않은 상태에서 민영화를 추진하기로 하고, 일부 정책금융업무만을 분리하여 신설된 정책금융공사로 이관하면서 구조적인 문제가 발생하였다. 산업은행 민영화의 주된 목표인 글로벌 투자은행 육성을 위해서는 자회사인 대우증권과의 유기적 통합을 통해 체질 개선이 선행되어야 함에도 불구하고, 공기업 조직문화를 유지한 상태에서 산업은행으로 하여금 상업은행(commercial banking)과 투자은행(investment banking)을 겸영하도록 유도하는 경우 내부 역량을 소매금융과 기업금융으로 분산시켜 결국 기존의 장점인 기업금융과 신규영역인 소매금융 둘 다 놓치는 우를 범할 가능성이 있다.

따라서 정책금융의 중요성을 전제로 한 산업은행과 정책금융공사의 재통합은 다음과 같은 선결조건을 충족한 후 추진해야 할 것으로 판단된다. 먼저 산은지주의 구조에 대한 개편이 이루어져야 한다. 즉, 산업은행의 투자금융업무를 대우증권으로 이관한 후 대우증권의 매각을 추진해야 한다. 또한 산업은행의 상업은행기능을 대폭 축소하고, 여타 금융공기업과의 업무영역 조정을 추진해야 한다. 이러한 구조조정을 추진한 후 산업은행과 정책금융공사의 재통합을 추진해야 지난 정부의 실책을 되풀이하지 않을 수 있다.

물론 산업은행이 설립 이래 주요산업 육성에 필요한 산업설비자금을 공급하는 등 정책금융과 개발금융을 수행함으로써 국가경제개발을 지원·선도하였고, IMF 외환위기 이후에는 대기업의 구조조정을 통해 한국경제 시스템의 안정성을 확보하는 데 기여한 점은 긍정적으로 평가해야 한다. 정책금융공사 역시 2009년 출범 이후 우리 경제의 당면과제인 성장동력 및 일자리 창출에 기여하는 산업에 대해 전략적으로 투융자 및 보증 재원을 지원하고 있는 점도 적절히 평가되어야 한다.

그러나 정부가 의도하는 대로 통합산은 금융지주가 정책금융기관으로서 금융시장을 선도함으로써 민간상업은행들의 경쟁력을 향상시키고, 민간상업은행들의 성장이 공기업인 산업은행의 효율성을 증가시킴으로써 산업은행과 민간금융회사가 동반성장(win-win)하는 시너지효과가 나타날 수 있을 것인가에 대해 제대로 분석·검증한 후 정책금융 개편논의를 진행하는 것이 합리적이라는 점을 명심해야 한다. 섣부른 재통합보다는 정책금융의 영역을 명확히 정의하여 시장마찰을 줄이는 동시에 정책금융기관간 업무중복문제를 해결하면서 기관 통폐합방안을 논의하는 것이 사회적 비용을 줄일 수 있다는 사실을 명심해야 할 것이다.

□ 참고문헌

금융감독원, 금융통계정보시스템, http://fisis.fss.or.kr

금융위원회, 산업은행 민영화 및 한국개발펀드 설립방안, 2008.

금융위원회, 정책금융 역할 재정립 방안, 2013.

산업은행, 2010년 경영실적보고서, 금융 공공기관 경영평가, 2011.

산업은행, 2011년 경영실적보고서, 금융 공공기관 경영평가, 2012.

산업은행, 2012년 경영실적보고서, 금융 공공기관 경영평가, 2013.

한국금융연구원, 산업은행의 성장과 발전, 2013.

한국금융연구원, 한국정책금융공사의 성장과 발전, 2013.

한국정책금융공사, 공사 설립 후 주요 성과, 2013. 4.

제15장 환경 변화와 공기업의 대응전략: 한국감정원 사례

이 수 영

I. 서 론

혁신은 조직이 바람직한 방향으로 잘 움직일 수 있도록 기존의 조직구조, 업무처리 방법, 관습 등을 새롭게 고쳐 조직의 효율성과 성과를 제고시키려는 시도이다(박종관 2009). 이러한 혁신은 주어진 환경의 변화가 동인이 되는 경우가 많은데, 개방체제에서 조직이 직면하는 환경 변화는 조직의 생존을 위협할 수 있기 때문에 조직은 환경 변화에 민감하게 반응하면서 적응하고 변화해 나간다(Abatecola 2013). 한국에서 공공기관 개혁에 대한 요구는 상시적으로 있어 왔으나, 1997년 외환위기 이후 작은정부론과 신자유주의에 근거한 혁신이 강조되고 민영화 혹은 기능축소 방안이 제시되면서 공공기관 개혁에 대한 환경의 요구는 보다 실질화 되었다. 그리고 2008년 글로벌 금융위기 상황에서 공공기관 운영의 효율성과 공공성을 강조한 공공기관 선진화 요구 또한 공공 조직이 직면하는 직접적인 개혁 요인이 되었다.

본 연구의 대상이 된 한국감정원의 혁신 사례는 환경 변화로 조직에 위기가 발생했을 때 행위자가 능동적으로 대응하여 성공적으로 극복한 과정을 잘 보여준다고 할 것이다. 한국감정원은 1969년 설립 이후 사실상 상시적인 개혁을 추구해 왔다. 1997년 외환위기 이후 공기업 개혁 요구가 강화되자 한국감정원발전기획단(2000. 10. 7)과 경영개선추진단(2001. 4. 1)을 설치하여 자체 경영효율화 방안을 수립하고 누적적자 해소를 위한 조직구조로 개편하였고, 2002년에는 성과급제와 독립사업부제 등을 도입하여 성과관리 및 차등보상제도를 시행하였으며, 용지보상수탁업

04

무를 수행하기 위하여 보상사업부를 신설하였다. 2003년에는 기획예산처의 '공기업 경영혁신계획'에 의해 다면평가제 확대 실시, 지식경영시스템 조기 정착, 독립사업단 효율적 운영을 위해 노력하였다. 2005년에는 혁신전략단을 설치하였으며, 2006년에는 공적평가를 전담하는 공공사업평가팀을 신설하여 부동산정보조사부 운영체계를 개편하고 부동산조사팀을 확대 운영하였다. 2007년에도 정부정책 지원업무를 효율적으로 수행하기 위한 조직으로 개편 하였다. 그렇지만 이러한 상시적인 개혁 노력으로 대응할 수 없는 중대한 환경 변화가 2008년에 발생하였다. 즉, 이명박 정부는 공기업개혁이라는 대통령 공약 사항을 강력하게 추진하기 위해 공기업 선진화 방안을 6차에 걸쳐 제시하였는데, 한국감정원에 대해서는 처음에 민영화 방안을 논의하였으나 최종적으로는 기능조정(제2차, 제4차) 대상에 포함되는 것으로 결론지어졌다. 이에 대해 한국감정원은 공적 기능 중심으로 중장기 전략경영계획 수정, 공공기관 선진화 및 경영효율화 계획을 반영한 사업전략 수정, 업무프로세스 개선, 보수체계 개편 등을 통해 전략적 자원배분 및 경영효율화를 꾀하였고,[1] 그 결과 성공적인 조직 혁신을 이루었다는 평가를 받고 있다.

이하에서는 전략적 선택이론을 적용하여 한국감정원의 혁신 사례를 분석하고자 한다. 조직이 직면하는 환경의 변화가 조직의 변화를 요구하는 상황에 전략적 선택이론을 적용함으로써 행위자의 능동적 역할, 조직 환경의 속성, 행위자와 환경 간 관계 등을 파악할 수 있을 것이다. 특히, 전략적 선택 이론은 조직의 의사결정 시 환경에 대한 능동성(pro-active)과 반응성(re-active)을 볼 수 있게 해준다는 점에서(Child 1997) 조직 변동이 왜 발생하는지 그리고 어떻게 발생하는지를 보여 주는 포괄적인 접근법이라 할 수 있다. 전략적 선택이론은 상황 평가에 따른 목표 선택과 전략 선택이 핵심 내용인데, 이 사례에서는 공공성과 기업성을 동시에 추구하던 공공기관이 민간 부문의 성장이라는 환경 변화에 직면하여 존치 필요성이 적어진 업무에 대해 새로운 사업을 어떻게 발굴하여 정착시켜 나갔는지 그리고 이 과정에서 조직의 목표, 조직 구조 개혁, 조직 구성원의 협력이 어떻게 나타났는지를 중심으로 살펴보고자 한다.

---

1) 한국감정원10년사.

Ⅱ. 한국감정원에 대하여

한국감정원은 국토교통부 소속의 준시장형공기업[2]으로 1969년 "국유재산의 현물출자에관한법률"에 의하여 정부와 한국산업은행 외 5개 출자법인의 공동출자로 설립되었다. 1974년 "감정평가에관한법률"에 의거 국내 유일의 감정회사로 인가되었으며, 1989년 "지가공시및토지등의평가에관한법률"(동법 "부동산가격공시및감정평가에관한법률"로 개정, 2005. 1)에 의거 감정평가법인으로 의제되었다.

〈표 1〉 한국감정원 주요 연혁

1969. 4	국유재산의현물출자에관한법률에 의해 정부출자기관으로 설립
1997. 5	건교부 산하기관으로 지정
2001. 9	부동산투자자문회사 등록(부동산투자회사법)
2003. 1	보상전문기관 지정(공익사업을위한토지등의취득및보상에관한법률)
2003. 7	정비사업전문관리기관 지정(도시및주거환경정비법)
2004. 4	정부산하기관으로 지정(정부산하기관관리기본법)
2005. 1	부동산 가격 전문기관 및 주택가격 정보체계 구축기관 지정(부동산가격공시 및 감정평가에 관한법률)
2006. 1	주택성능등급인정기관으로 지정(주택법)
2007. 4	공공기관 운영에 관한 법률에 의거 준시장형 공기업으로 지정
2007. 9	분양가 상한제 관련 택지비 평가 전문기관 지정(주택법)
2008. 1	주택품질소비자만족도 조사기관 지정
2012	통계법에 의한 국가통계 작성기관 지정. 국토계획법 시행령에 의한 지가 변동률 조사기관 지정

한국감정원은 공동주택 가격 조사 및 산정 업무와 보상 업무 등을 수행하여 부동산 시장의 질서를 확립하고, 부동산 정책과 과세 기준 관련 정책 지원 기능을 담당한다. 한국감정원의 본점은 정책, 재정, 지원, 연구에 관한 전반적인 책임을 지고 있는 지원부서와 부동산 공시, 통계, 감정평가, 보상사업 부서로 구성되어 있고, 2013년 현재 전체 임직원은 720여명이며, 그 중 감정평가사는 200여명에 달한다.

2) 자체수입액이 총수입액의 50% 이상인 기관으로 시장형 공기업이 아닌 공기업을 의미한다. 시장형 공기업은 자산규모가 2조원 이상이고, 자체수입액이 총 수입액의 85% 이상인 공기업을 의미한다.

〈표 2〉 임직원 수

(단위: 명)

구 분			2008년	2009년	2010년	2011년	2012년	2013년 3/4분기
임 원	기관장		1	1	1	1	1	1
	이 사	상 임	3	3	3	3	3	3
		비상임	6	6	6	6	6	6
	감사		1	1	1	1	1	1
	상임임원계(A)		5	5	5	5	5	5
직 원	정 원		845	743	743	743	743	743
	현원(B)		819	766	733	711	697.75	715
임직원총계(A+B)			824	771	738	716	702.75	720
여성현원			175	169	174	173	180	183

주요 업무의 내용과 근거법률은 아래 〈표 3〉과 같다.

〈표 3〉 주요 수행 업무 및 근거법률

주요 수행 업무	근거 법률
■ 공동주택 적정가격의 조사·산정에 관한 업무	부동산가격공시및감정평가에관한법률 제17조 및 동법 시행령 제45조
■ 주택가격의 정보체계 구축 및 관리에 관한 업무	부동산가격공시및감정평가에관한법률 제41조 및 동법 시행령 제82조
■ 국가·지방자치단체 등으로부터 위탁받은 보상업무	공익사업을위한토지등의취득및보상에관한법률 제81조 및 동법 시행령 제43조
■ 정비사업 전문관리 업무	도시및주거환경정비법 제69조 및 동법 시행령 제63조
■ 동산, 부동산 기타 재산의 감정평가에 관한 업무 ■ 주식평가에 관한 업무 ■ 부동산에 관한 컨설팅과 자산의 투자·운용에 관한 자문 및 평가업무 ■ 감정평가를 위한 시장조사 기타 조사연구업무 ■ 부동산관련 정보의 제공 및 유통업무 ■ 부동산관련 사업자를 대상으로 한 경영방법 및 경영정보의 제공업무 ■ 부동산가격 조사·산정 및 통계에 관한 업무 ■ 전 각 호와 관련된 자료와 가격정보자료의 보급 및 판매업무 ■ 감정원(鑑定員)의 양성 ■ 부동산 임대업 ■ 국가·지방자치단체 또는 정부투자기관 등으로부터 위탁받은 보상업무에 관한 용역 ■ 도시및주거환경정비법에 의한 정비사업전문 관리업무	한국감정원 정관(제2조)

Ⅲ. 한국감정원이 직면한 환경 변화

조직이 처해있는 환경에 변화가 발생했을 때 전략적 선택 이론을 적용한 분석은 의사결정시 조직의 환경에 대한 능동성과 반응성 측면을 살펴볼 수 있게 해준다는 점에서 조직 변동 분석에 적용하기에 적합한 이론이다(Child 1997). 이 이론은 조직 및 전략의 변화가 왜 발생하는지와 어떻게 발생하는지를 보여 준다는 점에서 보다 포괄적인 접근법이라 할 수 있다. 환경 변화에 대처하는 의사결정에서 행동결정, 정치적 과정, 불완전한 정보 등을 전제하고 조직의 행위자들은 환경에 진입하거나 탈퇴하는 전략을 선택할 수 있고, 혹은 조직 내부 변경을 통해 조직이 적응하도록 할 수도 있다. 이러한 전략의 선택은 실패에서 학습하거나 다른 장애물에 대한 학습을 통해 보다 적절해지는데, 환경 변화가 유발하고자 한 조직의 변화가 무엇인지를 정확하게 파악하고 해석해 내는 것이 가장 중요하다. 아래 그림에서 알 수 있듯이, 전략적 선택이론에 의하면 환경 조건의 변화에 직면한 조직은 환경 및 상황의 변화를 정확하게 파악하고 해석하여 새로운 목표 및 전략을 도출하고 그에 따라 조직을 변화시키는 구체적 변화전략을 수립하여 시행하는 과정을 거친다.

2008년 새로운 정부의 출범과 더불어 한국감정원이 직면했던 환경의 변화는 이명박 대통령이 강력한 공공부문 선진화 계획을 추진하고자 하는 의지를 보였다는 점과 민간 부문의 역량 증가에 따른 감정평가시장 성숙으로 업무에 대한 독점성이 사라지게 되었다는 점이었다. 공공기관이 수행하는 업무에 대한 구조조정 필요성이나 가능성을 판단할 때 공공기관의 설립목적이 유효한지가 첫 번째 기준이고 공공기관 설립목적사업을 반드시 공공기관이 추진해야 하는지가 두 번째 기준이다

〈그림 1〉 전략적 선택의 과정

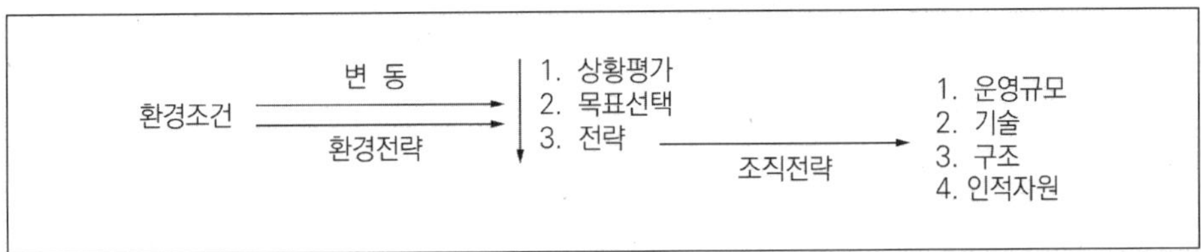

출처: Child(1997) 수정.

(한국공기업학회 2008, 8p.). 공공기관이 수행하는 업무에 대한 구조조정 필요성이나 가능성을 판단할 때 업무의 공공성이 있는지가 첫 번째 기준이고 공공성이 있는 업무인 경우에 반드시 공공기관이 추진해야 하는지가 두 번째 기준이다. 공공과 민간의 역할 재정립이 필요하다는 의견을 지지하는 입장에서는 민간의 창의력을 발휘할 영역을 확대하여 시장 경제를 활성화하고자 하고, 공공성이 인정되는 경우에도 기능소성 및 통폐합 등을 통해 경영효율성을 제고하고자 한다.

한국감정원은 1969년 금융기관 담보 평가 기능 수행을 위해 설립되었고 감정평가시장 미성숙으로 독점적 지위를 유지하였으나, 1972년 국토이용관리법에 의해 감정평가사(토지평가사) 자격제도 도입 이후 민간의 전문성 강화 및 민간 평가법인의 대형화 등으로 민간과 업무 영역의 경합이 발생하였다. 이는 한국감정원 내부에서도 인식하고 있던 상황의 변화이다.

감정평가업무는 토지·건물 등 부동산가치를 평가하는 업무로서 보상이나 과세, 경매나 담보대출의 기준이 되고 일반국민들의 재산권과 관련되어 관심이 많은 중요한 업무이지만, 감정원은 공기업임에도 법적지위나 업무영역 등이 민간평가 법인과 유사해서 감정평가시장에서의 그 역할을 제대로 못하고 있는 실정이다. —권진봉 원장 한국경제TV 인터뷰 (2011. 2. 28)[3]—

한국감정원이 감정평가 시장에서 차지하는 비중은 15% 수준으로 알려져 있는데, [표 4]에서 보듯이 감정평가 업무에 대한 제도적 진입장벽 제거로 한국감정원과 민간 합명법인이 담당하는 감정 평가 업무에 차이가 없음을 알 수 있다. 또한, 시장의 주요 고객인 금융권이나 기업에서 자체감정 범위를 확대하고,[4] 재감정기간 연장 및 민간 평가법인을 주로 이용하는 추세도 강화되고 있었다.[5] 그리고 감정평가법인이 아닌 회계법인에서 감정을 수행하는 경우도 발생하고 있었다.[6] 따라서 한국감정원이 직면하는 감정평가시장은 축소될 것으로 예상되었다.

---

3) 한국경제TV http://www.wowtv.co.kr/mobile/news/view.asp?artid=A201102280051.

4) 주택담보대출 시 감정평가수수료등은 금융기관이 부담해야 한다는 법원판결(서울 고법2010누35571('11. 4. 6))에 따라 금융기관은 비용절감을 위해 직접 감정평가사를 채용하여 자체 평가체제를 구축하고 있는데, 예를 들어 국민은행은 여신심사 그룹산하에 별도의 담보평가 부서를 신설했다.

5) 한국감정원10년약사. p. 221.

6) 삼성전자 토지 유형 자산 재평가를 감정평가업계가 아닌 삼정회계법인에서 수행하였다.

〈표 4〉 감정평가업자별 평가 업무행위

	한국감정원	합명법인	합동사무소	개인사무소	비 고
공시지가	○	○	○	×	'97 공시지가부터 합동사무소 참여
보상	○	○	평가액 30억원 이하(10)	평가액 15억원 이하(5)	'97. 7. 1 이후 적용 범위는 종전범위
국공유재산	○	○	×	×	국유재산법, 지방재정법
자산재평가	○	○ ('99. 5 이후)	×	×	재평가총액 8,000억원 이상은 감평사 15인 이상의 법인만 가능
금융기관 등 대출평가	제한 없이 평가 가능	제한없이 평가 가능('93.7.1 이전: 3억원 이하)	대출신청액 7억원 이하('93. 7. 1 이전: 3억원 이하)	대출신청액 5억원 이하('93. 7. 1 이전: 2억원 이하)	'96. 7. 10이후 적용 범위
금융기관 연체 대출금 관련 경매	○	○ ('98. 2. 12 이후)	×	×	연체대출금에관한특별조치법시행령 제2조
법원 강제경매	○	○	○	○	-
일반거래	○	○	○	○	-
공익법인 자산평가	○	○ ('93. 11. 20 이후)	×	×	공익법인설립운영에관한법률 시행령 제17조

출처: 한국감정원10년약사, p. 33-34.

민간 감정 평가 시장에서 조직 규모 대형화도 진행되어 2007년 감정평가사 100인 이상 감정법인은 13개로(2007. 6. 우수감정평가법인제도 도입), 한국감정원 업무의 약 40%에 해당하는 중요 업무인 사적거래 감정평가 업무에서 경쟁이 심해지고 있었으며, 이러한 민간법인의 대형화 추세는 지속될 것으로 예상되었다. 또한 민간업체의 역량과 전문성이 강화됨에 따라 한국감정원 업무의 독점성이 없어지고 차별성 역시 약화되고 있었다. 아래 통계청 '서비스업조사'의 부동산 감정평가업[7] 통계에서 보는 바와 같이 2008년을 기준으로 감정평가업체수와 종사자수가 급격히 증가하고 있음을 알 수 있다.

7) 통계청 통계명: 서비스업조사, 2010년도는 경제총조사를 실시하여 서비스업 조사는 미실시.

〈그림 2〉 부동산감정평가업 종사자수 및 사업체수

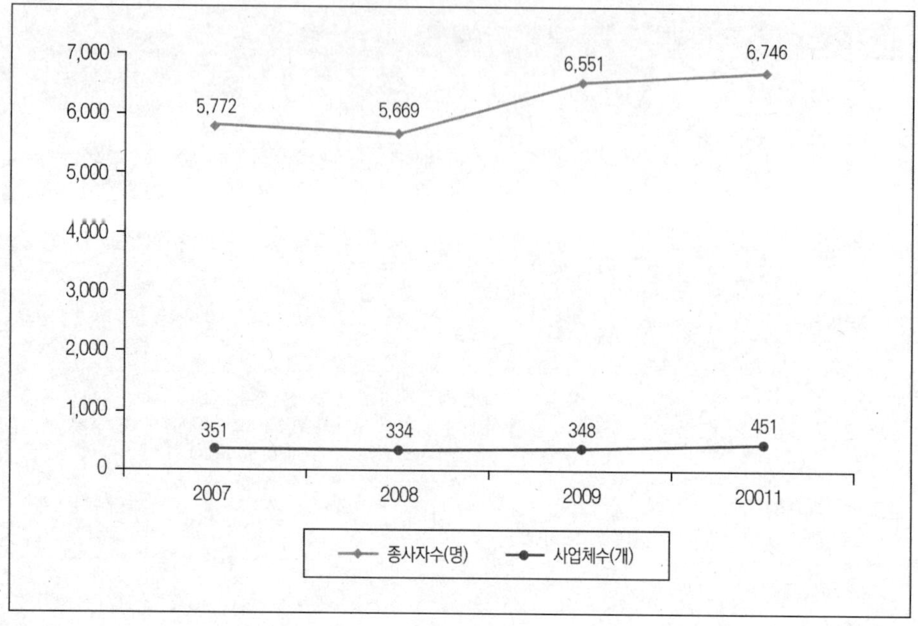

이와 더불어, 아래 기사와 같이 한국감정원 감정 평가의 신뢰성에 대한 문제도 제기되었다. 이에 따라, 국회에서는 서울리조트 부실감정평가와 같은 사건이 재발하지 않도록 공정하고 객관적인 감정평가를 위한 대책을 마련할 것과 감정평가의 공정성 신뢰성 제고를 위한 대책을 마련할 것(2011. 10. 5)을 지적하였다.

국내 대표적 공공 감정평가기관인 한국감정원이 '서울리조트' 감정평가와 관련, 170여억원을 배상해야 한다는 판결을 받았다. … 법원은 '감정원이 1994년 서울리조트가 담보로 내놓은 부동산 가치를 과다6하게 평가해 한국리스여신의 전신인 중앙리스금융에 손해를 입힌 점이 인정된다'며 '원고 승계참가인에게 97억1300여만원과 1994년 11월 9일부터 이날까지 민법에서 정한 연 5%의 지연손해금을 지급할 의무가 있다'고 판결했다. 감정원은 중앙리스금융(1998년 파산, 한국리스여신이 원고 승계)이 1999년 4월 청주지법에 제기한 과다감정평가에 따른 손해배상 청구소송과 관련, 2003년 말 원고 측에 195억원을 배상하라는 판결을 받은 뒤 항소했다. 이후 대전고법에서 열린 2심에서 약 10억원을 배상하라는 판결을 받아냈다. 하지만 2009년 대법원이 '객관적인 손해액 산정에 관한 법리를 오해하고 심리를 다하지 아니함으로써 판결의 결과에 영향을 미친 위법이 있다'는 이유로 사건을 대전고법으로 파기환송했다. 이번 사건의 발단은 서울리조트가 1994년 9월 감정원이 감정평가한 토지를 담보로 청주 소재 중앙리스금융으로부터 200억원 상당의 대출(물건 리스)을 받으면서부터 발생했다. 대출을 받은 서울리조트가 리스료를 연체하는 등 경영난으로 사실상 채무 변제능력이 없게 되자, 중앙리스금융이 감정원을 상대로 손해배상 청구소송을 제기하게 된 것이다. 감정원이 담보 토지를 과다 평가하는 바람에 서울리조트에 터무니없는 대출을 해 줘 결국 중앙리스금융이 큰 피해를 보게 됐다고 한국리스여신은 주장했다. 실제 감정원은 서울리조트가 소유한 경기도 미금시 호평동 일대 토지를 519억원으로 감정했으나 법원이 의뢰한 감정평가사는 이 땅을 171억원으로 평가했다. 감정원의 한 관계자는 "스키장 개발이익 평가 기준이 달랐기 때문"이라며 대법원에 상고할 뜻을 밝혔다.

(한국경제 21면2단 2011. 7. 17 (일) 오후 6:32[8])

이러한 문제들이 발생함에 따라, 한국감정원이 수행하는 감정평가 업무가 토지공개념이나 정책 수립 지원 기능으로서 공공성이 있다고 하더라도 민간에서 해당업무를 충분히 수행할 능력이 있으므로 공공부문에서 담당할 필요가 없다는 주장이 제기되었다. 이에 따라, 이명박 정부의 2차 공공기관 선진화 추진계획안[9](2008. 8. 26)에 의해 한국감정원은 기능 조정 대상으로 선정되었다. 공정경쟁체제 구축 및 민간감정평가시장 활성화를 위해 감정원의 사적 감정평가 기능을 축소하고 중장기적으로 사적 기능은 민간에 넘기고 감정원은 평가기준이나 방법 등 제도연구, 통계 및 DB 구축, 관련자 교육 등 공적 기능을 수행하도록 기능조정방안을 제시하였다. 이어진 4차 공공기관 선진화 추진계획안(2008. 12. 23)에서도 한국감정원을 경영효율화 대상으로 선정하여 민간과 경합하거나 민간이 효율적으로 수행할 수 있는 기능을 폐지·축소·민간위탁 하도록 하였다.

이명박 정부는 집권 초부터 선진일류국가로의 도약을 위한 정책 과제의 하나로 공기업 경영 효율화를 제시하였고, 대통령직인수위원회 경제1분과 업무보고(2008.1.8)에서 기획예산처는 공기업 관리 개선 방안을 제시하였으며,[10] 이를 추진

04

8) http://www.hankyung.com/news/app/newsview.php?aid=2011071770211.

9) 공공기관 선진화 계획은 총 4차에 걸쳐 진행되었으며 2차 선진화 추진계획안에서 총 40개 기관에 대해 선진화 방안으로 통합(29), 폐지(3), 기능조정(7), 민영화(1) 계획이 제시되었으며, 한국감정원은 기능조정 대상 기관에 포함되었다.

10) 제17대 대통령직인수위원회백서 '성공 그리고 나눔'.

하기 위해 대통령 직속 자문기구로 공공기관개혁위원회를 설치하여 공기업 정책의 세부 내용을 입안하였다. 그리고 기관별 선진화 방안을 최종 의결하는 공공기관운영위원회를 설치하여 6차에 걸친 공공기관 선진화 추진계획안을 심의·의결하고, 위원회 산하에 공기업선진화추진위원회(2008. 7. 22)와 공기업선진화추진자문단을 구성하였다. 추진위원회는 공공기관운영위원회를 실무적으로 뒷받침하여 선진화 방안을 마련하고 진행상황을 점검하며, 자문단은 민간 전문가로 구성하여 분야별 전문가 의견을 수렴하도록 하였다. 각 부처는 선진화추진단을 설치하여 소관기관별 추진계획을 마련하였고 차관을 단장으로 하여 별도 전담기구를 설치하였으며 공공기관별로 선진화추진팀이 마련되어 기관별 선진화 방안을 추진하였다.[11] 역대 정부가 집권 초 공공부문 개혁을 국정의 주요 의제로 제시하였다는 점에서는 유사하지만, 이명박 정부는 확고한 시장지향적 작은정부론에 근거하여 공공부문 기능 축소 및 민영화를 기본틀로 개혁을 추진하였다.[12] 한국감정원에 대해서는 2차 및 4차 공공기관 선진화 추진계획안에서 기능 축소 방안이 제시되었고, 이어진 종전 국토해양부의 감정평가시장 선진화 방안(2010)에서는 감정평가분야의 공적 기능을 수행할 기구(공단)를 설립하고 그 기능을 감정평가 시장질서 유지, 부동산 가격공시, 부동산 가격조사·통계, 보상수탁 등 공적기능 수행에 한정하는 방안이 제시되었다.

Ⅳ. 한국감정원의 전략 변화

조직이 직면하는 환경 변화가 조직 변화를 유발하는 요인이 될 때 전략적 선택은 조직 내 최고 의사결정권자의 조직 구조 등에 대한 전략적 행동 방침 결정으로 나타나고 이러한 선택은 조직 내·외부 네트워크에서 촉발된다. 이 때 획득한 조직성과에 대한 환류는 조직의 위치나 상황에 대한 의사결정을 할 때 투입되는 중요한 정보가 된다. Child(1997)에 따르면, 시간 흐름에 따른 조직 변화 과정은 객관적 사건과 다른 사람들의 해석에 의해 알려진 상황에 대한 주관적 구성, 그러한 주관적 구성을 가시적인 행동으로 전환하려는 노력, 그리고 변화하는 맥락에서 그

11) 강철승(2011). 이명박정부의 공정사회와 공기업 인사시스템 개혁. 2011 한국행정학회하계학술대회.
12) 노광표. 정부의 공공기관 선진화정책 진단과 과제, 제17대 대통령직인수위원회백서 '성공 그리고 나눔'.

행동들의 결과에 대한 추가적인 해석의 순으로 이루어진다고 한다. 이하에서는 한국감정원이 새로운 환경 변화라는 상황 변화를 어떻게 평가했는지에 대해 주관적 상황구성 측면에서 살펴보고, 새로운 목표 선택은 주요 업무 변화를 통해 살펴보기로 한다. 또한 조직 전략의 변화는 조직구조와 인력구조의 변동을 통해 살펴보고자 한다. 아래 표는 한국감정원이 직면한 환경 변화와 이에 대한 해석을 통해 추진한 대응 전략의 변화를 보여준다.

〈표 5〉 환경변화에 따른 대내외 대응 전략 변화

환경변화		대 응
(경제·사회) 필요성 감소 ■ 감정평가분야 정책 목표 달성 ■ 우수우수감정법인 등 민간 부문 성장	→	(대외) 국토부 협력을 통한 업무 영역확보 ■ 감정평가시장선진화정책('10. 6)에서 사적평가시장은 민간 이양하되, 공적기능은 대폭 강화
(정치·정책) 축소요구 ■ 공공기관선진화정책('08. 8)에서 감정평가 기능 축소하고 제도연구·DB·교육 등 공적역할만 수행		(대내) 조직의 업무 및 구조 혁신 ■ 미션/전략 변경, 핵심 업무 재정의 ■ 사업변화: 사적감정평가 철수, 정부위탁사업 수행 ■ 조직개편, 인력재배치

04

1. 한국감정원의 상황 평가와 목표 재설정

앞서 언급한대로 이명박 정부는 2008년 '공공기관 선진화 계획'에서 한국감정원은 공적 기능은 수행하되 사적 기능은 축소·폐지하는 것으로 결정하였고, 2010년 '감정평가시장 선진화 방안'에서는 보다 구체적으로 한국감정원이 민간과 경쟁하고 있는 감정평가업무를 대부분 민간에 이양하고, 공적 업무인 감정평가 시장 질서 유지, 부동산 조사 및 통계관리 전담, 보상 수탁 등을 수행하도록 하였다. 이와 더불어 민간은 감정평가업무를 확대 수행하도록 하여 공정경쟁을 통해 평가시장을 활성화하는 것을 감정평가 선진화 방안으로 제시하였다.[13)]

한국감정원은 이와 같은 일련의 공공기관 선진화라는 환경 변화를 겪으면서 회사를 둘러싼 환경의 변화가 요구하는 것이 환경 변화에 순응하면서 내부적으로는 조직이나 전략을 변화시켜 감정 평가의 신뢰성 및 감정 평가 분야의 공적 기능을 강화하라는 것이라고 분석하였다. 감정평가 업무가 공공성이 강한 이유는 지가

13) 국토해양부 (2010) 감정평가시장 선진화 방안.

공시를 위한 표준지공시지가의 조사평가, 국세 및 지방세의 부과·징수를 위한 조세목적 평가, 기업의 재무구조조사를 위한 자산평가, 법원의 소송평가 및 경매평가, 국·공유재산의 매각·대부를 위해 그 평가 결과가 이용되기 때문이다.

이에 1998년 정부의 '공기업 경영혁신 추진 지침' 등에 의해 이뤄진 개혁에서 한국감정원은 조직 개편과 같은 하드웨어 개혁을 통해 경영효율화를 위한 인력 감축, 적자구조의 흑자구조로의 전환 등을 강조하였다면, 2008년 이후에는 성과 창출 및 경영 효율화 노력을 지속하면서도 감정평가의 공정성 제고를 위한 업무에서 한국감정원의 역할을 강화하려는 노력을 보여 주었다. 특히, 2008년에는 조직의 비전을 "국민에게 신뢰받는 부동산 가치평가 전문 공기업"으로 설정하고 공신력과 전문성을 바탕으로 제대로 된 공기업 역할과 기능을 할 수 있도록 모든 역량을 집중하도록 하였다. 즉, 평가 결과의 신뢰성 확보, 윤리 경영 지수 개발 등의 노력이 강조되었다. 2009년에는 정부의 공공기관 선진화 계획에 따라 본점 조직을 축소함으로써 경영효율화를 지속하면서도 사적 기능을 민간에 이양하고 평가기준·방법 등 제도연구, 통계 및 DB 구축·교육 등 공적 기능을 확대하기 위한 노력을 강화하였다.[14)]

공공기관 선진화계획의 일환으로 우리원에서는 민간과 경쟁하는 부분은 가능한 축소하고 공적 기능을 보다 강화하는 방향으로 기능조정을 하여 왔다. '09년도에는 일반거래, 공매 목적의 감정평가, 작년에는 법원에서 의뢰하는 경매목적의 평가를 중단했다. 선진화 추진으로 감정원은 대부분 감정평가업무의 민간이양으로 주 수익의 50%가 감소될 것으로 예상되고, 내부 노동조합이나 직원들의 불만이 제기되고 있지만 정부의 정책방향이 바람직한 것으로 판단되므로 선진화에 동참하고 있다. —권진봉 원장 한국경제TV 인터뷰 (2011. 2. 28)[15)] —

한편, 2011년에는 감정평가 업무의 공적 기능을 더욱 강화하기 위해 조직 비전을 "바른가치, 열린정보, 신뢰받는 부동산 전문기관"으로 변경하여 공정성, 전문성, 윤리성에 초점을 맞추어 공공성 중심으로 조직 변화를 꾀하게 된다. 이와 더불어, 민간 감정 업체의 비리 및 이에 대한 개선 요구가 나타난 것[16)]은 한국감정원이

14) 한국감정원10년사.

15) 한국경제TV http://www.wowtv.co.kr/mobile/news/view.asp?artid=A201102280051 2013. 11. 14.

16) 예: ○○공사, △△공사 등 공기업 임직원들이 평가금액의 15~20%의 뇌물을 민간평가업자에게서 관행적으로 수수(KBS, 중앙, 조선 등 '08. 8월). 이해관계에 의한 감정평가업자 과다보상 및 제재미약 개선 권고('10. 8 국

감정평가에서 신뢰성과 공공성을 주장하는데 우호적인 환경으로 작용했다. 이에 힘입어 한국감정원은 중립적인 지위에서 민간 감정평가서의 타당성 조사, 감정평가 정보체계 구축, (국토교통부와 함께) 감정평가 실무 기준 마련 등을 통해 감정평가 시장의 공정성과 신뢰성 회복에 기여하고자 한다는 점을 지속적으로 강조할 수 있게 되었다. 이와 같이 민간과의 경쟁 영역을 민간으로 이양함으로써 감정평가 시장의 경쟁을 강화하고 한국감정원은 부동산 정보 조사·통계와 같은 공공 영역을 담당한다는 업무 분담이 가능했던 것은 한국감정원이 민간 감정 평가 시장 및 정부 정책이라는 환경 변화를 적극적으로 해석하고 선제적으로 목표 변화 등을 통해 적응하려는 노력이 있었기 때문이다.

정부의 부동산 안정화 대책은 조세제도에 일대 변혁을 가져왔으며 그 중심에 우리원이 있었다. 2005년 1월 부동산 가격공시및감정평가에관한법률의 태동으로 우리원이 주택가격조사 전문기관 및 주택가격 정보체계 구축기관으로 지정된 것이다. 감정평가협회와 비우호적인 정부기관과의 끊임없는 대립과 설득을 통해 얻어진 값진 결과였다. 일부는 투쟁의 선봉에 섰다. 일부는 정부부처와 감정평가협회와의 물밑협상을 주도했다. 한마디 불평 없이 추석 등을 반납하며, 기일 내 절대 불가능해 보였던 정부 요구 자료를 만들어 보냈던 임직원이 있었다. 부동산 가격조사 전문기관 지정은 일부 수단은 상이했지만 지향하는 결과가 동일했던 모든 임직원의 합심과 협력 속에 이뤄진 쾌거였다.(한국감정원10년약사. p. 237)

2. 주요 업무의 내용 변화[17)]

이상과 같은 환경 변화 해석 및 목표 변화에 발맞추어 회사의 전략도 변화되었는데, 업무 내용의 변화와 조직 및 인력 구조의 변화 측면에서 살펴보기로 한다. 한국감정원은 직면한 환경 변화에 대응하여 부동산 조사 및 통계 기능을 강화하고 감정평가 기능을 축소시키는 전략적 변화를 도모하였다. 즉, 부동산 조사·평가·통계 전문기관으로 탈바꿈하기 위해 전국의 부동산을 상시 조사할 수 있는 체계를 갖추고, 부동산 가격 공시와 토지·주택을 비롯한 각종 부동산의 가격동향과 정보를

민권익위원회). LH 감사에서 과다보상 및 부실감정 등 국토부에 개선 요구('11. 8 감사원).

17) http://www.kab.co.kr/

04

조사하여 정확한 정보를 적기에 국민과 정부에 제공하려는 노력을 기울였다. 또한 감정평가의 신뢰도와 공정성을 높이기 위해 감정평가기준을 마련하여 감정평가사의 재량행위를 줄이고 평가 품질을 높이며, 감정평가타당성조사를 통해 올바르지 않은 평가를 바로잡고 감정평가결과정보체계를 구축하여 시장이 활성화되고 건전하게 발전할 수 있도록 하였다.

〈표 6〉 업무의 공공성 강화 내용

이 전	가격조사기관(04)	부동산연구원(07)	정보구축기관(04)	전문관리기관(03)	보상전문기관(03)
2007	감정평가	R&D · 컨설팅	정보조사	도시정비 (수주중단)	보상수탁

↓ 공공성 강화

	감정평가(공적)	R&D	부동산조사	보상수탁
현 재	① 보상평가 ② 국공유·부담금평가 ③ 택지비등 평가 ④ 공정가액 평가 ⑤ 금융권 담보평가 ⑥ 법인담보 등 평가	⑦ 평가기법 기준제정 ⑧ 정부정책연구지원 ⑨ 통계생성·활용 ⑩ 감정평가연구·교육	① 공시가격조사 ② 가격정보DB사업 ③ 검증, 가격자료제공 ④ 가격정보체계구축	① 공공보상사업 ② 민자보상사업 ③ 보상업무정책 지원

출처: 한국감정원 홈페이지 수정. http://www.kab.co.kr/kab/home/img/business/business_main_img.gif.

이러한 맥락에서 한국감정원에서 한국부동산원으로 사명을 전환하기 위해 노력하고 있는 상황이며,[18] 다음과 같은 사업들을 통해 공공성 강화를 추구하고 있다.

주택가격 동향조사(매주). 부동산 가격동향 조사와 통계 기능의 일원화를 통한 정보 생산과 이용의 효과성을 제고하기 위해 주택 가격 동향(KB 은행), LH공사의 지가변동률 조사, 감정평가협회의 상업용빌딩 임대 사례조사 업무를 한국감정원으로 이관하였고, 기존에 한국감정원이 수행하던 주택가격동향 및 월세가격동향은 계속하여 조사하고 있다. 중복요소를 제거하여 업무 효율성을 제고하고 정책에 대한 기여를 강화하기 위해 한국감정원은 2009년 4월 부동산가격동향조사기관으로 신규 지정되었으며 비주거용 가격공시제도 시범 실시에 주도적 역할을 하였다(한국

18) 한국경제TV 성공을 부르는 습관『마켓리더에게 듣는다』 권진봉 원장 인터뷰 http://www.kab.co.kr.

감정원10년약사). 또한 주택가격동향조사(2008.3)를 통해 주택가격동향지수를 생산할 수 있도록 하였으며 실거래신고제도 시행에 따른 가격 진단 업무(2008.6.2.일부터 국토해양부와 정식 용역계약을 체결)를 수행하고 있다. 한국감정원은 장기간 부동산 조사업무를 수행하며 구축한 공동주택 특성정보와 재건축사업 추진단지, 가격 급등락지역 단지에 대한 조사체계를 구축하여 생성한 전국 모든 공동주택에 대한 방대한 양의 DB를 기반으로 실거래신고제도 시행에 따른 가격 진단 업무를 수행할 수 있었다. 그리고 실거래가 공개 자료를 기초로 한 시황분석, 거래량 및 가격 추이 분석 지원 업무를 수행하고 있다.

주택·토지 공시가격 발표 총괄(매년). 공동주택공시가격은 2005년 1월부터 부동산가격공시및감정평가에관한법률의 제정으로 한국감정원이 매년 주택 가격조사 전문기관 및 주택가격 정보체계 구축기관으로 지정되어 전담하여 전국 공동주택 1063만호를 전수 조사하며, 토지(표준지 50만 필지)와 단독주택(표준단독주택 19만호)에 대한 공시 업무를 총괄 지원한다. 2006년 사업연도 시작과 함께 종전의 감정평가와 새롭게 법적 지위를 확보한 부동산 가격조사 업무(정보조사)를 핵심 사업으로 정의하였다. 핵심 사업은 현재 사업 비중이 크고 고유 설립 목적에 합치되며 장래 공익목적이 중요시 되는 사업이다. 감정평가는 공신력을 바탕으로 공정거래 기반 확립 및 금융부실과 국고손실 방지가 사업목적인 감정원의 고유 핵심 사업이고 정보조사는 정보체계 구축으로 시가기준 형평과세 지원 및 부동산 시장질서 유지에 목적을 두는 새로운 사업 원천이며 핵심 사업이다.

공공기관의 토지 보상 업무 대행. 보상수탁사업에서 한국감정원은 보상사업처를 설립하고 중립적인 입장에서 순수하게 보상수탁업무만을 수행하는 기관으로 강점을 가지고 있다. 또한 감정평가업무를 통해 전국 각지의 지가수준을 데이터화하였으며, 이를 통해 사전 보상액 예측이 가능하고 감정평가부서 근무경력을 토대로 감정평가서 검토, 부당평가 방지, 보상액 균형 확보 등에 전문성을 보유하였으며, 특이 사항에 대해서는 감정평가부서와의 협조를 통해 감정평가사의 전문적 심사 및 검증을 거치고 있다.

이외에도 공신력 있는 감정평가를 위해 과다평가예방시스템(Bound-Check System)

04

개선 및 공적평가다단계심사제도(Cross Check System) 도입이나 업무처리과정실시간 공개(Appraisal Process Open System)등 도덕적 해이가 발생할 수 있는 잠재요소들에 대한 예방조치를 도입하여 한국감정원의 신뢰성과 공공성을 강화하기 위해 애쓰고 있다.

3. 조직 구조와 인력 구조의 변화 추진

한국감정원은 신뢰성과 공공성을 강화한 부동산 조사·평가·통계 전문기관으로 탈바꿈하기 위해 그 조직과 인력 구조를 변화시키는 작업도 시행하였다. 부동산 가격 상시조사체계를 강화하기 위해 지역본부 조직을 강화하고 지점은 지역별 담당체계로 내부조직을 편성하였으며, zero-base에서 모든 업무체계를 검토하여 조직 혁신 과제를 추진하였다.

〈표 7〉 한국감정원 조직 개편 내용

		2011. 11. 30	2012. 12. 27
본 점	11처실 33부/팀	10처실 32부/팀	4본부 10처실 30부/팀/센터/단
지 점	8지역본부 30지점	8지역본부 22지점	30지점

출처: 2013년 홍보브로셔[19] 및 한국감정원 홈페이지.

위의 그림과 같이 두 차례의 조직 개편을 통해 이러한 목표를 추진하였는데, 2011년 말에 있었던 조직개편은 기존 부동산 조사 업무에 국한하여 업무를 수행하던 부동산조사처나 조사지원실 등의 조직에 추가하여 통계 및 공시기능 강화를 목적으로 부동산공시처를 신설하였고, 부동산 통계센터를 정식 조직화 하여 핵심 업무인 조사·통계 업무 전문기관으로서의 틀을 갖추게 되었다. 또한 감정평가 분야에서도 사적평가 분야 축소 및 공적평가 강화를 위해 공적평가처로 통합하고, 기업평가처는 기업평가부로 대폭 축소하였다. 또한, 수탁보상 업무의 효율적인 수행을 위해 보상사업처 외에 각 지역본부까지 업무를 분담하도록 하였다.

한편, 2012년 조직개편에서는 감정평가 영업망 형태의 조직체계를 조사 및

19) http://www.kab.co.kr/kab/home/img/cyber/kab/PB_2012_03.jpg. 2013. 12. 02.

통계 중심의 상시조사 체계로 전면 재편하였다. 먼저 조사와 통계기능 조직 강화를 위해 조사본부와 부동산연구원에 혼재되어 있는 조사 및 통계 관련 업무 수행조직을 조사통계본부로 통합하여 효율화 및 전문화를 꾀하였고, 부동산조사처도 부동산 통계처로 명칭을 변경하고 토지주택가격, 전월세임대지수, 실거래가 등 부동산 통계정보의 생산 및 관리를 총괄하도록 하였다. 한편, 부동산 통계처 내부에 부동산 시장에 대한 분석과 점검, 전망을 통해 시장과 학계, 그리고 정부의 정책수립에 도움을 줄 수 있도록 부동산분석부를 신설하였다. 그리고 평가기준부를 신설하여 정부의 감정평가 기준 운영을 지원하고, 전문화되고 있는 실무지침의 해석 등을 통하여 감정평가시장의 전문성과 신뢰성 향상을 도모하도록 하였다.

이와 더불어, 개편된 부서 및 신규 부서에 대해서는 조직 운영방향, 역할, 그리고 책임을 명확하게 제공하여 그 부서의 설립 목적인 원활한 공적업무를 차질없이 추진할 수 있도록 유도하였다. 공적업무 수행확대를 위해 신설된 부동산공시처에 대해서는 지가 변동률, 공시업무 총괄, 감정평가정보체계 구축 역할을 부여했고, 부동산통계센터는 통계생산 및 개발 등의 업무 분장을 명확히 함으로써 신규업무 추진에 대한 동력 제공과 기존 조직이 수행하던 업무와의 중복을 피해 업무 추진 시 혼선과 부서간 업무 중복에 따른 갈등을 사전에 예방하였다.

〈표 8〉 부서별 업무 명확화 내용

구 분	조직운영 방향	수행업무	신설부서
본 사	공적업무 수행확대	지가변동률, 공시업무 총괄, 감정평가정보체계	부동산공시처
	사적기능 축소 통합	임대사례조사	부동산조사처
		심사, 타당성조사	심사관리실
		통계생산/개발	부동산통계선터
		감정평가 영업지원	심사관리실
		기업평가	공적평가처
지 점	지역본부 역할 강화	관할지역본부 관리	총괄지원부
	고객지원	감정평가, 정보조사, 고객지원	조사평가부

조직 구조 개편과 더불어 인력 구조 역시 개편되었는데, '공공기관선진화계획'에 따라 한국감정원은 당초 850명에서 정원의 12%인 102명을 감축하여야 했고,

명예퇴직 신청을 통해 2009년 3월 21명이 퇴직하였다. 또한, 조직에 긴장감을 불어넣기 위해 2011년 조직개편 때는 일부 실·처장을 보직 해임하고, 조직개편에 따라 본점 직원 37명을 지점으로 배치하였다.

> *우리원은 내부적으로 임금삭감, 인력조정 등도 단행하였다. '09년도는 전직원 임금 5% 삭감, [illegible] 19.6% 인하조치, '11년까지의 목표인 정원 102명 축소를 작년에 조기 달성, 전국 38개 지점 중 4개 지점을 금년 초에 축소 시행한 바 있으며, 향후 기능조정방안이 확정되면 지점 통폐합, 노사관계 합리화 등 경영효율화를 적극적으로 추진하여 정부의 공공기관 선진화계획을 차질 없이 수행토록 할 것이다.* —권진봉 원장 한국경제TV 인터뷰 (2011. 2. 28)[20] —

V. 조직 구성원의 역할 분담과 협력

전략적 선택 이론은 조직의 최고 의사결정권자가 환경에 대한 전략적 해석과 판단을 통해 그 조직에 가장 적합한 방식으로 변화를 유도하여 환경 변화에 대처해 나감으로써 생존해 간다는 점을 강조한다. 그러나, 동시에 성공 기준을 명확히 하고 성취정도를 판단하는데 있어 구성원 모두의 집합적 행동(collective action)도 강조한다. 즉, 조직은 외부 정보를 수집·여과·처리하는 해석체제(interpretation system)이기 때문에(Daft·Weick 1984) 정보 해석 후 전략적 선택시 최고 결정권자의 역할이 무엇이었는지 혹은 구성원의 역할이 무엇이었는지 등을 파악하는 것은 조직의 지속적인 발전을 위해 중요하다고 할 것이다(조희진·이정욱 2011).

1. 최고관리자의 전략적 판단

2011년 1월 권진봉 원장이 취임한 시기는 '공공기관 선진화 방안'과 '감정평가시장 선진화 방안'이 확정되어 사적 평가시장을 민간에 이양하고 한국감정원은 공적 업무를 수행한다는 큰 방향은 정해져 있었으나 실제 진척은 되지 못한 상황이

---

20) 한국경제TV http://www.wowtv.co.kr/mobile/news/view.asp?artid=A201102280051.

었는데, 그는 취임하자마자 공격적으로 이 작업을 선도해 나갔다. 공기업인 한국감정원이 담보 평가를 위해 영업 경쟁을 해서는 안 되고, 정부가 부동산 정책이나 세금을 징수 시 기준을 설정하는 경우 지원할 수 있는 정확한 정보를 적기에 제공해야 한다는 것이 그의 생각이었다.[21] 그는 2011년 8월부터 대내외적으로 의견을 수렴하고 전문가의 조언을 참고하여 "바른가치, 열린정보, 신뢰받는 부동산 전문기관"을 새로운 미션과 비전으로 설정하고, 이를 대대적으로 알리기 위해 12월 5일 비전 선포식을 열었으며, 2012년을 '제2의 창립 원년'으로 선언 했다. 그리고 이러한 전환 과정을 성공적으로 완수하기 위해 기관의 핵심가치를 공정성, 전문성, 윤리성으로 설정하여 구성원이 활용하도록 하였다. 또한 국회와 국토해양부등 정부부처를 오가며 감정평가업계의 반발에도 불구하고 주된 수입원이 될 타당성 조사업무, 조사통계 등 국가의 주요 부동산 정책 관련 업무를 한국감정원으로 유치하는 노력을 기울였다. 또한, 조직과 인사 운영체계, 업무 등에 대해 임직원이 변화와 개혁 의지를 함께 다지는 워크샵을 개최했고('12. 1월), 종합근무평가제 개선, 성과중심 보수체제 마련, 상시 조사체계 확립 등 현안에 대한 워크샵도 개최하여 직원들과의 의사소통을 통한 공감대 형성에도 힘을 기울였다('12. 2, 3월). 워크샵에서 나온 직원들의 갈등과 불만을 수렴하고자 선진화추진본부를 설치하였고, 노사공동 태스크포스를 만들어 협의에 의한 공동대책 논의를 통해 갈등과 불만을 해소하고 설득해 나가는 작업을 지속적으로 진행하였다.

2. 직원들의 적극적인 협조

조직 내 구성원의 이해관계가 엇갈리는 혁신이나 변화 문제의 경우 그 과정에서 저항이 나타나기 쉬울 뿐 아니라 변화에 대해 합의를 형성하거나 전폭적인 수용을 기대하기가 쉽지는 않다(Merritt, 1985; Frederickson, 1999; Behn,1999; 이혜영 2006에서 재인용). 변화나 개혁으로 인해 비용을 부담해야 할 행위자들은 그 과정에 저항하는 경향이 있는데, 예를 들면 공공부문에서 민영화, 규제완화, 팀제 도입 등은 혁신의 대표적인 수단으로써 활용되어 왔고 그 과정에서 조직은 감축되기 마련이었으며 이 때 저항은 매우 자연스럽게 발생하여 왔다(Frederickson, 1999). 실제로 한

21) 한국경제TV http://www.wowtv.co.kr/mobile/news/view.asp?artid=A201102280051.

국감정원에서도 제2의 창업이라는 감정원의 기능 변화에 대한 직원들의 우려와 불만은 독선경영을 타파하라는 노동조합의 피켓시위와 대자보 부착 등의 반발 행동을 초래하였다. 이를 해소하기 위해 설문조사나 워크샵 등을 통해 비전을 재정립하고 새로운 경영 방침을 제정하여 경영 활동의 좌표를 제시하였고,[22] 또한 이 달의 한감인 제도를 시행하는(2008. 7) 등 구성원의 사기를 진작시키기 위해 다양한 노력을 경주하였다.

하지만, 여기서 한 가지 눈여겨보아야 할 점은 한국감정원의 노사관계에 대한 것인데, 보다 구체적으로는 한국감정원에 대한 설립 근거법이 독자적으로 존재하지 않았기 때문에 회사의 정체성을 찾기 위한 노사 공동의 노력이 있었다는 점이다. 지가공시법 부칙 8조에 의해 평가관련 사업에서 기관의 정체성을 찾던 데서 벗어나 부동산공시법상에서 일부 법적 지위를 확보하면서 주택가격조사 및 주택가격정보체계 구축 기관이라는 지위를 2004년에 확보하게 되었다. 이를 위해 2004년도에 부동산공시법 제정을 위해 대외적으로 법 제정과정에서 한국감정원의 법적지위 확보를 위한 혼신의 노력을 다하였고, 내부적으로는 임직원의 힘을 하나로 결집하기 위하여 비전 및 전략 수립을 위한 경영진단을 실시하고 전 임직원을 대상으로 비전 및 정체성 관련 설문조사를 실시하였다. 2005년 부동산공시법을 바탕으로 '새로운 패러다임을 열어가는 세계일류 부동산 서비스 전문기관'을 비전으로 하고 경쟁력 강화를 위한 공공감정평가와 정보통계조사 중심의 사업 포트폴리오 전략을 수립하였다. 그런데, 2008년 이후 공기업 변화를 요청하는 선진화 계획에 따라 민영화 대상으로 강력히 검토되다가 결국에는 기능 조정 기관으로 분류되었다. 이러한 우여곡절을 겪으면서 한국감정원이라는 조직의 정체성 및 비전에 대한 고민을 노사가 공유하게 되었고, 조직의 위기에 대한 인식과 지속적 성장을 위해 같이 노력해온 역사적 경험을 공유하고 있다는 점이 조직구성원 간 협력을 강화하는데 큰 도움을 주었다고 할 것이다.

3. 적절한 혁신 추진체계 구축

환경변화에 대응하여 조직의 변화된 전략을 성공적으로 추진하기 위해 적절한

22) 한국감정원 10년 약사. p. 8.

추진체계를 구축할 필요가 있는데(이혜영 2006), 한국감정원은 역시 조직 내 혁신 전담 조직을 구성하여 계획을 수립하고, 혁신 과제를 관리해나갔다. 즉, 사업구조 변경에 따른 조직 불안전성을 극복하기 위해서 선진화추진본부, 부동산가격공시업무 개선팀, 평가실무기준해설서 발간 추진단을 설치하였고, 사적감정평가업무 중단으로 인한 수익성 악화에 대응하기 위해 지속성장추진위원회를 설치하여 신규 사업을 발굴하고 지속성장 계획을 수립하였고, 정보화추진위원회를 구성하여 데이터베이스 구축전략을 마련하였다(2012 공기업 경영실적 평가보고서).

〈표 9〉 임시 혁신추진체계

개설목적	개설 임시조직	수행업무
환경변화에 따른 조직안정 및 시장질서 확립	▪ 선진화추진본부 ▪ 노사공동변화관리 TF ▪ 부동산가격공시업무 개선팀 ▪ 평가실무기준해설서 발간추진단 ▪ 임대사례업무요령개정 TF	▪ 제도개선 등 과제 발굴 ▪ 노사화합 및 소통 ▪ 감정평가신뢰성 향상 ▪ 평가업계 선도역할 ▪ 상시조사체계구축 기여
수익성 악화에 따른 수익구조 안정화	▪ 지속성장추진위원회 ▪ 녹색건축인증센터 ▪ 보상수탁사업특별대책위원회 ▪ 정보화전략추진위원회	▪ 이행과제 점검, 신사업 발굴 ▪ 종합정보화대책 수립 ▪ 중단기 보상사업추진 방안 수립 ▪ 신사업 수익모델화

Ⅵ. 변화에 따른 성과

1. 공공업무 전문 수행기관으로의 변화 및 흑자 경영 달성

한국감정원은 감정평가 기관에서 부동산 조사·평가·통계 전문기관으로 변신 중이며, 과거 감정평가 서비스를 제공하는 역할에서 정부의 정책을 지원하는 역할로 주요기능을 재정립하는 등 사업의 지향점을 새롭게 정립하였다(2012 공기업경영실적 평가보고서). 한국감정원은 현재 정부로부터 “타당성 조사, 감정평가정보체계, 지가변동률, 임대사례조사, 공시업무 총괄” 다섯 가지 업무를 신규 위탁받아 수행하고 있는데, 타당성 조사에서는 표본조사 제도 도입, 피드백 강화 등을 통해 업무의 독립성을 높였고, 감정평가정보체계 업무는 GIS 기반의 다양한 부동산 가격정보 및 통계지표를 제공하여 사용자의 요구에 부합하고자 노력하였다. 지가변동률

분야에서는 실거래가 거래 기반을 강화하고 다양한 보조지표를 개발 운영하고 있으며, 임대사례조사에서는 정확한 전국 사업용부동산 정보를 제공하여 정부 정책수립에 기여했다. 마지막으로 공시업무총괄 업무를 통해 실거래가반영률, 균형성 등 공시가격 적정성을 제고하는데 실질적으로 기여하고 있다. 이에 따라 한국감정원이 수행하는 공동주택가격조사·산정 건수는 지속적으로 증가하고 있고, 보상수탁 수수건과 수수액은 뚜렷한 성향성을 발견할 수는 없으나 2008년 대비 2012년에 건수면에서 업무 비중이 높아졌다고 볼 수 있다.

〈표 10〉 국감정원 주요 업무 성과

	2008	2009	2010	2011	2012
공동주택가격조사·산정실적	944만호 (226천단지)	979만호 (232천단지)	1013만호 (233천단지)	1042만호 (237천단지)	1061만호 (241천단지)
보상수탁 수주건	25 건	53 건	59 건	46 건	32 건
보상수탁 수주액	161 억원	192 억원	177 억원	205 억원	130 억원

출처: 한국감정원 홈페이지 경영공시(경영활동) http://www.kab.co.kr/.

한국감정원이 사적감정평가업무를 축소하고 공공 업무를 강화한 결과 [표 11]에서 보는 바와 같이 감정평가수익은 2008년부터 점차 감소하고 있으나, 공적기능 수행으로 발생하는 통계조사수익과 부동산연구개발수익 및 가격공시수익 등은 2008년 대비 2012년에 증가하고 있어 성공적으로 부동산 조사·평가·통계 전문기관으로 변신해 나가고 있다고 볼 수 있다.

〈표 11〉 한국감정원 주요 사업 수익 변화

(단위: 백만원)

	2008년	2009년	2010년	2011년	2012년
감정평가수익	80,969	80,505	68,281	58,070	43,404
통계조사수익	16,324	14,822	14,750	16,104	20,765
가격공시수익	-	-	-	-	23,818
보상사업수익	13,701	14,821	17,079	14,425	12,152
도시정비사업수익	2,789	2,048	2,100	3,031	2,101
부동산연구개발수익	1,200	541	655	958	2,091

출처: 감정원 홈페이지 경영공시(경영활동) http://www.kab.co.kr/.

한국감정원의 공적분야 업무수행에 따른 수익구조 변동으로 수익성 악화가 우려되었음에도 불구하고 새로운 업무 영역 개발(공적사업 평가, 감정평가 타당성 조사, 부동산 통계 작성 등)과 조직개편 등의 선재적인 노력으로 2012년 영업이익과 당기순이익에서 이익('12년 영업이익 2.1억원, 당기순이익 13.5억원)을 실현하였다. 물론 2011년 영업이익 5.08억, 당기순이익 47.3억원에 비해 감소된 측면이 있긴 하지만 감정평가수익이 대폭 감소한 점을 고려하면 긍정적이라고 평가할 수 있다. 한국감정원이 사업의 우선순위를 조정하여 새로운 사업으로 택지비 평가, 가격통계지수개발, 국유재산 조사 등 정보조사사업과 보상수탁사업을 추진하여 수익을 창출한 점은 공기업경영성과평가결과에서 우수 등급을 받게 한 원동력이 되었다.

〈표 12〉 공기업경영성과평가결과[23)]

2007년도[24)]	2008년도	2009년도	2010년도	2011년도	2012년도
양 호	B	B	B	A(우수)	B

2. 업무 프로세스 효율화를 통한 이용자 접근성 제고[25)]

04

조직의 변화는 조직 구성원이 자신의 행태를 바꿈으로써 나타나는 것으로 조직 구성원들의 행태는 조직의 의사소통과 권위관계에 의해 서로 연결되어 있는 다양한 행위자들의 반복적이고 안정적인 상호작용 유형인 조직 루틴이 변할 때 가능하다(김귀영 2007). 즉, 업무 프로세스가 효율적으로 변화해야 조직이 변화했다고 할 수 있는데, 한국감정원의 공적평가사업, 가격공시사업, 부동산조사통계사업, 보상수탁사업 프로세스에 특징적인 변화가 나타났다.

첫째, 공적평가사업에서는 민간감정평가 업무 축소에 따른 업무능력 실태파악과 감정평가서 작성 효율화를 위하여 전 지점 감정평가업무 지도 및 점검을 강화하

23) OECD의 "공기업 지배구조에 관한 가이드라인"(OECD Guideline on Corporate Governance of State Owned Enterprises, 2005년)을 수용하여 공공기관운영에관한법률을 제정하고 2007년 4월부터 각기 다른 법률체계에 의하여 시행되던 정부투자기관 경영평가와 정부산하기관 경영평가를 공공기관 경영평가제도로 일원화하였다(박용성·남형우 2011).

24) 07년도는 공기업 및 준정부기관 경영평가결과 http://www.index.go.kr/egams/stts/jsp/potal/stts/PO_STTS_IdxSearch.jsp?idx_cd=1102&stts_cd=110202&class_div=&idx_clas_cd=

25) 2012 공기업 경영실적 평가보고서 p. 367-387.

고, 평가업무의 취급절차와 감정평가 프로그램을 개선하여 업무 프로세스 효율성이 개선되었다. 둘째, 가격공시사업을 효율적으로 추진하기 위해 조직의 유사기능 통합·일원화 계획을 수립하였고, 기존 공시업무 수행체계의 내부통제 및 협력체계를 개선하기 위해 27개의 분산된 운영체계를 8개로 일원화하여 총괄기능을 강화하였다. 그리고 가격공시사업에 대한 자체평가시스템을 구축하여 대상사업에 대한 평가시스템을 적절히 연계하고 정보시스템 구축으로 가격공시사업의 전문성과 공정성을 강화하였다. 셋째, 부동산 조사·통계 업무의 효율적인 조직 운영을 위해 유사기능을 통합·일원화하여 기존 2처 34지점을 2처 30지점으로 개편하여 조직 운영의 효율성을 제고하고 임대사례조사 등 신규 조사업무와 신규 공적업무 수행 확대 등을 적절히 반영하여 조사통계사업의 예산을 전기 대비 84% 확대하였으며 인력은 전기 대비 약 18% 정도 확대하도록 자원배분 계획을 수립하였다. 그리고 부동산 관련지표, 가격동향, 수급동향 통계가 분산됨에 따라 정책수립에 혼란을 야기하고 사용자 편의성이 저하되는 문제를 해결하기 위해 부동산통계 정보시스템(R-ONE)을 구축(2012. 7.)하여 공신력 있는 고품질 부동산통계 제공 채널을 마련하고 정부와 국민에게 사용자 중심의 정보를 제공할 수 있게 되었다. 마지막으로 보상수탁사업의 성과목표를 신규수주 확대, 보상수탁사업 효율화, 전문역량 강화, 품질향상 등 서비스 강화로 설정하였고 기존 Top-down 식의 본사중심 조직 운영으로 인하여 발생한 현안대처능력 및 영업력 저하를 극복하기 위해 지역본부 중심으로 보상수탁업무체계를 개편(2012. 1.)하였다. 지역본부 보상사업단의 독립적 업무수행을 원칙으로 하되, 보상사업처에서 단계별로 업무지원체계를 구축하도록 하여 지역본부 보상사업단을 조기 안정시키고 보상수탁사업을 활성화하였다. 보상업무 기본조사 지원 전담반을 설치하여 기본조사기간을 약 6일 정도 단축하였으며 사업별 수익·비용 분석시스템을 구축하여 사업별 손익계산서 산출이 가능해졌다. 또한 2011년 구축 완료된 보상관리시스템(CMP)과 d-Brain을 연계하여 국가 보상수탁사업 보상자금 집행의 전문성 강화하였고, CMP 통계 개선을 통해 신속하고 정확한 보상수탁사업 통계자료 제공을 가능하게 하였다.

Ⅶ. 결론 및 시사점

한국감정원은 1969년 금융기관 감정평가 업무대행, 감정원 양성, 감정평가서 발급 등의 목적으로 설립되었고, 우리나라 부동산 감정 시장 형성에 큰 역할을 한 것으로 생각된다. 하지만, 1989년부터 민간 감정평가 법인이 점차 증가하고, 민간의 감정평가 역량이 성숙하여 한국감정원과 경쟁하거나 대체할 수 있는 상황이 발생하면서 현실적으로 사업의 영역이 점차 줄어드는 환경이 조성되었다. 또한, 정부의 공공기관 선진화 정책도 한국감정원이 직면한 변화된 환경의 중요한 측면이었다. 우수한 민간 감정평가법인의 등장과 같은 경제/사회적 환경 변화와 이를 반영하여 감정평가 기능을 줄이고, 제도연구, 통계DB구축, 교육 등 공적 역할을 강화해야 한다는 정부의 공공기관 선진화 정책이라는 정치적 환경 변화에 대해 한국감정원은 주무부처인 국토부와 협력하여 감정평가시장 선진화 방안 시행과 '부동산가격공시및감정평가에관한법률' 개정을 통해 사적 평가 부분을 민간에 이양하지만 공적 기능을 대폭 강화한다는 방향 아래에서 미션/전략을 변경하고 핵심 업무를 재정의하는 등 전략 변화를 단행하면서 적극적으로 대응하였다. 또한, 감정평가 축소와 타당성조사, 부동산 가격 공시 업무 총괄지원 및 감정평가정보체계, 부동산 가격동향 조사통계 등의 정부 위탁사업 수행 등에 따른 사업의 변화에 따라 조직을 개편하고 인력을 재배치하였다. 이상과 같이 환경 변화에 대해 적극적으로 대응함으로써 한국감정원은 업무의 공정성·전문성 향상을 위해 업무 프로세스를 개선하였고, 고객 입장에서 접근성을 제고하였으며, 내부 구성원 입장에서는 전산시스템 도입 등을 통해 업무 연계를 강화할 수 있게 된 것과 같은 중요한 성과를 거두었는데, 이러한 새로운 시스템을 정착시키고 발전시켜 나가는 것이 향후 한국감정원의 과제라 할 것이다.

모든 조직이 그러하듯이 공공기관도 늘 외부 환경의 변화에 직면하게 된다. 이러한 외부 환경의 변화에 대해서는 거부하거나, 소극적으로 끌려가거나, 아니면 적극적으로 대응해 나가는 등의 선택이 가능할 것이다. 한국감정원의 사례에서 보듯이, 일반적으로 공공기관을 둘러싼 외부 환경의 변화는 해당 조직의 존립과 성격 자체를 뿌리째 흔들 수 있는 파괴력을 가지고 있지만, 아쉽게도 그 외부 환경 변화는 주로 공공기관에게 주어질 뿐 공공기관이 주도적으로 만들어 가도록 해주지는 않는다. 그렇지만 한국감정원은 이러한 환경 변화에 대해 적극적으로 대응해 나감으로써 보다 나은 상태로의 전환을 위해 노력하였다. 즉, 끊임없이 외부 환경 변화에 대해 주목하고 그 상황 변화를 예측하면서 그 변화를 조직이 적극적으로 수용하고 대응할 수 있는 역량을 갖추고 전문성을 강화하는 등의 사전 준비가 필요하다는 것을 알려준다. 특히, 리더의 정확한 환경 변화에 대한 판단과 해석, 그리고 이에 대한 구성원의 협력적 수용이 중요한 요소임을 다시 한 번 확인시켜 준다.

□ 참고문헌

강철승(2011). 이명박정부의 공정사회와 공기업 인사시스템 개혁. 2011 한국행정학회하계 학술대회.

김귀영(2007). 팀제도입에 따른 조직루틴의 변화에 관한 연구. 한국행정학보 41(1): 49-69.

노광표. 정부의 공공기관 선진화정책 진단과 과제.

박용성·남형후(2011). "공공기관의 외형적 특성이 경영평가 결과에 미치는 영향분석." 한국정책분석평가학회보 21(1): 79-100.

박종관(2009). "공공기관의 경영혁신 방향." 한국콘텐츠학회논문지 9(7): 315-324.

이혜영(2006). "공공부문 조직혁신 사례연구: 혁신 과정을 중심으로." 한국행정학보 40(3): 129-151.

조희진·이정욱(2011). "공공기관의 관리역량이 조직 혁신에 미치는 영향." 국정관리연구 6(2): 143-170.

한국공기업학회(2008). 공공기관 기능점검 접근전략 및 모델 개발 최종보고서.

정부문서 및 사이트

공공기관 선진화 추진계획안(2차).

공공기관 선진화 추진계획안(4차).

국토해양부(2010) 감정평가시장 선진화 방안.

제17대 대통령직인수위원회백서 '성공 그리고 나눔'.

한국감정원 10년 약사

2007년도 공기업 · 준정부기관 경영실적 평가(공기업 Ⅱ).

2010년도 공기업·준정부기관 경영실적 평가보고서-공기업Ⅱ.

2011년도 공공기관 경영실적 평가보고서-공기업Ⅱ 유형.

2012년도 공공기관 경영실적 평가보고서.

e나라지표 홈페이지 http://www.index.go.kr/egams/index.jsp

한국감정원 홈페이지 http://www.kab.co.kr/

공공기관 알리오 홈페이지 www.alio.go.kr

한국경제TV http://www.wowtv.co.kr/mobile/news/view.asp?artid=A201102280051 2013. 11. 14.

Abatecola, G.(2013). "Research in organizational evolution. What comes next?" European Management Journal.

Child, J.(1997). "Strategic choice in the analysis of action, structure, organizations and environment: retrospect and prospect." Organization studies 18(1): 43-76.

Daft, R. L. and K. E. Weick(1984). "Toward a model of organizations as interpretation systems." Academy of Management Review 9(2): 284-295.

제16장 공기업의 아웃소싱 관리: 인천국제공항공사 사례

전영한·송미연

Ⅰ. 서 론

우리나라에는 많은 공기업이 있지만, 인천국제공항공사는 여러모로 특이한 공기업이다. 국제공항협회가 주관한 세계공항서비스평가(Airport Service Quality: ASQ)에서 8년 연속 1위를 차지하여 경쟁력을 국제적으로 공인받은 드문 공기업이라는 점은 잘 알려져 있는 긍정적 의미의 특이사항이다. 잘 알려져 있지는 않지만 또 다른 점에서도 이 조직은 독특한 공기업인데, 바로 높은 아웃소싱(outsourcing) 활용도가 그것이다. 인천국제공항에서 일하는 사람 중 무려 80%가 아웃소싱 기업에 소속되어 있다. 이러한 아웃소싱 활용도는 국내 공기업 중 유례를 찾아보기 어렵다. 많은 전문가들은 인천국제공항의 놀라운 성과와 아웃소싱 활용도의 관계에 관심을 표명해 왔다. 과연 두 특이점 사이에 어떤 관계가 있는 것일까? 만약 관계가 있다면 그것은 다른 공기업에도 적용이 가능한 시사점을 줄 수 있는가? 이 글에서는 이러한 질문들에 대한 대답을 찾아보고자 한다. 자료의 한계 때문에 엄밀한 계량분석을 통한 객관적 증거를 제시하기는 어렵겠지만, 관련 문헌자료의 분석과 관련자 면접을 통해 앞에서 제시한 퍼즐을 풀어가고자 한다.

인천국제공항공사는 1999년 2월 설립된 비교적 역사가 짧은 조직이다. 설립 당시 정부가 100% 투자하였고, 소유권도 설립 이후 지금까지 정부가 갖고 있다. 관련법에 따르면 이 조직의 설립 목적은 "인천국제공항의 효율적인 건설 및 관리,

운영을 통해 항공운송 원활화와 국민경제발전에 이바지"하는 것이다.[1] 요컨대, 인천국제공항을 만들고 관리하는 조직으로서 수도권의 국제선 항공편을 이용하는 개인과 기업에게 공항서비스를 제공하는 공기업이다.

인천국제공항의 설립은 쉽지 않았다. 1990년 정부의 수도권신공항기본계획이 발표되면서 설립 작업이 시작되었으나, 공항의 부지 선정에서부터 논쟁이 그치지 않았다. 이어서 건설규모, 비용, 보상 문제 등 설립의 매 단계마다 갈등이 이어졌다. 설립 비용 자체가 전례를 찾기 어려울 만큼 막대하였기 때문에 언론과 정치권의 많은 관심을 받았고, 사회적 논란은 불가피하였다. 허다한 어려움 속에서도 1992년 공항건설은 시작되었고, 10년여의 공사 끝에 드디어 2001년 3월 인천국제공항은 개항을 맞게 되었다.

공항건설사업단의 형태로 시작된 조직은 개항과 함께 인천국제공항공사로 조직형태의 변화를 맞게 되고, 이후 현재까지 인천국제공항공사법이라는 특별법에 의해 설립된 공기업의 법적 지위에는 변화가 없는 상태이다. 그러나 인천국제공항의 성과라는 관점에서 보면 그간 일어난 변화는 상전벽해라고 말할 수 있는 정도이다. 개항 첫 해 인천국제공항의 서비스에 대한 평가는 매우 낮은 수준이었다. 32개 세부 평가분야 중 2개를 제외한 30개 평가분야에서 하위권을 면하지 못하였던 것이다. 하지만, 개항 5년 후인 2005년 세계공항서비스평가에서 인천국제공항은 1위에 오르게 되고, 이후 8년 연속 이 자리를 유지하고 있다. 아래의 〈표 1〉을 보면 이러한 인천국제공항공사의 최근 경영실적을 일목요연하게 확인할 수 있다. 세계 1위라는 평가는 우리나라 공기업의 역사에서 매우 드문 일이다. 혹자는 후발주자가 갖는 시설상의 우위를 얘기하기도 하지만 그렇다고 해도 모든 신설공항이 다 같은 궤적을 가졌던 것은 아니다.

그렇다면 인천국제공항공사가 단기간에 이러한 놀라운 경영성과를 올리게 된 원인은 무엇일까? 아마도 많은 요인이 존재할 것이다. 하지만, 여기서의 일차적 관심은 앞서 언급하였듯이 아웃소싱의 활용도이다. 인천국제공항공사의 경영성과가 우리나라 공기업의 성과차원의 극단치(outlier)라면 이 조직에서 찾아볼 수 있는 또

---

1) 인천국제공항공사의 설립은 인천국제공항공사법(1999)에 근거하고 있다. 관련법령에는 공공기관의 운영에 관한 법률(1997), 공기업의 경영구조 개선 및 민영화에 관한 법률(2007), 수도권신공항건설촉진법(1991) 등이 있다 (인천국제공항 홈페이지 http://www.airport.kr).

〈표 1〉 인천국제공항공사의 경영실적

분 야	주요지표	2010년	2011년	2012년	2013년
운송실적	운항(회)	214,835	229,580	254,037	271,224
	여객(명)	33,478,925	35,062,366	38,970,864	41,482,828
	화물(톤)	2,684,499	2,539,222	2,456,724	2,464,385
재정실적	매출액(백만원)	1,359,296	1,548,724	1,668,341	1,686,088
	영업이익(백만원)	564,346	720,643	809,245	820,663
	당기순이익(백만원)	287,089	339,075	525,694	472,123
서비스실적	세계공항서비스평가	1위	1위	1위	1위
	공기업고객만족도 조사	우수등급	우수등급	우수등급	우수등급

자료: 인천국제공항 홈페이지(http://www.airport.kr), 인천국제공항공사 경영공시 2010; 2011; 2012; 2013 참고하여 재구성.

다른 극단치는 아웃소싱 활용도이다. 따라서 이 공기업의 성공사례에 대한 퍼즐풀기의 적어도 한 부분으로서 아웃소싱이라는 극단치에 대한 추적은 반드시 필요하다.

04

Ⅱ. 인천국제공항공사와 아웃소싱 개관

인천국제공항에는 수천 명의 사람들이 일하고 있다. 그런데 이 사람들은 하나의 조직이 아니라 수십 개의 상이한 조직에 속하여 있다. 이러한 조직구조를 전문가들은 가상네트워크(virtual network) 구조라고 부르며, 이러한 조직구조를 귀결시킨 관리방식은 잘 알려져 있는 용어인 아웃소싱(outsourcing)이다. 아웃소싱이란 일반적으로 어떤 조직에서 필요한 기능의 일부를 조직구성원이 직접 수행하는 대신 외부의 조직과 계약(contract)을 맺고 수행시키는 방식을 의미한다.

인천국제공항은 2012년 5월 기준 공항운영분야, 시설유지보수분야, 정보통신분야 등 총 3개 분야 40개 사업부문에 대해 41개 업체에 아웃소싱을 의뢰하고 있다(인천국제공항공사, 2012c). 터미널운영과 교통관리, 경비보안 및 보안검색, 공항시설 건설 및 유지보수와 같은 주요업무뿐 아니라 소방대와 야생동물퇴치에 이르기까지 전범위 업무에 대해 활발한 아웃소싱이 이루어지고 있다(국토교통부·한국교통연구원,

2013). 관련 협력업체에서 일하는 직원만 약 6,000명에 이른다. 아래 〈표 2〉를 보면 최근 3년간 인천국제공항공사의 아웃소싱 현황으로 용역의 수와 총 계약금액이 지속적으로 증가하고 있음을 볼 수 있다.

〈표 2〉 인천국제공항공사 아웃소싱 현황

구 분	2010년	2011년	2012년
용역수(개)	37	39	40
계약업체수(개사)	41	42	41
계약인원수(명)	5,933	5,960	5,970
총계약금액(백만원)	825,411	991,905	1,078,668

* 2012년 계약연장(9개중 7개 완료), 신규계약(18개중 11개 완료).
자료: 인천국제공항공사(2012c). 인천공항 아웃소싱 운영현황(인천국제공항공사 내부자료).

대다수의 업무를 아웃소싱을 통해 처리하고 있기 때문에 인천국제공항공사의 경우 정규직에 비해 비정규직 인력비율이 월등히 높은 편이다. 〈표 3〉을 보면 2012년 기준 인천국제공항공사는 약 80% 수준의 비정규직 직원과 약 20% 수준의 정규직 직원을 보유하고 있다. 비정규직 직원들은 아웃소싱 업체에 소속되어 있고, 정규직 직원들은 대부분 인천국제공항공사 자체에 소속되어 있다. 정규직 직원들은 대체로 아웃소싱 관련 업체와 아웃소싱 업무 자체를 관리 감독하고 조정하는 역할을 맡고 있다.

〈표 3〉 인천국제공항공사의 2012년 직원 현황

전 체	정규직	비정규직
5,970명	1,098명(18.4%)	4,872명(81.6%)

자료: 인천국제공항공사(2012c). 인천공항 아웃소싱 운영현황(인천국제공항공사 내부자료).

이처럼 비정규직 인력의 비율이 높아짐에 따라 공사자체의 노조 이외에도 총 40개 아웃소싱 용역 중 18개 업체에서 22개 노조가 결성되어 활동하고 있다. 〈표 4〉를 보면 인천국제공항공사의 노조현황을 파악할 수 있는데, 아웃소싱 총계약인

〈표 4〉 인천국제공항공사의 2012년 노조 현황

구 분	협력사 총계약인원	노조결성용역 총계약인원	노조원	비노조원
인원수(명)	5,970	3,767	2,280	1,538

자료: 인천국제공항공사(2012c). 인천공항 아웃소싱 운영현황(인천국제공항공사 내부자료).

원의 약 38%가 노조에 가입되어 있음을 볼 때 그 규모를 짐작해볼 수 있다(인천국제공항공사, 2012c).

현재의 인천국제공항의 아웃소싱은 그 규모나 다양성, 그리고 운영성과 면에서도 주목할 만하다. 그러나 개항초기만 하더라도 아웃소싱은 소위 '갑을관계'로 불리는 일종의 하도급 개념에 불과했고, 위탁업체 선정 시에도 품질위주가 아닌 비용절감 측면만이 강조되는 경향이 있었다. 그러다 보니 정작 중요하게 고려되어야 할 서비스 품질이 저하되는 현상이 발생했다. 이에 대응하고자 공사는 2007년 1월 아웃소싱관리의 전기가 되는 SLA(Service Level Agreement: 서비스수준협약)를 도입하게 된다(국토교통부·한국교통연구원, 2013). SLA는 서비스 품질수준을 정량화하고 이를 측정하는 객관적인 평가지표를 만들어 활용하는 방식으로 이전의 아웃소싱에서 한 단계 발전한 일종의 '스마트소싱(Smart Sourcing)'2) 개념이라고도 할 수 있다(KMAC, 2011). SLA 도입으로 인해 기존에 인력이나 업무량을 중심으로 이루어지던 공사의 아웃소싱계약이 서비스 품질 위주로 전환하는 국면을 맞게 된다.

현재 인천국제공항공사는 모든 협력업체와 SLA 협약을 맺고 있다. SLA는 국내 서비스 분야에서 처음으로 시도되는 것이었던 만큼 시행착오도 많았다. 선례가 없었을 뿐더러 SLA 평가지표를 도출하고 그것을 협력업체와 합의하는 과정에서 이해가 상충되는 부분이 많았기 때문이다. SLA 도입은 단순히 계약방식의 변화라기보다는 공사와 협력업체간 조직문화를 바꾸는 작업이었다(KMAC, 2011). 공사관계자에 따르면 일만 던져주고 최종결과만 요구하는 기존의 아웃소싱방식과 달리 SLA방식에서는 서비스 사용자와 제공자가 함께 수시로 서비스 품질을 관리한다. 그 과정에서 긴밀한 커뮤니케이션이 이루어지고 이는 서비스 품질 향상이라는 성

2) 스마트소싱이란 스마트(Smart)와 아웃소싱(Outsourcing)의 합성어로 비용절감 중심의 전통적인 아웃소싱을 뛰어넘어 위탁업체와 질적인 차원에서의 성장협력관계를 맺는 방법을 뜻한다. 기존의 단순한 갑을관계를 넘어 새로운 파트너십을 추구하는 '똑똑한' 아웃소싱 방식이라는 의미이다(KMAC, 2011).

과로 이어졌다. 공사 자체평가에 따르면 명확한 서비스 기준이 세워져 있다 보니 서비스 제공자와 사용자 간에 발생할 수 있는 불필요한 대립도 사라졌다고 한다. 감에 의해서 잘했느냐 못했느냐를 판단하는 것이 아니라 객관적인 프로세스를 통해 사전에 정해놓은 서비스 수준에 도달했느냐 아니냐를 평가하기 때문이다.

이렇게 서비스 수준을 정량화해서 관리하는 방식을 SLM(Service Level Management: 서비스수준관리)이라고 한다. 예를 들어 화장실 환경미화업무를 수행함에 있어서 단순히 인력이나 업무시간을 정해주는 것이 아니라 공기오염도나 바닥청소광도, 먼지수준과 같은 구체적인 항목을 계량적으로 지표화해서 관리하는 것이다. 계약시 체결한 목표수준을 초과하는 업체는 평가이후 인센티브를 지급받지만 목표대비 서비스 수준이 미흡한 경우 페널티를 받는다. 또한 과업수행 평가점수와 경영평가점수를 통해 우수업체로 선정되면 계약기간 2년 연장이라는 인센티브를 받게 된다(KMAC, 2011).

하지만 SLA제도 도입자체가 성공적인 아웃소싱 운영을 담보 해준 것은 아니다. 기계적인 평가로 해결되지 않는 부분이 있었던 것이다. 인천국제공항공사 관계자에 의하면 이 부분을 메워주었던 것이 성과공유제와 협력업체 지원사업, 그리고 사소해보이지만 중요하였던 공통유니폼 도입 등이었다. 공사는 위탁업체와 협력적 파트너십 형성을 위해 협력업체가 제안한 아이디어를 통해 발생하는 성과에 대해서는 업체와 공유하는 성과공유제를 실시하고 있으며 협력업체들의 자체 경쟁력 강화도 적극적으로 지원하고 있다. 또한 개항초기 해당업체가 자체적으로 마련한 유니폼을 착용하던 것을 2008년 공사주도로 전체 유니폼을 통일한 것 역시 직원들의 소속감과 일체감을 형성시키는 데 기여하였다(KMAC, 2011).

이와 같은 인천국제공항공사의 성과와 아웃소싱의 개괄적 모습은 공사의 경영성과와 아웃소싱의 관계가 단순한 양적 관계가 아닐 수 있음을 시사한다. 즉, 아웃소싱 업무가 많다 적다에 의해 경영성과가 결정되었다기 보다는 어떻게 아웃소싱을 관리하는가가 더 중요한 성과결정 요인일 수 있다는 것이다. 조직관리에 관한 계량적 접근이 흔히 간과하는 (혹은 찾아내기 어려운) 측면은 어떤 관리기법을 양적으로 얼마나 사용하는가의 정도가 아니라 그 관리기법을 얼마나 잘 활용하는가 하는 질적 수준이다. 이러한 질적 활용의 수준은 수량적으로 검증하기 어렵고 세부적인 관리제도의 변화를 역사적으로 관찰하는 질적인 분석을 필요로 한다. Peter Senge

가 지적하였듯이 어떤 조직이 고성과를 가능하게 하는 관리의 수준에 도달하는 열쇠는 특정 관리기법의 기계적 도입 혹은 양적 확대에 있기 보다는 해당 조직에 적합한 활용방식을 발견해 나가는 조직학습(organizational learning)인 경우가 많다. 인천국제공항공사 역시 아웃소싱 도입 초기 이래로 숱한 시행착오와 오류수정의 과정을 거쳐서 조직학습을 실현하여 왔다. 다음에서는 이러한 과정을 단계적으로 심층 분석하도록 하겠다.

Ⅲ. 인천국제공항공사 아웃소싱 관리의 조직학습 과정

앞서 언급하였듯이 인천국제공항공사는 막대한 초기투자 비용으로 인하여 많은 논란 속에서 설립이 시작되었고 외환위기라는 특수한 상황 속에서 개항을 준비하게 되었다. 정부의 경영효율성 증진 압박과 개항초기 심각한 재정난을 해소하고자 공사는 다각적인 노력을 단행하게 되었는데, 가장 대표적으로 활용된 방법이 바로 아웃소싱이었다. 인천국제공항공사의 설립이 한창 진행 중이던 1997년 말, 우리나라가 예상치 못한 외환위기를 맞게 되었다. 1998년 초에 출범한 국민의 정부는 외환위기 극복의 일환으로 비용절감과 정부조직의 효율성 향상을 위해 적극적으로 정부기능을 민간으로 위탁하기 시작했다. 1999년도 예산편성지침의 하나로 정부기능의 외부위탁 추진을 채택하였을 정도였으니 당시 정부가 얼마나 민간위탁에 대해 적극적이었는지를 짐작해볼 수 있다. 이에 따라 당시 기획예산위원회에서 선정한 76개 사업과 1999년 제2차 정부조직개편 시 선정한 사업 21개 등 총 88개 사업이 외부위탁으로 추진되었다. 당시 정부는 정부기능의 외부위탁을 통한 생산성 향상을 꾀하는 동시에 준정부기관과 공기업에도 민간위탁을 통한 비용절감을 강력하게 주문했다. 이처럼 정부의 강력한 공기업 경영혁신 압박이 심화되는 정치적 상황에서 설립되고 개항한 인천국제공항공사가 경영효율성을 위한 민간위탁도입을 강력하게 요구받는 것은 당연한 일이었다.

당시 인천국제공항공사 건설사업에는 IMF 경제위기상황 속에서도 5조 9천838억원(공항고속도로건설비용 제외)에 달하는 사업비가 투입되었다. 그 중 정부가 출자한 것은 2조 5천 23억원이었고, 국내 금융기관과 해외 펀드를 통해 차입한 돈이

3조 4천 815억원이었다. 개항당시 갚아야 할 이자부담만 최소 3천 400억원이었다(연합뉴스, 2001). IMF라는 경제악재 속에서 이처럼 막대한 사업비의 투입은 정부입장에서도 부담이 되었을 뿐 아니라 사회적으로도 설립당위성에 대한 논란을 가중시켰다. 게다가 개항 첫해 예상수익이 약 3천 815억원인 반면 예상지출은 6천 700억원으로 추정되어 약 2천 800억원의 적자가 불가피한 것으로 추산되어 공항운영에 따른 심각한 재정난에 대한 비판도 잇따랐다. 공사 측은 이러한 재정난이 운영수입은 적고 초기투자 사업비가 많이 드는 공항사업임에도 불구하고 국고지원의 규모가 40%정도로 외국공항들(일본 간사이공항 58%, 중국 푸동공항 67%, 홍콩 첵랍콕공항 77%)에 비해 상대적으로 낮기 때문이라고 해명하였다(매일경제, 2001). 이후 인천국제공항공사는 1조 5천억원 상당의 정부의 추가 출자를 희망했으나 공사가 가뜩이나 어려운 국가재정에 심각한 부담이 되고 있다는 여론과 관계부처의 반대로 받아들여지지 않았다. 이에 공사는 생존을 위해 열악한 재무구조 개선을 최우선 목표로 삼고 이에 따른 자체방안을 심각하게 모색하게 된다. 당시 발표된 인천국제공항공사의 재무구조 개선방안으로 연평균 9.9%의 고금리를 8.1%대로 낮추고 단기차입금을 장기로 전환하는 한편 조직을 경량화하기 위해 핵심적이지 않은 업무에 대해서는 아웃소싱을 통해 경비를 최대한 절약하겠다는 방안이 제시되었다(매일경제, 2001).

이처럼 IMF라는 외환위기하에 정부의 정치적 압력, 심각한 재정난이라는 경제적 이유 이외에도 개항초기 인천국제공항공사의 민간위탁을 촉진시켰던 요인 중 하나로 개항초기라는 시기적 특수성과 공항업무의 특수성을 꼽을 수 있다. 개항초기에는 모든 시스템이나 운영체계가 자리를 잡지 못한 관계로 예상치 못한 문제들이 발생할 여지가 크기 때문에 공사는 문제 상황에 신속하게 대응하기 위해서 민간위탁을 통한 유연한 조직운영을 적극 검토하였다. 또 항공분야는 상대적으로 환경미화나 경비보안, 조류퇴치 등 단순용역의 비중이 매우 커서 위탁경영을 활용할 여지가 큰데다가 기타 전기나 기계설비, 토목 관리 등 보안성은 낮으나 해당분야의 전문성이 요구되는 시설유지보수 업무가 많았다. 따라서 직영보다는 전문 업체에 위탁을 주는 것이 업무생산성을 높여 효율성을 높이는데 기여를 하고 가시적인 성과를 내기가 비교적 용이하다는 점도 공사가 위탁경영이라는 방안을 선택하는 요인이 되었다.

이와 같은 요인들이 복합적으로 작용한 결과, 개항이전 준비단계인 2000년 6

〈표 5〉 2001년 아웃소싱 현황

구 분	내 용	개 수
단순운영용역	환경미화용역A&B / 주차장 및 셔틀버스 운영 / 경비보안실시 A&B / 공항소방 및 조류퇴치 / 자료관리 / 여객터미널 운영 / 탑승교 운영	총 9개
시설 유지관리	건축: 여객터미널 유지관리 / 교통센터 유지관리 / 부대건물 유지관리 기계: 승강설비 유지관리 / 수화물처리시설 유지관리 / 중수시설 유지관리 / 소각시설 유지관리 전기: 전력계통 운용 및 기타 전력시설 유지관리 / 항공등화시설 및 AIRSIDE 전기시설 유지관리 기타: 토목시설 유지관리 / 조경시설 유지관리 / 환경감시시설 유지관리	총 12개
시스템 유지보수	경비보안시스템 유지보수 / 통신자동화시스템 유지보수 / 일반공중통신 시스템 및 기간통신망 운영 및 유지보수 / 주전산기기 운영 및 통합유지보수 / 통합교통관리시스템 유지보수 / Z-Scan 7시스템 유자보수 / CTX-9000Dsi 시스템 유지보수 / 주차관제시스템 유지보수	총 8개
응용 S/W유지보수	통합경비보안시스템 응용SW유지보수 / 종합환경감시시스템 응용S/W유지보수 / 이동지역관리시스템 응용S / W유지보수 / 도형정보시스템응용 S/W유지보수	총 5개

* 인천국제공항의 아웃소싱은 2001년 2월말 현재 총 34개이며 총39개 업체가 대부분 3년 단위로 계약을 맺고 있음.
자료: 인천국제공항공사(2002). 인천국제공항공사 조직효율화를 위한 직무분석 아웃소싱업무 개선방안.

월부터 인천국제공항공사는 아웃소싱을 적극 도입하기 시작하였고, 개항 당시에는 이미 공항운영 및 시설관리업무 상당부분을 아웃소싱하기에 이르게 된다. 개항초기 인천국제공항공사의 외부위탁 현황을 살펴보면 〈표 5〉와 같다.

인천국제공항공사의 위탁업무는 단순운영용역, 시설유지관리, 시스템유지보수, 그리고 응용S/W유지보수 등 4가지로 분류되며, 2001년 당시 총 34개 업체가 3년 단위로 계약을 체결하였다. 단순운영용역의 경우 고용인원은 전체계약인원의 53%로 가장 많았으나 단순업무 특성상 대부분 저임금을 지급받았기 때문에 계약금약은 전체 계약금약의 27%에 불과하였다. 반면 시설유지관리는 투입인원자체도 많았고, 기술전문 인력도 많아 전체계약금의 55%가 이 분야에 투입되었다. 시스템유지보수와 응용S/W유지보수의 투입인력은 전체인원의 각각 9%, 1%로 상대적으로 적었으나, 대부분 고임금 인력들이어서 전체계약금액의 각각 16%, 2%를 차지하였다(인천국제공항공사, 2002).

〈표 6〉 아웃소싱의 효과(2000~2001)

(단위: 백만원)

구 분	아웃소싱	직 영	차 이
2000년	13,205	16,904	3,699
2001년	105,438	141,819	36,381
총비용절감효과			40,080

자료: 인천국제공항공사(2002). 인천국제공항공사 조직효율화를 위한 직무분석 아웃소싱업무 개선방안.

개항 이후에도 공사의 위탁경영은 점차 확대되었다. 인천국제공항공사(2002)가 〈인천국제공항공사의 조직효율화를 위한 직무분석 보고서〉에서 아웃소싱의 경제성을 분석한 결과에 따르면 대부분의 아웃소싱이 비용절감 측면에서 긍정적인 것으로 나타났다. 특히 단순 용역 업무는 직영대비 비용절감효과가 가장 큰 것으로 밝혀졌다. 〈표 6〉을 보면 아웃소싱과 직영의 용역대가 차이를 확인 할 수 있다.

1. 초기 아웃소싱 관리의 시행착오와 오류 수정

개항 준비단계와 초기단계에서 지속적인 추가과업 발생과 24시간 공항운영 등으로 인해 인천국제공항공사의 민간위탁은 급속도로 확대되었는데, 이 과정에서 예상치 못했던 문제점들이 다수 발생하였다. 첫째, 위탁업체 입찰에 있어 가격이 중요한 결정요인이 되는데 최초 계약 시 저가를 제시하여 낙찰 받은 업체들이 이후에 이윤확보를 위해 용역대가를 증대하는 경우가 많았고, 지나치게 낮게 설정된 기본급은 용역인력의 불만누적으로 이어졌다. 둘째, 공항업무의 특성상 기계설비나 전문성을 가진 고급인력을 요구하는 분야가 많으나 저임금, 신분보장 문제로 우수인력 확보가 어렵고 높은 이직률이 문제로 지적되었다. 셋째, 계약업체 선정방식에 있어서 공정성 시비가 끊이지 않았고, 넷째, 용역비를 산정함에 있어서 객관적인 기준 없이 업체마다 상이한 기준을 적용하여 특정분야에서 낮은 임금이 계속 적용되는 등 형평성이 저해되었다. 다섯째, 위탁관리를 위한 행정업무규정이 미미하고 평가관리체계의 부재로 인해 감독자가 위탁업체들을 관리함에 있어서 어려움이 있었다(인천국제공항공사, 2002).

그러나 무엇보다도 이 시기에 가장 시급히 해결해야할 문제점은 서비스의 질에 대한 외부로부터의 부정적인 평가였다. 개항 초기 아웃소싱의 도입으로 인한 서비스의 향상과 고객만족도의 상승은 당연히 기대할 만한 상황이었음에도 불구하고 시설은 좋은데 서비스는 부족하다는 비판이 적지 않았다. 동북아중심의 허브공항 입지선점을 위해 주변공항들과 치열한 경쟁관계에 있던 인천국제공항 입장에서 대고객서비스에 대한 부정적 평가는 치명적인 문제점이었다. 국제항공운송협회(International Air Transport Association: IATA)와 국제공합협회(Airport Council International: ACI)에서 세계주요공항을 대상으로 평가한 자료에 따르면 인천국제공항은 개항 첫해인 2001년에는 전체 종합평가 4위, 2002년에는 6위, 2003년에는 4위에 랭크되었다. 그러나 여러 항목 중 시설 부문만이 상위권을 유지할 뿐, 서비스수준의 경우 매우 저조한 성적을 보였다. 특히 공항직원 친절성(18위)과 탑승수속 친절성(31위), 공항보안 만족도(12위) 등 고객들과 접점에 있는 직원들의 서비스에 대한 만족도가 시설부문에 비해 상대적으로 매우 미흡한 것으로 나타났다(건설교통부, 2006). 사실 공항 건설시 최고의 공항시설 확보와 성공적인 개항을 위해 집중적인 노력을 기울이느라 소프트웨어적인 부문, 특히 친절서비스 부문에 대해서는 상대적으로 관심이 덜했던 것은 사실이었다.

물론 여기에는 우리나라만이 갖는 특수한 환경 탓도 있었다. 한반도의 남북대치 상황은 다른 나라에 비해 보안검색을 강화해야 하는 특수한 상황을 만들어냈고, 밀입국자와 불법체류 근로자 색출을 위한 여권 및 비자 심사는 일부 특정 국가를 비롯한 외국인에게 강한 불만을 야기할 수 있었다. 또한 싱가포르나 홍콩 같은 무관세 세관과 달리 인천국제공항은 일인당 소지하고 입국할 수 있는 물품 금액을 한정하고 감시해야 하는 상황이기 때문에 서비스 부문을 경쟁논리로만 비교했을 때 다소 불리한 면이 있었다.

한국생산성본부의 공기업 고객만족도 조사결과에 따르면 인천국제공항공사에 대한 만족도는 2002년에는 타 공기업에 비해 높은 수준을 보였으나 2003년 들어서면서 크게 하락하였다. 이는 2001년 성공적 개항과 초기 성공으로 인해 조직 내 목표상실 현상과 현실에 안주하려는 생각이 대두되었다는 반증이었으며 결국 세계항공수요의 변화, 특히 공항 이용고객의 다양한 욕구 변화 등 외부환경 변화에 대한 철저한 대비책이 없을 경우 인천국제공항공사는 몇 년 안에 심각한 위기를 맞을 지도 모른다는 절박감을 잉태하는 계기가 되었다.

이러한 문제점에 직면하여 인천국제공항공사는 다양한 해결 노력을 경주하게 되는데 이러한 노력은 크게 관련기관 네트워크의 구성, 유대감 확대, 서비스질 향상 등 세 가지 영역에 걸쳐 이루어졌다. 이러한 문제 해결 노력에 있어서 아웃소싱 관리의 실패는 문제를 야기하는 일차적 원인으로 간주되었는데 그 이유는 공항 시비스 질 히락의 원인으로 아웃소싱이 활발하게 이루어지다보니 업무분야에 따라 서비스 제공주체가 상당히 다원화되어 있다는 점이 지적되었던 것이다(건설교통부, 2006).[3)]

첫 번째 문제해결 노력인 관련기관 네트워크 구성을 통한 협력체계의 구축은 이러한 배경에서 시도되었다. 다원화되어 있는 서비스 제공주체들을 하나로 묶는 원활한 협력 네트워크를 구성하여 고객의 서비스 수요를 신속하게 충족시키고 일원화된 고품질 서비스 제공을 위한 기반을 마련하는 것이 가장 중요하고도 시급한 과제라는 문제인식의 결과였다. 그러나 여러 기관을 한데 모아 공동협의체를 구성한다는 것은 결코 쉽지 않은 문제였다. 개항 이전에도 이러한 공동협의체 구성에 대한 검토가 있었고 운영사례도 있었지만 매우 형식적이었을 뿐이었다. 인천국제공항공사가 이를 개선하기 위해 다각도로 방법을 검토했지만 실마리를 풀지 못하던 시점에 제25차 국정과제 회의(2003년 10월)에서 대통령이 "공항공사 사장을 주축으로 하여 인천공항 서비스 향상을 위한 협의체를 구성하라"는 특별지시를 하면서 협의체 구성 작업이 탄력을 받게 되었다. 이후 2003년 12월 인천국제공항공사는 관계기관들과 의견조율을 통해 세관, 출입국사무소, 항공사 등 총 10개 기관이 참여한 '인천공항서비스개선위원회(이하 위원회)'를 구성하기에 이른다(건설교통부, 2006).

위원회 구성 이후 인천국제공항공사는 '서비스 실천 공동 선언문'과 '인천공항 서비스 목표'를 제정하는 작업에 착수하였다. 공사와 여러 기관들 스스로가 지켜야 할 기준과 목표를 제정하여 대내외에 공표하기로 한 것이다. 예를 들어 공사는 출입국분야의 서비스 목표로 "출국처리시간은 승객의 95%를 45분 이내로 하되 최대

3) 당시 인천국제공항에는 23개 정부기관, 50개 항공사 및 조업사, 70개 구내업체, 390개 화물업체, 36개의 공사 및 협력업체 등 총 570여개의 기관에서 약 3만명이 서비스를 제공하고 있었다. 이와 같은 서비스 제공주체의 다원화는 각 기관의 서비스 개선노력이 공항 전체 서비스 개선으로 이어지기 어렵다는 문제를 야기시켰다. 또한 상주기관들의 부처이기주의적 성향으로 인해 상호간 협력이 소극적인 것도 서비스 품질 악화의 원인으로 작용하였다(건설교통부, 2006).

60분"을 준수하도록 하였고, "입국처리시간은 승객의 95%를 40분 이내로 하되 최대 45분"내에 처리하도록 하였다(인천국제공항공사, 2007). 이는 ICAO(국제민간항공협회)가 제시한 권고기준을 바탕으로 인천국제공항이 출입국절차간소화를 실현하기 위해 자체적으로 설정하고 공표한 목표였다. 또한, 인천국제공항 합동 옴부즈맨제도와 불친절직원 삼진아웃제 등 서비스정책에 대한 이행상황을 모니터링 하는 등 협력네트워크 구축 노력을 하였다(건설교통부, 2006).

두 번째 문제해결 노력은 소속이 다른 조직구성원 간의 유대감 형성 노력이었다. 본래 계약을 통하여 형성된 가상 네트워크 조직의 본질적 문제점은 조직문화와 충성도의 차이이므로 이를 극복하기란 결코 쉬운 과제가 아니었다. 위원회를 구성했다고 해서 모든 구성원의 태도가 한 번에 달라질 수는 없는 노릇이었다. 인천국제공항에 상주하고 있는 기관과 협력업체들은 각자 그 법적기반과 추구하는 목적과 이익, 지휘명령계통이 전혀 다르기 때문에 각 기관별 업무목적과 친절서비스 제고 필요성이 상충할 경우에는 으레 전자(前者)를 우선시하는 인식과 관행이 깊었다. 업무협조를 위한 공식루트가 존재하였지만 이를 통한 문제해결 방식에는 한계가 있었고, 담당자들이 개별적인 접촉에 의한 협의 역시 구성원들 간 유대감 형성에는 역부족이었다. 이러한 문제를 극복하고자 인천국제공항공사에서는 상주기관 합동 수련회 등을 통해 비공식적인 친밀도를 높일 계기를 만들고자 했다. 이어 공사는 '인천공항가족 한마음 워크숍'을 명칭으로 한 합동 수련회를 개최하고 공항의 핵심 운영자간 유대를 높이는 데 주력했다.

끝으로 서비스의 질을 높이기 위한 노력은 서비스 현장지도 프로그램의 공동 이수가 핵심이었다. 고객서비스 향상을 위해 인천국제공항공사에서는 개항 원년인 2001년 9월 29일부터 월 1회 이상 '서비스의 날' 행사를 통한 서비스 현장지도를 실시해 오고 있었다. 서비스 현장지도란 고객접점에 근무하는 직원을 대상으로 서비스강사가 현장을 방문하여 고객접점에서 직접 서비스를 지도하는 교육 방식으로, 고객접점 직원이 해당 근무지에서 서비스제공에 관한 제반기법을 익힐 수 있다는 점이 긍정적으로 평가되고 있었다. 하지만 시행초기에는 프로그램 운영을 위한 노하우와 경험 부족으로 인하여 그다지 활성화 되지 못하였다. 그러다가 개항이후 서비스 질 향상에 대한 요구가 거세어지면서 2002년을 기점으로 서비스 현장 프로그램이 본격화되기 시작하였다. 고객 불만이 가장 빈번한 사업장을 중심으로 친절서비스교육을 강화하였고 현장지도 결과에 대해서는 분기별/연도별로 사후관리가 이루어 졌다. 이와는 별도로 2002년 5월부터 보안검색, 경비, 안내 데스크, 환경미화, 시설 유지보수 등 공항이용객과 접촉빈도가 높은 협력사 직원들의 친절교육을 담당할 내부 강사를 양성하여 이들을 활용한 상시 교육체계를 마련하였고, 여객터미널 내에 서비스아카데미를 마련하여 체계적인 서비스교육이 가능하도록 하였다. 또한 공항 내 불만접수 현황, 현장지도활동과 사후점검결과에 대한 통계자료는 분기별로 공항소식지에 게재함으로써 사업장간 경쟁심을 유도하기도 하였고, 필요시에는 가장고객(Masked Customer)의 평가방식을 활용하기도 하였다.

이러한 다각적인 문제해결 노력은 서비스개선이라는 구체적 성과로 이어졌다. 2001년 개항 당해 연도부터 실시한 공항 운영분야평가에서 세계 4위를 달성한 이래 2004년도에 세계 유수의 공항 중 종합 2위를 달성한 것이다. 특히 중위권 바깥에 머물던 공항직원의 친절성, 탑승수속 직원의 친절과 도움, 보안검색, 여권 및 비자 심사, 세관심사 등에 있어 예년에 비해 괄목할 만한 순위 상승을 이루어냈다. 특히 2004년 2/4분기에는 31개 평가항목 전 부문에 있어 인천국제공항이 세계 10위권 이내에 랭크되는 쾌거를 이루게 된다. 공항평가 순위상승과 더불어 인천공항 친절서비스에 대한 평판이 좋아지면서 정부기관은 물론이고 항공사들까지 나서서 자기 회사 직원들에게 서비스 교육을 시켜달라고 요청할 정도로 인천국제공항공사의 서비스 질 향상 노력은 가시적인 성과로 나타났다.

초기의 문제점을 극복하는데 성공한 공사는 2004년 12월 55개 항공사가 취항하여 123개 도시를 연결하고 있었고, 연간 운항실적이 약 146,000회, 이용여객이 약 2,300만 명에 이르는 등 그 규모가 빠르게 성장하였다(인천국제공항공사, 2005). 개항 후 4-5년이 지나면서 공사의 아웃소싱은 안정화되는 과정을 밟기 시작하였으나, 다음에서 살펴보듯이 계약관리의 개선과 효율화라는 새로운 도전에 직면하여 이에 대응할 수 있는 새로운 문제해결 노력을 요구하는 시기를 맞게 된다.

2. 아웃소싱 관리의 효율화 과정

초기의 어려움을 극복하면서 인천국제공항공사는 아웃소싱을 더욱 확대하는 한편, 계약관리에 따른 문제점 등을 보완하여 아웃소싱을 활용한 경영효율성 증진을 극대화시키려는 노력을 하게 된다. 2004년에 접어들면서 국내외적으로 SARS 발생,[4] 이라크전 발발, 고유가문제 등 항공운영에 악재가 많았다. 특히 항공관련안전이 최우선 과제 중 하나인 인천국제공항공사 입장에서 테러에 대비한 대책 마련이 시급하게 요구되었다. 또한 이시기에 공사는 제2단계 건설공사를 시작하게 되었다.

성공적인 개항에도 불구하고 이 시기에 공사는 여전히 3조 5,800억 원에 이르는 총 부채를 안고 있었고, 자산규모에 비하여 매출액과 이익규모가 작아 당기순이익이 지속적인 적자를 기록하고 있었다. 이에 공사는 개항초기부터 꾸준히 비용절감의 우선대안으로 적극 도입되어 온 아웃소싱을 더욱 확대해 나가게 된다. 그 결과 2004년에 이르러 개항 전 재무분석(1999년) 결과보다 당기순이익의 실현이 4년이나 앞당겨져 이루어졌다(인천국제공항공사, 2005). 이렇게 빠른 시일 내에 흑자전환을 이룩한 데에는 항공수요가 큰 폭으로 증가하고 저금리 체제가 지속되었으며 감면조례 개정을 통해 연간 수백억 원의 지방세 부담을 덜 수 있었다는 외부적 요인도 있었지만, 지속적으로 추진해온 비항공 수익원 개발(상업시설 확충 등)과 개항직후부터 아웃소싱을 통하여 지속적으로 추진해온 비용절감 노력이 빛을 발했다는 평가를 받았다(인천국제공항공사, 2005).

개항초기 3년으로 책정한 제1기 계약기간이 만료되는 시기에 이르러(2003년 6월~12월 만료) 인천국제공항공사는 민간위탁의 운영과 관리에 새로운 국면을 맞게 되었다. 이 시기에 기존 위탁업체들과의 재계약 및 신규 업체들과의 계약 등이 중요한 이슈로 떠올랐으며, 아웃소싱이 점차 확대되면서 보다 효과적인 위탁관리의 필요성이 높아졌다. 따라서 공사는 아웃소싱의 안정적인 정착과 확대를 위해 다각적인 노력을 펼치게 되었다. 대표적으로 서비스수준 협약체결과 같은 시행과정에 협력사들로 하여금 지속적으로 참여하게 하여 원활한 의사소통을 촉진하였고, 공동목표를 추구하는 등 동반자적 관계를 설정하고자 하였다. 불필요한 행정절차를 간소화하고 업무표준화를 유도하여 업무효율성을 높이는 한편, 계약방법과 계약금액을 서비스 수준에 의거하여 산정함으로써 서비스 품질이 아웃소싱 관리의 우선순위가 되도록 하였다. 또한 공정한 평가결과에 따른 인센티브 부여로 서비스 수준을 끌어올리고자 하는 한편 인력운영 등에 있어 협력사의 자율성을 확대하는 정책을

4) 2003년도에는 SARS발생으로 인하여 국제선 증가율 둔화가 두드러졌으며 국제선 이용 여객 역시 전년대비 5.7% 감소하였다(인천국제공항공사, 2004).

취하였다.

공사의 이 같은 노력의 결과로 아웃소싱의 운영과 관리 전반에 걸쳐 효율성이 향상되기 시작하였다. 기획재정부(2008)의 2007년도 공공기관 경영실적 평가보고서에 따르면 인천국제공항공사는 새로운 계약 형태인 SLA를 통해 한계에 도달한 기존 아웃소싱업체들의 서비스 품질을 향상시켰고, 다양한 외주 업체의 관리의 선진화를 이끌어 내고 있다는 평가를 받았다. 2008년 평가보고서에서도 공사는 아웃소싱을 통한 성과 및 서비스 품질관리가 매우 효과적으로 이루어지고 있다는 평가를 받았다. 인천국제공항공사가 2008년도 2단계 사업의 오픈으로 인한 증원소요인력을 아웃소싱함으로써 인건비를 절감한 것이 특히 긍정적으로 평가되었다(기획재정부, 2009). 이처럼 이 시기에 이르러 인천국제공항공사의 아웃소싱은 매우 긍정적인 평가와 함께 벤치마킹의 모델이 되는 성공사례로 자리 잡게 되었다.

재무현황 역시 점차적으로 개선되었다. 국회예산정책처가 「2004~2009년 공기업 재무현황 평가」보고서에서 인천국제공항공사의 재무현황을 분석한 결과, 분석기간 동안 공사의 자산은 확대되는 한편 부채는 꾸준히 감소하였다. 매출액 역시 점차 증가하였고 수익성이 전반적으로 향상되는 등 공사는 국토해양위원회 공기업 중 유일하게 조사기간 동안 재무구조가 개선된 공기업으로 나타났다(국회예산정책처, 2010).

그러나 이러한 노력에도 불구하고 아웃소싱과 관련한 심각한 문제들이 여전히 해결 대상으로 남아 있었다. 대부분의 문제는 아웃소싱 계약체결에 관한 것들이었는데 초기 저가계약을 통해 낙찰 받은 업체가 이후 용역대가를 증가시키는 점, 지나치게 낮은 기본급에 대한 불만누적, 계약업체 선정방식에 있어서의 공정성 시비, 용역비 산정 기준 문제, 그리고 위탁경영 평가관리체계의 부재 등 개항초기부터 발생된 문제들이 아웃소싱 확대기에 이르기까지 지속적으로 제기되고 있었다.

기존의 문제점들이 미해결된 채 남아있었던 근본적인 원인을 살펴보면 아웃소싱 업체 선정과 계약 과정에서 중요한 제반조건들에 대한 준비가 다소 미흡했던 점을 들 수 있다. 성공적인 아웃소싱을 위해서는 첫째, 해당 업무를 충분히 실행할 능력을 가진 업체를 선정해야 하고, 둘째, 낙찰 비용이 합리적이어야 하고, 셋째, 계약 후 서비스 공급업체가 도덕적 해이를 보이지 않고 양질의 서비스를 공급하도록 해야 하며, 넷째, 업체선정은 경쟁을 통해 공정하게 진행해야 한다. 다시 말해, 위탁업체의 능력, 비용, 서비스의 질, 공정성 등을 모두 고려하여 계약을 해야 하며 이 조건들이 모두 담보되지 않으면 성공적인 아웃소싱 운영이 어려워진다는 것이다.

그런데 공사의 아웃소싱 초기 계약·재계약 과정에서는 위의 조건이 만족되지 않은 경우가 많았다. 특히 업체 선정과정에서의 특혜 의혹이 재계약 시기와 맞물리는 2004~2005년에 많이 불거졌고, 공급업체의 기술력에 대한 문제점, 해외 업체인 경우 외화 유출의 문제 등도 계약과정에서 문제점으로 제기되었다. 수의 계약에 대한 지적도 많았다. 2005년 국정감사에서 지적된 사항에 의하면 2001년부터 2005년 8월말까지 73건, 2,036억 원의 용역사업은 모두 경쟁 입찰 없는 수의계약이었다(연합뉴스, 2005). 수의계약 자체도 특정 건설업체 및 설비업체에 집중됐으며 국제 경쟁 입찰에서도 경쟁 없이 임의로 계약해 특혜의혹을 받기도 하였다. 또한 비정규직 근로자 보호 등에 관한 법률이 국회에 계류 중인 시기에 인천국제공항은'인천공항 아웃소싱업체에 대한 실태 조사'를 벌였는데 아웃소싱업체에 대한 공항 공사의 과도한 지배 개입이 개선되어야 될 점으로 지적되어 업체에 자율성을 확보해 주면서도 양질의 서비스를 공급하도록 관리해야 할 필요성이 제기되었다.

아웃소싱 계약과정과 비효율성을 개선하기 위한 인천국제공항공사의 아웃소싱 관리 혁신은 SLA(Service Level Agreement)와 SLM(Service Level Management) 도입을 중심으로 이루어졌다. 2006년 7월부터 6개월간의 시범도입 기간을 거쳐 2007년 1월부터 본격적으로 도입된 SLA는 용역 서비스수준 관리지표의 적정성과 객관성 및 신뢰성을 확보하고, 용역수행 과정에 대한 모니터링과 피드백을 통하여 문제점을 발견하는 한편, 이를 개선하는 일련의 반복적인 과정이었다. SLA 도입은 서비스수준 관리지표 개발, 운영지원을 위한 SLA 시스템 구축, 그리고 SLA 운영을 위한 전반적인 관리시스템인 SLM체계 구축 등 3개 분야로 추진되었다(국토해양부, 2008).

구체적으로, SLA 관리지표는 주요서비스 품질을 평가하는 '성과지표', 품질유지 및 향상을 위해 내부업무과정을 평가하는 '과정지표', 행정, 인력, 조직관리 등 전반적인 경영능력을 평가하는 '공통지표'로 구성되었다(인천국제공항공사, 2012b). 공사에서는 이러한 지표들은 SLA 도입시기에 따라 비중을 달리하여 유연하게 적용하였다. 지표개발 이후에는 지표별 측정치를 산출하고 평가하기 위한 자동화 시스템

04

의 확립이 이루어졌다. 그리고 SLA의 원활한 운영을 위하여 서비스수준 관리계획 수립단계에서부터 서비스수준 합의, 운영프로세스에 대한 모니터링 및 개선에 관련된 반복적인 과정을 관리하는 SLM 체계가 확립되었다. SLM은 서비스사용자인 고객, 서비스제공자인 협력업체, 그리고 공사 간 긴밀한 상호작용과정으로 SLA가 성공적으로 정착하고 업체들이 한 단계 높은 서비스 수준을 제공할 수 있도록 기여하였다는 평가를 받았다.

SLA와 SLM이라는 굵직한 제도의 도입 이외에도 인천국제공항공사는 아웃소싱과 관련한 크고 작은 제도들을 개선해 나갔다. 우선 아웃소싱 초기단계에서부터 문제점으로 지적되어 온 최저가입찰제도를 점차 서비스품질기준제시를 통한 입찰제도로 변경하였다. 이를 통해 공사는 무조건 최저가를 제시한 업체와 계약을 체결하는 것이 아니라 일정한 서비스품질수준을 만족한 참여업체들 가운데 인력계획 및 예산규모 등을 고려하여 적절한 업체를 선정하는 방식을 도입하기 시작했다. 이전에 투입인력 중심으로 산정되었던 계약금산정 방식에도 변화가 있었다. 협력업체의 투입인원이 증감되더라도 서비스 수준만 동일하게 유지되면 동일한 계약금액을 지급하였으며, 지속적인 인원감축이 있는 경우에만 차기계약에서 계약금 감액을 고려했다(국토해양부, 2008).

아웃소싱 평가제도와 관련하여 평가의 객관성과 신뢰성을 확보하고자 공사는 평가체계를 다원화하고 공항서비스평가 혹은 공기업 고객만족도 평가 결과를 해당 아웃소싱 용역의 평가에 반영하였다. 평가결과는 협력업체에 반드시 통보하였고, 평가결과에 대해 이의가 있는 경우 'SLA 실무위원회'에서 이를 재심의 및 의결하도록 하였다(국토해양부, 2008). 계약체결 이후에도 공사는 협력업체들의 동기부여를 위해 SLA 평가결과 우수업체에 대해 계약기간을 연장하거나 차기업체선정 입찰시 가산점을 부여하였다(인천국제공항공사, 2012b).

SLA와 SLM이라는 공식적 아웃소싱 관리체계의 발전을 이룩하면서 인천국제공항공사의 아웃소싱은 한 단계 더 높은 수준으로 진화하였고, 이 단계에서부터 공사의 아웃소싱은 경영성과를 뒷받침하는 중요한 축으로 자리잡게 된다. 즉, 아웃소싱을 통한 비용절감과 경영효율성 증대에 힘입어 공사는 국제공항평가에서 지속적으로 최상위권을 차지하는 한편 재정적으로도 막대한 흑자를 기록하게 되는 것이다.

그러나 최근 인천국제공항공사는 비용절감이나 효율성 이외에 공공성의 가치를 추구해야 한다는 지적과 아웃소싱에 따라 불가피하게 수반되는 협력업체의 비정규직 고용안정성과 같은 사회적 책무성을 다해야 한다는 새로운 요구에 직면하고 있다. 이러한 요구에 대한 효과적인 대응은 공기업으로서 인천국제공항공사가 갖고 있는 근본적이면서도 상충적인 요구인 기업성과 공공성의 동시 추구라는 조직목표의 특수성과 밀접하게 관련되어 있다. 다음에서는 최근 인천국제공항공사가 직면한 아웃소싱 관리의 복잡성과 장애물들(managerial challenges)에 대해 살펴보겠다.

IV. 조직목표의 상충성과 아웃소싱 관리

인천국제공항의 아웃소싱 활용의 규모는 지금도 꾸준히 증가하고 있다. 2012년을 기준으로 인천국제공항공사의 아웃소싱의 규모는 전체업무의 약 87%에 육박하고 있으며 위탁업체 소속인력이 약 6,000명에 이르고 있다(인천국제공항공사, 2012c). 이 같은 수치는 인천국제공항에 근무하는 인력의 10명 중 9명에 가까운 노동자가 아웃소싱을 통해 고용되고 있음을 의미한다.

인천국제공항공사가 안정적인 아웃소싱 운영과 관리를 통해 재정여건을 크게 개선시켰음은 의심의 여지가 없다. 개항 초기와는 달리 2단계 공항확장 공사에 소요되는 재원의 상당부분을 영업활동 수입으로 충당할 수 있을 만큼 경영실적이 호전되었으며, 재무구조에 있어서도 부채비율이 감소하고 차입금 의존도가 감소하는 등 꾸준히 개선되는 면을 보여주고 있다. 특히 매출액이 지속적으로 증가하였고(2010년 1조 3천여억원, 2011년 1조 5천여억원, 2012년 1조 6천여억원), 당기순이익 역시 연속 흑자 기록(2010년 2천 8백여억원, 2011년 3천 3백여억원, 2012년 5천 2백여억원)을 이어가고 있다.

1. 아웃소싱 관리와 공기업의 사회적 책무성 요구

아웃소싱은 비용절감과 생산성 증대에는 효과적일 수 있으나, 반면에 근로자의 고용안정성을 위협할 수 있다. 공기업으로서 모범적 고용자(model employer)이기를 요구받는 인천국제공항공사에게 이것은 더욱 크게 다가오는 문제점이다. 아웃소싱 외주업체들의 경우 자체인력을 항시 보유하고 입찰을 하기도 하지만 자체인력 없이 기존에 아웃소싱 인력으로 일하고 있던 직원들을 고용승계하기도 한다. 전자이든 후자이든 입찰업체를 선정하는 과정에서 재입찰이 되지 않거나 이전보다 낮은 가격에 입찰이 되는 경우에는 기존인력들의 고용이 불안정해질 수밖에 없다. 양질이 서비스를 좀 더 낮은 가격에 공급하는 것이 효율성 증진이라는 논리만을 적용한다면 입찰과정에서 비용절감을 위한 인력구조조정은 문제될 것이 없을 것이다. 그러나 공기업이라는 사회적 위치를 고려할 때 인천국제공항공사의 고용불안정 문제는 공기업의 사회적 책무성 회피라는 비판을 면하기 어렵다. 아웃소싱 외주업체 직원들에 대한 처우와 관련해서도 낮은 임금과 열악한 근로조건을 이유로 불만이 지속적으로 제기되고 있고 언론 또한 공사의 사회적 책무성을 간과해서는 안 된다는 지적을 해오고 있다.

사실 고용안정성과 관련한 문제는 아웃소싱 비율이 그 어떤 공기업보다도 높은 인천국제공항공사에 예견된 문제였다. 특히 공사가 정부의 공공기관 선진화 계획에 따라 831명 정원감축 및 아웃소싱경비, 경상경비, 자본예산 3,771억원 감축을 선포하면서 비정규직들의 고용불안은 더욱 심화되었다(경향신문, 2009). 노조에서는 공사가 공식발표도 없이 40여개 아웃소싱 업체 관계자들에게 개별연락을 통해 10%의 예산감축을 일방적으로 통보하여 수많은 직·간접고용 비정규직 노동자들의 고용조건을 악화시키고 있다고 비판했다. 뿐만 아니라 용역업체들 역시 용역비용에서 인건비가 차지하는 비율이 70%가 넘는 상황에서 예산의 감축은 기존인력의 인건비감소와 정리해고로 이어질 수밖에 없다는 주장을 펼치고 있다(뉴시스, 2009). 아웃소싱 업체 관계자에 따르면 인건비 비중이 높은 용역비용구조에서 10%의 예산감축은 근로자들의 수당과 직결되는 문제이며 이로 인해 약 천 여명의 비정규직 노동자가 해고될 수 있다고 밝히기도 하였다.

인천국제공항공사의 고용불안정에는 주기적으로 입찰을 통해 위탁업체를 교체하는 아웃소싱의 특수성이 크게 기여하고 있다. 공사에 따르면 2008년부터 2009년 상반기까지 실시한 제3기 아웃소싱입찰에서 기존업체들은 대부분 탈락했다. 여객터미널 운영, 경비보안, 보안검색, 여객터미널 환경미화, 교통센터 환경미화, 조경시설유지관리, 탑승교 유지보수 등 거의 모든 업체가 변경됐다. 아웃소싱업체들이 입찰 때마다 이처럼 빈번하게 교체되는 것은 공사가 국내 대부분의 업체가 입찰에 참여할 수 있도록 길을 터주고 있어 경쟁이 치열하고 계약기간도 3년으로 비교적 짧기 때문이다. 빈번한 업체교체가 논란이 되는 이유는 입찰 때마다 불거지는 비정규직 노동자에 대한 고용승계 문제 때문이다. 특히 노조 조합원이 있는 위탁업체가 교체될 때 고용승계를 빌미로 노조간부들을 해고하거나 노동조건을 하락시키는 사례들이 있었다. 이에 따라 해고된 노동자들은 외주용역업체를 관리·감독할 책임이 있는 인천국제공항공사에도 책임이 있다고 주장하고 있는 실정이다.

공공기관 비정규직의 고용안정성에 대한 우려의 여론이 심화되자 정부는 2012년 1월 공공부문 비정규직 고용개선을 위해 지침을 발표하였다. 특히 '용역근로자 근로조건 보호지침'에 따르면 용역계약 시 특별한 사정이 없는 한 고용승계와 용역계약기간 중 고용유지를 권장하고 있다. 또 외주근로자의 근로조건보호 관련사항을 위반했을 경우 계약을 해지하거나 향후입찰에 참가자격을 제한할 수 있도록 하고 있다. 또 발주기관은 용역업체가 제시한 외주근로자 근로조건 보호관련 사항을 제대로 이행하는지 수시로 확인할 수 있도록 하고 있다(관계부처합동, 2012). 아웃소싱 비율이 다른 어느 공기업보다도 높은 인천국제공항공사의 경우 이 같은 정부의 방침에 대응을 하지 않을 수 없는 상황에 직면하고 있다. 그러나 인천국제공항공사의 입장에서는 고용의 주체는 공사가 아니라 해당 업체이기 때문에 내부의 인사규정이나 방침에 일일이 관여하기가 사실상 불가능하고, 따라서 고용안정성과 관련한 문제해결이 쉽지 않다는 한계를 갖고 있다.

그렇다면 공기업으로서 기업성과 공공성을 조화시킬 것을 요구받는 인천국제공항공사가 이러한 조직목표의 상충성과 관련하여 어떠한 대응을 하고 있을까? 고용안정성과 근로조건 개선에 대해 인천국제공항공사는 직접적으로 나서서 문제를 해결하는 방식을 취하고 있지는 않다. 관련법상 도급을 발주한 업체는 용역업체 직원들에 대한 직접적인 관리 및 감독을 할 수 없기 때문이다. 게다가 업체직원들에 대한 인사정책에 공사가 과도하게 개입하면 위장도급으로 오해를 받을 소지 또한 다분하다. 이와 관련하여 공사관계자는 법정규제나 공정거래에 관한 법률에 근거하여 업체직원의 채용·해임에 간섭하면 형사처벌의 대상이 되기 때문에 실질적으로 용역업체의 인력관리에 직접적인 영향력을 행사하기는 어렵다고 토로하고 있다. 만약 해당업체가 발주 받은 업무를 수행함에 있어 제공하는 서비스의 질이 떨어진다면 업체변경을 고려해 볼 수는 있으나, 법에 명시되어 있는 사항을 어기면서까지

공사가 용역업체 내부의 인력관리 문제에 개입할 동기는 많지 않다는 것이다.

그럼에도 불구하고 2013년 현재 인천국제공항공사가 간접적으로 협력업체의 고용안정성 향상과 근로조건 개선을 위해 시도하고 있는 노력은 최저가낙찰제의 축소와 SLA 평가점수의 활용을 들 수 있다. 우선 인천국제공항공사는 가격경쟁 중심의 낙찰방법이 업체직원들의 고용환경에 직접적인 악영향을 미친다는 비판을 수용하여 최저가낙찰제를 점자적으로 축소하려는 노력을 보이고 있다. 기본적인 틀은 최저가낙찰제를 고수하지만 저가입찰에 따른 부실공사와 근로여건 악화 등을 방지하기 위해 기술제안입찰제를 도입·시행하고 있다. 기술제안입찰제란 우선 발주기관이 설계서를 개발하면 입찰자가 이를 검토한 후 기술제안서를 작성해 입찰에 참여하는 방식이다. 즉, 우선 설계를 완료한 후 시공법 등에 대한 기술력을 평가한 후 최종 낙찰자를 결정하게 되는 것이다. 2013년 인천국제공항공사는 총공사비 약 6,270억원에 이르는 제2여객터미널 골조 및 외장 공사를 기술제안입찰방식을 통해 입찰한 바 있다(디지털타임즈, 2013).

또한 인천국제공항공사는 SLA 평가점수에 노동조건에 관한 내용을 포함시켜 간접적으로 협력업체 직원의 인사관리에 개입하고자 노력하고 있다. 원칙적으로 공항공사가 협력업체 직원들에게 근무지시를 내리거나 그들의 보수·처우 등과 관련한 사항에 개입할 수는 없다. 특히 인건비 지급의 경우 공사에서 협력업체로 대금이 넘어가면 업체의 관할·책임 아래에 직원들의 인건비가 책정되기 때문에 당초 계약대로 인건비 지급이 이루어지는지 공사 측에서는 통제를 할 수가 없는 실정이다. 이에 공사에서는 SLA 평가점수에 인건비 지급계약 조건을 잘 지키고 있는지를 반영함으로써 간접적으로나마 위탁업체들로 하여금 직원들의 적정 인건비 지급에 충실하도록 영향력을 행사하고 있다. SLA평가점수가 실효성을 가지도록 SLA평가 결과에 따라 고정비 5% 인센티브 혹은 페널티를 부여하였고, 우수업체에 계약기간 2년 연장 혜택을 제공하였다(인천국제공항공사, 2012c).

2. 아웃소싱 관리, 과연 이대로 좋은가?

위와 같은 노력에도 불구하고 인천국제공항공사 아웃소싱 관리의 향후 방향에는 극복해야 할 과제가 많이 있다. 이러한 과제들은 크게 아웃소싱 감독의 어려움,

〈표 7〉 인천국제공항공사 직원 수 변동

구 분		2007	2008	2009	2010	2011	2012.6
인원	신입직원(명)	65	44	3	22	64	2
	정원(명)	825	882	816	856	899	972
	현원(명)	764	831	842	850	889	868
	비정규직(명)	92	48	9	10	10	6
	이사(명)	12	12	12	12	12	12
	기관장(명)	1	1	1	1	1	1

자료: 인천국제공항공사(2012a). 2012 경영공시.

적정규모 문제, 그리고 숨겨진 비용 문제로 요약하여 살펴볼 수 있다.

SLA와 SLM 등 관리체계의 운용에도 불구하고 인천국제공항공사의 아웃소싱이 워낙 대규모로 이루어지다 보니 실제 감독업무를 맡고 있는 직원들은 많은 어려움에 직면하게 된다. 2012년 현재 인천국제공항에는 공사정규직원 약 970명, 41개 아웃소싱 업체직원 약 6,000명, 그리고 약 59개 입점업체 300개 매장에 협력업체 직원 약 7,000명이 근무하고 있다. 인천국제공항공사의 정규직원들은 공항시설의 운영·유지계획, 공사의 발주 및 관리, 대외기관 업무 등을 담당하고 있고, 협력업체는 주로 현장운영, 점검 및 유지관리 업무를 하고 있다. 인천국제공항공사 정규직원 중 계약업체에 대한 관리는 약 400명의 인원이 수행하고 있는데 이는 전체 정규직원의 약 50%에 해당한다(한인임, 2010). 정규직 전체인원의 절반수준이 아웃소싱관리를 하고는 있지만 비정규직 인력에 비해 절대적으로 소수인데다가 정원대비 현원은 항상 부족한 상태이기 때문에(표 7), 외주업체에 대한 관리 부담이 비교적 큰 편이다.

인천국제공항직원들을 대상으로 한 인식조사에 따르면 공사의 계약업체를 관리하는 직원들의 관리부담감은 상당히 큰 것으로 나타났다. 〈표 8〉을 보면 '아웃소싱을 관리하는 것도 큰 업무이다'라는 질문에 응답자의 약 80%가 동의하였다. 이 같은 결과는 인천국제공항공사의 외주규모가 워낙 크다보니 직원 개개인이 담당하는 외주업체의 수가 절대적으로 많이 때문인 것으로 분석된다(한인임, 2010).

〈표 8〉 아웃소싱 관리업무에 대한 부담 호소 수준

	빈도(명)	유효구성비(%)	누적구성비(%)
매우 그렇다	121	39.2	39.2
약간 그렇다	123	39.8	79.0
보통이다	49	15.9	94.8
별로 그렇지 않다	12	3.9	98.7
전혀 그렇지 않다	4	1.3	100.0
합 계	309	100.0	

자료: 전국교수공공부문연구회(2010a). '인천국제공항공사의 발전전략과 지배구조에 관한 연구'를 위한 공항산업 노동자 의식·실태조사 결과보고서, 재인용.

단순히 아웃소싱 관리업무에 대한 부담감 이외에도 아웃소싱을 총괄할 만한 감독자의 전문성 배양도 문제가 된다. 공기업의 특성상 순환보직으로 인해 담당업무의 교체가 빈번하여 직원이 전문성을 쌓는 데 한계가 있다. 아웃소싱의 관리자는 빈번하게 교체되는 반면 아웃소싱 고용보장을 통해 장기간 기존 업무를 담당하는 업체직원들이 감독자 이상의 전문성을 가지는 경우 정보비대칭 문제 등으로 인하여 효과적인 아웃소싱 관리·감독에 차질이 생길 수 있다.

이러한 관리감독 부담에 대한 문제인식은 자연스럽게 현재 인천국제공항공사의 아웃소싱은 적정한 규모인가라는 문제인식으로 이어진다. 인천국제공항공사는 전체업무의 80% 이상을 아웃소싱으로 운영하고 있을 만큼 아웃소싱에 대한 의존도가 높다. 개항 이후 공사가 괄목할 만한 성장을 통해 좋은 성과를 내고 있으나 과연 이처럼 높은 아웃소싱 비중이 적절한 것인가에 대한 논란은 지속되고 있다. 인천국제공항공사의 경우 국내외 어느 공기업과 비교해도 월등히 높은 수준의 아웃소싱 비중을 보여주고 있다. 국토부 산하 32개 기관의 경우 평균인 22.5%에 불과하고, 한국공항공사의 경우에도 외부위탁비율이 50% 정도이다.

전국교수공공부문연구회(2010b)에서 작성한 〈해외공항 실사보고서〉에 따르면 유럽공항들 중에서 가장 유연한 조직이라는 평을 받는 네덜란드 스키폴공항의 경우 정규직 약 2,000명, 외부위탁인원 약 6,500명으로 아웃소싱 비중이 전체운영규모의 75% 수준이다. 또, 독일계자본에 45%의 주식이 매각된 그리스 아테네공항의 경우도 직접고용인력 약 700명에 외주인력 약 1,100명으로 61% 수준의 아웃소싱 규모를 보이고 있어 인천국제공항에 비해 낮은 수준이다(한인임, 2010). 이처럼 양적인 규모측면에서 인천국제공항공사의 아웃소싱규모는 독보적이라 할 수 있다. 물론 비용절감과 효율성 증대를 위해 아웃소싱을 도입한다는 것 자체가 잘못된 것은 아니다. 그러나 외부위탁이 야기하는 비정규직에 대한 고용불안정성과 같은 문제를 고려할 때 지나치게 높은 아웃소싱 의존도는 사회적인 반감을 불러일으킬 수 있다. 특히 노동계층간 근로조건 격차가 극심하고 실업자에 대한 사회안전망이 충분치 않은 우리사회에서는 인천국제공항공사의 높은 아웃소싱에 대한 우려의 목소리가 높다(한인임, 2010).

끝으로 인천국제공항공사가 아웃소싱의 효과적 관리를 통해 획득하고 있는 효율성에 대하여 숨겨진 비용이 있다는 지적도 많다. 일반적으로 아웃소싱은 자유시장 경쟁구조 하에서 양질의 서비스를 낮은 가격으로 제공하는 사업자를 선정하여 비용절감 및 효율성 증대를 꾀하기 위해 도입된다. 이제까지 논의하였듯이 인천국제공항공사의 사례에서는 아웃소싱을 통한 비용절감 효과가 실제로 존재하며 공사의 재정효율성에 긍정적인 영향을 미쳤고, 궁극적으로 경영성과를 향상시키는 데 공헌한 바가 있음을 확인할 수 있다. 그러나 과연 정부의 출자로 설립되고 운영되는 공기업인 인천국제공항공사가 비용절감과 효율성의 가치만을 쫓는 것이 바람직한가에 대한 우려의 목소리가 존재한다. 앞서도 지적하였지만 가장 큰 문제로 지적되는 것이 위탁업체직원들의 고용불안정성이다. 계약기간이 만료된 이후 재계약 여부가 불투명한 상황에서 비정규직 위탁업체 직원들은 만성적인 고용불안에 시달릴 수밖에 없다. 재계약이 된다 하더라도 낮은 임금과 열악한 처우문제가 발생하기 십상이다. 경쟁 입찰의 특성상 위탁업체들이 보다 낮은 가격을 제시하고자 안간힘을 쓸 수밖에 없고, 이는 결국 계약금액의 가장 큰 비중을 차지하는 비정규직 노동자들의 인건비 하락으로 직결되기 때문이다. 이처럼 만성적인 고용불안에 시달리는 비정규직 노동자들은 임금 및 처우에 있어서도 열악한 상황에 놓이게 되는 것이다. 결국 '비용절감' 혹은 '효율성'으로 대변되는 아웃소싱의 성과 뒤에는 비정규직 업체인력들의 희생이라는 비용이 존재하는 셈이다.

고용불안정성과 비정규직 인력에 대한 처우문제 이외에도 과도한 아웃소싱은 안정적인 서비스공급 측면에서도 문제의 소지가 있다. 인천국제공항공사의 경우 공항운영에 관련된 주요기능을 대부분 아웃소싱에 의존하고 있는데 업체직원들의 불만이 고조되고 이것이 일시 태업 또는 파업으로 이어질 경우 업무의 상당부분이 마비될 우려가 있다. 즉, 인천국제공항공사는 비용절감과 효율성 향상을 추구하기 위해 안정적인 공항서비스 공급을 담보로 잡고 있는 셈이다. 실제로 인천국제공항 협력업체 노조는 2013년 11월 인천국제공항 개항이후 첫 부분 파업을 진행한 바 있다. 이들이 내세운 요구사항은 고용안정 보장, 임금인상 및 착취구조 개선, 교대제 개편 및 인력 충원 등으로 이전부터 만성적인 문제로 지적되어 온 고용안정성에 관한 주를 이루고 있다(연합뉴스, 2013). 인천국제공항은 필수 공익사업장으로 분류되어 있기 때문에 3개월 파업에는 대비되어 있지만 향후 지속적인 파업이 진행될 경우 공항서비스의 안정적인 제공에 차질이 불가피할 것이다.

마지막으로 저비용 중심의 아웃소싱방식은 고급인력확보와 기술축적에 어려움을 야기한다. 실제 공항업무의 특성상 기계설비 등 전문성을 요구하는 분야가 많음에도 불구하고 시장가격 이하의 저임금과 짧은 계약기간으로 인한 신분의 불안정성은 고급인력 확보에 장애로 작용하고 있다. 또 공항산업 특성상 기술개발 중심의 발전방향을 지향하고 있음에도 불구하고 빈번한 계약업체의 교체는 기술축적을 방해하는 주요 원인이다(한인임, 2010). 이처럼 대규모 아웃소싱을 통한 비용절감과 효율성이라는 효용 뒤에는 인천국제공항공사가 치러야 할 비용이 숨어 있으며, 이러한 비용을 모두 감안한 경우에만 아웃소싱과 경영성과의 관계에 대한 정확한 평가가 가능할 것이다.

V. 결 론

인천국제공항은 세계공항서비스평가에서 8년 연속 1위를 차지하고 지속적인 흑자를 기록할 뿐 아니라 2013년에 전세계 유수의 공항들을 제치고 CAPA 항공 어워즈에서 '올해의 공항상'을 수상하는 등 국내 공기업들 중 유례없는 성공사례로 꼽힌다. 이제까지 살펴본 대로 이러한 눈부신 성공의 원인의 하나가 인천국제공항공사의 적극적인 아웃소싱의 활용과 조직학습(organizational learning)을 통한 효과적 아웃소싱 관리의 정착 노력이었음은 부인하기 어렵다. 인천국제공항공사는 설립 초기 대내외 환경적 요구에 적극적으로 대응하여 도입한 아웃소싱을 활용하는 과정에서 노정된 많은 문제점들을 시행착오의 과정을 거치면서 오류를 수정하였고 그 결과 효율적이면서도 적응력 높은 고품질의 아웃소싱 관리체계를 확립할 수 있었다. 이러한 체계적인 아웃소싱 관리는 공항의 서비스 품질을 유지하면서도 상당수준의 비용절감과 효율성 증진을 이루어 내는 데 크게 기여하였다고 평가할 수 있다.

특히 인천국제공항공사의 아웃소싱은 단순히 그 규모가 크기 때문이 아니라 조직학습을 통해 일궈낸 고품질의 적응력 높은 아웃소싱관리라는 점에서 성공의 원인을 찾을 수 있다. 개항초기 공사가 직면한 정치·경제적 환경이 아웃소싱의 활용의 당위성을 높여주었고, 단순용역이 많은 비중을 차지하는 공항업무의 특수성이 아웃소싱의 효과를 극대화시켰다는 점을 감안하더라도 인천국제공항공사의 아웃소싱 활용은 성공적이라고 평가할 수 있다.

그러나 인천국제공항공사의 아웃소싱과 경영성과의 관계는 보는 시각에 따라 전혀 다른 평가도 가능하다. 공기업인 공사의 아웃소싱은 협력업체 비정규직 인력의 고용불안정성을 증대시켰고 이들의 근무환경과 처우를 악화시켰다는 점에서 공기업의 사회적 책무성을 저버렸다는 비판을 받을 수도 있다. 또한 핵심 분야에 대한 아웃소싱으로 인해 안정적인 서비스 공급이 위협받을 수 있다는 점 역시 높은 아웃소싱 의존도가 야기하는 위험요소이다. 이러한 점에서 인천국제공항공사의 아웃소싱관리를 어느 공기업이나 적용가능한 일반적인 성공사례로 간주하는 것은 아직 성급한 판단이라고 볼 수 있다. 이렇게 보면 인천국제공항공사의 아웃소싱사례에서 다른 공기업이 눈여겨 볼 점은 아웃소싱관리의 규모 그 자체보다는 아웃소싱 도입 초기의 문제점을 시행착오를 거치면서 적응력 높은 관리체계로 발전시켜 나가는 조직학습의 과정이라고 할 수 있다. 모든 관리전문가가 동의하듯이 조직관리에서 중요한 것은 특정한 관리기법을 '사용하는가 아닌가' 혹은 '얼마나 많이 사용하는가'가 아니라 '얼마나 잘 활용하는가'인 것이다. 인천국제공항공사의 아웃소싱은 이러한 조직관리의 평범하지만 중요한 교훈을 다시 한번 확인시켜 주고 있다.

□ 참고문헌

〈문헌자료〉

건설교통부(2006). 「인천공항 세계 대표 브랜드로 도약: 세계 최우수 공항선정 혁신 사례」.

관계부처합동(2012). 「상시·지속적 업무 담당자의 무기계약직 전환기준 등 공공부문 비정규직 고용개선 추진지침」.

국토교통부·한국교통연구원(2013). 「2012 경제발전경험모듈화사업: 공항정책 및 인프라 구축」.

국토해양부(2008). 「공항운영 민간위탁 방안 연구」.

국회예산정책처(2010). 「2004~2009년 공기업 재무현황 평가」.

기획재정부(2008). 「2007년도 공공기관 경영실적 평가보고서」.

기획재정부(2009). 「2008년도 공공기관 경영실적 평가보고서」.

인천국제공항공사(2002). 「인천국제공항공사 조직효율화를 위한 직무분석 아웃소싱업무 개선방안」.

인천국제공항공사(2004). 「2003년 경영공시」.

인천국제공항공사(2005). 「2004년 경영공시」.

인천국제공항공사(2007). 「2006년 경영공시」.

인천국제공항공사(2010). 「2010년 경영공시」.

인천국제공항공사(2011). 「2011년 경영공시」.

인천국제공항공사(2012a). 「2012년 경영공시」.

인천국제공항공사(2012b). 「인천공항 서비스수준협약(SLA) 운영현황」. 인천국제공항공사 내부자료.

인천국제공항공사(2012c). 「인천공항 아웃소싱 운영현황」. 인천국제공항공사 내부자료.

인천국제공항공사(2013). 「2013년 경경공시」.

전국교수공공부문연구회(2010a). 「인천국제공항공사의 발전전략과 지배구조에 관한 연구를 위한 공항산업 노동자 의식·실태조사 결과보고서」.

전국교수공공부문연구회(2010b). 「해외공항 실사보고서」.

한인임(2010). "인천공항 항공안전과 노동비용분석", 김윤자·홍장표·김태승 편저(2010). 「동북아 항공산업과 한국 허브공항의 발전 전망」. 전국교수공공부문연구회·도서출판 한모임 중에서

KMAC(2011). 「뭔가 다른 인천공항, 무엇이 다른가?」, KMAC.

〈온라인자료〉

인천국제공항 홈페이지(http://www.airport.kr).

한국생산성본부 공기업 고객만족도조사(http://www.ncsi.or.kr).

〈신문기사〉
경향신문(2009. 11. 23). 인력·예산·조직 10% 줄이기 인천공항노조 "일방적 감축 안돼".
뉴시스(2009. 3. 4). 인천공항公 아웃소싱 예산 삭감 방침 … '시끌'.
디지털타임즈(2013. 9. 30). 행복주택–인천공항공사, 실시설계 기술제안 입찰방식 결정.
매일경제(2001. 3. 19). [인천공항 문제는] 수하물처리 적정기준 못미쳐.
연합뉴스(2001. 2. 25). 〈특집:인천공항 개항D-30〉 ③문제점은 무엇인가.
연합뉴스(2005. 9. 22). "인천공항공사 수의계약으로 예산 낭비".
연합뉴스(2013. 11. 11). 인천공항 비정규직 노조 "16일 무기 전면파업 돌입".

04

찾아보기

저자 약력

박 순 애

(현) 서울대학교 행정대학원 교수
기획재정부 공공기관운영위원회 민간위원
기획재정부 공공기관 경영평가단 부단장
한국행정학회 연구위원장
동아일보 객원논설위원
감사원 국민감사청구 심사위원
University of Michigan 행정학(Planning) 박사

곽 채 기

(현) 동국대학교 행정학과 교수
공공기관경영평가단 비계량총괄간사
전남대학교 행정학과 교수
내무부 지방행정연수원 교수
서울대학교 행정대학원 행정학 박사

라 영 재

(현) 한국조세재정연구원 공공기관연구센터 부소장 및 경영평가팀장
협성대학교 도시행정학과 교수
국가청렴위원회 민간협력팀장
한국외국어대학교 행정학 박사

박 석 희

(현) 가톨릭대학교 행정학과 부교수
서울행정학회 편집이사
한국행정학회 운영이사
공공기관 경영평가단 평가위원
국회예산정책처 예산분석관
서울대학교 행정학 박사

박 영 범

(현) 한성대학교 경제학과 교수
한국직업능력개발원 원장
노사정위원회 노동시장선진화위원회 위원장
한성대학교 교무처장
한국노동연구원 연구조정실장
Cornell University 경제학 박사

박 정 수

(현) 이화여자대학교 교수
(현) 공공기관연구회 회장
공공기관연구센터 소장
국회예산정책처 예산분석심의관
한국조세연구원 연구위원
University of Pittsburgh 정책학 박사

신 완 선

(현) 성균관대학교 시스템경영공학과 교수
(현) 한국품질경영학회 회장
(현) 한국공기업학회 이사
행안부 책임운영기관 평가단장
University of Oklahoma 산업공학 박사

신 진 영

(현) 연세대학교 경영대학 교수
유안타증권 사외이사
금융위원회 금융공공기관 경영예산심의회 위원
국민연금 성과평가보상위원회 위원장
Carnegie Mellon University 경영학(재무전공) 박사

오 철 호

(현) 숭실대학교 행정학부 교수
(현) 정부3.0추진위원회, 위원 겸 기획총괄공동위원장
(현) 공공데이터전략위원회, 실무위원장
한국정책분석평가학회 회장
한국정책학회 회장
University of Illinois-Urbana 정책학 박사

원 구 환

(현) 한남대학교 행정학과 교수
(현) 한남대학교 공기업정책연구소 소장
(현) 행정자치부 지방공기업혁신단 위원
(현) 한국지방공기업학회 회장
연세대학교 행정학(공기업) 박사

이 상 철

(현) 부산대학교 경제통상대학 공공정책학부 교수
(현) 한국지방정부학회장
지방공기업정책위원회 민간위원
공공기관운영위원회 민간위원
영남대학교 행정학 박사

이 수 영

(현) 서울대학교 행정대학원 교수
서울대학교 행정대학원 정책지식센터 부소장
한국외대 행정학과 교수
University of Georgia 행정학(공공관리 전공) 박사

이 희 선

(현) 국무총리 산하 경제·인문사회연구회 전문위원
서울대학교 행정대학원 공공성과관리센터 선임연구원
서울대학교 행정학 박사

장 원 창

(현) 인하대학교 경제학과 교수
금융감독원 제재심의위원
기획재정부 공기업경영평가위원
한국금융연구원 연구위원
Purdue University 경제학 박사

전 영 한

(현) 서울대학교 행정대학원 부교수
(현) 서울대학교 행정대학원 조직진단평가센터장
Journal of Public Administration Research and Theory 편집위원
한국조직학회 연구이사
University of Georgia 행정학 박사

정 광 호

(현) 서울대학교 행정대학원 교수
(현) 서울대학교 행정대학원 정책디자인센터장
한국행정학회 연구위원장
Syracuse University 행정학 박사

정 창 훈

(전) 미국 Auburn University 부교수 역임
(현) 인하대 행정학과 교수
정부회계학회 부회장
지방공기업학회 편집위원장
국무조정실 자체평가위원
University of Georgia 행정학 박사

공기업 개혁: 쟁점과 사례

초판인쇄 2014년 12월 1일
초판발행 2014년 12월 10일

지은이 박순애 · 곽채기 · 라영재 · 박석희 · 박영범 · 박정수 · 신완선 · 신진영 · 오철호 · 원구환 · 이상철 · 이수영 · 이희선 · 장원창 · 전영한 · 정광호 · 정창훈
펴낸이 안종만

편 집 김선민 · 마찬옥
기획/마케팅 조성호
표지디자인 홍실비아
제 작 우인도 · 고철민

펴낸곳 (주) 박영사
서울특별시 종로구 새문안로3길 36, 1601
등록 1959. 3. 11. 제300-1959-1호(倫)
전 화 02)733-6771
f a x 02)736-4818
e-mail pys@pybook.co.kr
homepage www.pybook.co.kr
ISBN 979-11-303-0090-0 93350

* 이 책은 KP&P 한국정책지식센터의 지원하에 발행되었습니다.

정 가 25,000원